Ihre Romane gehören zur Weltliteratur. Virginia Woolf war aber auch eine der lebendigsten Essayistinnen ihrer Zeit und eine der ersten Autorinnen, die sich konsequent um Geschichte und Zukunft weiblichen Schreibens in unserer Gesellschaft gekümmert haben. Damit wurde sie zu einer Symbolfigur der internationalen Frauenbewegung. Auch ihre Tagebücher sind als ein bedeutendes literarisches Werk zu betrachten.

Dieses Lesebuch zeigt die große Spannweite von Virginia Woolfs literarischem Schaffen: die Kraft ihrer Romane, die schwebende Zartheit mancher kurzer Prosastücke, den Reichtum ihrer Essays an Themen und Assoziationen, die Entschiedenheit ihrer feministischen Plädoyers und schließlich, in ausgewählten Briefen und Auszügen aus den Tagebüchern, die genaue und sensible Beobachtung ihrer Innen- und Außenwelt.

Virginia Woolf wurde am 25. Januar 1882 in London geboren und wuchs im großbürgerlichen Milieu des viktorianischen England auf. Der Tod ihrer Mutter 1895 und ihrer älteren Schwester führte zu einer schweren psychischen Krise, deren Schatten sie nie mehr loslassen sollten. 1912 heiratete sie Leonard Woolf; zusammen gründeten sie 1917 den Verlag ›The Hogarth Press‹. Ihr Haus war eines der Zentren der Künstler und Literaten der Bloomsbury Group. Am 28. März 1941 nahm Virginia Woolf sich unter dem Eindruck der Verwüstungen des Zweiten Weltkrieges und erneut bedroht von einer zunehmenden Verdunkelung ihres Gemüts das Leben.

Unsere Adresse im Internet: www.fischerverlage.de

VIRGINIA WOOLF

Das Lesebuch

S. Fischer

Ausgewählt von Corinna Fiedler
Textgrundlage: Virginia Woolf, Gesammelte Werke
Herausgegeben von Klaus Reichert

Quellenhinweise am Schluss des Bandes
Gesamtherstellung: Clausen & Bosse, Leck
Printed in Germany
ISBN-13: 978-3-10-092588-6
ISBN-10: 3-10-092588-2

Inhalt

Aus den Romanen

Kurzprosa

Essays

Aus den Romanen

Die Fahrt hinaus

12. Kapitel

Als Susans Verlobung daheim gebilligt worden und jedem im Hotel, der daran Interesse nahm, offiziell mitgeteilt worden war – und mittlerweile war das Hotel in der Weise aufgespalten, wie es den von Mr Hirst beschriebenen Kreidemarkierungen entsprach –, hatte man allgemein den Eindruck, daß das Ereignis gebührend gefeiert werden müsse – in Form eines Ausflugs etwa? Das war allerdings nichts Neues mehr. Dann eben mit einem Ball. Der Vorteil eines Balles war, daß dann einer jener langen Abende entfiele, die dazu angetan waren, öde zu werden und, trotz Bridge, dazu führten, daß man lächerlich früh schlafen ging.

Zwei oder drei, die unter dem aufrecht stehenden ausgestopften Leoparden in der Halle standen, hatten im Nu eine Entscheidung getroffen. Evelyn unternahm ein, zwei gleitende Schritte auf dem Parkett und verkündete, der Boden sei ausgezeichnet. Signor Rodriguez setzte sie von der Existenz eines Spaniers in Kenntnis, der bei Hochzeiten fiedelte – fiedelte in dem Sinne, daß er selbst eine Schildkröte zum Walzertanzen brachte; und seine Tochter besaß, wiewohl sie mit Augen so schwarz wie Kohleneimern ausgestattet, dieselbe Macht über das Klavier. Für den Fall, daß einige hinfällig oder verdrießlich genug wären, am fraglichen Abend dem Kreiseln und Beobachten anderer Kreiselnder eine sitzende Beschäftigung vorzuziehen, standen ihnen der Salon und das Billardzimmer zur Verfügung. Hewet machte es sich zur Aufgabe, die Außenstehenden soweit wie möglich miteinzubeziehen. Um Hirsts Theorie der unsichtbaren Kreidemarkierungen kümmerte er sich nicht im geringsten. Ein-, zweimal holte er sich zwar einen Korb, doch zum Ausgleich stieß er auf bislang noch nicht weiter in Erscheinung getretene Herren, die entzückt waren über diese Gelegenheit, mit ihresgleichen zu sprechen, und die Dame von zweifelhaftem Charakter ließ alle Symptome erkennen, die darauf hindeuteten, daß sie ihm in näherer Zukunft ihre Geschichte anvertrauen würde. Überhaupt mußte er den Eindruck gewinnen, daß die zwei oder drei Stunden zwischen Abendessen und Schlafengehen ein wahrhaft beklagenswertes Ausmaß an privatem Unglück bargen, war es doch sehr vielen Menschen nicht gelungen, Freundschaften zu schließen.

Man kam überein, daß der Ball am Freitag, eine Woche nach der Verlobung, stattfinden sollte, und beim Abendessen äußerte Hewet seine Genugtuung.

»Sie kommen alle!« erklärte er Hirst. »Pepper!« rief er, als er William Pepper, eine Broschüre unter dem Arm, im Schlepptau der Suppe vorbeihuschen sah. »Wir zählen darauf, daß Sie den Ball eröffnen.«

»Es wird Ihnen zweifellos gelingen, Schwung in die Angelegenheit zu bringen«, gab Pepper zurück.

»Sie sollen mit Miss Allan tanzen«, fuhr Hewet fort, indem er einen Zettel mit handschriftlichen Notizen konsultierte.

Pepper blieb stehen und hob zu einem Vortrag über Rundtänze, Bauerntänze, Morristänze und Quadrillen an, die dem Bastard Walzer und dem Abklatsch Polka, die ihnen gegenwärtig sehr zu Unrecht an Beliebtheit den Rang abliefen, sämtlich überlegen seien – als die Kellner ihn sanft auf seinen Tisch in der Ecke zuschoben.

Der Speisesaal hatte in diesem Augenblick eine gewisse phantastisch anmutende Ähnlichkeit mit einem von Körnern übersäten Bauernhof, auf den sich unablässig helleuchtende Tauben niedersenkten. Fast sämtliche Damen trugen Kleider, die sie noch nicht vorgeführt hatten, und ihr Haar erhob sich in Wellen und Rollen, so daß man eher an eine Schnitzarbeit in einer gotischen Kirche denken mußte als an Haar. Das Abendessen war kürzer und weniger förmlich als gewöhnlich, da selbst die Kellner von der allgemeinen Vorfreude angesteckt zu sein schienen. Zehn Minuten ehe die Uhr neun schlug, machte das Komitee einen Rundgang durch den Ballsaal. Die Halle bot, ihrer Möbel beraubt, strahlend erleuchtet und mit Blumen geschmückt, deren Duft die Luft schwängerte, ein wundervolles Bild von ätherischer Heiterkeit.

»Wie ein sternenheller Himmel in einer vollkommen wolkenlosen

Nacht«, murmelte Hewet, als er sich umschaute, beim Anblick des anmutigen leeren Raumes.

»Jedenfalls ein himmlischer Fußboden«, setzte Evelyn hinzu, indem sie Schwung holte und zwei, drei Schritte darüber hinwegglitt.

»Wie geht es denn mit den Vorhängen dort?« fragte Hirst. Die karmesinroten Vorhänge vor den Glastüren waren zugezogen. »Draußen haben wir eine vollkommene Nacht.«

»Schon, doch Vorhänge flößen Zutrauen ein«, entschied Miss Allan. »Wenn der Ball in vollem Gange ist, ist es an der Zeit, sie aufzuziehen. Wir könnten dann sogar die Türen ein bißchen aufmachen ... Wenn wir das jetzt schon tun, werden die älteren Leute sich einbilden, es zöge.«

Ihre Lebensklugheit war mittlerweile anerkannt und wurde respektiert. Während sie standen und sich unterhielten, packten die Musikanten ihre Instrumente aus, und die Geige wiederholte wieder und wieder einen Ton, der auf dem Klavier angeschlagen wurde. Alles war bereit.

Nach ein paar Minuten der Stille ließen der Vater, die Tochter und der Schwiegersohn, der das Horn spielte, zum Auftakt einen einzigen Akkord erklingen. Wie die Ratten hinter dem Flötenspieler, so tauchten im Nu Köpfe in der Türöffnung auf. Ein weiterer Auftakt erklang; und dann stürzte das Trio sich ohne Umschweife in den triumphierenden Schwung des Walzers. Es war, als würde der Raum in Sekundenschnelle von Wasser überflutet. Nach kurzem Zögern sprang erst ein Paar und dann noch eins in die Fluten und kreiste wirbelnd in den Stromschnellen. Das rhythmische Gleiten der Tänzer hörte sich an wie ein strudelndes Wasserloch. Nach und nach wurde es merklich heißer im Saal. Der Geruch von Glacéhandschuhen mischte sich mit dem starken Duft von Blumen. Die Wirbel schienen sich schneller und schneller zu drehen, bis die Musik sich zu überschlagen drohte, aufhörte und die Kreise in lauter kleine Bruchstücke zerbarsten. Die Paare verliefen sich in verschiedene Richtungen und ließen eine dünn besetzte Reihe älterer Leute zurück, die an den Wänden zu kleben schienen; hier und dort lag ein Stück Borte oder ein Taschentuch oder eine Blume auf dem Boden. Es gab eine Pause, und dann setzte die Musik wieder ein, die Strudel wirbelten, die Paare drehten sich in ihnen im Kreis, bis es zum Kollaps kam, und die Kreise in einzelne Stücke zerbrachen.

Als dies etwa fünfmal geschehen war, erblickte Hirst, der wie ein vereinzelter Wasserspeier an einem Fensterrahmen lehnte, Helen Ambrose und Rachel in der Türöffnung. Es herrschte ein derartiges Gedränge, daß sie nicht vorankamen, doch er erkannte sie an einem Stück von Helens Schulter und sah für einen kurzen Augenblick, wie Rachel den Kopf hin und her wandte. Er drängte sich zu ihnen durch; sie begrüßten ihn erleichtert.

»Wir erdulden die Qualen der Verdammten«, sagte Helen.

»So stelle ich mir die Hölle vor«, sagte Rachel.

Ihre Augen strahlten, und sie sah verwirrt aus.

Hewet und Miss Allan, die etwas mühsam Walzer getanzt hatten, blieben stehen und begrüßten die Neuankömmlinge.

»Das ist aber wirklich schön«, sagte Hewet. »Doch wo ist denn Mr Ambrose?«

»Pindar«, sagte Helen. »Ob eine verheiratete Frau, die im letzten Oktober vierzig geworden ist, wohl tanzen darf? Ich kann nicht mehr stillstehen.« Sie schien mit Hewet zu verschmelzen, und sie tauchten in der Menge unter.

»Wir müssen ihrem Beispiel folgen«, sagte Hirst zu Rachel, und er nahm sie entschlossen beim Ellbogen. Obwohl sie keine geübte Tänzerin war, tanzte Rachel gut, weil sie ein Ohr für den Rhythmus hatte, doch Hirst hatte keinen Sinn für Musik, und die paar Tanzstunden in Cambridge hatten ihm lediglich die Kenntnis der Anatomie des Walzers verschafft, ohne ihm etwas von dessen Geist mitzuteilen. Eine einzige Runde machte ihnen klar, daß ihre Methoden unvereinbar waren; statt sich zusammenzufinden, schienen ihre Knochen eckig hervorzuspringen, vereitelten jede geschmeidige Wendung und stachen überdies in die kreisförmige Fortbewegung der anderen Tänzer hinein.

»Wollen wir aufhören?« sagte Hirst. Rachel schloß aus seiner Miene, daß er ungehalten war.

Sie taumelten auf zwei Stühle in der Ecke zu, von der aus sie den

Saal überblicken konnten. Er wogte immer noch in blauen und gelben Wellen, die vom Schwarz der Abendanzüge der Herren gestreift waren.

»Ein erstaunliches Spektakel«, bemerkte Hirst. »Tanzen Sie viel in London?« Sie atmeten beide rasch und ein wenig erregt, wenn auch beide entschlossen waren, sich nicht die geringste Erregung anmerken zu lassen.

»Nahezu nie. Und Sie?«

»Bei uns zu Hause veranstalten sie jedes Jahr zu Weihnachten einen Ball.«

»Der Boden hier ist wirklich nicht der schlechteste«, sagte Rachel. Hirst versuchte gar nicht erst, auf ihre Platitüde zu antworten. Er saß völlig stumm und starrte die Tanzenden an. Nach drei Minuten wurde das Schweigen Rachel so unerträglich, daß sie sich zu einem weiteren Gemeinplatz gedrängt fühlte, der diesmal die Schönheit der Nacht betraf. Hirst unterbrach sie erbarmungslos.

»War das alles nur Unsinn, was Sie da neulich erzählt haben – daß Sie gläubige Christin seien und keine Schulbildung hätten?« fragte er.

»Das war wirklich wahr«, erwiderte sie. »Aber ich spiele auch sehr gut Klavier«, sagte sie dann, »ich nehme an, besser als sonst irgendwer hier im Saal. Und Sie sind der bemerkenswerteste Mann von England, das stimmt doch?« fragte sie schüchtern.

»Einer von dreien«, verbesserte er.

In diesem Augenblick warf Helen ihr im Vorbeiwirbeln einen Fächer in den Schoß.

»Sie ist sehr schön«, bemerkte Hirst.

Sie verstummten wieder. Rachel fragte sich, ob er sie wohl ebenfalls gutaussehend fand; St. John dachte darüber nach, wie ungeheuer schwierig es doch war, mit Mädchen zu sprechen, die keine Lebenserfahrung besaßen. Rachel hatte offensichtlich noch nie irgendetwas gedacht oder gefühlt oder gesehen, und sie mochte intelligent sein oder genau wie alle anderen auch. Hewets Stichelei – »Du weißt nicht, wie du mit Frauen umzugehen hast« – nagte noch immer an ihm, und er war entschlossen, die Gelegenheit zu nutzen. Ihr Abendkleid verlieh ihr gerade das Ausmaß an Unwirklichkeit und Vornehmheit, das es romantisch machte, mit ihr zu sprechen, und das Verlangen in ihm weckte, zu reden, was ihn ärgerte, weil er nicht wußte, wie er anfangen sollte. Er blickte sie an, und sie erschien ihm sehr fern und unerklärlich, sehr jung und keusch. Er seufzte tief und begann.

»Und jetzt zu den Büchern. Was haben Sie gelesen? Gerade nur Shakespeare und die Bibel?«

»Ich habe nicht viele Klassiker gelesen«, erklärte Rachel. Sie ärgerte sich ein wenig über sein betont lässiges, reichlich aufgesetzt wirkendes Gehabe, während sein glanzvoller männlicher Intellekt bewirkte, daß sie ihre eigenen Fähigkeiten in einem sehr bescheidenen Licht sah.

»Sie wollen mir doch nicht erzählen, daß Sie vierundzwanzig Jahre alt geworden sind, ohne Gibbon gelesen zu haben?« erkundigte er sich.

»Doch«, sagte sie.

»Mon Dieu!« rief er aus und streckte die Hände weg. »Sie müssen morgen anfangen. Ich werde Ihnen mein Exemplar schicken. Was ich gern wüßte, ist –« Er blickte sie prüfend an. »Verstehen Sie, das Problem ist, ob man mit Ihnen wirklich reden kann. Haben Sie etwas im Kopf, oder sind Sie wie alle anderen Mitglieder Ihres Geschlechts? Sie erscheinen mir lachhaft jung, verglichen mit Männern Ihres Alters.«

Rachel blickte ihn an, sagte jedoch nichts.

»Was Gibbon angeht«, fuhr er fort, »meinen Sie, daß Sie imstande sein werden, ihn zu würdigen? Er ist natürlich der Prüfstein. Es ist furchtbar schwierig, sich von Frauen ein Bild zu machen«, fuhr er fort, »ich meine, herauszufinden, wieviel auf mangelnde Bildung zurückzuführen ist und wieviel auf angeborene Unfähigkeit. Ich selbst sehe eigentlich nicht ein, weshalb Sie Ihren Verstand nicht benutzen können sollten – nur vermute ich, daß Sie bislang ein aberwitziges Leben geführt haben – Sie sind wahrscheinlich immer nur mit Kleinmädchenfrisur in Zweierreihen durchs Leben gelaufen.«

Die Musik setzte wieder ein. Hirsts Blick durchstreifte den Raum auf der Suche nach Mrs Ambrose. Bei allem Bemühen war er sich doch darüber im klaren, daß sie nicht gut miteinander zurecht kamen.

»Ich würde Ihnen furchtbar gern Bücher leihen«, sagte er und knöpfte sich die Handschuhe zu, indem er sich erhob. »Wir sehen uns ja dann noch. Ich verlasse Sie jetzt.«

Er stand auf und ließ sie allein.

Rachel blickte sich um. Sie fühlte sich, wie ein Kind auf einer Gesellschaft, umgeben von fremden feindseligen Gesichtern mit Hakennasen und höhnischen, gleichgültigen Blicken. Sie stand an einer Glastür, stieß sie ruckartig auf und trat in den Garten hinaus. Ihre Augen schwammen in Zornestränen.

»Dieser verdammte Kerl!« rief sie, denn sie hatte einige von Helens Ausdrücken übernommen. »Diese verdammte Frechheit!«

Sie stand innerhalb des bleichen Lichtvierecks, das die Glastür, die sie geöffnet hatte, auf den Rasen warf. Vor ihr erhoben sich die Silhouetten riesiger schwarzer Bäume wie eine Mauer. Sie stand reglos und blickte sie an, während sie vor Zorn und Erregung leise bebte. Sie hörte die Tänzer hinter sich im rhythmischen Schwung der Walzermusik stampfen und gleiten.

»Da sind Bäume«, sagte sie laut. Ob die Bäume sie für St. John Hirst entschädigen würden? Sie wäre eine persische Prinzessin fern aller Zivilisation, würde allein mit ihrem Pferd über die Berge reiten, sich am Abend von ihren Frauen vorsingen lassen, fern von all diesen Dingen hier, von Zank und Männern und Frauen – eine Gestalt trat aus dem Schatten; eine kleine rote Lampe brannte hoch oben in seiner Schwärze.

»Miss Vinrace, ja?« sagte Hewet und musterte sie. »Sie haben mit Hirst getanzt?«

»Er hat mich dermaßen wütend gemacht!« rief sie in heftigem Ton. »Niemand hat das Recht, unverschämt zu sein!«

»Unverschämt?« wiederholte Hewet und nahm vor Überraschung die Zigarre aus dem Mund. »Hirst – unverschämt?«

»Es ist unverschämt, wenn man –«, sagte Rachel und verstummte wieder. Sie wußte nicht, was genau sie so wütend gemacht hatte. Es kostete sie große Mühe, sich wieder zu fangen.

»Na gut«, setzte sie hinzu, denn sie sah bereits Helen vor sich und wie sie sich über sie lustig machen würde, »ich bin weiß Gott albern.« Sie schien in den Ballsaal zurückkehren zu wollen, doch Hewet hielt sie auf.

»Bitte, erklären Sie's mir«, sagte er. »Ich bin sicher, Hirst hat Sie nicht kränken wollen.«

Rachel versuchte, es ihm zu erklären, tat sich damit jedoch sehr schwer. Sie konnte nicht sagen, daß sie die Vorstellung von der Kleinmädchenfrisur und den Zweierreihen besonders ungerecht und gräßlich fand, und sie konnte ebensowenig erklären, weshalb sie Hirsts selbstverständliche Annahme, er sei ihr von Natur aus und an Erfahrung überlegen, nicht bloß als kränkend, sondern geradezu als schrecklich empfunden hatte – als hätte man ihr ein Tor vor der Nase zugeknallt. Während sie neben Hewet die Terrasse auf und ab schritt, sagte sie bitter:

»Es hat keinen Sinn; wir sollten getrennt voneinander leben; wir können einander nicht verstehen; wir bringen am anderen nur das Schlechteste zum Vorschein.«

Hewet ging auf ihre das Geschlechterverhältnis betreffende Verallgemeinerung nicht ein, denn derlei Verallgemeinerungen langweilten ihn und erschienen ihm grundsätzlich unzutreffend. Da er Hirst jedoch kannte, lag er mit seiner Vermutung, was vorgefallen war, ziemlich richtig, und wenn er sich auch insgeheim sehr amüsierte, so war er doch entschlossen, daß Rachel den Vorfall nicht einfach in ihrer Seele vergraben und ihm den ihrem Weltbild entsprechenden Platz zuweisen sollte.

»Jetzt werden Sie ihn hassen«, sagte er, »was nicht recht ist. Armer alter Hirst – er kann nicht gegen seine Art an. Und, wirklich, Miss Vinrace, er hat sein Bestes versucht; er hat Ihnen ein Kompliment gemacht – er hat versucht – er hat versucht –« Er konnte den Satz nicht zu Ende sprechen, weil er sich das Lachen nicht länger verbeißen konnte.

Rachel lenkte plötzlich ein und lachte ebenfalls los. Sie erkannte, daß Hirst irgendetwas Lächerliches an sich hatte, und sie selbst vielleicht auch.

»Das ist vermutlich so seine Art, Freundschaft zu schließen.« Sie lachte. »Nun gut – an mir soll es nicht liegen. Ich werde als erstes zu ihm sagen: ›Häßlich von Gestalt und von abscheulicher Denkungsart, wie Sie sind, Mr Hirst ...‹«

»Hört, hört!« rief Hewet. »So muß man mit ihm umgehen. Wissen Sie, Miss Vinrace, Sie müssen Hirst einiges nachsehen. Er hat sein ganzes Leben sozusagen vor dem Spiegel verbracht, in einem schönen holzgetäfelten Zimmer mit japanischen Drucken an den Wänden und schönen alten Stühlen und Tischen und gerade nur so einem Farbtupfer an der richtigen Stelle – zwischen den Fenstern befindet der sich, glaube ich –, und da sitzt er nun Stunde um Stunde, die Fußspitzen auf dem Kamingitter, und spricht über Philosophie und Gott und seine Leber und sein Herz und die Herzen seiner Freunde. Die alle sämtlich gebrochen sind. Sie können von ihm nicht erwarten, daß er in einem Ballsaal im günstigsten Licht erscheint. Er will einen behaglichen, verrauchten, männlichen Ort, wo er die Beine ausstrecken kann und nur dann etwas sagen muß, wenn er etwas zu sagen hat. Ich persönlich finde das ziemlich eintönig. Doch ich respektiere es. Die sind alle so ungeheuer ernsthaft. Sie nehmen die ernsten Dinge sehr ernst.«

Die Schilderung von Hirsts Lebensweise interessierte Rachel so sehr, daß sie ihren privaten Groll gegen ihn fast vergaß und ihr Respekt wieder auflebte.

»Die sind also wirklich sehr gescheit?« fragte sie.

»Selbstverständlich sind sie das. Soweit es den Kopf betrifft, glaube ich, daß das stimmt, was er neulich gesagt hat; sie sind die gescheitesten Leute in ganz England. Doch – Sie sollten sich seiner annehmen«, setzte er hinzu. »In ihm steckt noch sehr viel mehr, als ihm bislang abgefordert worden ist. Er braucht jemanden, der ihn auslacht ... Wenn man sich vorstellt, daß Hirst Ihnen erzählt, Ihnen fehle es an Erfahrung! Armer alter Hirst!«

Sie waren während ihres Gesprächs auf der Terrasse auf und ab gegangen, und nun wurden von einer unsichtbaren Hand Fenster um Fenster die Vorhänge aufgezogen, und regelmäßige Lichtvierecke fielen in gleichmäßigen Abständen auf den Rasen. Sie blieben stehen, um in den Salon zu schauen, und erblickten Mr Pepper, der allein an einem Tisch saß und schrieb.

»Da sitzt Pepper und schreibt an seine Tante«, sagte Hewet. »Sie muß eine höchst bemerkenswerte alte Dame sein, fünfundachtzig, sagte er, und er nimmt sie auf Wanderungen in den New Forest mit ... Pepper!« rief er und pochte ans Fenster. »Gehen Sie und tun Sie ihre Pflicht. Miss Allan erwartet Sie!«

Als sie an die Fenster des Ballsaals gelangten, konnten sie dem Gewoge der Tänzer und der schwungvollen Musik nicht lange widerstehen.

»Wollen wir?« sagte Hewet, und sie faßten einander bei der Hand und tauchten ein in den großen, herrlichen Strudel. Sie waren einander heute zwar erst zum zweitenmal begegnet, doch hatten sie beim erstenmal einen Mann und eine Frau gesehen, die einander küßten, und beim zweitenmal hatte Mr Hewet herausgefunden, daß eine zornige junge Frau einem Kind sehr ähnlich ist. So daß sie sich also, als sie zum Tanz die Hände ineinander legten, wohler fühlten, als das üblicherweise der Fall ist.

Es war Mitternacht, und der Ball hatte seinen Höhepunkt erreicht. Angehörige des Hotelpersonals spähten von draußen durch die Fenster hinein; der Garten war gesprenkelt von den weißen Gestalten der Paare, die draußen saßen. Mrs Thornbury und Mrs Elliot saßen nebeneinander unter einer Palme und hüteten die Fächer, Taschentücher und Broschen, die vom Tanz erhitzte junge Damen in ihrem Schoß deponiert hatten. Gelegentlich tauschten sie Kommentare aus.

»Miss Warrington sieht wirklich glücklich aus«, sagte Mrs Elliot; sie lächelten beide; sie seufzten beide.

»Er hat ziemlich viel Charakter«, sagte Mrs Thornbury und meinte Arthur.

»Und Charakter ist ja schließlich das, worauf es ankommt«, sagte Mrs Elliot. »Der junge Mann dort wiederum ist wenigstens gescheit«, fügte sie hinzu und wies mit dem Kopf auf Hirst, der mit Miss Allan am Arm vorbeikam.

»Er sieht nicht eben kräftig genug aus«, sagte Mrs Thornbury. »Seine Hautfarbe ist nicht gesund. – Soll ich das abreißen?« fragte sie, denn Rachel war stehengeblieben, weil sie gemerkt hatte, daß ein langer Streifen Stoff hinter ihr herschleppte.

»Ich hoffe, Sie unterhalten sich gut?« fragte Hewet die Damen.

»Diese Position ist mir äußerst vertraut!« sagte Mrs Thornbury lächelnd. »Ich habe fünf Töchter in die Gesellschaft eingeführt –, und alle haben so gern getanzt! Sie tanzen wohl auch so gern, Miss Vinrace?« fragte sie und sah Rachel mit mütterlichem Blick an. »Ich weiß, daß ich es in Ihrem Alter getan habe. Wie ich immer gebettelt habe, daß meine Mutter mir doch erlauben sollte, noch zu bleiben – und nun habe ich volles Verständnis für die armen Mütter –, doch ich habe auch Verständnis für die Töchter!«

Sie lächelte verständnisvoll und zugleich ziemlich neugierig Rachel zu.

»Sie scheinen einander eine Menge zu sagen zu haben«, sagte Mrs Elliot und sandte dem Paar, das sich abgewandt hatte, einen bedeutungsvollen Blick nach. »Haben Sie das beim Picknick bemerkt? Er war der einzige Mensch, der sie dazu bewegen konnte, den Mund aufzumachen.«

»Ihr Vater ist ein sehr interessanter Mann«, sagte Mrs Thornbury. »Er hat eins der größten Schiffahrtsunternehmen in Hull. Sie werden sich erinnern, er hat Mr Asquith bei der letzten Wahl eine sehr ordentliche Antwort erteilt. Es ist doch interessant zu wissen, daß ein Mann von seiner Erfahrung ein entschiedener Protektionist ist.«

Sie hätte gerne über Politik diskutiert, die sie mehr interessierte als Personen, doch Mrs Elliot mochte über das Empire nur in weniger abstrakter Form reden.

»Aus England sind ja gräßliche Geschichten über die Ratten zu hören«, sagte sie. »Eine meiner Schwägerinnen, die in Norwich lebt, schreibt mir, es sei äußerst riskant, jetzt Geflügelgerichte zu bestellen. Die Pest – wissen Sie. Sie befällt die Ratten und über sie dann andere Lebewesen.«

»Und die örtlichen Behörden unternehmen keine geeigneten Maßnahmen?« fragte Mrs Thornbury.

»Das sagt sie nicht. Sie bezeichnet allerdings die Einstellung der gebildeten Leute – die es besser wissen sollten – als außerordentlich unvernünftig. Nun ist meine Schwägerin natürlich auch eine von diesen aktiven modernen Frauen, die die Dinge in die Hand nehmen, wissen Sie – die Art Frauen, die man bewundert, bei denen man jedoch nicht das Gefühl hat, jedenfalls ich habe es nicht – doch sie hat eben auch eine eiserne Konstitution.«

Mrs Elliot fiel ihre eigene zarte Gesundheit wieder ein, und sie seufzte.

»Ein sehr animiertes Gesicht«, sagte Mrs Thornbury beim Anblick von Evelyn M., die in ihrer Nähe stehengeblieben war, um sich eine hellrote Blume an der Brust festzustecken. Sie wollte jedoch nicht halten, und mit einer übermütigen Geste der Ungeduld steckte sie sie in das Knopfloch ihres Partners. Das war ein großer, melancholischer junger Mann, der das Geschenk annahm, wie ein Ritter das Unterpfand seiner Dame hätte entgegennehmen können.

»Sehr anstrengend für die Augen«, lautete Mrs Elliots nächste Bemerkung, nachdem sie den gelben Wirbel, innerhalb dessen es nur wenige Wirbelnde gab, die für sie Namen oder Charakter hatten, ein paar Minuten lang beobachtet hatte. Helen riß sich aus der Menge los, kam auf sie zu und nahm sich einen freien Stuhl.

»Darf ich mich zu Ihnen setzen?« sagte sie lächelnd und atemlos. »Ich sollte mich vermutlich schämen«, fuhr sie fort, während sie sich setzte, »in meinem Alter.«

Ihre Schönheit war jetzt, wo ihr Gesicht gerötet und belebt war, noch anziehender als gewöhnlich, und beide Damen verspürten den Wunsch, sie zu berühren.

»Doch wie ich das genieße«, sagte sie, immer noch außer Atem. »Bewegung – ist das nicht verwunderlich?«

»Ich habe immer gehört, daß nichts übers Tanzen geht, wenn man eine gute Tänzerin ist«, sagte Mrs Thornbury und schaute sie lächelnd an.

Helen schwankte leicht, als säße sie auf Drähten.

»Ich könnte ewig tanzen!« erklärte sie. »Sie lockern sich nicht genug!« rief sie. »Sie sollten springen und schwingen. Sehen Sie doch! Wie sie stampfen!«

»Haben Sie diese herrlichen russischen Tänzer gesehen?« begann

Mrs Elliot. Doch Helen sah ihren Partner kommen und stand auf, wie der Mond am Himmel aufgeht. Sie war schon halb um den Saal herum, bis ihre Blicke sie losließen, denn sie mußten sie einfach bewundern, obwohl sie es ein wenig merkwürdig fanden, daß eine Frau ihres Alters ein derartiges Vergnügen am Tanzen haben sollte.

Helen war gerade einmal für eine Minute allein, als St. John Hirst sich zu ihr gesellte, der die Gelegenheit abgepaßt hatte.

»Macht es Ihnen etwas aus, eine Pause einzulegen?« fragte er. »Ich bin zum Tanzen völlig untauglich.« Er steuerte Helen in eine Ecke, die mit nur zwei Sesseln ausgestattet war und somit den Vorzug relativer Intimität bot. Sie setzten sich, und ein paar Minuten lang stand Helen noch zu sehr unter dem Eindruck des Tanzens, um sprechen zu können.

»Erstaunlich!« rief sie schließlich aus. »Was sie sich wohl vorstellt, welche Form ihr Körper hat?« Diese Äußerung wurde von einer Dame ausgelöst, die gerade, eher watschelnd als gehend, vorbeikam und sich dabei auf den Arm eines korpulenten Mannes stützte, dessen grüne Augen aus einem dicken weißen Gesicht hervortraten. Ein gewisses Maß an Stützung war notwendig, denn sie war sehr füllig und so eng geschnürt, daß ihr Oberkörper ihren Füßen um einiges voraus war, die infolge der Enge des Rockes, der ihre Fesseln umschloß, nur winzige Schrittchen machen konnten. Das Kleid selbst bestand aus einem Stückchen leuchtend gelben Satins, das mit wahllos hingestreuten runden Scheiben aus blauen und grünen Perlen verziert war, die die Färbung der Pfauenbrust imitieren sollten. Auf der Zinne des schaumigen Kastells ihrer Haare stand aufrecht eine violette Feder, während ihr kurzer Hals von einem schwarzen Samtband umschlossen wurde, das höckrig von Gemmen war, und goldene Armbänder schnitten stramm in das Fleisch ihrer dicken behandschuhten Arme. Sie hatte das Gesicht eines anmaßenden, aber fidelen Schweinchens, das seine roten Sprenkel unter einer Puderschicht verbarg.

St. John konnte nicht in Helens Lachen einstimmen.

»Es macht mich krank«, erklärte er. »Die ganze Angelegenheit macht mich krank ... Wenn man an den Geist dieser Menschen denkt – ihre Empfindungen. Finden Sie das denn nicht?«

»Ich schwöre jedesmal, niemals wieder zu irgendeiner Gesellschaft welcher Art auch immer zu gehen«, antwortete Helen, »und ich breche diesen Schwur jedesmal wieder.«

Sie lehnte sich in ihrem Sessel zurück und schaute den jungen Mann mit lachendem Gesicht an. Sie erkannte, daß er ernsthaft gereizt, dabei aber leicht erregt war.

»Wie auch immer«, sagte er und verfiel wieder in seinen lässigen Tonfall, »man muß sich darüber wohl endgültig klar werden.«

»Worüber?«

»Daß es niemals mehr als fünf Menschen auf der Welt geben wird, mit denen zu reden sich lohnt.«

Allmählich schwanden die Röte und der lebhafte Glanz aus Helens Gesicht, und sie sah wieder so gelassen und so aufmerksam aus wie sonst.

»Fünf Menschen?« gab sie zurück. »Ich würde sagen, es sind mehr als fünf.«

»Dann haben Sie eben großes Glück gehabt«, sagte Hirst. »Oder vielleicht habe ich großes Pech gehabt.« Er verstummte.

»Vielleicht sollte ich ja sagen, daß mit mir nie leicht auszukommen war?« fragte er unvermittelt.

»Das ist bei den meisten gescheiten Menschen so, wenn sie jung sind«, antwortete Helen.

»Und das bin ich natürlich – ungeheuer gescheit«, sagte Hirst. »Ich bin unendlich viel gescheiter als Hewet. Es ist durchaus möglich«, fuhr er auf seine merkwürdig unpersönliche Weise fort, »daß ich einmal eine der Personen sein werde, auf die es wirklich ankommt. Das ist etwas gänzlich anderes, als daß einer gescheit ist, obwohl man natürlich von seiner Familie nicht erwarten kann, daß sie das einsieht«, setzte er bitter hinzu.

Helen fühlte sich zu der Frage berechtigt: »Finden Sie es schwierig, mit Ihrer Familie auszukommen?«

»Unerträglich ... Sie wollen, daß ich ins Oberhaus komme und Staatsrat werde. Zum Teil bin ich hierher gekommen, um die Sache für mich zu klären. Sie muß geklärt werden. Entweder muß ich Anwalt werden, oder ich muß weiterhin in Cambridge bleiben. Beides hat selbstverständlich seine Nachteile, aber in meinen Augen spricht doch einiges eindeutig zugunsten von Cambridge. So was wie dies hier!« er wedelte mit der Hand in Richtung des überfüllten Ballsaals. »Abstoßend. Ich weiß durchaus, was starke Empfindungen sind. Ich bin natürlich nicht in der Weise dafür empfänglich, wie Hewet es ist. Ich habe ein paar Menschen sehr gern. Ich meine, beispielsweise, daß sich einiges zugunsten meiner Mutter sagen läßt, auch wenn man sie in vielerlei Hinsicht nur bedauern kann ... In Cambridge würde ich dann selbstverständlich der bedeutendste Mann am Ort werden, doch gibt es wiederum Gründe, weshalb mir vor Cambridge graut –« Er sprach nicht weiter.

»Finden Sie mich nicht gräßlich langweilig?« fragte er. Er verwandelte sich merkwürdigerweise von einem Freund, der sich einem Freund anvertraute, in einen konventionellen jungen Mann auf einer Gesellschaft.

»Keineswegs«, sagte Helen. »Ich höre Ihnen sehr gern zu.«

»Sie können sich gar nicht vorstellen«, rief er und klang nahezu bewegt, »was das ausmacht, wenn man auf jemanden trifft, mit dem man reden kann! Gleich als ich Sie sah, hatte ich den Eindruck, daß Sie mich möglicherweise verstehen könnten. Ich habe Hewet sehr gern, doch er hat nicht die leiseste Ahnung, wie ich bin. Sie sind die einzige Frau, der ich je begegnet bin, die immerhin ahnt, was ich meine, wenn ich irgendetwas sage.«

Der nächste Tanz begann; es war die Barcarole von Hoffmann, die bewirkte, daß Helen mit dem Fuß den Takt schlug; sie hatte jedoch das Gefühl, daß es nach einem solchen Kompliment unmöglich wäre, aufzustehen und wegzugehen, und außerdem war sie, einmal abgesehen davon, daß es sie amüsierte, wirklich geschmeichelt, und seine unverhohlene Eitelkeit nahm sie für ihn ein. Sie hatte den Verdacht, daß er nicht glücklich war, und war weiblich genug, um sich zu wünschen, daß er sie ins Vertrauen ziehen möge.

»Ich bin sehr alt«, seufzte sie.

»Das Seltsame ist, daß ich Sie überhaupt nicht alt finde«, erwiderte er. »Für mein Gefühl haben wir genau dasselbe Alter. Außerdem –«, er zögerte, doch ein flüchtiger Blick auf ihr Gesicht gab ihm den nötigen Mut, um fortzufahren, »ich habe das Gefühl, offen zu Ihnen sprechen zu können, wie man es mit einem Mann tut – über die Beziehung zwischen den Geschlechtern, über ... und ...«

Trotz seiner Zuversicht überzog eine leise Röte sein Gesicht, als er die beiden letzten Worte sprach.

Doch das Lachen, mit dem sie ausrief: »Das will ich doch hoffen!« beruhigte ihn sofort wieder.

Er blickte sie mit wirklicher Zuneigung an, und die scharfen Falten, die sein Gesicht um Mund und Nase durchzogen, glätteten sich zum erstenmal.

»Gott sei Dank«, rief er, »jetzt können wir uns wie zivilisierte Menschen benehmen!«

Offenkundig war eine gewöhnlich unüberwindliche Barriere gefallen, und es war möglich, von Dingen zu sprechen, die im allgemeinen zwischen Männern und Frauen nur dann zur Sprache kommen, wenn ein Arzt anwesend ist oder der Tod seinen Schatten vorauswirft. Schon nach fünf Minuten erzählte er ihr seine Lebensgeschichte. Sie war lang, denn sie war voller äußerst vertrackter Begebenheiten, die zu einer Diskussion über moralische Grundsätze führte und damit auch zu mehreren sehr interessanten Gegenständen, die selbst in diesem Ballsaal im Flüsterton erörtert werden mußten, damit nicht womöglich eine der Kropftaubendamen oder einer der jovial strahlenden Kaufleute sie mitbekam und als nächstes verlangte, daß sie den Saal verließen. Als sie fertig waren, oder, genauer gesagt, als Helen durch ein leises Nachlassen ihrer Aufmerksamkeit zu erkennen gab, daß sie lange genug an einem Fleck gesessen hatten, stand Hirst auf und rief: »So gibt es also überhaupt keinen Grund für diese ganze Geheimniskrämerei!«

»Keinen, außer den, daß wir Engländer sind«, antwortete sie. Sie nahm seinen Arm, und sie durchquerten den Ballsaal, indem sie sich unter Schwierigkeiten zwischen all den kreiselnden Paaren durchschlängelten, die mittlerweile sichtlich aufgelöst waren und für ein kritisches Auge wahrhaftig keinen schönen Anblick boten. Das aufregende Erlebnis einer sich anbahnenden Freundschaft und ihr ausgiebiges Gespräch hatten sie hungrig gemacht, und sie begaben sich auf Nahrungssuche in den Speisesaal, der jetzt voller Menschen war, die an kleinen getrennten Tischen aßen. Am Eingang begegneten sie Rachel, die mit Arthur Venning bereits wieder zur Tanzfläche ging. Ihr Gesicht war gerötet, und sie sah sehr glücklich aus, und Helen stellte verblüfft fest, daß sie in dieser Stimmung gewiß anziehender war als die Mehrzahl der jungen Frauen. In dieser Deutlichkeit hatte sie das bislang noch nicht gesehen.

»Macht's dir Spaß?« fragte sie, als sie für einen Augenblick stehenblieben.

»Miss Vinrace«, antwortete Arthur an ihrer Stelle, »hat mir gerade ein Geständnis gemacht; sie hatte bislang keine Ahnung, daß Tanzen so herrlich sein kann.«

»Ja!« rief Rachel. »Ich habe meine Meinung über das Leben gründlich geändert!«

»Was du nicht sagst!« spottete Helen. Sie gingen weiter.

»Das ist typisch Rachel«, sagte sie. »Sie ändert ihre Meinung über das Leben ungefähr jeden zweiten Tag. Wissen Sie, ich glaube, Sie sind genau der Mensch, den ich brauche«, sagte sie, als sie Platz nahmen, »um ihre Erziehung abzurunden. Sie ist praktisch in einem Nonnenkloster aufgewachsen. Ihr Vater benimmt sich einfach absurd. Ich habe getan, was ich konnte – doch ich bin zu alt, und ich bin eine Frau. Warum sprechen Sie nicht mit ihr – erklären ihr nicht einiges – ich meine, Sie könnten doch mit ihr reden, wie Sie mit mir reden.«

»Ich habe heute abend bereits einen Versuch gemacht«, sagte St. John. »Ich bezweifle jedoch, daß das ein Erfolg war. Sie erscheint mir so ungeheuer jung und unerfahren. Ich habe versprochen, ihr Gibbon zu leihen.«

»Es geht nicht eigentlich um Gibbon«, sagte Helen nachdenklich. »Es geht, glaube ich, um die Tatsachen des Lebens – verstehen Sie, was ich meine? Um das, was wirklich vorgeht, was die Menschen empfinden, obwohl sie es im allgemeinen zu verbergen versuchen. Es gibt da nichts, wovor man sich fürchten müßte. Es ist soviel schöner als die Verstellung – immer interessanter – immer besser, würde ich meinen, als so etwas.«

Sie deutete mit dem Kopf auf einen Tisch in ihrer Nähe, an dem zwei Mädchen und zwei junge Männer einander in sehr lautem Ton neckten und einen scherzhaften Dialog führten, der mit Anzüglichkeiten gespickt war und sich, so schien es, um ein Paar Strümpfe oder ein Paar Beine drehte. Eines der Mädchen bewegte heftig einen Fächer und tat, als wäre es schockiert, und das war ein sehr unerfreulicher Anblick, was zum Teil daher rührte, daß die Mädchen einander anscheinend insgeheim nicht leiden konnten.

»In meinem vorgerückten Alter«, sagte Helen seufzend, »neige ich jedoch immer mehr zu der Ansicht, daß es auf längere Sicht keine große Rolle spielt, was man tut: die Menschen gehen doch immer ihren eigenen Weg – nichts wird sie je darin beirren.« Sie nickte wieder zu der Essensgesellschaft hinüber.

St. John war jedoch nicht ihrer Meinung. Er sagte, seiner Meinung nach könne man doch durch bestimmte Ansichten, Bücher und so weiter, eine große Menge ändern, und fügte hinzu, gegenwärtig gebe es kaum etwas Wichtigeres als die Aufklärung der Frauen. Er denke manchmal, fast alles sei Erziehungssache.

Im Ballsaal stellten sich die Tänzer unterdessen zu den Lanciers in Vierecken auf. Arthur und Rachel, Susan und Hewet, Miss Allan und Hughling Elliot fanden sich im selben Viereck.

Miss Allan blickte auf die Uhr.

»Halb zwei«, stellte sie fest. »Und ich muß morgen Alexander Pope abschicken.«

»Pope!« schnaubte Mr Elliot verächtlich. »Wer liest denn schon Pope, das wüßte ich gerne mal. Und gar schon etwas über ihn – Nein, nein, Miss Allan; Sie können gewiß sein, daß Sie der Welt weitaus mehr durch Tanzen als durch Schreiben nützen.« Eine von Mr Elliots Affektiertheiten war die Ansicht, daß nichts auf der Welt so herrlich sei wie das Tanzen – nichts auf der Welt so öde wie die Literatur. Auf diese Weise suchte er sich rührenderweise bei der Jugend einzuschmeicheln und den Jüngeren zu beweisen, daß er, obwohl mit einer Maus von einer Frau verheiratet und reichlich blaß und gebeugt und vergrämt von der Last seiner Gelehrsamkeit, springlebendig wie der jüngste von ihnen allen war.

»Es ist Brotarbeit«, sagte Miss Allan ruhig. »Dennoch, man scheint auf mich zu warten.« Sie nahm ihre Position ein und streckte eine ekkige schwarze Schuhspitze vor.

»Mr Hewet, Sie verbeugen sich vor mir.« Es war auf Anhieb zu erkennen, daß Miss Allan als einzige eine gründliche, verläßliche Kenntnis der Figuren des Tanzes besaß.

Nach den Lanciers kam ein Walzer; nach dem Walzer eine Polka; und dann geschah etwas Schreckliches: die Musik, die mit fünfminütigen Unterbrechungen unablässig erklungen war, hörte plötzlich auf. Die Dame mit den großen dunklen Augen begann, ihre Geige in Seide einzuhüllen, und der Herr verstaute sein Horn sorgfältig in seinem Etui. Sie waren von Paaren umringt, die sie auf Englisch, auf Französisch, auf Spanisch um einen einzigen weiteren Tanz anflehten, nur einen einzigen; es sei doch noch früh. Der alte Mann am Klavier wies jedoch lediglich auf seine Uhr und schüttelte den Kopf. Er schlug den Kragen seines Jacketts hoch und zog einen roten Seidenschal hervor, der seine festliche Aufmachung mit einem Schlag zerstörte. So seltsam das wirkte, die Musiker waren bleich und hatten Ringe unter den Augen; sie wirkten gelangweilt und prosaisch, als richtete sich ihr ganzes Sehnen auf kalten Braten und Bier, auf die dann unmittelbar das Bett folgen sollte.

Rachel gehörte zu denen, die sie gebeten hatten, doch weiterzumachen. Als sie sich weigerten, begann sie, die Noten der Tanzmusik durchzublättern, die auf dem Klavier lagen. Die Stücke waren durchweg in farbige Einbände gebunden, auf denen romantische Szenen abgebildet waren – Gondolieri, die mit gespreizten Beinen in der Mondsichel standen, Nonnen, die durch die Gitterstäbe eines Klosterfensters spähten, oder junge Frauen mit offenem Haar, die ein Gewehr auf die Sterne richteten. Sie besann sich darauf, daß die Musik, nach der sie so fröhlich getanzt hatten, im allgemeinen von wehmütigem Verlangen nach der toten Liebe und den unschuldigen Jahren der Jugend handelte; ein furchtbarer Kummer hatte die Tänzer die ganze Zeit von ihrem verflossenen Glück getrennt.

»Kein Wunder, daß sie es leid sind, ein solches Zeug zu spielen«, bemerkte sie und las ein paar Takte; »das sind eigentlich sehr schnell gespielte Kirchenlieder, mit ein paar Brocken Wagner und Beethoven darin.«

»Spielen Sie Klavier? Wollen Sie nicht spielen? Ganz gleich, was, wenn wir nur danach tanzen können!« Von allen Seiten berief man sich auf ihre Begabung für das Klavierspiel, und sie mußte einwilligen. Da sie die paar Stücke Tanzmusik, an die sie sich erinnern konnte, im Nu gespielt hatte, ging sie zu einer Melodie aus einer Mozart-Sonate über.

»Aber das ist doch kein Tanz«, sagte jemand, der beim Klavier stehenblieb.

»Oh doch«, erwiderte sie und nickte nachdrücklich. »Erfinden Sie die Schritte selbst dazu.« Da sie den Gang der Melodie sicher beherrschte, betonte sie kühn den Rhythmus, um das Ganze gewissermaßen zu vereinfachen. Helen begriff, worauf sie hinauswollte; packte Miss Allan beim Arm und wirbelte durch den Saal, mal knicksend, mal um die eigene Achse kreiselnd, dann wieder hin und her springend wie ein Kind, das über eine Wiese hüpft.

»Dies ist der Tanz für Leute, die nicht wissen, wie man tanzt!« rief sie. Das Stück veränderte sich zu einem Menuett; St. John hopste mit unglaublicher Behendigkeit erst auf dem linken, dann auf dem rechten Bein umher; die Musik begann, melodiös dahinzufließen; Hewet, der die Arme schwenkte und dabei seine Rockschöße ausgebreitet hielt, schwebte durch den Saal und lieferte eine Imitation des wollüstig träumerischen Tanzes einer indischen Jungfrau, die vor ihrem Radschah tanzt. Die Musik fiel in Marschrhythmus; und Miss Allan trat mit ausgebreitetem Rock vor und verneigte sich tief vor dem verlobten Paar. Sowie ihre Füße erst einmal den Rhythmus gefunden hatten, legten sie jegliche Befangenheit ab. Von Mozart ging Rachel ohne Pause zu alten englischen Jagdliedern über, zu Kinderliedern, zu Kirchenliedern, denn sie hatte herausgefunden, aus jeder guten Melodie ließ sich mit ein bißchen Geschick eine machen, zu der man tanzen konnte. Nach und nach gab es im Saal niemanden mehr, der nicht paarweise oder allein hüpfte oder sich im Kreis drehte. Mr Pepper vollführte einen ausgeklügelten Spitzentanz, der sich vom Eiskunstlauf herleitete, in dem er irgendwann einmal eine lokale Meisterschaft errungen hatte; während Mrs Thornbury sich an einen alten Volkstanz zu erinnern suchte, den sie die Pächter ihres Vaters vor langen Zeiten in Dorsetshire hatte tanzen sehen. Mr und Mrs Elliot wiederum vollführten rund um den Saal mit solcher Verbissenheit Galoppaden, daß die anderen Tänzer bei ihrem Nahen zitterten. Ein paar Leute kritisierten diese Darbietungen als Getobe; für andere war dies der vergnüglichste Teil des Abends.

»Und jetzt zum großen Rundtanz!« schrie Hewet. Sogleich bildete sich ein riesiger Kreis, und die Tänzer hielten einander bei der Hand und schrien: »D'you ken John Peel«, während sie schneller und immer schneller herumflogen, bis die Wucht zu groß wurde, und ein Glied der Kette – Mrs Thornbury – nachgab, und alle anderen in alle Richtungen durch den Saal flogen, um auf dem Parkett oder den Stühlen oder in irgendwelchen Armen zu landen, wie sie sich gerade anboten.

Als sie sich, atemlos und zerzaust, aus diesen Positionen wieder aufrichteten, bemerkten sie zum erstenmal, daß die elektrischen Lampen gänzlich vergeblich durch die Luft blitzten, und instinktiv wandten sich viele Blicke den Fenstern zu. Ja – da war die Morgendämmerung. Während sie getanzt hatten, war die Nacht vorübergegangen, und nun war der Morgen da. Die Berge draußen wirkten sehr rein und fern; der Tau glitzerte im Gras, und außer im Osten, wo sich blasse Gelb- und Rottöne zeigten, schimmerte der Himmel blau. Die Tänzer drängten sich zu den Glastüren, stießen sie auf und wagten sich vereinzelt auf den Rasen hinaus.

»Wie albern die armen alten Lampen aussehen!« sagte Evelyn M. mit seltsam gedämpfter Stimme. »Und wir auch; es ist nicht gerade schmeichelhaft.« Das stimmte; das unordentliche Haar und die grünen und gelben Gemmen, die noch vor einer halben Stunde festlich gewirkt hatten, sahen jetzt billig und nachlässig aus. Die Gesichtshaut der älteren Damen hatte entsetzlich gelitten, und als wären sie sich bewußt, daß sich ein kalter Blick auf sie gerichtet hatte, fingen sie an, gute Nacht zu sagen und sich nach oben zurückzuziehen, um schlafen zu gehen.

Rachel hatte, ihres Publikums beraubt, für sich allein weitergespielt. Von John Peel ging sie zu Bach über, dem ihre Begeisterung zur Zeit hauptsächlich galt, und einer nach dem anderen kamen die jüngeren Tänzer aus dem Garten herein und setzten sich auf die verwaisten vergoldeten Stühle rund um das Klavier. Im Saal war es mittlerweile so hell, daß sie die Lampen ausmachten. Während sie saßen und zuhörten, beruhigten sich ihre Nerven; ihre Lippen, die vom unaufhörlichen Reden und Lachen heiß und wund waren, glätteten sich. Sie saßen ganz still, als sähen sie ein Gebäude mit Wänden und Säulen, die sich eine um die andere aus dem leeren Raum erhoben. Dann begannen sie, sich selbst und ihr Leben zu sehen und das menschliche Leben überhaupt, das, angeleitet von der Musik, einen sehr noblen Fortgang nahm. Sie fühlten sich selbst geadelt, und als Rachel zu spielen aufhörte, stand ihnen der Sinn nach nichts anderem als nach Schlaf.

Susan stand auf. »Ich glaube, das war die glücklichste Nacht meines Lebens!« rief sie. »Ich liebe die Musik doch so sehr«, sagte sie, als sie Rachel dankte. »Sie scheint eben all das zu sagen, was man selbst nicht sagen kann.« Sie ließ ein nervöses kleines Lachen hören und schaute mit großem Wohlwollen von einem zum anderen, als wollte sie gern etwas sagen, fände jedoch nicht die richtigen Worte, um es auszudrücken. »Alle sind so nett gewesen – so ungeheuer nett«, sagte sie. Dann ging auch sie zu Bett.

Nachdem das Fest auf die sehr abrupte Weise geendet hatte, auf die Feste nun einmal enden, standen Helen und Rachel mit ihren Mänteln an der Tür und hielten nach einer Kutsche Ausschau.

»Ihnen ist doch wohl klar, daß keine Kutsche mehr da ist?« sagte St. John, der sich draußen umgetan hatte. »Sie müssen hier schlafen.«

»Oh nein«, sagte Helen; »dann laufen wir eben.«

»Dürfen wir auch mitkommen?« fragte Hewet. »Wir können nicht schlafen gehen. Allein die Vorstellung, daß man da in seinen Kissen liegt, an einem Morgen wie diesem, und auf seinen Waschtisch schaut – Wohnen Sie dort oben?«

Sie hatten begonnen, die Allee hinunterzulaufen, und er wandte sich zur Seite und wies auf die weißgrüne Villa am Hang, die die Augen geschlossen zu halten schien.

»Da brennt doch nicht etwa Licht?« fragte Helen besorgt.

»Das ist die Sonne«, sagte St. John. Die oberen Fenster hatten alle einen goldenen Fleck.

»Ich habe schon befürchtet, das sei mein Mann, der immer noch Griechisch liest«, sagte sie. »Er war die ganze Zeit mit der Pindar-Ausgabe beschäftigt.«

Sie durchquerten die Stadt und bogen in die steile Straße ein, die völlig hell war, wenn auch noch ungesäumt von Schatten. Teils weil sie müde waren, teils weil das Frühlicht sie still werden ließ, sprachen sie kaum, sondern atmeten nur die köstliche frische Luft ein, die zu einem anderen Dasein zu gehören schien als die Luft zur Mittagszeit. Als sie an die hohe gelbe Mauer gelangten, wo die Zufahrt von der Straße abging, machte Helen Anstalten, die beiden jungen Männer zu verabschieden.

»Sie sind jetzt weit genug mitgekommen«, sagte sie. »Gehen Sie zurück und legen Sie sich schlafen.«

Sie schienen jedoch keine Lust dazu zu haben.

»Setzen wir uns doch einen Augenblick«, sagte Hewet. Er breitete seinen Mantel auf dem Boden aus. »Setzen wir uns hin und denken ein bißchen nach.« Sie setzten sich und blickten über die Bucht; sie war sehr ruhig, das Meer kräuselte sich leicht, und grüne und blaue Streifen begannen sich zu bilden. Segelboote waren noch keine da, doch ein Dampfer lag in der Bucht vor Anker, der im Dunst sehr geisterhaft wirkte; er ließ einen unirdischen Schrei hören, und dann war alles still.

Rachel war damit beschäftigt, einen grauen Stein nach dem anderen aufzulesen und daraus einen kleinen Steinhügel zu bauen; sie tat das sehr ruhig und sorgfältig.

»Und du hast also deine Meinung über das Leben geändert, Rachel?« sagte Helen.

Rachel fügte einen weiteren Stein hinzu und gähnte. »Ich erinnere mich nicht mehr«, sagte sie, »ich komme mir vor wie ein Fisch am Meeresgrund.« Sie gähnte erneut. Keiner von diesen Menschen besaß die Macht, ihr hier draußen in der Morgendämmerung Angst einzuflößen, und sie empfand sie als völlig vertraut, selbst Mr Hirst.

»Mein Gehirn hingegen«, sagte Hirst, »befindet sich im Zustand abnormer Aktivität.« Er saß in seiner Lieblingshaltung, die Arme eng um die Beine geschlungen und das Kinn auf die Knie gelegt. »Ich durchschaue alles – absolut alles. Das Leben birgt keinerlei Geheimnisse mehr für mich.« Er sprach zwar mit Überzeugung, schien jedoch keinen Wert auf eine Antwort zu legen. So nahe sie beieinander saßen und so vertraut sie sich einander fühlten, sie schienen doch bloße Schatten füreinander zu sein.

»Und all die Menschen dort unten, die jetzt schlafen gehen«, begann Hewet träumerisch, »und so ganz verschiedene Dinge dabei denken – Miss Warrington kniet vermutlich jetzt nieder; die Elliots sind ein wenig verstört – sie gehören nicht gerade zu den Leuten, die häufig außer Atem geraten, und nun wollen sie so rasch wie möglich schlafen; dann ist da der arme schmächtige junge Mann, der den ganzen Abend mit Evelyn getanzt hat; der stellt jetzt seine Blume ins Wasser und fragt sich: ›Ist das die Liebe?‹ – und der arme alte Perrott kann schätzungsweise gar nicht schlafen und liest in seinem griechischen Lieblingsbuch, um sich zu trösten – und die anderen – nein, Hirst«, sagte er abschließend, »ich finde das überhaupt nicht einfach.«

»Ich habe einen Schlüssel«, sagte Hirst kryptisch. Sein Kinn ruhte immer noch auf seinen Knien, und er blickte starr vor sich hin.

Schweigen trat ein. Dann stand Helen auf und wünschte ihnen eine gute Nacht. »Aber vergessen Sie nicht«, sagte sie, »daß Sie uns besuchen kommen müssen.«

Sie winkten einander eine gute Nacht zu und trennten sich, doch die beiden jungen Männer kehrten nicht ins Hotel zurück; sie machten einen Spaziergang, während dessen sie kaum sprachen und niemals die Namen der beiden Frauen erwähnten, die ihre Gedanken in beträchtlichem Maße beschäftigten. Sie hatten nicht den Wunsch, ihre Eindrücke auszutauschen. Rechtzeitig zum Frühstück kehrten sie wieder ins Hotel zurück.

13. Kapitel

Es gab viele Zimmer in der Villa, doch eins davon hatte insofern ein eigenes Gepräge, als seine Tür immer geschlossen war und niemals Musik oder Gelächter herausdrang. Alle im Haus waren sich vage bewußt, daß hinter jener Tür etwas vorging, und wenn sie auch nicht im mindesten wußten, was das war, so wirkte sich das Wissen, daß die Tür, wenn sie an ihr vorbeikämen, geschlossen sein würde und daß Mr Ambrose drinnen es als Störung empfände, wenn sie irgendwelchen Lärm machten, doch auf ihr ganzes Denken aus. Bestimmte Verhaltensweisen waren entsprechend verdienstvoll, und andere waren verwerflich, so daß das Leben sich harmonischer und organischer gestaltete, als es gewesen wäre, wenn Mr Ambrose es aufgegeben hätte, Pindar herauszugeben, und ein nomadisches Leben zwischen sämtlichen Zimmern des Hauses geführt hätte. So aber war sich jeder darüber im klaren, daß, indem man bestimmte Regeln einhielt, wie Pünktlichkeit und das Vermeiden von Lärm, gut kochte und andere kleine Pflichten erfüllte, beruhigenderweise eine Ode nach der anderen der Welt wiedergegeben wurde, und sie teilten den geregelten Ablauf des Gelehrtenlebens. Wie nun das Alter eine Barriere zwischen den Menschen errichtet und die Gelehrsamkeit eine weitere und das Geschlecht eine dritte, so war Mr Ambrose in seinem Arbeitszimmer allerdings zum Leidwesen der anderen ein paar tausend Meilen vom nächsten Menschen entfernt, der in diesem Haushalt zwangsläufig eine Frau war. Er saß Stunde um Stunde zwischen weißen Buchseiten, allein wie ein Idol in einer leeren Kirche, reglos bis auf die Handbewegung, mit der er von einer Seite des Blattes zur nächsten überging, stumm bis auf ein gelegentliches Räuspern, das ihn dazu veranlaßte, seine Pfeife einen Augenblick in die Luft zu halten. Während er sich tiefer und tiefer in das Wesen des Dichters hineinarbeitete, zogen die Bücher, die aufgeschlagen am Boden lagen, immer weitere Kreise um seinen Stuhl und waren nur noch durch vorsichtiges Auftreten zu überwinden, so behutsam, daß seine Besucher im allgemeinen stehenblieben und ihn von der Peripherie her ansprachen.

Wie auch immer, am Morgen nach dem Ball trat Rachel ins Zimmer ihres Onkels und rief zweimal »Onkel Ridley!«, bevor er irgendwelche Notiz von ihr nahm.

Nach geraumer Weile blickte er über seine Brille hinweg.

»Nun?« fragte er.

»Ich möchte ein Buch«, erwiderte sie. »Gibbons *History of the Roman Empire*. Darf ich das haben?«

Sie beobachtete, wie das Gesicht ihres Onkels sich auf ihre Frage hin in die gewohnten Falten legte. Es war glatt gewesen wie eine Maske, ehe sie gesprochen hatte.

»Bitte sag das noch einmal«, sagte ihr Onkel, entweder weil er es nicht gehört, oder weil er es nicht begriffen hatte.

Sie wiederholte ihre Worte und errötete dabei leicht.

»Gibbon! Wozu um alles in der Welt brauchst du denn den?« wollte er wissen.

»Jemand hat mir empfohlen, ihn zu lesen«, stotterte Rachel.

»Aber ich reise doch nicht mit einer bunten Auswahl von Historikern des 18. Jahrhunderts umher!« rief ihr Onkel. »Gibbon! Wenigstens zehn dicke Bände.«

Rachel sagte, es tue ihr leid, daß sie ihn gestört habe, und wandte sich zum Gehen.

»Halt!« rief ihr Onkel. Er legte seine Pfeife nieder, schob sein Buch beiseite, stand auf, nahm sie beim Arm und führte sie langsam durchs Zimmer. »Plato«, sagte er, indem er den Finger an das erste innerhalb einer Reihe schmaler dunkler Bücher legte, »und Jorrocks gleich nebenan, was falsch ist. Sophokles, Swift. Mit deutschen Kommentatoren hast du vermutlich nichts im Sinn. Französisch also. Du liest doch Französisch? Du solltest Balzac lesen. Dann kommen wir zu Wordsworth und Coleridge. Pope, Johnson, Addison, Wordsworth, Shelley, Keats. Eins führt zum anderen. Warum steht Marlowe denn hier? Mrs Chailey vermutlich. Doch was nützt alles Lesen, wenn du kein Griechisch liest? Letztlich brauchst du, wenn du Griechisch liest, nie wieder irgend etwas anderes zu lesen – pure Zeitverschwendung, pure Zeitverschwendung«, so sprach er, halb zu sich selbst, mit raschen Handbewegungen; dabei waren sie wieder zu dem Ringwall aus Büchern am Boden gelangt, und der Weg war ihnen versperrt.

»Also?« fragte er, »was soll es denn sein?«

»Balzac«, sagte Rachel, »oder hast du *The Speech on the American Revolution*, Onkel Ridley?«

»*The Speech on the American Revolution?«* fragte er. Wieder blickte er sie mit lebhaftem Interesse an. »Noch ein junger Mann vom Ball?«

»Nein. Das war Mr Dalloway«, gestand sie.

»Du lieber Himmel!« Bei der Erinnerung an Mr Dalloway warf er den Kopf zurück.

Sie wählte aufs Geratewohl einen Band für sich aus, legte ihn ihrem Onkel vor, der ihr, als er sah, daß es *La Cousine Bette* war, empfahl, es zuzuklappen, falls sie es gar zu gräßlich fände, und sie wollte schon gehen, als er sich erkundigte, ob es ihr denn auf ihrem Ball gefallen habe?

Dann wollte er wissen, was die Leute auf Bällen denn machten, da er sich entsann, daß er nur vor fünfunddreißig Jahren einmal auf einem gewesen war, als ihm das bedeutungsloser und blödsinniger vorgekommen war als irgend etwas sonst. Hatten sie ihren Spaß daran, zum Gejaule einer Fiedel unablässig im Kreis herumzuhopsen? Redeten sie, sagten sie einander Nettigkeiten, und wenn, warum taten sie das dann nicht unter vernünftigen Bedingungen? Was ihn selbst betreffe – er seufzte und wies auf die Zeichen seiner Emsigkeit, von denen er umringt war, was ihn, ungeachtet seines Seufzers, sichtlich mit einer derartigen Befriedigung erfüllte, daß seine Nichte es für geraten hielt, sich zu verabschieden. Nachdem er seinen Kuß bekommen hatte, war sie in Gnaden entlassen, nicht jedoch, ehe sie sich nicht verpflichtet hatte, auf jeden Fall das griechische Alphabet zu erlernen und ihren französischen Roman zurückzugeben, wenn sie damit fertig war, wonach dann etwas Passenderes für sie gefunden werden würde.

Da die Räume, in denen ein Mensch lebt, leicht etwas ähnlich Schockierendes haben wie ein Gesicht, wenn man es zum erstenmal sieht, ging Rachel sehr langsam nach unten, in Staunen über ihren Onkel versunken, über seine Bücher, seine Gleichgültigkeit gegenüber Bällen und seine merkwürdige, völlig unbegreifliche, doch offensichtlich befriedigende Ansicht vom Leben, als ihr Blick in der

Diele auf ein Briefchen mit ihrem Namen fiel. Die Anschrift war in einer kleinen, kräftigen Handschrift geschrieben, die sie nicht kannte, und der Brief selbst, der keine Anrede hatte, lautete:

Ich schicke Ihnen, wie versprochen, den ersten Band von Gibbon. Ich persönlich kann an den Modernen wenig finden, doch werde ich Ihnen Wedekind schicken, wenn ich damit fertig bin. Donne? Haben Sie Webster und die ganze Corona gelesen? Ich beneide Sie darum, daß Sie sie zum erstenmal lesen können. Völlig erschöpft von der letzten Nacht. Und Sie?

Schwungvolle Initialen, aus denen sie St. J. A. H. herauslas, schlossen den Brief ab. Sie war sehr geschmeichelt, daß Mr Hirst an sie gedacht und sein Versprechen so rasch erfüllt hatte.

Es war noch eine Stunde Zeit bis zum Mittagessen, und so schlenderte sie mit Gibbon in der einen und Balzac in der anderen Hand durchs Gartentor hinaus und den kleinen Weg aus festgetretenem Lehm zwischen den Olivenbäumen am Hang hinab. Es war zu heiß, um bergauf zu gehen, das Tal hingegen war von Bäumen gesäumt, und ein Wiesenpfad lief am Flußbett entlang. In diesem Land, wo die Bevölkerung auf die Städte konzentriert war, war es möglich, daß man innerhalb kürzester Zeit nichts mehr von der Zivilisation sah und höchstens gelegentlich an einem Bauernhaus vorbeikam, wo die Frauen im Hof rote Rüben putzten; oder an einem kleinen Jungen, der umgeben von einer Herde schwarzer, streng riechender Ziegen auf die Ellbogen gestützt am Hang lag. Von einem Rinnsal Wasser ganz unten am Grund abgesehen, war der Fluß nur noch eine tiefeingeschnittene Rinne aus trockenen gelben Steinen. Am Ufer wuchsen jene Bäume, von denen Helen gesagt hatte, ihr Anblick allein sei schon die Seereise wert. Der April hatte ihre Knospen gesprengt, und sie trugen zwischen ihren glänzenden grünen Blättern große Blüten aus einer dicken, wachsartigen Substanz, die wunderbar cremefarben oder rosafarben oder dunkelscharlachrot gefärbt waren. Doch erfüllt von einer jener von Vernunftgründen unabhängigen Hochstimmungen, die gemeinhin keinen erkennbaren Anlaß haben und ganze Länder und Himmelsstriche in ihre Arme reißen, ging sie, ohne etwas zu sehen. Die Nacht griff auf den Tag über. Die Ohren summten ihr von den Melodien, die sie in der Nacht zuvor gespielt hatte; sie sang, und das Singen beschleunigte ihren Schritt. Sie sah nicht recht, wo sie entlangging, denn die Bäume und die Landschaft erschienen ihr nur als Ballungen von Grün und Blau, zu denen hin und wieder ein Stück andersfarbiger Himmel kam. Gesichter von Menschen, denen sie in der vergangenen Nacht begegnet war, traten ihr vor Augen; sie hörte ihre Stimmen; sie hörte zu singen auf und begann, sich Dinge noch einmal vorzusagen oder Dinge anders zu sagen oder Dinge zu erfinden, die hätten gesagt worden sein können. Der Zwang, den es bedeutet hatte, sich in einem langen Seidenkleid unter Fremden zu befinden, machte es außergewöhnlich aufregend, so auf diese Weise allein auszuschreiten. Hewet, Hirst, Mr Venning, Miss Allan, die Musik, das Licht, die dunklen Bäume im Garten, die Morgendämmerung – während sie lief, brausten sie ihr durch den Kopf, ein tumultuöser Hintergrund, gegen den sich der gegenwärtige Augenblick, der ihr Gelegenheit bot, genau das zu tun, was ihr gefiel, mit einer Lebhaftigkeit abhob, die noch erstaunlicher war als der Eindruck der vergangenen Nacht.

So hätte sie gehen können, bis sie sich überhaupt nicht mehr auskannte, hätte ein Baum ihr nicht Einhalt geboten, der sie, obwohl er nicht über ihren Weg wuchs, mit solcher Wirksamkeit aufhielt, als wären die Zweige ihr ins Gesicht geschlagen. Es war ein gewöhnlicher Baum, doch ihr kam er so eigenartig vor, daß er der einzige Baum auf der Welt hätte sein können. Dunkel war der Stamm in der Mitte, und die Zweige sprangen in Abständen daraus hervor und ließen gezackte Zwischenräume aus Licht erscheinen, die sich so deutlich abzeichneten, als hätte er sich gerade erst in dieser Sekunde vom Boden erhoben. Nachdem er einen Anblick geboten hatte, den sie ihr Lebtag nicht vergessen würde und der jene Sekunde lebenslänglich bewahren würde, trat der Baum wieder in die Reihe der gewöhnlichen Bäume zurück, und sie war imstande, sich in seinem Schatten niederzulassen und die roten Blumen mit den schmalen grünen Blättern zu pflücken, die darunter wuchsen. Sie legte sie nebeneinander, Blüte an Blüte und Stengel an Stengel, und liebkoste sie, weil sie auf sich gestellt waren. Blumen und sogar die Kiesel in der Erde hatten ihr Eigenleben und ihre eigene Bestimmung und weckten in ihr die Empfindungen eines Kindes, dessen Gefährten sie waren. Als sie aufblickte, wurde ihr Blick von der Silhouette der Berge gefangengenommen, die kraftvoll über den Himmel zuckte wie eine vorschnellende Peitschenschnur. Sie blickte auf den bleichen fernen Himmel und die hochgelegenen kahlen Stellen auf den Berggipfeln, die der Sonne ausgesetzt waren. Als sie sich hingesetzt hatte, hatte sie die Bücher zu ihren Füßen auf den Boden fallen lassen, und nun blickte sie auf sie hinab, wie sie da so eckig im Gras lagen, wobei ein langer Grashalm, der sich hinabneigte, Gibbons glatten braunen Deckel kitzelte, während der gesprenkelte blaue Balzac nackt in der Sonne lag. Der Ahnung folgend, daß es gewiß eine erstaunliche Erfahrung sein würde, das Buch aufzuschlagen und darin zu lesen, blätterte sie in dem Historiker und las:

In der Anfangszeit seiner Herrschaft versuchten seine Generäle die Unterwerfung von Äthiopien und Arabia Felix. Sie marschierten fast tausend Meilen über den Wendekreis hinaus, aber die Hitze des Klimas schreckte die Invasoren alsbald ab und schützte die kriegsunkundigen Eingeborenen jener belagerten Gebiete ... Die nördlichen Länder Europas lohnten kaum je Kosten und Mühen der Eroberung. Die Wälder und Sümpfe Germaniens waren bewohnt von einer kühnen Rasse von Barbaren, denen ein Leben ohne Freiheit für nichts galt.

Noch niemals waren Worte so lebendig und so schön gewesen – Arabia Felix – Äthiopien. Die wiederum waren nicht edler als die anderen – kühne Barbaren, Wälder und Sümpfe. Sie schienen Wege zurückzuwandern bis ganz an den Anfang der Welt, und zu beiden Seiten dieser Wege standen die Völker aller Zeiten und Länder Spalier, und wenn sie an denen entlangginge, würde sie das ganze Wissen der Welt erwerben, und das Buch der Welt würde zurückgeblättert bis zur allerersten Seite. Ihre Erregung über die Möglichkeiten des Wissens, die sich nun vor ihr auftaten, war so groß, daß sie zu lesen aufhörte, und als eine Brise die Seite umschlug, hob Gibbons Buchdekkel sich erst leicht und klappte dann zu. Sie stand wieder auf und ging weiter. Langsam legte sich der Aufruhr in ihrem Gemüt, und es begann, nach dem Ursprung für ihre Hochstimmung zu forschen, der ein zweifacher war und sich bei einigem Bemühen auf die Personen Mr Hirsts und Mr Hewets begrenzen ließ. Jegliche nüchterne Analyse der beiden war allerdings unmöglich, da beide vom Glanz des Wunderbaren umgeben waren. Sie war nicht imstande, über sie nachzudenken wie über Menschen, deren Empfindungen derselben Gesetzmäßigkeit folgten wie ihre eigenen, und ihre Vorstellungskraft verweilte bei ihnen mit einer Art von körperlichem Vergnügen, wie es von funkelnden Dingen ausgelöst wird, die im Sonnenlicht hängen. Von ihnen schien alles Leben auszustrahlen; noch die Worte aus Büchern wurden in einen Strahlenglanz getaucht. Dann begann sich ein Argwohn in ihr zu regen, dem ins Gesicht zu blicken ihr so sehr widerstrebte, daß sie froh war, auszugleiten und durchs Gras zu stolpern, weil ihre Aufmerksamkeit auf diese Weise abgelenkt wurde, doch binnen kurzem kehrte sie zu ihrem Gegenstand zurück. Ohne sich dessen bewußt zu sein, hatte sie begonnen, schneller und schneller zu gehen, wobei ihr Körper ihrem Kopf davonzulaufen versuchte; doch nun stand sie auf der Kuppe eines kleinen lehmigen Hügels, der sich über dem Fluß erhob und das Tal überblickte. Sie konnte nicht länger mit mehreren Vorstellungen gleichzeitig jonglieren, sondern mußte sich mit der hartnäckigsten auseinandersetzen, und eine Art Melancholie trat an die Stelle der freudigen Erregung. Sie ließ sich zu Boden gleiten, umklammerte ihre Knie und blickte ausdruckslos vor sich hin. Eine Weile beobachtete sie einen prächtigen gelben Schmetterling auf einem kleinen flachen Stein, der seine Flügel ganz langsam öffnete und wieder schloß.

»Wie ist das denn, wenn man verliebt ist?« fragte sie nach langem Schweigen; jedes Wort schien sich, indem es entstand, in ein unbekanntes Meer zu werfen. Hypnotisiert von den Schmetterlingsflügeln und beängstigt von der Entdeckung einer schrecklichen Möglichkeit im Leben, blieb sie noch eine Weile sitzen. Als der Schmetterling wegflog, stand sie auf und kehrte mit ihren beiden Büchern unter dem Arm nach Hause zurück, ganz ähnlich einem Soldaten, der für die Schlacht gewappnet ist.

20. Kapitel

Als sie sich näher damit befaßten, fanden Mr Flushing und Mrs Ambrose heraus, daß der Ausflug weder gefährlich noch schwierig war. Darüber hinaus, so stellten sie fest, war er nicht einmal ungewöhnlich. Jedes Jahr um diese Jahreszeit fanden sich Gruppen von Engländern zusammen, die ein Stück den Fluß hinaufdampften, an Land gingen, sich das Eingeborenendorf anschauten, das eine oder andere von seinen Bewohnern kauften und ohne Schaden an Leib oder Seele wieder zurückkehrten. Als geklärt war, daß sechs Personen wirklich dasselbe wollten, waren die notwendigen Vorkehrungen rasch getroffen.

Seit der Zeit Elisabeths hatten nur sehr wenig Menschen den Fluß gesehen, und es war nie versucht worden, etwas an ihm zu verändern, so daß er noch immer denselben Anblick bot wie zu Zeiten der elisabethanischen Reisenden. Von der Zeit Elisabeths bis zur Gegenwart war es nur ein Sprung, verglichen mit den Zeitaltern, die vergangen waren, seit das Wasser zwischen jenen Ufern zu strömen begonnen, das dichte grüne Unterholz sich dort ausgebreitet hatte und die Bäumchen in aller Einsamkeit zu runzligen Baumriesen herangewachsen waren. Keiner Veränderung unterworfen als dem Wechselspiel von Sonne und Wolken, hatte die wogende grüne Masse dort Jahrhundert um Jahrhundert gestanden, und das Wasser war unaufhörlich zwischen seinen Ufern dahingeflossen und hatte mal Erde fortgespült und mal Zweige, während sich in anderen Teilen der Welt eine Stadt nach der anderen auf den Ruinen ihrer Vorgängerinnen erhoben hatte und die Menschen in den Städten immer artikulierter und einander immer unähnlicher wurden. Ein paar Meilen des Flusses waren vom Gipfel des Berges aus zu sehen, wo die Ausflugsgesellschaft vom Hotel vor ein paar Wochen gepicknickt hatte. Susan und Arthur hatten ihn gesehen, als sie einander geküßt hatten, und Terence und Rachel, als sie dort oben gesessen und über Richmond gesprochen hatten, und Evelyn und Perrott, als sie umhergeschlendert waren und sich ausgemalt hatten, sie seien große Kapitäne, die entsandt worden waren, um die Welt zu kolonisieren. Sie hatten die breite blaue Marke im Sand gesehen, wo er ins Meer floß, und die grüne Wolke der Bäume, die sich weiter oberhalb an ihn herandrängten und sein Wasser schließlich gänzlich dem Blick entzogen. Etwa die ersten zwanzig Meilen standen in Abständen einzelne Häuser an seinem Ufer; allmählich wurden die Häuser zu Hütten, und noch weiter oben gab es weder Hütte noch Haus, sondern nur noch Bäume und Gras, die ausschließlich von Jägern, Forschungsreisenden oder Händlern gesehen wurden, die zu Fuß oder mit dem Schiff dorthin gelangten, sich jedoch nirgendwo niederließen.

Die Gruppe, die sich am Ende aus sechs Engländern zusammensetzte, hatte Santa Marina frühmorgens verlassen und erreichte nach einer Fahrt von zwanzig und einem Ritt von acht Meilen bei Einbruch der Dunkelheit das Flußufer. Sie kamen im Kantertrab durch die Bäume geritten – Mr und Mrs Flushing, Helen Ambrose, Rachel, Terence und St. John. Die erschöpften kleinen Pferde blieben automatisch stehen, und die Engländer stiegen ab. Mrs Flushing schritt unternehmungslustig zum Ufer hinunter. Der Tag war lang und heiß gewesen, doch sie hatte die schnelle Bewegung im Freien genossen; sie hatte das Hotel verlassen, das sie haßte, und ihre Begleiter waren nach ihrem Geschmack. Der Fluß strudelte in der Dunkelheit vorbei; sie konnten gerade eben die blanke, bewegte Oberfläche erkennen, und die Luft war erfüllt von den Geräuschen des Wassers. Sie standen auf einem freien Platz umgeben von riesigen Baumstämmen, und ein kleines grünes Licht draußen, das sich sacht auf und ab bewegte, verriet ihnen, wo das Dampfboot lag, auf dem sie sich einschiffen sollten.

Als sie alle an seinem Deck standen, stellten sie fest, daß es ein sehr kleines Schiff war, das da ein paar Minuten sanft unter ihnen tuckerte und dann ruhig durchs Wasser zu gleiten begann. Sie schienen mitten ins Herz der Nacht hineinzufahren, denn die Bäume vor ihnen rückten nahe zusammen, und sie waren von raschelndem Laub umgeben. Die gewaltige Finsternis hatte auch hier die Wirkung, daß jedwedes Mitteilungsbedürfnis erstarb, weil sie ihre Worte dünn und schwach erscheinen ließ; und nachdem sie drei-, viermal das Deck umrundet hatten, scharten sie sich zusammen, gähnten herzhaft und blickten auf immer dieselbe Stelle tiefer Düsternis am Flußufer. In dem ganz leisen rhythmischen Murmelton, den ein Übermaß an frischer Luft hervorruft, begann Mrs Flushing sich zu fragen, wo sie denn schlafen sollten, denn sie konnten nicht unter Deck schlafen, sie konnten nicht in solch einem nach Öl riechenden Karnickelbau schlafen, sie konnten nicht an Deck schlafen, sie konnten nicht – Sie gähnte ausgiebig. Es war, wie Helen vorausgesehen hatte; das Problem der Entblößung stellte sich bereits, obwohl sie halb eingeschlafen und nahezu unsichtbar für einander waren. Mit St. Johns Hilfe spannte sie eine Zeltplane auf und überzeugte Mrs Flushing davon, daß sie sich dahinter ausziehen konnte und niemand es merken würde, falls zufällig irgendeiner ihrer Körperteile, der fünfundvierzig Jahre verborgen gewesen war, sich unverhüllt dem menschlichen Auge darböte. Matratzen wurden herabgeworfen, Decken ausgeteilt, und die drei Frauen legten sich nahe beieinander in der weichen Luft an Deck nieder.

Die Herren, die bereits eine ganze Reihe Zigaretten geraucht hatten, warfen die glühenden Stummel in den Fluß, blickten eine Weile auf das Wellengekräusel des schwarzen Wassers unter ihnen, zogen sich dann ebenfalls aus und legten sich am anderen Ende des Schiffes nieder. Sie waren sehr müde und durch die Finsternis wie durch Vorhänge voneinander getrennt. Das Licht einer einzigen Laterne fiel auf ein paar Taue, ein paar Deckplanken und die Reling des Schiffes, doch jenseits dessen lag die ungebrochene Finsternis, kein Licht erreichte ihre Gesichter oder die Bäume, die dicht bei dicht an beiden Flußufern standen.

Bald darauf schlief Wilfred Flushing, und Hirst schlief ebenfalls. Allein Hewet lag wach und blickte zum Himmel hinauf. Die sanfte Bewegung und die schwarzen Umrisse, die unaufhörlich über seine Augen zogen, machten jedes Nachdenken unmöglich. Rachels nahe Anwesenheit lullte sein Denken ein. Daß sie so nah bei ihm war, nur wenige Schritte weg am anderen Ende des Schiffes, bewirkte, daß er unmöglich über sie nachdenken konnte, so wie er sie unmöglich hätte sehen können, wenn sie entsprechend nah, Stirn an Stirn, bei ihm gestanden hätte. Auf seltsame Weise wurde das Schiff identisch mit ihm, und wie es sinnlos gewesen wäre, wenn er sich erhoben hätte, um das Schiff zu steuern, so war es auch sinnlos, daß er noch länger gegen die unwiderstehliche Macht seiner Gefühle ankämpfte. Er wurde ganz weit fortgetragen von allem, das er kannte, schlüpfte über Schranken und an Grenzsteinen vorbei in unbekannte Gewässer, während das Schiff über die glatte Oberfläche des Flusses glitt. In tiefem Frieden, in tiefere Bewußtlosigkeit gehüllt, als er sie seit vielen Nächten erlebt hatte, lag er an Deck und beobachtete, wie die Position der Wipfel sich leicht gegen den Himmel verschob, sie sich aufspannten, wie sie niedersanken und riesenhaft aufragten, bis er vom Sehen in den Traum überglitt, in dem er im Schatten ausladender Bäume lag und in den Himmel hinaufblickte.

Als sie am nächsten Morgen erwachten, waren sie ein beträchtliches Stück den Fluß hinaufgefahren; auf der rechten Seite erhob sich eine steile gelbe Uferbank aus Sand, auf der Baumgruppen standen, auf der linken Seite war das Ufer sumpfig, und dort wiegten sich hohe Riedgräser und Bambuspflanzen, auf deren Spitzen leise schwankend leuchtend grüngelbe Vögel hockten. Der Morgen war heiß und still. Nach dem Frühstück rückten sie Stühle zusammen und saßen in einem unregelmäßigen Halbrund am Bug. Eine Zeltplane über ihren Köpfen schützte sie gegen die Sonnenhitze, und der leichte Fahrtwind fächelte ihnen sanfte Kühlung zu. Mrs Flushing bedeckte ihre Leinwand bereits mit Klecksen und Strichen, und ihr Kopf ruckte mit der Betriebsamkeit eines körnerpickenden Vogels hin und her; die anderen hatten Bücher oder Papier oder eine Stickarbeit auf den Knien, auf die sie immer wieder einmal niederblickten, ehe sie den Blick erneut zum Fluß vor ihnen hoben. Einmal las Hewet laut ein Stück von einem Gedicht, doch die vielen bewegten Dinge ringsumher trugen den Sieg über seine Worte davon. Er hörte zu lesen auf, und niemand sprach. Im Schutz der Bäume setzten sie ihre Fahrt fort. Mal war auf einem der Inselchen zur Linken eine Schar roter Vögel zu sehen, die dort nach Nahrung pickten, und dann wieder flog ein blaugrüner Papagei kreischend von Baum zu Baum. Je länger sie fuhren, desto wilder wurde das Land. Bäume und Unterholz schienen einander am Boden in einem vielarmigen Ringen zu erdrosseln; während sich hin und wieder ein prächtiger Baum hoch über alle anderen erhob und hoch oben in der Luft sacht seine lichtgrünen Sonnenschirme schüttelte. Hewet wandte sich wieder seinen Büchern zu. Der Morgen war so friedlich, wie die Nacht gewesen war, nur daß er seltsamerweise erkannte, daß es hell war, und daß er Rachel sehen und ihre Stimme hören und in ihrer Nähe sein konnte. Ihm war, als wartete er, als hätten die Dinge, die über ihm und um ihn vorbeizogen, die Stimmen, die Körper der Menschen, die Vögel, etwas Unbewegliches und nur Rachel wartete mit ihm. Er blickte sie bisweilen an, wie um sich zu vergewissern, daß sie wußte, sie warteten gemeinsam und wurden gemeinsam fortgerissen, ohne den geringsten Widerstand leisten zu können. Wieder las er aus seinem Buch:

Whoever you are holding me now in your hand,
Without one thing all will be useless.

Ein Vogel brach in wildes Gelächter aus, ein Äffchen kicherte eine boshafte Frage, und, wie Feuer im heißen Sonnenlicht verblaßt, so flackerten seine Worte und verloschen.

Als der Fluß sich verengte und die hohen Böschungen nach und nach flacher abfielen, dicht von Bäumen bewachsen, wurden die Geräusche des Waldes hörbar. Er hallte wider wie ein riesiger Raum. Plötzliche Schreie ertönten; und dann traten lange Augenblicke der Stille ein, wie es sie in der Kathedrale gibt, wenn die Stimme eines Chorknaben verklungen ist und das Echo immer noch in den verborgenen Winkeln des Daches herumzugeistern scheint. Einmal stand Mr Flushing auf und sprach mit einem der Schiffer und verkündete dann sogar, irgendwann nach dem Mittagessen werde der Flußdampfer haltmachen, und dann würden sie ein Stückchen durch den Wald laufen können.

»Zwischen den Bäumen dort drüben gibt es überall Pfade«, erklärte er. »Wir sind noch ganz in der Nähe der Zivilisation.«

Er nahm das Gemälde seiner Gattin in Augenschein. Er war zu wohlerzogen, um es offen zu loben, und begnügte sich daher damit, die eine Hälfte des Bildes mit der Hand abzudecken und mit der anderen schwungvoll durch die Luft zu fahren.

»Mein Gott!« rief Hirst aus und starrte unverwandt geradeaus. »Finden Sie es nicht unglaublich schön?«

»Schön?« fragte Helen. Das Wörtchen erschien ihr so seltsam und Hirst und sie so klein, daß sie vergaß, ihm zu antworten.

Hewet hatte das Gefühl, etwas sagen zu müssen.

»Da haben die Elisabethaner also ihren Stil her«, sinnierte er und starrte dabei in die verschwenderische Fülle von Blättern, Blüten und üppigen Früchten.

»Shakespeare? Ich hasse Shakespeare!« rief Mrs Flushing; und Wilfred erwiderte bewundernd: »Ich glaube, du bist der einzige Mensch, der das zu sagen wagt, Alice.« Mrs Flushing malte jedoch weiter. Sie schien dem Kompliment ihres Gatten nicht viel Wert beizumessen und malte unentwegt, wobei sie manchmal ein halblautes Wort oder Stöhnen hören ließ.

Der Vormittag war jetzt sehr heiß.

»Sehen Sie mal – Hirst!« flüsterte Mr Flushing. Hirsts Blatt Papier war auf das Deck hinabgeglitten, sein Kopf nach hinten gesunken und sein tiefer Atem klang wie Schnarchen.

Terence hob das Blatt auf und legte es vor Rachel hin. Es war eine Fortsetzung des Gedichts über Gott, das er in der Kapelle begonnen hatte, und es war so unanständig, daß Rachel davon nicht die Hälfte verstand, wenn sie auch erkannte, daß es unanständig war. Hewet begann, Worte einzusetzen, wo Hirst Lücken gelassen hatte, hörte jedoch schon bald wieder auf; sein Füllfederhalter rollte aufs Deck. Allmählich näherten sie sich immer mehr dem Flußufer rechter Hand, so daß das Licht, das über ihnen lag, richtig grün wurde, da es durch einen Schirm grüner Blätter fiel, und Mrs Flushing ihre Skizze beiseite legte und schweigend vor sich hin starrte. Hirst wachte auf; dann wurden sie zum Mittagessen gerufen, und während sie aßen, hielt das Schiff nicht weit vom Ufer an. Das Boot, das sie im Schlepptau hatten, wurde längsseits geholt, und man half den Damen hinein.

Zum Schutz gegen Langeweile klemmte Helen sich einen Memoirenband unter den Arm und Mrs Flushing ihren Malkasten, und so gerüstet ließen sie sich am Flußufer am Waldrand absetzen.

Sie waren nicht mehr als ein paar hundert Schritte den Pfad entlanggeschlendert, der parallel zum Fluß verlief, als Helen verkündete, sie finde es unerträglich heiß. Die Brise vom Fluß reichte nicht bis hierher, und statt dessen kam aus dem Wald eine feuchtheiße, von Düften geschwängerte Luft.

»Ich werde mich hier hinsetzen«, erklärte sie und wies auf einen Baumstamm, der vor langer Zeit umgestürzt war und mittlerweile über und über von Winden überwuchert war und von dornigen Zweigen, die wie Peitschenschnüre aussahen. Sie ließ sich nieder, öffnete ihren Sonnenschirm und blickte auf den Fluß, der vor lauter Baumstämmen kaum zu sehen war. Sie kehrte den Bäumen den Rükken zu, die hinter ihr in schwarze Schatten eintauchten.

»Ich bin ganz Ihrer Meinung«, sagte Mrs Flushing, und fing an, ihren Malkasten auszupacken. Ihr Gatte streifte umher, um ein interessantes Motiv für sie auszusuchen. Hirst säuberte sich einen Platz am Boden neben Helen und ließ sich mit großer Umständlichkeit dort nieder, als hätte er nicht die Absicht, sich wieder wegzurühren, ehe er nicht ausgiebig mit ihr geredet hatte. Terence und Rachel standen sich selbst überlassen und hatten nichts zu tun. Terence erkannte, daß die Zeit gekommen war, wie das Schicksal es bestimmt hatte, blieb jedoch ungeachtet dieser Erkenntnis völlig ruhig und Herr seiner selbst. Er zog es vor, zunächst noch eine Weile bei Helen stehen zu bleiben, um sie zu bewegen, wieder aufzustehen. Rachel trat zu ihnen und riet ihr, mit ihnen zu kommen.

»Von allen Menschen, die ich im Leben kennengelernt habe«, sagte sie, »bist du am wenigsten unternehmungslustig. Du könntest ebensogut auf einem grünen Stuhl im Hyde Park sitzen. Willst du hier den ganzen Nachmittag sitzen bleiben? Willst du gar nicht laufen?«

»Oh nein«, sagte Helen, »man braucht doch nur seine Augen zu benutzen. Hier ist ja alles vorhanden – alles«, wiederholte sie mit schläfriger Stimme. »Was versprecht ihr euch denn davon, daß ihr lauft?«

»Ihr werdet zur Teezeit erhitzt und unliebenswürdig sein, wir hingegen sind dann frisch und reizend«, warf Hirst ein. Während er zu ihnen aufblickte, waren gelbe und grüne Reflexe des Himmels und der Zweige in seine Augen getreten, die sie ihres wachen Ausdrucks beraubten, und er schien etwas zu denken, das er nicht aussprach. Für beide galt also als ausgemacht, daß Terence und Rachel vorhatten, gemeinsam im Wald umherzulaufen; sie warfen einander einen Blick zu und wandten sich zum Gehen.

»Auf Wiedersehen!« rief Rachel.

»Auf Wiedersehen. Hütet euch vor Schlangen«, erwiderte Hirst. Er setzte sich noch bequemer im Schatten des umgestürzten Baumes und Helens zurecht. Während sie sich entfernten, rief Mr Flushing hinter ihnen her: »In einer Stunde müssen wir aufbrechen. Hewet, bitte denken Sie daran. In einer Stunde.«

Ob er nun von Menschenhand stammte, oder aus irgendeinem Grund von der Natur vorgesehen worden war, jedenfalls führte im rechten Winkel zum Flußufer ein breiter Weg in den Wald hinein. Er ähnelte einem Kutschweg in einem englischen Wald, wenn man davon absah, daß zu beiden Seiten tropische Sträucher mit ihren schwertförmigen Blättern wuchsen und der Boden statt von Gras von einem unauffälligen, federnden Moos bewachsen war, das kleine gelbe Blumen sprenkelten. Je tiefer sie in den Wald vordrangen, desto schummriger wurde das Licht, und die Geräusche der gewöhnlichen Welt wurden von jenen Knack- und Seufzlauten abgelöst, die dem Wanderer im Wald das Gefühl geben, am Meeresgrund entlangzulaufen. Der Weg verengte sich und machte einen Bogen; er war von dichtwachsenden Kletterpflanzen eingefaßt, die Baum mit Baum verknüpften und hier und dort sternförmige scharlachrote Blüten trieben. Das Geseufze und Geknacke hoch oben wurde hin und wieder vom mißtönenden Schrei eines aufgescheuchten Tieres durchbrochen. Die Atmosphäre war dicht, und die Luft erreichte sie in trägen Duftschwaden. Das alles erfüllende grüne Licht wurde hier und dort von einem Kringel aus reinem gelben Sonnenlicht durchbrochen, das durch eine Lücke im riesigen Schirm aus Grün über ihnen hereinfiel, und an diesen gelben Flecken kreisten und landeten hellrot und schwarz gefärbte Schmetterlinge. Terence und Rachel sprachen kaum.

Nicht nur die Stille lastete auf ihnen, sondern sie waren auch beide außerstande, irgendeinen Gedanken zu fassen. Zwischen ihnen gab es etwas, das ausgesprochen werden mußte. Einer von ihnen mußte den Anfang machen, doch wer sollte das sein? Dann hob Hewet eine rote Frucht auf und warf sie, so hoch er konnte. Wenn sie herunterfiel, würde er sprechen. Sie hörten das Flattern mächtiger Flügel; sie hörten die Frucht durch die Blätter prasseln und schließlich dumpf am Boden aufschlagen. Wieder herrschte tiefe Stille.

»Macht Ihnen das angst?« fragte Terence, als das Geräusch der fallenden Frucht gänzlich verklungen war.

»Nein«, antwortete sie. »Es gefällt mir.«

Sie sagte noch einmal: »Es gefällt mir.« Sie ging rasch und hielt sich gerader als gewöhnlich. Erneut trat Schweigen ein.

»Sie sind doch gern mit mir zusammen?« fragte Terence.

»Mit Ihnen, ja«, erwiderte sie.

Er schwieg einen Augenblick. Stille schien sich über die Welt gesenkt zu haben.

»Genau das habe ich empfunden, seit ich Sie kenne«, erwiderte er. »Wir sind glücklich miteinander.« Er schien nicht zu sprechen, wie sie nichts zu hören schien.

»Sehr glücklich«, antwortete sie.

Sie setzten ihren Weg eine Weile schweigend fort. Ihre Schritte beschleunigten sich, ohne daß sie es merkten.

»Wir lieben einander«, sagte Terence.

»Wir lieben einander«, wiederholte sie.

Die Stille wurde von ihren Stimmen durchbrochen, die wiederum mit fremden, unvertrauten Lauten verschmolzen, die keine Worte bildeten. Sie gingen schneller und schneller; im selben Augenblick blieben sie stehen, umschlangen einander, und sanken, als sie sich aus der Umarmung lösten, zu Boden. Sie saßen nebeneinander. Geräusche hoben sich vom Hintergrund ab und überbrückten ihr Schweigen; sie hörten das Rascheln der Bäume und ein Tier, das in einer fernen Welt einen Krächzlaut ausstieß.

»Wir lieben einander«, wiederholte Terence und blickte ihr forschend ins Gesicht. Ihre beiden Gesichter waren sehr blaß und still, und sie sagten nichts. Er hatte Angst davor, sie noch einmal zu küssen. Nach und nach rückte sie näher an ihn heran und lehnte sich an ihn.

In dieser Haltung saßen sie eine Zeitlang. Sie sagte einmal »Terence«; er antwortete »Rachel«.

»Schrecklich – schrecklich«, murmelte sie nach einer erneuten Pause, dachte dabei jedoch ebensosehr an das hartnäckige Gurgeln des Wassers wie an ihr eigenes Empfinden. Unaufhörlich setzte es sich in der Ferne fort, das sinnlose und grausame Gegurgel des Wassers. Sie bemerkte, daß Terence die Tränen über die Wangen liefen.

Nun war wieder er am Zuge. Eine sehr lange Zeit schien vergangen zu sein. Er zog seine Taschenuhr hervor.

»Flushing hat gesagt, eine Stunde. Wir sind mehr als eine halbe Stunde unterwegs.«

»Und brauchen dieselbe Zeit für den Rückweg«, sagte Rachel. Ganz langsam stand sie auf. Als sie aufrecht stand, streckte sie die Arme weg und holte tief Atem; es war halb Seufzer, halb Gähnen. Sie schien sehr müde zu sein. Ihre Wangen waren weiß. »Wo entlang?« fragte sie.

»Da«, sagte Terence.

Sie begannen, auf dem moosigen Weg zurückzugehen. Das Seufzen und Knacken hoch oben hielt an und die mißtönenden Tierschreie ebenfalls. Die Schmetterlinge kreisten immer noch über den gelben Flecken des Sonnenlichts. Zuerst war sich Terence sicher, wo es entlangging, doch mit der Zeit wurde er unsicher. Sie mußten stehenbleiben und überlegen und dann ein Stück zurückgehen und von neuem beginnen, denn er wußte zwar, in welcher Richtung der Fluß lag, doch war er sich nicht sicher, genau auf die Stelle zu treffen, wo sie die anderen zurückgelassen hatten. Rachel folgte ihm, blieb stehen, wenn er stehenblieb, bog ab, wenn er abbog, und hatte keine Ahnung, wo es langging, keine Ahnung, warum er stehenblieb oder warum er abbog.

»Ich möchte nicht zu spät kommen«, sagte er, »weil –« Er legte ihr eine Blume in die Hand, und ihre Finger schlossen sich ruhig darum. »Es ist schon so spät – so spät – so furchtbar spät«, wiederholte er, als spräche er im Schlaf. »Ah – das hier ist richtig. Hier biegen wir ab.«

Sie befanden sich wieder auf dem breiten Weg, der wie ein Kutschweg in einem englischen Wald aussah und auf dem sie losgegangen waren, als sie die anderen zurückließen. Sie gingen schweigend weiter wie Menschen, die schlafwandeln, und waren sich ab und zu auf merkwürdige Weise der Schwere ihrer Körper bewußt. Dann rief Rachel plötzlich: »Helen!«

Auf dem sonnigen Platz am Waldrand erblickten sie Helen, die immer noch auf dem Baumstamm saß und deren Kleid sehr weiß im Sonnenlicht leuchtete: Hirst saß, auf den Ellenbogen gestützt, immer noch neben ihr. Sie blieben instinktiv stehen. Beim Anblick anderer Menschen konnten sie nicht weitergehen. Ein Weilchen standen sie schweigend Hand in Hand. Sie konnten jetzt keine anderen Menschen ertragen.

»Aber wir müssen weitergehen«, drängte Rachel schließlich in dem eigenartig ausdruckslosen Ton, in dem sie beide gesprochen hatten, und mit unendlicher Mühe überwanden sie die kurze Distanz, die zwischen ihnen und dem Paar am Baumstamm lag.

Als sie näher kamen, wandte Helen sich um und schaute sie an. Sie schaute sie eine Weile wortlos an, und als sie vor ihr standen, sagte sie ruhig:

»Seid ihr Mr Flushing begegnet? Er ist euch suchen gegangen. Er meinte, ihr hättet euch verlaufen, obwohl ich ihm gesagt habe, das sei nicht der Fall.«

Hirst wandte sich halb um und warf den Kopf zurück, so daß er in die Zweige schaute, die sich über seinem Kopf in der Luft kreuzten.

»Na, hat die Anstrengung sich gelohnt?« erkundigte er sich träumerisch.

Hewet setzte sich neben ihn und begann, sich Luft zuzufächeln.

»Heiß«, sagte er.

Rachel hatte sich zögernd in Helens Nähe am Ende des Baumstammes niedergelassen.

»Sehr heiß«, sagte sie.

»Ihr seht jedenfalls erschöpft aus«, sagte Hirst.

»Es ist schrecklich eng dort zwischen den Bäumen«, bemerkte Helen, indem sie ihr Buch aufhob und die trockenen Grashalme herausschüttelte, die zwischen die Seiten geraten waren. Dann schwiegen sie alle und blickten auf den Fluß, der vor ihnen zwischen den Baumstämmen vorbeistrudelte, bis Mr Flushing sie unterbrach. Er brach plötzlich hundert Schritt links von ihnen zwischen den Bäumen hervor und rief in scharfem Ton:

»Aha, da haben Sie also den Weg schließlich doch noch gefunden. Es ist allerdings schon spät – viel später, als wir ausgemacht hatten, Hewet.«

Er war leicht verärgert und neigte, in seiner Eigenschaft als Expeditionsleiter, zu diktatorischen Tönen. Er sprach schnell und gebrauchte seltsam scharfe, bedeutungsleere Worte.

»Unter gewöhnlichen Umständen würde es natürlich nichts ausmachen, wenn jemand sich verspätet«, sagte er, »wenn es jedoch darauf ankommt, die Männer zur Pünktlichkeit anzuhalten –«

Er scharte sie um sich und trieb sie zum Flußufer hinunter, wo das Ruderboot wartete, das sie zum Schiff hinüberbringen sollte.

Die Hitze des Tages legte sich, und über ihren Teetassen erwachte gewöhnlich die Mitteilsamkeit der Flushings. Terence hatte, als er ihnen zuhörte, das Gefühl, daß das Dasein sich jetzt in zwei verschiedenen Schichten abspielte. Hier waren die Flushings und redeten, redeten irgendwo hoch in der Luft über ihm, und er und Rachel waren zusammen auf den Grund der Welt hinabgesunken. Doch Mrs Flushing hatte nicht nur in ihrer Direktheit etwas von einem Kind, sie besaß darüber hinaus den Instinkt, der einem Kind verrät, was die Erwachsenen geheimhalten wollen. Sie fixierte Terence mit ihren lebhaften blauen Augen und richtete sich unmittelbar an ihn. Was er tun würde, wollte sie wissen, wenn das Schiff auf einen Felsen liefe und sänke.

»Würden Sie noch an irgend etwas anderes denken als an Ihre eigene Sicherheit? Täte ich das? Nein, nein«, sie lachte, »keine Spur – erzählen Sie mir das bloß nicht. Es gibt nur zwei Geschöpfe, an denen einer Frau normalerweise gelegen ist«, fuhr sie fort, »ihr Kind und ihr Hund; und ich glaube, Männer bringen es nicht einmal auf zwei. Man liest soviel von Liebe – deshalb ist die Poesie auch so langweilig. Doch was geschieht denn im wirklichen Leben, hm? Liebe ist das nicht!« rief sie.

Terence murmelte etwas Unverständliches. Mr Flushing hingegen hatte wieder zu seiner formvollendeten Höflichkeit zurückgefunden. Er rauchte eine Zigarette und übernahm es jetzt, seiner Frau zu antworten.

»Du mußt immer bedenken, Alice«, sagte er, »daß du unter sehr unnatürlichen Umständen aufgewachsen bist – ungewöhnlichen, sollte ich vielleicht sagen. Sie hatten keine Mutter«, erklärte er, und sein Tonfall war etwas weniger förmlich; »und der Vater – ich bezweifle nicht, daß er ein ganz reizender Mann war, doch er hatte nur Sinn für Rennpferde und griechische Statuen. Erzähl ihnen doch das mit dem Baden, Alice.«

»Im Stallhof«, sagte Mrs Flushing. »Im Winter war das Wasser gefroren. Da mußten wir hineinsteigen – wenn nicht, gab es die Peitsche. Die Starken überlebten – die anderen starben. Was man positive Auslese nennt – ein ganz vorzügliches Modell, das muß ich schon sagen, wenn man dreizehn Kinder hat!«

»Und das alles mitten in England, im neunzehnten Jahrhundert!« rief Mr Flushing, an Helen gewandt.

»Ich würde meine Kinder ganz genauso behandeln, wenn ich welche hätte«, sagte Mrs Flushing.

Jedes einzelne Wort drang Terence klar und deutlich in die Ohren; doch was redeten sie, und zu wem sprachen sie, und wer waren sie, diese bizarren Menschen, die losgelöst irgendwo hoch oben in der Luft schwebten? Sie hatten ihren Tee getrunken und standen nun auf und beugten sich über den Bug des Schiffes. Die Sonne ging unter, und das Wasser war dunkel und scharlachrot. Der Fluß hatte sich wieder geweitet, und sie kamen gerade an einer kleinen Insel vorbei, die wie ein dunkler Keil in der Mitte des Flusses steckte. Zwei prächtige weiße Vögel, auf deren Gefieder das rote Licht lag, standen dort auf ihren stelzenartigen Beinen, und der Strand der Insel war unberührt bis auf den skeletthaften Abdruck von Vogelfüßen. Die Äste der Bäume am Ufer wirkten verkrümmter und sparriger als je zuvor, und das Grün der Blätter war glänzend und goldgesprenkelt. Dann begann Hirst, über den Bug gelehnt, zu sprechen.

»Es macht einen doch ganz schön närrisch, finden Sie nicht auch?« klagte er. »Diese Bäume gehen einem auf die Nerven – das ist alles so verrückt. Gott ist zweifellos wahnsinnig. Welcher Mensch bei Verstand könnte sich schon eine derartige Wildnis ausdenken und sie mit Menschenaffen und Alligatoren bevölkern? Ich würde wahnsinnig, wenn ich hier lebte – völlig wahnsinnig.«

Terence setzte zu einer Antwort an, doch Mrs Ambrose antwortete statt dessen. Sie forderte ihn auf, sich doch einmal anzusehen, wie dicht sich alles drängte – sehen Sie doch, welche unglaublichen Farben, sehen Sie doch, was für Formen die Bäume haben. Sie schien Terence gegen die anderen abschirmen zu wollen.

»Ja«, sagte Mr Flushing. »Und meiner Meinung nach«, fuhr er fort, »ist das Fehlen von menschlichen Bewohnern, gegen die Hirst etwas einzuwenden hat, dabei das Ausschlaggebende. Sie müssen doch zugeben, Hirst, daß ein italienisches Städtchen den ganzen Schauplatz sogar vulgarisieren, von der Reichhaltigkeit des Ganzen ablenken würde – dem Gefühl elementarer Größe.« Er wies schwungvoll auf den Wald und verstummte für einen Augenblick, während er auf die gewaltige grüne Masse schaute, die nun in Schweigen versank. »Ich muß gestehen, daß es uns doch einigermaßen klein erscheinen läßt – uns, sie jedoch nicht.« Er wies mit dem Kopf auf einen der Matrosen, der über die Bordwand lehnte und ins Wasser spuckte. »Und ich glaube, das liegt in dem begründet, was meine Frau als die grundsätzliche Überlegenheit des Bauern empfindet –«

Im Schutze der Worte Mr Flushings, der fortfuhr, St. John sanft zu widersprechen und ihn zu überzeugen versuchte, zog Terence Rachel beiseite und wies dabei übertrieben auf einen mächtigen zernagten Baumstamm hin, der umgestürzt war und halb im Wasser lag. Er wollte ihr um jeden Preis nahe sein, merkte jedoch, daß er nichts sagen konnte. Sie konnten Mr Flushings Redestrom hören, der erst seine Gattin, dann die Kunst, dann wieder die Zukunft des Landes betraf, kleine, bedeutungslose Worte, die hoch oben in der Luft schwebten. Da es allmählich kalt wurde, begann er, mit Hirst an Deck auf und ab zu schreiten. Fetzen ihres Gesprächs hoben sich deutlich ab, als sie vorüberkamen – Kunst, Gefühl, Wahrheit, Wirklichkeit.

»Ist es wahr, oder ist es ein Traum?« murmelte Rachel, als sie vorbeigegangen waren.

»Es ist wahr, es ist wahr«, erwiderte er.

Die Brise frischte jedoch auf, und es machte sich ein allgemeines Bedürfnis nach Bewegung bemerkbar. Als die Gesellschaft sich, im Schutz von Decken und Mänteln, wieder zusammensetzte, fanden Terence und Rachel an beiden Enden des Halbkreises Platz und konnten nicht miteinander sprechen. Als sich jedoch die Dunkelheit niedersenkte, schienen die Worte der anderen sich einzurollen und zu zerfallen wie die Asche von verbranntem Papier und ließen sie in vollkommener Stummheit am Grund der Welt zurück. Gelegentlich durchzuckte sie ein heftiges Gefühl der Freude, und dann empfanden sie wieder Frieden.

Jacobs Zimmer

XII

Das Wasser fiel von einem Felssims wie Blei – wie eine Kette mit dikken weißen Gliedern. Der Zug fuhr hinaus auf eine steile grüne Wiese, und Jacob sah gestreifte Tulpen wachsen und hörte einen Vogel singen, in Italien.

Ein Automobil voll italienischer Offiziere fuhr die flache Straße entlang und blieb Staub aufwirbelnd mit dem Zug gleichauf. Dort waren Bäume mit Rebstöcken verschlungen – wie Vergil sagte. Hier war ein Bahnhof; und ein ungeheures Abschiednehmen ging vor sich, mit Frauen in hohen gelben Stiefeln und seltsamen blassen Jungen in geringelten Socken. Vergils Bienen waren in den Ebenen der Lombardei umhergeflogen. Es war bei den Alten Sitte, Rebstöcke zwischen Ulmen zu ziehen. Dann in Mailand waren scharfflügelige Falken, von hellem Braun, die Figuren über den Dächern schnitten.

Diese italienischen Eisenbahnabteile werden in der Nachmittagssonne verflixt heiß, und man muß befürchten, daß, bevor die Lokomotive die Scheitelhöhe des Passes erreicht hat, die rasselnde Kette gerissen sein wird. Hinauf, hinauf, hinauf geht es, wie eine Liliputbahn in einer künstlichen Landschaft. Jede Kuppe ist mit spitzen Bäumen bedeckt, und überraschende weiße Dörfer drängen sich auf Felssimsen. Auf dem höchsten Punkt ist immer ein weißer Turm, flache, rotgeriffelte Dächer, und darunter geht es jäh in die Tiefe. Es ist kein Land, in dem man nach dem Tee spazieren geht. Zum einen gibt es kein Gras. Ganze Berghänge sind mit Olivenbäumen liniert. Bereits im April ist die Erde zwischen ihnen zu trockenem Staub zerbröckelt. Und es gibt weder Zaunsteigen noch Fußpfade, noch mit Laubschatten gesprenkelte Feldwege noch Landgasthöfe aus dem achtzehnten Jahrhundert mit Erkerfenstern, wo man Eier mit Schinken ißt. Oh nein, Italien ist ganz und gar Wildheit, Kahlheit, Ungeschütztheit und schwarze Priester, die Straßen entlangschlurfen. Es ist auch sonderbar, wie man niemals von Landhäusern weggelangt.

Trotzdem, auf eigene Faust zu reisen mit hundert Pfund zum Ausgeben ist eine feine Sache. Und wenn das Geld ausginge, was es vermutlich tun würde, würde er zu Fuß gehen. Er könnte von Brot und Wein leben – dem Wein in Strohflaschen –, denn nachdem er Griechenland hinter sich gebracht hätte, würde er Rom erledigen. Die römische Zivilisation war ohne Zweifel eine sehr minderwertige Angelegenheit. Aber Bonamy redete trotzdem eine Menge Blödsinn. »Du hättest in Athen sein sollen«, würde er zu Bonamy sagen, wenn er zurück wäre. »Auf dem Parthenon zu stehen«, würde er sagen, oder »Die Ruine des Kolosseums gibt einige recht erhabene Betrachtungen ein«, was er in Briefen des längeren ausführen würde. Es könnte zu einem Essay über die Zivilisation werden. Ein Vergleich zwischen den Alten und den Modernen, mit einigen ziemlich scharfen Seitenhieben auf Mr Asquith – etwas im Stil von Gibbon.

Ein beleibter Herr hievte sich mühselig herein, staubig, ausgebeult, mit Goldketten behangen, und Jacob, der es bedauerte, nicht lateinischer Abstammung zu sein, sah aus dem Fenster.

Es ist ein sonderbarer Gedanke, daß man sich nach einer Reise von zwei Tagen und Nächten im Herzen Italiens befindet. Hier und da tauchen Landhäuser zwischen Olivenbäumen auf; und Diener, die die Kakteen gießen. Schwarze Kutschen fahren ein zwischen pompösen Säulen, an denen Gipsschilder befestigt sind. Es ist zugleich flüchtig und erstaunlich intim – vor den Augen eines Ausländers zur Schau gestellt zu werden. Und da ist eine einsame Bergkuppe, wo nie jemand hinkommt, und doch wird sie von mir gesehen, der noch kürzlich auf einem Omnibus Piccadilly hinunterfuhr. Und jetzt würde es mir gefallen, inmitten der Felder auszusteigen, mich hinzusetzen und die Heuschrecken zu hören, und eine Handvoll Erde aufzuklauben – italienische Erde, denn dies ist italienischer Staub auf meinen Schuhen.

Jacob hörte sie in Bahnhöfen fremde Namen durch die Nacht rufen. Der Zug hielt an, und er hörte ganz in der Nähe Frösche quaken, und er schob vorsichtig das Rouleau zur Seite und sah eine weite, seltsame Marsch, völlig weiß im Mondlicht. Das Abteil war blau von

Zigarrenrauch, der um die Kugel mit dem grünen Schirm schwebte. Der italienische Herr lag schnarchend da, hatte die Schuhe ausgezogen und die Weste aufgeknöpft ... Und diese ganze Geschichte, nach Griechenland zu fahren, kam Jacob wie eine unerträgliche Mühsal vor – allein in Hotels zu sitzen und Denkmäler zu betrachten – er hätte besser daran getan, mit Timmy Durrant nach Cornwall zu fahren ... »Oh-h«, protestierte Jacob, als die Dunkelheit vor ihm zu zerbrechen schien und das Licht hindurchleuchtete, aber der Mann langte an ihm vorbei, um sich etwas zu holen – der dicke Italiener in seiner Hemdbrust, unrasiert, verknautscht, fettleibig, machte die Tür auf und ging sich waschen.

Also setzte Jacob sich auf und sah einen mageren italienischen Jäger mit einem Gewehr im frühen Morgenlicht die Straße hinuntergehen, und die ganze Idee des Parthenon überkam ihn mit einem Schlag.

»Beim Zeus!« dachte er, »wir müssen fast da sein!« und er steckte den Kopf aus dem Fenster und bekam die Luft voll ins Gesicht.

Es ist höchst ärgerlich, daß fünfundzwanzig Leute aus der Bekanntschaft auf Anhieb etwas ungemein Treffendes darüber zu sagen wissen, wie es ist, in Griechenland zu sein, während man selbst einen Pfropfen auf jeglichen Gefühlsregungen hat. Denn nach der Morgentoilette im Hotel in Patras war Jacob den Straßenbahnschienen ungefähr eine Meile weit hinaus gefolgt; und ihnen ungefähr eine Meile weit zurückgefolgt; er war mehreren Putenscharen begegnet; mehreren Eselsherden; hatte in Seitengäßchen den Weg verloren; hatte Reklame für Korsetts und Maggis Klare Brühe gelesen; Kinder waren ihm auf die Zehen getreten; alles roch nach schlechtem Käse; und er war froh, plötzlich genau gegenüber von seinem Hotel herauszukommen. Zwischen Kaffeetassen lag eine alte Ausgabe der *Daily Mail*; die er las. Aber was konnte er nach dem Essen tun?

Ohne Zweifel wären wir, alles in allem, bestimmt wesentlich schlimmer dran, als wir es sind, hätten wir nicht unsere erstaunliche Begabung für Illusionen. Im Alter von ungefähr zwölf Jahren, wenn wir unsere Puppen aufgegeben und unsere Dampflokomotiven kaputtgemacht haben, zieht Frankreich, aber noch viel wahrscheinlicher Italien, und fast mit Sicherheit Indien unsere überschüssige Phantasie an. Unsere Tanten sind in Rom gewesen; und alle haben wir einen Onkel, dessen letztes Lebenszeichen – der arme Mann – aus Rangun kam. Er wird nie wieder zurückkehren. Aber es sind die Gouvernanten, die den griechischen Mythos in Gang setzen. Schau dir nur diesen Kopf an (sagen sie) – die Nase, siehst du, gerade wie ein Pfeil, die Locken, die Augenbrauen – alles männlicher Schönheit angemessen; indes sich auf seinen Beinen und Armen Linien abzeichnen, die eine vollkommene Entwicklungsstufe anzeigen – denn die Griechen nahmen den Körper genauso wichtig wie das Gesicht. Und die Griechen konnten Obst so malen, daß die Vögel daran pickten. Als erstes liest man Xenophon; dann Euripides. Eines Tages – das war, bei Gott, ein Ereignis – scheint das, was früher mal gesagt worden ist, einen Sinn zu ergeben; »der griechische Geist«; der griechische dies, das und jenes; obwohl es, übrigens, absurd ist, zu sagen, daß irgendein Grieche an Shakespeare herankommt. Es geht jedoch darum, daß wir zu einer Illusion erzogen worden sind.

Jacob dachte, ohne Zweifel, etwas in der Art, mit der zerknitterten *Daily Mail* in der Hand; die Beine ausgestreckt; das Inbild der Langeweile.

»Aber so sind wir erzogen worden«, fuhr er fort.

Und es kam ihm alles sehr ekelerregend vor. Es müßte etwas dagegen getan werden. Und aus mäßig bedrückter Stimmung wurde er wie ein Mann, der vor seiner Hinrichtung steht. Clara Durrant hatte ihn auf einer Gesellschaft verlassen, um mit einem Amerikaner namens Pilchard zu reden. Und er hatte sich auf die lange Reise nach Griechenland begeben und sie verlassen. Sie trugen Abendkleider und redeten Unsinn – was für verdammten Unsinn – und er streckte die Hand aus nach dem *Globe Trotter*, einer internationalen Zeitschrift, die den Besitzern von Hotels gratis geliefert wird.

Trotz seines baufälligen Zustandes ist das moderne Griechenland in seinem elektrischen Straßenbahnsystem überaus fortschrittlich, so daß, während Jacob im Aufenthaltsraum des Hotels saß, die Trambahnen rasselten, bimmelten und gebieterisch klingelten, klingelten, klingelten, um die Esel aus dem Weg zu scheuchen, und eine alte

Frau, unter den Fenstern, die sich nicht vom Fleck rühren wollte. Die gesamte Zivilisation wurde soeben verurteilt.

Der Kellner stand dem ebenfalls völlig indifferent gegenüber. Aristoteles, ein schmutziger Mann, fleischfresserisch interessiert am Körper des einzigen Gastes, der jetzt den einzigen Sessel einnahm, kam demonstrativ ins Zimmer, stellte etwas hin, stellte etwas gerade, und sah, daß Jacob immer noch da war.

»Ich möchte morgen ganz früh geweckt werden«, sagte Jacob, über die Schulter. »Ich fahre nach Olympia.«

Diese Düsternis, dieses sich den dunklen Wassern Anheimgeben, die uns umspülen, ist eine moderne Erfindung. Vielleicht, wie Cruttendon sagte, glauben wir nicht genug. Unsere Väter jedenfalls hatten etwas niederzureißen. Das haben wir schließlich auch, dachte Jacob und knüllte die *Daily Mail* in seiner Hand zusammen. Er würde sich ins Parlament wählen lassen und große Reden halten – aber welchen Sinn haben große Reden und das Parlament, sobald man sich auch nur einen Zoll den schwarzen Wassern anheimgibt? Wirklich hat es nie irgendeine Erklärung gegeben für die Ebbe und Flut in unseren Adern – von Glücklichsein und Unglücklichsein. Daß Wohlanständigkeit und Abendgesellschaften, für die man sich festlich kleiden muß, und erbärmliche Elendsviertel hinter Gray's Inn – etwas Festes, Unbewegliches und Groteskes – damit zu tun haben, hielt Jacob für wahrscheinlich. Aber dann war da noch das Britische Weltreich, das begann, ihm Rätsel aufzugeben; und er war auch nicht völlig dafür, Irland die Homerule zu geben. Was sagte die *Daily Mail* darüber?

Denn er war zum Mann herangewachsen, und war im Begriff, sich in Dinge zu vertiefen – wie in der Tat dem Stubenmädchen, das oben seine Waschschüssel leerte, seine auf dem Toilettentisch verstreuten Schlüssel, Manschettenknöpfe, Bleistifte und Tablettenfläschchen befingerte, bewußt war.

Daß er zum Mann herangewachsen war, war eine Tatsache, die Florinda wußte, wie sie alles wußte, nämlich instinktiv.

Und Betty Flanders argwöhnte es gerade eben, als sie seinen in Mailand aufgegebenen Brief las. »Erzählt mir«, beklagte sie sich bei

Mrs Jarvis, »eigentlich nichts von dem, was ich wissen möchte«; aber sie grübelte darüber nach.

Fanny Elmer spürte es bis zur Verzweiflung. Denn er pflegte seinen Stock und seinen Hut zu nehmen und ans Fenster zu treten und vollkommen geistesabwesend auszusehen und auch sehr streng, dachte sie.

»Ich gehe«, sagte er dann, »und werde Bonamy um eine Mahlzeit anschnorren.«

»Jedenfalls kann ich mich in der Themse ertränken«, rief Fanny, als sie am Foundling Hospital vorbeieilte.

»Aber der *Daily Mail* ist nicht zu trauen«, sagte Jacob zu sich selbst, sich nach etwas anderem zu lesen umschauend. Und er seufzte wieder, war wirklich so zutiefst verdüstert, daß die Düsternis in ihm gesteckt haben mußte, um ihn jeden Augenblick zu umwölken, was ungewöhnlich war bei einem Mann, der alles so genoß, nicht sonderlich zur Analyse neigte, aber, natürlich, schrecklich romantisch war, dachte Bonamy, in seinen Zimmern in Lincoln's Inn.

»Er wird sich verlieben«, dachte Bonamy. »Irgendeine griechische Frau mit gerader Nase.«

An Bonamy schrieb Jacob aus Patras – an Bonamy, der keine Frau lieben konnte und niemals ein törichtes Buch las.

Es gibt letzten Endes sehr wenige gute Bücher, denn ausufernde Geschichtswerke, Reisen auf Eselskarren, um die Quellen des Nils zu entdecken, oder die Redseligkeit der Belletristik können wir natürlich nicht zählen.

Ich mag Bücher, deren Tugend gänzlich auf ein oder zwei Seiten zusammengefaßt ist. Ich mag Sätze, die nicht nachgeben, auch wenn Armeen darüber hinwegmarschieren. Ich mag Wörter, wenn sie hart sind – dies waren Bonamys Ansichten, und sie trugen ihm die Feindschaft jener ein, deren Geschmack sich ganz auf die frischen Gewächse des Morgens richtet, die das Fenster aufstoßen, und Mohnblüten in der Sonne gespreitet finden, und nicht umhinkönnen, in Jubelschreie auszubrechen angesichts der erstaunlichen Fruchtbarkeit der englischen Literatur. Das war überhaupt nicht Bonamys Art. Daß sein literarischer Geschmack seine Freundschaften beeinträchtigte, und ihn schweigsam, unzugänglich, heikel machte, und nur völlig unbefangen mit ein oder zwei jungen Männern seiner eigenen Denkungsart, war der Vorwurf gegen ihn.

Aber andererseits war Jacob Flanders überhaupt nicht von seiner Denkungsart – weit davon entfernt, seufzte Bonamy, als er die dünnen Briefpapierbögen auf den Tisch legte und ins Nachdenken über Jacobs Charakter geriet, nicht zum ersten Mal.

Das Problem war diese romantische Ader in ihm. »Aber vermischt mit der Dummheit, die ihn in diese absurden Bredouillen bringt«, dachte Bonamy, »ist da etwas – etwas« – er seufzte, denn er mochte Jacob lieber als irgend jemand sonst auf der Welt.

Jacob trat ans Fenster und stand mit den Händen in den Taschen. Dort sah er drei Griechen in Trachtenröcken; die Masten von Schiffen; müßige oder geschäftige Menschen der Unterschicht, die schlenderten oder wacker ausschritten, oder sich zu Gruppen scharten und mit den Händen gestikulierten. Ihr mangelndes Interesse an ihm war nicht der Grund seiner Düsternis; sondern eine tiefere Überzeugung – es war nicht, daß er selbst zufällig einsam war, sondern daß alle Menschen es sind.

Doch am nächsten Tag, als der Zug auf dem Weg nach Olympia langsam einen Berg umrundete, waren die griechischen Bäuerinnen draußen zwischen den Weinstöcken; die alten griechischen Männer saßen an den Bahnhöfen und schlürften süßen Wein. Und obwohl Jacob verdüstert blieb, hatte er nie geahnt, wie ungeheuer angenehm es ist, allein zu sein; heraus aus England; auf sich gestellt; von allen abgeschnitten. Auf dem Weg nach Olympia gibt es sehr kantige kahle Berge; und zwischen ihnen blaues Meer in dreieckigen Flächen. Ein wenig wie die Küste von Cornwall. Wie wäre es, den ganzen Tag lang allein zu wandern – sich auf jenen Pfad zu begeben und ihm hinaufzufolgen zwischen den Sträuchern – oder sind es kleine Bäume? – bis zum Gipfel jenes Berges, von dem aus man die Hälfte aller Völker des Altertums sehen kann —

»Ja«, sagte Jacob, denn sein Abteil war leer, »schauen wir mal auf die Karte.«

Man mag es tadeln oder loben, das wilde Pferd in uns läßt sich nicht verleugnen. Ungestüm galoppieren; erschöpft in den Sand fallen; spüren, wie die Erde sich dreht; eine – ja, so ist es – stürmische Anwandlung von Freundschaft für Steine und Gräser erleben, als sei die Menschheit vorbei, und was Männer und Frauen anbelangt, soll sie der Teufel holen – es ist eine nicht zu bestreitende Tatsache, daß dieser Wunsch uns ziemlich oft packt.

Die Abendluft bewegte leicht die schmutzigen Vorhänge am Hotelfenster in Olympia.

»Ich bin voller Liebe für alle Menschen«, dachte Mrs Wentworth Williams, »– für die Armen am meisten – für die Bauern, die am Abend mit ihren Lasten zurückkommen. Und alles ist weich und vage und sehr traurig. Es ist traurig, es ist traurig. Aber alles hat eine Bedeutung«, dachte Sandra Wentworth Williams, hob ein wenig den Kopf und sah sehr schön, tragisch und verzückt aus. »Man muß alles lieben.«

Sie hielt in der Hand ein Büchlein von reisegünstigem Format – Geschichten von Tschechow –, während sie, verschleiert, in Weiß, am Fenster des Hotels in Olympia stand. Wie schön der Abend war! und ihre Schönheit war seine Schönheit. Die Tragödie Griechenlands war die Tragödie aller edlen Seelen. Der unvermeidliche Kompromiß. Sie schien etwas erfaßt zu haben. Sie würde es aufschreiben. Und sie begab sich zum Tisch, an dem ihr Gatte lesend saß, stützte das Kinn in die Hände und dachte an die Bauern, an das Leiden, an ihre eigene Schönheit, an den unvermeidlichen Kompromiß, und wie sie das aufschreiben würde. Auch sagte Evan Williams nichts Brutales, Banales oder Törichtes, als er sein Buch zuklappte und weglegte, um Platz zu machen für die Suppenteller, die jetzt vor sie hingestellt wurden. Nur seine schlaffen Bluthundaugen und seine schweren fahlen Wangen drückten seine melancholische Nachsicht aus, seine Überzeugung, daß er, obwohl gezwungen, mit Umsicht und Bedachtsamkeit zu leben, nie und nimmer eines jener Ziele erreichen konnte, die, wie er wußte, die einzig erstrebenswerten sind. Seine Rücksichtnahme war makellos; sein Schweigen ungebrochen.

»Alles scheint so viel zu bedeuten«, sagte Sandra. Aber mit dem Klang ihrer eigenen Stimme war der Bann gebrochen. Sie vergaß die Bauern. Ihr blieb nur ein Gefühl ihrer eigenen Schönheit; und vor ihr war, zum Glück, ein Spiegel.

»Ich bin sehr schön«, dachte sie.

Sie rückte ein wenig ihren Hut zurecht. Ihr Gatte sah sie in den Spiegel schauen; und stimmte zu, daß Schönheit wichtig ist; sie ist ein Erbteil; man kann sie nicht ignorieren. Aber sie ist eine Barriere; sie ist sogar eine ziemliche Last. Also löffelte er seine Suppe; und richtete die Augen unverwandt aufs Fenster.

»Wachteln«, sagte Mrs Wentworth Williams lustlos. »Und dann Ziege, nehme ich an; und dann ...«

»Karamelpudding vermutlich«, sagte ihr Gatte im gleichen Tonfall, bereits mit dem Zahnstocher zur Hand.

Sie legte ihren Löffel auf den Teller, und ihre Suppe wurde halb gegessen abgetragen. Niemals tat sie irgend etwas ohne Würde; denn ihr Typus war der englische, der so griechisch ist, nur daß die Dörfler ihre Hüte davor gezogen haben, das Pfarrhaus ihn verehrt; und Obergärtner und Untergärtner sich respektvoll aufrichten, wenn sie die breite Terrasse am Sonntagmorgen herunterkommt, mit dem Premierminister bei den steinernen Urnen verweilt, um eine Rose zu pflücken – was sie, vielleicht, zu vergessen suchte, als ihr Blick durch den Speiseraum des Gasthofes in Olympia schweifte, zum Fenster strebte, wo ihr Buch lag, wo sie vor ein paar Minuten etwas entdeckt hatte – etwas sehr Tiefes war es gewesen, über Liebe und Traurigkeit und die Bauern.

Aber es war Evan, der seufzte; nicht aus Verzweiflung und auch nicht aus Rebellion. Aber, da er der ehrgeizigste der Männer und vom Temperament her der trägste war, hatte er nichts vollbracht; kannte die politische Geschichte Englands in- und auswendig, und konnte, da er viel in Gesellschaft von Chatham, Pitt, Burke und Charles James Fox lebte, nicht umhin, sich und sein Zeitalter an ihnen und dem ihren zu messen. »Doch nie gab es eine Zeit, in der große Männer dringender gebraucht wurden«, pflegte er zu sich, mit einem Seufzer, zu sagen. Hier stocherte er in einem Gasthof in

Olympia in seinen Zähnen. Er war fertig. Aber Sandras Augen schweiften.

»Diese rosa Melonen sind gewiß gefährlich«, sagte er düster. Und während er sprach, ging die Tür auf und herein kam ein junger Mann in einem grauen karierten Anzug.

»Schön, aber gefährlich«, sagte Sandra, in Gegenwart einer dritten Person sofort das Gespräch mit ihrem Gatten aufnehmend. (»Ah, ein englischer Junge auf Bildungsreise«, dachte sie bei sich.)

Und Evan wußte das alles ebenfalls.

Ja, er wußte das alles; und er bewunderte sie. Sehr angenehm, dachte er, Affären zu haben. Aber für ihn selbst, bei seiner Größe (Napoleon maß fünf Fuß und vier Zoll, erinnerte er sich), seiner Leibesfülle, seiner Unfähigkeit, die eigene Persönlichkeit durchzusetzen (und doch werden große Männer jetzt mehr denn je gebraucht, seufzte er), war es sinnlos. Er warf seine Zigarre weg, ging zu Jacob und fragte ihn, mit einer schlichten Aufrichtigkeit, die Jacob gefiel, ob er geradenwegs aus England gekommen sei.

»Wie ungeheuer englisch!« lachte Sandra, als der Kellner ihnen am nächsten Morgen erzählte, daß der junge Herr um fünf Uhr aufgebrochen sei, um den Berg zu besteigen. »Er hat Sie bestimmt um ein Bad gebeten?« worauf der Kellner den Kopf schüttelte und sagte, er werde den Manager fragen.

»Sie verstehen nicht«, lachte Sandra. »Schon gut.«

Auf dem Gipfel ausgestreckt, völlig allein, fühlte sich Jacob ungeheuer wohl. Wahrscheinlich war er noch nie in seinem ganzen Leben so glücklich gewesen.

Aber bei Tisch an jenem Abend fragte ihn Mr Williams, ob er die Zeitung sehen wolle; dann fragte ihn Mrs Williams (während sie rauchend über die Terrasse schlenderten – und wie konnte er die Zigarre dieses Mannes ablehnen?), ob er das Theater bei Mondlicht gesehen habe; ob er Everard Sherborn kenne; ob er Griechisch lesen könne und ob (Evan stand schweigend auf und ging hinein), falls er eine opfern müsse, es die französische Literatur wäre oder die russische?

»Und jetzt«, schrieb Jacob in seinem Brief an Bonamy, »werde ich ihr verfluchtes Buch lesen müssen« – ihren Tschechow, meinte er, denn den hatte sie ihm geliehen.

Obwohl die Ansicht unpopulär ist, ist es wohl recht wahrscheinlich, daß kahle Flächen, Felder, zu dicht mit Steinen bedeckt, um gepflügt zu werden, wogende Meereswiesen auf halbem Wege zwischen England und Amerika, uns eher liegen als Städte.

Es ist etwas Absolutes in uns, das Einschränkung verachtet. Es ist dies, was in Gesellschaft gequält und verbogen wird. Menschen kommen in einem Zimmer zusammen. »So erfreut«, sagt jemand, »Sie kennenzulernen«, und das ist eine Lüge. Und dann: »Ich genieße den Frühling jetzt mehr als den Herbst. Man tut das, glaube ich, wenn man älter wird.« Denn Frauen reden immer, immer, immer über das, was man fühlt, und wenn sie sagen »wenn man älter wird«, erwarten sie, daß ihnen mit etwas überhaupt nicht zur Sache Gehörigem geantwortet wird.

Jacob setzte sich in den Steinbruch, wo die Griechen den Marmor für das Theater gebrochen hatten. Es ist heiße Arbeit, zur Mittagszeit einen griechischen Berg hinaufzulaufen. Das wilde rote Alpenveilchen blühte; er hatte die kleinen Schildkröten von Büschel zu Büschel krauchen sehen; die Luft roch kräftig und plötzlich süß, und die Sonne, die auf schartige Marmorsplitter fiel, blendete die Augen sehr. Gelassen, gebieterisch, geringschätzig, ein wenig melancholisch und gelangweilt mit einer erhabenen Art Langeweile, saß er da und rauchte seine Pfeife.

Bonamy hätte gesagt, daß das so etwas war, was ihm Unbehagen bereitete – wenn Jacob Trübsal blies, aussah wie ein arbeitsloser Fischer aus Margate oder ein britischer Admiral. Man konnte ihm nichts begreiflich machen, wenn er in solch einer Stimmung war. Man ließ ihn besser in Ruhe. Er war teilnahmslos. Er war dann leicht mürrisch.

Er war sehr früh aufgestanden und betrachtete die Statuen mit seinem Baedeker.

Sandra Wentworth Williams, die die Welt vor dem Frühstück auf der Suche nach Abenteuer oder einem Blickpunkt durchstreifte, ganz in Weiß, vielleicht nicht sonderlich groß, aber ungewöhnlich aufrecht – Sandra Williams erwischte Jacobs Kopf genau auf einer Ebene mit dem Kopf des Hermes von Praxiteles. Der Vergleich fiel ganz zu seinen Gunsten aus. Aber bevor sie ein einziges Wort sagen konnte, hatte er dem Museum den Rücken gekehrt und sie verlassen.

Dennoch, eine Dame von Welt reist mit mehr als einem Kleid, und wenn Weiß zur Morgenstunde paßt, ist vielleicht sandfarbenes Gelb mit Purpurpunkten, ein schwarzer Hut und ein Band Balzac für den Abend geeignet. So war sie auf der Terrasse drapiert, als Jacob kam. Sehr schön sah sie aus. Mit gefalteten Händen saß sie versonnen, schien ihrem Gatten zu lauschen, schien den Bauern zuzuschauen, die mit Reisig auf dem Rücken herunterkamen, schien zu bemerken, wie der Berg sich von Blau in Schwarz verfärbte, schien scharf zu unterscheiden zwischen Wahrheit und Unwahrheit, dachte Jacob und schlug plötzlich die Beine übereinander, da ihm auffiel, wie ungemein abgetragen seine Hose war.

»Aber er sieht sehr besonders aus«, entschied Sandra.

Und Evan Williams, in seinen Stuhl zurückgelehnt mit der Zeitung auf den Knien, beneidete sie beide. Das Beste, was er tun könnte, war noch, bei Macmillan seine Monographie über die Außenpolitik von Chatham zu veröffentlichen. Aber zur Hölle mit diesem Gefühl der Bedrängung, der Übelkeit – dieser Unruhe, Aufwallung und Hitze – es war Eifersucht! Eifersucht! Eifersucht! ein Gefühl, dem er völlig abgeschworen hatte.

»Kommen Sie mit uns nach Korinth, Flanders«, sagte er mit mehr als seiner üblichen Energie, neben Jacobs Stuhl stehenbleibend. Er war erleichtert von Jacobs Antwort, oder vielmehr von der soliden, direkten, dabei scheuen Art, mit der er sagte, daß er sehr gern mit ihnen nach Korinth kommen würde.

»Hier ist ein Bursche«, dachte Evan Williams, »der es in der Politik weit bringen könnte.«

»Ich habe vor, jedes Jahr nach Griechenland zu fahren, solange ich lebe«, schrieb Jacob an Bonamy. »Es ist die einzige Chance, die ich zu sehen vermag, um sich vor der Zivilisation zu schützen.«

»Der Himmel weiß, was er damit meint«, seufzte Bonamy. Denn da er selber nie etwas Unbeholfenes sagte, hinterließen diese dunklen Aussprüche von Jacob ihn unangenehm berührt, doch irgendwie beeindruckt, wobei er selbst ganz zum Eindeutigen, Gegenständlichen, Verstandesmäßigen strebte.

Nichts konnte viel schlichter sein als das, was Sandra sagte, als sie vom Akrokorinth herunterstieg, sich auf dem kleinen Pfad hielt, während Jacob über rauheren Grund an ihrer Seite schritt. Sie hatte im Alter von vier Jahren die Mutter verloren; und der Park war riesig.

»Man schien nie hinausgelangen zu können«, lachte sie. Natürlich war da die Bibliothek, und der liebe Mr Jones und Ahnungen von den Dingen. »Ich bin immer in die Küche gestromert und habe auf den Knien des Butlers gesessen«, lachte sie, doch traurig.

Jacob dachte, wenn er da gewesen wäre, hätte er sie gerettet, denn sie war großen Gefahren ausgesetzt gewesen, spürte er, und, dachte er bei sich: »Die Leute würden eine Frau nicht verstehen, die so redet wie sie.«

Sie machte keinerlei Wesens von der Rauheit des Berges; und trug Kniebundhosen, sah er, unter ihren kurzen Röcken.

»Frauen wie Fanny Elmer tun das nicht«, dachte er. »Die wie-hieß-sie-noch Carslake tat das nicht; doch sie geben vor ...«

Mrs Williams sagte Dinge geradeheraus. Er war überrascht von seiner eigenen Kenntnis der Verhaltensregeln; wie viel mehr man sagen kann, als man dachte; wie offen man mit einer Frau sein kann; und wie wenig er sich bislang selbst gekannt hatte.

Evan schloß sich ihnen auf der Straße an; und während sie bergauf und bergab fuhren (denn Griechenland ist in einem Zustand des Moussierens, doch erstaunlich klar umrissen, ein baumloses Land, wo man den Boden zwischen den Halmen sieht, jeder Berg geformt und gestaltet und häufig scharf abgehoben von blitzendem tiefblauem Wasser, Inseln weiß wie Sand schwimmen am Horizont, hin und wieder stehen Palmenhaine in den Tälern, die mit schwarzen Ziegen gesprenkelt sind, mit kleinen Olivenbäumen betüpfelt, und manchmal weiße, strahlenförmig und kreuzweise durchschnittene Mulden in ihren Flanken haben), während sie bergauf und bergab fuhren, grollte er in der Ecke der Kutsche, mit so fest geschlossener Faust, daß die Haut sich zwischen den Knöcheln spannte und die Härchen sich sträubten. Sandra thronte gegenüber, beherrschend, wie eine Siegesgöttin, bereit, sich in die Lüfte zu schwingen.

»Herzlos!« dachte Evan (was nicht stimmte).

»Hirnlos!« mutmaßte er (und das stimmte auch nicht). »Trotzdem ...!« Er beneidete sie.

Als die Schlafenszeit nahte, war es ein Problem, Bonamy zu schreiben, merkte Jacob. Doch er hatte Salamis gesehen, und von ferne Marathon. Der arme alte Bonamy! Nein; irgendwie war er in Schwulitäten. Er konnte Bonamy nicht schreiben.

»Ich werde trotzdem nach Athen fahren«, entschied er mit fest entschlossener Miene, denn dieser Angelhaken saß ihm schmerzend im Fleisch.

Die Williamses waren schon in Athen gewesen.

Athen vermag immer noch, einen jungen Mann als die sonderbarste Mischung, die unvereinbarste Zusammenstellung zu beeindrucken. Jetzt ist es kleinstädtisch; jetzt unsterblich. Jetzt ist billiger ausländischer Schmuck auf Plüschtabletts ausgestellt. Jetzt steht die erhabene Frau nackt, bis auf einen Faltenwurf über dem Knie. Keine Form kann er in seine Empfindungen bringen, während er, an einem strahlenden Nachmittag, über den an Paris erinnernden Boulevard schlendert und dem königlichen Landauer aus dem Weg springt, der, unglaublich klapperig aussehend, über die holperige Fahrbahn rattert, gegrüßt von Bürgern beiderlei Geschlechts in billiger Kleidung, Bowlerhüten und ausländischen Kostümen; obwohl ein Schafhirt in Trachtenrock, Kappe und Bundschuhen seine Ziegenherde nahezu zwischen die königlichen Räder treibt; und ständig strebt die Akropolis in die Luft empor, erhebt sich über der Stadt, wie eine gewaltige, unbewegliche Welle, auf der die gelben Säulen des Parthenon fest aufgepflanzt sind.

Die gelben Säulen des Parthenon sind zu allen Tageszeiten fest aufgepflanzt auf der Akropolis zu sehen; obwohl bei Sonnenuntergang, wenn die Schiffe in Piräus ihre Kanonen abfeuern, eine Glocke läutet, ein Mann in Uniform (mit aufgeknöpfter Weste) erscheint; und die Frauen die schwarzen Strümpfe zusammenrollen, an denen sie im Schatten der Säulen stricken, ihre Kinder rufen und in Scharen hinabwandern zu ihren Häusern.

Da sind sie wieder, die Säulen, der Giebel, der Tempel der Nike und das Erechtheion, auf einem gelbbraunen, mit Schatten gefurchten Felsen, sowie man morgens die Fensterläden aufhakt und, sich hinausbeugend, das Rumpeln, das Zetern, das Knallen der Peitsche unten auf der Straße hört. Da sind sie.

Die ungeheure Endgültigkeit, mit der sie dastehen, bald in strahlendem Weiß, dann wieder gelb, und bei manchem Licht rot, drängt Ideen von Dauerhaftigkeit auf, vom Empordringen, durch die Erde hindurch, einer geistigen Kraft, die sich anderswo in eleganten Nichtigkeiten verzettelt. Aber diese Dauerhaftigkeit existiert völlig unabhängig von unserer Bewunderung. Obwohl die Schönheit menschlich genug ist, um uns zu erweichen, um die tiefe Schlammablagerung aufzuwühlen – Erinnerungen, Verlassenheiten, Gewissensbisse, sentimentale Neigungen – der Parthenon ist von all dem geschieden; und wenn man bedenkt, wie er die ganze Nacht emporgeragt hat, seit Jahrhunderten, beginnt man, das Gleißen (zur Mittagszeit ist der grelle Schein augenblendend und der Fries fast unsichtbar) mit der Idee zu verbinden, daß vielleicht einzig die Schönheit unsterblich ist.

Darüber hinaus, verglichen mit dem blasigen Stuck, den neuen Liebesliedern, hinausgeschnarrt zum Geklimper von Gitarre und Grammophon, und den beweglichen, doch unbedeutenden Gesichtern der Straße, ist der Parthenon wirklich erstaunlich in seiner stillen Gelassenheit; die so kraftvoll ist, daß, weit entfernt davon, verfallen zu sein, der Parthenon, im Gegenteil, allem Anschein nach die gesamte Welt überdauern wird.

»Und die Griechen, wie vernünftige Männer, haben sich nie die Mühe gemacht, die Rücken ihrer Statuen zu vollenden«, sagte Jacob, als er die Augen beschirmte und wahrnahm, daß die der Sicht abgewandte Seite der Figur im Rohzustand belassen ist.

Er bemerkte die leichte Unregelmäßigkeit der Stufenzeilen, welche »der Kunstsinn der Griechen mathematischer Genauigkeit vorzog«, las er in seinem Reiseführer.

Er stand auf genau der Stelle, an der die große Statue der Athene gestanden hatte, und identifizierte die berühmten Wahrzeichen der unterhalb gelegenen Szenerie.

Kurzum, er war sorgfältig und gewissenhaft; aber zutiefst verdrossen. Außerdem wurde er von Fremdenführern belästigt. Das war am Montag.

Aber am Mittwoch schrieb er ein Telegramm an Bonamy mit der Bitte, sofort zu kommen. Und dann zerknüllte er es in der Hand und warf es in die Gosse.

»Zum einen würde er nicht kommen«, dachte er. »Und dann könnte ich mir denken, so was gibt sich.«

»So was«, das war dieses beklommene, schmerzliche Gefühl, etwas wie Selbstsucht – man wünschte fast, daß es aufhörte – es geht mehr und mehr über das, was möglich ist, hinaus – »Wenn das noch lange so weitergeht, werde ich damit nicht fertig werden können – aber wenn jemand anders es zur selben Zeit sehen würde – Bonamy ist in seinem Zimmer in Lincoln's Inn vergraben – ach verdammt, zum Teufel mit allem, verdammt«, – der Anblick von Hymettos, Pentelikon, Lykabettos auf der einen Seite, und vom Meer auf der anderen, während man bei Sonnenuntergang im Parthenon steht, der Himmel rosa gefiedert, die Ebene in allen Farben, der Marmor gelbbraun für das Auge, ist auf diese Weise bedrückend. Zum Glück hatte Jacob wenig Sinn für persönliche Assoziationen; er stellte sich selten Plato oder Sokrates leibhaftig vor; andererseits war sein Gefühl für Architektur sehr stark; er zog Statuen Bildern vor; und er begann viel über die Probleme der Zivilisation nachzudenken, die von den alten Griechen, natürlich, so sehr bemerkenswert gelöst wurden, obwohl deren Lösung uns keine Hilfe ist. Dann ruckte der Angelhaken heftig in seinem Fleisch, als er Mittwoch nacht im Bett lag; und er drehte sich mit einer Art verzweifeltem

Salto um, da ihm Sandra Wentworth Williams einfiel, in die er verliebt war.

Am nächsten Tag bestieg er den Pentelikon.

Am Tag danach ging er zur Akropolis hinauf. Die Stunde war früh; der Ort fast menschenleer; und vielleicht lag ein Gewitter in der Luft. Aber die Sonne schien voll auf die Akropolis.

Jacob hatte vor, sich hinzusetzen und zu lesen, und als er eine günstig gelegene Marmortrommel fand, von der aus Marathon zu sehen war, und die trotzdem im Schatten stand, während das Erechtheion vor ihm weiß erstrahlte, setzte er sich dorthin. Aber nachdem er eine Seite gelesen hatte, steckte er den Daumen in sein Buch. Warum Länder nicht in der Weise regieren, wie sie regiert werden müßten? Und er las wieder.

Ohne Zweifel hob sein Platz dort oben mit Blick über Marathon seine Stimmung. Oder es kann auch gewesen sein, daß ein langsames aufnahmefähiges Gehirn diese Momente des Aufblühens hat. Oder er hatte, ohne sich dessen bewußt zu sein, während er im Ausland war, die Gewohnheit angenommen, über Politik nachzudenken.

Und als er dann aufblickte und die scharf umrissene Silhouette sah, erhielten seine Betrachtungen eine außerordentliche Pointe; Griechenland war vorbei; der Parthenon eine Ruine; doch da war er.

(Damen mit grünen und weißen Schirmen spazierten durch den Hof – französische Damen auf dem Wege nach Konstantinopel zu ihren Ehemännern.)

Jacob las wieder weiter. Und das Buch auf den Boden legend, begann er, wie inspiriert von dem, was er gelesen hatte, Notizen zu machen über die Bedeutung der Geschichte – über die Demokratie –, eines jener Geschreibsel, auf denen ein Lebenswerk fußen kann; oder auch, es fällt zwanzig Jahre später aus einem Buch, und man kann sich an kein Wort davon erinnern. Es ist ein wenig peinlich. Es sollte besser verbrannt werden.

Jacob schrieb; begann eine gerade Nase zu zeichnen; da öffneten und schlossen direkt unter ihm alle französischen Damen ihre Schirme und riefen, zum Himmel schauend, aus, daß man nicht wüßte, was nun bevorstände – Regen oder schönes Wetter?

Jacob stand auf und schlenderte zum Erechtheion hinüber. Dort stehen immer noch mehrere Frauen und tragen das Dach auf ihren Köpfen. Jacob hielt sich etwas gerader; denn Standfestigkeit und Gleichgewicht teilen sich zuerst dem Körper mit. Diese Statuen machten alles so nichtig! Er starrte sie an, drehte sich dann um, und da hockte Madame Lucien Gravé auf einem Marmorblock, und ihre Kodak zeigte auf seinen Kopf. Natürlich sprang sie herunter, trotz ihres Alters, ihrer Figur und ihrer engen Stiefeletten – denn sie war, nun, wo sie ihre Tochter verheiratet wußte, mit einer schwelgerischen Hingabe, die nicht der Größe entbehrte, in die feiste Groteske abgeglitten; sie sprang herunter, aber erst, nachdem Jacob sie gesehen hatte.

»Zum Teufel mit diesen Frauen – zum Teufel mit diesen Frauen!« dachte er. Und er ging sein Buch holen, das er im Parthenon auf dem Boden liegengelassen hatte.

»Wie sie alles verderben«, murmelte er, an eine Säule gelehnt, das Buch fest unter den Arm geklemmt. (Was das Wetter anbetraf, zweifellos würde das Gewitter bald losbrechen; Athen war unter Wolken.)

»Es sind diese verteufelten Frauen«, sagte Jacob, ohne jede Spur von Bitterkeit, sondern vielmehr mit Trauer und Enttäuschung, daß, was hätte sein können, niemals sein sollte.

(Diese heftige Enttäuschung ist überhaupt nichts Ungewöhnliches bei jungen Männern in der Blüte ihrer Jahre, gesund an Haupt und Gliedern, die bald darauf Familienväter und Bankdirektoren werden.)

Dann, sich versichernd, daß die Französinnen fort waren, und sich vorsichtig umblickend, schlenderte Jacob zum Erechtheion hinüber und betrachtete recht verstohlen die Göttin, die auf der linken Seite das Dach auf dem Kopf trug. Sie erinnerte ihn an Sandra Wentworth Williams. Er sah sie an, dann sah er weg. Er war außerordentlich bewegt, und mit der abgesplitterten griechischen Nase im Kopf, mit Sandra im Kopf, mit allem möglichen im Kopf, machte er sich daran, auf den Gipfel des Berges Hymettos zu steigen, allein, in der Hitze.

Am selben Nachmittag ging Bonamy ausdrücklich, um über Jacob zu reden, zum Tee bei Clara Durrant an dem Platz hinter der Sloane Street, wo an warmen Frühlingstagen gestreifte Markisen über die Fenster gespannt sind, einzelne Pferde den Asphalt vor den Türen scharren, und ältere Herren in gelben Westen klingeln und sehr höflich eintreten, wenn das Dienstmädchen sehr sittsam antwortet, daß Mrs Durrant zu Hause ist.

Bonamy saß mit Clara in dem sonnigen Vorderzimmer, wo draußen die Drehorgel süß flötete; der Sprengwagen langsam vorbeifuhr und das Pflaster bespritzte; die Droschken bimmelten, und all das Silber und der Chintz, braune und blaue Brücken und mit grünen Zweigen gefüllte Vasen mit zitternden gelben Balken gestreift waren.

Die Fadheit von dem, was gesagt wurde, bedarf keiner Illustration – Bonamy fuhr fort, sanft leise Antworten zu geben und Verwunderung anzustauen über eine Existenz, eingequetscht und kastriert in einem weißen Satinschuh (Mrs Durrant verlautbarte derweil im Hinterzimmer mit Sir Soundso durchdringende Politik), bis die Jungfräulichkeit von Claras Seele ihn aufrichtig dünkte; die Tiefen unbekannt; und er hätte Jacobs Namen zur Sprache gebracht, wäre ihm nicht die absolute Gewißheit gekommen, daß Clara ihn liebte und überhaupt nichts tun konnte.

»Überhaupt nichts!« rief er aus, als die Tür zuging, und er, für einen Mann seiner Veranlagung, ein sehr abartiges Gefühl bekam, während er durch den Park ging, von unaufhaltsam vorangetriebenen Kutschen; von unerbittlich geometrischen Blumenbeeten; von einer Kraft, die rund um geometrische Muster raste in der sinnlosesten Weise auf der Welt. »War Clara«, dachte er und blieb stehen, um den Jungen beim Baden im Serpentinenteich zuzuschauen, »die schweigsame Frau? – würde Jacob sie heiraten?«

Aber in Athen im Sonnenschein, in Athen, wo es nahezu unmöglich ist, Nachmittagstee zu bekommen, und ältere Herren, die über Politik reden, das genau verkehrt herum tun, in Athen saß Sandra Wentworth Williams, verschleiert, in Weiß, die Beine vor sich ausgestreckt, einen Ellbogen auf der Lehne des Bambussessels, und blaue Wölkchen waberten und entschwebten ihrer Zigarette.

Die Orangenbäume, die auf dem Platz der Verfassung blühen, die Kapelle, der schleppende Gang von Füßen, der Himmel, die Häuser, zitronen- und rosenfarben – all das wurde für Mrs Wentworth Williams nach ihrer zweiten Tasse Kaffee so bedeutungsvoll, daß sie begann, die Geschichte von der noblen und impulsiven Engländerin zu dramatisieren, die bei Mykene der alten amerikanischen Dame (Mrs Duggan) einen Platz in ihrer Kutsche angeboten hatte – keine ganz falsche Geschichte, obwohl sie nichts von Evan sagte, der erst auf einem Bein stand, dann auf dem anderen, und darauf wartete, daß die Frauen zu schwatzen aufhörten.

»Ich setze das Leben von Vater Damian in Verse«, hatte Mrs Duggan gesagt, denn sie hatte alles verloren – alles auf der Welt, Mann und Kind und alles, aber der Glaube blieb.

Sandra, vom Besonderen zum Allgemeinen schweifend, lehnte sich in Trance zurück.

Der Flug der Zeit, der uns so tragisch voranhetzt; das ewige Mühen und Murmeln, das jetzt in feurigen Flammen lodert wie diese kurzlebigen Kugeln aus Gelb zwischen grünen Blättern (sie schaute auf Orangenbäume); Küsse auf Lippen, die sterben müssen; die Welt, die sich in Irrgärten aus Hitze und Lärm dreht und dreht – obwohl da natürlich der stille Abend mit seiner reizenden Blässe ist, »Denn ich bin empfänglich für alle seine Seiten«, dachte Sandra, »und Mrs Duggan wird mir für immer schreiben, und ich werde ihre Briefe beantworten.« Jetzt erregte der Vorbeimarsch der Königlichen Kapelle mit der Nationalfahne größere Wellenkreise der Ergriffenheit, und das Leben wurde zu etwas, das die Mutigen besteigen und darauf ins Meer reiten – das Haar zurückgeweht (so malte sie es sich aus, und der Wind regte sich ein wenig in den Orangenbäumen), und sie selbst tauchte gerade aus silberner Gischt auf – da sah sie Jacob. Er stand auf dem Platz mit einem Buch unter dem Arm und schaute sich leeren Blicks um. Daß er von stämmiger Statur war und mit der Zeit korpulent werden könnte, war eine Tatsache.

Aber sie hatte ihn im Verdacht, lediglich ein Tölpel zu sein.

»Da ist dieser junge Mann«, sagte sie, verdrießlich, und warf ihre Zigarette weg, »dieser Mr Flanders.«

»Wo?« sagte Evan. »Ich sehe ihn nicht.«

»Ach, er geht gerade weg – jetzt hinter die Bäume. Nein, du kannst ihn nicht sehen. Aber wir werden ihm sicherlich noch in die Arme laufen«, was sie natürlich taten.

Aber inwieweit war er lediglich ein Tölpel? Inwieweit war Jacob Flanders im Alter von sechsundzwanzig ein dummer Kerl? Der Versuch, Menschen in ihrer Gänze zu erfassen, ist zwecklos. Man muß Andeutungen nachgehen, nicht unbedingt dem, was gesagt wird, auch nicht völlig dem, was getan wird. Manche, das ist wahr, nehmen sofort eine unauslöschliche Charakterprägung an. Andere tändeln, trödeln und werden hierhin und dorthin geweht. Nette alte Damen versichern uns, daß Katzen oft die besten Charakterkenner sind. Eine Katze wird immer zu einem guten Menschen gehen, sagen sie; doch Mrs Whitehorn, Jacobs Wirtin, haßte Katzen.

Es gibt auch die höchst ehrenwerte Meinung, daß Charakterkrämerei heutzutage sehr übertrieben wird. Schließlich, was hat es auf sich – daß Fanny Elmer ganz Gefühl und Empfindung war, und Mrs Durrant hart wie Eisen? daß Clara, die, hauptsächlich (so sagten die Charakterkrämer) infolge des Einflusses ihrer Mutter, noch niemals die Möglichkeit hatte, etwas auf eigene Faust zu tun, und nur für sehr aufmerksame Augen Gefühlstiefen zeigte, die absolut beunruhigend waren; und sich gewiß demnächst an einen, der ihrer nicht wert war, wegwerfen würde, es sei denn, so sagten die Charakterkrämer, sie besaß einen Funken von dem Feuer ihrer Mutter – irgendwie heroisch war. Aber welch ein Ausdruck, um ihn auf Clara Durrant anzuwenden! Einigermaßen unbedarft, so dachten andere von ihr. Und das ist auch der Grund, so sagten sie, warum sie Dick Bonamy anzieht – den jungen Mann mit der Wellington-Nase. Also *das* ist ein merkwürdiger Kantonist, wenn man so will. Und da verstummten diese Klatschmäuler plötzlich immer. Offenbar wollten sie seine absonderliche Veranlagung andeuten – über die unter ihnen seit langem gemunkelt wurde.

»Aber manchmal ist es gerade eine Frau wie Clara, die Männer dieser Art brauchen …« deutete dann Miss Julia Eliot an.

»Nun«, erwiderte dann Mr Bowley, »das mag schon sein.«

Denn gleichgültig, wie lange diese Klatschmäuler zusammensitzen, und wie sehr sie die Charaktere ihrer Opfer stopfen, bis sie so aufgetrieben und zart sind wie auf heißer Flamme angebratene Gänselebern, sie kommen nie zu einer Entscheidung.

»Dieser junge Mann, Jacob Flanders«, sagten sie dann, »sieht so besonders aus – und doch so linkisch.« Darauf knöpften sie sich dann Jacob vor und schwankten ewig zwischen den zwei Extremen. Er ging auf die Fuchsjagd – wenn man das so sagen konnte, denn er besaß keinen Penny.

»Haben Sie je gehört, wer sein Vater war?« fragte Julia Eliot. »Seine Mutter, heißt es, ist irgendwie mit den Rocksbiers verwandt«, erwiderte Mr Bowley.

»Jedenfalls überarbeitet er sich nicht.«

»Seine Freunde mögen ihn sehr.«

»Dick Bonamy, meinen Sie?«

»Nein, das meinte ich damit nicht. Bei Jacob ist es augenscheinlich anders herum. Er ist genau der junge Mann, um sich Hals über Kopf zu verlieben und es ein Leben lang zu bereuen.«

»Ach, Mr Bowley«, sagte Mrs Durrant, in ihrer gebieterischen Art über sie hereinbrechend, »erinnern Sie sich an Mrs Adams? Hier ist ihre Nichte.« Und Mr Bowley stand auf, verbeugte sich höflich und holte Erdbeeren.

So werden wir genötigt, zu sehen, was die andere Seite meint – die Männer in den Clubs und Kabinetten – wenn sie sagen, daß Charakterzeichnung eine unernste Feierabendkunst ist, eine Sache der tausend Nadelstiche, der erlesenen Umrisse, die Leere einschließen, Schnörkel und bloße Krakeleien.

Die Schlachtschiffe laufen strahlenförmig in die Nordsee aus, halten sorgfältig Abstand voneinander. Auf ein verabredetes Signal hin werden alle Kanonen auf ein Ziel gerichtet, das (der Geschützoffizier zählt die Sekunden, Uhr in der Hand – bei der sechsten schaut er auf) in flammende Splitter zerbirst. Mit gleicher Nonchalance steigen ein

Dutzend junge Männer in der Blüte ihres Lebens mit gefaßten Gesichtern in die Tiefen des Meeres hinab; um dort gleichmütig (doch mit vollkommener Beherrschung der Maschinerie) klaglos zusammen zu ersticken. Wie Marschkolonnen aus Zinnsoldaten bestreicht die Armee das Kornfeld, rückt den Berghang hinauf vor, hält an, taumelt ein wenig hierhin und dorthin, und fällt zu Boden, nur daß man, durch einen Feldstecher, sehen kann, wie ein oder zwei Stücke sich immer noch heftig auf und nieder regen wie Splitter von einem zerbrochenen Streichholz.

Diese Unternehmungen, zusammen mit dem unentwegten Handel von Banken, Laboratorien, Ministerien und Geschäftshäusern, sind die Schläge, die die Welt voranrudern, sagen sie. Und sie werden durchgezogen von Männern, so glatt gemeißelt wie der gleichmütige Schutzmann am Ludgate Circus. Aber es wird einem nicht entgehen, daß sein Gesicht keineswegs in Rundlichkeit gepolstert ist, sondern starr vor Willenskraft, und hager von der Anstrengung, es so zu bewahren. Wenn sein rechter Arm sich hebt, fließt alle Kraft seiner Adern direkt von der Schulter in die Fingerspitzen; keine Unze wird abgelenkt in plötzliche Anwandlungen, sentimentale Gewissensbisse, spitzfindige Unterscheidungen. Die Busse halten pünktlich.

So, sagen sie, leben wir, getrieben von einer ungreifbaren Kraft. Sie sagen, daß die Romanschriftsteller sie niemals einfangen; daß sie in rasendem Flug durch ihre Netze schlägt und sie in Fetzen zerrissen hinterläßt. Das, sagen sie, ist das, wodurch wir leben – diese ungreifbare Kraft.

»Wo sind die Männer?« sagte der alte General Gibbons, sich im Salon umschauend, der, wie an Sonntagnachmittagen üblich, voller gut gekleideter Menschen war. »Wo sind die Kanonen?«

Mrs Durrant schaute ebenfalls.

Clara, die dachte, daß ihre Mutter etwas von ihr wünschte, kam herein; ging dann wieder hinaus.

Sie redeten über Deutschland bei den Durrants, und Jacob (von dieser ungreifbaren Kraft getrieben) ging rasch die Hermesstraße hinunter und lief geradenwegs den Williamses in die Arme.

»Oh!« rief Sandra, mit einer Herzlichkeit, die sie plötzlich verspürte. Und Evan fügte hinzu: »Welch Zufall!«

Das Essen, zu dem sie ihn in dem Hotel einluden, welches auf den Platz der Verfassung blickt, war ausgezeichnet. Versilberte Körbe enthielten frische Brötchen. Es gab richtige Butter. Und das Fleisch benötigte kaum die Maskerade der unzähligen kleinen mit Sauce glasierten roten und grünen Gemüse.

Es war jedoch seltsam. Da waren die kleinen Tische in Abständen aufgestellt auf dem scharlachroten Boden mit dem in Gelb eingearbeiteten Monogramm des griechischen Königs. Sandra speiste mit ihrem Hut auf, verschleiert wie üblich. Evan blickte über die Schulter hierhin und dorthin; unerschütterlich, doch beweglich; und seufzte manchmal. Es war seltsam. Denn sie waren Engländer, zusammengekommen in Athen an einem Maiabend. Jacob, der sich von diesem und jenem nahm, antwortete intelligent, jedoch mit einem Unterton in der Stimme.

Die Williamses wollten früh am nächsten Morgen nach Konstantinopel fahren, sagten sie.

»Bevor Sie auf sind«, sagte Sandra.

Sie würden Jacob also allein lassen. Sich nur ganz wenig umwendend, bestellte Evan etwas – eine Flasche Wein – aus der er Jacob einschenkte, mit einer Art Fürsorglichkeit, mit einer Art väterlicher Fürsorglichkeit, falls das möglich war. Allein gelassen zu werden das war gut für einen jungen Burschen. Nie gab es eine Zeit, in der das Land Männer dringender brauchte. Er seufzte.

»Und Sie waren auf der Akropolis?« fragte Sandra.

»Ja«, sagte Jacob. Und sie entfernten sich zusammen zum Fenster, während Evan mit dem Oberkellner den Weckauftrag besprach.

»Sie ist erstaunlich«, sagte Jacob, mit rauher Stimme.

Sandra riß ein klein wenig die Augen auf. Vielleicht weiteten sich auch ihre Nasenflügel ein bißchen.

»Also um halb sieben«, sagte Evan und kam auf sie zu mit einem Gesicht, als träte er etwas entgegen, indem er zu seiner Frau und Jacob trat, die mit den Rücken zum Fenster standen.

Sandra lächelte ihm zu.

Und sie fügte, als er ans Fenster ging und nichts zu sagen hatte, in unterbrochenen Halbsätzen hinzu: »Nun, aber wie entzückend – wäre das nichts? Die Akropolis, Evan – oder bist du zu müde?«

Worauf Evan beide ansah, oder vielmehr, da Jacob vor sich hin starrte, seine Frau, mißmutig, miesepetrig, doch mit einer Art Qual – nicht, daß sie ihn bemitleiden würde. Ebensowenig würde das unversöhnliche Feuer der Liebe, er mochte tun, was er wollte, seine Martern einstellen.

Sie verließen ihn, und er saß im Rauchzimmer, das auf den Platz der Verfassung blickt.

»Evan ist glücklicher allein«, sagte Sandra. »Wir sind von den Zeitungen abgeschnitten worden. Nun, es ist besser, wenn die Menschen haben, was sie wollen ... Sie haben all diese wundervollen Dinge gesehen, seit wir uns begegnet sind ... Welch ein Eindruck ... Ich finde, Sie haben sich verändert.«

»Sie möchten zur Akropolis«, sagte Jacob. »Dann hier hinauf.«

»Man wird sie sein Leben lang nicht vergessen«, sagte Sandra.

»Ja«, sagte Jacob. »Ich wünschte, Sie hätten bei Tage kommen können.«

»Dies ist wundervoller«, sagte Sandra winkend.

Jacob schaute ungewiß drein.

»Aber Sie sollten den Parthenon bei Tage sehen«, sagte er. »Sie könnten nicht morgen kommen – es wäre zu früh?«

»Sie haben hier Stunden und Stunden allein gesessen?«

»Heute morgen waren ein paar gräßliche Frauen da«, sagte Jacob.

»Gräßliche Frauen?« echote Sandra.

»Französinnen.«

»Aber etwas sehr Wundervolles ist geschehen«, sagte Sandra. Zehn Minuten, fünfzehn Minuten, eine halbe Stunde – mehr Zeit lag nicht vor ihr.

»Ja«, sagte er.

»Wenn man in Ihrem Alter ist – wenn man jung ist. Was werden Sie tun? Sie werden sich verlieben – oh ja! Aber haben Sie es nicht allzu eilig damit. Ich bin so viel älter.«

Sie wurde von vorbeimarschierenden Männern vom Bürgersteig gedrängt.

»Sollen wir weitergehen?« fragte Jacob.

»Lassen Sie uns weitergehen«, beharrte sie.

Denn sie konnte nicht aufhören, bevor sie ihm gesagt hatte – oder ihn hatte sagen hören – oder war es ein Zeichen von ihm, was sie brauchte? Weit fort am Horizont nahm sie es wahr und konnte nicht ruhen.

»Man würde Engländer nie dazu bewegen, so im Freien zu sitzen«, sagte er.

»Niemals – nein. Wenn Sie nach England zurückkommen, werden Sie das nicht vergessen – oder kommen Sie mit uns nach Konstantinopel!« rief sie plötzlich.

»Aber ...«

Sandra seufzte.

»Sie müssen natürlich nach Delphi«, sagte sie. »Aber«, fragte sie sich, »was will ich von ihm? Vielleicht ist es etwas, das ich versäumt habe ...«

»Sie werden dort gegen sechs Uhr abends ankommen«, sagte sie. »Sie werden die Adler sehen.«

Jacob sah im Licht der Straßenlaterne an der Ecke entschlossen und sogar verzweifelt aus; und doch gefaßt. Vielleicht litt er. Er war leichtgläubig. Doch es war etwas Sarkastisches an ihm. Er trug in sich die Saat tiefster Enttäuschung, die ihm von Frauen in der Lebensmitte bevorstehen würde. Vielleicht, wenn er sich nur heftig genug anstrengte, den Gipfel des Berges zu erreichen, brauchte sie ihm nicht bevorzustehen – diese Enttäuschung von Frauen in der Lebensmitte.

»Das Hotel ist gräßlich«, sagte sie. »Die letzten Gäste hatten ihre Waschschüsseln voll schmutzigem Wasser hinterlassen. Das gibt es immer«, lachte sie.

»Die Leute, die man trifft, *sind* ekelhaft«, sagte Jacob.

Seine Erregung war deutlich genug.

»Schreiben Sie mir und erzählen Sie mir davon«, sagte sie. »Und sagen Sie mir, was Sie fühlen und was Sie denken. Sagen Sie mir alles.«

Die Nacht war dunkel. Die Akropolis war ein zerklüfteter Grabhügel.

»Das würde ich schrecklich gern tun«, sagte er.

»Wenn wir wieder in London sind, werden wir uns treffen ...«

»Ja.«

»Ob sie die Tore offen lassen?« fragte er.

»Wir könnten drüberklettern!« antwortete sie ausgelassen.

Den Mond verfinsternd und die Akropolis gänzlich verdunkelnd glitten die Wolken von Ost nach West. Die Wolken verfestigten sich; die Nebeldämpfe verdichteten sich; die schleppenden Schleier blieben hängen und häuften sich.

Es war jetzt dunkel über Athen, bis auf die gazeartigen roten Streifen, wo die Straßen verliefen; und die Fassade des Palastes war leichenhaft vom elektrischen Licht. Am Meer stachen die Landungsstege hinaus, markiert von einzelnen Punkten; die Wellen waren unsichtbar, und Vorgebirge und Inseln waren dunkle Buckel mit wenigen Lichtern.

»Ich würde gern meinen Bruder mitbringen, wenn ich darf«, murmelte Jacob.

»Und dann, wenn Ihre Mutter nach London kommt —« sagte Sandra.

Das griechische Festland war dunkel; und irgendwo vor Euböa mußte eine Wolke die Wellen berührt und sie verspritzt haben – die Delphine zogen ihre Kreise tiefer und tiefer ins Meer hinein. Heftig war der Wind, der jetzt über das Marmarameer zwischen Griechenland und den Ebenen von Troja brauste.

In Griechenland und dem Hochland von Albanien und der Türkei schmirgelt der Wind den Sand und den Staub ab, und sät sich dicht ein mit trockenen Partikeln. Und dann bombardiert er die glatten Kuppeln der Moscheen, und läßt die Zypressen, die steif neben den turbangeschmückten Grabsteinen von Mohammedanern stehen, knarren und sich sträuben.

Sandras Schleier wurden um sie gewirbelt.

»Ich gebe Ihnen meine Ausgabe«, sagte Jacob. »Hier. Mögen Sie sie behalten?«

(Das Buch waren die Gedichte von Donne.)

Jetzt enthüllte die Turbulenz der Luft einen sausenden Stern. Jetzt war es dunkel. Jetzt wurden eins nach dem anderen Lichter gelöscht. Jetzt waren große Städte – Paris – Konstantinopel – London – schwarz wie Findlinge. Wasserwege wären auszumachen. In England standen die Bäume voll im Laub. Hier vielleicht in irgendeinem südlichen Wald zündete ein alter Mann trockenen Farn an, und die Vögel wurden aufgeschreckt. Die Schafe husteten; eine Blume neigte sich leicht zu einer anderen. Der englische Himmel ist weicher, milchiger als der östliche. Etwas Sanftes ist von den grasgerundeten Hügeln in ihn übergegangen, etwas Feuchtes. Der Salzwind blies in Betty Flanders' Schlafzimmerfenster, und die verwitwete Dame richtete sich ein wenig auf einem Ellbogen auf und seufzte wie jemand, der sie sich vergegenwärtigt, aber sie nur allzugern ein wenig länger – oh, ein wenig länger! – von sich abwenden würde – die Bedrückung der Ewigkeit.

Aber zurück zu Jacob und Sandra.

Sie waren verschwunden. Da war die Akropolis; aber hatten sie sie erreicht? Die Säulen und der Tempel bleiben; die Gefühlsregungen der Lebenden brechen sich Jahr für Jahr aufs neue an ihnen; und was davon bleibt?

Und was das Erreichen der Akropolis betrifft, wer will sagen, daß wir es je tun, oder daß Jacob, als er am nächsten Morgen erwachte, irgend etwas Hartes und Dauerhaftes fand, um es auf ewig zu behalten? (Immerhin fuhr er mit ihnen nach Konstantinopel.)

Sandra Wentworth Williams jedenfalls fand beim Erwachen eine Ausgabe von Donnes Gedichten auf ihrem Frisiertisch. Und das Buch würde auf das Bücherbord in dem englischen Landhaus gestellt werden, wo Sally Duggans *Leben von Vater Damian* in Versen sich einmal dazugesellen würde. Dort waren schon zehn oder zwölf Bändchen. In der Abenddämmerung hereinschlendernd, würde Sandra die Bücher aufschlagen, und ihre Augen würden sich beleben (aber nicht vom Gedruckten), und in den Sessel sinkend würde sie die Seele des Augenblicks zurücksaugen; oder würde, denn manchmal war sie ruhelos, Buch um Buch herausziehen und sich über die gesamte Spanne ihres Lebens wie ein Akrobat von Stange zu Stange schwingen. Sie hatte ihre Augenblicke gehabt. Indessen tickte die Standuhr im Gang, und Sandra würde hören, wie die Zeit sich aufhäufte, und sich fragen: »Wofür? Wofür?«

»Wofür? Wofür?« würde Sandra sagen, dabei das Buch zurückstellen und zum Spiegel schlendern und ihr Haar andrücken. Und Miss Edwards würde beim Dinner aufgeschreckt werden, als sie gerade den Mund aufmachte, um Hammelbraten einzulassen, von Sandras plötzlicher Fürsorglichkeit: »Sind Sie glücklich, Miss Edwards?« – etwas, woran Cissy Edwards seit Jahren nicht gedacht hatte.

»Wofür? Wofür?« Jacob stellte sich nie eine derartige Frage, aus der Art und Weise zu schließen, wie er seine Stiefel schnürte; sich rasierte; aus der Tiefe seines Schlafs in jener Nacht zu schließen, während der Wind an den Fensterläden rüttelte und ein halbes Dutzend Moskitos ihm in die Ohren sang. Er war jung – ein Mann. Und außerdem hatte Sandra recht, wenn sie ihn vorläufig noch für leichtgläubig hielt. Mit Vierzig mochte das etwas anderes sein. Er hatte bereits die Dinge angestrichen, die ihm bei Donne gefielen, und die waren wüst genug. Jedoch könnte man Stellen reinster Poesie bei Shakespeare daneben legen.

Aber der Wind rollte die Dunkelheit durch die Straßen Athens, rollte sie, könnte man vermuten, mit einer Art niederwalzender Kraft der düsteren Laune, die eine zu gründliche Analyse der Gefühle oder Prüfung der Gesichtszüge irgendeiner einzelnen Person verbietet. Alle Gesichter – griechische, levantinische, türkische, englische – hätten in dieser Dunkelheit ziemlich gleich ausgesehen. Endlich werden die Säulen und der Tempel weiß, gelb, rosarot; und dann erheben sich die Pyramiden und der Petersdom, und zuletzt türmt sich träge St. Paul's auf.

Die Christen haben das Recht, die meisten Städte mit ihrer Interpretation von der Bedeutung des Tages wachzurütteln. Dann äußern, weniger wohlklingend, Dissidenten verschiedener Sekten eine streitsüchtige Korrektur. Die Dampfschiffe, hallend wie gigantische Stimmgabeln, konstatieren die uralte Tatsache – wie draußen ein Meer ist, das sich kalt und grün wiegt. Aber heutzutage ist es die dünne Stimme der Pflicht, in einem weißen Faden von der Spitze eines Schlotes pfeifend, die die größten Menschenmengen zusammenruft, und Nacht ist nichts als ein langgezogener Seufzer zwischen Hammerschlägen, ein tiefer Atemzug – man kann ihn an einem offenen Fenster sogar im Herzen Londons hören.

Aber wer, außer den Nervengeplagten und Schlaflosen, oder Denkern, die mit der Hand an den Augen auf einer Klippe über der Masse stehen, sieht die Dinge so scharf umrissen als Knochengerüst, bar allen Fleisches? In Surbiton ist das Knochengerüst in Fleisch gehüllt.

»Der Kessel siedet nie so gut an einem sonnigen Morgen«, sagt Mrs Grandage und schaut zur Uhr auf dem Kaminsims. Dann streckt sich die graue Perserkatze auf der Fensterbank und knufft einen Nachtfalter mit weichen runden Pfoten. Und bevor das Frühstück halb vorbei ist (sie waren heute spät dran), wird ihr ein Baby in den Schoß gelegt, und sie muß die Zuckerdose bewachen, während Tom Grandage den Golfartikel in der *Times* liest, seinen Kaffee trinkt, sich den Schnurrbart wischt und ins Büro aufbricht, wo er die größte Autorität in bezug auf fremde Währungen ist und zur Beförderung vorgemerkt.

Das Knochengerüst ist gut in Fleisch gehüllt. Sogar in dieser dunklen Nacht regt der Wind, wenn er die Dunkelheit durch Lombard Street und Fetter Lane und Bedford Square rollt, (da Sommerzeit ist und der Höhepunkt der Saison) die mit elektrischem Licht übersäten Platanen, und Vorhänge, die das Zimmer noch vor dem Morgengrauen bewahren. Menschen murmeln noch einmal das letzte im Treppenhaus gesprochene Wort vor sich hin, oder lauschen angestrengt, durch ihre Träume hindurch, auf die Stimme des Weckers. So regen sich, wenn der Wind durch einen Wald streicht, unzählige Zweige; Bienenstöcke werden gestreift; Insekten schwanken auf Grashalmen; die Spinne eilt rasch eine Kerbe in der Rinde empor; und die ganze Luft ist flirrend von Atemzügen; elastisch von Fädchen.

Nur daß hier – auf der Lombard Street und der Fetter Lane und dem Bedford Square – jedes Insekt eine Weltkugel in seinem Kopf trägt, und die Netze des Waldes Systeme zur glatten Abwicklung der

Geschäfte sind; und Honig Reichtum der einen oder anderen Sorte ist; und die Regung in der Luft die unbeschreibliche Bewegtheit des Lebens ist.

Aber die Farbe kehrt zurück; fließt die Stengel des Grases hoch; bricht in Tulpen und Krokusse aus; überzieht die Baumstämme mit Streifen; und erfüllt das zarte Gewebe der Luft und die Gräser und Tümpel.

Die Bank von England taucht auf; und die Monument-Säule mit ihrem gesträubten Haupt goldener Haare; die über die London Bridge trappelnden Zugpferde erscheinen grau und erdbeerrot und eisenfarben. Ein Flügelschwirren erhebt sich, wenn die Vorortzüge in die Kopfbahnhöfe brausen. Und das Licht steigt über die Gesichter all der hohen blinden Häuser, gleitet durch einen Spalt und färbt die glänzenden bauschenden scharlachroten Vorhänge; die grünen Weingläser; die Kaffeetassen; und die schräg stehenden Stühle.

Sonnenlicht fällt auf Rasierspiegel; und blinkende Messingkannen; auf all das lustige Drum und Dran des Tages; den hellen, wißbegierigen, gepanzerten, strahlenden Sommertag, der vor langer Zeit das Chaos besiegt hat; der die melancholischen mittelalterlichen Nebel vertrieben hat; den Sumpf ausgetrocknet und Glas und Stein darauf gesetzt hat; und unsere Gehirne und Körper mit solch einer Panzerung von Waffen ausgerüstet hat, daß der bloße Anblick aufleuchtender, vorandrängender, mit der Bewältigung des täglichen Lebens beschäftigter Gliedmaßen besser ist als das alte Gepränge der in Schlachtordnung über die Ebene hinweg aufmarschierten Heerscharen.

»Mrs Dalloway wird mich empfangen«, sagte der ältliche Herr in der Diele. »O ja, *mich* wird sie empfangen«, wiederholte er und schob Lucy sehr wohlwollend beiseite und rannte die Treppe ungewöhnlich schnell hinauf. »Ja, ja, ja«, murmelte er, während er hinauflief. »Mich wird sie empfangen. Nach fünf Jahren in Indien wird Clarissa mich empfangen.«

»Wer kann – was kann –«, fragte Mrs Dalloway (sie fand es unglaublich, daß sie an dem Tage, an dem sie eine Gesellschaft geben würde, um elf Uhr vormittags gestört wurde), als sie einen Schritt auf der Treppe hörte. Sie hörte eine Hand an der Tür. Sie war dabei, ihr Kleid zu verstecken, wie eine Jungfrau, die ihre Keuschheit schützt, ihre kleinen Geheimnisse wahrt. Jetzt drehte sich der Messingknauf. Jetzt öffnete sich die Tür, und herein kam – einen einzigen Augenblick konnte sie sich nicht erinnern, wie er hieß! so überrascht war sie, ihn zu sehen, so froh, so verlegen, so grenzenlos überrascht, daß Peter Walsh unerwartet am Vormittag zu ihr kam! (Sie hatte seinen Brief nicht gelesen.)

»Und wie geht es dir?« sagte Peter Walsh, deutlich zitternd; ihre beiden Hände ergreifend; ihre beiden Hände küssend. Sie ist älter geworden, dachte er, als er sich setzte. Ich werde ihr nichts darüber sagen, dachte er, denn sie ist älter geworden. Sie sieht mich an, dachte er, von einer plötzlichen Verlegenheit gepackt, obgleich er ihre Hände geküßt hatte. Er steckte seine Hand in die Tasche, zog ein großes Taschenmesser heraus und klappte die Klinge halb auf.

Vollkommen derselbe, dachte Clarissa; derselbe sonderbare Blick; derselbe karierte Anzug; ein bißchen schief geworden ist sein Gesicht, ein bißchen dünner, trockener, vielleicht, aber er sieht fabelhaft aus, ganz derselbe.

»Wie herrlich, dich wiederzusehen!« rief sie. Er hatte das Messer aufgeklappt. Das sieht ihm so ähnlich, dachte sie.

Er sei erst gestern abend in die Stadt gekommen, sagte er; müßte sofort aufs Land; und wie ginge es mit allem, wie ginge es allen – Richard, Elizabeth?

»Und was hat das zu bedeuten?« sagte er und machte einen Ausfall mit seinem Messer gegen ihr grünes Kleid.

Er ist sehr gut angezogen, dachte Clarissa; aber *mich* kritisiert er immer.

Hier flickt sie ihr Kleid; flickt ihr Kleid wie eh und je, dachte er; hier hat sie die ganze Zeit gesessen, während ich in Indien war; ihr Kleid geflickt; herumgepusselt; ist auf Gesellschaften gegangen; ins Unterhaus und wieder zurück gerannt und all das, dachte er, immer gereizter, mehr und mehr erregt, denn für manche Frauen ist nichts in der Welt schlimmer als die Ehe, dachte er; und die Politik; und einen Konservativen zum Mann zu haben, wie den wunderbaren Richard. So ist es, so ist es, dachte er und ließ sein Messer zuschnappen.

»Richard geht es sehr gut. Richard ist in einer Sitzung«, sagte Clarissa.

Und sie öffnete ihre Schere und sagte, würde es ihn stören, wenn sie eben fertig machte, was an ihrem Kleid zu tun sei, denn sie hätten heute abend eine Gesellschaft?

»Zu der ich dich nicht einladen werde«, sagte sie. »Mein lieber Peter!«, sagte sie.

Aber es war köstlich, sie das sagen zu hören – mein lieber Peter! Wirklich, es war alles so köstlich – das Silber, die Sessel; alles so köstlich!

Warum wolle sie ihn nicht zu ihrer Gesellschaft einladen, fragte er.

Tatsächlich, dachte Clarissa, er ist bezaubernd! absolut bezaubernd! Jetzt erinnere ich mich, wie unmöglich es war, mich zu entschließen – und warum habe ich mich dann entschlossen –, ihn nicht zu heiraten, fragte sie sich, in diesem grauenhaften Sommer?

»Aber es ist so unbegreiflich, daß du ausgerechnet heute vormittag kommen mußtest!« rief sie und legte ihre Hände, eine auf die andere, auf ihr Kleid.

»Erinnerst du dich«, sagte sie, »wie die Rouleaus in Bourton knallten?«

»Das taten sie«, sagte er; und er erinnerte sich, wie er, sehr beklommen, allein mit ihrem Vater gefrühstückt hatte; der verstorben war; und er hatte Clarissa nicht geschrieben. Aber er hatte sich nie gut mit dem alten Parry vertragen, diesem quengelnden, schlaffknieigen alten Mann, Clarissas Vater, Justin Parry.

»Ich wünschte oft, ich hätte mich besser mit deinem Vater vertragen«, sagte er.

»Aber er hat nie einen gemocht, der – unsere Freunde«, sagte Clarissa; und hätte sich die Zunge abbeißen können, daß sie Peter auf diese Weise daran erinnert hatte, daß er sie hatte heiraten wollen.

Natürlich wollte ich, dachte Peter; es hat auch mir fast das Herz gebrochen, dachte er; und wurde überwältigt von seinem Schmerz, der heraufkam wie ein Mond, auf den man von einer Terrasse blickt, schaurig schön im Licht des versunkenen Tages. Ich war unglücklicher, als ich je wieder gewesen bin, dachte er. Und als säße er in Wahrheit dort auf der Terrasse, rückte er Clarissa ein wenig näher; streckte seine Hand aus; hob sie; ließ sie fallen. Dort über ihnen hing er, dieser Mond. Auch sie schien mit ihm auf der Terrasse zu sitzen, im Mondschein.

»Herbert hat es jetzt«, sagte sie. »Ich bin jetzt nie mehr dort«, sagte sie.

Und, ganz wie es sich auf einer Terrasse im Mondschein ereignet, wenn einer sich zu schämen beginnt, daß er sich schon langweilt, und doch, da der andere still dasitzt und ruhig, traurig den Mond anblickt, nichts sagen möchte, seinen Fuß bewegt, sich räuspert, ein Eisenornament an einem Tischbein bemerkt, ein Blatt antippt, aber nichts sagt – so ging es Peter Walsh jetzt. Denn warum so in die Vergangenheit zurückkehren, dachte er. Warum ihn wieder daran erinnern? Warum ihn leiden machen, wenn sie ihn so höllisch gequält hatte? Warum?

»Erinnerst du dich an den See?« sagte sie, mit gepreßter Stimme, unter dem Druck einer Erregung, die ihr ans Herz griff, ihre Kehlmuskeln versteifte und ihre Lippen in einem Krampf zusammenzog, als sie »See« sagte. Denn sie war ein Kind, das, zwischen den Eltern, den Enten Brot zuwarf, und gleichzeitig eine erwachsene Frau, die ihre Eltern, die am See standen, besuchte, ihr Leben in ihren Armen hielt, das, wie sie sich ihnen näherte, in ihren Armen größer und größer wurde, bis es ein ganzes Leben geworden war, ein vollständiges Leben, das sie vor sich hinstellte und sagte, »Das habe ich daraus gemacht! Das!« Und was hatte sie daraus gemacht? Was, in Wahrheit? und saß da und nähte, an diesem Vormittag mit Peter.

Sie sah Peter Walsh an; ihr Blick, durch diese ganze Zeit und diese Erregung hindurch, erreichte ihn unschlüssig; ließ sich tränenreich auf ihm nieder; und stieg auf und flatterte davon, wie ein Vogel einen Zweig berührt und aufsteigt und davonflattert. Ganz ruhig wischte sie sich die Augen.

»Ja«, sagte Peter. »Ja, ja, ja«, sagte er, als ob sie etwas an die Oberfläche zöge, das ihm richtig weh tat, als es heraufkam. Halt! Halt!, wollte er schreien. Denn er war nicht alt; sein Leben war nicht vorbei; ganz und gar nicht. Er war eben über fünfzig. Soll ich es ihr erzählen, dachte er, oder nicht? Er wäre das alles gern losgeworden. Aber sie ist zu kühl, dachte er; nähend, mit ihrer Schere; Daisy würde neben Clarissa ganz alltäglich wirken. Und sie würde mich für einen Versager halten, was ich ihrer Meinung nach auch bin, dachte er; der Meinung der Dalloways nach. O ja, er zweifelte nicht daran; er war ein Versager, im Verhältnis zu all dem – dem Intarsientisch, dem silberbeschlagenen Federmesser, dem Delphin und den Leuchtern, den Sesselbezügen und den alten wertvollen englischen kolorierten Drucken – er war ein Versager! Ich verabscheue diese ganze Blasiertheit, dachte er; Richards Schuld, nicht Clarissas; außer daß sie ihn geheiratet hatte. (Da kam Lucy ins Zimmer, beladen mit Silber, mehr Silber, aber reizend, schlank, anmutig sah sie aus, dachte er, als sie sich beugte, um es abzustellen.) Und so ist es die ganze Zeit gegangen! dachte er; Woche um Woche; Clarissas Leben; während ich – dachte er; und plötzlich schien alles von ihm auszustrahlen; Reisen; Ausritte; Streitereien; Abenteuer; Bridgepartien; Liebesaffairen; Arbeit; Arbeit, Arbeit! und er holte ganz ungeniert sein Taschenmesser hervor – sein altes Messer mit dem Horngriff, von dem Clarissa hätte schwören können, er hätte es diese ganzen dreißig Jahre besessen – und ballte seine Faust darum.

Was für eine seltsame Gewohnheit das war, dachte Clarissa; immer mit einem Messer zu spielen. Einen immer fühlen lassen, wie nichtsnutzig man war; wie hohlköpfig; nichts als ein törichtes Plappermaul, wie das seine Art war. Aber auch ich, dachte sie, nahm ihre Nadel wieder zur Hand und rief, wie eine Königin, deren Wachen eingeschlafen sind und sie unbeschützt gelassen haben (sie war äußerst bestürzt über diesen Besuch – er hatte sie aufgeregt), so daß jeder hereinkommen und sie betrachten kann, wie sie da liegt und die Dornen sich über sie schlingen, rief sich zur Hilfe die Dinge, die sie tat; die Dinge, die sie mochte; ihren Mann; Elizabeth; sich selbst, kurz gesagt, die Peter jetzt schwerlich kannte, alle, daß sie sich um sie scharten und den Feind in die Flucht schlügen.

»Also, wie ist es dir ergangen?« sagte sie. So stampfen die Pferde, bevor eine Schlacht beginnt, den Boden; werfen die Köpfe; das Licht glänzt auf ihren Flanken; ihre Hälse biegen sich. So forderten Peter Walsh und Clarissa, Seite an Seite auf dem blauen Sofa sitzend, einander heraus. Seine Kräfte entzündeten sich und warfen sich in ihm auf. Er versammelte aus verschiedenen Bereichen alle Arten von Dingen; Auszeichnung; seine Karriere in Oxford; seine Heirat, von der sie nicht das geringste wußte; wie er geliebt hatte; und überhaupt seine Arbeit getan.

»Tausenderlei!« rief er aus, und angespornt von der Ansammlung von Kräften, die jetzt bald in diese, bald in jene Richtung losschlugen und ihm das gleichzeitig ängstigende und außerordentlich belebende Gefühl vermittelten, auf den Schultern von Leuten, die er nicht mehr sehen konnte, durch die Luft gewirbelt zu werden, hob er seine Hände zur Stirn.

Clarissa saß kerzengerade; hielt den Atem an.

»Ich bin verliebt«, sagte er, allerdings nicht zu ihr, sondern zu einer, die aufrecht im Dunkeln stand, so daß man sie nicht berühren konnte, sondern seine Blumenkrone im Dunkeln auf das Gras legen mußte.

»Verliebt«, wiederholte er und sprach nun eher trocken zu Clarissa Dalloway; »verliebt in ein Mädchen in Indien«. Er hatte seine Blumenkrone niedergelegt. Clarissa konnte mit ihr anfangen, was sie wollte.

»Verliebt!« sagte sie. Daß er in seinem Alter mit seiner kleinen Fliege von diesem Ungeheuer verschlungen werden sollte! Und es ist kein Fleisch mehr auf seinem Nacken; seine Hände sind rot; und er ist sechs Monate älter als ich! blitzten ihre Augen ihr zurück; aber in ihrem Herzen fühlte sie trotzdem; er ist verliebt. Er hat so etwas, fühlte sie; er ist verliebt.

Aber der unbezähmbare Egoismus, der für immer und ewig die feindlichen Heere niederreitet, der Strom, der sagt weiter, weiter, weiter; selbst wenn es, gibt er zu, für uns gar kein Ziel geben könnte, dennoch weiter, weiter; dieser unbezähmbare Egoismus füllte ihre Wangen mit Farbe; ließ sie sehr jung erscheinen; sehr rosig; sehr klaräugig, wie sie da mit ihrem Kleid auf den Knien saß, ihre Nadel an das Ende der grünen Seide gehalten, leicht zitternd. Er war verliebt! Nicht in sie. In eine jüngere Frau, natürlich.

»Und wer ist sie?« fragte sie.

Jetzt mußte diese Statue heruntergeholt und zwischen ihnen niedergesetzt werden.

»Eine verheiratete Frau, unglücklicherweise«, sagte er; »die Frau eines Majors in der indischen Armee.«

Und mit einer seltsamen ironischen Liebenswürdigkeit lächelte er, als er sie auf diese alberne Weise vor Clarissa hinstellte.

(Trotzdem, er ist verliebt, dachte Clarissa.)

»Sie hat«, fuhr er fort, sehr verständig, »zwei kleine Kinder; einen Jungen und ein Mädchen; und ich bin herübergekommen, um mit meinen Anwälten über die Scheidung zu sprechen.«

Da sind sie! dachte er. Mach mit ihnen, was du willst, Clarissa! Da sind sie! Und ihm schien, daß die Frau des Majors in der indischen Armee (seine Daisy) und ihre zwei kleinen Kinder Sekunde um Sekunde lieblicher und lieblicher würden unter Clarissas Blick; als hätte er ein graues Kügelchen auf einem Teller ins Licht gebracht und es wäre ein lieblicher Baum in der frischen Seesalz-Luft ihrer Vertrautheit (denn in gewisser Weise verstand ihn niemand, fühlte niemand mit ihm wie Clarissa) – ihrer köstlichen Vertrautheit daraus hervorgewachsen.

Sie schmeichele ihm; sie halte ihn zum Narren, dachte Clarissa;

und erschuf die Frau, die Gattin des Majors in der indischen Armee, mit drei Messerhieben. Was für eine Zeitverschwendung! Was für eine Narrheit! Sein ganzes Leben lang war Peter so zum Narren gehalten worden; erst von Oxford weggeschickt; dann das Mädchen auf dem Schiff unterwegs nach Indien geheiratet; jetzt die Frau eines Majors – dem Himmel sei Dank, daß sie sich geweigert hatte, ihn zu heiraten! Trotzdem, er war verliebt; ihr alter Freund, ihr lieber Peter, er war verliebt.

»Aber was willst du tun?« fragte sie ihn. Ach, die Anwälte, Messrs Hopper & Grateley, Lincoln's Inn, die würden es erledigen, sagte er. Und er schnitt tatsächlich die Fingernägel mit seinem Taschenmesser.

Um Himmels willen, laß dein Messer in Ruhe! schrie sie sich selbst in ununterdrückbarer Entrüstung an; es war seine blöde Ungezwungenheit; seine Schwäche; sein Mangel an jeder Spur von Sinn für das, was jemand anderes fühlte, was sie verdroß, sie immer verdrossen hatte; und jetzt, in seinem Alter, wie blöde!

Ich weiß das alles, dachte Peter; ich weiß, was mich erwartet, dachte er, und fuhr mit dem Finger über die Messerklinge, von Clarissa und Dalloway und all den andern; aber ich werde es Clarissa zeigen – und dann, zu seiner äußersten Überraschung, plötzlich von diesen unbeherrschbaren Kräften geschleudert, durch die Luft geschleudert, brach er in Tränen aus; weinte; weinte ohne die geringste Scham, auf dem Sofa sitzend, und die Tränen liefen an seinen Wangen herunter.

Und Clarissa hatte sich vorgebeugt, seine Hand ergriffen, ihn an sich gezogen, ihn geküßt – hatte wirklich sein Gesicht an ihrem gefühlt, bevor sie das Schwingen silbern blitzender Federn wie Pampasgras in einem tropischen Sturm in ihrer Brust bezwingen konnte, der sie im Abflauen zurückließ, seine Hand haltend, sein Knie tätschelnd und, als sie sich zurücklehnte, sich außerordentlich wohl und unbeschwert mit ihm fühlend, schlug es alles über ihr zusammen: Wenn ich ihn geheiratet hätte, hätte ich diese Heiterkeit Tag für Tag besessen!

Das alles war für sie vorbei. Das Laken war straff und das Bett schmal. Sie war allein hinauf in den Turm gegangen und hatte die andern beim Brombeerpflücken in der Sonne zurückgelassen. Die Tür war zugeschlagen, und dort, zwischen dem Staub von herabgefallenem Putz und Kehricht von Vogelnestern, wie entfernt hatte da alles ausgesehen, und die Geräusche kamen dünn und kalt (einmal auf Leith Hill, erinnerte sie sich), und Richard, Richard! schrie sie, wie ein Schläfer in der Nacht auffährt und eine Hand hilfesuchend ins Dunkel streckt. Zum Lunch bei Lady Bruton, kam ihr ins Gedächtnis. Er hat mich verlassen; ich bin allein für immer, dachte sie und faltete die Hände auf ihrem Knie.

Peter Walsh war aufgestanden und zum Fenster hinübergegangen und stand mit seinem Rücken zu ihr und wedelte mit einem Bandanno-Taschentuch. Herrisch und trocken und verzweifelt sah er aus, seine dünnen Schulterblätter hoben seinen Rock ein wenig; er putzte sich schnaubend die Nase. Nimm mich mit, dachte Clarissa leidenschaftlich, als breche er umgehend zu einer großen Reise auf; und dann, im nächsten Augenblick, war es, als wären die fünf Akte eines Stückes, das sehr aufregend und bewegend gewesen war, nun zu Ende und als hätte sie ein Leben lang in ihnen gelebt und wäre davongelaufen, hätte mit Peter gelebt, und jetzt war es zu Ende.

Jetzt war es Zeit zu gehen, und wie eine Frau, die ihre Sachen zusammensucht, ihren Mantel, ihre Handschuhe, ihr Opernglas, und aufsteht, um aus dem Theater auf die Straße zu gehen, erhob sie sich vom Sofa und ging auf Peter zu.

Und es war schrecklich merkwürdig, dachte er, daß sie immer noch die Macht besaß, wie sie klingend, rauschend daherkam, immer noch die Macht besaß, wie sie durchs Zimmer kam, den Mond, den er haßte, in Bourton auf der Terrasse am Sommerhimmel aufgehen zu lassen.

»Sag mir«, fragte er und griff sie an den Schultern. »Bist du glücklich, Clarissa? Macht Richard –«

Die Tür ging auf.

»Da ist meine Elizabeth«, sagte Clarissa, bewegt, theatralisch, vielleicht.

»Tag!« sagte Elizabeth und kam herein.

Der Klang von Big Ben, der die halbe Stunde schlug, schlug mit außerordentlicher Stärke zwischen sie, als schwänge ein junger Mann, stark, indifferent, achtlos ein Paar Hanteln hin und her.

»Hallo, Elizabeth!« rief Peter, stopfte sein Taschentuch in die Tasche, ging schnell auf sie zu, sagte »Auf Wiedersehen, Clarissa«, ohne sie anzusehen, verließ das Zimmer schnell und rannte die Treppe hinunter und öffnete die Haustür.

»Peter! Peter!« rief Clarissa und lief hinter ihm her bis zum Treppenabsatz. »Meine Gesellschaft! Denk an meine Gesellschaft heute abend!« rief sie und mußte ihre Stimme gegen den Krach von draußen erheben, und überwältigt von dem Verkehr und dem Klang all der schlagenden Glocken, hörte sich ihre Stimme, die »Denk an meine Gesellschaft heute abend!« rief, schwach und dünn und sehr fern an, als Peter Walsh die Tür schloß.

Denk an meine Gesellschaft, denk an meine Gesellschaft, sagte Peter Walsh, als er die Straße hinunterging, rhythmisch mit sich selbst redend, im Takt mit dem Strom des Klanges, dem steil herabfallenden Ton von Big Ben, der die halbe Stunde schlug. (Die bleiernen Kreise lösten sich in der Luft auf.) Ach, diese Gesellschaften? dachte er; Clarissas Gesellschaften. Warum gibt sie diese Gesellschaften? dachte er. Nicht daß er ihr einen Vorwurf machte, oder diesem Bild von einem Mann im Cutaway mit einer Nelke im Knopfloch, das ihm entgegenkam. Nur ein Mensch auf der Welt konnte sein, was er war, verliebt. Und da war er, dieser vom Glück Begünstigte, er selbst, gespiegelt in der Schaufensterscheibe eines Automobilfabrikanten in Victoria Street. Das ganze Indien lag hinter ihm; Ebenen, Gebirge, Cholera-Epidemien; ein Distrikt doppelt so groß wie Irland; Entscheidungen, die allein er getroffen hatte – er, Peter Walsh; der jetzt wirklich zum erstenmal in seinem Leben verliebt war. Clarissa war hart geworden, dachte er; und ein klein wenig sentimental dazu, argwöhnte er, als er die großen Automobile betrachtete, die imstande waren – wie viele Meilen mit wie vielen Gallonen zu machen? Denn er hatte einen Hang zur Technik; hatte einen Pflug in seinem Distrikt erfunden, hatte Schubkarren in England bestellt, aber die Kulis wollten sie nicht benutzen, lauter Dinge, von denen Clarissa nicht das geringste wußte.

Die Art, wie sie sagte, »Da ist meine Elizabeth!« – das verdroß ihn. Warum nicht einfach, »Da ist Elizabeth!«? Es war unaufrichtig. Und Elizabeth mochte es auch nicht. (Noch erschütterten die letzten Beben der großen dröhnenden Stimme die Luft um ihn; die halbe Stunde; noch zeitig; noch erst halb zwölf.) Denn er verstand junge Leute; er mochte sie. Es war immer etwas Kaltes an Clarissa, dachte er. Sie hatte immer, selbst als junges Mädchen, etwas Schüchternes, das im mittleren Alter konventionell wird, und dann ist es aus, ist es aus, dachte er und starrte ziemlich trübsinnig in die glasige Tiefe und fragte sich, ob er sie durch seinen Besuch zu dieser Stunde verdrossen hatte; plötzlich von Scham überwältigt, daß er sich wie ein Trottel benommen hatte; geweint hatte; erregt gewesen war; ihr alles erzählt hatte, wie immer, wie immer.

Wie eine Wolke über die Sonne zieht, so senkt sich Stille über London; und senkt sich über das Gemüt. Die Anspannung läßt nach. Die Zeit klatscht gegen den Mast. Da halten wir; da stehen wir. Starr, das Gerippe der Gewohnheit allein hält die menschliche Hülle aufrecht. Wo nichts ist, sagte Peter Walsh zu sich; fühlte sich ausgehöhlt, innen vollkommen leer. Clarissa hat mich abgewiesen, dachte er. Da stand er im Gedanken, Clarissa hat mich abgewiesen.

Ah, sagte St Margaret's, wie eine Gastgeberin, die auf den Glockenschlag in ihren Salon kommt und ihre Gäste bereits vorfindet. Ich komme nicht zu spät. Nein, es ist genau halb zwölf, sagt sie. Doch, obgleich sie völlig recht hat, ist ihre Stimme, da sie die Stimme der Gastgeberin ist, unwillig, ihre Eigenheit aufzudrängen. Ein Schmerz über Vergangenes hält sie zurück; eine Rücksicht für das Gegenwärtige. Es ist halb zwölf, sagt sie, und der Klang von St Margaret's gleitet in die Schlupfwinkel des Herzens und begräbt sich in Klangring um Klangring, wie etwas Lebendiges, das sich anvertrauen, sich ausbreiten, mit einem Beben der Wonne zur Ruhe kommen möchte – wie Clarissa selbst, dachte Peter Walsh, wenn sie auf den Glockenschlag ganz in Weiß die Treppe herunterkäme. Es ist Clarissa selbst, dachte er, mit einer tiefen Ergriffenheit und einer außerordentlich klaren, aber verwirrenden Erinnerung an sie, als wäre diese Glocke vor Jahren in das Zimmer gekommen, wo sie in einem Augenblick großer Vertrautheit saßen, und wäre vom einen zum andern gegangen und wäre verschwunden, wie eine Biene mit Honig, beladen mit diesem Augenblick. Aber welches Zimmer? Welcher Augenblick? Und warum war er zutiefst glücklich gewesen, als die Uhr schlug? Dann, als der Klang von St Margaret's ermattete, dachte er, sie ist krank gewesen, und der Klang drückte Mattigkeit und Leiden aus. Es war ihr Herz, erinnerte er sich; und die plötzliche Lautheit des letzten Schlages läutete den Tod ein, der einen mitten im Leben überrascht, Clarissa stürzte hin, wo sie stand, in ihrem Salon. Nein! Nein! rief er. Sie ist nicht tot! Ich bin nicht alt, rief er und marschierte Whitehall hinauf, als käme voller Leben, ohne Ende, seine Zukunft zu ihm heruntergerollt.

Er war nicht alt, oder gesetzt, oder vertrocknet, ganz und gar nicht. Etwas darauf zu geben, was sie über ihn redeten – die Dalloways, die Whitbreads und ihr Klüngel, er gab keinen Pfifferling darauf – keinen Pfifferling (obgleich es stimmte, daß er sich über kurz oder lang darum kümmern müßte, ob Richard ihm nicht zu einer Stelle verhelfen könnte). Im Weitergehen, im Schauen starrte er auf die Statue des Herzogs von Cambridge. Er war von Oxford weggeschickt worden – richtig. Er war Sozialist gewesen, in gewissem Sinn ein Versager – richtig. Dennoch liegt die Zukunft der Gesellschaft, dachte er, in den Händen solcher junger Männer; junger Männer, wie er einer war, vor dreißig Jahren; mit ihrer Liebe zu abstrakten Prinzipien; die sich den ganzen Weg von London zu einem Berg im Himalaya Bücher schicken ließen; Naturwissenschaft studierten; Philosophie studierten. Die Zukunft liegt in den Händen solcher junger Männer, dachte er.

Ein Plattern wie das Plattern von Blättern in einem Wald kam von hinten, und mit ihm ein rasselnder, regelmäßig dröhnender Klang, der, als er ihn überholte, seine Gedanken, im Gleichschritt, Whitehall hinauf, ganz ohne sein Zutun, zusammentrommelte. Junge Burschen in Uniform, das Gewehr über der Schulter, marschierten, Augen geradeaus, marschierten mit steifen Armen und auf ihren Gesichtern ein Ausdruck wie die Buchstaben einer Inschrift auf dem Sockel einer Statue zum Preis von Pflichtgefühl, Dankbarkeit, Treue, Liebe zu England.

Das ist, dachte Peter Walsh, der anfing, Schritt mit ihnen zu halten, eine hervorragende Ausbildung. Aber sie sahen nicht kräftig aus. Sie waren fast alle schlaksig, junge Burschen von sechzehn, die morgen hinter Reisschüsseln, Seifenstücken auf Ladentischen stehen könnten. Jetzt zeigten sie, unvermischt mit sinnlichem Vergnügen oder täglicher Befangenheit, die Feierlichkeit des Kranzes, den sie von Finsbury Pavement zu dem leeren Grab gebracht hatten. Sie hatten ihren Eid geleistet. Der Verkehr nahm Rücksicht darauf; Lieferwagen hielten.

Ich kann nicht Schritt mit ihnen halten, dachte Peter, als sie Whitehall hinaufmarschierten, und ganz gewiß, sie marschierten voran, an ihm vorbei, an jedem vorbei, gleichmäßig, als triebe ein einziger Wille Arme und Beine einheitlich, und das Leben mit seinen Spielarten, seinen Unverschwiegenheiten, wäre unter ein Pflaster von Denkmälern und Kränzen gelegt und durch Disziplin betäubt zu einem steifen, aber starrenden Leichnam. Man mußte es achten; man könnte lachen; aber man mußte es achten, dachte er. Da gehen sie, dachte Peter Walsh, am Rande des Bürgersteigs stehenbleibend –, und all die erhabenen Statuen, Nelson, Gordon, Havelock, die schwarzen, die pompösen Bildnisse großer Soldaten standen und blickten Augen geradeaus, als hätten auch sie den selben Verzicht geleistet (Peter Walsh fühlte, auch er habe diesen großen Verzicht geleistet), die selben Versuchungen niedergetrampelt und schließlich ein marmornes Starren erreicht. Aber das Starren wünschte Peter Walsh sich selbst nicht im geringsten; obgleich er es bei anderen achten konnte. Er konnte es bei jungen Burschen achten. Sie kennen die Anfechtungen des Fleisches noch nicht, dachte er, als die marschierenden jungen Burschen Richtung Strand verschwanden – all das, was ich durchgemacht habe, dachte er, kreuzte die Straße und stand unter Gordons Statue, Gordon, den er als junger Bursche angebetet hatte; Gordon, der mit erhobenem Bein und gekreuzten Armen dastand, – armer Gordon, dachte er.

Und gerade weil noch niemand wußte, daß er in London war, außer Clarissa, und die Erde ihm, nach der Reise, immer noch wie eine Insel erschien, überwältigte ihn die Absurdität, daß er allein, lebendig, unbekannt um halb zwölf auf Trafalgar Square stand. Was ist das? Wo bin ich; Und warum, überhaupt, tut man das? dachte er, die Scheidung erschien ihm als Unsinn. Und sein Geist wurde flach wie eine Marsch, und drei große Erregungen rollten über ihn hinweg; Verstehen; eine unermeßliche Menschenliebe; und schließlich, als wäre es das Ergebnis der andern, ein ununterdrückbares, köstliches Entzücken; als ob in seinem Gehirn, durch fremde Hand, Schnüre gezogen, Fensterläden bewegt würden, und er, der nichts damit zu tun hatte, stünde doch am Eingang endloser Avenuen, die er, wenn er sich entschloß, entlangwandern könnte. Er hatte sich seit Jahren nicht mehr so jung gefühlt.

Er war entkommen! war völlig frei – wie es beim Zusammenbruch des Gewohnten geschieht, wenn der Geist, wie eine unbehütete Flamme, sich krümmt und biegt und nahe daran scheint, von seinem Grund davonzufliegen. Ich habe mich seit Jahren nicht mehr so jung gefühlt! dachte Peter und entkam (natürlich nur für ungefähr eine Stunde) dem Zustand, genau das zu sein, was er war, und fühlte sich wie ein Kind, das ins Freie rennt und, während es rennt, sein altes Kindermädchen aus dem falschen Fenster winken sieht. Aber sie ist außerordentlich anziehend, dachte er, als, während er Trafalgar Square Richtung Haymarket überquerte, eine junge Frau kam, die, als sie an Gordons Statue vorbeiging, Schleier um Schleier, dachte Peter Walsh (empfänglich, wie er war), abzulegen schien, bis sie zu der einen Frau wurde, die ihm immer vorgeschwebt hatte; jung, aber stattlich; heiter, aber verhalten; dunkel, aber verzaubernd.

Sich straffend und verstohlen an seinem Taschenmesser fingernd nahm er ihre Verfolgung auf, lief hinter dieser Frau, dieser Herausforderung her, die ihn, selbst mit dem Rücken zu ihm, mit einem Licht zu überschütten schien, das sie verband, das ihn heraushob, als hätte das wirre Dröhnen des Verkehrs durch hohle Hände seinen Namen geflüstert, nicht Peter, sondern seinen ganz persönlichen Namen, mit dem er sich selbst in Gedanken nannte. »Du«, sagte sie, nur »du«, und sagte es mit ihren weißen Handschuhen und ihren Schultern. Dann wehte der dünne lange Mantel, den der Wind erfaßte, als sie an Dent's Shop vorbei in Cockspur Street ging, mit einer einhüllenden Güte, einer wehmütigen Zartheit auseinander, wie die von Armen, die sich öffnen und die Ermüdeten aufnehmen –

Aber sie ist nicht verheiratet; sie ist jung; ganz jung, dachte Peter, die rote Nelke, die er an ihr gesehen hatte, als sie über Trafalgar Square kam, brannte wieder in seinen Augen und machte ihre Lippen rot. Aber sie wartete am Kantstein. Würde umgab sie. Sie war nicht weltzugewandt, wie Clarissa; nicht reich, wie Clarissa. War sie, fragte er sich, als sie weiterging, anständig? Witzig, mit einer hin- und herschnellenden Eidechsenzunge, dachte er (denn man mußte ja erfinden, mußte sich eine kleine Zerstreuung gönnen), einem kühlen, abwartenden Witz, einem pfeilschnellen Witz; nicht laut.

Sie ging weiter; sie kreuzte die Straße; er folgte ihr. Sie in Verlegenheit bringen, war das Letzte, was er wollte. Doch wenn sie stehenbliebe, würde er sagen, »Kommen Sie ein Eis essen«, würde er sagen, und sie würde, ganz schlicht, antworten, »O ja«.

Aber andere Leute kamen auf der Straße zwischen sie, hemmten ihn, verbargen sie. Er setzte ihr nach; sie wechselte. Es war Farbe auf ihren Wangen; Spott in ihren Augen; er war ein Abenteurer, tollkühn, dachte er, behende, verwegen, tatsächlich (gestern abend erst aus Indien zurück) ein romantischer Freibeuter, unbekümmert um diesen ganzen verdammten Anstand, gelbe Morgenmäntel, Pfeifen, Angelruten in den Schaufenstern; und um Ehrbarkeit und Abendgesellschaften und geckenhafte alte Männer, die weiße Jabots unter ihren Westen trugen. Er war ein Freibeuter. Weiter und weiter ging sie, quer über Piccadilly und Regent Street hinauf, vor ihm her, ihr Mantel, ihre Handschuhe, ihre Schultern mit den Fransen und den Spitzen und den Federboas in den Fenstern einswerdend zu einer Essenz von Tand und Laune, die aus den Läden auf den Bürgersteig sikkerte, wie der Schein einer Lampe bei Nacht über Hecken in die Dunkelheit flimmert.

Lachend und entzückend hatte sie Oxford Street und Great Portland Street gekreuzt und war in eine der kleinen Straßen eingebogen, und jetzt, und jetzt näherte sich der große Augenblick, denn jetzt wurde sie langsamer, öffnete ihre Handtasche, und mit einem Blick in seine Richtung, aber nicht auf ihn, einem Blick, der Abschied nahm, alles zusammenfaßte und triumphal zu Ende brachte, für immer, hatte ihren Schlüssel ins Schloß gesteckt, die Tür geöffnet und war weg! Clarissas Stimme, die sagte, Denk an meine Gesellschaft, Denk an meine Gesellschaft, sang in seinen Ohren. Das Haus war eins von diesen niedrigen roten Häusern mit herabhängenden Blumenkörben von unbestimmter Falschheit. Es war vorbei.

Gut, ich habe meinen Spaß gehabt; ich habe ihn gehabt, dachte er und sah hinauf zu den schaukelnden Körben mit blassen Geranien. Und er war in Atome zersplittert – sein Spaß, denn er war halb und halb ausgedacht, wie er ganz genau wußte; erfunden, dieser Seitensprung mit dem Mädchen; ausgedacht, wie man sich den besseren Teil des Lebens ausdenkt, dachte er – sich selbst ausdenkt; sie ausdenkt; ein erlesenes Vergnügen erschafft, und etwas mehr. Aber merkwürdig war es und vollkommen wahr; all das konnte man mit niemand teilen – es zersplitterte in Atome.

Er kehrte um; ging die Straße hoch, überlegte, wo er sich hinsetzen könne, bis es Zeit für Lincoln's Inn wäre – für Messrs Hooper & Grateley. Wohin sollte er gehen? Gleichgültig. Die Straße hoch also, Richtung Regent's Park. Seine Schuhe auf dem Bürgersteig schlugen im Takt »gleichgültig«; denn es war noch zeitig, noch sehr zeitig.

Und es war ein wunderschöner Vormittag. Wie der Pulsschlag eines vollkommenen Herzens schlug das Leben gleichmäßig durch die Straßen. Es gab kein Tasten – kein Zögern. Wendend, sich windend, präzis, pünktlich, lautlos, genau im richtigen Augenblick hielt da das Automobil vor der Haustür. Das Mädchen, seidenstrümpfig, gefiedert, hinschwindend, aber für ihn nicht sonderlich anziehend (denn er hatte seine Chance schon gehabt), stieg aus. Wunderbare Butler, rotbraune Chows, Dielen mit schwarzen und weißen Rauten ausgelegt, mit geblähten weißen Vorhängen sah Peter durch die geöffnete Tür, anerkennend. Eine wundervolle Großtat auf seine Weise, trotz allem, London; die Season; Kultur. Für ihn, der aus einer angesehenen anglo-indischen Familie stammte, die mindestens drei Generationen lang die Geschäfte eines Kontinents wahrgenommen hatte (es ist merkwürdig, dachte er, was ich dafür empfinde, da ich doch Indien, das Empire, das Militär nicht mag), gab es Augenblicke, in denen die Kultur, selbst in dieser Form, ihm teuer schien wie ein persönlicher Besitz; Augenblicke des Stolzes auf England; auf Butler; Chows; Mädchen in ihrer Selbstsicherheit. Ziemlich albern, aber genau so ist es, dachte er. Und die Ärzte und Geschäftsleute und tüchtigen Frauen, alle ihrer Arbeit nachgehend, pünktlich, beschwingt, ausdauernd, erschienen ihm durch und durch wunderbar, brave Leute, denen man sein Leben anvertrauen würde, Gefährten in der Lebensart, die einem durchhelfen würden. Alles in allem, man konnte die Veranstaltung hinnehmen; und er würde sich in den Schatten setzen und rauchen.

Da war Regent's Park. Ja. Als Kind war er in Regent's Park spazierengegangen – merkwürdig, dachte er, wie mir ständig der Gedanke an meine Kindheit kommt – das folgt daraus, daß ich Clarissa gesehen habe, vielleicht; denn Frauen leben viel mehr in der Vergangenheit als wir, dachte er. Sie klammern sich an Orte; und ihre Väter – eine Frau ist immer stolz auf ihren Vater. Bourton war ein hübscher Ort, ein sehr hübscher Ort, aber ich konnte nie mit dem alten Herrn auskommen, dachte er. Eines Abends gab es einen regelrechten Zusammenstoß – eine Auseinandersetzung über dies oder das, was, daran konnte er sich nicht erinnern. Politik, vermutlich.

Ja, er erinnerte sich an Regent's Park; den langen, schnurgraden Weg; das Häuschen links, wo man Luftbälle kaufte; eine groteske Statue hier oder dort, mit einer Inschrift. Er sah sich nach einer leeren Bank um. Er wollte nicht belästigt werden (da er sich ein wenig schläfrig fühlte) von Leuten, die ihn nach der Uhrzeit fragten. Eine ältliche graue Kinderschwester mit einem in seinem Wagen schlafenden Baby – das war das Beste, was er für sich tun konnte; sich ans äußerste Ende der Bank zu dieser Kinderschwester setzen.

Sie ist ein komisch aussehendes Mädchen, dachte er, als er sich plötzlich an Elizabeth erinnerte, wie sie ins Zimmer kam und neben ihrer Mutter stand. Großgeworden; ganz erwachsen, nicht wirklich hübsch; eher nett; und sie kann nicht älter als achtzehn sein. Wahrscheinlich kommt sie mit Clarissa nicht aus. »Da ist meine Elizabeth« – diese Ausdrucksweise – warum nicht einfach, »Hier ist Elizabeth«? – wie die meisten Mütter versuchend, die Dinge erscheinen zu lassen, wie sie nicht sind. Sie vertraut zu sehr auf ihren Charme, dachte er. Sie übertreibt.

Der üppige, wohltuende Zigarrenrauch wirbelte kühl durch seine Kehle; er paffte ihn wieder heraus in Ringen, die einen Augenblick lang tapfer der Luft trotzten; blau, kreisförmig – ich will versuchen, heute abend ein paar Worte allein mit Elizabeth zu sprechen, dachte er – dann begannen sie in stundenglasähnlichen Formen zu verwakkeln und sich zu verlieren; merkwürdige Formen nehmen sie an, dachte er. Plötzlich schloß er die Augen, hob mühsam die Hand und warf das schwere Ende der Zigarre weg. Ein großer Pinsel wischte sanft über seine Gedanken, wischte bewegte Zweige, Kinderstimmen, schlurfende Füße, vorübergehende Leute und summenden Verkehr, anschwellenden und abnehmenden Verkehr, darüber. Hinab, hinab sank er in die Daunen und Federn des Schlafs, sank und war eingelullt.

Die graue Kinderschwester begann wieder zu stricken, als Peter Walsh auf der heißen Bank neben ihr anfing zu schnarchen. In ihrer grauen Tracht, die Hände unermüdlich, aber still bewegend, erschien sie wie ein Kämpfer für die Rechte der Schlafenden, wie eines dieser geisterhaften Wesen, die im Zwielicht in Wäldern aus Himmel und Zweigen aufsteigen. Der einsame Wanderer, Heckenwegdurchstreifer, Farnverstörer, Schierlingsstaudenvernichter, der plötzlich aufschaut, sieht die riesige Gestalt am Ende der Schneise.

Aus Überzeugung vielleicht ein Atheist, wird er von Augenblikken außerordentlicher Erregung überrascht. Nichts existiert außerhalb von uns als ein Gemütszustand, denkt er; eine Sehnsucht nach Trost, nach Erleichterung, nach etwas außerhalb dieser elenden Pygmäen, dieser schwächlichen, dieser häßlichen, dieser verzagten Männer und Frauen. Aber wenn er sich eine Vorstellung von ihr machen kann, dann existiert sie auf gewisse Weise, denkt er, und wenn er den Pfad weitergeht, den Blick auf Himmel und Zweige gerichtet, stattet er sie eilends mit Weiblichkeit aus; sieht staunend, wie erhaben sie werden; wie majestätisch, wenn der Wind sie bewegt, sie mit dunklem Flattern der Blätter Barmherzigkeit, Verstehen, Entsühnung spenden, und dann, sich plötzlich emporwerfend, die Andacht ihres Aussehens mit wildem Garaus zuschanden machen.

Solcherart sind die Visionen, die dem einsamen Wanderer große Füllhörner voller Früchte darreichen oder in sein Ohr murmeln wie Sirenen, auf den grünen Wogen des Meeres davonspaddelnd, oder in sein Gesicht geklatscht werden wie Rosenbündel, oder an die Oberfläche steigen wie fahle Gesichter, die zu umarmen Fischer sich durch die Fluten quälen.

Solcherart sind die Visionen, die unaufhörlich aufschwimmen, an dem, was ist, vorbeitreiben, ihm ihre Gesichter zuwenden; oft den einsamen Wanderer überwältigend und ihm das Gefühl für die Erde, den Wunsch nach Rückkehr raubend und ihm zum Ausgleich einen ungeteilten Frieden schenkend, als ob (so denkt er, wenn er auf der Waldschneise weitergeht) all diese Lebensgier die Einfachheit selbst wäre; und Myriaden von Dingen zu einem Ding verschmölzen; und diese Gestalt, die ja aus Himmel und Zweigen gemacht ist, aus dem unruhigen Meer gestiegen sei (er ist ältlich, über fünfzig jetzt), wie ein Wesen aus den Wellen gesogen werden könnte, um aus seinen großmütigen Händen Barmherzigkeit, Verstehen, Entsühnung herabregnen zu lassen. So, denkt er, brauche ich niemals wieder ins Lampenlicht; ins Wohnzimmer; niemals mein Buch beenden, niemals meine Pfeife ausklopfen; niemals nach Mrs Turner klingeln, damit sie abdeckt; laßt mich lieber auf diese große Gestalt zugehen, die mich mit einem Ruck ihres Kopfes in den Sattel ihres Nebelstreifens heben und mich und alles sonst zu Nichts zerstieben lassen wird.

Solcherart sind die Visionen. Der einsame Wanderer ist bald aus dem Wald heraus; und dort, in der Tür, die Hand über den Augen, wohl in der Erwartung seiner Rückkehr, mit erhobenen Händen, mit wehender weißer Schürze, ist eine ältliche Frau und scheint (so machtvoll ist dieses Gebrechen) über die Wüste hinweg einen verlorenen Sohn zu suchen; einen gefallenen Reiter ausfindig zu machen; die Gestalt einer Mutter zu sein, deren Söhne in den Schlachten der Welt getötet worden sind. So scheint dem einsamen Wanderer, wenn er durch die Dorfstraße weitergeht, wo die Frauen mit ihrem Strickzeug stehen und die Männer den Garten umgraben, der Abend verhängnisvoll; die Gestalten reglos; als ob ein erhabenes Schicksal, altbekannt und furchtlos erwartet, bereit sei, sie wegzufegen in die vollkommene Auslöschung.

Drinnen, zwischen ganz gewöhnlichen Dingen, dem Schrank, dem Tisch, dem Fensterbrett mit seinen Geranien, wird der Umriß der Wirtin, die sich herabbeugt, um das Tischtuch abzunehmen, plötzlich vom Licht gelindert, ein wunderbares Inbild, das zu umarmen uns allein die Erinnerung an kalte menschliche Beziehungen hindert. Sie nimmt die Marmelade; sie schließt sie in den Schrank.

»Brauchen Sie sonst noch etwas heut abend, Sir?«

Aber wem gibt der einsame Wanderer Antwort?

So strickte die ältliche Kinderschwester über dem schlafenden Baby in Regent's Park. So schnarchte Peter Walsh. Er erwachte außerordentlich plötzlich und sagte zu sich selbst, »Der Tod der Seele«.

»O Gott, o Gott!« sagte er laut zu sich, reckte sich und öffnete die Augen. »Der Tod der Seele.« Die Wörter verbanden sich mit einem Ereignis, einem Zimmer, einer Vergangenheit, von denen er geträumt hatte. Es wurde deutlicher; das Ereignis, das Zimmer, die Vergangenheit, von denen er geträumt hatte.

Es war in Bourton, in jenem Sommer, zu Beginn der Neunziger, als er so leidenschaftlich in Clarissa verliebt war. Es waren sehr viele Leute da, lachend und redend, nach dem Tee um einen Tisch herumsitzend, und das Zimmer war in gelbes Licht gebadet und voller Zigarettenrauch. Sie redeten über einen Mann, der sein Hausmädchen geheiratet hatte, einen der benachbarten Gutsbesitzer, er hatte seinen Namen vergessen. Der hatte sein Hausmädchen geheiratet, und sie war nach Bourton zu einem Anstandsbesuch gebracht worden – ein fürchterlicher Besuch war es gewesen. Sie war grotesk herausgeputzt, »wie ein Kakadu«, hatte Clarissa gesagt und sie nachgemacht, und sie redete ununterbrochen. Immer weiter und weiter, weiter und weiter. Clarissa machte sie nach. Dann sagte jemand – es war Sally Seton –, ob es für die Einstellung wirklich etwas bedeute, daß man wisse, sie habe ein Baby gehabt, bevor sie heirateten? (Damals, in Anwesenheit von Frauen, war es gewagt, so etwas zu sagen.) Er konnte Clarissa noch jetzt sehen, wie sie knallrot wurde; irgendwie zusammenfuhr; und sagte, »Oh, ich werde nie wieder mit ihr sprechen können!« Worauf die ganze Gesellschaft rund um den Teetisch zu wanken schien. Es war sehr unbehaglich.

Er hatte ihr nicht verübelt, daß sie Anstoß daran nahm, denn damals war ein wie sie erzogenes junges Mädchen ahnungslos, sondern es war ihre Art und Weise, die ihn verdroß; verschüchtert; hart; anmaßend; prüde. »Der Tod der Seele.« Er hatte das instinktiv gesagt, den Augenblick kennzeichnend, wie er das immer tat – der Tod ihrer Seele.

Jedermann wankte; jedermann schien einzuknicken, als sie sprach, und sich dann als ein anderer aufzurichten. Er konnte Sally Seton sehen, wie ein Kind, das etwas ausgefressen hat, vorgebeugt, ziemlich rot, als wolle sie reden, aber gehemmt, und Clarissa jagte den Leuten Angst ein. (Sie war Clarissas engste Freundin, immer da, ein anziehendes, nettes, dunkelhaariges Geschöpf, das damals im Ruf großer Verwegenheit stand, und er pflegte ihr Zigarren zu geben, die sie in ihrem Schlafzimmer rauchte, und sie war entweder mit jemand verlobt gewesen oder hatte sich mit ihrer Familie überworfen, und der alte Parry mochte sie so wenig wie ihn, was sie eng verbündete.) Dann stand Clarissa, immer noch mit einer Miene, als sei sie von allen gekränkt, auf, tat, als entschuldige sie sich, und ging, allein. Als sie die Tür öffnete, kam dieser große zottlige Hund, der hinter den Schafen herrannte, herein. Sie stürzte sich auf ihn, geriet in Verzückung. Es war, als sagte sie zu Peter – es war alles auf ihn gemünzt, er wußte es – »ich weiß, du hast es grotesk gefunden, wie ich mich dieser Person gegenüber aufgeführt habe; aber sieh doch, wie außerordentlich mitfühlend ich bin; sieh doch, wie ich meinen Rob liebe!«

Sie hatten immer diese merkwürdige Gabe, sich ohne Worte zu verständigen. Sie merkte genau, wenn er sie kritisierte. Dann tat sie immer etwas ganz Auffälliges, um sich zu verteidigen, wie diese Anstellerei mit dem Hund – aber er ließ sich nie täuschen, er durchschaute Clarissa immer. Nicht daß er etwas sagte, natürlich nicht; saß bloß da und blickte mürrisch drein. Auf diese Weise fingen ihre Streitereien oft an.

Sie machte die Tür zu. Sogleich wurde er äußerst niedergeschlagen. Es schien alles fruchtlos – weiter verliebt zu sein; weiter zu streiten; sich weiter auszusöhnen, und er zog allein los, zwischen Wirtschaftsgebäuden, Ställen, schaute nach den Pferden. (Der Sitz war recht bescheiden; die Parrys schwammen nie in Geld; aber es gab immer Reitknechte und Stallburschen – Clarissa liebte das Reiten – und einen alten Kutscher – wie hieß er bloß? – und eine alte Kinderfrau, die alte Moody, die alte Goody, irgendwie so nannten sie sie, zu der man mitgenommen wurde, in ein kleines Zimmer mit einer Menge Photographien, einer Menge Vogelbauern.)

Es war ein schrecklicher Abend! Er wurde trübseliger und trübseliger, nicht nur deswegen; wegen allem und jedem. Und er konnte sie nicht sehen; konnte ihr nichts erklären; konnte sich nicht aussprechen. Es waren immer Leute dabei – sie tat einfach, als wäre nichts gewesen. Das war ihre teuflische Seite – diese Kälte, diese Starrheit, etwas sehr tief drinnen in ihr, was er am Vormittag wieder gespürt hatte, als er mit ihr redete; eine Undurchdringlichkeit. Aber weiß Gott, er liebte sie. Sie besaß eine verdrehte Fähigkeit, einem auf den Nerven herumzugeigen, einem die Nerven in Geigensaiten zu verwandeln, ja.

Er war ziemlich spät zum Dinner gegangen, aus einer blödsinnigen Idee, auf sich aufmerksam zu machen, und hatte sich neben die alte Miss Parry gesetzt – Tante Helena – Mr Parrys Schwester, die wie üblich den Ehrenplatz innehatte. Da saß sie in ihrem weißen Kaschmirschal, den Kopf vor dem Fenster – eine furchteinflößende alte Dame, aber freundlich zu ihm, denn er hatte eine seltene Blume für sie gefunden, und sie war eine große Botanikerin, marschierte in derben Stiefeln los, mit einer schwarzen blechernen Botanisiertrommel über der Schulter. Er setzte sich neben sie und konnte nichts sagen. Alles schien an ihm vorüberzurasen; er saß nur da und aß. Und dann, als das Dinner schon halb vorbei war, zwang er sich, zum erstenmal nach Clarissa hinüberzuschauen. Sie sprach mit einem jungen Mann zu ihrer Rechten. Plötzlich hatte er eine Erleuchtung. »Sie wird diesen Mann heiraten«, sagte er zu sich selbst. Er kannte nicht einmal seinen Namen.

Denn natürlich war es dieser Nachmittag, genau dieser Nachmittag, an dem Dalloway herübergekommen war; und Clarissa nannte ihn »Wickham«; damit hatte alles begonnen. Irgend jemand hatte ihn mitgebracht; und Clarissa hatte seinen Namen mißverstanden. Sie stellte ihn allen als Wickham vor. Schließlich sagte er, »Mein Name ist Dalloway!« – das war sein erster Eindruck von Richard – ein blonder junger Mann, ziemlich unbeholfen auf einem Liegestuhl sitzend und mit »Mein Name ist Dalloway!« herausplatzend. Sally griff das auf; seitdem nannte sie ihn nur »Mein Name ist Dalloway!«.

Er war damals die Beute von Erleuchtungen. Diese – daß sie Dalloway heiraten würde – war blendend – im Augenblick überwältigend. Es war eine Art – wie sollte er es ausdrücken? – eine Art von Gelassenheit in ihrem Umgang mit ihm; etwas Mütterliches; etwas Zartes. Sie sprachen über Politik. Das ganze Dinner über versuchte er mitzuhören, was sie sagten.

Später, konnte er sich erinnern, stand er neben dem Stuhl der alten Miss Parry im Salon. Clarissa kam dazu, mit ihrem vollendeten Benehmen, wie eine richtige Gastgeberin, und wollte ihn jemandem vorstellen – sprach, als wären sie einander nie begegnet, was ihn wütend machte. Aber noch da bewunderte er sie deswegen. Er bewunderte ihren Mut; ihren gesellschaftlichen Instinkt; er bewunderte ihre Fähigkeit, etwas durchzuhalten. »Die vollkommene Gastgeberin«, sagte er zu ihr, woraufhin sie spürbar zusammenzuckte. Aber er wollte es sie fühlen lassen. Er hätte alles getan, um sie zu verletzen, nachdem er sie mit Dalloway gesehen hatte. So ließ sie ihn stehen. Und er hatte das Gefühl, daß sie sich alle – lachend und schwatzend – in einer Verschwörung gegen ihn zusammengetan hatten, hinter seinem Rücken. Da stand er hinter Miss Parrys Stuhl, als wäre er aus Holz geschnitzt, und redete über Wiesenblumen. Nie, nie hatte er so höllisch gelitten! Er mußte vergessen haben, auch nur zu tun, als höre er zu; endlich wachte er auf; er sah, wie Miss Parry ihn ziemlich verstört, ziemlich verärgert mit ihren vorstehenden Augen anstarrte. Fast hätte er aufgeschrien, daß er nicht hinhören könne, weil er in der Hölle sei! Die Leute begannen, das Zimmer zu verlassen. Er hörte sie sagen, daß sie ihre Mäntel holen wollten; daß es kalt sei auf dem Wasser und so weiter. Sie wollten im Mondschein auf dem See kahnfahren – einer von Sallys verrückten Einfällen. Er konnte hören, wie sie den Mond beschrieb. Und sie gingen alle hinaus. Er war ganz allein.

»Wollen Sie nicht mit den andern gehen?« sagte Tante Helena – gute alte Dame! – sie hatte es erraten. Und er drehte sich um, und da war Clarissa wieder. Sie war zurückgekommen, um ihn zu holen. Er war übermannt von ihrer Großmut – ihrer Güte.

»Komm mit«, sagte sie. »Sie warten.«

Er hatte sich nie in seinem Leben so glücklich gefühlt! Ohne ein Wort versöhnten sie sich. Sie gingen hinunter zum See. Er hatte zwanzig Minuten vollkommener Glücklichkeit. Ihre Stimme, ihr Lachen, ihr Kleid (etwas Wehendes, weiß, dunkelrot), ihre Stimmung, ihre Abenteuerlust; sie ließ sie alle aussteigen und die Insel erforschen; sie scheuchte ein Wasserhuhn auf; sie lachte; sie sang. Und all die Zeit über wußte er ganz genau, daß Dalloway sich in sie verliebte; sie sich in Dalloway verliebte; aber es schien nichts zu bedeuten. Nichts bedeutete etwas. Sie saßen auf der Erde und redeten – er und Clarissa. Sie gingen mühelos einer in den Gedanken des andern aus und ein. Und dann war es in einer Sekunde zu Ende. Er sagte, als sie in den Kahn stiegen, zu sich selbst, »Sie wird diesen Mann heiraten«, stumpf, ohne Bitternis; aber es war offensichtlich. Dalloway würde Clarissa heiraten.

Dalloway ruderte sie zurück. Er sagte nichts. Aber irgendwie, als sie ihn losfahren sahen, wie er sich auf sein Fahrrad schwang, um zwanzig Meilen durch die Wälder zu radeln, die Zufahrt hinunterwackelnd, mit der Hand winkend und verschwindend, fühlte er deutlich, instinktiv, schrecklich, stark, alles zusammen; die Nacht; die Romantik; Clarissa. Er verdiente, sie zu bekommen.

Was ihn selbst anging, war er verrückt. Seine Ansprüche auf Clarissa (er konnte es jetzt sehen) waren verrückt. Er verlangte Unmögliches. Er machte furchtbare Szenen. Sie würde ihn, vielleicht, immer noch genommen haben, wenn er weniger verrückt gewesen wäre. Sally meinte das. Sie schrieb ihm den ganzen Sommer über lange Briefe; wie sie von ihm gesprochen hätten; wie sie ihn gerühmt habe, wie Clarissa in Tränen ausgebrochen sei! Es war ein außergewöhnlicher Sommer – nichts als Briefe, Szenen, Telegramme –, früh am Morgen in Bourton ankommen, herumhängen, bis die Dienstboten auf waren; schauderhafte *tête-à-têtes* beim Frühstück mit dem alten Mr Parry; Tante Helena furchteinflößend, aber freundlich; Sally, die ihn zu Gesprächen in den Gemüsegarten schleppte; Clarissa mit Kopfschmerzen im Bett.

Die Schluß-Szene, die furchtbare Szene, von der er glaubte, daß sie mehr bedeutet habe als irgend etwas sonst in seinem ganzen Leben (das mochte eine Übertreibung sein – aber trotzdem, es erschien ihm jetzt so), erfolgte um drei Uhr nachmittags an einem sehr heißen Tage. Es war eine Lappalie, die dazu führte – Sally, die beim Lunch etwas über Dalloway gesagt und ihn dabei »Mein Name ist Dalloway« genannt hatte; woraufhin Clarissa plötzlich erstarrte, rot anlief, wie das ihre Art war, und schneidend ausrief, »Diesen kümmerlichen Scherz haben wir oft genug gehört.« Das war alles; aber für ihn war es, als hätte sie gesagt, »Mit dir vertreibe ich mir nur die Zeit; mit Richard Dalloway bin ich mir einig.« So verstand er es. Er hatte nächtelang nicht geschlafen. »Es muß so oder so Schluß sein«, sagte er zu sich selbst. Er schickte ihr durch Sally eine Mitteilung und bat sie, ihn um drei am Springbrunnen zu treffen. »Etwas sehr Wichtiges ist geschehen«, kritzelte er am Schluß.

Der Springbrunnen war in der Mitte einer kleinen Anlage, weit weg vom Haus, umgeben von Büschen und Bäumen. Da kam sie, sogar noch vor der Zeit, und sie standen, den Springbrunnen zwischen sich, aus dessen Röhre (sie war zerbrochen) unaufhörlich Wasser tropfte. Wie Gesichtseindrücke sich dem Gedächtnis einprägen! Zum Beispiel das leuchtend grüne Moos.

Sie rührte sich nicht. »Sag mir die Wahrheit, sag mir die Wahrheit«, wiederholte er ein ums andere Mal. Er hatte ein Gefühl, als berste ihm die Stirn. Sie schien verkrampft, versteinert. Sie rührte sich nicht. »Sag mir die Wahrheit«, wiederholte er, als plötzlich dieser alte Breitkopf, die *Times* in der Hand, seinen Kopf hereinsteckte; glotzte; und verschwand. Keiner von beiden rührte sich. »Sag mir die Wahrheit«, wiederholte er. Er hatte das Gefühl, daß er sich an etwas körperlich Hartem zerrieb; sie gab nicht nach. Sie war wie Eisen, wie

Feuerstein, starr im Rückgrat. Und als sie sagte, »Es hat keinen Sinn. Es hat keinen Sinn. Es ist zu Ende« – nachdem er, schien ihm, stundenlang gesprochen hatte, voller Tränen, die ihm die Wangen herunterliefen – war es, als hätte sie ihn ins Gesicht geschlagen. Sie drehte sich um, sie ließ ihn stehen, sie ging weg.

»Clarissa!« rief er. »Clarissa!« Aber sie kam nicht zurück. Es war vorbei. Er fuhr am Abend weg. Er sah sie nicht wieder.

17

Doch was habe ich aus meinem Leben gemacht? dachte Mrs Ramsay, als sie am Kopf der Tafel Platz nahm und auf all die Teller blickte, die weiße Kreise darauf bildeten. »William, setzen Sie sich neben mich«, sagte sie. »Lily«, sagte sie müde, »dort drüben.« Sie hatten das andere – Paul Rayley und Minta Doyle –, sie nur dies – eine unendlich lange Tafel und Teller und Messer. Am anderen Ende war ihr Mann, der sich, zusammensackend, gerade stirnrunzelnd setzte. Stirnrunzelnd weshalb? Sie wußte es nicht. Es war ihr auch gleichgültig. Sie begriff nicht, wie sie je irgendein Gefühl oder irgendwelche Zuneigung für ihn hatte hegen können. Sie hatte das Gefühl, alles hinter sich zu haben, alles überstanden zu haben, außerhalb von allem zu stehen, während sie die Suppe austeilte, als gäbe es einen Strudel – dort – und man könnte sich innerhalb befinden oder außerhalb, und sie war außerhalb. Es ist alles an einem Ende angelangt, dachte sie, während sie, einer nach dem anderen, hereinkamen, Charles Tansley – »Setzen Sie sich doch bitte dort hin«, sagte sie –, Augustus Carmichael – und sich setzten. Und unterdessen wartete sie, passiv, darauf, daß ihr jemand antwortete, daß etwas geschah. Doch so etwas, dachte sie, während sie Suppe in Teller schöpfte, sagt man nicht.

Sie zog die Brauen hoch angesichts der Diskrepanz – das war das, was sie dachte, und dies, was sie tat – Suppe in Teller schöpfen – und hatte, in immer stärkerem Maße, das Gefühl, sich außerhalb des Strudels zu befinden; oder ein Schatten wäre über die Dinge gefallen, die sie nun, ihrer Farben beraubt, sah, wie sie wirklich waren. Der Raum war (sie sah sich darin um) sehr schäbig. Nirgendwo gab es irgend etwas Schönes. Sie versagte es sich, Mr Tansley anzuschauen. Nichts schien zusammenzugehen. Alle saßen getrennt. Und die ganze Anstrengung, zusammenzufügen und in Fluß zu bringen und zu gestalten, oblag ihr. Einmal mehr spürte sie, als Tatsache, ohne Feindseligkeit, die Sterilität der Männer, denn wenn sie es nicht tat, würde niemand es tun, und so brachte sie, indem sie sich einen kleinen Klaps gab, wie man einer stehengebliebenen Uhr einen Klaps gibt, den altvertrauten Puls zum Schlagen, wie die Uhr wieder zu ticken beginnt – eins, zwei, drei, eins, zwei, drei. Und so weiter und so weiter, wiederholte sie, während sie darauf lauschte und den noch schwachen Puls hegte und hätschelte, wie man eine schwache Flamme mit Zeitungspapier schützen mag. Und so sei es denn, entschied sie und richtete sich, indem sie sich schweigend in seine Richtung neigte, an William Bankes – der arme Mann! der keine Frau und keine Kinder hatte und, außer heute abend, allein in einem möblierten Zimmer zu Abend aß; und aus Mitleid mit ihm, denn das Leben war jetzt stark genug, um sie wieder flottzumachen, begann sie mit der ganzen Prozedur wieder von vorn, wie ein Seemann, nicht ohne Überdruß, den Wind sein Segel blähen sieht und doch so gar keine Lust hat, wieder loszusegeln, und denkt, wenn sein Schiff gesunken wäre, dann wäre er immer um und um im Kreis herumgestrudelt und hätte auf dem Meeresboden Ruhe gefunden.

»Haben Sie Ihre Briefe gefunden? Ich habe ihnen gesagt, sie sollten sie für Sie in die Diele legen«, sagte sie zu William Bankes.

Lily Briscoe beobachtete, wie sie in jenes seltsame Niemandsland trieb, wohin man anderen Menschen unmöglich folgen konnte, wohin man ihnen, da dieser Sog in den Beobachtern ein solches Erschauern auslöste, jedoch immer wenigstens mit dem Blick zu folgen versucht, wie man einem verblassenden Schiff nachblickt, bis dessen Segel hinter dem Horizont versunken sind.

Wie alt sie aussieht, wie erschöpft sie aussieht, dachte Lily, und wie fern. Dann, als sie sich William Bankes zuwandte, lächelnd, war es, als ob das Schiff umgekehrt und die Sonne wieder auf seine Segel gefallen wäre, und Lily dachte einigermaßen amüsiert, weil sie erleichtert war, Warum bemitleidet sie ihn? Denn das war der Eindruck, den sie hervorrief, als sie ihm sagte, seine Briefe lägen in der Diele. Armer William Bankes, schien sie zu sagen, als rühre ihre eigene Erschöpfung teilweise daher, daß sie andere Menschen bemitleidete, und das Leben in ihr, ihr Entschluß, wieder zu leben, seien vom Mitleid hervorgerufen worden. Und es stimmte nicht, dachte Lily; es war eine jener Fehleinschätzungen ihrerseits, die instinktiv zu sein schienen und eher von irgendeinem eigenen Bedürfnis herrührten als dem anderer Menschen. Er ist nicht im mindesten bemitleidenswert. Er hat seine Arbeit, sagt sich Lily. Sie erinnerte sich ganz plötzlich, als hätte sie einen Schatz gefunden, daß auch sie ihre Arbeit hatte. Blitzartig sah sie ihr Bild vor sich und dachte, Ja, ich werde den Baum weiter in die Mitte rücken; dann vermeide ich jene verquere Leere. Das werde ich tun. Das war's, woran ich herumgerätselt habe. Sie nahm das Salznäpfchen hoch und setzte es auf einer Blume im Muster der Tischdecke wieder nieder, als wollte sie sich einschärfen, daß sie den Baum versetzen mußte.

»Es ist seltsam, daß man zwar kaum je irgend etwas Lohnendes mit der Post bekommt, aber dennoch seine Briefe haben will«, sagte Mr Bankes.

Was reden die bloß für einen verdammten Stuß, dachte Charles Tansley, als er seinen Löffel genau in die Mitte seines Tellers legte, den er blankgeputzt hatte, als ob, dachte Lily (er saß ihr gegenüber, und sein dem Fenster zugewandter Rücken befand sich genau in der Mitte des Ausblicks), er entschlossen wäre, sich seine Mahlzeiten zu sichern. Alles an ihm hatte diese magere Unverrückbarkeit, diese nackte Unliebenswürdigkeit. Dennoch blieb es eine Tatsache, daß es nahezu unmöglich war, einen anderen nicht zu mögen, wenn man ihn anschaute. Sie mochte seine Augen; sie waren blau, tiefliegend, beängstigend.

»Schreiben Sie viele Briefe, Mr Tansley?« fragte Mrs Ramsay, weil auch er ihr Mitleid erregte, vermutete Lily; denn das war unbestreitbar wahr – Mrs Ramsay bemitleidete die Männer stets, als fehlte ihnen irgend etwas – Frauen niemals, so als besäßen sie irgend etwas. Er schreibe seiner Mutter, sonst würde er vermutlich auch nicht einen Brief im Monat schreiben, sagte Mr Tansley knapp.

Denn er dachte nicht daran, derlei Stuß zu reden, den er, wenn es nach diesen Leuten hier ginge, hätte reden sollen. Er würde sich von diesen albernen Weibern nicht herablassend behandeln lassen. Er hatte in seinem Zimmer gelesen, und jetzt kam er herunter, und alles kam ihm albern, oberflächlich, dürftig vor. Warum zogen sie sich bloß um? Er war in seinem üblichen Aufzug heruntergekommen. Er besaß keine feine Kleidung. »Man bekommt kaum je irgend etwas Lohnendes mit der Post« – das war so das Zeug, das sie ständig redeten. Sie brachten die Männer dazu, solches Zeug zu reden. Ja, das ist nur allzu wahr, dachte er. Sie bekamen das ganze Jahr hindurch nie irgend etwas Lohnendes. Sie taten nichts als reden, reden, reden, essen, essen, essen. Das war die Schuld der Frauen. Frauen machten jede Zivilisation unmöglich mit ihrem ganzen »Charme«, ihrer ganzen Albernheit.

»Keine Fahrt zum Leuchtturm morgen, Mrs Ramsey«, sagte er zu seiner Selbstbestätigung. Er mochte sie; er bewunderte sie; er dachte immer noch daran zurück, wie der Mann in seinem Kanalisationsrohr zu ihr aufgeblickt hatte; doch er brauchte dringend Selbstbestätigung.

Er war, dachte Lily Briscoe, trotz seiner Augen, doch dann mußte man sich diese Nase ansehen, diese Hände, wirklich das uncharmanteste menschliche Wesen, dem sie je begegnet war. Weshalb gab sie dann aber etwas auf seine Äußerungen? Frauen können nicht schreiben, Frauen können nicht malen – was zählte das schon, wenn es doch von ihm kam, da es doch in seinen Augen offenkundig gar nicht stimmte, sondern ihm nur aus irgendeinem Grunde wohltat und er es nur aus diesem Grunde sagte? Warum bog sich ihr ganzes Wesen, wie Mais unter einem Windstoß, und richtete sich mit beträchtlicher und ziemlich schmerzlicher Anstrengung von dieser Erniedrigung wieder auf? Sie müßte es noch einmal machen. Da ist dieser Zweig auf dem Tischtuch; da ist mein Bild; ich muß den Baum in die Mitte rücken; darauf kommt es an – auf nichts sonst. Könnte sie sich nicht an das halten, fragte sie sich, und nicht wütend werden und nicht streiten; und könnte sie, wenn sie sich denn ein wenig rächen wollte, das nicht tun, indem sie ihn auslachte?

»Ach Mr Tansley«, sagte sie, »nehmen Sie mich doch mit zum Leuchtturm. Ich hätte solche Lust dazu.«

Sie log, erkannte er. Sie sagte etwas, das sie nicht meinte, um ihn, aus irgendeinem Grund, zu ärgern. Sie lachte ihn aus. Er hatte seine alte Flanellhose an. Er besaß keine andere. Er fühlte sich sehr ungeschlacht und isoliert und einsam. Er wußte, sie versuchte aus irgendeinem Grund, ihn aufzuziehen; sie wollte gar nicht mit ihm zum Leuchtturm fahren; sie verachtete ihn; das tat auch Prue Ramsay, das taten sie alle. Er dachte jedoch nicht daran, sich von Frauen zum Narren machen zu lassen, und so wandte er sich bewußt auf seinem Stuhl um und schaute aus dem Fenster und sagte, ruckartig, sehr barsch, morgen werde es zu rauh für sie sein. Da werde ihr nur schlecht.

Es ärgerte ihn, daß sie ihn dazu gebracht haben sollte, so zu reden, vor den Ohren von Mrs Ramsay. Wenn er nur allein in seinem Zimmer arbeiten könnte, dachte er, zwischen seinen Büchern. Da fühlte er sich wohl. Und er hatte nie auch nur einen Penny Schulden gemacht; er hatte seinen Vater nie auch nur einen Penny gekostet, seit er fünfzehn war; er hatte ihnen daheim mit seinen Ersparnissen geholfen; er unterrichtete seine Schwester. Dennoch hätte er gern gewußt, wie er Miss Briscoe auf angemessene Weise hätte antworten sollen; er wünschte sich, er hätte nicht alles derart ruckartig hervorgestoßen. »Da würde Ihnen nur schlecht.« Er wünschte sich, ihm fiele etwas ein, das er zu Mrs Ramsay hätte sagen können, etwas, das ihr zeigen würde, daß er nicht nur ein dröger Pedant war. Denn dafür hielten sie ihn alle. Er wandte sich ihr zu. Doch Mrs Ramsay sprach mit William Bankes über Leute, von denen er noch nie gehört hatte.

»Ja, räumen Sie es nur ab«, sagte sie nebenher, an das Hausmädchen gewandt, und unterbrach zu diesem Zweck ihre an Mr Bankes gerichteten Äußerungen. »Es muß fünfzehn – nein, zwanzig Jahre her sein –, daß ich sie zuletzt gesehen habe«, sagte sie gerade, während sie sich ihm wieder zuwandte, als könne sie keinen Augenblick lang auf ihr Gespräch verzichten, denn sie war völlig von dem gefangengenommen, was sie gerade besprachen. Er habe also tatsächlich heute abend von ihr gehört! Und ob Carrie denn immer noch in Marlow lebe, und ob alles so geblieben sei? Oh, sie erinnere sich, als wäre es gestern gewesen – wie sie auf dem Fluß umherliefen und sie so sehr gefroren hätten. Doch wenn die Mannings sich erst einmal etwas vorgenommen hätten, dann seien sie auch dabei geblieben. Nie werde sie vergessen, wie Herbert an der Uferböschung mit dem Teelöffel eine Wespe getötet habe! Und das bestehe also immer noch, sinnierte Mrs Ramsay, während sie wie ein Geist zwischen den Sesseln und Tischen jenes Salons am Themse-Ufer umherglitt, wo sie vor zwanzig Jahren so sehr, sehr gefroren hatte; doch jetzt ging sie wie ein Geist zwischen ihnen umher; und es faszinierte sie, als wäre jener bestimmte Tag, während sie selbst sich verändert hatte, dort, jetzt sehr still und schön geworden, alle diese Jahre erhalten geblieben. Ob Carrie selbst an ihn geschrieben habe, fragte sie ihn.

»Ja. Sie schreibt, sie richteten sich gerade ein neues Billardzimmer ein«, sagte er. Nein! Nein! Das sei ausgeschlossen! Ein Billardzimmer richteten sie sich ein! Das erschien ihr unmöglich.

Mr Bankes vermochte nicht einzusehen, was daran so absonderlich sein sollte. Sie seien jetzt sehr wohlhabend. Ob er Carrie von ihr grüßen solle?

»Oh«, sagte Mrs Ramsay und zuckte ein wenig zusammen. »Nein«, setzte sie dann hinzu, weil sie zu der Überlegung gelangte, daß sie diese Carrie, die sich gerade ein neues Billardzimmer einrichtete, gar nicht kannte. Doch wie seltsam, wiederholte sie zu Mr Bankes' Ergötzen, daß sie dort immer noch so weitermachten. Denn es war ein ungeheuerlicher Gedanke, daß sie imstande gewesen sein sollten, dort all die Jahre immer weiterzuleben, wo sie doch in dieser ganzen Zeit nur ein einziges Mal an sie gedacht hatte. Wie ereignisreich ihr eigenes Leben während dieser selben Jahre doch gewesen sei. Doch vielleicht habe Carrie Manning ja ebensowenig an sie gedacht. Der Gedanke berührte sie seltsam unangenehm.

»Die Menschen verlieren einander rasch wieder aus den Augen«, erklärte Mr Bankes, der gleichwohl eine gewisse Genugtuung bei dem Gedanken verspürte, daß er schließlich sowohl die Mannings als auch die Ramsays kannte. Er hatte niemanden aus den Augen verloren, dachte er, während er seinen Löffel hinlegte und sich gewissenhaft die glattrasierten Lippen wischte. Doch vielleicht war er in diesem Punkt ja eher ungewöhnlich; er ließ sich nie von den immer gleichen Gewohnheiten vereinnahmen. Er hatte Freunde in allen Kreisen ... Mrs Ramsay mußte ihr Gespräch an dieser Stelle unterbrechen, um dem Hausmädchen zu sagen, daß es das Essen warmstellen solle oder dergleichen. Deshalb zog er es auch vor, allein zu Abend zu essen. All diese Unterbrechungen ärgerten ihn. Nun ja, dachte William Bankes, der sein ausgesucht höfliches Gebaren freilich aufrechterhielt und lediglich die Finger seiner Linken auf dem Tischtuch spreizte, wie ein Mechaniker in einem müßigen Augenblick ein schön poliertes und gebrauchsfertiges Werkzeug prüft, das sind eben die Opfer, die die Freunde von einem verlangen. Es hätte sie gekränkt, wenn er sich geweigert hätte zu kommen. Doch für ihn lohnte es sich nicht. Während er seine Hand betrachtete, dachte er, wenn er allein gewesen wäre, wäre das Dinner jetzt beinah vorüber; er hätte sich ungehindert an die Arbeit machen können. Ja, dachte er, es ist eine schreckliche Zeitverschwendung. Die Kinder kamen immer noch hereingetröpfelt. »Es wäre schön, wenn einer von euch mal zu Roger hinauflaufen würde«, sagte Mrs Ramsay gerade. Wie läppisch das alles ist, wie langweilig das alles ist, dachte er, verglichen mit jener anderen Angelegenheit – der Arbeit. Hier saß er nun und trommelte mit den Fingern auf das Tischtuch, wo er doch so schön – blitzschnell warf er einen Blick aus der Vogelperspektive auf seine Arbeit. Was war das doch in jedem Falle für eine Zeitverschwendung! Dabei, dachte er, gehört sie zu meinen ältesten Freunden. Man muß schon sagen, daß ich ihr zutiefst ergeben bin. Doch jetzt, in diesem Augenblick, bedeutete ihre Gegenwart ihm absolut nichts: ihre Schönheit bedeutete ihm nichts; wie sie mit dem Kleinen am Fenster gesessen hatte – nichts, nichts. Er wollte nur allein sein und jenes Buch zur Hand nehmen können. Er fühlte sich unbehaglich; er kam sich verräterisch vor, weil er imstande war, neben ihr zu sitzen und nichts für sie zu empfinden. Die Wahrheit war, daß ihm das Familienleben keine Freude machte. Da geriet man denn in diesen Zustand, in dem man sich fragte, Wofür lebt man eigentlich? Warum, so fragte man sich, nimmt man für den Fortbestand der menschlichen Rasse solche Mühen auf sich? Ist der so erstrebenswert? Sind wir als Spezies denn anziehend? Nicht sonderlich, dachte er, während er auf jene reichlich unordentlichen Knaben blickte. Sein Liebling, Cam, war vermutlich im Bett. Törichte Fragen, müßige Fragen, Fragen, die man niemals stellte, wenn man beschäftigt war. Ist das menschliche Leben dies? Ist das menschliche Leben jenes? Man hatte niemals Zeit, darüber nachzudenken. Doch hier stellte er sich diese Art Fragen, weil Mrs Ramsay den Dienstboten Anordnungen erteilte, und außerdem, weil der Gedanke, wie überrascht Mrs Ramsay darüber gewesen war, daß Carrie Manning noch immer existieren sollte, ihm eindrücklich vor Augen geführt hatte, was für zerbrechliche Angelegenheiten Freundschaften, selbst noch die besten, doch waren. Man verlor sich aus den Augen. Er tadelte sich abermals. Er saß neben Mrs Ramsay, und nichts in der Welt fiel ihm ein, was er ihr sagen sollte.

»Es tut mir furchtbar leid«, sagte Mrs Ramsay, als sie sich ihm endlich zuwandte. Er fühlte sich steif und stumpf, wie ein Paar Stiefel, das völlig durchnäßt worden und dann getrocknet war, so daß man seine Füße kaum hineinzuzwängen vermochte. Doch er mußte seine Füße hineinzwängen. Er mußte sich zum Reden bringen. Und wenn er nicht sehr achtsam wäre, würde sie seinem Verrat auf die Spur kommen; der Tatsache, daß ihm nicht die Bohne an ihr lag, und das würde ganz und gar nicht angenehm sein, dachte er. Also neigte er den Kopf höflich in ihre Richtung.

»Wie muß Ihnen das zuwider sein, in diesem Tollhaus zu essen«, sagte sie und bediente sich, wie immer, wenn sie zerstreut war, ihres Gesellschaftstons. Geradeso regt der Leiter einer Veranstaltung an, wenn es zu einem Wortgefecht kommt, daß doch ab jetzt alle Französisch sprechen sollen. Vielleicht ist es schlechtes Französisch; das Französische mag nicht über die Worte verfügen, um die Gedanken des Redners auszudrücken; aber immerhin verlangt es einige Ordnung, eine gewisse Uniformität, daß alle Französisch sprechen. Mr Bankes antwortete ihr in derselben Sprache, indem er sagte: »Nein, nein, nicht doch«, und Mr Tansley, der keine Kenntnis von dieser Sprache hatte, witterte, selbst als sie auf diese Weise, in Einsilbern, gesprochen wurde, sogleich ihre Unaufrichtigkeit. Sie redeten Unsinn, dachte er, die Ramsays; und er stürzte sich freudig auf dies neue Beispiel und machte sich eine Notiz, die er, demnächst einmal, dem einen oder anderen Freund vorlesen würde. Dort, in einer Gesellschaft, in der man sagen durfte, was man wollte, würde er sarkastisch den »Aufenthalt bei den Ramsays« schildern und welchen Unsinn sie redeten. Einmal lohne es sich schon, würde er sagen, doch kein weiteres Mal. Die Frauen langweilten einen so, würde er sagen. Natürlich habe Ramsay sich damit ruiniert, daß er eine schöne Frau geheiratet und acht Kinder bekommen habe. So würde die Quintessenz ungefähr lauten, doch jetzt, in diesem Augenblick, als er dort, einen leeren Platz neben sich, festsaß, zeichnete sich überhaupt noch keinerlei Quintessenz ab. Es gab nur Schnipsel und Bruchstücke. Er fühlte sich, selbst körperlich, äußerst unwohl. Er hätte gern gehabt, daß jemand ihm eine Chance gäbe, sich zu bestätigen. Er ersehnte es sich so sehr, daß er auf seinem Stuhl umherrutschte, erst diese Person, dann jene anschaute, sich in die Unterhaltung der anderen einzumischen versuchte, den Mund öffnete und wieder schloß. Sie sprachen gerade über die Fischereiindustrie. Warum fragte ihn denn niemand nach seiner Meinung? Was wußten die anderen denn schon über die Fischereiindustrie?

Lily Briscoe erkannte das alles. Sah sie nicht, wie auf einer Röntgenaufnahme ihres Gegenübers, die Rippen und Oberschenkelknochen seines sehnlichen Verlangens, Eindruck zu machen, dunkel im Dunstschleier seines Fleisches liegend – jenes dünnen Dunstschleiers, den die Konvention über sein brennendes Verlangen gelegt hatte, sich in die Unterhaltung einzumischen? Doch, so dachte sie, kniff ihre chinesischen Augen zusammen und erinnerte sich, wie höhnisch er sich über die Frauen geäußert hatte, »können nicht malen, können nicht schreiben«, warum sollte ich ihm helfen, sich Luft zu verschaffen?

Es gibt einen Verhaltenskodex, so wußte sie, dessen siebentes (sagen wir einmal) Gebot besagt, daß es in Situationen wie dieser der Frau, womit immer sie selbst beschäftigt sein mag, wohl anstehe, dem jungen Mann ihr gegenüber zu Hilfe zu kommen, so daß er seine Schenkelknochen, die Rippen seiner Eitelkeit, seines dringenden Verlangens nach Selbstbestätigung, entblößen und befreien kann; wie es tatsächlich, so überlegte sie in ihrem altjüngferlichen Gerechtigkeitssinn, die Pflicht des Mannes ist, uns zu helfen, wenn, sagen wir einmal, die Londoner Untergrundbahn in Brand geriete. Dann, so dachte sie, würde ich von Mr Tansley bestimmt erwarten, daß er mich hinausschafft. Doch wie wäre es, dachte sie, wenn keiner von uns beiden dergleichen täte? Also saß sie bloß da und lächelte.

»Sie haben doch aber nicht vor, zum Leuchtturm zu fahren, nicht wahr, Lily?« sagte Mrs Ramsay. »Denken Sie nur an den armen Mr Langley; er ist ein dutzendmal um die Welt gefahren, doch er hat mir erzählt, nie habe er so gelitten, wie als mein Mann ihn dorthin mitgenommen hat. Sind Sie ein guter Seemann, Mr Tansley?« fragte sie.

Mr Tansley hob einen Hammer: schwang ihn hoch in die Luft; da er jedoch, als er niederging, erkannte, daß er jenen Schmetterling nicht mit einem derartigen Instrument zermalmen durfte, sagte er nur, daß ihm noch nie im Leben schlecht gewesen sei. Doch in diesem einen Satz lag kompakt, wie Schießpulver, daß sein Großvater Fischer sei; sein Vater Drogist; daß er sich ganz allein emporgearbeitet habe; daß er stolz darauf sei; daß er Charles Tansley sei – eine Tatsache, die niemand zur Kenntnis zu nehmen scheine; daß das jedoch demnächst jeder einzelne mitbekommen würde. Er blickte finster vor sich hin. Fast konnten ihm diese gütigen kultivierten Menschen leid tun, die demnächst durch das Schießpulver, das in ihm steckte, himmelhoch in die Luft fliegen würden wie Baumwollballen und Apfelbütten.

»Nehmen Sie mich mit, Mr Tansley?« sagte Lily, rasch, freundlich, denn, selbstverständlich, wenn Mrs Ramsay zu ihr sagte, wie tatsächlich soeben geschehen, »Ich ertrinke, mein liebes Kind, in einem Meer von Feuer. Wenn Sie nicht etwas Balsam auf die Qual dieser Stunde streichen und etwas Nettes zu diesem jungen Mann hier sagen, wird das Leben auf den Grund laufen – tatsächlich höre ich in dieser Minute das Knirschen und Knarzen. Meine Nerven sind zum Zerreißen gespannt. Noch eine Berührung, und sie zerspringen wie eine Geigensaite« – als Mrs Ramsay dies alles sagte, da der Blick in ihren Augen dies sagte, mußte Lily Briscoe sich selbstverständlich zum hundertfünfzigsten Male ihr Experiment versagen – was passiert, wenn man zu jenem jungen Mann nicht nett ist – und nett sein.

Da er ihren Stimmungswandel richtig einschätzte – daß sie ihm jetzt freundlich gesonnen war –, löste er sich aus seinem Egoismus und erzählte ihr, wie er als Baby aus einem Boot geworfen worden sei; wie sein Vater ihn mit dem Bootshaken wieder herausgefischt habe; so habe er schwimmen gelernt. Einer seiner Onkel sei auf irgendeinem Felsen vor der schottischen Küste Leuchtturmwärter, sagte er. Er sei während eines Sturms bei ihm gewesen. Dies sagte er laut in eine Pause hinein. Sie mußten ihm zuhören, als er sagte, er sei während eines Sturms bei seinem Onkel in einem Leuchtturm gewesen. Ah, dachte Lily Briscoe, als die Unterhaltung diese vielversprechende Wendung nahm, und sie spürte Mrs Ramsays Dankbarkeit (denn Mrs Ramsay hatte jetzt Gelegenheit, selbst einen Augenblick zu sprechen), ah, dachte sie, doch was habe ich dafür nicht bezahlt, um das für Sie hinzubekommen? Sie war nicht aufrichtig gewesen.

Sie hatte den üblichen Kniff angewandt – nett zu sein. Sie würde ihn niemals kennenlernen. Er würde sie niemals kennenlernen. Alle menschlichen Beziehungen waren so, dachte sie, und die schlimmste (gäbe es da nicht Mr Bankes) war die zwischen Mann und Frau. Unvermeidlich waren diese extrem unaufrichtig. Dann fiel ihr Blick auf das Salznäpfchen, das sie als Gedächtnisstütze dorthin gestellt hatte, und sie erinnerte sich, daß sie am nächsten Morgen den Baum weiter in die Mitte rücken wollte, und ihre Laune besserte sich beim Gedanken daran, daß sie morgen malen würde, so gewaltig, daß sie laut über das lachte, was Mr Tansley gerade sagte. Sollte er doch die ganze Nacht reden, wenn er wollte.

»Aber wie lange lassen sie denn die Männer auf einem Leuchtturm?« fragte sie. Er sagte es ihr. Er war erstaunlich gut informiert. Und da er dankbar war, und da er sie mochte, und da er begann, sich gut zu unterhalten, konnte sie jetzt, dachte Mrs Ramsay, in jenes Traumland zurückkehren, an jenen unwirklichen, aber faszinierenden Ort, in den Salon der Mannings vor zwanzig Jahren; wo man sich ohne Hast oder Angst bewegte, weil es keine Zukunft gab, um die man sich Sorgen zu machen brauchte. Sie wußte, was aus ihnen geworden war, was aus ihr selbst. Es war, als läse man ein gutes Buch noch einmal, denn sie kannte das Ende jener Geschichte, da sie sich vor zwanzig Jahren zugetragen hatte, und das Leben, das selbst noch von diesem Eßtisch in Kaskaden hinabschoß, der Himmel wußte, wohin, lag dort versiegelt und, wie ein See, friedlich zwischen seinen Ufern. Sie hätten sich ein Billardzimmer eingerichtet, sagte er – sei das die Möglichkeit? Ob William noch mehr über die Mannings erzählen wolle? Sie bitte darum. Doch nein – aus irgendeinem Grunde war er nicht mehr in der Stimmung. Sie versuchte es. Er antwortete nicht. Sie konnte ihn nicht zwingen. Sie war enttäuscht.

»Die Kinder sind eine Schande«, sagte sie seufzend. Er sagte etwas über Pünktlichkeit, die eine der unwesentlicheren Tugenden sei, die wir zudem erst im späteren Leben erwürben.

»Wenn überhaupt je«, sagte Mrs Ramsay, bloß um die Leere zu überbrücken, und dachte, was William doch für eine alte Jungfer werde. Im Bewußtsein seines Verrats, im Bewußtsein, daß sie gern über etwas Vertraulicheres gesprochen hätte, doch gegenwärtig nicht dazu aufgelegt, spürte er, wie die Unausstehlichkeit des Lebens über ihn kam, wie er dasaß und wartete. Vielleicht sagten die anderen ja etwas Interessantes? Was sagten die denn gerade?

Daß die diesjährige Fischausbeute schlecht sei; daß die Männer emigrierten. Sie sprachen von Löhnen und Arbeitslosigkeit. Der junge Mann schimpfte auf die Regierung. William Bankes fand, was für eine Erleichterung es doch sei, sich an etwas Derartiges zu halten, wenn das Privatleben unerfreulich war, und hörte ihn etwas sagen wie »einer der skandalösesten Schritte der gegenwärtigen Regierung«. Lily hörte zu; Mrs Ramsay hörte zu; alle hörten zu. Doch spürte Lily, bereits gelangweilt, daß etwas fehlte; Mr Bankes spürte, daß etwas fehlte. Mrs Ramsay zog sich die Stola um die Schultern und spürte, daß etwas fehlte. Alle, die vorgebeugt saßen und zuhörten, dachten, »Gebe der Himmel, daß nicht sichtbar wird, wie es in meinem Innern aussieht«, denn jeder dachte, »Die anderen empfinden so. Sie sind empört und entrüstet über die Regierung wegen der Fischer. Während ich überhaupt nichts empfinde.« Doch vielleicht, dachte Mr Bankes, während er Mr Tansley anschaute, haben wir hier ja den richtigen Mann. Man wartete immer auf den richtigen Mann. Eine gewisse Aussicht bestand immer. Zu jedem Zeitpunkt mochte der Anführer auftauchen; der Mann von Genie, in der Politik wie in allem anderen. Wahrscheinlich wird er äußerst garstig zu uns verknöcherten alten Burschen sein, dachte Mr Bankes, der sich alle Mühe gab, Nachsicht zu üben, denn ein eigenartiger physischer Eindruck, als sträubten sich ihm die Nerven in der Wirbelsäule, sagte ihm, daß er eifersüchtig war, teilweise auf ihn selbst, mehr jedoch wahrscheinlich noch auf seine Arbeit, seinen Standpunkt, seine Wissenschaft; und folglich war er auch nicht ganz aufrichtig oder völlig fair, denn Mr Tansley schien sagen zu wollen, Ihr habt euer Leben vergeudet. Ihr habt alle unrecht. Ihr armen verknöcherten alten Burschen, ihr seid hoffnungslos rückständig. Er schien ziemlich vorlaut, dieser junge Mann; und seine Manieren waren schlecht. Doch Mr Bankes befahl sich, aufmerksam zu sein, er hatte Mut; er war tüchtig; er kannte sich ungeheuer gut in den Tatsachen aus. Wahrscheinlich, dachte Mr Bankes, während Tansley über die Regierung schimpfte, ist an dem, was er sagt, einiges dran.

»Nun sagen Sie mir doch mal …«, sagte er. Also ereiferten sie sich politisch, und Lily blickte auf das Blatt auf der Tischdecke; und Mrs Ramsay, die die Diskussion ausschließlich den beiden Männern überließ, fragte sich, weshalb sie dies Gespräch so sehr langweilte, und wünschte sich, während sie ihren Gatten am anderen Ende der Tafel anschaute, daß er etwas sagen würde. Nur ein Wort, sagte sie sich. Denn wenn er etwas sagte, war das ganz etwas anderes. Er kam auf den Kern der Sache. Ihm bedeuteten die Fischer und ihre Löhne etwas. Er hatte ihretwegen schlaflose Nächte. Es war ganz etwas anderes, wenn er sprach; dann dachte man nicht, Gebe der Himmel, daß niemand mitbekommt, wie wenig mich das berührt, weil es einen wirklich berührte. Dann, als sie erkannte, daß sie deshalb darauf wartete, daß er etwas sagen würde, weil sie ihn so sehr bewunderte, hatte sie das Gefühl, jemand habe ihr gegenüber ihren Mann und ihre Ehe gelobt, und sie errötete bis an die Haarwurzeln, ohne sich darüber im klaren zu sein, daß sie selbst es war, die ihn gelobt hatte. Sie schaute ihn an, um das in seiner Miene bestätigt zu finden; er würde so großartig aussehen … Doch keineswegs! Seine Miene war verbissen, grollend, die Stirn gerunzelt, und er war vor Ärger rot angelaufen. Was um alles in der Welt war denn geschehen, fragte sie sich. Was mochte denn los sein? Nur daß der arme alte Augustus noch um einen Teller Suppe gebeten hatte – das war alles. Es war unvorstellbar, es war abscheulich (so signalisierte er ihr über den Tisch hinweg), daß Augustus noch einmal mit der Suppe anfangen wollte. Er verabscheute

Menschen, die noch aßen, wenn er fertig war. Sie sah, wie der Zorn ihm wie eine Meute Jagdhunde in die Augen flog, in die Brauen, und sie wußte, in einem Augenblick würde es eine heftige Explosion geben, und dann – doch Gott sei Dank! sie sah, wie er sich selbst zurückriß und einen Bremsklotz ans Rad hieb, und sein ganzer Körper schien Funken statt Worte zu sprühen. Er blickte grollend. Er hatte nichts gesagt, das sollte sie zur Kenntnis nehmen. Das mußte sie ihm nun auch zugute halten! Doch warum sollte der arme Augustus schließlich nicht um noch einen Teller Suppe bitten dürfen? Er hatte doch nur Ellens Arm berührt und gesagt:

»Ellen, bitte noch einen Teller Suppe«, und daraufhin blickte Mr Ramsay derart grollend drein.

Und warum nicht? wollte Mrs Ramsay wissen. Man konnte doch Augustus seine Suppe lassen, wenn er welche wollte. Er hasse Menschen, die im Essen schwelgten, gab Mr Ramsay ihr dräuend zu verstehen. Er hasse alles, das sich stundenlang hinzog wie dies hier. Doch er hatte sich zusammengenommen, Mr Ramsay wollte, daß sie das zur Kenntnis nahm, so abstoßend der Anblick auch war. Aber warum mußte man das so deutlich zeigen, wollte Mrs Ramsay wissen (sie schauten einander über die Länge der Tafel hinweg an und sandten diese Fragen und Antworten hin und her, wobei jeder genau wußte, was der andere empfand). Jeder bekam es mit, dachte Mrs Ramsay. Da war Rose, die ihren Vater anstarrte, da war Roger, der seinen Vater anstarrte; noch einen Augenblick, und sie würden unter Lachkrämpfen hinausstürzen, das wußte sie, und folglich sagte sie prompt (tatsächlich war es Zeit):

»Zündet die Kerzen an«, und sie sprangen sofort auf und machten sich an der Anrichte zu schaffen.

Warum konnte er nur seine Gefühle nie verbergen? fragte Mrs Ramsay sich, und sie fragte sich, ob Augustus Carmichael es mitbekommen hatte. Vielleicht ja, vielleicht auch nicht. Seine Haltung, wie er da saß und seine Suppe trank, nötigte ihr Respekt ab. Wenn er Suppe wollte, bat er um Suppe. Ob die Leute über ihn lachten oder wütend auf ihn waren, bekümmerte ihn nicht. Er mochte sie nicht, das wußte sie; doch zum Teil aus eben diesem Grunde achtete sie ihn, und während sie ihm zuschaute, wie er seine Suppe aß, sehr breit und ruhig im Zwielicht, und monumental und gelassen, fragte sie sich, was er wohl gerade empfand, und weshalb er stets zufrieden und würdevoll war; und sie dachte daran, wie ergeben er Andrew war und wie er ihn immer in sein Zimmer rief und, wie Andrew sagte, »ihm Sachen zeigte«. Und da lag er nun den ganzen Tag lang auf dem Rasen und brütete wahrscheinlich über seiner Dichtung, bis er an eine Katze erinnerte, die Vögel beobachtete, und dann klatschte er in die Hände, wenn er das Wort gefunden hatte, und ihr Mann sagte, »Armer alter Augustus – er ist ein echter Dichter«, was für ihren Mann ein hohes Lob war.

Jetzt wurden acht Kerzen auf die Tafel gestellt, und nach dem ersten Flackern standen die Flammen aufrecht und ließen mit sich die lange Tafel als Ganzes sichtbar werden und in der Mitte eine gelbpurpurne Obstschale. Was sie damit wohl gemacht hatte, fragte Mrs Ramsay sich, denn Roses Anordnung der Trauben und Birnen, der rosa eingefaßten Muschelschale aus Horn, der Bananen, ließ sie an eine Trophäe denken, die man vom Meeresgrund aufgefischt hatte, an das Bankett Neptuns, an die Traube, die, von Weinlaub umgeben, (auf manchen Bildern) von Bacchus' Schulter hing, zwischen den Leopardenfellen und den rot und golden flackernden Fackeln ... So auf einmal dem Licht ausgesetzt, schien sie mit beträchtlichem Umfang und großer Tiefe ausgestattet, wie eine Welt, in der man seinen Stecken nehmen und hügelan steigen konnte, dachte sie, und in Täler hinab, und zu ihrer Freude (denn das schuf für den Augenblick ein Band der Sympathie zwischen ihnen) bemerkte sie, daß auch Augustus sich mit den Augen an derselben Obstschale labte, hineintauchte, hier eine Blüte, dort eine Quaste abbrach, und, nachdem er sich gelabt hatte, zu seinem Bienenstock zurückkehrte. Das war seine Art zu schauen, anders als ihre. Doch daß sie gemeinsam schauten, einte sie.

Jetzt waren alle Kerzen angezündet, und die Gesichter auf beiden Seiten des Tisches wurden durch das Kerzenlicht näher herangeholt und, was während des Zwielichts nicht der Fall gewesen war, zu einer Tischgesellschaft komponiert, denn die Nacht wurde jetzt durch Glasscheiben ausgesperrt, die, indem sie bei weitem keine akkurate

Ansicht der Außenwelt boten, das Licht so seltsam riefelten, daß der Eindruck entstand, hier, im Innern des Raumes, seien Ordnung und festes Land; dort draußen hingegen gäbe es eine Spiegelung, worin die Dinge waberten und verschwanden, wasserartig.

Schlagartig vollzog sich in ihnen allen eine Verwandlung, so als wäre dies wirklich der Fall, und sie wären sich alle bewußt, daß sie in einer Höhle, auf einer Insel eine Gesellschaft bildeten; gemeinsame Sache machten gegen jenes Flüssige dort draußen. Mrs Ramsay, die sich unbehaglich gefühlt hatte, wie sie darauf wartete, daß Paul und Minta hereinkämen, und unfähig, so fühlte sie, sich mit den Gegebenheiten abzufinden, merkte jetzt, daß ihr Unbehagen sich in Erwartungsfreude verwandelt hatte. Denn jetzt mußten sie kommen, und Lily Briscoe, die die Ursache für die plötzliche Aufheiterung zu analysieren versuchte, verglich sie mit dem Augenblick auf dem Tennisplatz, wenn die Stofflichkeit sich plötzlich verflüchtigte und sich solche großen Räume zwischen ihnen auftaten; und jetzt wurde derselbe Effekt von den vielen Kerzen in dem spärlich möblierten Raum bewirkt und den vorhanglosen Fenstern und dem heiteren maskenhaften Aussehen der Gesichter im Kerzenlicht. Irgendeine Last war von ihnen genommen worden; alles mögliche konnte passieren, so empfand sie. Sie mußten jetzt kommen, dachte Mrs Ramsay, als sie auf die Tür schaute, und in dem Augenblick kamen Minta Doyle, Paul Rayley und ein Hausmädchen mit einer großen Schüssel in den Händen herein. Sie hätten sich schrecklich verspätet; sie hätten sich furchtbar verspätet, sagte Minta, während sie sich an verschiedenen Enden des Tisches ihre Plätze suchten.

»Ich habe meine Brosche verloren – die Brosche meiner Großmutter«, sagte Minta mit einem kläglichen Unterton in der Stimme, und schon wurden ihre großen braunen Augen feucht, und sie schaute hin und her, als sie neben Mr Ramsay saß, was seine Galanterie soweit aufleben ließ, daß er sie aufziehen konnte, Wie sie denn so eine Gans habe sein können, fragte er, daß sie schmuckbehängt auf den Felsen herumgekraxelt sei?

Sie war drauf und dran gewesen, Angst vor ihm zu haben – er war so furchtbar klug, und am ersten Abend, als sie neben ihm gesessen und er über George Eliot gesprochen hatte, hatte sie wirklich Angst gehabt, denn sie hatte den dritten Band von *Middlemarch* im Zug liegenlassen und so nie erfahren, was am Schluß passierte; danach jedoch war sie bestens mit ihm zurechtgekommen und hatte sich als noch unwissender hingestellt, als sie war, weil es ihm Spaß machte, sie als Dummchen zu bezeichnen. Und so hatte sie auch heute abend, als er sie unverhohlen auslachte, keine Angst vor ihm. Außerdem wußte sie sofort, als sie das Zimmer betrat, daß das Wunder geschehen war; sie hatte ihren goldenen Schimmer. Manchmal hatte sie ihn; manchmal nicht. Sie wußte nie, warum er kam oder warum er wegging oder ob sie ihn hatte, bis sie ins Zimmer kam, und dann erkannte sie es sogleich an der Art, wie einer der Männer sie anschaute. Ja, heute abend hatte sie ihn, ungeheuer stark; sie erkannte das an der Art, wie Mr Ramsay sie aufforderte, kein solches Dummchen zu sein. Sie saß lächelnd neben ihm.

Dann muß es also passiert sein, dachte Mrs Ramsay; sie sind verlobt. Und einen Augenblick lang verspürte sie eine Regung, die sie gar nicht mehr für möglich gehalten hatte – Eifersucht. Denn auch er, ihr Gatte, spürte es – Mintas Glühen; er mochte diese Mädchen, diese rotgoldenen Mädchen, die etwas Fliegendes hatten, ein wenig Ungestümes und Leichtsinniges, die sich nicht »das Haar abschoren«, nicht, wie er von der armen Lily Briscoe behauptete, »mickrig« waren. Da gab es eine Eigenschaft, die sie selbst nicht besaß, einen Schmelz, eine Fülle, die ihn anzogen, ihn amüsierten, bewirkten, daß er an Mädchen wie Minta einen Narren gefressen hatte. Sie durften ihm das Haar schneiden, ihm Uhrketten flechten oder ihn bei der Arbeit stören, indem sie ihm zuriefen (sie hatte sie gehört): »Los, Mr Ramsay, diesmal schlagen wir sie«, und schon kam er heraus, um Tennis zu spielen.

Doch eigentlich war sie nicht eifersüchtig, nur, ab und zu, wenn sie sich aus ihrem Spiegel entgegenblickte, ein wenig grollend deshalb, weil sie alt geworden war, vielleicht durch ihre eigene Schuld. (Die Rechnung für das Gewächshaus und all das andere.) Sie war ihnen dafür dankbar, daß sie ihn auslachten. (»Wie viele Pfeifen haben Sie heute wohl geraucht, Mr Ramsay?« usw.), da er dann wie ein junger

Mann wirkte; ein Mann, der sehr anziehend für Frauen war, nicht gebeugt, nicht niedergedrückt von der Größe seiner Bemühungen und den Sorgen um die Welt und seinen Ruhm oder sein Scheitern, sondern wieder, wie sie ihn einst kennengelernt hatte, dürr, aber galant; er hatte ihr aus einem Boot geholfen, erinnerte sie sich; hatte liebenswürdige Manieren an den Tag gelegt, gerade wie eben (sie schaute ihn an, und er wirkte erstaunlich jung, als er jetzt Minta neckte). Sie selbst – »Stellen Sie ihn hierhin«, sagte sie und half dem Schweizer Mädchen, behutsam den großen braunen Topf mit dem Bœuf en Daube vor sie hinzusetzen –, sie selbst wiederum mochte ihre Dummköpfe. Paul mußte neben ihr sitzen. Sie hatte ihm einen Platz freigehalten. Wirklich, manchmal glaubte sie, daß sie Dummköpfe am liebsten hatte. Sie behelligten einen nicht mit ihren Dissertationen. Wieviel ihnen letzten Endes doch abging, diesen überaus klugen Männern! Wie verknöchert sie am Ende doch wurden! Paul hatte, dachte sie, als er sich setzte, etwas ganz Reizendes. Sein Benehmen war in ihren Augen ebenso erfreulich wie seine scharfgeschnittene Nase und seine strahlendblauen Augen. Er war so rücksichtsvoll. Ob er ihr – jetzt, wo alle wieder sprachen – erzählen würde, was passiert war?

»Wir sind wieder umgekehrt, um Mintas Brosche zu suchen«, sagte er, als er sich neben sie setzte. »Wir« – das genügte. Sie erkannte an der Anstrengung, dem Lauterwerden seiner Stimme, als er ein schwieriges Wort zu bewältigen hatte, daß er zum erstenmal »wir« gesagt hatte. »Wir« haben dies getan, »wir« haben das getan. Sie werden das ihr ganzes Leben lang sagen, dachte sie, und ein köstlicher Duft von Oliven und Öl und Fleischsaft stieg aus der großen braunen Terrine auf, als Marthe, mit einer schwungvollen kleinen Gebärde, den Deckel abhob. Die Köchin hatte drei Tage auf dies Gericht verwendet. Und sie mußte ungeheuer darauf achten, dachte Mrs Ramsay, als sie den Löffel in die weiche Masse tauchte, ein besonders zartes Stück für William Bankes auszusuchen. Und sie spähte in die Terrine mit ihren schimmernden Innenwänden und ihrem Durcheinander von leckeren braunen und gelben Fleischteilen und ihren Lorbeerblättern und ihrem Wein und dachte, Dies gibt es zur Feier des Tages

– und eine seltsame Empfindung stieg in ihr auf, grotesk und zärtlich zugleich, daß hier ein Fest gefeiert wurde, als würden zwei Empfindungen gleichzeitig in ihr wachgerufen – eine tiefe, denn was konnte es Ernsthafteres geben als die Liebe des Mannes zur Frau, was Zwingenderes, Eindrücklicheres, barg sie doch in ihrem tiefsten Innern auch die Saat des Todes; gleichzeitig mußten diese Liebenden, diese Menschen, die sich mit blitzenden Augen der Illusion anheimgaben, zum Spott im Kreis herumgeschwenkt werden, girlandengeschmückt.

»Es ist ein Triumph«, sagte Mr Bankes und legte für einen Augenblick sein Messer nieder. Er hatte aufmerksam gegessen. Es war üppig; es war zart. Es war perfekt gekocht. Wie bewerkstelligte sie derlei Dinge nur in den hintersten Winkeln des Landes? fragte er sie. Sie war eine wundervolle Frau. Seine ganze Liebe, seine ganze Verehrung waren zurückgekehrt; und sie wußte es.

»Es ist ein französisches Rezept meiner Großmutter«, sagte Mrs Ramsay, und in ihrer Stimme schwang eine ungeheure Freude mit. Natürlich war es französisch. Was in England als Küche durchgehe, sei eine Schande (meinten sie übereinstimmend). Es bestand darin, daß man Kohlköpfe ins Wasser tat. Es bestand darin, daß man Fleisch briet, bis es wie Leder war. Es bestand darin, daß man die köstlichen Schalen der Gemüse wegschnitt. »Worin«, sagte Mr Bankes, »die gesamte Kraft des Gemüses steckt.« Und die Vergeudung, sagte Mrs Ramsay. Eine ganze französische Familie könne von dem leben, was englische Köchinnen fortwarfen. Von dem Gefühl angespornt, daß Williams Zuneigung zu ihr zurückgekehrt und daß alles wieder im Lot und ihre Anspannung vorbei war und daß sie jetzt nach Belieben triumphieren und spotten konnte, lachte sie, gestikulierte sie, bis Lily fand, wie kindisch, wie absurd sie doch sei, wie sie da saß in ihrer ganzen Schönheit, die in ihr wiedererblüht war, und über Gemüseschalen sprach. Sie hatte etwas Beängstigendes. Sie war unwiderstehlich. Am Ende setzte sie noch immer ihren Willen durch, dachte Lily. Jetzt hatte sie dies zuwege gebracht – Paul und Minta, so konnte man wohl annehmen, waren verlobt. Mr Bankes aß hier zu Abend. Sie legte einen Zauber über sie alle, indem sie so schlicht, so direkt etwas wünschte; und Lily maß jene Überfülle an ihrem eigenen kleinmütigen Wesen und mutmaßte, daß es zum Teil jenes Zutrauen (denn ihr Gesicht leuchtete – ohne jung auszusehen, wirkte sie doch strahlend) in diese seltsame, in diese beängstigende Sache war, die bewirkte, daß Paul Rayley, deren Mittelpunkt, zitternd von Kopf bis Fuß zwar, dabei jedoch ungreifbar, in sich gekehrt, schweigsam war. Mrs Ramsay, so empfand Lily es, hob das in den Himmel, betete das an, während sie über Gemüseschalen sprach; hielt die Hände über sie, um sie zu wärmen, um es zu beschützen, und lachte, nachdem sie das alles zuwege gebracht hatte, doch aus irgendeinem Grunde, führte ihre Opfer, das war Lilys Eindruck, zum Altar. Sie verspürte sie jetzt ebenfalls – die Ausstrahlung, die Schwingung der Liebe. Wie unscheinbar kam sie sich an Pauls Seite vor! Er, glühend, brennend; sie, unbeteiligt, spottlustig; er auf Abenteuer aus; sie am Gestade vertäut; er entfesselt, unvorsichtig; sie einsam, ausgeschlossen – und bereit, wenn es denn katastrophal verlaufen wäre, einen Anteil daran zu erflehen, an seiner Katastrophe, sagte sie scheu:

»Wann hat Minta denn ihre Brosche verloren?«

Er lächelte ein ganz reizendes Lächeln, das von der Erinnerung verschleiert, von Träumen gefärbt war. Er schüttelte den Kopf. »Am Strand«, sagte er.

»Ich werde sie finden«, sagte er, »ich stehe früh auf.« Da das vor Minta geheimgehalten werden sollte, senkte er die Stimme und wandte den Blick dorthin, wo sie, lachend, neben Mr Ramsay saß.

Lily fühlte sich gedrängt, auf ebenso ungestüme wie anstößige Weise ihren Wunsch anzumelden, ihm zu helfen, und sah sich schon als diejenige, die in der Morgendämmerung am Strand auf die halb von einem Stein verdeckte Brosche stieße und somit in die Reihen der Seeleute und Abenteurer aufgenommen würde. Doch was antwortete er auf ihr Angebot? Sie sagte tatsächlich, und dies mit einer Bewegtheit, die sie selten offen zeigte, »Lassen Sie mich mitkommen«; und er lachte. Er meinte ja oder nein – vielleicht beides. Es war jedoch nicht die Bedeutung – es war dies seltsame Kichern, das er hören ließ, so als hätte er gesagt, Stürz dich doch vom Kliff, wenn du willst, mir ist das gleich. Er ließ auf ihrer Wange das Fieber der Liebe erglühen, ihren Schrecken, ihre Grausamkeit, ihre Skrupellosigkeit. Es schmerzte sie zutiefst, und als Lily Minta anschaute, die gerade mit Mr Ramsay am anderen Ende der Tafel schäkerte, zuckte sie für sie zusammen, weil sie jenem Rachen ausgeliefert war, und war dankbar. Denn jedenfalls, so sagte sie sich, als das Salznäpfchen auf dem Muster in ihr Blickfeld rückte, mußte sie nicht heiraten, Gott sei Dank: sie mußte diese Erniedrigung nicht durchmachen. Sie blieb von dieser Verwässerung verschont. Sie würde den Baum eher noch weiter in die Mitte rücken.

Derart komplex waren die Dinge. Denn was ihr widerfuhr, besonders wenn sie mit den Ramsays zusammen war, war, daß sie genötigt wurde, zwei entgegengesetzte Empfindungen gleichzeitig zu hegen; die eine war das, was du empfindest; die andere war das, was ich empfinde, und dann kämpften die beiden in ihrem Innern, so wie jetzt. Sie ist so schön, so aufregend, diese Liebe, daß ich als Außenstehende zu zittern beginne und, ganz gegen meine Gewohnheit, anbiete, an einem Strand nach einer Brosche zu suchen; sie ist darüber hinaus die dümmste, die barbarischste der menschlichen Leidenschaften und macht aus einem netten jungen Mann mit einem gemmenhaften Profil (Pauls war herrlich) einen Grobian mit einer Brechstange (er tat großspurig, er war unverschämt) von der Mile End Road. Doch, so sagte sie sich, seit dem Anbruch aller Zeiten sind Oden auf die Liebe gesungen worden; Kränze aufgehäuft und Rosen; und wenn man zehn Männer fragte, würden neun davon sagen, sie wünschten sich nichts anderes; während die Frauen, wenn sie nach ihrer eigenen Erfahrung ging, die ganze Zeit das Gefühl hätten, Dies ist es nicht, was wir uns wünschen; es gibt nichts Öderes, Unreiferes und Unmenschlicheres als die Liebe; doch ist sie dabei schön und nützlich. Ja, also? ja, also? fragte sie sich, als erwartete sie gewissermaßen, daß die anderen die Diskussion fortsetzten, als ob eine Diskussion wie diese den eigenen kleinen Bolzen abzog, der offensichtlich fehlging und es den anderen überließ, ihn weiterzuschießen. Also hörte sie wieder den anderen zu, für den Fall, daß das, was sie gerade äußerten, irgendwelches Licht auf die Frage der Liebe zu werfen vermochte.

»Dann«, sagte Mr Bankes, »ist da noch diese Flüssigkeit, die die Engländer Kaffee nennen.«

»Ach ja, der Kaffee!« sagte Mrs Ramsay. Doch es war eher eine Frage (sie war zutiefst erregt, so erkannte Lily, und sprach leidenschaftlich) von echter Butter und reiner Milch. Mit warmer Beredsamkeit schilderte sie die Unzulänglichkeit des englischen Molkereisystems und in welchem Zustand die Milch ins Haus geliefert wurde und wollte gerade die Beweise für ihre Anwürfe vorbringen, denn sie hatte sich mit der Sache befaßt, als all ihre Kinder, wie sie um den Tisch saßen, angefangen bei Andrew in der Mitte, zu lachen anfingen, als spränge ein Feuer von Ginsterbusch zu Ginsterbusch; ihr Gatte lachte; sie wurde ausgelacht, von einem Feuerring umgeben, und gezwungen, ihren Helmbusch zu senken, ihre Geschütze einzufahren und sich nur dadurch schadlos zu halten, daß sie den Spott und das Gelächter der Tischrunde Mr Bankes gegenüber als ein Beispiel dafür hinstellte, was man auszustehen habe, wenn man die Vorurteile der britischen Öffentlichkeit attackierte.

Absichtlich, denn es ließ sie nicht gleichgültig, daß Lily, die ihr im Hinblick auf Mr Tansley beigesprungen war, ausgeschlossen blieb, nahm sie sie jedoch von den übrigen aus; sagte, »Lily ist jedenfalls einer Meinung mit mir«, und bezog sie, die ein wenig geschmeichelt, ein wenig erschrocken war (Denn sie dachte über die Liebe nach.), ins Gespräch mit ein. Beide blieben sie ausgeschlossen, hatte Mrs Ramsay gedacht, Lily ebensowohl wie Charles Tansley. Beide litten sie unter dem Glühen der beiden anderen. Er, das war offensichtlich, fühlte sich völlig abgemeldet; keine Frau würde ihn anschauen, solange Paul Rayley im Zimmer war. Armer Kerl! Immerhin hatte er seine Dissertation, den Einfluß von Soundso auf Soundso: er konnte selbst für sich sorgen. Mit Lily verhielt es sich anders. Sie schwand dahin unter Mintas Glühen; wurde unscheinbarer denn je, in ihrem grauen Kleidchen, mit ihrer gerunzelten Stirne und ihren chinesischen Äuglein. Alles an ihr war so klein. Doch, so dachte Mrs Ramsay und verglich sie mit Minta, während sie ihren Beistand suchte (denn Lily sollte bezeugen, daß sie nicht mehr über ihre Molkereien redete als ihr Mann über seine Stiefel – er konnte stundenlang über seine

Stiefel reden), mit vierzig wird Lily die Bessere von beiden sein. Lily hätte so etwas wie eine Linie; eine gewisse Ausstrahlung; etwas ganz Eigenes, das Mrs Ramsay eigentlich sehr gefiel, das jedoch keinem Mann gefallen würde, so fürchtete sie. Offensichtlich nicht, es sei denn, es wäre ein sehr viel älterer Mann wie William Bankes. Aber vielleicht empfand er ja, doch, Mrs Ramsay glaubte manchmal, daß er seit dem Tod seiner Frau vielleicht etwas für sie empfand. Er war natürlich nicht »verliebt«; es war eine jener unbestimmten Zuneigungen, deren es so viele gab. Ach wo, was für ein Unsinn, dachte sie; William mußte Lily heiraten. Sie haben so viele Dinge gemeinsam. Lily hat Blumen so gern. Sie sind beide kühl und zurückhaltend und ziemlich selbstgenügsam. Sie mußte es so einrichten, daß sie einen langen Spaziergang miteinander machen würden.

Dummerweise hatte sie sie einander gegenüber gesetzt. Das ließe sich jedoch morgen wieder ausbügeln. Falls es schön wäre, sollten sie einen Picknickausflug machen. Alles schien möglich. Alles schien richtig. Gerade eben erst (das kann jedoch nicht andauern, dachte sie und löste sich vom gegenwärtigen Augenblick, in dem alle anderen von Stiefeln sprachen), gerade eben erst hatte sie das Gefühl der Sicherheit erlangt; sie schwebte wie ein Habicht schwerelos; wie eine Fahne in einem Element der Freude, die jeden Nerv ihres Körpers schwelgerisch und süß durchdrang, nicht lärmend, eher feierlich, denn sie rührte, dachte sie, während sie ihnen allen beim Essen zusah, von Mann und Kindern und Freunden her; all das, was sich in der tiefen Stille ereignete (sie tat William Bankes gerade noch ein ganz kleines Stück auf und spähte in die Tiefe des Steinguttopfes), schien jetzt aus keinem besonderen Grunde zu bleiben wie Rauch, wie aufsteigender Dunst, und sie mit Geborgenheit zu umhüllen. Nichts brauchte gesagt zu werden; nichts konnte gesagt werden. Da war es, sie waren gänzlich davon umgeben. Es hatte teil, so war ihr Eindruck, während sie Mr Bankes behutsam ein besonders zartes Stück auftat, an der Ewigkeit; wie sie es am Nachmittag desselben Tages schon einmal im Hinblick auf etwas anderes empfunden hatte; es gibt einen Zusammenhalt in den Dingen, eine Beständigkeit; etwas, das, so empfand sie es, immun gegen den Wandel ist und im Angesicht des

Fließens, des Flutens, des Spektralen leuchtet (sie blickte auf das Fenster mit seinem Gekräusel reflektierter Lichter) wie ein Rubin; so hatte sie heute abend erneut das Gefühl, das sie heute schon einmal gehabt hatte, des Friedens, der Ruhe. Aus solchen Augenblicken, dachte sie, setzt es sich zusammen, das, was unvergänglich bleibt. Dieser würde bleiben.

»Ja«, versicherte sie William Bankes, »es ist reichlich für alle da.«

»Andrew«, sagte sie, »halt deinen Teller tiefer, oder ich lasse es danebenfallen.« (Das Bœuf en Daube war ein uneingeschränkter Triumph.) Hier, so fand sie, während sie den Löffel niederlegte, war der stille Raum, der das Herz der Dinge umgibt, worin man sich bewegen oder rasten konnte; wie gerade jetzt zuhörend abwarten konnte (sie waren nun alle bedient worden); dann, wie ein Habicht, der plötzlich von seinem hohen Ausguck niederfällt, sich ohne Mühe spreizen und aufs Gelächter abzielen konnte und sich dabei mit seinem ganzen Gewicht auf das stützen konnte, was ihr Gatte am anderen Ende des Tisches gerade über die Quadratwurzel aus eintausendzweihundertdreiundfünfzig sagte, was zufällig die Nummer seiner Fahrkarte war.

Was bedeutete das nur alles? Bis zum heutigen Tage hatte sie keine Ahnung. Eine Quadratwurzel? Was war das? Ihre Söhne wußten es. Sie verließ sich auf sie; auf Kuben und Quadratwurzeln; davon sprachen sie jetzt gerade; über Voltaire und Mme de Staël; über den Charakter Napoleons; über das französische Pachtsystem; über Lord Rosebery; über Creeveys Memoiren: sie ließ sich davon aufrechthalten und stützen, von diesem bewundernswerten Gespinst der männlichen Intelligenz, das auf und ab lief, diesen Weg kreuzte und jenen, wie Eisenträger, die das schwankende Gewebe spannten und so die Welt aufrechterhielten, so daß sie sich ihr ganz und gar anvertrauen, ja selbst die Augen schließen oder einen Augenblick blinzeln konnte, wie ein Kind, das von seinem Kopfkissen emporstarrt, den Myriaden Schichten von Blättern an einem Baum zuzwinkert. Dann wachte sie auf. Es wurde immer noch gesponnen. William Bankes pries gerade die Waverley-Romane.

Alle sechs Monate lese er einen, behauptete er. Und warum

machte das Charles Tansley eigentlich wütend? Er warf sich in die Debatte (alles nur, dachte Mrs Ramsay, weil Prue nicht nett zu ihm sein will) und machte die Waverley-Romane herunter, obwohl er doch gar nichts über sie wußte, aber auch nicht das Geringste, dachte Mrs Ramsay, während sie eher ihn beobachtete, als auf das achtete, was er sagte. Wie es sich damit verhielt, konnte sie an seinem Gebaren ablesen – er brauchte Selbstbestätigung, und so würde es immer mit ihm sein, bis er seine Professur bekäme oder eine Frau fürs Leben fände, und dann nicht mehr unablässig »ich – ich – ich« sagen mußte. Denn darauf lief seine Kritik am armen Sir Walter, oder vielleicht war es auch Jane Austen, doch hinaus. »Ich – ich – ich«. Er dachte an sich selbst und den Eindruck, den er machte, wie sie am Klang seiner Stimme und an seiner Nachdrücklichkeit und seinem Unbehagen merken konnte. Erfolg würde ihm guttun. Und jedenfalls hatten sie jetzt wieder losgelegt. Jetzt brauchte sie nicht zuzuhören. Es konnte nicht dauern, das wußte sie, doch in dem Augenblick war ihr Blick so hellsichtig, daß er um den Tisch zu wandern und jeden dieser Menschen und ihre Gedanken und ihre Empfindungen mühelos zu entschleiern schien, wie ein Licht, das sich unter Wasser tastete, so daß dessen Gekräusel und das Riedgras darin und die vor sich hin balancierenden Elritzen und die unvermutete stumme Forelle alle von ihm erleuchtet werden, wie sie da, zitternd, schweben. So sah sie sie; sie hörte sie; doch was immer sie sagten, es hatte ebenfalls diese Eigenschaft, so als wäre das, was sie sagten, wie die Bewegung einer Forelle, bei der man, gleichzeitig, das Gekräusel und die Kiesel sehen konnte, etwas rechts und etwas links; und das Ganze wird zusammengehalten; denn während sie im aktiven Leben Netze geknüpft und eins vom anderen getrennt hätte; gesagt hätte, sie möge die Waverley-Romane oder sie habe sie nicht gelesen; sich zu einer Stellungnahme bemüßigt gefühlt hätte, sagte sie jetzt nichts. Für den Augenblick hing sie in der Luft.

»Ach ja, doch was glauben Sie denn, wie lange es Bestand haben wird?« sagte jemand. Es war, als ragten zitternde Antennen aus ihr heraus, die bestimmte Sätze, indem sie sie abfingen, ihrer Aufmerksamkeit aufnötigten. Dieser war einer davon. Sie witterte Gefahr für ihren Mann. Eine derartige Frage würde, nahezu mit Sicherheit, dazu führen, daß etwas gesagt wurde, das ihn an sein eigenes Versagen erinnerte. Wie lange würde er gelesen werden – würde er sofort denken. William Bankes (der von derartiger Eitelkeit völlig frei war) lachte und sagte, er messe dem Wandel der Moden keinerlei Bedeutung bei. Wer könne schon sagen, was Bestand haben würde – in der Literatur oder, bei Licht besehen, überhaupt auf irgendeinem Gebiet?

»Genießen wir doch das, was wir genießen können«, sagte er. Seine Integrität erschien Mrs Ramsay durchaus bewunderungswürdig. Er schien niemals auch nur einen Augenblick lang zu denken, Aber wie berührt das mich? Doch hatte man es dann mit dem anderen Charakter zu tun, demjenigen, der Lob brauchte, der Ermutigung brauchte, dann begann man natürlicherweise (und sie wußte, auch Mr Ramsay tat das), sich unbehaglich zu fühlen; zu wünschen, jemand würde sagen, Ach, aber Ihr Werk wird doch Bestand haben, Mr Ramsay, oder etwas in der Art. Er zeigte sein Unbehagen jetzt ganz deutlich, indem er, einigermaßen gereizt, erklärte, daß Scott (oder war es Shakespeare?) jedenfalls sein ganzes Leben lang vorhalten würde. Er sagte es gereizt. Alle, so dachte sie, fühlten sich ein wenig unbehaglich, ohne zu wissen weshalb. Dann sagte Minta Doyle, die ein feines Gespür für derlei Dinge hatte, platterweise, unsinnigerweise, sie glaube nicht, daß es jemandem wirklich Vergnügen bereiten könne, Shakespeare zu lesen. Mr Ramsay erwiderte grimmig (doch er war schon wieder abgelenkt), nur wenige Menschen hätten wohl soviel Vergnügen daran, wie sie zu haben behaupteten. Dennoch, setzte er hinzu, besäßen einige der Stücke einen beträchtlichen Wert, und Mrs Ramsay erkannte, daß für den Augenblick jedenfalls alles gut abgehen würde; er würde Minta auslachen, und sie, das sah Mrs Ramsay, würde, da sie seine ungeheure Angst um sich selbst erkannte, auf ihre Weise dafür sorgen, daß er pfleglich behandelt wurde, und ihn, auf die eine oder andere Weise, loben. Sie hätte allerdings lieber gehabt, daß es nicht nötig gewesen wäre; vielleicht war es ja ihre Schuld, daß es nötig war. Jedenfalls stand es ihr jetzt frei, Paul Rayley zuzuhören, der etwas über die Bücher zu sagen versuchte, die man als Junge gelesen habe. Sie blieben einem erhalten, sagte er. Er habe ein bißchen Tolstoi in der Schule gelesen. Da gebe es einen, der sei ihm unvergeßlich, wenn er auch den Namen vergessen habe. Die russischen Namen seien unmöglich, sagte Mrs Ramsay. »Wronski«, sagte Paul. An den erinnere er sich, weil er immer gefunden habe, daß das ein guter Name für einen Schurken sei. »Wronski«, sagte Mrs Ramsay; »Oh, *Anna Karenina*«, doch das brachte sie nicht sehr weit; Bücher waren nicht ihre Stärke. Nein, Charles Tansley würde ihnen beiden binnen einer Sekunde ein Licht über Bücher aufstecken, doch war das alles so verquickt mit seinem Sage ich auch das Richtige? Mache ich einen guten Eindruck?, daß man am Ende mehr über ihn als über Tolstoi wußte, während das, was Paul sagte, sich einfach nur auf die Sache selbst bezog, nicht auf ihn. Wie alle dummen Menschen besaß er zugleich eine Art Bescheidenheit, zeichnete ihn eine gewisse Rücksichtnahme gegenüber den Gefühlen anderer aus, die sie, zumindest manchmal, als anziehend empfand. Jetzt gerade machte er sich Gedanken, nicht über sich selbst oder über Tolstoi, sondern darüber, ob ihr kalt war, ob es ihr zog, ob sie gern eine Birne wollte.

Nein, sagte sie, sie wolle keine Birne. Tatsächlich hatte sie (ohne sich darüber im klaren zu sein), eifersüchtig über die Obstschale gewacht und gehofft, daß sie niemand anrühren würde. Ihr Blick war immer von neuem den geschwungenen Linien und Schatten der Früchte gefolgt, dem üppigen Purpur der Trauben aus dem Unterland, er war über den zackigen Rand der Muschelschale geschweift und hatte ein Gelb an ein Purpur gehalten, eine geschwungene Form gegen eine Rundung, ohne daß ihr bewußt geworden wäre, warum sie das tat, oder warum sie sich, jedesmal, wenn sie es tat, immer beschwingter fühlte; bis dann – ach, was für ein Jammer, daß sie das über sich brachten – eine Hand ausgestreckt wurde, eine Birne nahm und das Ganze verdarb. Mitfühlend schaute sie Rose an. Sie schaute Rose an, die zwischen Jasper und Prue saß. Wie seltsam, daß das eigene Kind solche Dinge tat!

Wie seltsam, sie dort, in einer Reihe, sitzen zu sehen, ihre Kinder, Jasper, Rose, Prue, Andrew, nahezu stumm, doch mit einem Scherz beschäftigt, der nur für sie bestimmt war, wie sie an ihren zuckenden Lippen ablesen konnte. Es war etwas, das mit allem anderen so überhaupt nichts zu tun hatte, etwas, das sie horteten, um darüber dann in ihrem Zimmer lachen zu können. Es ging doch wohl nicht um ihren Vater, so hoffte sie. Nein, sie glaubte nicht. Was es wohl war, fragte sie sich, eher traurig, denn es schien ihr, daß sie lachen würden, wenn sie nicht dabei wäre. All das war da gehortet hinter jenen recht gefaßten, unbeweglichen, maskenhaften Gesichtern, denn sie beteiligten sich nicht ohne weiteres am Gespräch; sie waren wie Wächter, Bewacher, die ein wenig erhöht saßen oder abseits von den Erwachsenen. Doch wenn sie Prue heute abend ansah, dann erkannte sie, daß das auf sie nicht ganz zutraf. Sie fing gerade an, rührte sich gerade eben, stieg gerade erst hinab. In ihrem Gesicht stand ein ganz schwaches Leuchten, wie ein Widerschein des Glühens von Minta ihr gegenüber, irgendeine Vorfreude, eine Vorwegnahme von Glück in ihr, als stiege die Sonne der Liebe zwischen Mann und Frau über den Rand des Tischtuchs empor, und ohne zu wissen, was es war, neigte sie sich ihr zu und grüßte sie. Sie schaute unentwegt Minta an, scheu zwar, aber doch neugierig, so daß Mrs Ramsay von der einen zur anderen blickte und, an Prue gewandt, innerlich sagte, Du wirst bald schon genauso glücklich sein wie sie. Du wirst viel glücklicher sein, setzte sie hinzu, weil du meine Tochter bist, wollte sie damit sagen; ihre eigene Tochter mußte glücklicher sein als die Töchter anderer. Doch das Dinner war beendet. Es war Zeit, vom Tisch aufzustehen. Sie spielten nur auf den Tellern herum. Sie würde jedoch abwarten, bis sie genug gelacht hätten über die Geschichte, die ihr Mann gerade erzählte. Er scherzte mit Minta über eine Wette. Dann würde sie aufstehen.

Sie mochte Charles Tansley, dachte sie, auf einmal; sie mochte sein Lachen. Sie mochte ihn deshalb, weil er so wütend auf Paul und Minta war. Sie mochte seine Unbeholfenheit. Schließlich steckte doch eine Menge in dem jungen Mann. Und Lily, dachte sie, während sie ihre Serviette neben den Teller legte, die kommt doch immer ganz allein auf ihre Kosten. Lilys wegen mußte man sich niemals Sorgen machen. Sie wartete. Sie steckte ihre Serviette unter den Tellerrand. Nun, waren sie jetzt fertig? Nein. Die Geschichte hatte zu einer weiteren Geschichte geführt. Ihr Mann war heute abend glänzend aufgelegt, und wollte, so nahm sie an, seine Scharte beim alten Augustus wieder auswetzen, nach der Szene wegen der Suppe, hatte ihn miteinbezogen – sie erzählten Geschichten über jemanden, den sie beide am College gekannt hatten. Sie schaute ins Fenster, worin die Kerzenflammen jetzt, da die Scheiben schwarz waren, heller brannten, und während sie auf jenes Draußen blickte, hörten sich die Stimmen für sie sehr seltsam an, als wären es Stimmen während eines Domgottesdienstes, denn sie hörte nicht auf die Worte. Die plötzlichen Ausbrüche von Gelächter, und dann eine einzelne Stimme (Mintas), die allein sprach, erinnerten sie an Männer und Knaben, die die lateinischen Worte eines Gottesdienstes in irgendeinem katholischen Dom hersagten. Sie wartete. Ihr Mann sprach. Er sagte irgend etwas auf, und sie erkannte am Rhythmus und der Inbrunst und der Melancholie in seiner Stimme, daß es sich um ein Gedicht handelte;

Come out and climb the garden path,
  Luriana, Lurilee.
The China rose is all abloom and buzzing with the yellow bee.

Die Worte (sie blickte aufs Fenster) klangen, als trieben sie wie Blumen auf dem Wasser dort draußen, von ihnen allen abgeschnitten, so als hätte niemand sie gesagt, sondern als wären sie von selbst ins Leben getreten.

And all the lives we ever lived and all the lives to be
Are full of trees and changing leaves.

Sie wußte nicht, was sie bedeuteten, doch, wie Musik, schienen die Worte von ihrer eigenen Stimme gesprochen worden zu sein, außerhalb ihrer selbst, und völlig mühelos und selbstverständlich auszusprechen, was sie den ganzen Abend lang im Sinn gehabt hatte, während sie andere Dinge sagte. Sie wußte, ohne sich umzublicken, daß alle anderen am Tisch, als die Stimme sagte:

I wonder if it seems to you
   Luriana, Lurilee

mit derselben Art von Erleichterung und Vergnügen lauschten, die sie empfand, als wäre dies, endlich, das, was selbstverständlich gesagt werden mußte, wären das ihre eigenen Stimmen, die da sprachen.

Die Stimme hörte jedoch auf. Sie blickte sich um. Sie gab sich einen Ruck und erhob sich. Augustus Carmichael war aufgestanden und rezitierte, indem er seine Serviette so hielt, daß sie wie ein langes weißes Gewand aussah:

To see the Kings go riding by
Over lawn and daisy lea
With their palm leaves and cedar sheaves
   Luriana, Lurilee,

und als sie an ihm vorbeiging, wandte er sich ihr ein wenig zu und wiederholte die letzten Worte:

   Luriana, Lurilee,

und verneigte sich vor ihr, wie um ihr zu huldigen. Ohne daß sie zu sagen gewußt hätte, warum, spürte sie, daß sie ihm sympathischer war als je zuvor; und mit dem Gefühl von Erleichterung und Dankbarkeit erwiderte sie seine Verneigung und schritt durch die Tür, die er für sie geöffnet hielt.

Es war jetzt an der Zeit, die Dinge einen Schritt weiter voranzutreiben. Den Fuß auf der Schwelle, verharrte sie noch einen Augenblick auf einem Schauplatz, der schwand, noch während sie ihn betrachtete, und dann, als sie sich rührte und Mintas Arm nahm und das Zimmer verließ, veränderte er sich, nahm er eine andere Gestalt an; er war, so wußte sie, während sie einen letzten Blick über die Schulter zurückwarf, bereits Vergangenheit.

Kapitel III

Es ist in der Tat überaus schade und sehr zu bedauern, daß wir in dieser Phase von Orlandos Karriere, in der er eine höchst bedeutende Rolle im öffentlichen Leben seines Landes spielte, die wenigsten Informationen haben, an die wir uns halten können. Wir wissen, daß er seinen Verpflichtungen auf bewundernswerte Weise nachkam – zum Beweis seien sein Bath-Orden und seine Herzogswürde genannt. Wir wissen, daß er bei einigen der delikatesten Verhandlungen zwischen König Charles und den Türken die Hand im Spiel hatte – davon legen Verträge im Gewölbe des Record Office Zeugnis ab. Aber die Revolution, die während seiner Amtszeit ausbrach, und das Feuer, das darauf folgte, haben all jene Papiere, aus denen eine verläßliche Aussage hätte gezogen werden können, so beschädigt oder vernichtet, daß alles, was wir bieten können, kläglich unvollständig ist. Oft war das Papier in der Mitte des allerwichtigsten Satzes dunkelbraun versengt. Gerade als wir dachten, ein Geheimnis aufklären zu können, das den Historikern hundert Jahre lang Rätsel aufgegeben hat, war im Manuskript ein so großes Loch, daß man den Finger hätte hindurchstecken können. Wir haben unser Bestes getan, aus den angekohlten Fragmenten, die verblieben sind, eine magere Zusammenfassung zusammenzustückeln; aber oft war es notwendig, zu spekulieren, zu mutmaßen und sogar die Einbildungskraft zu benutzen.

Orlandos Tag wurde, so will es scheinen, ungefähr auf diese Weise verbracht. Gegen sieben Uhr stand er auf, hüllte sich in einen langen türkischen Umhang, zündete sich eine Manila-Zigarre an und stützte die Ellbogen auf die Brüstung. So stand er, auf die unter ihm liegende Stadt hinabblickend, allem Anschein nach wie in Trance. Um diese Stunde lag der Nebel so dicht, daß die Kuppeln der Hagia Sophia und der anderen dahinzutreiben schienen; allmählich fing der Nebel an, sie zu enthüllen; es wurde erkennbar, daß diese Luftblasen fest verankert waren; da war der Fluß; dort die Galata-Brücke; dort die grünbeturbanten Pilger ohne Augen oder Nasen, die um Almosen bettelten; dort die Paria-Hunde, die im Abfall wühlten; dort die verschleierten Frauen; dort die zahllosen Esel; dort Männer auf Pferden, die lange Stangen trugen. Bald war die ganze Stadt auf den Beinen, begleitet vom Knallen der Peitschen, dem Schlagen der Gongs, den Rufen zum Gebet, dem Prügeln von Maultieren und dem Rattern messingbeschlagener Räder, während säuerliche Gerüche, zusammengesetzt aus gärendem Brot und Weihrauch und Gewürz, bis zu den Höhen von Pera hinaufstiegen und wie der Atem der schreiend vielfarbenen und barbarischen Bevölkerung erschienen.

Nichts, so überlegte er, die Aussicht betrachtend, die nun in der Sonne glitzerte, konnte weniger Ähnlichkeit haben mit den Grafschaften Surrey und Kent oder den Städten London und Tunbridge Wells. Zu seiner Rechten und Linken erhoben sich in kahler und steiniger Schroffheit die unwirtlichen asiatischen Berge, an denen vielleicht die karge Burg des einen oder anderen Räuberhäuptlings klebte; aber Pfarrhaus war keins da, auch nicht Herrenhaus oder Kate oder Eiche, Ulme, Veilchen, Efeu oder Heckenrose. Es gab keine Hecken, an denen Farne wachsen, und keine Wiesen, auf denen Schafe weiden konnten. Die Häuser waren ebenso weiß wie Eierschalen und ebenso kahl. Daß er, der mit Herz und Seele Engländer war, dennoch bis in die tiefsten Tiefen seines Herzens frohlocken konnte über dieses wilde Panorama und auf diese Pässe und fernen Höhen schauen und schauen und Ausflüge planen konnte, zu Fuß und allein, wo nur die Ziege und der Schäfer vor ihm gegangen waren; eine leidenschaftliche Zuneigung fühlen sollte zu den grellen, unzeitgemäßen Blumen, die struppigen Paria-Hunde sogar mehr lieben sollte als seine Elchhunde zu Hause und den beißenden, scharfen Geruch der Straßen begierig in seine Nase zog, überraschte ihn. Er fragte sich, ob sich zu Zeiten der Kreuzzüge einer seiner Vorfahren mit einer tscherkessischen Bäuerin eingelassen hatte; hielt es für denkbar; glaubte, eine gewisse dunkle Tönung seiner Haut wahrzunehmen; und zog sich, wieder ins Haus tretend, in sein Bad zurück.

Eine Stunde später, gebührend parfümiert, gelockt und gesalbt, empfing er Besuche von Sekretären und anderen hohen Beamten, die, einer nach dem anderen, rote Kästchen trugen, die sich nur seinem eigenen goldenen Schlüssel öffneten. In ihnen befanden sich Papiere von höchster Wichtigkeit, von denen nur Bruchstücke, hier ein Schnörkel, dort ein Siegel, das fest an einem Stück verbrannter Seide haftet, geblieben sind. Von ihrem Inhalt können wir folglich nicht sprechen, sondern können nur bezeugen, daß Orlando mit seinem Wachs und seinen Siegeln, seinen verschiedenfarbigen Bändern, die jeweils anders befestigt werden mußten, dem Einsetzen von Titeln in Schönschrift und dem Malen von Schnörkeln rund um Initialen sehr beschäftigt war, bis das Mittagessen kam – ein glanzvolles Mahl von vielleicht dreißig Gängen.

Nach dem Mittagessen verkündeten Lakaien, daß seine sechsspännige Kutsche an der Tür bereitstehe, und er machte sich, während purpurne Janitscharen zu Fuß vorauseilten und große Fächer aus Straußenfedern über ihren Köpfen schwenkten, auf den Weg, den anderen Gesandten und staatlichen Würdenträgern seine Aufwartung zu machen. Die Zeremonie war immer die gleiche. Beim Erreichen des Hofes schlugen die Janitscharen mit ihren Fächern an das Hauptportal, das unverzüglich aufflog und einen großen Raum freigab, der prachtvoll eingerichtet war. Hier saßen zwei Gestalten, gewöhnlich von gegensätzlichem Geschlecht. Tiefe Verneigungen und Knickse wurden getauscht. Im ersten Raum war es nur erlaubt, das Wetter zu erwähnen. Nachdem er geäußert hatte, es sei schön oder naß, heiß oder kalt, begab sich der Gesandte in den nächsten Raum, wo sich abermals zwei Gestalten erhoben, um ihn zu begrüßen. Hier war es nur erlaubt, Konstantinopel als Aufenthaltsort mit London zu vergleichen; und der Gesandte sagte natürlich, daß er Konstantinopel vorziehe, und seine Gastgeber sagten natürlich, obwohl sie es nie gesehen hatten, daß sie London vorzögen. Im nächsten Raum mußte der Gesundheitszustand König Charles' und der des Sultans mit einiger Ausführlichkeit erörtert werden. Im nächsten wurde der Gesundheitszustand des Gesandten und der Frau seines Gastgebers erörtert, jedoch weniger ausführlich. Im nächsten machte der Gesandte seinem Gastgeber Komplimente über sein Mobiliar, und der Gastgeber machte dem Gesandten Komplimente über seine Kleidung. Im nächsten wurden Süßigkeiten gereicht, deren Minderwertigkeit der Gastgeber beklagte, während der Gesandte ihre Vorzüglichkeit pries. Die Zeremonie endete nach geraumer Zeit mit dem Rauchen einer Wasserpfeife und dem Trinken eines Glases Kaffee; aber obwohl die Gesten des Rauchens und Trinkens peinlich genau eingehalten wurden, war weder Tabak in der Pfeife noch Kaffee im Glas, da, wären Rauchwaren oder Getränk echt gewesen, der menschliche Körper dem Übermaß erliegen müßte. Denn kaum hatte der Gesandte einen solchen Besuch hinter sich gebracht, mußte schon ein weiterer unternommen werden. Dieselben Zeremonien wurden in genau derselben Reihenfolge sechs- oder siebenmal in den Häusern der anderen hohen Beamten durchlaufen, so daß es oft spätabends war, bevor der Gesandte nach Hause kam. Obwohl Orlando diesen Aufgaben auf bewundernswerte Weise nachkam und niemals leugnete, daß sie, vielleicht, der wichtigste Teil der Pflichten eines Diplomaten sind, ermüdeten sie ihn ohne Zweifel sehr und deprimierten ihn oft bis zu einer derart schwarzen Schwermut, daß er es vorzog, sein Abendessen allein mit seinen Hunden einzunehmen. Zu ihnen konnte man ihn denn in seiner eigenen Sprache sprechen hören. Und manchmal, so heißt es, ging er spät in der Nacht durch seine eigenen Tore hinaus, so verkleidet, daß die Wachtposten ihn nicht erkannten. Dann mischte er sich unter die Menge auf der Galata-Brücke; oder schlenderte durch die Basare; oder warf seine Schuhe beiseite und gesellte sich zu den Gläubigen in den Moscheen. Einmal, als ausgegeben wurde, er sei an einem Fieber erkrankt, berichteten Hirten, die ihre Ziegen zu Markte brachten, sie seien auf dem Berggipfel einem englischen Lord begegnet und hätten ihn zu seinem Gott beten hören. Hier handelte es sich, so glaubte man, um Orlando selbst, und sein Gebet war, ohne Zweifel, ein laut aufgesagtes Gedicht, denn es war bekannt, daß er immer noch, in der Brusttasche seines Umhangs, ein vielmals durchgestrichenes Manuskript mit sich trug; und Dienstboten, die an der Tür lauschten, hörten den Gesandten irgend etwas in einer seltsamen Singsangstimme intonieren, wenn er allein war.

Mit Bruchstücken wie diesen müssen wir unser Bestes versuchen, ein Bild von Orlandos Leben und Charakter zu dieser Zeit zu zeichnen. Es existieren, bis zum heutigen Tag, Gerüchte, Legenden, Anekdoten von unbestimmter und unverbürgter Art über Orlandos Leben in Konstantinopel (wir haben nur einige wenige davon zitiert) – die dahin gehen zu beweisen, daß er, nun er sich in der Blüte seiner Jahre befand, die Macht besaß, die Phantasie anzuregen und das Auge zu fesseln, was beides eine Erinnerung auch dann noch lebendig erhält, wenn alles, was dauerhaftere Wesensmerkmale tun können, um sie zu bewahren, längst vergessen ist. Diese Macht ist eine geheimnisvolle, zusammengesetzt aus Schönheit, Geburt und einer selteneren Gabe, die wir vielleicht Glanz nennen und es damit bewenden lassen wollen. »Eine Million Kerzen«, wie Sascha gesagt hatte, brannte in ihm, ohne daß er sich die Mühe machen mußte, auch nur eine einzige davon anzuzünden. Er bewegte sich wie ein Hirsch, ohne jede Not, dabei an seine Beine denken zu müssen. Er sprach mit seiner gewöhnlichen Stimme, und das Echo schlug einen silbernen Gong. Daher sammelten sich Gerüchte um ihn. Er wurde zu einem, den viele Frauen und einige Männer anbeteten. Es war nicht notwendig, daß sie mit ihm sprachen oder daß sie ihn auch nur sahen; sie beschworen vor ihrem inneren Auge, vor allem wenn die Szenerie romantisch war oder die Sonne unterging, die Gestalt eines edlen Gentleman in seidenen Strümpfen herauf. Über die Armen und Ungebildeten besaß er dieselbe Macht wie über die Reichen. Hirten, Zigeuner, Eselstreiber singen immer noch Lieder über den englischen Lord, »der seine Smaragde in den Brunnen warf«, die sich ohne Zweifel auf Orlando beziehen, der sich einmal, wie es scheint, in einem Augenblick des Zorns oder des Rausches die Juwelen vom Leib riß und in einen Brunnen schleuderte; aus dem sie von einem Pagen wieder herausgefischt wurden. Aber diese romantische Macht ist, wie wohl bekannt, oft verbunden mit einem Naturell von äußerster Zurückhaltung. Orlando scheint keine Freundschaften geschlossen zu haben. Soweit bekannt, ging er keine Bindungen ein. Eine gewisse vornehme Dame kam den ganzen Weg von England, nur um in seiner Nähe zu sein, und belästigte ihn mit ihren Aufmerksamkeiten, er aber fuhr fort, seine Pflichten so unermüdlich zu erfüllen, daß er nicht länger als zwei Jahre und ein halbes Gesandter am Horn gewesen war, als König Charles seine Absicht verlauten ließ, ihn in den höchsten Rang der Pairswürde zu erheben. Die Neider sagten, es sei dies Nell Gwyns Tribut an die Erinnerung an ein Bein. Aber da sie ihn nur ein einziges Mal gesehen hatte und zu diesem Zeitpunkt sehr damit beschäftigt war, ihren königlichen Herrn und Meister mit Nußschalen zu bewerfen, ist es wahrscheinlich, daß es seine Verdienste waren, die ihm seine Herzogswürde einbrachten, nicht seine Waden.

Hier müssen wir innehalten, denn wir haben einen Augenblick von großer Bedeutung in seiner Laufbahn erreicht. Denn die Verleihung der Herzogswürde war Anlaß eines sehr berühmten und, in der Tat, vielumstrittenen Vorfalls, den wir jetzt beschreiben müssen, wobei wir uns unseren Weg so gut wir eben können zwischen verbrannten Papieren und kleinen Dokumentenschnipseln ertasten müssen. Es war am Ende des großen Fastens des Ramadan, daß der Bath-Orden und das Adelspatent mit einer Fregatte unter dem Kommando von Sir Adrian Scrope eintrafen; und Orlando nahm dies zum Anlaß für ein Fest, prachtvoller als alles, was Konstantinopel zuvor oder seither erlebte. Die Nacht war schön; die Menge riesig und die Fenster der Gesandtschaft strahlend hell erleuchtet. Wiederum fehlen uns die Details, denn das Feuer verfuhr mit allen derartigen Unterlagen, wie es ihm beliebte, und ließ nur quälende Bruchstücke übrig, die die wichtigsten Punkte im dunkeln lassen. Dem Tagebuch von John Fenner Brigge, einem englischen Marineoffizier, der sich unter den Gästen befand, entnehmen wir jedoch, daß Menschen aller Nationalitäten im Hof »zusammengepackt waren wie Heringe in einem Faß«. Die Menge drängte sich so unangenehm dicht, daß Brigge bald auf einen Judasbaum kletterte, um die Vorgänge besser beobachten zu können. Unter den Einheimischen hatte sich das Gerücht verbreitet (und hier ist ein zusätzlicher Beweis für Orlandos geheimnisvolle Macht über die Vorstellungskraft), daß irgendeine Art von Mirakel stattfinden würde. »Deshalb gab es«, schreibt Brigge (aber sein Manuskript ist voller Brandflecke und Löcher, und einige Sätze sind so gut wie unleserlich), »als die Raketen anfingen, in die Luft zu steigen, eine beträchtliche Besorgnis unter uns, aus Angst, die einheimische

Bevölkerung könnte ergriffen werden ... mit unerfreulichen Folgen für alle ... englische Damen in der Gesellschaft ... gestehe ich ein, daß meine Hand sich auf mein Entermesser legte. Zum Glück«, fährt er in seinem etwas langatmigen Stil fort, »schienen diese Befürchtungen, für den Augenblick, grundlos, und das Verhalten der Einheimischen beobachtend ... kam ich zu dem Schluß, daß diese Demonstration unserer Geschicklichkeit in der Kunst der Pyrotechnik wertvoll war, wenn auch nur, weil sie ihnen eindringlich ... die Überlegenheit der britischen ... In der Tat war der Anblick einer von unbeschreiblicher Pracht. Ich bemerkte, daß ich abwechselnd dem Herrn dafür dankte, daß er mir erlaubt hatte ... und mir wünschte, meine arme, teure Mutter ... Auf Anweisung des Gesandten waren die hohen Fenster, die ein so beeindruckendes Merkmal östlicher Architektur sind, denn wenn auch in vieler Hinsicht unwissend ... weit geöffnet; und im Innern konnten wir ein Tableau vivant oder eine Theatervorführung sehen, worin englische Damen und Herren ... ein Maskenspiel aufführten von einem gewissen ... Die Worte waren nicht vernehmbar, aber der Anblick so vieler unserer Landsleute, männlichen und weiblichen Geschlechts, mit höchster Eleganz und Erlesenheit gekleidet ... rührte mich zu Gefühlen, deren ich mich gewißlich nicht schäme, wenn ich auch unfähig bin ... Ich war damit beschäftigt, das erstaunliche Verhalten von Lady — zu beobachten, das von einer Art war, aller Augen auf sich zu ziehen, und angetan, Schande über ihr Geschlecht und über ihr Land zu bringen, als« – unglücklicherweise ein Ast des Judasbaumes brach und Lieutenant Brigge zu Boden stürzte, und der Rest der Eintragung verzeichnet nur seine Dankbarkeit der Vorsehung gegenüber (die eine große Rolle in seinem Tagebuch spielt) und die genaue Art seiner Verletzungen.

Zum Glück sah Miss Penelope Hartopp, die Tochter des gleichnamigen Generals, die Szene von innen und setzt die Erzählung in einem ebenfalls sehr beschädigten Brief fort, der zu guter Letzt eine Freundin in Tunbridge Wells erreichte. Miss Penelope war nicht weniger verschwenderisch in ihrer Begeisterung als der galante Offizier. »Hinreißend«, ruft sie zehnmal auf einer Seite aus, »wundervoll ... über jede Beschreibung erhaben ... goldenes Geschirr ... Kandelaber

... Neger in plüschenen Breeches ... Pyramiden aus Eis ... Fontänen von Würzwein ... Süßspeisen in der Form der Schiffe seiner Majestät ... Schwäne in der Form von Wasserlilien ... Vögel in goldenen Käfigen ... Herren in geschlitztem karmesinrotem Samt ... der Kopfputz der Damen *mindestens* sechs Fuß hoch ... Spieldosen ... Mr Peregrine sagte, ich sehe *wunderschön* aus, was ich nur Dir gegenüber wiederhole, meine Liebste, weil ich weiß ... Oh! wie ich mich nach Euch allen gesehnt habe! ... übertraf alles, was wir auf den Pantiles gesehen haben ... Ozeane an Getränken ... manche Herren allzu hingegeben ... Lady Betty hinreißend ... Die arme Lady Bonham beging den unglückseligen Fehler, sich zu setzen, ohne einen Stuhl unter sich zu haben ... Herren alle sehr galant ... habe mir tausendmal gewünscht, Du und die liebste Betsy wären da ... Aber *der* Anblick von allen, der Anziehungspunkt aller Augen ... wie alle zugaben, denn keiner könnte so schnöde sein, es zu leugnen, war der Gesandte selbst. Welch ein Bein! Welch eine Haltung! Welch ein fürstliches Gebaren!!! Zu sehen, wie er ein Zimmer betritt! Zu sehen, wie er es wieder verläßt! Und etwas *Interessantes* im Ausdruck, so daß man fühlt, man weiß kaum wieso, daß er *gelitten* hat. Es heißt, eine Dame sei der Anlaß gewesen. Das herzlose Ungeheuer!!! Wie kann eine von unserem *angeblich zarten Geschlecht* die Frechheit besitzen!!! Er ist unverheiratet, und die Hälfte der Damen am Ort sind völlig vernarrt in ihn ... Tausend und abertausend Küsse an Tom, Gerry, Peter und die liebste Mew« [vermutlich ihre Katze].

Der Gazette der damaligen Zeit entnehmen wir, daß »als die Uhr zwölf schlug, der Gesandte auf dem mittleren Balkon erschien, der mit unbezahlbaren Teppichen behangen war. Sechs Türken von der Kaiserlichen Leibgarde, jeder von ihnen über sechs Fuß groß, hielten rechts und links von ihm Fackeln. Raketen schossen bei seinem Erscheinen in die Luft, und ein lauter Schrei stieg von den Menschen auf, den der Gesandte entgegennahm, indem er sich tief verneigte und ein paar Worte des Dankes in der türkischen Sprache sagte, die fließend zu sprechen eine seiner Fertigkeiten war. Als nächstes trat Sir Adrian Scrope in der Galauniform eines britischen Admirals vor; der Gesandte beugte ein Knie; der Admiral legte das Halsband des

Höchst Edlen Ordens von Bath um seinen Hals und heftete ihm dann den Stern an die Brust; woraufhin ein anderer Gentleman aus dem diplomatischen Corps, der sich mit majestätischem Schritt näherte, ihm die herzogliche Robe um die Schultern legte und ihm auf einem karmesinroten Kissen die herzogliche Krone darreichte.«

Mit einer Geste von außergewöhnlicher Majestät und Anmut, sich zuerst tief verneigend und dann stolz und hoch aufrichtend, nahm Orlando den goldenen Reif aus Erdbeerblättern und drückte ihn sich mit einer Geste, die niemand, der sie sah, je vergaß, auf die Stirn. Es war in diesem Augenblick, daß der erste Tumult begann. Entweder hatten die Leute ein Mirakel erwartet – manche sagen, ein Regen aus Gold vom Himmel sei prophezeit gewesen –, das nicht eintrat, oder dies war das ausgemachte Signal für den Beginn der Attacke; niemand scheint es zu wissen; aber als die Krone auf Orlandos Stirn gedrückt war, erhob sich ein lautes Geschrei. Glocken fingen an zu läuten; die heiseren Rufe der Propheten waren über die Schreie der Menge hinweg zu hören; viele Türken warfen sich flach auf die Erde und berührten den Boden mit der Stirn. Eine Tür sprang auf. Die Einheimischen drängten in die Bankettsäle. Frauen schrien. Eine gewisse Dame, von der es hieß, sie verzehre sich in Liebe zu Orlando, packte einen Kandelaber und schleuderte ihn zu Boden. Was nicht alles noch geschehen wäre, hätte es Sir Adrian Scrope und einen Zug britischer Blaujacken nicht gegeben, kann niemand sagen. Aber der Admiral befahl, in die Hörner zu stoßen; hundert Blaujacken standen unverzüglich stramm; der Aufruhr wurde unterdrückt, und Ruhe legte sich, zumindest für den Augenblick, über die Szene.

So weit befinden wir uns auf dem festen, wenn auch recht schmalen Boden der erwiesenen Wahrheit. Doch niemand hat je genau erfahren, was sich später in jener Nacht ereignete. Die Aussagen der Wachtposten und anderer scheinen jedoch zu beweisen, daß die Gesandtschaft um zwei Uhr morgens von Besuchern leer und in der üblichen Weise für die Nacht verschlossen war. Der Gesandte wurde gesehen, wie er in sein Zimmer ging, immer noch in den Insignien seines Rangs, und die Tür schloß. Manche sagen, er habe sie verschlossen, was gegen seine Gewohnheit war. Andere behaupten, sie hätten später in jener Nacht im Hof unter dem Fenster des Gesandten eine einfache, ländliche Musik gehört, so wie Hirten sie spielen. Eine Wäscherin, die vor Zahnschmerzen nicht schlafen konnte, sagte, sie hätte die Gestalt eines Mannes gesehen, eingehüllt in einen Umhang oder Morgenrock, die auf den Balkon hinaustrat. Dann, sagte sie, sei eine Frau, tief vermummt, aber offensichtlich aus dem Bauernstand, mit Hilfe eines Seils, das der Mann ihr hinunterließ, auf den Balkon hinaufgezogen worden. Dort, sagte die Wäscherin, umarmten sie sich leidenschaftlich, »wie Liebende«, und gingen mitsammen ins Zimmer hinein und zogen die Vorhänge zu, so daß nichts weiter zu sehen war.

Am nächsten Morgen wurde der Herzog, wie wir ihn jetzt nennen müssen, von seinen Sekretären im tiefen Schlaf inmitten von Decken und Laken vorgefunden, die sehr zerwühlt waren. Das Zimmer befand sich in einiger Unordnung, seine Krone war auf den Boden gerollt, und sein Umhang und sein Hosenbandorden lagen zerknäult auf einem Sessel. Der Tisch war mit Papieren übersät. Zunächst wurde kein Verdacht geschöpft, da die Ermüdungen der Nacht groß gewesen waren. Aber als der Nachmittag kam und er immer noch schlief, wurde ein Arzt gerufen. Er verabreichte Mittel, die schon bei der vorherigen Gelegenheit angewendet worden waren, Pflaster, Nesseln, Brechmittel etc., aber ohne Erfolg. Orlando schlief weiter. Seine Sekretäre hielten es nun für ihre Pflicht, die Papiere auf dem Tisch zu untersuchen. Viele waren mit Versen bekritzelt, in denen einer Eiche häufig Erwähnung getan wurde. Außerdem gab es diverse Staatspapiere und andere privater Natur, die die Verwaltung seiner Ländereien in England betrafen. Aber schließlich stießen sie auf ein Dokument von weit größerer Bedeutung. Es war in der Tat nichts Geringeres als ein Heiratskontrakt, aufgesetzt, unterzeichnet und bezeugt, zwischen seiner Lordschaft, Orlando, Ritter des Hosenbandordens etc., etc., etc. und Rosina Pepita, Tänzerin, Vater unbekannt, jedoch mutmaßlich Zigeuner, Mutter ebenfalls unbekannt, jedoch mutmaßlich Verkäuferin von Alteisen auf dem Marktplatz an der Galata-Brücke. Die Sekretäre sahen einander voller Entsetzen an. Und immer noch schlief Orlando. Am Morgen und am Abend wachten sie, aber abgesehen davon, daß sein Atem regelmäßig ging und seine Wangen noch immer ihre übliche tiefrote Tönung besaßen, gab er kein Lebenszeichen von sich. Was immer Wissenschaft oder Einfallsreichtum tun konnten, ihn zu wecken, wurde getan. Aber noch immer schlief er.

Am siebenten Tag seiner Trance (Donnerstag, dem 10. Mai) wurde der erste Schuß jener schrecklichen und blutigen Erhebung abgefeuert, deren erste Anzeichen Lieutenant Brigge entdeckt hatte. Die Türken erhoben sich gegen den Sultan, setzten die Stadt in Brand und gaben jedem Ausländer, den sie finden konnten, entweder das Schwert oder die Bastonade zu schmecken. Ein paar wenigen Engländern gelang die Flucht; doch die Herren von der britischen Gesandtschaft zogen es, wie nicht anders zu erwarten war, vor, in Verteidigung ihrer roten Kästchen zu sterben oder, in extremen Fällen, Schlüsselbunde zu verschlucken, statt sie in die Hände der Ungläubigen fallen zu lassen. Die Aufständischen brachen in Orlandos Zimmer ein, da sie ihn jedoch allem Anschein nach tot ausgestreckt liegen sahen, ließen sie ihn unangetastet und beraubten ihn nur seiner Krone und der Roben des Hosenbandordens.

Und nun senkt die Dunkelheit sich abermals herab, und wie wir uns wünschten, sie wäre tiefer! Wie wir uns wünschten, ist es uns fast ein Herzensbedürfnis zu rufen, sie wäre so tief, daß wir nichts, absolut nichts durch ihre Undurchsichtigkeit hindurch zu sehen vermöchten! Wie wir uns wünschten, wir könnten an dieser Stelle die Feder nehmen und Finis unter unser Werk schreiben! Wie wir uns wünschten, wir könnten dem Leser das Kommende ersparen und kurz und bündig sagen, Orlando sei gestorben und begraben worden. Aber ach, hier jedoch rufen die Wahrheit, die Aufrichtigkeit und die Ehrlichkeit, diese herben Gottheiten, die am Tintenfaß des Biographen Wache halten, Nein! Ihre silbernen Trompeten an die Lippen hebend, verlangen sie mit einer einzigen Fanfare, Wahrheit! Und wieder rufen sie, Wahrheit! und noch ein drittes Mal wie aus einem Munde ihren Schall erklingen lassend, schmettern sie heraus, Die Wahrheit und nichts als die Wahrheit!

Woraufhin – dem Himmel sei Dank! denn es verschafft uns eine

Atempause – sich die Türen sanft öffnen, als hätte der Odem des sanftesten und heiligsten Zephyrs sie auseinandergehaucht, und drei Gestalten eintreten. Als erste kommt Unsere Liebe Frau der Reinheit; deren Stirn mit Bändern aus weißester Lammwolle umwunden ist; deren Haar wie eine Lawine ist aus getriebenem Schnee; und in deren Hand die weiße Kielfeder einer jungfräulichen Gans ruht. Ihr folgend, aber mit majestätischerem Schritt, kommt Unsere Liebe Frau der Keuschheit; auf deren Stirn wie ein Turm aus brennendem, aber nie vergehendem Feuer ein Diadem aus Eiszapfen sitzt; ihre Augen sind klare Sterne, und ihre Finger, wenn sie einen berühren, lassen einen bis ins Mark gefrieren. Dicht hinter ihr, in der Tat Schutz suchend im Schatten ihrer majestätischeren Schwestern, kommt Unsere Liebe Frau der Sittsamkeit, zarteste und schönste der drei; deren Gesicht sich nur zeigt, wie der junge Mond sich zeigt, wenn er schmal und sichelförmig und halb hinter Wolken verborgen ist. Jede von ihnen tritt in die Mitte des Raumes, darin Orlando immer noch schlafend liegt; und mit Gesten, die gleichzeitig fürbittend und befehlend sind, ergreift *Unsere Liebe Frau der Reinheit* als erste das Wort:

»Ich bin die Wächterin über das schlafende Rehkitz; der Schnee ist mir teuer; und der aufgehende Mond; und die silberne See. Mit meinen Gewändern decke ich die gesprenkelten Eier der Glucke und die gefleckte Meeresmuschel; ich decke Laster und Armut. Über alle Dinge, die zerbrechlich oder dunkel oder zweifelhaft sind, senkt sich mein Schleier. Daher sprich nicht, enthülle nicht. Verschone, o verschone!«

Hier schmettern die Trompeten.

»Reinheit, von hinnen! Hebe dich hinweg, Reinheit!«

Dann spricht *Unsere Liebe Frau der Keuschheit*:

»Ich bin die, deren Berührung gefrieren macht und deren Blick in Stein verwandelt. Ich habe den Stern in seinem Tanz aufgehalten, und die Welle in ihrem Sturz. Die höchsten Alpen sind mein Wohnort; und wenn ich gehe, zucken Blitze in meinem Haar; wohin meine Blicke fallen, töten sie. Ehe ich zulasse, daß Orlando erwacht, lasse ich ihn bis ins Mark gefrieren. Verschone, o verschone!«

Hier schmettern die Trompeten.

»Keuschheit, von hinnen! Hebe dich hinweg, Keuschheit!«

Dann spricht *Unsere Liebe Frau der Sittsamkeit*, so leise, daß man sie kaum hört:

»Ich bin die, die die Menschen Sittsamkeit nennen. Jungfrau bin ich und werde es immerdar sein. Nicht für mich die fruchtbaren Felder und die ertragreichen Weinberge. Wachstum ist mir verhaßt; und wenn die Äpfel knospen oder die Herden trächtig sind, laufe ich davon, davon; ich lasse meinen Mantel fallen. Mein Haar verdeckt meine Augen. Ich sehe nicht. Verschone, o verschone!«

Wieder schmettern die Trompeten:

»Sittsamkeit, von hinnen! Hebe dich hinweg, Sittsamkeit!«

Mit Gesten des Kummers und der Klage reichen die drei Schwestern sich jetzt die Hände und tanzen langsam, wobei sie ihre Schleier schwingen und singen:

»Komm nicht heraus aus deiner gräßlichen Höhle, Wahrheit. Verbirg dich tiefer, furchtgebietende Wahrheit. Denn du stellst hochfahrend im brutalen Blick der Sonne Dinge zur Schau, die besser unbekannt und ungetan wären; du entschleierst das Beschämende; das Dunkle machst du hell, Verbirg dich! Verbirg dich! Verbirg dich!«

Hier machen sie Anstalten, als wollten sie Orlando mit ihren Gewändern zudecken. Die Trompeten schmettern währenddessen noch immer.

»Die Wahrheit, und nichts als die Wahrheit!«

Daraufhin versuchen die Schwestern, ihre Schleier über die Schallöffnungen der Trompeten zu decken, wie um sie zu dämpfen, aber vergeblich, denn jetzt schmettern alle Trompeten auf einmal,

»Gräßliche Schwestern, hinweg!«

Die Schwestern geraten außer sich und jammern wie mit einer Stimme, immer noch im Kreis herumgehend und ihre Schleier auf und nieder schwingend.

»Es ist nicht immer so gewesen! Doch die Männer wollen uns nicht länger; die Frauen verabscheuen uns. Wir gehen, wir gehen. Ich (*dies sagt die Reinheit*) in den Hühnerstall. Ich (*dies sagt die Keuschheit*) auf die noch ungeschändeten Höhen von Surrey. Ich (*dies sagt die*

Sittsamkeit) in irgendeine lauschige Nische, wo es Efeu und Vorhänge im Überfluß gibt.«

»Denn dort, nicht hier (sprechen alle zusammen, sich die Hände reichend und Gesten des Abschieds und der Verzweiflung zum Bett hinüber machend, auf dem Orlando schlafend liegt), wohnen immer noch in Nest und Boudoir, in Amt und Gerichtshof, jene, die uns lieben; jene, die uns ehren, Jungfrauen und Geschäftsleute; Anwälte und Ärzte; jene, die verbieten; jene, die leugnen; jene, die verehren, ohne zu wissen warum; jene, die preisen, ohne zu verstehen; der noch immer sehr zahlreiche (der Himmel sei gepriesen) Schlag der Ehrbaren; die es vorziehen, nicht zu sehen; nicht zu wissen begehren; die Dunkelheit lieben; jene beten uns noch an, und mit gutem Grund; denn wir haben ihnen Wohlstand, Ansehen, Bequemlichkeit und Behagen gegeben. Zu ihnen gehen wir, dich verlassen wir. Kommt, Schwestern, kommt! Dies hier ist kein Ort für uns.«

Sie ziehen sich hastig zurück, lassen ihre Gewänder über ihren Köpfen wehen, wie um etwas abzuwehren, das sie nicht anzublicken wagen, und schließen die Tür hinter sich.

Wir bleiben daher ganz allein mit dem schlafenden Orlando und den Trompetern im Zimmer zurück. Die Trompeter stellen sich nebeneinander in einer Reihe auf und lassen einen gewaltigen Fanfarenstoß erschallen:

»DIE WAHRHEIT!«

woraufhin Orlando erwachte.

Er streckte sich. Er erhob sich. Er stand aufrecht in völliger Nacktheit vor uns, und während die Trompeten Wahrheit! Wahrheit! Wahrheit! schmettern, bleibt uns keine Wahl, als zu gestehen – er war eine Frau.

Der Klang der Trompeten erstarb, und Orlando stand splitternackt da. Kein menschliches Wesen, seit Anbeginn der Welt, sah je hinreißender aus. Seine Gestalt vereinigte in sich die Kraft eines Mannes und die Anmut einer Frau. Während er da stand, verlängerten die silbernen Trompeten ihren Ton, als zögerten sie, den lieblichen Anblick zu lassen, den ihre Fanfare hervorgerufen hatte; und Keuschheit,

Reinheit und Sittsamkeit, zweifellos von der Neugier getrieben, spähten durch die Tür und warfen ein Kleidungsstück wie ein Handtuch nach der nackten Gestalt, welches jedoch, unglücklicherweise, mehrere Zoll davor zu Boden fiel. Orlando betrachtete sich von Kopf bis Fuß in einem hohen Spiegel, ohne auch nur die geringste Spur von Fassungslosigkeit zu zeigen, und ging, vermutlich, in sein Bad.

Wir mögen uns diese Unterbrechung der Erzählung zunutze machen, um gewisse Feststellungen zu treffen. Orlando war eine Frau geworden – das ist nicht zu leugnen. Aber in jeder anderen Hinsicht blieb Orlando genauso, wie er gewesen war. Der Wechsel des Geschlechts, wenn er auch die Zukunft der beiden änderte, tat nicht das geringste, ihre Identität zu ändern. Ihre Gesichter blieben, wie ihre Porträts beweisen, praktisch dieselben. Seine Erinnerung – aber in Zukunft müssen wir der Konvention zuliebe »ihre« statt »seine« und »sie« statt »er« sagen –, ihre Erinnerung also reichte durch alle Ereignisse ihres bisherigen Lebens zurück, ohne auf ein Hindernis zu stoßen. Eine leichte Diesigkeit mag es gegeben haben, als seien einige dunkle Tropfen in den klaren Teich der Erinnerung gefallen; gewisse Dinge waren ein wenig verschwommen geworden; aber das war alles. Der Wechsel schien sich schmerzlos und vollständig und auf eine Art vollzogen zu haben, daß Orlando selbst keine Überraschung darüber zeigte. Dies berücksichtigend und mit der Behauptung, ein solcher Wechsel des Geschlechts widerspreche der Natur, haben viele Menschen keine Mühen gescheut, zu beweisen, 1.) daß Orlando immer eine Frau gewesen sei, 2.) daß Orlando auch in diesem Augenblick ein Mann sei. Sollen Biologen und Psychologen dies entscheiden. Für uns genügt es, die schlichte Tatsache festzuhalten; Orlando war ein Mann bis zum Alter von dreißig Jahren; als er eine Frau wurde und es seitdem geblieben ist.

Doch mögen andere Federn sich mit Geschlecht und Geschlechtlichkeit befassen; wir verlassen derart odiose Themen, sobald wir können. Orlando hatte sich jetzt gewaschen und sich in jene türkischen Jacken und Hosen gekleidet, die unterschiedslos von beiden Geschlechtern getragen werden können; und war gezwungen, ihre Lage zu überdenken. Daß sie über die Maßen gefährlich und befremdlich war, muß der erste Gedanke eines jeden Lesers sein, der ihrer Geschichte mit Anteilnahme gefolgt ist. Jung, adlig, schön, war sie aufgewacht, um sich in einer Situation wiederzufinden, wie wir uns keine heiklere für eine junge Dame von Stand vorstellen können. Wir hätten ihr keinen Vorwurf gemacht, hätte sie geklingelt oder geschrien oder wäre sie in Ohnmacht gefallen. Aber Orlando zeigte keine derartigen Zeichen der Verstörung. All ihre Handlungen waren über die Maßen überlegt, und man hätte meinen können, sie zeigten Zeichen von Vorbedacht. Zunächst sah sie die Papiere auf dem Tisch sorgfältig durch; nahm jene, die in Versform geschrieben schienen, an sich, und verbarg sie an ihrer Brust; als nächstes rief sie ihren Seleukidenhund zu sich, der all diese Tage nicht von ihrem Bett gewichen war, obwohl er vor Hunger fast gestorben wäre, fütterte und kämmte ihn; steckte dann zwei Pistolen in ihren Gürtel; wand dann um ihren Leib mehrere Schnüre von Smaragden und Perlen von feinstem Glanz, die zu ihrer Ausstattung als Gesandter gehört hatten. Als dies erledigt war, beugte sie sich aus dem Fenster, stieß einen leisen Pfiff aus und stieg die zertrümmerte und blutbesudelte Treppe hinunter, die nun mit dem Abfall aus Papierkörben, mit Verträgen, Depeschen, Siegeln, Siegellack etc. übersät war, und betrat so den Hof. Dort, im Schatten eines riesigen Feigenbaums, wartete ein alter Zigeuner auf einem Esel. Er führte einen weiteren am Zügel. Orlando schwang ihr Bein darüber; und auf diese Weise, gefolgt von einem mageren Hund, auf einem Esel reitend, in Begleitung eines Zigeuners, verließ der Gesandte Großbritanniens am Hofe des Sultans Konstantinopel.

Sie ritten mehrere Tage und Nächte und begegneten einer Vielzahl von Abenteuern, manche davon von Menschenhand verursacht, manche von der Natur, in denen allen Orlando ihren Mut unter Beweis stellte. Binnen einer Woche erreichten sie die Höhen vor Brussa, welche damals der Hauptlagerplatz des Zigeunerstammes waren, dem Orlando sich angeschlossen hatte. Oft hatte sie von ihrem Balkon in der Gesandtschaft zu diesen Bergen hinübergeschaut; hatte sich oft danach gesehnt, dort zu sein; und sich dort wiederzufinden, wohin man sich immer gesehnt hat, gibt einem meditativ veranlagten Geist

Stoff zum Nachdenken. Eine geraume Zeit jedoch war sie zu erfreut über den Wechsel, um ihn durch Denken zu verderben. Das Vergnügen, keine Dokumente siegeln oder unterzeichnen, keine Schnörkel malen, keine Besuche abstatten zu müssen, war genug. Die Zigeuner folgten dem Gras; wenn es abgeweidet war, zogen sie weiter. Sie wusch sich in Bächen, wenn sie sich überhaupt wusch; keine Kästchen, rot, blau oder grün, wurden ihr vorgelegt; im ganzen Lager gab es keinen einzigen Schlüssel, geschweige denn einen goldenen; und was das »Besuche Abstatten« anging, so war das Wort unbekannt. Sie melkte die Ziegen; sie sammelte Reisig; sie stahl hin und wieder ein Hühnerei, legte aber immer eine Münze oder eine Perle an seine Stelle; sie hütete das Vieh; sie streifte Weinstöcke kahl; sie stampfte die Traube; sie füllte den Schlauch aus Ziegenhaut und trank daraus; und wenn sie sich erinnerte, daß sie ungefähr um diese Tageszeit die Gesten des Trinkens und des Rauchens mit einer leeren Kaffeetasse und einer Pfeife, der der Tabak fehlte, hätte vollführen sollen, lachte sie laut auf, schnitt sich noch einen Kanten Brot und erbettelte sich einen Zug aus der Pfeife des alten Rustum, wenn sie auch mit Kuhmist gestopft war.

Die Zigeuner, mit denen sie ganz offensichtlich schon vor der Revolution in geheimer Verbindung gestanden haben muß, scheinen sie als eine der Ihren angesehen zu haben (was immer das höchste Kompliment ist, das ein Volk einem machen kann), und ihre dunklen Haare und ihre dunkle Haut bestätigten den Glauben, daß sie von Geburt eine der Ihren und von einem englischen Herzog, als sie noch ein Baby war, aus einem Nußbaum gestohlen und in jenes barbarische Land gebracht worden sei, in dem die Menschen in Häusern leben, weil sie zu schwach und zu krank sind, um die frische Luft ertragen zu können. Daher waren sie, obwohl sie ihnen in vieler Hinsicht unterlegen war, bereit, ihr zu helfen, ihnen ähnlicher zu werden, lehrten sie ihre Kunst der Käseherstellung und des Korbflechtens, ihre Wissenschaft des Stehlens und des Vogelstellens, und waren sogar bereit, eine Heirat zwischen ihr und einem der Ihren in Erwägung zu ziehen.

Aber Orlando hatte sich in England einige der Gewohnheiten

oder Krankheiten (wie auch immer man es ansehen will) zugezogen, die sich, wie es scheint, nicht austreiben lassen. Eines Abends, als sie alle um das Lagerfeuer saßen und die Sonne über den thessalischen Hügeln glühte, rief Orlando aus:

»Wie gut zu essen!«

(Die Zigeuner haben kein Wort für »schön«. Dies ist das nächste.)

Alle jungen Männer und Frauen brachen in schallendes Gelächter aus. Der Himmel gut zu essen, also wirklich! Die Älteren jedoch, die mehr Fremde gesehen hatten als sie, wurden mißtrauisch. Sie bemerkten, daß Orlando oft ganze Stunden saß, ohne auch nur das Geringste zu tun, außer hierhin und dann dorthin zu schauen; sie begegneten ihr auf irgendeinem Hügel, wo sie geradeaus vor sich hin starrte, egal ob die Ziegen grasten oder sich verirrten. Sie fingen an zu argwöhnen, daß sie an anderes glaubte als sie selbst, und die älteren Männer und Frauen hielten es für wahrscheinlich, daß sie in die Fänge der niederträchtigsten und grausamsten aller Gottheiten geraten war, die der Natur. Auch war ihre Vermutung kaum falsch. Die englische Krankheit, eine Liebe zur Natur, war ihr angeboren, und hier, wo die Natur so viel größer und mächtiger war als in England, fiel sie ihr in die Hände wie nie zuvor. Die Krankheit ist nur allzu bekannt und wurde, leider Gottes, allzu oft geschildert, als daß sie erneut geschildert werden müßte, außer in aller Kürze. Da waren Berge; da waren Täler; da waren Bäche. Sie stieg auf die Berge; durchstreifte die Täler; saß an den Ufern der Bäche. Sie verglich die Hügel mit Wällen, mit den Brüsten von Tauben und den Flanken von Kühen. Sie verglich die Blumen mit Email und das Gras mit abgetretenen türkischen Teppichen. Bäume waren vertrocknete Hexen, und Schafe waren graue Felsbrocken. Alles war tatsächlich etwas anderes. Sie fand den Bergsee auf dem Gipfel und stürzte sich fast hinein, um die Weisheit zu suchen, die sie darin verborgen glaubte; und als sie, vom Gipfel, in der weiten Ferne, über das Marmarameer hinweg, die Ebenen Griechenlands erblickte und (ihre Augen waren bewundernswert) die Akropolis ausmachte, mit einem weißen Streifen oder zweien, die, so dachte sie, der Parthenon sein müßten, weitete sich ihre Seele mit ihren Augäpfeln, und sie betete darum, die Majestät der Berge teilen zu können, die heitere Ruhe der Ebenen kennenlernen zu dürfen etc. etc., wie alle derartigen Gläubigen es tun. Und dann, den Blick senkend, zwangen die rote Hyazinthe, die purpurne Iris sie dazu, in Ekstase über die Güte, über die Schönheit der Natur aufzuschreien; die Augen wieder hebend, sah sie den sich in die Lüfte hoch aufschwingenden Adler und stellte sich seine Verzükkung vor und machte sie zu ihrer eigenen. Heimkehrend grüßte sie jeden Stern, jeden Gipfel und jedes Wachfeuer, als blinzelten sie nur ihr allein zu; und endlich, wenn sie sich auf ihre Matte im Zelt der Zigeuner warf, konnte sie nicht anders, als noch einmal auszurufen, Wie gut zu essen! Wie gut zu essen! (Denn es ist eine seltsame Tatsache, daß die Menschen, obwohl sie nur so unvollkommene Mittel der Verständigung besitzen, so daß sie nur sagen können »gut zu essen« wenn sie »schön« meinen und umgekehrt, dennoch lieber Lächerlichkeit und Mißverständnis ertragen, als irgendein Erlebnis für sich zu behalten.) All die jungen Zigeuner lachten. Aber Rustum el Sadi, der Alte, der Orlando auf seinem Esel aus Konstantinopel herausgebracht hatte, saß schweigend. Er hatte eine Nase wie ein Krummsäbel; seine Wangen waren zerfurcht wie vom jahrzehntelangen Fallen eisernen Hagels; er war braun und scharfäugig, und wie er da saß und an seiner Wasserpfeife zog, beobachtete er Orlando genau. Er hatte den tiefsten Argwohn, daß ihre Gottheit die Natur sei. Eines Tages fand er sie in Tränen. Dies so verstehend, daß ihre Gottheit sie bestraft habe, sagte er ihr, er sei nicht überrascht. Er zeigte ihr die Finger seiner linken Hand, verdorrt vom Frost; er zeigte ihr seinen rechten Fuß, zerschmettert von einem fallenden Felsen. Dies, sagte er, sei, was ihr Gott den Menschen antue. Als sie sagte, »Aber so schön«, und dabei das englische Wort gebrauchte, schüttelte er den Kopf; und als sie es wiederholte, war er zornig. Er sah, daß sie nicht das glaubte, was er glaubte, und das genügte, so weise und alt er auch war, ihn zu erzürnen.

Diese Meinungsverschiedenheit beunruhigte Orlando, die bisher vollkommen glücklich gewesen war. Sie fing an zu denken, ob die Natur schön oder grausam sei; und dann fragte sie sich, was diese Schönheit sei; ob sie in den Dingen selbst sei, oder nur in ihr; und so gelangte sie schließlich zur Natur der Wirklichkeit und von da zur Wahrheit und von da wiederum zu Liebe, Freundschaft, Dichtung (wie in den Tagen auf dem hohen Hügel daheim); welche Meditationen, da sie kein Wort von ihnen mitteilen konnte, dazu führten, daß sie sich, wie nie zuvor, nach Feder und Tinte sehnte.

»Oh! wenn ich nur schreiben könnte!« rief sie (denn sie unterlag der seltsamen Einbildung all jener, die schreiben, daß geschriebene Worte mitgeteilte Worte seien). Sie hatte keine Tinte und nur wenig Papier. Aber sie machte sich Tinte aus Beeren und Wein; und da sie im Manuskript des »Eich-Baums« noch ein paar Ränder und leere Stellen fand, gelang es ihr, indem sie eine Art Kurzschrift schrieb, die Szenerie in einem langen Blankversgedicht zu beschreiben und ein Zwiegespräch mit sich selbst über diese Schönheit und die Wahrheit zu führen, das sehr prägnant war. Dies machte sie ganze Stunden lang außergewöhnlich glücklich. Aber die Zigeuner wurden mißtrauisch. Zunächst fiel ihnen auf, daß sie sich beim Melken und Käsebereiten weniger geschickt zeigte als zuvor; als nächstes, daß sie oft zögerte, bevor sie antwortete; und einmal wachte ein Zigeunerknabe, der geschlafen hatte, vor Schreck auf, als er ihre Augen auf sich fühlte. Manchmal wurde dieser Zwang vom ganzen Stamm empfunden, der mehrere Dutzend erwachsener Männer und Frauen zählte. Er entsprang ihrem Gefühl (und ihre Gefühle sind sehr scharf und ihrem Vokabular bei weitem überlegen), daß, was immer sie täten, wie Asche in ihren Händen zerfalle. Eine alte Frau, die einen Korb flocht, ein Knabe, der ein Schaf abhäutete, sie sangen oder summten bei der Arbeit zufrieden vor sich hin, wenn Orlando ins Lager kam, sich am Feuer auf die Erde warf und in die Flammen starrte. Sie mußte die beiden nicht einmal ansehen, und doch spürten sie, hier ist jemand, der zweifelt (wir geben eine grobe Rohübersetzung aus der Zigeunersprache); hier ist jemand, der die Sache nicht um ihrer selbst willen tut; noch sieht um des Sehens willen; hier ist jemand, der weder an ein Schafsfell noch an einen Korb glaubt; sondern (hier sahen sie sich furchtsam im Zelt um) etwas anderes sieht. Dann fing ein vages, aber höchst unangenehmes Gefühl an, sich in dem Knaben und in der alten Frau breitzumachen. Sie zerbrachen ihre Weidenruten; sie schnitten sich in die Finger. Ein großer Zorn erfüllte sie. Sie wünschten, Orlando würde das Zelt verlassen und nie wieder in ihre Nähe kommen. Und doch war sie, wie sie zugeben mußten, von fröhlicher und williger Natur; und eine von ihren Perlen war genug, die prächtigste Ziegenherde von ganz Brussa zu kaufen.

Langsam fing sie an zu fühlen, daß es einen Unterschied gab zwischen ihr und den Zigeunern, der sie manchmal zögern ließ, zu heiraten und sich für immer unter ihnen niederzulassen. Zuerst versuchte sie, dies zu begründen, indem sie sich sagte, sie stamme aus einem alten und zivilisierten Volk, während die Zigeuner ein unwissender Menschenschlag seien, nicht viel besser als Wilde. Eines Abends, als sie ihr Fragen über England stellten, konnte sie nicht anders, als mit einigem Stolz das Haus zu beschreiben, in dem sie geboren wurde, daß es 365 Schlafzimmer habe und seit vier- oder fünfhundert Jahren im Besitz ihrer Familie sei. Ihre Vorfahren wären Earls, oder sogar Herzöge, fügte sie hinzu. Dabei fiel ihr wieder auf, daß die Zigeuner unruhig wirkten; aber nicht zornig wie damals, als sie die Schönheit der Natur gepriesen hatte. Jetzt waren sie höflich, aber betroffen, wie Menschen von guter Herkunft und Erziehung es sind, wenn ein Fremder dazu verleitet wurde, seine niedere Herkunft oder seine Armut einzugestehen. Rustum folgte ihr allein aus dem Zelt und sagte, sie solle sich nichts daraus machen, daß ihr Vater ein Herzog gewesen sei und all die Schlafzimmer und Möbel besessen habe, die sie beschrieben hatte. Keiner von ihnen würde deswegen schlechter von ihr denken. Da wurde sie von einer Scham ergriffen, wie sie sie nie zuvor gefühlt hatte. Es war klar, daß Rustum und die anderen Zigeuner einen Stammbaum von vier- oder fünfhundert Jahren für den niedrigstmöglichen hielten. Ihre eigenen Familien reichten wenigstens zwei- oder dreitausend Jahre zurück. Für den Zigeuner, dessen Vorfahren Jahrhunderte vor Christi Geburt die Pyramiden gebaut hatten, war die Genealogie der Howards und Plantagenets nicht besser und nicht schlechter als die der Smiths und der Jones; beide waren belanglos. Überdies war dort, wo der Hirtenjunge einen Stammbaum von solchem Alter hatte, nichts besonders Denkwürdiges oder Wünschenswertes an alter Herkunft; Vagabunden und

Bettler, sie alle besaßen sie. Und zudem war klar, obwohl er zu höflich war, es offen auszusprechen, daß der Zigeuner dachte, es könne keinen gemeineren Ehrgeiz geben als den, Hunderte von Schlafzimmern zu besitzen (sie befanden sich auf einem Berggipfel, als sie sich unterhielten; es war Nacht; die Berge ragten überall um sie herum hoch auf), wenn die ganze Welt unser ist. Vom Zigeunerstandpunkt aus betrachtet, war ein Herzog, das verstand Orlando, nichts weiter als ein Beuteschinder oder Räuber, der Menschen, die diese Dinge für wenig wertvoll erachteten, Land und Geld entriß und dem nichts Besseres einfiel, als dreihundertundfünfundsechzig Schlafzimmer zu bauen, wo eines genug war, und keins sogar noch besser als eins. Sie konnte nicht leugnen, daß ihre Vorfahren Feld um Feld angesammelt hatten; Haus um Haus; Ehre um Ehre; und doch war keiner von ihnen ein Heiliger gewesen, oder ein Held oder ein großer Wohltäter der Menschheit. Noch konnte sie das Argument widerlegen (Rustum war zu sehr Gentleman, um auf diesem Punkt zu beharren, aber sie verstand trotzdem), daß jedermann, der jetzt täte, was ihre Vorfahren vor drei- oder vierhundert Jahren getan hatten, als vulgärer Emporkömmling, als Abenteurer, als *nouveau riche* beschimpft werden würde – am lautesten von ihrer eigenen Familie.

Sie versuchte, derartige Argumente durch die übliche, wenn auch etwas verquere Methode zu beantworten, das Zigeunerleben selbst roh und barbarisch zu finden; und so kam es innerhalb kurzer Zeit zu viel bösem Blut zwischen ihnen. In der Tat sind derartige Meinungsverschiedenheiten Grund genug, Blutvergießen und Revolution zu verursachen. Städte sind für Geringeres geplündert worden, und Millionen von Märtyrern haben lieber auf dem Scheiterhaufen gelitten, als auch nur einen Zoll von den hier debattierten Punkten abzurükken. Keine Leidenschaft ist stärker in der Brust des Menschen als der Wunsch, andere glauben zu machen, was man selbst glaubt. Nichts schneidet so tief an die Wurzel seines Glücks und erfüllt ihn so mit Zorn wie das Gefühl, daß ein anderer niedrig wertet, was er hoch schätzt. Whigs und Tories, Liberale und Labour Partei – wofür kämpfen sie, wenn nicht für ihr eigenes Ansehen? Es ist nicht die Liebe zur Wahrheit, sondern der Wunsch, sich durchzusetzen, der

Stadtviertel gegen Stadtviertel aufbringt und eine Pfarrgemeinde den Niedergang der anderen Pfarrgemeinde wünschen läßt. Jeder strebt lieber nach Gemütsruhe und Zweckdienlichkeit als nach dem Triumph der Wahrheit und der Erhebung der Tugend – aber diese Moralpredigten geziemen dem Historiker und sollen ihm überlassen bleiben, da sie todsterbenslangweilig sind wie Spülicht.

»Vierhundertundsechsundsiebzig Schlafzimmer bedeuten ihnen nichts«, seufzte Orlando.

»Ihr ist ein Sonnenuntergang lieber als eine Herde Ziegen«, sagten die Zigeuner.

Was zu tun sei, konnte Orlando sich nicht denken. Die Zigeuner zu verlassen und wieder Gesandter zu werden erschien ihr unerträglich. Aber es war gleichermaßen unmöglich, für immer an einem Ort zu bleiben, wo es weder Tinte noch Schreibpapier gab, weder Ehrfurcht vor den Talbots noch Achtung vor einer Vielzahl von Schlafzimmern. So dachte sie eines schönen Morgens auf den Hängen des Athos, als sie ihre Ziegen hütete. Und dann spielte die Natur, der sie vertraute, ihr entweder einen Streich oder vollbrachte ein Wunder – wieder unterscheiden sich die Meinungen zu sehr, als daß wir sagen könnten, welches von beiden. Orlando starrte ziemlich trostlos auf den steilen Hang, der vor ihr lag. Es war jetzt Hochsommer, und wenn wir die Landschaft mit irgend etwas vergleichen müssen, dann mit einem trockenen Knochen; einem Schafsgerippe; einem gigantischen Schädel, von tausend Geiern weiß gepickt. Die Hitze war immens, und der kleine Feigenbaum, unter dem Orlando lag, diente nur dazu, Muster von Feigenblättern auf ihren hellen Burnus zu malen.

Plötzlich tauchte ein Schatten, obwohl es nichts gab, was einen Schatten hätte werfen können, an der kahlen Bergflanke ihr gegenüber auf. Er vertiefte sich schnell, und bald zeigte sich eine grüne Senke, wo vorher nur karger Fels gewesen war. Während sie schaute, vertiefte und erweiterte sich die Senke, und ein großer, parkähnlicher Raum tat sich an der Seite des Hügels auf. Darin konnte sie einen wogenden grünen Rasen sehen; sie konnte hier und da Eichen hingetupft sehen; sie konnte die Drosseln in den Zweigen hüpfen sehen.

Sie konnte die Hirsche anmutig von Schatten zu Schatten schreiten sehen und konnte sogar das Summen der Insekten und das sanfte Seufzen und Beben eines Sommertages in England hören. Nachdem sie eine Weile wie verzaubert hingeblickt hatte, fing Schnee an zu fallen; bald war die ganze Landschaft bedeckt und von violetten Schatten anstelle des gelben Sonnenlichts gezeichnet. Jetzt sah sie schwere Karren über die Straßen kommen, beladen mit Baumstämmen, die, wie sie wußte, gebracht wurden, um zu Feuerholz zersägt zu werden; und dann erschienen die Dächer und Glockenstühle und Türme und Höfe ihres Zuhauses. Der Schnee fiel stetig, und sie konnte jetzt das Schlittern und Poltern hören, mit dem er die Dächer hinunterglitt und auf die Erde fiel. Der Rauch stieg aus tausend Schornsteinen auf. Alles war so deutlich und so klar, daß sie eine Dohle im Schnee nach Würmern picken sah. Dann vertieften die violetten Schatten sich allmählich und schlossen sich über den Karren und Wiesen und über dem großen Haus selbst. Alles wurde verschluckt. Jetzt war nichts übrig von der grasigen Senke, und statt der grünen Wiesen war da nur der gleißende Hang, den tausend Geier kahlgepickt zu haben schienen. Bei diesem Anblick brach sie in leidenschaftliche Tränen aus, und sie lief zum Lager der Zigeuner zurück und sagte ihnen, sie müsse gleich am nächsten Tag nach England zurücksegeln.

Es war ein Glück für sie, daß sie dies tat. Schon hatten die jungen Männer ihren Tod geplant. Die Ehre, sagten sie, verlange dies, denn sie denke nicht wie sie. Dennoch hätte es ihnen leid getan, ihr die Kehle durchzuschneiden; und sie begrüßten die Nachricht von ihrer Abreise. Ein englisches Handelsschiff lag, wie es sich traf, schon unter Segel im Hafen, bereit, nach England zurückzukehren; und Orlando konnte, indem sie eine weitere Perle aus ihrem Halsband brach, nicht nur ihre Überfahrt bezahlen, sondern behielt sogar ein paar Banknoten in ihrer Börse übrig. Diese hätte sie den Zigeunern gerne geschenkt. Aber sie verachteten Reichtum, wie sie wußte; und sie mußte sich mit Umarmungen zufriedengeben, die von ihrer Seite aufrichtig gemeint waren.

Die Jahre

1907

Es war Hochsommer; und die Nächte waren heiß. Der Mond, auf Wasser fallend, machte es weiß, unergründlich, gleich ob tief oder seicht. Aber wo das Mondlicht auf feste Gegenstände fiel, verlieh es ihnen einen Glanz und eine Versilberung, so daß selbst die Blätter an den Landstraßen lackiert wirkten. Überall auf den stillen Landstraßen, die nach London führten, rumpelten Karren; die eisernen Zügel von eisernen Händen gehalten, denn Gemüse, Obst, Blumen reisten langsam. Hoch beladen mit runden Körben mit Kohlköpfen, Kirschen, Kornblumen, sahen sie aus wie Karawanen bepackt mit der Habe von Stämmen, die auf der Suche nach Wasser durch die Lande zogen, von Feinden dazu getrieben, neues Weideland zu suchen. Weiter rumpelten sie diese Straße entlang, jene Straße entlang, sich immer dicht am Rand haltend. Selbst die Pferde, wären sie blind gewesen, hätten in der Ferne das Summen Londons hören können; und die Kutscher, vor sich hin dösend, sahen dennoch durch halbgeschlossene Augen den feurigen Gazeschleier der ewig brennenden Stadt. In der Dämmerung legten sie in Covent Garden ihre Lasten ab; Tische und Marktstände, selbst die Pflastersteine, waren wie von einer himmlischen Wäsche überkräuselt mit Kohlköpfen, Kirschen und Kornblumen.

Alle Fenster standen offen. Musik ertönte. Hinter karmesinroten Vorhängen, halb durchscheinend gemacht und manchmal weit gebläht, ertönten die Klänge des ewigen Walzers – Wenn der Ball vorbei ist, wenn der Tanz vorüber – wie eine Schlange, die ihren eigenen Schwanz verschluckt hat, da der Kreis sich von Hammersmith bis Shoreditch schloß. Immer wieder aufs neue wurde er von Posaunen vor Wirtshäusern aufgegriffen; Botenjungen pfiffen ihn; Kapellen in Privaträumen, in denen Menschen tanzten, spielten ihn. Dort saßen sie in Wapping an den kleinen Tischen der romantischen Gaststätte über dem Fluß, zwischen Holzlagerhäusern, vor denen Barken vertäut waren; und hier wiederum in Mayfair. Jeder Tisch hatte seine Lampe; seinen Baldachin aus straffer roter Seide; und die Blumen, die noch am selben Mittag die Feuchtigkeit aus der Erde gesaugt hatten, entspannten sich und breiteten in den Vasen ihre Blütenblätter aus. Jeder Tisch hatte seine Pyramide aus Erdbeeren, seine helle fette Wachtel; und nach Indien, nach Afrika, fand Martin es aufregend, mit einem Mädchen mit nackten Schultern, mit einer Frau, in deren Haaren grüne Käferflügel schimmerten, auf eine Weise zu sprechen, die der Walzer billigte und halb unter seinen amourösen Schmeicheleien verbarg. Spielte es eine Rolle, was man sagte? Denn sie sah über ihre Schulter, hörte nur halb zu, als ein mit Orden geschmückter Mann hereinkam, und eine Dame in Schwarz, mit Diamanten, ihn in eine ruhige Ecke winkte.

Als die Nacht fortschritt, legte sich ein sanftes blaues Licht über die Marktkarren, die immer noch dicht am Straßenrand dahinrollten, vorbei an Westminster, vorbei an den gelben runden Uhren, den Kaffeebuden und den Statuen, die in der Dämmerung standen und so steif ihre Stäbe oder Dokumentenrollen hielten. Und die Straßenkehrer folgten ihnen, spritzten die Pflaster ab. Zigarettenstummel, Silberpapierchen, Orangenschalen – der ganze Unrat des Tages wurde vom Pflaster gefegt, und immer noch rumpelten die Karren, und die Droschken trotteten, unermüdlich, über die schäbigen Pflaster von Kensington, unter den blitzenden Lichtern von Mayfair, trugen Damen mit hochgetürmten Frisuren und Herren in weißen Westen über die gehämmerten trockenen Straßen, die im Mondlicht aussahen, als seien sie von Silber überzogen.

»Seht!« sagte Eugénie, als die Droschke im sommerlichen Dämmerlicht über die Brücke trabte. »Ist das nicht bezaubernd?«

Sie deutete mit der Hand auf das Wasser. Sie überquerten den Serpentine-Teich; aber ihr Ausruf war nur eine Nebenbemerkung; sie hörte ihrem Mann zu. Ihre Tochter Magdalena war bei ihnen; und sie schaute, wohin ihre Mutter deutete. Da war der Serpentine, rot in der untergehenden Sonne; die Bäume, zu Gruppen zusammengedrängt, gemeißelt, verloren ihre Einzelheiten; und die geisterhafte Architektur der kleinen Brücke, weiß am Ende, fügte die Szene zusammen. Die Lichter – das Sonnenlicht und das künstliche Licht – mischten sich auf eigentümliche Weise.

»... natürlich hat das die Regierung in eine heikle Lage gebracht«, sagte Sir Digby. »Aber genau das hat er gewollt.«

»Ja ... er wird sich einen Namen machen, dieser junge Mann«, sagte Lady Pargiter.

Die Droschke ließ die Brücke hinter sich. Sie fuhr in den Schatten der Bäume ein. Jetzt verließ sie den Park und schloß sich der langen Reihe der Droschken an, die Menschen in Abendkleidung ins Theater brachten, zu Dinnergesellschaften, die auf den Marble Arch zuströmte. Das Licht wurde immer künstlicher; gelber und gelber. Eugénie beugte sich herüber und berührte etwas am Kleid ihrer Tochter. Maggie hob den Kopf. Sie hatte gedacht, sie unterhielten sich immer noch über Politik.

»So«, sagte ihre Mutter, die Blume an ihrem Kleid zurechtrückend. Sie legte den Kopf ein wenig schief und sah ihre Tochter anerkennend an. Dann lachte sie unvermittelt auf und warf die Hand hoch. »Wißt ihr, was mich so lange aufgehalten hat?« sagte sie. »Dieser Frechdachs, Sally ...«

Aber ihr Mann unterbrach sie. Er hatte eine erleuchtete Uhr erspäht. »Wir werden zu spät kommen«, sagte er.

»Aber viertel nach acht bedeutet halb neun«, sagte Eugénie, als sie in eine Seitenstraße einbogen.

Alles war still im Haus in der Browne Street. Ein Lichtstrahl der Straßenlampe fiel durch die Lünette und beleuchtete, ein wenig kapriziös, ein Tablett mit Gläsern auf dem Tisch in der Halle; einen Zylinder; und einen Sessel mit vergoldeten Klauen. Der Sessel, der leer stand, als warte er auf jemanden, hatte etwas Zeremonielles; als stünde er auf dem rissigen Boden eines italienischen Vorzimmers. Aber alles war still. Antonio, der Diener, schlief; Mollie, das Hausmädchen, schlief; unten im Souterrain klappte eine Tür auf und zu – ansonsten war alles still.

Sally in ihrem Schlafzimmer im obersten Stock des Hauses drehte sich auf die Seite und lauschte aufmerksam. Sie glaubte, das Klicken der Haustür zu hören. Ein Schwall Tanzmusik drang durch das offene Fenster und machte es unmöglich, etwas zu hören.

Sie setzte sich im Bett auf und spähte durch den Spalt des Vorhangs. Durch die Öffnung konnte sie eine Scheibe des Himmels sehen; dann Dächer; dann den Baum im Garten; dann die Rückseiten der Häuser gegenüber, die in einer langen Reihe standen. Eins der Häuser war hell erleuchtet, und aus den hohen, offenen Fenstern drang Tanzmusik. Sie tanzten Walzer. Sie sah Schatten über die Vorhänge wirbeln. Es war unmöglich zu lesen; unmöglich zu schlafen. Erst war da die Musik; dann plötzliche Stimmen; dann kamen Leute heraus in den Garten; Stimmen schwatzten, dann begann wieder die Musik.

Es war ein heißer Sommerabend, und obwohl es spät war, schien die ganze Welt lebendig zu sein; das Rauschen des Verkehrs klang fern, aber unaufhörlich.

Ein verblichenes braunes Buch lag auf ihrem Bett; als hätte sie gelesen. Aber es war unmöglich zu lesen; unmöglich zu schlafen. Die Hände hinter dem Kopf verschränkt, sank sie ins Kissen zurück.

»Und er sagt«, murmelte sie, »daß die Welt nichts ist als ...« Sie stockte. Was sagte er? Nichts als ein Gedanke, oder? fragte sie sich, als hätte sie es bereits vergessen. Nun, da es unmöglich war zu lesen, und unmöglich zu schlafen, würde sie sich in Gedanken verwandeln, Gedanke *sein.* Es war einfacher, Dinge zu tun, als sie zu denken. Beine, Körper, Hände, alles an ihr mußte passiv hingebettet werden, um Teil dieses universellen Denkprozesses zu werden, der, wie der Mann gesagt hatte, die lebendige Welt war. Sie streckte sich aus. Wo fing Denken an?

In den Füßen? fragte sie sich. Da waren sie, ragten unter dem Laken auf. Sie wirkten losgelöst, sehr weit weg. Sie schloß die Augen. Dann verhärtete sich etwas in ihr gegen ihren Willen. Es war unmöglich, Gedanken zu agieren. Sie verwandelte sich in etwas; eine Wurzel; versunken in der Erde liegend; Adern schienen die kalte Masse zu durchziehen; der Baum streckte Äste aus; die Äste hatten Blätter.

»– die Sonne scheint durch die Blätter«, sagte sie, mit dem Finger wackelnd. Sie schlug die Augen auf, um sich der Sonne auf den Blättern zu vergewissern, und sah den tatsächlichen Baum draußen im Garten stehen. Weit davon entfernt, von Sonnenlicht übersprenkelt zu sein, hatte er überhaupt keine Blätter. Einen Augenblick lang hatte sie das Gefühl, widerlegt worden zu sein. Denn der Baum war schwarz, todschwarz.

Sie stützte den Ellbogen auf die Fensterbank und sah auf den Baum hinaus. Verworrener Applaus drang aus dem Zimmer, in dem der Tanz stattfand. Die Musik hatte aufgehört; Menschen kamen die eiserne Treppe in den Garten hinunter, der von blauen und gelben Lampen umsäumt war, die die Mauer tüpfelten. Die Stimmen wurden lauter. Immer mehr Menschen kamen und kamen. Das getüpfelte grüne Viereck füllte sich mit den fließenden hellen Gestalten von Frauen in Abendkleidern; mit den aufrechten schwarzweißen Gestalten von Männern in Abendanzügen. Sie beobachtete, wie sie hinein und hinaus gingen. Sie redeten und lachten; aber sie waren zu weit weg, um zu verstehen, was sie sagten. Manchmal hob sich ein einzelnes Wort oder ein Lachen aus dem Rest heraus, und dann war da wieder das konfuse Geplätscher von Geräuschen. In ihrem eigenen Garten war alles leer und still. Eine Katze glitt verstohlen über eine Mauer; hielt inne; und schlich dann weiter, wie von einem geheimen Auftrag weitergezogen. Der nächste Tanz wurde angestimmt.

»Immer wieder, immer und immer wieder!« rief sie ungeduldig aus. Die Luft, schwer vom eigentümlich trockenen Geruch der Londoner Erde, schlug ihr ins Gesicht, blähte den Vorhang. Flach auf dem Bett ausgestreckt, sah sie den Mond; er schien unendlich hoch über ihr zu stehen. Kleine Dunstwolken zogen über seine Oberfläche. Jetzt teilten sie sich, und sie sah Gravierungen über die weiße Scheibe treiben. Was waren sie? fragte sie sich – Berge? Täler? Und falls Täler, sagte sie, die Augen halb schließend, zu sich selbst, dann weiße Bäume; dann vereiste Senken, und Nachtigallen, zwei Nachtigallen, die sich gegenseitig rufen, sich über die Täler hinweg rufen und antworten. Die Walzermusik nahm die Worte »rufen und antworten« auf und warf sie zurück; aber während sie denselben Rhythmus immer und immer wieder wiederholte, machte sie sie derber, zerstörte sie. Die Tanzmusik überlagerte alles. Erst aufregend, wurde sie dann langweilig und schließlich unerträglich. Und doch war es erst zwanzig Minuten vor eins.

Ihre Lippe zog sich nach oben, wie die eines Pferdes, das gleich beißen wird. Das kleine braune Büchlein war langweilig. Sie hob die Hand über den Kopf und nahm ohne hinzusehen ein anderes Buch aus dem Bord voller zerfledderter Bücher. Sie schlug es aufs Geratewohl auf; aber ihr Blick blieb an einem der Paare hängen, das noch im Garten saß, obwohl die anderen hineingegangen waren. Was sagten die beiden wohl?, fragte sie sich. Da war etwas Schimmerndes im Gras, und soweit sie sehen konnte, beugte die schwarzweiße Gestalt des Mannes sich nieder und hob es auf.

»Und während er es aufhebt«, murmelte sie, immer noch hinaussehend, »sagt er zu der Dame neben sich: Sehen Sie nur, Miss Smith, was ich im Gras gefunden habe – ein Stück meines Herzens; meines gebrochenen Herzens, sagt er. Ich habe es im Gras gefunden; und ich trage es an meiner Brust« – sie summte die Worte im Rhythmus der melancholischen Walzermusik – »mein gebrochenes Herz, dieses zerbrochene Glas, denn die Liebe –« sie hielt inne und betrachtete das Buch. Auf dem Vorsatzblatt stand:

»Für Sara Pargiter, von ihrem Cousin Edward Pargiter.«

»... denn die Liebe«, kam sie zum Schluß, »ist das Beste.«

Sie schlug die Titelseite auf.

»Die Antigone des Sophokles, in englische Verse übertragen von Edward Pargiter«, las sie.

Noch einmal sah sie aus dem Fenster. Das Paar hatte sich in Bewegung gesetzt. Sie gingen die Eisentreppe hinauf. Sie beobachtete sie. Sie gingen in den Ballsaal. »Und angenommen, mitten im Tanz«, murmelte sie, »nimmt sie es hervor; und betrachtet es und sagt, ›Was ist denn das?‹ und es ist nur ein zerbrochenes Stück Glas – Stück Glas ...« Sie sah wieder auf das Buch hinab.

»Die Antigone des Sophokles«, las sie. Das Buch war brandneu; es knisterte, als sie es aufschlug; es war das erste Mal, daß sie es aufschlug.

»Die Antigone des Sophokles, in englische Verse übertragen von

Edward Pargiter«, las sie wieder. Er hatte es ihr in Oxford geschenkt; an einem heißen Nachmittag, als sie durch die Kapellen und Bibliotheken gegangen waren. »Gegangen und verhangen«, summte sie beim Umblättern, »und er erhob sich aus dem niedrigen Sessel und fuhr sich mit der Hand durch die Haare und sagte zu mir« – sie sah aus dem Fenster – »›meine vertane Jugend, meine vertane Jugend‹.« Der Walzer hatte jetzt seinen intensivsten, seinen melancholischsten Höhepunkt erreicht. »Er ergriff«, summte sie im Takt des Walzers mit, »dieses zerbrochene Glas, dieses verblaßte Herz, und sagte zu mir ...« Hier war die Musik zu Ende; Applaus war zu hören; die Tänzer kamen aufs neue in den Garten hinaus.

Sie blätterte weiter. Zuerst las sie hier und da aufs Geratewohl eine Zeile; dann stiegen, während sie blätterte, aus dem Gesprengsel der zerbrochenen Worte Szenen auf, schnell, ungenau. Die unbestattete Leiche eines ermordeten Mannes lag wie ein umgestürzter Baumstamm, wie eine Statue, einen Fuß starr in die Luft gereckt. Geier sammelten sich. Flatterten auf den silbernen Sand. Torkelnd, taumelnd, kamen die kopflastigen Vögel näher gewatschelt; mit schwingenden grauen Halslappen hüpften sie – sie klopfte beim Lesen mit der Hand auf die Bettdecke – zu dem Klumpen da. Rasch, rasch, rasch, mit wiederholtem Rucken, schlugen sie die Schnäbel ins modernde Fleisch. Ja. Sie sah auf den Baum im Garten draußen. Die unbestattete Leiche des ermordeten Mannes lag auf dem Sand. Dann kam in einer gelben Wolke herbeigewirbelt – wer? Rasch blätterte sie die Seite um. Antigone? Sie kam aus der Staubwolke herausgewirbelt, dahin, wo die Geier pickten, und streute weißen Sand über den geschwärzten Fuß. Sie stand da und ließ weißen Staub auf den geschwärzten Fuß fallen. Und dann, siehe da! weitere Wolken erschienen; dunkle Wolken; die Reiter sprangen ab; sie wurde ergriffen; ihre Handgelenke wurden mit Weidenbast gebunden; und sie schleppten sie, derart gebunden – wohin?

Aus dem Garten drang brüllendes Lachen. Sie hob den Kopf. Wo brachten sie sie hin? fragte sie sich. Der Garten war voller Menschen. Sie konnte nicht ein Wort von dem verstehen, was sie sagten. Die Gestalten gingen hinein und hinaus.

»Zum ehrwürdigen Gericht des geachteten Herrschers?« murmelte sie, zufällig das ein oder andere Wort herausgreifend, denn sie sah immer noch in den Garten hinaus. Der Name des Mannes war Kreon. Er begrub sie. Es war eine mondhelle Nacht. Die Klingen der Kakteen waren scharfsilbern. Der Mann im Lendentuch schlug dreimal kurz mit dem Hammer auf die Ziegelsteine. Sie wurde lebendig begraben. Das Grab war ein Gewölbe aus Ziegelsteinen. Es war gerade Raum genug, daß sie flach ausgestreckt liegen konnte. Flach ausgestreckt in einem Grab aus Ziegeln, sagte sie. Und das ist das Ende, gähnte sie und klappte das Buch zu.

Sie streckte sich aus, unter den kühlen glatten Laken, und zog sich das Kissen über die Ohren. Das eine Laken und die eine Decke schmiegten sich weich um sie. Am Fußende des Betts war ein langer Streifen kühler frischer Matratze. Das Geräusch der Tanzmusik wurde dumpfer. Plötzlich stürzte ihr Körper ab; erreichte dann den Boden. Ein dunkler Flügel streifte ihren Geist, hinterließ eine Lücke; einen leeren Fleck. Alles – die Musik, die Stimmen – wurde gedehnt und verallgemeinert. Das Buch fiel zu Boden. Sie schlief.

»Es ist eine wundervolle Nacht«, sagte das junge Mädchen, das mit seinem Partner die eisernen Stufen hinaufging. Sie ließ die Hand auf der Balustrade ruhen. Sie fühlte sich sehr kalt an. Sie hob den Kopf; ein Splitter gelben Lichts umgab den Mond. Er schien um ihn herum zu lachen. Auch ihr Partner hob den Kopf, und ging dann eine weitere Stufe hinauf, ohne etwas zu sagen, denn er war schüchtern.

»Gehen Sie morgen zum Spiel?« fragte er steif, denn sie kannten einander kaum.

»Wenn mein Bruder sich rechtzeitig freimachen kann, um mich mitzunehmen«, sagte sie und ging ebenfalls eine weitere Stufe hinauf. Dann, als sie den Ballsaal betraten, verneigte er sich leicht vor ihr und verließ sie; denn seine nächste Partnerin wartete.

Der Mond, der jetzt frei von Wolken war, lag in einer leeren Weite, als hätte das Licht die Schwere der Wolken aufgezehrt und eine vollkommen leere Fläche hinterlassen, einen Tanzboden für Lustbarkeiten. Eine Weile blieb das gefleckte Schillern des Himmels ungebrochen. Dann erhob sich ein Windhauch; und eine kleine Wolke zog über den Mond.

Im Schlafzimmer war ein Geräusch. Sara drehte sich um.

»Wer ist da?« murmelte sie. Sie setzte sich auf und rieb sich die Augen.

Es war ihre Schwester. Sie stand zögernd in der Tür. »Schläfst du?« fragte sie mit leiser Stimme.

»Nein«, sagte Sara. Sie rieb sich die Augen. »Ich bin wach«, sagte sie und schlug sie auf.

Maggie kam durchs Zimmer und setzte sich auf die Bettkante. Der Vorhang wehte nach außen; die Laken glitten vom Bett. Einen Augenblick fühlte sie sich benommen. Nach dem Ballsaal sah alles so unordentlich aus. Auf dem Waschtisch stand ein Becher mit einer Zahnbürste darin; das Handtuch hing zerknüllt über dem Handtuchhalter; und ein Buch war auf den Boden gefallen. Sie bückte sich und hob es auf. Während sie das tat, brauste ein Stück die Straße hinunter die Musik auf. Sie hielt den Vorhang zur Seite. Die Frauen in hellen Kleidern, die Männer in Schwarz und Weiß, drängten die Stufen hinauf in den Ballsaal. Gesprächsfetzen und Gelächter wehten über den Garten.

»Ist da ein Ball?« fragte sie.

»Ja. Ein Stück die Straße runter«, sagte Sara.

Maggie sah hinaus. Auf diese Entfernung klang die Musik romantisch, geheimnisvoll, und die Farben flossen übereinander, weder rosa noch weiß noch blau.

Maggie reckte sich und nahm die Blume ab, die an ihrem Kleid festgesteckt war. Sie ließ schon den Kopf hängen; die weißen Blütenblätter waren von schwarzen Punkten gefleckt. Wieder sah sie aus dem Fenster. Das Lichtergemisch war sehr eigenartig; ein Blatt war von einem gespenstischen Grün; ein anderes grellweiß. Die Äste kreuzten sich auf unterschiedlichen Ebenen. Dann lachte Sally.

»Hat irgend jemand dir ein Stück Glas gegeben?« fragte sie, »und zu dir gesagt, Miss Pargiter ... mein gebrochenes Herz?«

»Nein«, sagte Maggie, »wieso sollte jemand das tun?« Die Blume fiel von ihrem Schoß auf den Boden.

»Ich dachte nur«, sagte Sara. »Die Leute im Garten ...«

Sie wedelte mit der Hand in Richtung Fenster. Sie schwiegen einen Augenblick, hörten der Tanzmusik zu.

»Und neben wem hast du gesessen?« fragte Sara nach einer Weile.

»Neben einem Mann mit goldenen Tressen«, sagte Maggie.

»Mit goldenen Tressen?« wiederholte Sara.

Maggie schwieg. Allmählich gewöhnte sie sich an das Zimmer: die Diskrepanz zwischen diesem Durcheinander und dem schimmernden Ballsaal ließ allmählich nach. Sie beneidete ihre Schwester, die bei offenem Fenster im Bett lag, während ein Lufthauch hereinwehte.

»Weil er auf eine Gesellschaft ging«, sagte sie. Sie hielt inne. Etwas zog ihre Aufmerksamkeit auf sich. Ein Zweig schwankte im leisen Lufthauch auf und nieder. Maggie hielt den Vorhang so, daß das Fenster unverhüllt war. Jetzt konnte sie den ganzen Himmel sehen, und die Häuser und die Zweige im Garten.

»Es ist der Mond«, sagte sie. Es war der Mond, der die Blätter weiß färbte. Sie sahen beide auf den Mond, der wie eine silberne Münze schimmerte, auf Hochglanz poliert, sehr grell und hart.

»Aber wenn sie nicht O mein gebrochenes Herz sagen«, sagte Sara, »was sagen sie dann, auf diesen Gesellschaften?«

Maggie schnippte einen weißen Fussel weg, der von ihren Handschuhen an ihrem Ärmel hängengeblieben war.

»Manche Leute sagen das eine«, sagte sie aufstehend, »und manche Leute sagen etwas anderes.«

Sie ergriff das kleine braune Buch, das auf der Decke lag, und strich die Laken glatt. Sara nahm ihr das Buch aus der Hand.

»Dieser Mann«, sagte sie, auf den häßlichen kleinen braunen Band tippend, »sagt, daß die Welt nichts ist als ein Gedanke, Maggie.«

»Tatsächlich?« sagte Maggie und legte das Buch auf den Waschtisch. Es war ein Trick, wie sie wußte, sie festzuhalten und zu reden.

»Meinst du, daß das stimmt?« fragte Sara.

»Schon möglich«, sagte Maggie, ohne darüber nachzudenken, was sie sagte. Sie streckte die Hand aus, um den Vorhang zuzuziehen.

»Die Welt ist nichts als ein Gedanke, sagt er«, wiederholte sie, den Vorhang zur Seite haltend.

Sie hatte etwas in dieser Art gedacht, als die Droschke den Serpentine überquert hatte; als ihre Mutter sie unterbrach. Sie hatte gedacht: Bin ich dies, oder bin ich jenes? Sind wir eins, oder sind wir getrennt – etwas in dieser Art.

»Und was ist dann mit den Bäumen und den Farben?« fragte sie, sich umdrehend.

»Den Bäumen und den Farben?« wiederholte Sara.

»Würde es Bäume geben, wenn wir sie nicht sehen könnten?« sagte Maggie.

»Was ist ›ich?‹ ... ›ich?‹ ...« Sie unterbrach sich. Sie wußte nicht, was sie meinte. Sie redete Unsinn.

»Ja«, sagte Sara. »Was ist ›ich‹?« Sie hielt ihre Schwester am Rock fest, vielleicht um sie am Gehen zu hindern, vielleicht um über die Frage zu debattieren.

»Was ist ›ich‹?« wiederholte sie.

Aber vor der Tür war ein Rascheln zu hören, und ihre Mutter kam herein.

»Oh, meine lieben Kinder!« rief sie aus, »immer noch nicht im Bett? Immer noch am Reden?«

Sie kam durch das Zimmer, strahlend, glühend, als stünde sie immer noch unter dem Einfluß der Gesellschaft. Juwelen blitzten an ihrem Hals und an ihren Armen. Sie war ungemein schön. Sie sah sich um.

»Und die Blume liegt auf dem Boden, und alles ist so unordentlich«, sagte sie. Sie hob die Blume auf, die Maggie fallengelassen hatte, und hielt sie an ihre Lippen.

»Weil ich gelesen habe, Mama, weil ich gewartet habe«, sagte Sara. Sie nahm die Hand ihrer Mutter und streichelte den nackten Arm. Sie ahmte das Verhalten ihrer Mutter so exakt nach, daß Maggie lächelte. Sie waren das genaue Gegenteil voneinander – Lady Pargiter so üppig, Sara so kantig. Aber es hat funktioniert, dachte sie für sich, als Lady Pargiter sich auf das Bett herabziehen ließ. Die Imitation war perfekt gewesen.

»Aber du mußt schlafen, Sal«, protestierte sie. »Was hat der Doktor gesagt? Flach liegen, still liegen, hat er gesagt.« Sie drückte sie in die Kissen zurück.

»Ich liege flach und still«, sagte Sara. »Und jetzt« – sie sah zu ihr hoch – »erzähl mir von der Gesellschaft.«

Maggie stand hoch aufgerichtet am Fenster. Sie beobachtete die Paare, die die eiserne Treppe herunterkamen. Bald war der Garten voller blaßweißer und rosa Gestalten, die ein und aus gingen. Halb hörte sie die beiden hinter sich über die Gesellschaft reden.

»Es war eine sehr nette Gesellschaft«, sagte ihre Mutter.

Maggie sah aus dem Fenster. Das Viereck des Gartens war erfüllt von unterschiedlich getönten Farben. Sie schienen sich eine über die andere zu kräuseln, bis sie den Winkel erreichten, auf den das Licht aus dem Haus fiel, wo sie sich plötzlich in Damen und Herren in voller Abendgarderobe verwandelten.

»Keine Fischmesser?« hörte sie Sara fragen.

Sie drehte sich um.

»Wer war der Mann, neben dem ich gesessen habe?« fragte sie.

»Sir Matthew Mayhew«, sagte Lady Pargiter.

»Und wer ist Sir Matthew Mayhew?« fragte Maggie.

»Ein überaus distinguierter Mann, Maggie!« sagte ihre Mutter mit einer schwungvollen Handbewegung.

»Ein überaus distinguierter Mann«, wiederholte Sara wie ein Echo.

»Aber das ist er tatsächlich«, wiederholte Lady Pargiter und lächelte ihre Tochter an, die sie liebte, vielleicht wegen ihrer Schulter.

»Es war eine große Ehre, neben ihm zu sitzen, Maggie«, fuhr sie fort. »Eine große Ehre«, sagte sie tadelnd. Dann schwieg sie, als sähe sie eine kleine Szene vor sich. Sie hob den Kopf.

»Und dann«, nahm sie den Faden wieder auf, »als Mary Palmer zu mir sagt, Welches ist Ihre Tochter? sehe ich Maggie, meilenweit entfernt, auf der anderen Seite des Zimmers, mit Martin sprechen, den sie jeden Tag ihres Lebens in einem Omnibus hätte treffen können!«

Ihre Worte waren betont, so daß sie sich zu heben und zu senken schienen. Sie unterstrich ihren Rhythmus noch mehr, indem sie mit den Fingern auf Sallys nackten Arm tippte.

»Aber ich sehe Martin nicht jeden Tag«, protestierte Maggie. »Ich habe ihn nicht gesehen, seit er aus Afrika zurück ist.« Ihre Mutter unterbrach sie.

»Aber man geht nicht auf Gesellschaften, meine liebe Maggie, um mit seinen eigenen Cousins zu reden. Man geht auf Gesellschaften, um –«

Hier lärmte die Tanzmusik los. Die ersten Akkorde schienen von einer frenetischen Energie besessen zu sein, als forderten sie die Tänzer herrisch zur Rückkehr auf. Lady Pargiter unterbrach sich mitten im Satz. Sie seufzte; ihr Körper schien träge und schlaff zu werden. Die schweren Lider senkten sich leicht über ihre großen dunklen Augen. Sie bewegte den Kopf im Takt der Musik langsam hin und her.

»Was ist es, was sie da spielen?« murmelte sie. Sie summte die Melodie, schlug den Takt mit der Hand. »Etwas, wozu ich früher getanzt habe.«

»Tanz jetzt dazu, Mama«, sagte Sara.

»Ja, Mama. Zeig uns, wie du früher getanzt hast«, drängte Maggie.

»Aber ohne Partner –« protestierte Lady Pargiter.

Maggie schob einen Stuhl zur Seite.

»Stell dir einen Partner vor«, drängte Sara.

»Also gut«, sagte Lady Pargiter. Sie erhob sich. »Es ging ungefähr so«, sagte sie. Sie blieb stehen; mit einer Hand breitete sie ihren Rock aus; die andere, in der sie die Blume hielt, winkelte sie leicht an; sie wirbelte auf der Fläche, die Maggie freigemacht hatte, im Kreis herum. Sie bewegte sich mit außergewöhnlicher Hoheit. All ihre Glieder schienen sich zu biegen, schienen zu fließen im Schwung und Schwang der Musik; die lauter und klarer wurde, während sie dazu tanzte. Sie kreiselte um die Stühle und Tische herum und stieß, als die Musik abbrach; ein »So!« aus. Ihr Körper schien sich zusammenzufalten und zu schließen, als sie »So!« seufzte und sich in einer einzigen Bewegung auf die Bettkante sinken ließ.

»Wundervoll!« rief Maggie. Ihre Augen ruhten voller Bewunderung auf ihrer Mutter.

»Unsinn«, lachte Lady Pargiter, ein wenig außer Atem. »Ich bin viel zu alt, um noch zu tanzen; aber als ich jung war; als ich in eurem Alter war –« Sie saß da, außer Atem.

»Du bist aus dem Haus auf die Terrasse getanzt und hast ein kleines Briefchen in deinem Strauß gefunden –« sagte Sara und streichelte den Arm ihrer Mutter. »Erzähl uns die Geschichte, Mama.«

»Nicht heute abend«, sagte Lady Pargiter. »Hört – die Uhr schlägt!«

Da die Westminster Abbey so nah war, erfüllte der Klang des Stundenschlags das Zimmer, weich, aufrührerisch, wie ein Schauer sanfter Seufzer, die übereinander hinwegeilten und doch etwas Hartes verbargen. Lady Pargiter zählte. Es war sehr spät.

»Eines Tages werde ich euch die wahre Geschichte erzählen«, sagte sie, als sie sich vorbeugte, um ihrer Tochter einen Gutenachtkuß zu geben.

»Jetzt! Jetzt!« rief Sara und hielt sie fest.

»Nein, nicht jetzt – nicht jetzt!« lachte Lady Pargiter und riß ihre Hand los. »Papa ruft nach mir!«

Sie hörten Schritte auf dem Flur draußen, und dann Sir Digbys Stimme vor der Tür.

»Eugénie! Es ist sehr spät, Eugénie!« hörten sie ihn sagen.

»Ich komme!« rief sie. »Ich komme!«

Sara hielt sie an der Schleppe ihres Kleides fest. »Du hast uns die Geschichte von dem Blumenstrauß noch nicht erzählt, Mama!« rief sie.

»Eugénie!« wiederholte Sir Digby. Seine Stimme klang gebieterisch. »Hast du abgeschlossen –«

»Ja, ja, ja«, sagte Eugénie. »Ich werde euch die wahre Geschichte ein andermal erzählen«, sagte sie und befreite sich aus dem Griff ihrer Tochter. Sie küßte beide flüchtig und verließ das Zimmer.

»Sie wird sie uns nicht erzählen«, sagte Maggie, ihre Handschuhe aufhebend. Sie sprach mit einer leichten Bitterkeit.

Sie lauschten auf die Stimmen, die sich im Flur unterhielten. Sie konnten die Stimme ihres Vaters hören. Er machte Vorhaltungen. Seine Stimme klang verdrossen und schlechtgelaunt.

»Auf und ab tänzelnd, den Säbel zwischen den Beinen; den Chapeau claque unter dem Arm und den Säbel zwischen den Beinen«, sagte Sara, wütend auf ihr Kissen einschlagend.

Die Stimmen entfernten sich, nach unten.

»Von wem war der Brief, was meinst du?« sagte Maggie. Sie hielt inne und sah ihre Schwester an, die sich in ihren Kissen vergrub.

»Der Brief? Welcher Brief?« fragte Sara. »Ach so, der Brief im Blumenstrauß. Ich kann mich nicht erinnern«, sagte sie. Sie gähnte.

Maggie schloß das Fenster und zog den Vorhang zu, ließ aber einen Lichtstreifen übrig.

»Zieh ihn ganz zu, Maggie«, sagte Sara gereizt. »Sperr diesen Krach aus.«

Mit dem Rücken zum Fenster rollte sie sich zusammen. Sie hatte sich einen Zipfel des Kissens über den Kopf gezogen, wie um die Tanzmusik auszuschließen, die immer noch weiterging. Sie drückte das Gesicht in eine Einbuchtung der Kissen. Sie sah aus wie eine Schmetterlingspuppe, eingehüllt in die scharfen weißen Falten des Lakens. Nur ihre Nasenspitze war zu sehen. Ihre Hüfte und ihre Füße ragten am Ende des Bettes auf, nur mit einem Laken zugedeckt. Sie stieß einen tiefen Seufzer aus, der halb ein Schnarchen war; sie schlief bereits.

Maggie ging durch den Flur. Dann sah sie, daß in der Halle unten noch Licht brannte. Sie blieb stehen und sah über das Geländer nach unten. Die Halle war hell erleuchtet. Sie konnte den großen italienischen Sessel mit den vergoldeten Klauen sehen, der in der Halle stand. Ihre Mutter hatte ihr Abendcape darüber geworfen, so daß es in weichen goldenen Falten über den karmesinroten Bezug fiel. Sie konnte ein Tablett mit Whisky und einem Sodawassersyphon auf dem Tisch sehen. Dann hörte sie die Stimmen ihres Vaters und ihrer Mutter, die die Küchentreppe heraufkamen. Sie waren unten im Souterrain gewesen; ein Stück die Straße entlang war eingebrochen worden; ihre Mutter hatte versprochen, ein neues Schloß an der Küchentür anbringen zu lassen, hatte es aber vergessen. Sie konnte ihren Vater sagen hören:

»... sie würden es einschmelzen; wir würden es nie zurückbekommen.«

Maggie ging ein paar Stufen weiter hinauf.

»Es tut mir so leid, Digby«, sagte Eugénie, als sie in die Halle kamen. »Ich werde mir einen Knoten ins Taschentuch machen; ich werde morgen früh gleich nach dem Frühstück hingehen ... Ja«, sagte sie, während sie ihr Cape aufnahm, »ich werde persönlich hingehen, und ich werde sagen, ›Ich habe genug von Ihren Ausflüchten, Mr Toye. Nein, Mr Toye, Sie haben mich einmal zu oft getäuscht. Und das nach all diesen Jahren!‹«

Dann trat eine Pause ein. Maggie konnte hören, wie Sodawasser in ein Glas gespritzt wurde; das Klirren von Glas; und dann gingen die Lichter aus.

Kurzprosa

Das Mal an der Wand

Vielleicht war es Mitte Januar in diesem Kalenderjahr, als ich zum ersten Mal aufschaute und das Mal an der Wand sah. Um einen Zeitpunkt festzustellen, ist es unerläßlich sich zu erinnern, was man gesehen hat. Deshalb denke ich jetzt an das Feuer; den ständigen Film gelben Lichts auf der Seite meines Buchs; die drei Chrysanthemen in der runden Glasschale auf dem Kaminsims. Ah ja, es muß Winter gewesen sein, und wir hatten gerade unseren Tee beendet, denn ich erinnere mich, daß ich eine Zigarette rauchte, als ich aufschaute und erstmals das Mal an der Wand sah. Ich schaute auf durch den Rauch meiner Zigarette und mein Auge blieb für einen Moment an den glimmenden Kohlen haften, und es kam mir jenes alte Märchenbild von der karmesinroten Fahne, die vom Burgturm flattert, in den Sinn, und ich dachte an die Kavalkade roter Knappen, die den schwarzen Felshang hinaufreitet. Ich war eher erleichtert, daß der Blick auf das Mal das Märchenbild zerschnitt, denn es ist ein altes Bild, ein Bild, das sich automatisch einstellt, das man sich vielleicht als Kind gemacht hat. Das Mal war ein kleines rundes Mal, schwarz auf der weißen Wand, etwa sechs oder sieben Zoll über dem Kaminsims.

Wie rasch unsere Gedanken um einen neuen Gegenstand schwärmen, ihn eine kleine Strecke befördern, wie Ameisen ganz fieberhaft einen Strohhalm transportieren, und dann liegenlassen ... Sollte dieses Mal von einem Nagel stammen, kann er nicht für ein Gemälde, muß er für eine Miniatur da gewesen sein – die Miniatur einer Dame mit weißgepuderten Locken, puderbestäubten Wangen und Lippen wie rote Nelken. Natürlich eine Schwindelei, denn die Leute, die dieses Haus vor uns bewohnten, hätten Gemälde folgendermaßen ausgewählt – ein altes Gemälde für ein altes Zimmer. Solche Leute waren sie – sehr interessante Leute, und ich denke so häufig an sie, an ganz sonderlichen Orten, denn wiedersehen wird man sie niemals, niemals wissen, was mit ihnen weiter geschehen ist. Sie wollten dieses

Haus verlassen, weil sie, wie er sagte, ihren Möbelstil wechseln wollten, und er war gerade drauf und dran zu sagen, daß seiner Meinung nach Kunst von Ideen getragen sein müsse, als wir auseinandergerissen wurden, wie man von der alten Dame, die gerade dabei ist Tee einzuschenken, weggerissen wird und dem jungen Mann, der gerade den Tennisball in den hinteren Garten der Vorstadtvilla schmettern will, während man im Zug vorbeirast.

Aber was dieses Mal angeht, da bin ich mir nicht sicher; ich glaube letzten Endes nicht, daß es von einem Nagel stammt; dafür ist es zu groß, zu rund. Ich könnte aufstehen, doch stünde ich auf und betrachtete es, wäre ich zehn zu eins nicht in der Lage, sichere Auskunft zu geben; denn wenn einmal etwas gemacht ist, weiß niemand mehr, wie es dazu gekommen ist. Oh, mein Gott, die Geheimnisse des Lebens! Die Ungenauigkeit des Denkens! Die Ignoranz der Menschheit! Um zu zeigen, wie äußerst gering unsere Macht über unsere Besitztümer ist – was für ein Zufallsding dieses Leben mitsamt unserer Zivilisation ist – möchte ich gerade einmal einige Dinge herzählen, die uns im Laufe unseres Lebens abhanden gekommen sind, der Anfang, denn dies scheint immer der mysteriöseste aller Verluste zu sein – welche Katze würde daran knabbern, welche Ratte daran nagen – drei blaßblaue Blechbehälter mit Buchbinderwerkzeugen? Dann wären da die Vogelkäfige, die Reifen aus Eisen, die Schlittschuhe, der Queen-Anne-Kohleneimer, das Tischkegelbrett, die Drehorgel – alles dahin, und Edelsteine auch! Opale und Smaragde, sie liegen zwischen den Steckrübenwurzeln herum. Was für eine Kratzerei, Schaberei das Ganze – sicher zu sein! Ein Wunder, daß ich Kleider auf dem Leib habe, daß ich in diesem Augenblick von handfesten Möbeln umgeben bin. Ja, wollte man das Leben mit irgend etwas vergleichen, müßte es einem vorkommen, wie wenn man mit fünfzig Meilen Stundengeschwindigkeit durch den Tunnel der Untergrundbahn geblasen wird – am anderen Ende ohne eine einzige Haarnadel im Haar landend! Splitternackt vor Gottes Füße gesaust! Halsüberkopf in die Asphodelenwiesen stürzend wie braune Pakete in der Post aufs Ladeband geknallt! Mit nach hinten wehendem Haar, wie der Schweif eines Rennpferds. Ja, das scheint die rasende Geschwindigkeit des Lebens auszudrücken, den unausgesetzten Verschleiß, die Ausbesserei; alles so nebenbei, alles so aufs Geratewohl …

Aber nach dem Leben. Das langsame Herunterziehen dicker grüner Stengel, so daß der Blütenkelch, wenn er umkippt, einen mit Purpur und rotem Licht überflutet. Warum sollte man letzten Endes nicht dort geboren werden, wie man hier geboren wird, hilflos, sprachlos, unfähig, den Blick genau einzustellen, tastend nach den Wurzeln der Gräser, den Zehen der Riesen? Um dann sagen zu können, was Bäume sind und was Männer und Frauen, oder ob es derlei überhaupt gibt, dies zu sagen wird man fünfzig Jahre lang oder mehr nicht in der Lage sein. Es wird nichts als Räume von Licht und Dunkel geben, durchschnitten von dicken Stengeln und eher höher oben vielleicht von rosenförmigen Klecksen unbestimmter Farbe – matte Rosa- und Blautöne – die mit der Zeit deutlicher werden, sie werden – ich weiß nicht was …

Und doch ist das Mal an der Wand auf keinen Fall ein Loch. Es könnte sogar von irgendeiner runden schwarzen Substanz herrühren, etwas wie einem kleinen vom Sommer übriggebliebenen Rosenblatt, und ich, die ich keine sehr wachsame Hausfrau bin – man schaue sich zum Beispiel den Staub auf dem Kaminsims an, den Staub, der, wie es heißt, Troja dreimal unter sich begraben hat, und nur Scherben von Töpfen, die die Vernichtung völlig verweigerten, was man durchaus glauben kann.[1]

Der Baum draußen vor dem Fenster schlägt sehr sanft an die Scheibe … ich möchte nachdenken, gelassen, ruhig, umfassend, nie unterbrochen werden, nie von meinem Sessel aufstehen müssen, um leicht von einem zum andern zu gleiten, ohne irgendein Gefühl von Feindseligkeit, oder einer Behinderung. Ich möchte tiefer und tiefer sinken, fort von der Oberfläche mit ihren harten unverbundenen Fakten. Um selbst Halt zu gewinnen, will ich die erste Idee ergreifen, die mich streift … Shakespeare … Nun, er tut's so gut wie jeder andere. Ein Mann, der sich breit in einen Lehnstuhl niederließ und ins Feuer schaute, so – Ein Sturzbach von Ideen fiel unaufhörlich aus einem sehr hohen Himmel herunter und durch sein Gehirn. Er stützte die Stirn in die Hand, dazu Leute, durch die offene Tür spähend – denn die Szene soll an einem Sommerabend spielen – Doch wie langweilig ist sie, diese historische Prosa! Sie interessiert mich nicht im geringsten. Ich wollte, ich könnte auf eine angenehme Denkspur geraten, eine Spur, die mir mittelbar selbst zur Ehre gereichte, denn dies sind die angenehmsten Gedanken und sehr häufig sogar in den Köpfen der bescheidensten mausgrauen Leute anzutreffen, die lautererweise glauben, sie würden nicht gern ihr eigenes Lob hören. Es sind nicht Gedanken, die einen unmittelbar selbst loben, das ist das Schöne an ihnen; es sind Gedanken wie diese:

»Und dann trat ich ins Zimmer. Sie redeten über Pflanzenkunde. Ich sagte, daß ich am Kingsway auf einem Müllhaufen, wo ein altes Haus gestanden hatte, eine Blume hätte wachsen sehen. Der Samen, sagte ich, müsse unter der Regierung Karls I. ausgesät worden sein. Was für Blumen wuchsen unter der Regierung Karls I.?« fragte ich – (aber ich kann mich an die Antwort nicht mehr erinnern). Langstielige Blumen mit purpurfarbenen quastenförmigen Blütenstauden vielleicht. Und so geht es weiter. Die ganze Zeit staffiere ich im Geist das Erscheinungsbild meiner selbst aus, liebevoll, verstohlen, nicht offen ihr zugetan, denn wäre ich das, müßte ich mich selbst an der Nase nehmen und aus Selbstschutz augenblicklich meine Hand nach einem Buch ausstrecken. Ja, es ist merkwürdig, wie man instinktiv das Bild seiner selbst vor der Vergötterung oder irgendeiner anderen Darstellung, die es lächerlich machen könnte, schützt, oder auch davor, daß es vom Original zu sehr abweicht, um weiter an es glauben zu können. Oder ist es am Ende gar nicht so sehr merkwürdig? Es ist von größter Bedeutung. Angenommen der Spiegel zerbricht, das Bild verschwindet, und die romantische Erscheinung mit dem Grün der Waldestiefen ist nicht mehr da, sondern nur jene Hülle einer Person, die von anderen Menschen gesehen wird – was für eine luftlose, seichte, kahle, vordergründige Welt entsteht da! Eine Welt, in der man nicht leben kann. Wie wir in Omnibussen und Untergrundbahnen einander gegenübersitzen, schauen wir in den Spiegel; darin gründet die Verschwommenheit, die schimmernde Glasigkeit, in unseren Augen. Und die Romanciers werden künftig immer mehr die

Bedeutung dieser Spiegelungen wahrnehmen, denn selbstverständlich gibt es nicht nur eine Spiegelung, sondern eine nahezu unendliche Anzahl; dies werden die Tiefen sein, die sie ergründen, dies die Phantome, die sie verfolgen werden, wobei sie die Beschreibung von Wirklichkeit immer mehr aus ihren Erzählungen herauslassen werden, da sie deren Kenntnis als selbstverständlich voraussetzen, wie die Griechen und Shakespeare vielleicht – aber derlei Generalisierungen haben gar keinen Wert. Der militärische Anklang des Wortes genügt. Er erinnert an Leitartikel, Kabinettsminister – eine ganze Klasse von Dingen, die man als Kind für das Ding selbst gehalten hat, das maßgebliche, das wirkliche Ding, von dem man nicht abweichen konnte außer mit dem Risiko unaussprechlicher Verdammnis. Generalisierungen holen immer Sonntage in London zurück, Sonntagnachmittagsspaziergänge, Sonntagmittagessen, und auch die Art und Weise, wie von Verstorbenen, Kleidern und Gewohnheiten gesprochen wurde – wie der Gewohnheit, daß alle bis zu einer bestimmten Stunde in einem Zimmer zusammensaßen, obwohl das niemandem behagte. Da gab es für alles und jedes eine Regel. Für Tischtücher lautete in jener besonderen Epoche die Regel, sie hätten aus Tapisseriestoff mit kleinen gelben darauf geprägten Feldern zu sein, wie man dies auf Photographien von Teppichen in den Korridoren der königlichen Paläste sehen kann. Alle anderen Tischtücher waren keine wirklichen Tischtücher. Wie schockierend und zugleich wie großartig war es, zu entdecken, daß diese wirklichen Dinge, Sonntagmittagessen, Sonntagsspaziergänge, Landhäuser und Tischtücher nicht vollkommen wirklich waren, daß sie tatsächlich zur Hälfte Phantome waren und die Verdammnis, welche den ihnen gegenüber Ungläubigen heimsucht, nichts als das Gefühl unrechtmäßiger Freiheit war. Was, frage ich, nimmt heute die Stelle dieser Dinge ein, dieser wirklichen maßgeblichen Dinge? Männer vielleicht, sollte man eine Frau sein; der männliche Standpunkt, der unsere Leben beherrscht, der die Maßstäbe setzt, der Whitakers Rangordnungsliste[2] aufgestellt hat, die, ich vermute, seit dem Krieg für viele Männer und Frauen nahezu zu einem Phantom geworden ist, das bald, möchte man hoffen, in den Mülleimer gelacht wird, wo Phantome enden, die Mahagonikredenz und die Landseer-Stiche,[3] Götter und Teufel, die Hölle und so weiter, die uns allen ein berauschendes Gefühl unrechtmäßiger Freiheit hinterlassen – wenn es Freiheit gibt …

In einer bestimmten Beleuchtung scheint das Mal an der Wand sich wirklich von der Wand abzuheben. Auch ist es nicht gänzlich kreisförmig. Ich bin nicht sicher, aber es scheint einen merklichen Schatten zu werfen, der nahelegt, daß mein Finger, führe er an der Wand herunter diesem Streifen nach, an einem bestimmten Punkt einen kleinen Tumulus hinauf- und herabstiege, einen glatten Tumulus wie diese Erdhügel auf den South Downs, die angeblich entweder Gräber oder Befestigungen sind. Von den beiden wären mir Gräber lieber, dem Hang zur Melancholie folgend wie die meisten Engländer, für die es am Ende einer Wanderung natürlich ist, an die dahingestreckten Gebeine unter dem Rasen zu denken … Es muß darüber ein Buch geben. Irgendein Altertumsforscher muß die Gebeine ausgegraben und ihnen einen Namen gegeben haben … Was für eine Art von Mensch ist ein Altertumsforscher, frage ich mich? Größtenteils der Typ des pensionierten Obersts, wie ich zu behaupten wage, der Gruppen von altgewordenen Arbeitern hier hinauf auf die Kuppe führt, Klumpen aus Erde und Stein begutachtet und mit der benachbarten Geistlichkeit eine Korrespondenz beginnt, die, wenn er sie zum Frühstück öffnet, ihm ein Gefühl von Wichtigkeit verleiht und die zur Gegenüberstellung von Pfeilspitzen Überlandfahrten in die Kreisstädte dringlich macht, eine angenehme Dringlichkeit sowohl für sie wie für ihre ältlichen Frauen, die gerne Pflaumenmus kochen oder das Studierzimmer putzen möchten und jeden denkbaren Grund geben, die große Frage, ob Befestigung oder Grab, in ständiger Schwebe zu halten, während der Herr Oberst selbst sich wohlig philosophisch vorkommt, wenn er Beweise für beide Seiten der Frage aufhäuft. Richtig ist, daß er schlußendlich dazu neigt, an die Befestigung zu glauben; und sollte ihm widersprochen werden, wird er bei der Vierteljahresversammlung der ortsansässigen Gesellschaft ein von ihm verfaßtes Pamphlet vorzutragen beabsichtigen, als ihn der Schlag trifft, und seine letzten bewußten Gedanken gelten nicht Weib und Kind, sondern der Befestigung und jener Pfeilspitze, die sich jetzt in der Vitrine des Ortsmuseums befindet, zusammen mit dem Fuß einer chinesischen Mörderin, einer Handvoll elisabethanischer Nägel, einer ganzen Menge Tudor-Tonpfeifen, einem Stück römischer Keramik und dem Weinglas, aus dem Nelson getrunken hat – als Beweisstück für ich weiß wirklich nicht was.

Nein, nein, nichts ist bewiesen, nichts ist gewußt. Und wenn ich genau in diesem Augenblick aufstehen und behaupten würde, daß das Mal an der Wand wirklich der – was soll ich sagen? – der Kopf eines riesengroßen alten Nagels ist, eingeschlagen vor zweihundert Jahren, und der jetzt dank der geduldigen Abreiberei vieler Generationen von Hausmädchen über der Anstrichfarbe seinen Kopf enthüllt hat und seinen ersten Einblick in modernes Leben angesichts eines von Feuer erleuchteten Zimmers mit weißgestrichenen Wänden nimmt, was hätte ich davon? Erkenntnis? Stoff für weitere Spekulationen? Ich kann ebensogut sitzend denken wie stehend. Und was ist Erkenntnis? Was sind unsere Gelehrten mit Verlaub anderes als die Nachfahren von Hexen und Eremiten, die in Höhlen und Wäldern herumkrochen, Kräuter brauten, Spitzmäuse befragten und die Sprache der Sterne aufzeichneten? Und je weniger wir sie ehren, in dem Maße wie unsere abergläubischen Vorstellungen schrumpfen und unser Respekt für die Schönheit und das Wohlbefinden des Geistes wächst ... Ja, man könnte sich eine sehr angenehme Welt vorstellen. Eine ruhige weiträumige Welt, mit den Blumen so rot und blau auf den freien Feldern. Eine Welt ohne Professoren und Spezialisten und Haushälterinnen mit Polizistenprofil, eine Welt, die man mit seinem Denken zerteilen könnte wie ein Fisch das Wasser mit seiner Kielflosse zerteilt, Seerosenstengel streifend, schwebend über Nestern weißer Seeigeleier hängend ... Was für ein Frieden hier unten herrscht, verwurzelt im Mittelpunkt der Welt und durch die grauen Gewässer hinaufblinzelnd, mit ihren unverhofften Lichtstrahlen und ihren Spiegelungen – wenn es den Whitaker-Almanach nicht gäbe – wenn es die Rangordnungsliste nicht gäbe!

Ich muß aufspringen und selbst nachsehen, was das Mal an der Wand wirklich ist – ein Nagel, ein Rosenblatt, ein Spalt im Holz?

Hier treibt Mutter Natur wieder einmal ihr altes Spiel der Selbsterhaltung. Dieser Gedankengang, sie nimmt das wahr, droht reine Energieverschwendung, sogar ein Zusammenprall mit der Wirklichkeit zu werden, denn wer wird je imstande sein, einen Finger gegen Whitakers Rangordnungsliste zu rühren? Auf den Erzbischof von Canterbury folgt der Lordkanzler; auf den Lordkanzler folgt der Erzbischof von York. Jeder folgt jemandem, so sieht die Whitaker-Philosophie aus; und das wichtigste ist zu wissen, wer auf wen folgt. Whitaker weiß das, und laß du dich, rät Mutter Natur, davon trösten und nicht rasend machen; und falls du nicht zu trösten bist, falls du diese Stunde des Friedens zerstören mußt, denk an das Mal an der Wand.

Ich verstehe das Spiel der Natur – ihren Drang tätig zu sein – als Mittel, jedweden Gedanken abzuwürgen, der aufzuregen oder zu schmerzen droht. Daher rührt, vermute ich, unsere leichte Verachtung für Männer der Tat – für Männer, die, wie wir annehmen, nicht denken. Und trotzdem ist es kein Schaden, seinen unerquicklichen Gedanken radikal Einhalt zu gebieten, indem man auf das Mal an der Wand schaut.

Ja, jetzt, da ich meine Augen darauf hefte, spüre ich, daß ich eine Planke im Meer gegriffen habe; ich habe ein wohltuendes Gefühl von Wirklichkeit, das sofort die beiden Erzbischöfe und Lordkanzler den Schatten der Schemen zuschlägt. Hier ist etwas Eindeutiges, etwas Wirkliches. So daß man, von einem mitternächtlichen Schreckenstraum erwacht, atemlos das Licht anzündet und ruhig daliegt, in Ehrfurcht vor der Kommode, in Ehrfurcht vor Solidität, Ehrfurcht vor der Wirklichkeit, Ehrfurcht vor der unpersönlichen Welt, was für eine andere Existenz als die unsere den Beweis liefert. Das ist es, wessen man sicher sein möchte ... An Holz zu denken ist angenehm. Es kommt von einem Baum; und Bäume wachsen, und wir wissen nicht, wie sie wachsen. Jahre und Jahre wachsen sie, ohne uns ihre Aufmerksamkeit zu schenken, auf Wiesen, in Wäldern, und an Ufern von Flüssen – alles Dinge, an die man gerne denkt. Die Kühe schwenken an heißen Nachmittagen ihre Schwänze unter ihnen; sie färben Flüsse so grün, daß man, wenn ein Schneehuhn eintaucht, es mit ganz grünen Federn wieder herauskommen zu sehen erwartet.

Ich denke gerne an den Fisch, der gegen die Strömung das Gleichgewicht hält wie Fahnen im Wind; und an die Wasserkäfer, die im Flußbett nach und nach Kuppeln aus Schlamm errichten. An den Baum selbst denke ich gern: zuerst das dichte trockene Gefühl, Holz zu sein; dann das Mahlwerk des Sturms; dann das allmähliche köstliche Steigen der Säfte. Ich denke gern an ihn auch in Winternächten, wie er mit all den zusammengerollten Blättern auf leerem Feld steht, nichts Zartes, das den Eisenkugeln des Monds ausgesetzt ist, ein nackter Pfahl auf einer Erde, die die ganze Nacht lang stürzt und stürzt. Der Gesang der Vögel muß im Juni sehr laut und seltsam klingen; und wie kalt müssen sich die Füße der Insekten auf ihm fühlen, wenn sie ihre mühevollen Aufstiege auf den Schrunden der Rinde unternehmen, oder sich auf dem dünnen grünen Blätterzelt sonnen, und mit diamantgeschliffenen roten Augen vor sich hin starren ... Nach und nach zerreißen die Fasern unter dem ungeheuren kalten Druck der Erde, dann kommt der letzte Sturm auf, und im Sturz, bohren sich die höchsten Äste wieder tief in den Grund. Und trotzdem, das Leben ist nicht dahin; es gibt noch Millionen geduldiger und wachsamer Leben für einen Baum auf der ganzen Welt, in Schlafzimmern, auf Schiffen, auf dem Pflaster, als Balken in Zimmern, wo Männer und Frauen nach ihrem Tee Zigaretten rauchend sitzen. Er ist voller friedlicher Gedanken, glücklicher Gedanken, dieser Baum. Ich möchte jeden einzelnen für sich nehmen – aber irgend etwas kommt mir in die Quere ... Wo war ich? Um was ging es eigentlich? Um einen Baum? Einen Fluß? Die Downs? Whitakers Almanach? Die Asphodelenfelder? Ich kann mich an ganz und gar nichts erinnern. Alles bewegt sich, fällt, gleitet, schwindet ... Da ist ein grenzenloser Aufruhr der Materie. Jemand steht über mir und sagt –

»Ich gehe eine Zeitung holen.«

»Aha?«

»Obwohl es Unsinn ist, Zeitungen zu kaufen ... Es passiert ja nichts. Verflixter Krieg; dieser gottverdammte Krieg! ... Trotzdem sehe ich nicht ein, warum wir eine Schnecke an der Wand haben müssen.«

Ach, das Mal an der Wand! Es war eine Schnecke.

Die Erzählung wurde im Juli 1917, zusammen mit Leonard Woolfs Kurzgeschichte ›Three Jews‹, in *Two Stories* veröffentlicht, der ersten Publikation der gerade gegründeten Hogarth Press.
Die Übersetzung des Wortes »mark« bereitet Schwierigkeiten, weil es sowohl konkret »Fleck«, »Klecks« bedeutet, was für den Zusammenhang der Erzählung zu »niedrig« wäre, als auch »Zeichen« oder »Mal«, was eine Spur zu hoch angesetzt ist.

[1] In *Two Stories* schließt sich hier der folgende Passus an:
»Aber ich kenne eine Hausmeisterin, eine Frau mit dem Profil eines Schutzmanns, diese kleinen runden Knöpfe, die sogar am Rand ihres Schattens noch heraustreten, eine Frau mit einem Besen in der Hand, einem Daumen auf Bilderrahmen, einem Auge unter Betten, und sie spricht ständig von Kunst. Sie kommt näher und näher; und jetzt, wobei sie auf gewisse gelbe Rostflecke auf dem Kaminvorsatz zeigt, wird sie so bedrohlich, daß ich, um sie loszuwerden, aufstehen und doch selber nachsehen muß, was dieses Mal da –
Aber nein. So gebe ich mich nicht geschlagen. Ich werde mich nicht bewegen. Ich werde nicht merken lassen, daß ich sie sehe. Und siehe, schon schwindet sie. Ich bin sie und ihre Vorhaltungen, die ich so deutlich hören kann, beinah los. Doch geht von ihr das Pathos all jener Menschen aus, die Kompromisse zu schließen wünschen. Und warum muß es mich ärgern, daß sie ein paar Bücher, ein oder zwei Bilder zu Hause hat? Aber was mich wirklich ärgert, ist, daß sie sich über mich ärgert – schließlich ist doch das Leben eine Sache von Angriff und Verteidigung. Ein andermal werde ich mich darüber mit ihr ins Benehmen setzen, nicht jetzt. Sie muß jetzt gehen.«

[2] Bezieht sich wahrscheinlich auf die Adelsliste, ›The Peerage of the United Kingdom‹, in Whitakers *Almanack*.

[3] Viele der beliebten Bilder von Sir Edwin Henry Landseer (1802–1873) waren in den Stahlstichen seines Bruders Thomas (1795–1880) verbreitet.

Kew Gardens

Aus dem ovalen Blumenbeet reckten sich etwa an die hundert Stengel, um sich auf halber Höhe in herz- oder zungenförmige Blumenblätter zu verstreben und sich an der Spitze in rote oder blaue oder gelbe Blütenblätter zu entrollen, die an ihrer Oberfläche von erhöhten Farbtupfern gezeichnet waren; und aus dem roten, blauen oder gelben Dunkel des Halses ragte ein gerader Sporn, rauh von Goldstaub und an seinem Ende leicht wulstig. Die Blütenblätter waren üppig genug, um in der Sommerbrise zu erzittern, und wenn sie sich bewegten, dann flirrten eins über dem anderen die roten, blauen und gelben Lichter, betupften einen Zoll der braunen Erde unter ihnen mit einem Fleck von ungemein komplexer Farbe. Das Licht fiel entweder auf den glatten grauen Rücken eines Kiesels oder auf das Haus einer Schnecke mit ihren braunen rund umlaufenden Rillen, oder, wenn es in einen Regentropfen fiel, blähte es mit einer solchen Intensität von Rot, Blau und Gelb die dünnen Wasserwändchen auf, daß man darauf gefaßt war, sie zerplatzen und verschwinden zu sehen. Statt dessen aber wurde der Tropfen in Sekundenschnelle wieder silbergrau, und das Licht sammelte sich jetzt auf dem Fleisch eines Blattes, und enthüllte unter der Oberfläche das verästelte Blattgeäder, und wieder bewegte es sich fort und streute seinen Glanz auf die unermeßlich grünen Räume unter dem Gewölbe der herz- und zungenförmigen Blätter. Dann fuhr die Brise eher etwas schärfer darüberhin und die Farbe wurde blitzschnell in die Luft darüber geworfen, in die Augen der Männer und Frauen, die im Juli in Kew Gardens spazierengehen.

Die Gestalten dieser Männer und Frauen schwirrten an dem Blumenbeet mit einer sonderlich ungleichmäßigen Bewegung entlang, nicht unähnlich der Bewegung der weißen und blauen Schmetterlinge, die in Zickzackflügen von Beet zu Beet über den Rasen schwebten. Der Mann ging etwa sechs Zoll vor der Frau her, unbekümmert herumschlendernd, während sie zielbewußter ausschritt, sich ab und an umwendend, um zu sehen, ob die Kinder nicht zu weit zurückblieben. Der Mann wahrte seinen Abstand von der Frau zielstrebig, wenn auch vielleicht unbewußt, denn er wollte weiter seinen Gedanken nachgehen.

»Vor fünfzehn Jahren bin ich mit Lily hergekommen«, dachte er. »Irgendwo da drüben am Teich haben wir gesessen, und ich habe sie den ganzen heißen Nachmittag lang angefleht, mich zu heiraten. Wie die Libelle uns unentwegt umkreist hat: wie deutlich ich die Libelle sehe und Lilys Schuh mit der viereckigen Silberschnalle am Zeh. Die ganze Zeit, während ich redete, schaute ich auf ihren Schuh, und wenn er sich ungeduldig bewegte, wußte ich ohne aufzusehen, was sie sagen würde: ihr ganzes Wesen schien in ihrem Schuh zu stecken. Und meine Liebe, mein Begehren, steckten in der Libelle; aus irgendeinem Grund dachte ich, ließe sie sich da auf diesem Blatt, dem breiten mit der roten Blüte in der Mitte, ließe sich die Libelle auf dem Blatt nieder, würde sie sogleich »Ja« sagen. Doch die Libelle kreiste und kreiste: sie ließ sich niemals irgendwo nieder – natürlich nicht, glücklicherweise nicht, sonst würde ich hier nicht mit Eleanor und den Kindern spazierengehen – Sag mal, Eleanor, denkst du jemals an die Vergangenheit?«

»Warum fragst du, Simon?«

»Weil ich gerade an die Vergangenheit gedacht habe. Ich habe gerade an Lily gedacht, die Frau, die ich fast geheiratet hätte ... Na, warum schweigst du? Hast du etwas dagegen, daß ich an die Vergangenheit denke?«

»Warum sollte ich etwas dagegen haben, Simon? Denkt man nicht immer an die Vergangenheit, in einem Garten, in dem Männer und Frauen unter den Bäumen liegen? Sind sie nicht unsere Vergangenheit, alles was davon übrig bleibt, diese Männer und Frauen, diese Geister, unter den Bäumen liegend ... eines jeden Glück, eines jeden Wirklichkeit?«

»Für mich, eine viereckige Schuhschnalle und eine Libelle –«

»Für mich, ein Kuß. Stell dir sechs kleine Mädchen vor, wie sie vor zwanzig Jahren hinter ihren Staffeleien sitzen, da unten am Ufer des

Teichs und die Seerosen malen, die ersten roten Seerosen, die ich je gesehen hatte. Und plötzlich ein Kuß, da hinten auf meinem Hals. Und den ganzen Nachmittag bebte meine Hand so, daß ich nicht malen konnte. Ich habe meine Uhr vorgezogen und die Stunde festgelegt, in der ich es mir erlauben könnte, nur für fünf Minuten, an den Kuß zu denken – er war so kostbar – der Kuß einer alten grauhaarigen Frau mit einer Warze auf der Nase, der Mutter aller Küsse meines Lebens. Komm Caroline, komm Hubert.«

Sie gingen weiter an dem Blumenbeet entlang, jetzt zu viert nebeneinander, und gleich wurden sie zwischen den Bäumen kleiner und sahen zur Hälfte durchsichtig aus, als das Sonnenlicht und der Schatten über ihre Rücken in großen zitternden unregelmäßigen Flecken glitt.

In dem ovalen Blumenbeet schien sich die Schnecke, deren Haus für die Spanne von etwa zwei Minuten rot, blau und gelb gefleckt war, jetzt sehr sachte in ihrem Haus zu regen, und sie begann sich als nächstes über die Krumen lockerer Erde vorzuarbeiten, die abbröckelten und, während sie darüber hinzog, herunterrollten. Sie schien ein bestimmtes Ziel vor sich zu haben, im Unterschied zu dem eigentümlich stelzenden steifen grünen Insekt, das versuchte, vor ihr hinüberzukommen, und mit zitternden Fühlern eine Sekunde innehielt, als ob es mit sich zu Rate gehen müsse, und dann so eilig und eigenartig in die entgegengesetzte Richtung davonstelzte. Braune Klippen mit dunkelgrünen Seen in den Mulden, flache klingenscharfe Bäume, die sich von der Wurzel bis zur Spitze wiegten, runde Findlinge aus grauem Gestein, riesenhafte durchfurchte Flächen von einer feinen knisternden Textur – all diese Dinge lagen der Schnecke bei ihrem Fortkommen von einem Stengel zum andern im Weg, bis zu ihrem Ziel. Bevor sie entschieden hatte, ob sie dem gewölbten Zeltdach eines toten Blattes ausweichen oder es angehen sollte, erschienen neben dem Beet die Füße anderer menschlicher Wesen.

Dieses Mal waren beide Männer. Der Jüngere von beiden drückte eine vielleicht unnatürliche Gelassenheit aus; er hob den Blick und richtete ihn völlig unbewegt vor sich hin, während sein Begleiter redete, und wenn sein Begleiter zu reden aufhörte, blickte er sogleich wieder zu Boden, und manchmal öffnete er die Lippen, nur nach einer langen Pause, und manchmal öffnete er sie überhaupt nicht. Der ältere Mann hatte eine komisch ungleichmäßige und wackelige Art zu gehen, die Hand vorwärts schleudernd und den Kopf abrupt nach oben werfend, so wie ein ungeduldiges Kutschpferd, das es satt hat, draußen vor dem Haus zu warten; doch bei diesem Mann waren diese Gebärden unschlüssig und nichtssagend. Er redete nahezu unausgesetzt; er lächelte vor sich hin und fing wieder an zu reden, als ob das Lächeln eine Antwort gewesen wäre. Er sprach über Geister – die Geister der Verstorbenen, die ihm, wie er meinte, in eben diesem Moment alle Arten seltsamer Sachen über ihre Erfahrungen im Himmel erzählten.

»Der Himmel, William, das war für die Alten Thessalien, und jetzt, mit diesem Krieg, da rollt die geistige Substanz wie Donner zwischen den Hügeln.« Er hielt inne, schien aufzuhorchen, lächelte, schleuderte seinen Kopf hoch und redete weiter: –

»Da hätten wir eine kleine elektrische Batterie und ein Stück Gummi, um den Draht zu isolieren – insulieren? – isolieren? – nun gut, die Details schenken wir uns, es ist zwecklos, in die Details zu gehen, das würde unverständlich – also kurz gesagt, dieser kleine Apparat steht an einer geeigneten Stelle am Kopfende des Bettes, sagen wir, auf einem hübschen Mahagonitischchen. Alle Vorrichtungen sind unter meiner Leitung von den Handwerkern fein säuberlich eingestellt, die Witwe legt ihr Ohr daran und ruft wie vereinbart durch ein Zeichen den Geist herbei. Weiber! Witwen! Weiber in Schwarz –«

Jetzt erst schien er in der Ferne ein Frauenkleid erspäht zu haben, das im Schatten violett-schwarz aussah. Er nahm seinen Hut ab, legte die eine Hand auf sein Herz, und rannte murmelnd und fieberhaft gestikulierend auf sie zu. Aber William packte ihn am Ärmel und streifte mit der Spitze seines Spazierstocks eine Blume, um die Aufmerksamkeit des alten Mannes abzulenken. Nachdem der alte Mann sie in ziemlicher Verwirrung einen Augenblick betrachtet hatte, neigte er sein Ohr zu ihr hinunter und schien einer aus ihr sprechenden Stimme zu antworten, denn er fing an, über die Wälder von

Uruguay zu reden, die er vor Hunderten von Jahren in Begleitung der schönsten jungen Frau in ganz Europa besucht hatte. Man konnte ihn von uruguayischen Wäldern murmeln hören, übersät von den Wachsblättern tropischer Rosen, von Nachtigallen, Meeresstränden, Seejungfrauen und Frauen, die im Meer ertrunken waren, während er sich von William weiterziehen ließ, auf dessen Gesicht sich der Ausdruck stoischer Geduld langsam vertiefte.

Seinen Schritten so dicht folgend, daß sie von seinen Gestikulationen einigermaßen verwirrt wurden, kamen zwei ältliche Frauen aus der unteren Mittelschicht des Weges, die eine massig und schwerfällig, die andere rosenwangig und behende. Wie die meisten Menschen ihrer Klasse waren sie von jedwedem Anzeichen von Exzentrizität, das auf einen verwirrten Geist hindeutete, rückhaltlos begeistert, besonders bei den Wohlhabenden; aber sie waren zu weit entfernt, um sicher zu sein, ob die Gestikulationen bloß exzentrisch waren oder echt verrückt. Nachdem sie einen Augenblick lang den Rücken des alten Mannes stillschweigend geprüft hatten und sich einen seltsamen verstohlenen Blick zugeworfen hatten, schritten sie energisch weiter und stückelten ihren ungemein komplizierten Dialog zusammen:

»Nell, Bert, Lot, Cess, Phil, Pa, sagt er, sag ich, sagt sie, sag ich, sag ich, sag ich –«

»Mein Bert, Sis, Bill, Opapa, der alte Mann, Zucker,
Zucker, Mehl, Bücklinge, Grünzeug
Zucker, Zucker, Zucker«[1]

Die Massige sah mit einem merkwürdigen Gesichtsausdruck durch das Muster herabrieselnder Worte auf die Blumen, die kühl, fest und aufrecht in der Erde standen. Sie sah sie an wie ein Schläfer, der aus einem schweren Schlaf erwacht, einen Messingleuchter ansieht, der das Licht auf ungewöhnliche Weise reflektiert, und dann seine Augen schließt, sie öffnet, und als er wieder den Messingleuchter sieht, schließlich hellwach zu werden beginnt und den Leuchter aus Leibeskräften anstarrt. So kam die schwere Frau dem ovalen Blumenbeet gegenüber zum Stillstand und gab auch nicht weiter vor, dem was die andere redete zuzuhören. Sie stand da, ließ die Worte an sich herabrieseln und wiegte den Oberkörper vor und zurück, während sie die

Blumen betrachtete. Dann schlug sie vor, daß sie eine Sitzgelegenheit suchen und ihren Tee nehmen sollten.

Die Schnecke hatte nun jedwede Möglichkeit überdacht, ihr Ziel zu erreichen, ohne rund um das Blatt kriechen oder es übersteigen zu müssen. Abgesehen von der erforderlichen Anstrengung, ein Blatt zu übersteigen, zweifelte sie, ob die feine Textur des Blattes, das schon, wenn es von der Spitze ihrer Fühler berührt wurde, mit einem derartig alarmierenden Geknister erzitterte, ihr Gewicht aushalten würde; und das bewog sie schließlich, unten hindurch zu kriechen, denn da war eine Stelle, an der das Blatt hoch genug vom Boden abgehoben war, um dies zuzulassen. Gerade hatte sie ihren Kopf in die Öffnung gesteckt und hatte das hohe braune Dach in Augenschein genommen und gewöhnte sich an das kühle braune Licht, als zwei weitere Menschen draußen auf dem Rasen vorbeikamen. Dieses Mal waren beide jung, ein junger Mann und eine junge Frau. Sie standen beide in der Blüte ihrer Jugend oder sogar in der Zeit, die der Jugendblüte vorausgeht, der Zeit, bevor die glatten blaßrosa Falten der Blume ihre klebrige Kapsel gesprengt haben, wenn die Flügel des Schmetterlings, obgleich vollkommen ausgewachsen, sich reglos in der Sonne halten.

»Zum Glück ist heute nicht Freitag«, bemerkte er.

»Wieso? Glaubste an Glück?«

»Freitags muß man einen Sixpence blechen.«

»Was is denn schon ein Sixpence? Ist es keinen Sixpence wert?«

»Was heißt ›es‹ – was meinste mit ›es‹?«

»Och irgendwas – ich mein – du weißt schon, was ich mein.«

Lange Pausen traten zwischen diese Äußerungen: vorgebracht von tonlosen und monotonen Stimmen. Das Paar stand still am Rand des Blumenbeets, und gemeinsam drückten sie die Spitze ihres Sonnenschirms tief in die weiche Erde. Der Vorgang sowie die Tatsache, daß seine Hand oben auf der ihren ruhte, drückten auf sonderbare Weise ihre Gefühle aus, so wie diese kurzen bedeutungslosen Wörter auch irgend etwas ausdrückten, Wörter mit kurzen Flügeln, gemessen an ihrem schweren Bedeutungskörper, unzureichend um sie weit zu tragen, und so landeten sie täppisch auf den ganz gewöhnlichen Dingen, die sie umgaben und die für ihre unerfahrene Berührung zu klobig waren: aber wer weiß (so dachten sie, als sie den Sonnenschirm in die Erde drückten), was für jähe Abgründe nicht in ihnen verborgen waren, oder welche Eishänge auf der anderen Seite glitzerten? Wer weiß? Wer hat dies je zuvor gesehen? Selbst wenn sie gern wissen wollte, was man in Kew wohl für einen Tee bekäme, spürte er, daß hinter ihren Worten etwas aufschimmerte und unermeßlich und fest hinter ihnen stand; und sehr langsam hob sich der Nebel und enthüllte – Ach du lieber Himmel – was waren das für Gebilde? – kleine weiße Tischchen, und Kellnerinnen, die zuerst sie anschauten und dann ihn; und da war eine Rechnung, die er mit einem wirklichen Zweischillingstück bezahlen würde, und es war wirklich, ganz wirklich, dessen vergewisserte er sich, indem er mit der Münze in seiner Tasche spielte, wirklich für alle, außer für ihn und für sie; selbst für ihn schien es wirklich zu werden; und dann – aber es war zu aufregend, so dazustehen und weiter nachzudenken, und mit einem Ruck zog er den Sonnenschirm aus der Erde und hielt ungeduldig nach dem Ort Ausschau, an dem man mit anderen Menschen, wie andere Menschen, Tee trinken konnte.

»Komm jetzt, Trissie; höchste Zeit für unseren Tee.«

»Wo in aller Welt trinkt man denn seinen Tee?« fragte sie mit einem höchst sonderlich erregten Beben in der Stimme, während sie vage um sich schaute und sich weiter den Wiesenweg hinunterschleppen ließ, den Sonnenschirm hinter sich her ziehend, den Kopf dahin und dorthin drehend, ihren Tee vergessend, dahinüber und dorthinüber laufen wollend, sich an Orchideen und Kraniche zwischen wilden Blumen erinnernd, an eine chinesische Pagode und an einen Vogel mit karmesinroter Haube; doch er zog sie fort.

In dieser Weise zog ein Paar nach dem anderen mit genau derselben ungleichmäßigen und ziellosen Bewegung an dem Blumenbeet vorüber und wurde Schicht um Schicht in grünblauen Dunst gehüllt, in dem zunächst ihre Körper Substanz und einen Schuß Farbe hatten, doch später lösten sich beide, Substanz und Farbe, in der grünblauen Atmosphäre auf. Wie heiß es war! So heiß, daß sogar die Drossel zu hüpfen beschloß, ein mechanischer Vogel im Schatten der Blumen, mit langen Pausen zwischen einer Bewegung und der nächsten; anstatt unbestimmt umherzuschweifen, tanzten die weißen Schmetterlinge übereinander und ließen mit ihren weißen, sich hierhin und dahin verschiebenden Flocken über den höchsten Blumen die Kontur einer zerschlagenen Marmorsäule entstehen; die Glasdächer des Palmenhauses leuchteten, als ob sich in der Sonne ein ganzer Marktplatz voller glänzend grüner Schirme aufgetan hätte; und in das Dröhnen des Flugzeugs hinein murmelte die Stimme des Sommerhimmels wild und inbrünstig. Gelb und schwarz, rosarot und schneeweiß, Gestalten in all diesen Farben, Männer, Frauen und Kinder, wurden sekundenlang an den Horizont getupft, und dann, als sie die Fülle von Gelb, die über dem Gras lag, sahen, taumelten sie und suchten Schatten unter den Bäumen, lösten sich in der gelben und grünen Atmosphäre wie Wassertropfen auf, färbten sie zaghaft mit Rot und Blau. Es schien, als seien alle plumpen und schweren Körper in der Hitze reglos niedergesunken und lägen ineinander verknäult auf dem Boden, aber ihre Stimmen kamen taumelnd aus ihnen hervor, als ob sie Flammen wären, die den dicken Wachskörpern der Kerze entführen. Stimmen, ja, Stimmen, wortlose Stimmen, die plötzlich die Stille mit einer solch tiefen Befriedigung durchbrachen, solch einer Leidenschaft des Begehrens, oder, in den Stimmen der Kinder, solcher Frische des Erstauntseins; durchbrachen die Stille? Aber da war keine Stille; die ganze Zeit ließen die Omnibusse die Räder kreisen und wechselten die Gänge; wie ein unermeßlicher Satz stahlgeschmiedeter chinesischer Büchsen, die sich unaufhörlich ineinander drehten, murmelte die Stadt; und darüber schrien die Stimmen laut auf, und die Blütenblätter von Myriaden von Blumen blitzten ihre Farben in die Luft.

Anmerkungen

Zuerst erwähnt in einem Brief an die Schwester Vanessa Bell am 25. Juli 1918. Wahrscheinlich bezieht sich aber bereits ein Brief von Katherine Mansfield an Virginia Woolf vom August 1917 darauf: »Ja, Ihr Blumenbeet ist *sehr* gut. Über allem liegt ein stilles, flimmerndes wechselndes Licht, und die Art, wie diese Paare sich in der strahlenden Luft auflösen, fasziniert mich.« (zitiert bei Antony Alpers, *The Life of Katherine Mansfield*, New York 1980, S. 251). Der Text erschien als Einzelpublikation der Hogarth Press mit zwei Holzschnitten Vanessas am 12. Mai 1919. Eine zweite Auflage erschien im Juni 1919. Die dritte Auflage von 1927 ist durchgängig illustriert von Vanessa Bell. Unser Text folgt dem der dritten Einzelausgabe.

[1] Im undatierten Typoskript findet sich an dieser Stelle folgende nicht ausgestrichene Passage, die vielleicht irrtümlicherweise im gedruckten Text fehlt:
»In der heißen stillen Luft dieser Menschen und dieser Waren machten sie ein Mosaik um sie herum, wobei jede der Frauen ihren Beitrag energisch ins Muster drückte, die Augen dabei nicht abwendete, nie auf die andersfarbigen Bruchstücke schaute, die so nachdrücklich von der Freundin an den entsprechenden Platz gekeilt wurden. Aber in diesem Kampf siegte, entweder auf Grund größerer Verwandtschaft oder auf Grund eines überlegenen Redeflusses, die kleine Frau, und die Massige versank gezwungenermaßen in Schweigen.
Sie fuhr fort: – Nell, Bert, Lot, Cess, Phil, Pa. Er sagt, ich sag, sie sagt, ich sag ich sag ich sag –«

Montag oder Dienstag

Träge und indifferent, leichthin Raum von den Schwingen streifend, den Weg wissend, überfliegt der Reiher die Kirche unter dem Himmel. Weiß und fern, in sich selbst verloren, verhüllt und enthüllt sich der Himmel endlos, bewegt sich und verharrt. Ein See? Verdunkle seine Ufer! Ein Berg? Oh, phantastisch – das Sonnengold auf den Hängen. Herunter fällt es. Farne also, oder weiße Federn, auf immer und ewig –

Verlangen nach Wahrheit, auf sie warten, mühselig einige Worte destillieren, auf immer verlangen – (ein Schrei ertönt links, noch einer rechts. Räder rollen, zweigen ab. Omnibusse ballen sich im Konflikt) – auf immer verlangen – (die Uhr beteuert mit zwölf entschiedenen Schlägen, daß Mittag ist; Licht streut goldene Schuppen; Kinder wimmeln) – auf immer nach Wahrheit verlangen. Rot ist die Kuppel; Münzen hängen an den Bäumen; Rauch steigt aus den Schornsteinen; Bellen, Rufen, Schreien »Eisen zu verkaufen« – und die Wahrheit?

Auf einen Punkt zustrahlend Männerfüße und Frauenfüße, schwarze oder goldgelackte – (Dieses neblige Wetter – Zucker? Nein danke – Das Commonwealth der Zukunft) – der Feuerschein flackert auf und macht das Zimmer rot, bis auf die schwarzen Gestalten und ihre strahlenden Augen, während draußen ein Lieferwagen ablädt, trinkt Miss Soundso Tee an ihrem Schreibtisch und beschützt Spiegelglas Pelzmäntel –

Herumgeflattert, laub-leicht, um Ecken treibend, über die Räder geweht, silbergesprenkelt, nach Hause oder nicht nach Hause, versammelt, verstreut, vergeudet in losgelöste Schuppen, heraufgefegt, herunter, zerrissen, gesunken, zusammengeworfen – und die Wahrheit?

Jetzt sich zu erinnern am Kamin auf dem weißen Marmorquadrat. Aus Elfenbeintiefen steigend streifen Worte ihre Schwärze ab, erblühen und dringen ein. Gefallen das Buch; in der Flamme, im Rauch, in den flüchtigen Funken – oder jetzt reisend, das Marmorquadrat frei schwebend, Minarette unten und der Indische Ozean, während Raum blau anstürmt und Sterne glitzern – Wahrheit? oder jetzt, zufrieden mit Nähe?

Träge und indifferent kehrt der Reiher zurück; der Himmel verschleiert die Sterne; enthüllt sie dann.

Geschrieben nach Oktober 1920; zum ersten Mal 1921 veröffentlicht in dem Band *Monday or Tuesday* (The Hogarth Press).

Ein verwunschenes Haus

Egal zu welcher Stunde man wach wurde, es schloß sich eine Tür. Von Zimmer zu Zimmer gingen sie, Hand in Hand, lüpften hier, öffneten dort, vergewisserten sich – ein geisterhaftes Paar.

»Hier haben wir ihn zurückgelassen«, sagte sie. Und er fügte hinzu, »Oh, aber hier auch!« »Er ist oben«, murmelte sie, »Und im Garten«, flüsterte er. »Leise«, sagten sie, »sonst wecken wir sie.«

Aber ihr habt uns nicht geweckt. Oh nein. »Sie suchen danach; sie ziehen den Vorhang«, sagte man wohl, und las so eine oder zwei Seiten weiter. »Jetzt haben sie ihn gefunden«, war man sich sicher, hielt den Bleistift am Seitenrand an. Und dann, des Lesens müde, stand man wohl auf und sah selbst nach, das Haus völlig leer, die Türen offen, nur die Waldtauben blubberten voller Zufriedenheit und das Summen der Dreschmaschine klang vom Bauernhof. »Weswegen bin ich hier hereingekommen? Was wollte ich finden?« Meine Hände waren leer. »Vielleicht ist er dann oben?« Die Äpfel waren auf dem Speicher. Und so wieder hinunter der Garten still wie immer, nur das Buch war ins Gras geglitten.

Aber sie hatten ihn im Wohnzimmer gefunden. Nicht daß man sie je sehen konnte. Die Fensterscheiben spiegelten Äpfel, spiegelten Rosen; alle Blätter waren grün im Glas. Wenn sie sich im Wohnzimmer bewegten, drehte der Apfel nur seine gelbe Seite. Dennoch, im Augenblick danach, wenn die Tür geöffnet wurde, war ausgebreitet auf dem Boden, gehängt an die Wände, baumelnd von der Decke – was? Meine Hände waren leer. Der Schatten einer Drossel überquerte den Teppich; aus den tiefsten Brunnen der Stille zog die Waldtaube ihr Klanggeblubber. »Sicher, sicher, sicher«, schlug der Puls des Hauses leise. »Der Schatz vergraben; das Zimmer …« stockte der Puls, oh, war das der vergrabene Schatz?

Einen Augenblick später war das Licht verblaßt. Also draußen im Garten? Aber die Bäume sponnen Dunkelheit für einen wandernden

Sonnenstrahl. So fein, so selten, kühl versunken unter der Oberfläche, brannte der Strahl, den ich suchte, immer hinter dem Glas. Der Tod war das Glas; der Tod war zwischen uns; kam zuerst zu der Frau, vor Hunderten von Jahren, verließ das Haus, verschloß alle Fenster; die Zimmer wurden verdunkelt. Er verließ ihn, verließ sie, ging nach Norden, ging nach Osten, sah die Sterne am südlichen Himmel gedreht; suchte das Haus, fand es hingeworfen unterhalb der Downs. »Sicher, sicher, sicher«, schlug der Puls des Hauses froh, »Der Schatz euer«.

Der Wind heult die Allee hinauf. Bäume beugen und biegen sich in diese und in jene Richtung. Mondstrahlen plätschern und schwappen wild im Regen. Aber der Strahl der Lampe fällt ganz gerade aus dem Fenster. Die Kerze brennt starr und still. Durch das Haus wandernd, die Fenster öffnend, flüsternd, um uns nicht zu wecken, sucht das geisterhafte Paar seine Freude.

»Hier haben wir geschlafen«, sagt sie. Und er fügt hinzu, »Küsse ohne Zahl.« »Am Morgen aufwachen –« »Silber zwischen den Bäumen –« »Oben –« »Im Garten –« »Wenn der Sommer kam –« »In winterlicher Schneezeit –« Die Türen schließen sich weit in der Ferne, klopfen sanft wie der Puls eines Herzens.

Näher kommen sie; verhalten an der Tür. Der Wind legt sich, der Regen gleitet silbern das Glas hinunter. Unsere Augen werden dunkel; wir hören keine Schritte neben uns; wir sehen keine Dame ihren geisterhaften Umhang ausbreiten. Seine Hände schirmen die Laterne. »Sieh nur«, haucht er. »Fest eingeschlafen. Liebe auf ihren Lippen.«

Sich beugend, ihre silberne Lampe über uns haltend, blicken sie lange und tief. Lange verweilen sie. Der Wind treibt ganz gerade; die Flamme beugt sich leicht. Wilde Strahlen von Mondlicht überqueren Boden und Wand, und, sich treffend, flecken sie die geneigten Gesichter; die nachdenklichen Gesichter; die Gesichter, die die Schläfer forschend betrachten und ihre verborgene Freude suchen.

»Sicher, sicher, sicher«, schlägt das Herz des Hauses stolz. »Lange Jahre –« seufzt er. »Wieder hast du mich gefunden.« »Hier«, murmelt sie, »schlafend; im Garten lesend; lachend, Äpfel auf dem Speicher rollend. Hier haben wir unseren Schatz zurückgelassen –« Sich beugend, hebt ihr Licht die Lider über meinen Augen. »Sicher! sicher! sicher!« schlägt der Puls des Hauses wild. Aufwachend rufe ich »Oh, ist dies *euer* – vergrabener Schatz? Das Licht im Herzen.«

Zum ersten Mal 1921 veröffentlicht in dem Band *Monday or Tuesday* (The Hogarth Press).

Die Witwe und der Papagei: Eine wahre Geschichte

Vor etwa fünfzig Jahren saß Mrs Gage, eine ältere Witwe, in ihrem Cottage in einem Dorf namens Spilsby in Yorkshire. Obwohl lahm, und ziemlich kurzsichtig, tat sie ihr Bestes, ein Paar Holzschuhe zu flicken, denn sie hatte nur ein paar Schillinge die Woche zum Leben. Während sie auf den Holzschuh einhämmerte, öffnete der Briefträger die Tür und warf ihr einen Brief in den Schoß.

Er trug die Adresse »Kanzlei Stagg und Beetle, 67 High Street, Lewes, Sussex«.

Mrs. Gage öffnete ihn und las:

»Sehr geehrte gnädige Frau; Wir haben die Ehre, Sie über den Tod Ihres Bruders, Mr Joseph Brand, zu informieren.«

»Jessesmaria«, sagte Mrs Gage. »Ist der alte Joseph schließlich dahin!«

»Er hat Ihnen seinen gesamten Besitz vermacht«, hieß es im Brief weiter, »der aus einem Wohnhaus, Stall, Gurkengestellen, Schneidemaschinen, Schubkarren etc. etc. im Dorf Rodmell in der Nähe von Lewes besteht. Außerdem hinterläßt er Ihnen sein gesamtes Vermögen; nämlich £ 3000 (dreitausend Pfund) Sterling.«

Mrs Gage fiel vor Freude fast ins Feuer. Sie hatte ihren Bruder seit vielen Jahren nicht gesehen, und da er sich nicht einmal für die Weihnachtskarte bedankte, die sie ihm jedes Jahr schickte, dachte sie, daß seine Knauserigkeit, die ihr aus der Kindheit wohlbekannt war, ihn sogar an einer Penny-Briefmarke für eine Antwort knapsen ließ. Aber nun hatte sich alles zu ihrem Vorteil gewendet. Mit dreitausend Pfund, ganz zu schweigen vom Haus etc. etc., konnten sie und ihre Familie für immer in großem Luxus leben.

Sie entschied, daß sie Rodmell unverzüglich besuchen mußte. Der Dorfgeistliche, der Reverend Samuel Tallboys, lieh ihr zwei Pfund zehn, damit sie ihre Fahrkarte bezahlen konnte, und am nächsten Tag waren alle Vorbereitungen für ihre Reise abgeschlossen. Die wichtigste davon war die Versorgung ihres Hundes Shag während ihrer Abwesenheit, denn trotz ihrer Armut liebte sie Tiere und schränkte sich häufig lieber selbst ein, als ihrem Hund seinen Knochen zu mißgönnen.

Sie erreichte Lewes am späten Dienstagabend. In jenen Tagen, muß ich Ihnen dazu sagen, gab es bei Southease keine Brücke über den Fluß, noch war die Straße nach Newhaven schon gebaut. Um Rodmell zu erreichen, war es notwendig, den Fluß Ouse über eine Furt zu durchqueren, von der immer noch Spuren vorhanden sind, aber dies konnte nur bei Ebbe versucht werden, wenn die Steine im Flußbett über dem Wasser erschienen. Mr Stacey, der Bauer, fuhr in seinem Karren nach Rodmell, und er erbot sich freundlicherweise, Mrs Gage mitzunehmen. Sie erreichten Rodmell gegen neun Uhr an einem Novemberabend, und Mr Stacey zeigte Mrs Gage zuvorkommenderweise das Haus am Ende des Dorfes, das ihr von ihrem Bruder hinterlassen worden war. Mrs Gage klopfte an die Tür. Sie erhielt keine Antwort. Sie klopfte noch einmal. Eine sehr merkwürdig hohe Stimme kreischte hervor: »Nicht zuhause.« Sie war so bestürzt, daß sie, hätte sie nicht Schritte kommen gehört, weggelaufen wäre. Die Tür wurde jedoch von einer alten Frau aus dem Dorf namens Mrs Ford geöffnet.

»Wer war das, der ›Nicht zuhause‹ hervorgekreischt hat?« sagte Mrs Gage.

»Der Henker soll den Vogel holen!« sagte Mrs Ford sehr mißgestimmt und deutete auf einen großen grauen Papagei. »Er schreit, daß mir fast der Kopf abfällt. Da hockt er den ganzen Tag krumm und bucklig auf seiner Stange wie ein Denkmal und kreischt ›Nicht zuhause‹, sobald man in die Nähe seiner Stange kommt.« Er war ein prächtiger Vogel, wie Mrs Gage sehen konnte; aber seine Federn waren kläglich vernachlässigt. »Vielleicht ist er unglücklich, oder er könnte hungrig sein«, sagte sie. Aber Mrs Ford sagte, es wäre nichts als Übellaunigkeit; er wäre ein Seemannspapagei und hätte seine Sprache im Osten gelernt. Aber, fügte sie hinzu, Mr Joseph hatte ihn sehr gern, hatte ihn James genannt; und, so hieß es, hatte mit ihm geredet, als wäre er ein vernunftbegabtes Wesen. Mrs Ford ging bald.

Mrs Gage lief sogleich zu ihrer Kiste und holte etwas Zucker, den sie bei sich hatte, und bot ihn dem Papagei an, wobei sie in sehr freundlichem Ton sagte, daß sie nichts Böses wolle, sondern die Schwester seines alten Herrn sei, die gekommen war, um das Haus in Besitz zu nehmen, und sie würde dafür sorgen, daß er so glücklich war wie ein Vogel es nur sein konnte. Dann nahm sie eine Laterne und machte einen Rundgang durch das Haus, um zu sehen, was für eine Art von Besitz ihr Bruder ihr hinterlassen hatte. Es war eine bittere Enttäuschung. In allen Teppichen waren Löcher. Die Sitze der Stühle waren herausgefallen. Ratten liefen am Kaminsims entlang. Große Pilze wuchsen durch den Küchenboden. Es gab kein einziges Möbelstück, das siebeneinhalb Pence wert gewesen wäre; und Mrs Gage tröstete sich nur dadurch, daß sie an die dreitausend Pfund dachte, die sicher und gemütlich in der Bank von Lewes lagen.

Sie entschied, am nächsten Tag nach Lewes zu gehen, um bei Stagg und Beetle, den Anwälten, den Anspruch auf ihr Geld zu erheben und dann so schnell sie konnte nach Hause zurückzukehren. Mr Stacey, der mit ein paar prächtigen Berkshire-Schweinen zum Markt fuhr, erbot sich wieder, sie mitzunehmen, und erzählte ihr ein paar schreckliche Geschichten von jungen Leuten, die beim Fahren bei dem Versuch ertrunken waren, den Fluß bei Flut zu überqueren. Eine große Enttäuschung erwartete die arme alte Frau, sobald sie Mr Staggs Büro betrat.

»Bitte, nehmen Sie doch Platz, gnädige Frau«, sagte er, mit sehr ernstem Gesicht und einem leisen Knurren. »Tatsache ist«, fuhr er fort, »daß Sie sich darauf einstellen müssen, einigen sehr unangenehmen Neuigkeiten ins Gesicht zu sehen. Seit ich Ihnen geschrieben habe, bin ich Mr Brands Papiere sorgfältig durchgegangen. Ich bedaure sagen zu müssen, daß ich keinerlei Spur von den dreitausend Pfund finden kann. Mr Beetle, mein Partner, ist persönlich nach Rodmell gefahren und hat das Grundstück mit äußerster Sorgfalt abgesucht. Er fand absolut nichts – kein Gold, Silber, oder Wertgegenstände irgendwelcher Art – bis auf einen schönen grauen Papagei, den ich Ihnen rate, für was immer er einbringt zu verkaufen. Seine Sprache, sagte Benjamin Beetle, ist sehr extrem. Aber das gehört nicht zur

Sache. Ich fürchte sehr, daß Sie Ihre Reise umsonst gemacht haben. Das Haus nebst Grundstück ist heruntergekommen; und natürlich sind unsere Unkosten beträchtlich.« Hier hielt er inne, und Mrs Gage wußte sehr wohl, daß er wünschte, daß sie ging. Sie war fast verrückt vor Enttäuschung. Nicht nur hatte sie sich zwei Pfund zehn von Reverend Samuel Tallboys geliehen, sondern sie würde auch mit völlig leeren Händen nach Hause zurückkehren, denn der Papagei James würde verkauft werden müssen, damit sie ihre Fahrkarte bezahlen konnte. Es regnete in Strömen, aber Mr Stagg drängte sie nicht zu bleiben, und sie war zu sehr außer sich vor Kummer, um sich Gedanken darüber zu machen, was sie tat. Trotz des Regens begann sie, über die Wiesen nach Rodmell zurückzugehen.

Mrs Gage war, wie ich bereits gesagt habe, auf dem rechten Bein lahm. Im besten Falle ging sie langsam, und jetzt, teils durch ihre Enttäuschung, teils durch den Matsch am Ufer, kam sie in der Tat nur sehr langsam voran. Während sie vor sich hin stapfte, wurde der Tag immer dunkler, bis es ihr nur noch mit Mühe gelang, sich auf dem erhöhten Pfad am Ufer des Flusses entlang zu halten. Man hätte sie beim Gehen vor sich hin schimpfen hören können, und sich über ihren gerissenen Bruder Joseph beklagen, der ihr all diese Mühen eingebrockt hatte. »Ausdrücklich«, sagte sie, »um mich zu ärgern. Er war immer ein gemeiner kleiner Junge, als wir Kinder waren«, fuhr sie fort. »Es hat ihm Spaß gemacht, die armen Insekten zu quälen, und ich habe selbst erlebt, wie er eine haarige Raupe vor meinen eigenen Augen mit einer Schere gestutzt hat. Außerdem war er ein knauseriges Ungeheuer. Er hat sein Taschengeld immer in einem Baum versteckt, und wenn jemand ihm ein Stück Kuchen mit Zuckerguß zum Tee gab, machte er den Zucker ab und bewahrte ihn fürs Abendessen auf. Ich habe keinen Zweifel daran, daß er in eben diesem Augenblick im Feuer der Hölle in hellen Flammen steht, aber was für ein Trost ist das für mich?« fragte sie, und in der Tat war es ein sehr geringer Trost, denn sie lief geradewegs in eine große Kuh hinein, die am Ufer entlangkam, und kugelte kopfüber in den Matsch.

Sie rappelte sich so gut sie konnte auf und schleppte sich mühsam weiter. Es kam ihr vor, als wäre sie schon Stunden gegangen. Es war jetzt stockdunkel, und sie konnte kaum die eigene Hand vor der Nase sehen. Plötzlich entsann sie sich der Worte des Bauern Stacey über die Furt. »Jessesmaria«, sagte sie, »wie soll ich nur je meinen Weg hinüber finden? Wenn Flut ist, werde ich ins tiefe Wasser treten und im Nu ins Meer hinausgespült werden! Zahlreich sind die Paare, die hier schon ertrunken sind, ganz zu schweigen von Pferden, Karren, Rinderherden, und Heuballen.«

In der Tat hatte sie sich, in Anbetracht der Dunkelheit und des Matsches, in eine schöne Patsche gebracht. Sie konnte den eigentlichen Fluß kaum sehen, geschweige denn sagen, ob sie die Furt erreicht hatte oder nicht. Nirgendwo waren Lichter zu sehen, denn, wie Sie vielleicht wissen, gibt es auf dieser Seite des Flusses kein Cottage oder Haus näher als Asheham House, ehemals Wohnsitz von Mr Leonard Woolf. Es schien, daß ihr nichts anderes übrigblieb als sich hinzusetzen und auf den Morgen zu warten. Aber in ihrem Alter, mit dem Rheumatismus in ihrem System, konnte sie leicht erfrieren. Andererseits, wenn sie versuchte, den Fluß zu überqueren, war es so gut wie sicher, daß sie ertrinken würde. So elend war ihre Lage, daß sie mit Freuden mit einer der Kühe auf der Weide getauscht hätte. In der ganzen Grafschaft Sussex hätte man keine unglücklichere alte Frau finden können; wie sie am Flußufer stand, ohne zu wissen, ob sie sich setzen oder schwimmen sollte, oder sich einfach ins Gras rollen, naß wie es war, und schlafen oder sich zu Tode frieren, wie ihr Schicksal es entschied.

In diesem Augenblick geschah etwas Wundervolles. Ein gewaltiges Licht schoß am Himmel hoch, wie eine gigantische Fackel, beleuchtete jeden Grashalm und zeigte ihr die Furt keine zwanzig Yard entfernt. Es war Ebbe, und die Überquerung würde eine leichte Sache sein, wenn das Licht nur nicht ausging, bevor sie hinüber war.

»Es muß ein Komet sein oder sonst eine wundervolle Monstrosität«, sagte sie, als sie hinüberhumpelte. Sie konnte das Dorf Rodmell strahlend hell vor sich sehen.

»Segne und errette uns!« rief sie aus. »Da steht ein Haus in Flammen – dem Herrn sei Dank« – denn sie nahm an, daß es wenigstens ein paar Minuten dauern würde, ein Haus niederzubrennen, und bis dahin wäre sie längst auf dem Weg ins Dorf.

»Es muß schon ein böser Wind sein, der niemandem etwas Gutes zuweht«, sagte sie, als sie die Römerstraße entlanghumpelte. Und in der Tat konnte sie jeden Zoll des Weges sehen und war fast schon auf der Dorfstraße, als ihr zum ersten Mal aufging, »Vielleicht ist es mein eigenes Haus, das da vor meinen Augen zu Asche verglüht!«

Sie hatte völlig recht.

Ein Junge im Nachthemd hüpfte auf sie zu und rief, »Sehen Sie nur, wie das Haus vom alten Joseph Brand in Flammen steht!«

Alle Dorfbewohner standen in einem Kreis um das Haus herum und reichten Wassereimer weiter, die an der Pumpe in der Küche von Monks House gefüllt wurden, und kippten sie auf die Flammen. Aber das Feuer hatte einen festen Zugriff, und gerade als Mrs Gage ankam, fiel das Dach in sich zusammen.

»Hat jemand den Papagei gerettet?« rief sie.

»Seien Sie dankbar, daß Sie nicht selbst dort drin sind, gnädige Frau«, sagte der Reverend James Hawkesford, der Geistliche. »Sorgen Sie sich nicht um die stummen Kreaturen. Ich habe keinen Zweifel, daß der Papagei gnädigerweise auf seiner Stange erstickt ist.«

Aber Mrs Gage war entschlossen, sich selbst zu vergewissern. Sie mußte von den Dorfleuten zurückgehalten werden, die sagten, sie müsse verrückt sein, ihr Leben für einen Vogel aufs Spiel zu setzen.

»Arme alte Frau«, sagte Mrs Ford, »sie hat ihre ganze Habe verloren, bis auf eine alte Holzkiste mit ihren Schlafsachen darin. Ohne Zweifel wären wir an ihrer Stelle auch verrückt.«

Damit nahm Mrs Ford Mrs Gage bei der Hand und führte sie fort zu ihrem eigenen Cottage, wo sie die Nacht schlafen sollte. Das Feuer war jetzt gelöscht, und alle gingen nach Hause ins Bett.

Aber die arme Mrs Gage konnte nicht schlafen. Sie wälzte und drehte sich und dachte an ihre unglückliche Lage, und fragte sich, wie sie nach Yorkshire zurückkommen und dem Reverend Samuel Tallboys das Geld zahlen sollte, das sie ihm schuldete. Gleichzeitig war sie noch mehr bekümmert, wenn sie an das Schicksal des armen Papageien James dachte. Sie hatte Gefallen an dem Vogel gefunden und dachte, daß er ein liebevolles Herz haben müßte, wenn er so tief über den Tod des alten Joseph Brand trauerte, der keinem menschlichen

Wesen jemals eine Freundlichkeit erwiesen hatte. Es war ein schrecklicher Tod für einen unschuldigen Vogel, dachte sie; und wenn sie nur rechtzeitig gekommen wäre, hätte sie ihr eigenes Leben riskiert, um seins zu retten.

Sie lag im Bett und dachte diese Gedanken, als ein leises Klopfen am Fenster sie zusammenfahren ließ. Das Klopfen wurde dreimal wiederholt. Mrs Gage stieg so schnell sie konnte aus dem Bett und ging ans Fenster. Dort saß, zu ihrer äußersten Überraschung, ein riesiger Papagei auf der Fensterbank. Der Regen hatte aufgehört, und es war eine schöne Mondlichtnacht. Sie war zuerst sehr erschrocken, erkannte jedoch bald den grauen Papagei, James, und war außer sich vor Freude über sein Entkommen. Sie öffnete das Fenster, streichelte mehrmals seinen Kopf und sagte ihm, er solle hereinkommen. Der Papagei antwortete, indem er den Kopf leise von einer Seite zur anderen schüttelte, dann auf den Boden flog, ein paar Schritte wegging, zurückblickte, wie um zu sehen, ob Mrs Gage kam, und dann auf den Fenstersims zurückkehrte, wo sie in höchster Verwunderung stand.

»Die Kreatur hat in ihren Handlungen mehr Bedeutung als wir Menschen wissen«, sagte sie zu sich selbst. »Also gut, James«, sagte sie laut, sprach mit ihm, als wäre er ein menschliches Wesen, »ich verlasse mich auf dein Wort. Aber warte einen Augenblick, bis ich anständig aussehe.«

Damit heftete sie sich eine große Schürze um, schlich so leise wie möglich nach unten, und ließ sich hinaus, ohne Mrs Ford zu wecken.

Der Papagei James war offensichtlich zufrieden. Er hüpfte nun munter ein paar Yard vor ihr her in Richtung auf das abgebrannte Haus. Mrs Gage folgte so schnell sie konnte. Der Papagei hüpfte, als kenne er seinen Weg ganz genau, um das Haus herum nach hinten, wo ursprünglich die Küche gewesen war. Nichts war jetzt noch von ihr übrig bis auf den Backsteinboden, der immer noch tropfnaß war von dem Wasser, das hingeschüttet worden war, um das Feuer zu löschen. Mrs Gage stand voller Verwunderung still, während James herumhüpfte, hier und da pickte, als prüfe er die Backsteine mit seinem Schnabel. Es war ein sehr unheimlicher Anblick, und wäre Mrs Gage nicht daran gewöhnt gewesen, mit Tieren zu leben, hätte sie sehr wahrscheinlich den Kopf verloren und wäre nach Hause zurückgehumpelt. Aber es sollten noch seltsamere Dinge geschehen. Die ganze Zeit über hatte der Papagei kein Wort gesagt. Er geriet plötzlich in einen Zustand höchster Erregung, flatterte mit den Flügeln, klopfte wiederholt mit dem Schnabel auf den Boden und schrie so schrill, »Nicht zuhause! Nicht zuhause!«, daß Mrs Gage fürchtete, das ganze Dorf würde wach werden.

»Reg dich nicht so auf, James; du tust dir noch etwas«, sagte sie besänftigend. Aber er wiederholte seinen Angriff auf die Backsteine nur noch wilder denn zuvor.

»Was soll das alles nur bedeuten?« sagte Mrs Gage und sah sich den Küchenboden genau an. Das Mondlicht war hell genug, um ihr eine leichte Unebenheit in der Verlegung der Backsteine zu zeigen, als wären sie herausgenommen und dann nicht ganz plan mit den anderen wieder zurückgelegt worden. Sie hatte ihre Schürze mit einer großen Sicherheitsnadel befestigt, und nun zwängte sie diese Sicherheitsnadel zwischen die Backsteine und stellte fest, daß sie nur lose aneinandergelegt waren. Sehr bald hatte sie einen mit den Händen herausgehoben. Kaum daß sie das getan hatte, hüpfte der Papagei auf den Backstein daneben, klopfte energisch mit dem Schnabel darauf und rief, »Nicht zuhause!«, was Mrs Gage so verstand, daß sie ihn entfernen sollte. So fuhren sie fort, die Backsteine im Mondlicht herauszunehmen, bis sie eine Fläche von etwa sechs auf viereinhalb Fuß freigelegt hatten. Dies schien der Papagei für genug zu halten. Aber was war als nächstes zu tun?

Mrs Gage ruhte sich jetzt aus und beschloß, sich gänzlich vom Verhalten des Papageien James leiten zu lassen. Sie durfte sich nicht lange ausruhen. Nachdem er ein paar Minuten lang im sandigen Untergrund herumgescharrt hatte, wie ihr vielleicht schon einmal eine Henne mit den Krallen im Sand habt scharren sehen, grub er etwas aus, was zunächst wie ein runder Klumpen aus gelblichem Stein aussah. Seine Aufregung wurde so groß, daß Mrs Gage ihm jetzt zu Hilfe kam. Zu ihrer Verwunderung stellte sie fest, daß die ganze Fläche, die sie freigelegt hatten, vollgepackt war mit langen Rollen dieser runden gelblichen Steine, so säuberlich nebeneinander gelegt, daß es eine ziemliche Mühe war, sie zu bewegen. Aber was konnten sie sein? Und zu welchem Zweck waren sie dort versteckt worden? Erst als sie die ganze obere Schicht entfernt hatten, und als nächstes ein Stück Öltuch, das darunter lag, entfaltete sich vor ihren Augen ein höchst wundersamer Anblick – dort, in Reihe um Reihe, wunderschön poliert und im Mondlicht hell glänzend, lagen Tausende von brandneuen Sovereigns!!!!

Das also war das Versteck des alten Geizkragens; und er hatte dafür gesorgt, daß niemand es entdeckte, indem er zwei außergewöhnliche Vorsichtsmaßnahmen traf. Als erstes hatte er, wie später bewiesen wurde, einen Küchenherd über die Stelle gebaut, an der sein Schatz verborgen lag, so daß, wenn das Feuer ihn nicht zerstört hätte, niemand seine Existenz hätte erraten können; und zweitens hatte er die oberste Schicht der Sovereigns mit einer klebrigen Substanz überzogen, sie dann in der Erde herumgerollt, so daß, wenn einer durch Zufall freigelegt worden wäre, niemand vermutet hätte, daß er etwas anderes war als ein Kieselstein, so wie man ihn jeden Tag im Garten sehen kann. So wurde nur durch das außergewöhnliche Übereintreffen des Feuers und der Klugheit des Papageien die Gerissenheit des alten Joseph besiegt.

Mrs Gage und der Papagei arbeiteten nun hart und entfernten den ganzen Schatz – der dreitausend Münzen zählte, weder mehr noch weniger – und legten sie auf ihre Schürze, die auf dem Boden ausgebreitet war. Als die dreitausendste Münze oben auf den Stapel gelegt wurde, flog der Papagei im Triumph in die Luft und landete sehr sanft auf Mrs Gages Kopf. In dieser Form kehrten sie zu Mrs Fords Cottage zurück, in sehr langsamem Schritt, denn Mrs Gage war lahm, wie ich gesagt habe, und jetzt wurde sie vom Inhalt ihrer Schürze fast auf den Boden hinuntergezogen. Aber sie erreichte ihr Zimmer, ohne daß irgend jemand von ihrem Besuch in dem zerstörten Haus wußte.

Am nächsten Tag kehrte sie nach Yorkshire zurück. Mr Stacey fuhr sie noch einmal nach Lewes und war ziemlich überrascht, als er feststellte, wie schwer Mrs Gages Holzkiste geworden war. Aber er war ein Mann von der ruhigen Sorte und folgerte daraus nur, daß die guten Leute von Rodmell ihr ein paar Kleinigkeiten mitgegeben hatten, um sie über den furchtbaren Verlust ihres gesamten Besitzes im Feuer hinwegzutrösten. Aus reiner Herzensgüte bot Mr Stacey an, ihr den Papagei für eine halbe Krone abzukaufen; aber Mrs Gage lehnte sein Angebot mit solcher Entrüstung ab und sagte, daß sie den Vogel nicht für alle Reichtümer Indiens verkaufen würde, daß er daraus folgerte, die alte Frau sei durch ihren Kummer verrückt geworden.

Es bleibt jetzt nur noch zu sagen, daß Mrs Gage wohlbehalten nach Spilsby zurückgelangte; ihre schwarze Kiste zur Bank brachte; und mit James dem Papagei und ihrem Hund Shag in großer Bequemlichkeit und Glück bis ins sehr hohe Alter lebte.

Erst als sie auf ihrem Totenbett lag, erzählte sie dem Geistlichen (dem Sohn von Reverend Samuel Tallboys) die ganze Geschichte und fügte hinzu, sie sei ganz sicher, daß das Haus vom Papageien James mit Absicht abgebrannt worden war, der, sich der Gefahr bewußt, in der sie sich am Flußufer befand, in die Küche flog und das Ölöfchen umwarf, das ein paar Reste für ihr Abendessen warmhielt. Durch diese Tat rettete er sie nicht nur vor dem Ertrinken, sondern brachte auch die dreitausend Pfund ans Tageslicht, die auf keine andere Weise hätten gefunden werden können. Derart, sagte sie, ist der Lohn für Freundlichkeit gegenüber Tieren.

Der Geistliche dachte, sie phantasiere. Aber es ist gewiß, daß im selben Augenblick, in dem der Atem ihren Körper verlassen hatte, James, der Papagei, hervorkreischte: »Nicht zuhause! Nicht zuhause!« und mausetot von seiner Stange fiel. Der Hund Shag war ein paar Jahre zuvor gestorben.

Besucher in Rodmell können immer noch die Ruinen des Hauses sehen, das vor fünfzig Jahren niederbrannte, und es heißt allgemein, daß man, wenn man es im Mondlicht besucht, einen Papagei mit seinem Schnabel auf den Backsteinboden klopfen hören kann, während andere eine alte Frau in einer weißen Schürze dort haben sitzen sehen.

Anmerkung

Die Erzählung ›erschien‹ zuerst in *The Charleston Bulletin*, einer Zeitung, die die Bell-Kinder in den zwanziger Jahren in Charleston (dem Landsitz der Familie) herausgaben. Die Erzählung erreichte ein größeres Publikum, als sie im Juli 1982 im *Redbook Magazine* und 1988 in der Hogarth Press mit Illustrationen von Julian Bell, einem Großneffen Virginia Woolfs, erschien. Unser Text folgt dem Typoskript, das handschriftliche Verbesserungen aufweist.

Der Charakter einer ›wahren‹ Geschichte wird durch das Lokalkolorit unterstrichen: das Haus des Bruders der Witwe steht in der Nähe von Monks House in Rodmell, wohin die Woolfs im September 1919 gezogen waren. Der Reverend James Hawkesford war von 1896 bis 1928 Pfarrer in Rodmell.

Das neue Kleid

Mabel hatte ihren ersten ernsthaften Verdacht, daß etwas nicht stimmte, als sie ihren Mantel ablegte, und Mrs Barnet, während sie ihr den Spiegel reichte und die Bürsten berührte und sie so, vielleicht ziemlich deutlich, auf die diversen Gerätschaften zum Richten und Ordnen von Haaren, Teint und Kleidern aufmerksam machte, die es auf dem Frisiertisch gab, bestätigte den Verdacht – daß es nicht stimmte, nicht ganz stimmte, der sich verstärkte, als sie nach oben ging, und ihr zur Gewißheit wurde, als sie Clarissa Dalloway grüßte, so daß sie geradewegs auf die andere Seite des Raumes ging, in eine schattige Ecke, in der ein Spiegel hing, und hineinsah. Nein! Es stimmte *nicht*. Und sofort legte sich das Elend, das sie immer zu verbergen suchte, die tiefe Unzufriedenheit – das Gefühl, das sie schon als Kind gehabt hatte, anderen Menschen unterlegen zu sein – über sie, unbarmherzig, gnadenlos, mit einer Intensität, der sie sich nicht erwehren konnte, wie sie es tat, wenn sie nachts aufwachte, indem sie Borrow oder Scott las; denn oh diese Männer, oh diese Frauen, sie alle dachten – »Was hat Mabel da nur an? Sie sieht ja verboten aus! Was für ein abscheuliches neues Kleid!« – und ihre Augenlider flatterten, wenn sie auf sie zutraten, und dann klappten ihre Lider fest zu. Es war ihre eigene entsetzliche Unzulänglichkeit; ihre Feigheit; ihr erbärmliches, wasserdurchsetztes Blut, das sie niederdrückte. Und sofort kam ihr das ganze Zimmer, in dem sie so viele Stunden lang mit der kleinen Schneiderin überlegt hatte, wie es werden sollte, schmierig vor, widerwärtig; und ihr eigener Salon so schäbig, und sie selbst, beim Weggehen, aufgeblasen vor Eitelkeit, wie sie die Briefe auf dem Tischchen im Flur berührte und sagte: »Wie langweilig!« um sich wichtig zu machen – das alles schien nun unaussprechlich dumm, armselig und provinziell. Das alles war ein für allemal zerstört worden, entlarvt, zersprengt, in dem Augenblick, in dem sie Mrs Dalloways Salon betrat.

Was sie an jenem Abend gedacht hatte, als, sie saß noch am Teetisch, Mrs Dalloways Einladung kam, war, daß es ihr natürlich unmöglich wäre, modisch zu sein. Es war absurd, auch nur so tun zu wollen – Mode bedeutete Schnitt, bedeutete Stil, bedeutete wenigstens dreißig Guineen – aber warum nicht originell sein? Warum nicht einfach sie selbst sein? Und sie war aufgestanden und hatte das alte Modeheft ihrer Mutter hervorgeholt, ein Pariser Modeheft im Empirestil, und hatte gedacht, wieviel hübscher, würdevoller und fraulicher sie damals waren, und sich in den Kopf gesetzt – oh, wie dumm von ihr – sein zu wollen wie sie, hatte sich, um ehrlich zu sein, damit hervortun wollen, bescheiden und altmodisch und sehr bezaubernd zu wirken, hatte sich, daran konnte es keinen Zweifel geben, einer Orgie der Eigenliebe hingegeben, die bestraft gehörte, und sich deshalb so herausgeputzt.

Aber sie wagte es nicht, in den Spiegel zu sehen. Sie konnte sich dem Schrecken in seiner Gänze nicht stellen – dem blaßgelben, idiotisch altmodischen Seidenkleid mit dem langen Rock und den hoch angesetzten Ärmeln und der Taille und allem, was im Modeheft so bezaubernd aussah, aber nicht an ihr, nicht unter all diesen normalen Leuten. Wie sie da stand, kam sie sich vor wie eine Schneiderpuppe, in die junge Leute Stecknadeln pieksen konnten.

»Aber, meine Liebe, es ist bezaubernd!« sagte Rose Shaw und musterte sie von Kopf bis Fuß, die Lippen in leisem Spott verzogen, wie sie es erwartet hatte – und Rose selbst natürlich nach der allerneuesten Mode gekleidet, genau wie alle anderen, immer.

Wir sind alle wie Fliegen, die versuchen, über den Rand der Untertasse zu krabbeln, dachte Mabel und wiederholte den Satz, als bekreuzigte sie sich, als versuche sie, einen Zauberspruch zu finden, um diesen Schmerz auszulöschen, diese Qual erträglich zu machen. Zitate aus Shakespeare, Zeilen aus Büchern, die sie vor ewigen Zeiten gelesen hatte, gingen ihr plötzlich durch den Kopf, wenn sie sich quälte, und sie wiederholte sie immer und immer wieder. »Fliegen, die zu krabbeln versuchen«, wiederholte sie.[1] Wenn es ihr gelang, sich das oft genug vorzusagen und die Fliegen zu sehen, würde sie empfindungslos werden, kalt, versteinert, stumm. Jetzt konnte sie

Fliegen langsam aus einer Untertasse mit Milch kriechen sehen, die Flügel verklebt; und sie mühte sich verzweifelt (während sie vor dem Spiegel stand und Rose Shaw zuhörte), sich dazu zu zwingen, Rose Shaw und all die anderen Leute hier als Fliegen zu sehen, die versuchten, sich aus etwas herauszuhieven, oder in etwas hinein, klägliche, unbedeutende, sich abrackernde Fliegen. Aber sie konnte sie nicht so sehen, nicht andere Leute. Sich selbst sah sie so – sie war eine Fliege, aber die anderen waren Libellen, Schmetterlinge, wunderschöne Insekten, die tanzten, flatterten, dahinschossen, während sie allein sich mühsam aus der Untertasse herauszog. (Neid und Mißgunst, die abscheulichsten der Laster, waren ihre schlimmsten Fehler.)

»Ich komme mir vor wie eine armselige, kümmerliche, schrecklich abgetakelte alte Fliege«, sagte sie, zwang Robert Haydon stehenzubleiben, nur um sie das sagen zu hören, nur um sich selbst dadurch zu beruhigen, daß sie einen armen schwächlichen Spruch aufpolierte und so zeigte, wie sehr sie über dem allen stand, wie witzig sie war, daß sie sich nicht im geringsten von irgend etwas ausgeschlossen fühlte. Und natürlich gab Robert Haydon eine ganz höfliche, ganz unaufrichtige Antwort, die sie sofort durchschaute, und kaum daß er gegangen war, sagte sie sich (wieder aus irgendeinem Buch), »Lügen, Lügen, Lügen!«[2] Denn eine Gesellschaft macht die Dinge entweder viel realer, oder viel unrealer, dachte sie; sie sah blitzartig auf den Grund von Robert Haydons Herz; sie durchschaute alles. Sie sah die Wahrheit. *Das hier* war wahr, dieser Salon, dieses Selbst, das andere falsch. Miss Milans kleines Arbeitszimmer war wirklich schrecklich heiß, stickig, schmierig. Es roch nach Kleidern und gekochtem Kohl; und doch hatte, als Miss Milan ihr den Spiegel reichte und sie sich in dem Kleid begutachtete, fertig, ein unglaubliches Glücksgefühl ihr Herz erfüllt. Durchflutet von Licht, lebte sie plötzlich. Frei von Sorgen und Falten war das, was sie von sich erträumt hatte, da – eine schöne Frau. Nur eine Sekunde lang (sie hatte nicht gewagt, länger hinzusehen, Miss Milan wollte etwas über die Länge des Rocks wissen) sah ihr, eingerahmt von verschnörkeltem Mahagoni, ein grauweißes, geheimnisvoll lächelndes, bezauberndes Mädchen entgegen, der Kern ihrer selbst, die Seele ihrer selbst; und es war nicht nur

Eitelkeit, nicht nur Eigenliebe, die sie glauben ließen, es sei gut, zärtlich und wahr. Miss Milan sagte, der Rock dürfe auf keinen Fall länger werden; falls überhaupt, sagte Miss Milan, die Stirn gekraust, angestrengt nachdenkend, müsse der Rock kürzer sein; und sie fühlte sich plötzlich, ehrlich, erfüllt von Liebe für Miss Milan, empfand viel viel mehr Zuneigung für Miss Milan denn für irgend jemand sonst in der ganzen Welt, und hätte vor Mitleid darüber weinen können, daß sie den Mund voller Stecknadeln auf dem Boden herumkroch, das Gesicht gerötet, mit vorquellenden Augen – daß ein menschliches Wesen so etwas für ein anderes tun konnte, und sie sah sie alle nur als menschliche Wesen, und sich selbst auf dem Weg zu ihrer Gesellschaft, und Miss Milan, wie sie das Tuch über den Käfig des Kanarienvogels deckte oder ihn ein Hanfkorn von ihren Lippen picken ließ, und der Gedanke daran, an diese Seite der menschlichen Natur und ihre Geduld und ihre Ausdauer und ihr Zufriedensein mit derart erbärmlichen, kärglichen, kläglichen kleinen Vergnügungen füllte ihre Augen mit Tränen.

Und nun war das alles verschwunden. Das Kleid, das Zimmer, die Liebe, das Mitleid, der verschnörkelte Spiegel und der Käfig des Kanarienvogels – alles war verschwunden, und hier stand sie in einer Ecke von Mrs Dalloways Salon, litt Todesqualen, aufgeschreckt in die Realität.

Aber es war alles so armselig, dünnblütig, kleinlich, sich derart zu sorgen in ihrem Alter und mit zwei Kindern, immer noch so absolut abhängig zu sein von den Meinungen der Leute und keine Prinzipien oder Überzeugungen zu haben, nicht sagen zu können, wie andere Leute es taten: »Da ist Shakespeare! Da ist der Tod! Wir alle sind Maden in einem Stück Schiffszwieback« – oder was es auch war, was die Leute sagten.

Sie sah sich im Spiegel direkt an; sie zupfte an ihrer linken Schulter; sie trat ins Zimmer hinaus als würden von allen Seiten Speere auf ihr gelbes Kleid geschleudert. Aber statt wild oder tragisch auszusehen, wie Rose Shaw es getan hätte – Rose hätte wie Boadicea ausgesehen[3] – sah sie dumm und verlegen aus, und zierte sich wie ein Schulmädchen und trottete durch das Zimmer, schlurfte dahin wie ein geprügelter Straßenköter, und sah sich ein Bild an, einen Stich. Als ginge man auf eine Gesellschaft, um sich Bilder anzusehen! Alle wußten, aus welchem Grund sie das tat – aus Scham, aus Demütigung.

»Jetzt ist die Fliege in der Untertasse«, sagte sie zu sich selbst, »mittendrin, und kann nicht heraus, und die Milch«, dachte sie, unverwandt auf das Bild starrend, »verklebt ihr die Flügel.«

»Es ist so altmodisch«, sagte sie zu Charles Burt, zwang ihn stehenzubleiben (was er an und für sich haßte) auf seinem Weg, um sich mit jemand anderem zu unterhalten.

Sie meinte, oder versuchte sich einzureden, daß sie meinte, daß es das Bild war, und nicht ihr Kleid, das altmodisch war. Und ein Wort der Anerkennung, ein freundliches Wort von Charles hätte in diesem Augenblick für sie den ganzen Unterschied ausgemacht. Wenn er nur gesagt hätte, »Mabel, Sie sehen heute abend bezaubernd aus!«, hätte sich ihr ganzes Leben geändert. Aber dann hätte sie auch ehrlich und direkt sein müssen. Charles sagte natürlich nichts dergleichen. Er war die personifizierte Bosheit. Er durchschaute einen immer, vor allem, wenn man sich besonders erbärmlich, schäbig oder dümmlich vorkam.

»Mabel hat ein neues Kleid!« sagte er, und die arme Fliege wurde brutal in die Mitte der Untertasse geschubst. Wirklich, er würde sie gerne ertrinken sehen, glaubte sie. Er hatte kein Herz, keine echte, grundlegende Güte, nur einen Firnis von Freundlichkeit. Miss Milan war bedeutend realer, bedeutend gütiger. Wenn man das doch nur fühlen und sich immer daran halten könnte. »Wieso?« fragte sie sich – während sie Charles eine viel zu schnippische Antwort gab, ihn merken ließ, daß sie mißgestimmt war, oder »griesgrämig« wie er es nannte (»Wohl etwas griesgrämig?« sagte er und ging weiter, um dort drüben mit einer Frau über sie zu lachen) – »Wieso?« fragte sie sich selbst, »kann ich nicht immer eine Sache fühlen, ganz sicher fühlen, daß Miss Milan recht hat, und Charles unrecht, und mich daran halten, sicher sein in bezug auf den Kanarienvogel und das Mitleid und die Liebe und nicht in einer Sekunde um und um gepeitscht werden, nur weil ich in ein Zimmer voller Leute komme?« Es war wieder ihr verhaßter, schwacher, wankender Charakter, der sie im kritischen Moment immer im Stich ließ und nicht ernsthaft interessiert war an Conchologie, Etymologie, Botanik, Archäologie, Kartoffeln aufzuschneiden und zu beobachten, wie sie Früchte ansetzten, wie Mary Dennis, wie Violet Searle.

Dann sah Mrs Holman sie da stehen und stürzte sich auf sie. Natürlich war etwas wie ein Kleid für Mrs Holman nicht weiter beachtenswert, fiel ihre Familie doch ständig die Treppe herunter oder hatte Scharlach. Konnte Mabel ihr vielleicht sagen, ob Elmthorpe je im August und September vermietet wurde? Oh, es war eine Unterhaltung, die sie unsäglich langweilte! – es machte sie wütend, wie ein Häusermakler oder ein Botenjunge behandelt zu werden, benutzt zu werden. Keinen Wert zu haben, das war es, dachte sie, während sie versuchte, sich an etwas Festes zu halten, etwas Reales, während sie versuchte, vernünftige Antworten über das Badezimmer und die Südlage und das heiße Wasser bis in den obersten Stock des Hauses zu geben; und die ganze Zeit über konnte sie kleine Stücke ihres gelben Kleides in dem runden Spiegel sehen, der sie alle zur Größe von Stiefelknöpfen oder Kaulquappen schrumpfte; und es war erstaunlich zu denken, wieviel Demütigung und Qual und Selbstverachtung und Mühe und leidenschaftliche Höhen und Tiefen der Gefühle in einem Ding von der Größe eines Dreipennystücks enthalten waren. Und was noch merkwürdiger war, dieses Ding, diese Mabel Waring, war abgesondert, war losgelöst; und obwohl Mrs Holman (der schwarze Knopf) sich vorbeugte und ihr erzählte, wie ihr ältester Junge sich beim Laufen das Herz überanstrengt hatte, konnte sie auch sie sehen, ebenfalls losgelöst im Spiegel, und es war unmöglich, daß der schwarze Punkt, der sich vorbeugte, gestikulierte, den gelben Punkt, der einsam da saß, auf sich selbst beschränkt, dazu bringen konnte zu fühlen, was der schwarze Punkt fühlte, und doch taten sie so.

»Einfach unmöglich, Jungen ruhig zu halten« – das war die Art von Bemerkung, die man von sich gab.

Und Mrs Holman, die nie genug Mitgefühl bekommen konnte und nach dem bißchen, das es gab, gierig schnappte, als wäre es ihr Recht (aber sie verdiente viel mehr, denn da war ihr kleines Mädchen, das heute morgen mit einem geschwollenen Kniegelenk heruntergekommen war), nahm das klägliche Almosen und begutachtete es mißtrauisch, mißmutig, als wäre es ein halber Penny, wo es doch ein Pfund hätte sein müssen, und steckte es weg in ihre Börse, mußte sich damit zufriedengeben, knauserig und knickerig wie es war, die Zeiten waren hart, so hart; und redete weiter, die knarrende, beleidigte Mrs Holman, über das Mädchen mit den geschwollenen Gelenken. Ah, es war tragisch, diese Gier, dieses Wehklagen menschlicher Wesen, wie eine Reihe von Kormoranen, die bellten und mitleidheischend mit den Flügeln schlugen – es war tragisch, hätte man es fühlen können und nicht nur so getan, als fühle man es!

Aber in ihrem gelben Kleid konnte sie heute abend keinen weiteren Tropfen aus sich herauswringen; sie wollte alles, alles für sich selbst. Sie wußte (sie konnte nicht aufhören, in den Spiegel zu sehen, tauchte ein in diesen schrecklich verräterischen blauen Tümpel), daß sie verdammt war, verachtet, so zurückgelassen in einem toten Wasserarm, weil sie so war, eine schwache, wankende Kreatur; und es schien ihr, als sei das gelbe Kleid eine Strafe, die sie verdient hatte, und wenn sie wie Rose Shaw gekleidet gewesen wäre, in herrlichem, eng anliegendem Grün mit einem Hauch von Schwanenfeder, hätte sie eben das verdient; und sie dachte, daß es kein Entkommen für sie gäbe – überhaupt keines. Aber es war schließlich nicht nur ihr Fehler, nicht allein. Es lag auch daran, daß sie aus einer zehnköpfigen Familie stammte; nie genug Geld da war, immer geknausert und gespart werden mußte; und ihre Mutter schleppte große Konservendosen, und das Linoleum auf der Treppe war an den Kanten zerschlissen, und eine banale häusliche Tragödie nach der anderen – nichts Katastrophales, die Schafzucht ein Mißerfolg, aber kein totaler; ihr ältester Bruder unter seinem Niveau verheiratet, aber nicht viel – es gab keine Romanzen, nichts Extremes, bei ihnen allen. Ihr Leben zerrann in allen Ehren in Badeorten am Meer; in jedem Seebad schlief auch jetzt eine ihrer Tanten in irgendeinem Logis, dessen Vorderfenster nicht so ganz aufs Meer hinausgingen. Das war so typisch für sie – immer mußten sie auf die Dinge schielen. Und sie hatte es genauso gemacht – sie war genau wie ihre Tanten. Trotz all ihrer Träume vom

Leben in Indien, verheiratet mit einem Helden wie Sir Henry Lawrence, einem Empirearchitekten (immer noch machte der Anblick eines turbantragenden Eingeborenen sie sentimental), hatte sie gänzlich versagt. Sie hatte Hubert geheiratet, mit seinem sicheren, untergeordneten Dauerposten beim Gericht, und sie kamen einigermaßen zurecht in ihrem eher kleinen Haus, ohne richtiges Personal, und Hackfleisch wenn sie allein war, oder einfach nur Brot und Butter, aber ab und zu – Mrs Holman verzog sich, hielt sie für den vertrocknetsten, fühllosesten Klotz, dem sie je begegnet war, dazu noch völlig absurd angezogen, und würde jedem von Mabels wunderlichem Aussehen erzählen – ab und zu, dachte Mabel Waring, allein gelassen auf dem blauen Sofa, das Kissen aufschüttelnd, um beschäftigt auszusehen, denn auf gar keinen Fall würde sie zu Charles Burt und Rose Shaw gehen, die wie zwei Elstern schwatzten und vor dem Kamin vielleicht über sie lachten – ab und zu kamen bezaubernde Augenblicke zu ihr, zum Beispiel neulich nachts, als sie im Bett gelesen hatte, oder am Meer im Sand in der Sonne, Ostern – wie war das noch einmal gewesen? – ein großes Büschel blassen Strandgrases, das verdreht wie eine Garbe von Speeren vor dem Himmel stand, der blau war wie ein glattes Porzellanei, so fest, so hart, und dann die Melodie der Wellen – ›Schsch – schsch‹ sagten sie, und die Rufe der Kinder beim Planschen – ja, es war ein göttlicher Augenblick, und sie lag da, fühlte sie, in der Hand der Göttin, die die Welt war; eine eher hartherzige, aber sehr schöne Göttin, ein kleines Lämmchen auf dem Altar (man dachte solche Dummheiten und es spielte keine Rolle, solange man sie nie aussprach). Und auch mit Hubert hatte sie manchmal ganz unerwartet – wenn sie den Hammel für das Sonntagsessen schnitt, aus keinem Grund, einen Brief öffnete, in ein Zimmer kam – göttliche Augenblicke, in denen sie zu sich selbst sagte (denn sie würde dies nie zu irgend jemand sonst sagen), ›Das ist es. Das ist geschehen. Das ist es!‹ Und anders herum war es gleichermaßen überraschend – das heißt, wenn alles vorbereitet war – Musik, Wetter, Ferien, jeder Grund zum Glücklichsein war da – und dann geschah nichts, gar nichts. Man war nicht glücklich. Es war fad, einfach fad, das war alles.

Ihr elendes Selbst schon wieder, ohne Frage! Sie war immer eine überbesorgte, schwache, ungenügende Mutter gewesen, eine unbestimmte Ehefrau, die in einer Art Dämmerexistenz umhertaumelte ohne etwas sehr Klares oder sehr Kühnes oder mehr das eine als das andere, wie all ihre Brüder und Schwestern, mit Ausnahme von Herbert vielleicht – sie alle waren die gleichen armen wasserblütigen Kreaturen, die nichts taten. Und dann, mitten in diesem kriechenden, krabbelnden Leben, war sie plötzlich auf der Schaumkrone einer Welle. Die elende Fliege – wo hatte sie die Geschichte, die ihr nicht aus dem Kopf ging, über die Fliege und die Untertasse, bloß gelesen? – kämpfte sich heraus. Ja, sie hatte diese Momente. Aber jetzt, wo sie vierzig war, kamen sie vielleicht immer seltener. Ganz allmählich würde sie aufhören weiterzukämpfen. Aber das war bedauernswert! Das war unerträglich! Da mußte sie sich ja über sich selbst schämen!

Morgen würde sie in die Londoner Stadtbibliothek gehen. Sie würde ein wunderbares, hilfreiches, erstaunliches Buch finden, rein zufällig, ein Buch von einem Geistlichen, von einem Amerikaner, von dem niemand je gehört hatte; oder sie würde die Strand entlanggehen und zufällig in eine Halle hineingeraten, in der ein Bergarbeiter vom Leben unter Tage erzählte, und plötzlich würde sie ein neuer Mensch werden. Sie würde völlig verändert sein. Sie würde eine Uniform tragen; sie würde Schwester Soundso genannt werden; sie würde nie wieder einen Gedanken an Kleider verschwenden. Und von dem Augenblick an würde sie immer absolute Klarheit haben über Charles Burt und Miss Milan und dieses Zimmer und jenes Zimmer; und es würde immer, Tag für Tag, so sein, als liege sie in der Sonne oder als schneide sie den Hammel. Das würde es sein!

So stand sie von dem blauen Sofa auf, und der gelbe Knopf im Spiegel stand ebenfalls auf, und sie winkte Charles und Rose zu, um ihnen zu zeigen, daß sie nicht die Spur auf sie angewiesen war, und der gelbe Knopf bewegte sich aus dem Spiegel heraus, und alle Speere sammelten sich in ihrer Brust, als sie zu Mrs Dalloway ging und sagte, »Gute Nacht.«

»Aber es ist zu früh, um zu gehen«, sagte Mrs Dalloway, die immer so charmant war.

»Tut mir leid, aber ich muß«, sagte Mabel Waring. »Aber«, fügte sie mit ihrer schwachen, zittrigen Stimme hinzu, die nur lächerlich klang, wenn sie versuchte, ihr mehr Festigkeit zu geben, »es hat mir ausgezeichnet gefallen.«

»Es hat mir gefallen«, sagte sie zu Mr Dalloway, dem sie auf der Treppe begegnete.

»Lügen, Lügen, Lügen«, sagte sie zu sich selbst, als sie die Treppe herunterging, und »Mitten in der Untertasse«, sagte sie zu sich selbst, als sie Mrs Barnet für ihre Hilfe dankte und sich um und um und um in den chinesischen Mantel hüllte, den sie nun schon seit zwanzig Jahren trug.

Anmerkungen

Die Erzählung ist vermutlich im Frühjahr 1925 geschrieben. Virginia Woolf führte sie auf in den ›Notes for Stories‹, die sie am 6. und 14. März 1925 machte. Die Geschichte scheint ihr auch im Kopf gewesen zu sein, als sie am 27. April 1925 im Tagebuch notierte: »Aber mein augenblicklicher Gedanke ist, daß die Menschen eine Vielzahl von Bewußtseinszuständen haben: & ich möchte das Partybewußtsein, das Kleidungsbewußtsein &c. erforschen.« Am 5. Juli 1925 berichtete sie H. G. Leach, dem Herausgeber des *Forum* (New York), daß sie diese Erzählung gerade fertigschreibe. Im Mai 1927 wurde sie in *Forum* veröffentlicht. Unser Text folgt dem Erstdruck in *Forum*.

[1] Dies ist vermutlich eine Anspielung auf Anton Tschechows kleinen Roman *Das Duell*: »... es schien ihr [Nadežda Fëdorovna], sie gerate wie eine Fliege bald in die Tinte, bald krieche sie wieder heraus ans Licht.« (*Eine langweilige Geschichte. Das Duell. Kleine Romane I*, aus dem Russischen von Ada Knipper und Gerhard Dick, hrsg. v. Peter Urban, Zürich 1976, S. 171) Mabel könnte aber auch Katherine Mansfields Kurzgeschichte ›The Fly‹ (1922) im Kopf gehabt haben.

[2] Siehe Anton Tschechow, *Das Duell*: »... um sein [Laevskij's] schmähliches Parasitendasein vor ihnen und vor sich selbst zu rechtfertigen, bemühte er sich, immer eine Miene aufzusetzen, als stehe er höher und sei besser als sie. Lüge, Lüge, Lüge ...« (A. a. O., S. 192)

[3] Boadicea war die wilde Königin eines alten Britannierstammes, die eine Revolte gegen die Römer anführte, geschlagen wurde und sich das Leben nahm.

Die Dame im Spiegel: Eine Reflexion

Die Leute sollten keine Spiegel in ihren Zimmern hängen lassen, genausowenig wie sie offene Scheckbücher liegen lassen sollten oder Briefe, in denen ein gräßliches Verbrechen gestanden wird. Man konnte nicht anders, an jenem Sommernachmittag, als in den langen Spiegel zu blicken, der draußen im Flur hing. Der Zufall hatte es so arrangiert. Von den Tiefen des Sofas im Salon konnte man in dem italienischen Spiegel nicht nur das Tischchen mit der Marmorplatte gegenüber widergespiegelt sehen, sondern auch ein Stück des Gartens dahinter. Man konnte einen langen Graspfad sehen, der zwischen Wällen hoher Blumen hindurchführte, bis der Goldrand ihn, einen Winkel wegschnipselnd, abschnitt.

Das Haus war leer, und da man die einzige Person im Salon war, kam man sich vor wie einer von jenen Naturfreunden, die zugedeckt von Gras und Blättern auf der Erde liegen und die scheuesten Tiere – Dachse, Ottern, Eisvögel – dabei beobachten, wie sie sich frei bewegen, sie selbst ungesehen. Das Zimmer war an jenem Nachmittag voll von solch scheuen Wesen, Lichtern und Schatten, wehenden Vorhängen, fallenden Blütenblättern – Dingen, die nie geschehen, wie es scheint, wenn jemand hinsieht. Das stille alte ländliche Zimmer mit seinen Läufern und steinernen Kaminsimsen, seinen durchhängenden Bücherschränken und rot und goldenen Lackschränkchen war voll solcher nächtlicher Wesen. Sie kamen pirouettendrehend über den Boden, traten zierlich mit hochgelüpften Füßen und ausgebreiteten Schwänzen auf und pickten mit anspielerischen Schnäbeln, als seien sie Kraniche, oder Scharen eleganter Flamingos, deren Rosa verblaßt war, oder Pfaue, deren Schwanzfedern silbrig geädert waren. Und es gab auch obskure Tönungen und Verdunkelungen, als hätte ein Kuttelfisch die Luft plötzlich mit Purpur durchtränkt; und das Zimmer hatte seine Leidenschaften und Wutausbrüche und Eifersüchte und Kümmernisse, die über es kamen und es umwölkten, wie ein menschliches Wesen. Nichts blieb zwei Sekunden hintereinander gleich.

Aber, draußen, reflektierte der Spiegel das Flurtischchen, die Sonnenblumen, den Gartenpfad so genau und so starr, daß sie dort in ihrer Realität unentrinnbar festgehalten schienen. Es war ein merkwürdiger Gegensatz – hier alles Veränderung, dort alles Ruhe. Man konnte nicht anders als von einem zum anderen zu blicken. Währenddessen gab es, da alle Türen und Fenster in der Hitze offenstanden, ein fortwährendes seufzendes und innehaltendes Geräusch, die Stimme des Flüchtigen und des Vergänglichen, so schien es, die wie Atem kam und ging, während im Spiegel die Dinge aufgehört hatten zu atmen und still lagen in der Trance der Unsterblichkeit.

Vor einer halben Stunde war die Herrin des Hauses, Isabella Tyson, den Graspfad in ihrem dünnen Sommerkleid hinuntergegangen, einen Korb in der Hand, und war verschwunden, weggeschnipselt vom goldenen Rand des Spiegels. Sie war vermutlich in den unteren Teil des Gartens gegangen, um Blumen zu pflücken; oder, was anzunehmen natürlicher schien, um etwas Leichtes und Phantastisches und Blättriges und Rankendes zu pflücken, Waldreben, oder einen jener eleganten Windenschößlinge, die sich um häßliche Mauern schlingen und hier und da in weiße und violette Blüten zerbersten. Sie ließ einen eher an das Phantastische und an die bebende Winde denken als an die aufrechte Aster, die gestärkte Zinnie, oder ihre eigenen brennenden Rosen, hell leuchtend wie Lampen an den geraden Masten ihrer Rosenbäumchen. Der Vergleich zeigte, wie überaus wenig man nach all diesen Jahren von ihr wußte; denn es ist unmöglich, daß eine Frau aus Fleisch und Blut von fünfundfünzig oder sechzig tatsächlich eine Girlande oder eine Ranke sein sollte. Solche Vergleiche sind schlimmer als müßig und oberflächlich – sie sind sogar grausam, denn sie kommen wie die Winde selbst bebend zwischen unsere Augen und die Wahrheit. Es muß Wahrheit geben; es muß eine Mauer geben. Und doch war es merkwürdig, daß man, nachdem man sie all diese Jahre kannte, nicht sagen konnte, was die Wahrheit über Isabella war; man erfand immer noch Sätze wie diesen über Winden und Waldreben. Was die Tatsachen anging, so war es eine

Tatsache, daß sie unverheiratet war; daß sie reich war; daß sie dieses Haus gekauft und eigenhändig – oftmals in den obskursten Ecken der Welt und bei großer Gefahr von giftigen Stichen und fernöstlichen Krankheiten – die Läufer, die Stühle, die Schränkchen gesammelt hatte, die jetzt vor den eigenen Augen ihr nächtliches Leben lebten. Manchmal schien es, als wüßten sie mehr über sie als wir, die wir auf ihnen saßen, an ihnen schrieben, und so vorsichtig über sie gingen, wissen durften. In jedem dieser Schränkchen gab es viele kleine Schubladen, und jede enthielt fast sicher Briefe, mit Schleifen zusammengebunden, bestreut mit Lavendelzweigen oder Rosenblättern. Denn es war eine weitere Tatsache – falls Tatsachen das waren, was man wollte – daß Isabella viele Menschen gekannt hatte, viele Freunde gehabt hatte; und so würde man, falls man die Kühnheit besäße, eine Schublade zu öffnen und ihre Briefe zu lesen, die Spuren von vielen Erschütterungen finden, von Verabredungen, sich zu treffen, von Vorhaltungen, weil man sich nicht getroffen hatte, lange Briefe der Vertrautheit und der Zuneigung, ungestüme Briefe der Eifersucht und des Vorwurfs, schreckliche letzte Worte der Trennung – denn all diese Zusammenkünfte und Verabredungen hatten zu nichts geführt – das heißt, sie hatte nie geheiratet, und doch war sie, nach der maskenhaften Gleichmütigkeit ihres Gesichts zu urteilen, durch zwanzigmal mehr Leidenschaft und Erfahrung gegangen als jene, deren Lieben hinaustrompetet werden, damit die ganze Welt sie hört. Unter dem Druck des Nachdenkens über Isabella wurde ihr Zimmer schattiger und symbolischer; die Ecken schienen dunkler, die Beine von Stühlen und Tischen spindeliger und hieroglyphischer.

Plötzlich wurden diese Reflexionen gewaltsam und doch ohne ein Geräusch beendet. Eine große schwarze Gestalt wurde im Spiegel sichtbar; wischte alles aus, bestreute den Tisch mit einem Packen marmorner, rosa und grau geäderter Täfelchen, und war verschwunden. Aber das Bild war vollständig verändert. Für den Augenblick war es unerkennbar und irrational und gänzlich unscharf. Man konnte diese Täfelchen nicht mit einem menschlichen Zweck in Verbindung bringen. Und dann machte sich Schritt für Schritt ein logischer Prozeß an die Arbeit und fing an, sie zu ordnen und zu arrangieren und sie in den Pferch allgemeiner Erfahrung hineinzubringen. Man erkannte schließlich, daß es nur Briefe waren. Der Mann hatte die Post gebracht.

Dort lagen sie auf dem Tischchen mit der Marmorplatte, zu Anfang alle triefend vor Licht und Farbe, und roh und uneinbezogen. Und dann war es seltsam zu sehen, wie sie hineingezogen wurden und arrangiert und komponiert und zu einem Teil des Bildes gemacht, und ihnen jene Ruhe und Unsterblichkeit gewährt wurde, die der Spiegel verlieh. Sie lagen da, ausgestattet mit einer neuen Realität und Bedeutung, und auch mit einer größeren Schwere, als hätte es einen Meißel gebraucht, sie vom Tischchen zu lösen. Und, ob es nun Einbildung war oder nicht, sie schienen mehr geworden zu sein als bloß eine Handvoll belangloser Briefe, sondern Täfelchen zu sein, in die ewige Wahrheit eingegraben war – wenn man sie lesen könnte, wüßte man alles, was es über Isabella zu wissen gab, ja, und über das Leben auch. Die Seiten in diesen marmorn aussehenden Umschlägen mußten mit Bedeutung tief eingeschnitten und dick eingekerbt sein. Isabella würde hereinkommen, und sie nehmen, einen nach dem anderen, sehr langsam, und sie öffnen, und sie sorgfältig lesen, Wort für Wort, und dann, mit einem tiefen Seufzer des Verstehens, als hätte sie auf den Grund von allem gesehen, würde sie die Umschläge in kleine Fetzen zerreißen und die Briefe zusammenbinden und die Schrankschublade verschließen in ihrer Entschlossenheit, das zu verbergen, von dem sie nicht wollte, daß es bekannt wurde.

Der Gedanke diente als eine Herausforderung. Isabella wollte nicht gekannt sein – aber sie konnte nicht länger entkommen. Es war absurd, es war ungeheuerlich. Wenn sie so viel verbarg und so viel wußte, mußte man sie mit dem ersten Werkzeug aufbrechen, das einem zur Hand kam – der Phantasie. Man mußte seinen Geist in genau diesem Augenblick auf sie richten. Man mußte sie dort festhalten. Man mußte sich weigern, sich weiterhin hinhalten zu lassen von Gerede und Getue der Art, wie der Augenblick es ergab – von Abendessen und Besuchen und höflichen Unterhaltungen. Man mußte in ihre Schuhe schlüpfen. Wenn man die Wendung wörtlich nahm, war es einfach, die Schuhe zu sehen, in denen sie stand, unten im unteren Teil des Gartens, in diesem Augenblick. Sie waren sehr schmal und lang und elegant – sie waren aus dem weichsten und schmiegsamsten Leder gemacht. Wie alles, was sie trug, waren sie exquisit. Und sie stand gewiß unter der hohen Hecke im unteren Teil des Gartens, hob die Schere, die an ihrer Taille festgebunden war, um eine welke Blume abzuschneiden, einen überwuchernden Zweig. Die Sonne schien grell in ihr Gesicht, in ihre Augen; aber nein, im entscheidenden Augenblick bedeckte ein Wolkenschleier die Sonne, machte den Ausdruck ihrer Augen zweifelhaft – war er spöttisch oder zärtlich, strahlend oder dumpf? Man konnte nur den unbestimmten Umriß ihres ziemlich verblaßten, schöngeschnittenen Gesichts sehen, wie es zum Himmel hinaufsah. Sie dachte, vielleicht, daß sie ein neues Netz für die Erdbeeren bestellen müßte; daß sie Johnsons Witwe Blumen schicken müßte; daß es Zeit wäre, daß sie zu den Hippseleys hinüberführe und sie in ihrem neuen Haus besuchte. Das waren auf jeden Fall die Dinge, über die sie beim Essen redete. Aber man hatte genug von den Dingen, über die sie beim Essen redete. Es war ihr tieferer Zustand des Seins, den man einfangen und in Worte wandeln wollte, der Zustand, der für den Geist das ist, was Atmen für den Körper ist, was man Glück oder Unglück nennt. Bei der Erwähnung dieser Worte wurde offensichtlich, daß sie, ganz gewiß, glücklich sein mußte. Sie war reich; sie war distinguiert; sie hatte viele Freunde; sie reiste – sie kaufte Teppiche in der Türkei und blaue Töpfe in Persien. Alleen des Vergnügens strahlten hierhin und dorthin aus von der Stelle, an der sie mit ihrer Schere stand, die sie gehoben hatte, um die zitternden Zweige zu schneiden, während Wolken aus Spitze ihr Gesicht verschleierten.

Hier, mit einer schnellen Bewegung der Schere, schnipste sie die Ranke der Waldrebe ab, und sie fiel zu Boden. Während sie fiel, kam sicher auch etwas Licht hinzu, konnte man sicher etwas tiefer in ihr Sein eindringen. Ihr Geist war in diesem Augenblick voll von Zärtlichkeit und Bedauern … Einen überwuchernden Zweig abzuschneiden, machte sie traurig, weil er einmal gelebt hatte, und das Leben war ihr lieb. Ja, und gleichzeitig würde das Fallen des Zweigs ihr zu verstehen geben, wie sie selbst sterben mußte, und die ganze Vergeblichkeit und Vergänglichkeit der Dinge. Und dann wieder fing sie diesen Gedanken schnell auf, mit ihrem augenblicklichen gesunden Menschenverstand, und sie dachte, daß das Leben gut zu ihr gewesen war; selbst wenn sie fallen mußte, dann um auf der Erde zu liegen und süß in die Wurzeln von Veilchen einzumodern. So stand sie und dachte. Ohne einen Gedanken präzise zu machen – denn sie gehörte zu jenen störrischen Menschen, deren Geist ihre Gedanken in Wolken des Schweigens eingehüllt hält – war sie erfüllt von Gedanken. Ihr Geist war wie ihr Zimmer, in dem Lichter vordrangen und sich zurückzogen; pirouettendrehend und zierlich auftretend kamen, ihre Schwänze breiteten, ihren Weg pickten; und dann war ihr ganzes Sein durchdrungen, wieder wie das Zimmer, von einer Wolke irgendeines tiefen Wissens, irgendeines unausgesprochenen Bedauerns, und dann war sie voll von verschlossenen Schubladen, vollgestopft mit Briefen, wie ihre Schränkchen. Davon zu sprechen, sie »aufzubrechen«, als wäre sie eine Auster, selbst die feinsten und genauesten und biegsamsten Werkzeuge an ihr anzuwenden, war gottlos und absurd. Man mußte sich vorstellen – hier war sie im Spiegel. Man schrak richtig zusammen.

Zuerst war sie so weit entfernt, daß man sie nicht deutlich sehen konnte. Sie kam zögernd und innehaltend, richtete hier eine Rose, hob dort eine Nelke, um an ihr zu riechen, aber sie blieb nicht stehen; und die ganze Zeit wurde sie größer und größer im Spiegel, mehr und mehr vollständig die Person, in deren Geist man versucht hatte einzudringen. Man prüfte Schritt um Schritt ihre Richtigkeit – paßte die Qualitäten, die man entdeckt hatte, an diesen sichtbaren Körper an. Da waren ihr graugrünes Kleid, und ihre langen Schuhe, ihr Korb, und etwas Glitzerndes an ihrem Hals. Sie kam so allmählich, daß sie das Muster im Spiegel nicht in Unordnung zu bringen, sondern nur ein neues Element hineinzubringen schien, das sich sanft bewegte und die anderen Gegenstände veränderte, als bitte sie sie, in aller Höflichkeit, ihr Platz zu machen. Und die Briefe und das Tischchen und der Grasweg und die Sonnenblumen, die im Spiegel gewartet hatten, teilten und öffneten sich, so daß sie unter ihnen aufgenommen werden konnte. Zu guter Letzt war sie da, im Flur. Sie blieb wie angewurzelt stehen. Sie stand am Tischchen. Sie stand völlig still. Sofort fing der Spiegel an, ein Licht über sie zu gießen, das sie zu fixieren schien; das wie eine Säure das Unwesentliche und das Oberflächliche wegzufressen schien und nur die Wahrheit zurückließ. Es war ein faszinierendes Spektakel. Alles fiel von ihr ab – Wolken, Kleid, Korb, Diamant – alles was man die Ranke und die Winde genannt hatte. Hier war die harte Mauer darunter. Hier war die Frau selbst. Sie stand nackt in jenem mitleidlosen Licht. Und da war nichts. Isabella war vollkommen leer. Sie hatte keine Gedanken. Sie hatte keine Freunde. Sie hatte für niemanden etwas übrig. Und was die Briefe anging, es waren alles Rechnungen. Sieh nur, wie sie da stand, alt und kantig, geädert und faltig, mit ihrer hohen Nase und ihrem runzeligen Hals, machte sie sich nicht einmal die Mühe, sie zu öffnen.

Die Leute sollten keine Spiegel in ihren Zimmern hängen lassen.

Anmerkung

Die Erzählung geht zurück auf einen Besuch bei Ethel Sands in der Normandie. Am 20. September 1927 notierte Virginia Woolf in ihrem Tagebuch: »Wie viele kleine Geschichten kommen mir in den Sinn! Zum Beispiel: Ethel Sands, die ihre Briefe nicht anschaut. Worauf das schließen läßt. Man könnte ein Buch mit kurzen, bedeutsamen Einzelszenen schreiben. Sie machte ihre Briefe nicht auf.«

Es existieren zwei Typoskripte. Das erste ist datiert: 28. Mai 1929; das zweite ist undatiert.

Veröffentlichung in *Harper's Magazine* (London), Dezember 1929, und in *Harper's Bazaar* (New York), Januar 1930. Unser Text geht auf die Fassung in *Harper's Magazine* zurück.

Drei Bilder

Das erste Bild

Es ist unmöglich, keine Bilder zu sehen; denn wenn mein Vater Hufschmied wäre und deiner ein hoher Adliger des Reiches, müßten wir notwendigerweise füreinander Bilder sein. Wir können unmöglich aus dem Rahmen des Bildes ausbrechen, indem wir gewöhnliche Worte sprechen. Du siehst mich mit einem Hufeisen in der Hand in der Tür der Schmiede lehnen, und du denkst im Vorbeigehen: »Wie malerisch!« Ich, der ich dich so absolut ungezwungen in deinem Wagen sitzen sehe, fast als wolltest du jeden Augenblick das Volk grüßen, denke, was für ein Bild des alten luxuriösen aristokratischen England! Wir beide liegen mit unseren Urteilen recht falsch, kein Zweifel, aber das ist unumgänglich.

So sah ich eben an der Biegung der Straße eines dieser Bilder. Es hätte »Die Heimkehr des Seemannes« heißen oder einen ähnlichen Titel tragen können. Ein schmucker junger Seemann, der ein Bündel trägt; ein Mädchen, das die Hand auf seinen Arm gelegt hat; Nachbarn, die sich um sie scharen; ein Cottage-Garten lodernd vor Blumen; im Vorbeigehen las man am unteren Rand des Bildes, daß der Seemann aus China zurück war, und in der Stube wartete ein reich gedeckter Tisch auf ihn; und er hatte ein Geschenk für seine junge Frau in seinem Bündel; und sie würde ihm bald ihr erstes Kind tragen. Alles war richtig und gut und wie es sein sollte, spürte man bei diesem Bild. Es war etwas Gesundes und Befriedigendes im Anblick derartigen Glücks; das Leben schien süßer und beneidenswerter als zuvor.

Dies denkend ging ich an ihnen vorbei, ergänzte das Bild so voll, so vollständig wie ich konnte, vermerkte die Farbe ihres Kleides, seiner Augen, sah die sandfarbene Katze um die Tür des Cottage streichen.

Eine ganze Weile trieb das Bild vor meinen Augen, ließ die meisten Dinge viel heller, wärmer und einfacher erscheinen als üblich; und ließ manche Dinge dumm erscheinen; und manche Dinge falsch und manche Dinge richtig, und von größerer Bedeutung als zuvor. An diesem Tag und am nächsten kehrte das Bild einem immer wieder ins Gedächtnis zurück, und man dachte mit Neid, aber mit Freundlichkeit, an den glücklichen Seemann und seine Frau; und fragte sich, was sie taten, was sie jetzt sagten. Die Phantasie ergänzte andere Bilder, die jenem ersten entsprangen, ein Bild des Seemanns, wie er Feuerholz schlug, Wasser pumpte; und sie sprachen über China; und das Mädchen stellte sein Geschenk auf den Kaminsims, wo jeder, der kam, es sehen konnte; und sie nähte an ihren Babykleidern, und alle Türen und Fenster waren zum Garten hin offen, so daß die Vögel flatterten und die Bienen summten, und Rogers – das war sein Name – konnte nicht sagen, wie sehr dies alles ihm nach den chinesischen Meeren behagte. Während er seine Pfeife rauchte, mit dem Fuß im Garten.

Das zweite Bild

Mitten in der Nacht hallte ein lauter Schrei durch das Dorf. Dann war ein schlurfendes Geräusch zu hören; und dann Totenstille. Alles, was man vom Fenster aus sehen konnte, war der Zweig des Fliederbusches, der reglos und schwerfällig über die Straße hing. Es war eine heiße stille Nacht. Es gab keinen Mond. Der Schrei ließ alles unheilvoll wirken. Wer hatte geschrien? Warum hatte sie geschrien? Es war eine Frauenstimme, von irgendeinem überwältigenden Gefühl fast geschlechtslos gemacht, fast ausdruckslos. Es war, als hätte die menschliche Natur angeschrien gegen eine Schändlichkeit, gegen ein unaussprechliches Entsetzen. Es herrschte Totenstille. Die Sterne schimmerten vollkommen unbewegt. Die Felder lagen still. Die Bäume waren reglos. Und doch schien alles schuldig, verurteilt, unheilvoll. Man fühlte, daß etwas getan werden müßte. Ein Licht müßte schwankend erscheinen, sich aufgeregt bewegen. Jemand müßte im Laufschritt die Straße entlangkommen. Es müßte Lichter in den Fenstern der Cottages geben. Und dann vielleicht noch einen Schrei, aber weniger geschlechtslos, weniger wortlos, getröstet, besänftigt. Aber kein Licht kam. Keine Schritte waren zu hören. Es gab keinen zweiten Schrei. Der erste war verschluckt worden, und es herrschte Totenstille.

Man lag in der Dunkelheit und lauschte angespannt. Es war nur eine Stimme gewesen. Es gab nichts, womit man sie verbinden konnte. Kein Bild irgendwelcher Art kam, sie zu deuten, sie dem Bewußtsein verständlich zu machen. Aber als die Dunkelheit sich schließlich erhob, sah man nur eine obskure menschliche Gestalt, fast ohne Form, die vergeblich einen gigantischen Arm gegen eine überwältigende Schändlichkeit hob.

Das dritte Bild

Das schöne Wetter hielt ungebrochen an. Wäre jener einzelne Schrei in der Nacht nicht gewesen, hätte man das Gefühl gehabt, die Erde sei in den Hafen eingelaufen; das Leben habe aufgehört, vor dem Wind zu fahren; daß es eine ruhige Bucht erreicht hatte und dort, fast ohne eine Bewegung, auf den stillen Wassern vor Anker lag. Aber das Geräusch blieb beharrlich. Wohin immer man ging, und mochte es ein langer Spaziergang hinauf in die Hügel sein, schien sich etwas voller Unbehagen unter der Oberfläche zu rühren und ließ den Frieden, die Beständigkeit um einen herum ein bißchen unwirklich erscheinen. Da waren die Schafe zusammengedrängt an der Flanke des Hügels; das Tal brach sich in langen, spitz zulaufenden Wellen wie das Fallen glatter Wasser. Man kam an einsame Bauernhöfe. Das Hundebaby kugelte durch den Hof. Die Schmetterlinge tänzelten über dem Ginster. Alles war so ruhig, so sicher wie es sein konnte. Trotzdem, dachte man immer wieder, ein Schrei hatte es zerrissen; all diese Schönheit war in jener Nacht ein Komplize gewesen; hatte eingewilligt ruhig zu bleiben, immer noch schön zu sein; jeden Augenblick mochte sie erneut aufgerissen werden. Dieses Gute, diese Sicherheit gab es nur an der Oberfläche.

Und dann, um sich aus der furchtsamen Stimmung herauszulösen, wandte man sich dem Bild von der Heimkehr des Seemannes zu. Man sah es noch einmal vor sich, produzierte diverse kleine Einzelheiten – die blaue Farbe ihres Kleides, den Schatten, der von dem gelb blühenden Baum fiel – die man vorher nicht benutzt hatte. So hatten sie in der Tür des Cottage gestanden, er mit dem Bündel auf dem Rücken, sie ganz leicht seinen Ärmel mit der Hand berührend. Und eine sandfarbene Katze war um die Tür gestrichen. Indem man das Bild so Schritt für Schritt in allen Einzelheiten durchging, überzeugte man sich allmählich davon, daß es weit wahrscheinlicher war, daß diese Ruhe, diese Zufriedenheit, dieses Wohlwollen unter der Oberfläche lagen statt etwas Verräterischem, Sinistrem. Die grasenden Schafe, die Wellen des Tals, der Bauernhof, das Hundebaby, die tanzenden Schmetterlinge waren tatsächlich durch und durch ganz so. Und so wandte man sich zurück nach Hause, die Gedanken auf den Seemann und seine Frau gerichtet, erfand Bild um Bild von ihnen, so daß ein Bild von Glück und Zufriedenheit nach dem anderen über diese Unruhe, diesen gräßlichen Schrei gelegt werden konnte, bis er durch ihren Druck in seiner Existenz zermalmt und erstickt wurde.

Hier endlich war das Dorf, und der Kirchhof, über den man gehen mußte –, und als man ihn betrat, kam einem der übliche Gedanke, an die Friedlichkeit des Ortes, mit seinen schattigen Taxusbäumen, seinen glattgeriebenen Grabsteinen, seinen namenlosen Gräbern. Hier ist der Tod heiter, fühlte man. Wirklich, sieh dir dieses Bild an! Ein Mann hob ein Grab aus, und Kinder hielten am Rand ein Picknick ab, während er arbeitete. Während die Schaufeln gelber Erde hochgeworfen wurden, rekelten sich die Kinder, aßen Brot und Marmelade und tranken Milch aus großen Bechern. Die Frau des Totengräbers, eine dicke blonde Frau, saß an einen Grabstein gelehnt und hatte ihre Schürze auf dem Gras neben dem offenen Grab ausgebreitet, damit sie als Teetisch diente. Ein paar Klumpen Lehm waren zwischen die Teesachen gefallen. Wer sollte beerdigt werden, fragte ich. War der alte Mr Dodson letzte Nacht gestorben? »Oh nein. Es ist für den jungen Rogers, den Seemann«, antwortete die Frau, starrte mich an. »Er ist vor zwei Nächten gestorben, an einem ausländischen Fieber. Haben Sie seine Frau nicht gehört? Sie rannte auf die Straße und schrie … Hier, Tommy, du bist ja ganz voll Erde!«

Was für ein Bild das abgab!

Anmerkung

Im Juni 1929 geschrieben. Das dritte ›Bild‹ geht zurück auf eine Friedhofszene, die Virginia Woolf am 4. September 1927 in ihrem Tagebuch beschreibt. Erstveröffentlichung in *The Death of the Moth* (London: Hogarth, 1942), der unser Text folgt.

Die Herzogin und der Juwelier

Oliver Bacon lebte im obersten Stock eines Hauses, das auf den Green Park hinausging. Er hatte eine Wohnung; Sessel ragten in den richtigen Winkeln vor – Sessel bezogen mit Häuten. Sofas füllten die Nischen der Fenster – Sofas bezogen mit Tapisserie. Die Fenster, die drei langen Fenster, hatten das korrekte Quantum an diskretem Maschenwerk und geblümtem Satin. Das Mahagonibüfett bauchte sich diskret mit den richtigen Brandies, Whiskeys und Likören. Und vom mittleren Fenster blickte er hinunter auf die glänzenden Dächer eleganter Wagen, die in die schmale Meerenge der Piccadilly gepackt waren. Eine zentralere Lage konnte man sich nicht vorstellen. Und um acht Uhr morgens würde er sich das Frühstück von einem Diener auf einem Tablett bringen lassen; der Diener würde seinen karmesinroten Morgenmantel entfalten; er würde seine Briefe mit seinen langen, spitz zulaufenden Nägeln aufreißen und ihnen dicke weiße Einladungskarten entnehmen, auf denen die Gravur rauh hervorstand, von Herzoginnen, Gräfinnen, Vicomtessen und Ehrenwerten Ladies. Dann würde er sich waschen; dann würde er seinen Toast essen; dann würde er beim hell brennenden Feuer elektrischer Kohlen seine Zeitung lesen.

»Siehe da, Oliver«, würde er sich selbst anredend sagen. »Du, der du das Leben in einer dreckigen kleinen Gasse begonnen hast, du, der ...« und er würde auf seine Beine hinunterblicken, so wohlgeformt in ihren vollendeten Hosen; auf seine Stiefel; auf seine Gamaschen. Sie waren alle wohlgeformt, glänzend; geschnitten aus dem besten Tuch von den besten Scheren in Savile Row. Aber er entkleidete sich oft und wurde wieder ein kleiner Junge in einer dunklen Gasse. Früher einmal hatte er gedacht, der Gipfel seines Ehrgeizes – gestohlene Hunde an elegante Frauen in Whitechapel zu verkaufen. Und einmal war er hereingelegt worden. »Oh, Oliver«, hatte seine Mutter gejammert. »Oh, Oliver! Wann wirst du Vernunft annehmen, mein Sohn?« ... Dann war er hinter einen Ladentisch gegangen; hatte billige Uhren verkauft; dann hatte er eine Brieftasche nach Amsterdam gebracht ... Bei dieser Erinnerung lachte er immer leise auf – der alte Oliver erinnerte sich an den jungen. Ja, er hatte gut getan mit den drei Diamanten; außerdem war da noch die Kommission auf den Smaragd. Danach ging er in das Privatzimmer hinter dem Laden in Hatton Garden; das Zimmer mit der Waage, dem Tresor, den dicken Vergrößerungsgläsern. Und dann ... und dann ... Er lachte leise auf. Wenn er am heißen Abend durch die Grüppchen der Juweliere hindurchging, die Preise, Goldminen, Diamanten, Berichte aus Südafrika diskutierten, legte einer von ihnen wohl einen Finger an die Nase und murmelte, »Hm-m-m«, wenn er vorbeiging. Es war nicht mehr als ein Murmeln; nicht mehr als ein leichtes Schubsen an die Schulter, ein Finger an der Nase, ein Summen, das an einem heißen Nachmittag durch die Schar der Juweliere in Hatton Garden ging – oh, vor so vielen Jahren jetzt! Aber immer noch fühlte Oliver es seinen Rücken hinunterschnurren, den leichten Schubs, das Murmeln, das bedeutete; »Seht ihn euch an – den jungen Oliver, den jungen Juwelier – da geht er.« Jung war er damals. Und er kleidete sich immer besser; und hatte, erst einen schmucken Hansom; dann ein Automobil; und erst ging er hinauf in den ersten Rang, dann hinunter ins Parkett. Und er hatte eine Villa in Richmond, mit Blick auf den Fluß, mit Spalieren roter Rosen; und Mademoiselle pflückte jeden Morgen eine und steckte sie ihm ins Knopfloch.

»So«, sagte Oliver Bacon, erhob sich und streckte die Beine. »So ...«

Und er stand unter dem Bild einer alten Dame auf dem Kaminsims und hob die Hände. »Ich habe mein Wort gehalten«, sagte er, legte die Hände zusammen, Handfläche an Handfläche, als erweise er ihr eine Huldigung. »Ich habe meine Wette gewonnen.« Das war so; er war der reichste Juwelier in England; aber seine Nase, die lang und biegsam war, wie der Rüssel eines Elefanten, schien durch ihr merkwürdiges Beben an den Nasenflügeln (aber es schien, als bebe die ganze Nase, nicht nur die Nasenflügel) zu sagen, daß er noch nicht zufrieden war; immer noch etwas unter der Erde roch, ein kleines bißchen weiter weg. Man stelle sich einen riesigen Keiler auf einer

Wiese reich an Trüffeln vor; nachdem er diese Trüffel und jene ausgegraben hat, riecht er immer noch eine größere, eine schwärzere Trüffel unter der Erde weiter weg. So schnüffelte Oliver immer in der reichen Erde von Mayfair eine andere Trüffel, eine schwärzere, eine größere weiter weg.

Jetzt richtete er dann die Perle in seiner Krawatte, hüllte sich in seinen modischen blauen Mantel; nahm seine gelben Handschuhe und seinen Stock; und schaukelte hin und her, als er die Treppe hinabstieg und schnüffelte und seufzte halb und halb durch seine lange spitze Nase, als er hinaustrat auf die Piccadilly. Denn war er nicht immer noch ein trauriger Mann, ein unzufriedener Mann, ein Mann, der etwas sucht, das verborgen ist, obwohl er seine Wette gewonnen hatte?

Er schaukelte leicht beim Gehen, wie das Kamel im Zoo von Seite zu Seite schaukelt, wenn es über die asphaltierten Wege geht beladen mit Krämern und ihren Frauen, die aus Papiertüten essen und kleine Stückchen Silberpapier zerknüllt auf den Weg werfen. Das Kamel verachtet die Krämer; das Kamel ist unzufrieden mit seinem Los; das Kamel sieht den blauen See und den Saum der Palmen davor. So schaukelte der große Juwelier, der größte Juwelier der ganzen Welt, die Piccadilly hinunter, perfekt gekleidet, mit seinen Handschuhen, mit seinem Stock; aber dennoch unzufrieden, bis er den dunklen kleinen Laden erreichte, der berühmt war in Frankreich, in Deutschland, in Österreich, in Italien und in ganz Amerika – den dunklen kleinen Laden in der Seitenstraße der Bond Street.

Wie üblich schritt er ohne zu sprechen durch den Laden, obwohl die vier Männer, die beiden alten Männer, Marshall und Spencer, und die beiden jungen Männer, Hammond und Wicks, kerzengerade hinter dem Ladentisch standen, als er vorbeiging, und ihn ansahen, ihn beneideten. Nur mit einem, wackelnden, Finger des bernsteinfarbenen Handschuhs bestätigte er ihre Anwesenheit. Und er ging hinein und schloß die Tür seines privaten Zimmers hinter sich.

Dann schloß er das Gitter auf, das das Fenster versperrte. Die Rufe der Bond Street kamen herein; das Schnurren des fernen Verkehrs. Das Licht von Reflektoren hinter dem Laden zielte nach oben. Ein Baum winkte mit sechs grünen Blättern, denn es war Juni. Aber

Mademoiselle hatte Mr Pedder von der lokalen Brauerei geheiratet – niemand steckte jetzt Rosen in sein Knopfloch.

»So«, seufzte und schnaubte er halb und halb, »so ...«

Dann berührte er eine Feder in der Wand und langsam glitt die Täfelung auf, und dahinter waren die stählernen Tresore, fünf, nein, sechs davon, alle aus brüniertem Stahl. Er drehte einen Schlüssel; schloß einen auf; dann noch einen. Jeder war ausgeschlagen mit einem Polster von dunkel karmesinrotem Samt; in jedem lagen Juwelen – Armbänder, Halsbänder, Ringe, Diademe, herzögliche Kronen; lose Steine in gläsernen Gefäßen; Rubine, Smaragde, Perlen, Diamanten. Alle sicher, glänzend, kühl und doch brennend, ewiglich, mit ihrem eigenen komprimierten Licht.

»Tränen!« sagte Oliver, die Perlen ansehend.

»Herzensblut!« sagte er, die Rubine ansehend.

»Schießpulver!« fuhr er fort, mit den Diamanten rasselnd, so daß sie funkelten und blitzten.

»Schießpulver genug, um Mayfair in die Luft zu jagen – himmelhoch, himmelhoch!« Er warf den Kopf zurück und machte, als er das sagte, ein Geräusch wie ein wieherndes Pferd.

Das Telefon summte unterwürfig mit leiser gedämpfter Stimme auf seinem Tisch. Er schloß den Tresor.

»In zehn Minuten«, sagte er. »Nicht früher.« Und er setzte sich an seinen Schreibtisch und sah die Köpfe der römischen Kaiser an, die auf seine Manschettenknöpfe graviert waren. Und wieder entkleidete er sich und wurde noch einmal der kleine Junge, der in der Gasse, wo sonntags gestohlene Hunde verkauft werden, Murmeln spielt. Er wurde jener listige, gerissene kleine Junge, mit Lippen wie feuchten Kirschen. Er tauchte seine Finger in Schnüre von Kutteln; er tunkte sie in Pfannen mit bratendem Fisch; er schlüpfte zwischen den Menschenmengen hinein und hinaus. Er war schmal, geschmeidig, mit Augen wie angeleckten Steinen. Und jetzt – jetzt – die Zeiger der Uhr tickten weiter. Eins, zwei, drei, vier ... Die Herzogin von Lambourne wartete, bis es ihm beliebte; die Herzogin von Lambourne, Tochter von hundert Earls. Sie würde zehn Minuten auf einem Stuhl am Ladentisch warten. Sie würde warten, bis es ihm beliebte. Sie würde warten, bis er bereit war, sie zu empfangen. Er beobachtete die Uhr in ihrem Gehäuse aus Chagrinleder. Der Zeiger rückte weiter. Mit jedem Ticken reichte ihm die Uhr – so schien es – pâté de foie gras; ein Glas Champagner; ein weiteres mit feinem Brandy; eine Zigarre, die eine Guinee kostete. Die Uhr legte sie auf den Tisch neben ihn, wie die zehn Minuten vergingen. Dann hörte er leise langsame Schritte näher kommen; ein Rascheln im Korridor. Die Tür öffnete sich. Mr. Hammond drückte sich flach an die Wand.

»Ihre Gnaden!« verkündete er.

Und er wartete dort, flach an die Wand gedrückt.

Und Oliver, der sich erhob, konnte das Rascheln des Kleides der Herzogin hören; als sie durch den Korridor kam. Dann tauchte sie auf, füllte die Tür, füllte das Zimmer mit dem Arom, dem Prestige, der Arroganz, dem Pomp, dem Stolz aller Herzöge und Herzoginnen angeschwollen zu einer Welle. Und wie eine Welle bricht, brach sie, als sie sich setzte, dehnte sich und plätscherte und fiel über Oliver Bacon, den großen Juwelier, bedeckte ihn mit strahlend leuchtenden Farben, grün, rosa, violett; und Düften; und Regenbogenschiller; und Strahlen, die von Fingern schossen, von Federn nickten, von Seide blitzten; denn sie war sehr stattlich; sehr fett, fest eingegürtet in rosa Taft, und über die besten Jahre hinaus. Wie ein Sonnenschirm mit vielen Volants, wie ein Pfau mit vielen Federn, seine Volants schließt, seine Federn faltet, so ließ auch sie sich nieder und schloß sich selbst, als sie in den ledernen Armsessel hineinsank.

»Guten Morgen, Mr Bacon«, sagte die Herzogin. Und sie hielt ihm die Hand hin, die durch den Schlitz ihres weißen Handschuhs kam. Und Oliver neigte sich tief, als er sie schüttelte. Und als ihre Hände sich berührten, wurde das Band zwischen ihnen erneut geschmiedet. Sie waren Freunde, doch Feinde; er war Herr, sie war Herrin; jeder betrog den anderen, jeder brauchte den anderen, jeder fürchtete den anderen, jeder fühlte dies und wußte dies jedes Mal, wenn ihre Hände sich so in dem kleinen Hinterzimmer berührten, mit dem weißen Licht draußen, und dem Baum mit seinen sechs Blättern, und dem Geräusch der Straße in der Ferne und hinter ihnen die Tresore.

»Und heute, Herzogin – was kann ich heute für Sie tun?« sagte Oliver, sehr weich.

Die Herzogin öffnete sich; ihr Herz, ihr privates Herz, klaffte weit. Und mit einem Seufzen, aber ohne Worte, nahm sie aus ihrer Tasche einen langen Beutel aus Waschleder – er sah aus wie ein mageres gelbes Frettchen. Und aus einem Schlitz im Bauch des Frettchens ließ sie Perlen fallen – zehn Perlen. Sie rollten aus dem Schlitz im Bauch des Frettchens – eine, zwei, drei, vier – wie die Eier eines himmlischen Vogels.

»Alles, was mir geblieben ist, lieber Mr Bacon«, stöhnte sie. Fünf, sechs, sieben – hinab rollten sie, die Hänge der gewaltigen Bergflanken hinab, die zwischen ihren Knien in ein einziges enges Tal abfielen – die achte, die neunte, und die zehnte. Dort lagen sie im Schimmern des pfirsichblütenfarbenen Tafts. Zehn Perlen.

»Aus dem Appleby-Halsband«, trauerte sie. »Die letzten ... die letzten von allen.«

Oliver streckte sich und nahm eine der Perlen zwischen Finger und Daumen. Sie war rund, sie war glänzend. Aber war sie echt, oder falsch? Log sie wieder? Wagte sie es?

Sie legte ihren dicken wohlgepolsterten Finger über ihre Lippen. »Wenn der Herzog wüßte ...« flüsterte sie. »Lieber Mr Bacon, eine Pechsträhne ...«

Wieder einmal gespielt, was?

»Dieser Gauner! Dieser Betrüger!« zischte sie.

Der Mann mit dem gesplitterten Backenknochen? Ein übler Bursche. Und der Herzog war ein Ausbund an Rechtschaffenheit; mit Backenbart; würde ihr den Hahn abdrehen, sie dort unten einsperren, wenn er wüßte – was ich weiß, dachte Oliver und sah zum Tresor hinüber.

»Araminta, Daphne, Diana«, stöhnte sie. »Es ist für *sie.*«

Die Ladies Araminta, Daphne, Diana – ihre Töchter. Er kannte sie; betete sie an. Aber es war Diana, die er liebte.

»Sie kennen all meine Geheimnisse«, sagte sie lauernd. Tränen glitten; Tränen fielen; Tränen, wie Diamanten, sammelten Puder in den Furchen ihrer Kirschblütenwangen.

»Alter Freund«, murmelte sie, »alter Freund.«

»Alter Freund«, wiederholte er, »alter Freund«, als leckte er die Worte an.

»Wieviel?« erkundigte er sich.

Sie bedeckte die Perlen mit der Hand.

»Zwanzigtausend«, flüsterte sie.

Aber war sie echt oder falsch, die eine, die er in seiner Hand hielt? Das Appleby-Halsband – hatte sie es nicht schon verkauft? Er würde nach Spencer oder Hammond klingeln. »Nehmen Sie sie und prüfen Sie sie«, würde er sagen. Er streckte sich nach der Klingel.

»Sie kommen doch morgen hinunter?« drängte sie, unterbrach sie. »Der Premierminister – Seine Königliche Hoheit ...« Sie hielt inne. »Und Diana«, fügte sie hinzu.

Oliver nahm die Hand von der Klingel.

Er sah an ihr vorbei, auf die Rückseiten der Häuser in der Bond Street. Aber er sah nicht die Häuser in der Bond Street, sondern einen geriffelten Fluß; und aufsteigende Forellen und Lachs; und den Premierminister; und auch sich selbst; in weißen Westen; und dann, Diana. Er sah hinunter auf die Perle in seiner Hand. Aber wie konnte er sie überprüfen, im Licht des Flusses, im Licht der Augen von Diana? Aber die Augen der Herzogin waren auf ihm.

»Zwanzigtausend«, stöhnte sie. »Meine Ehre!«

Die Ehre der Mutter von Diana! Er zog sein Scheckbuch zu sich heran; er nahm seinen Federhalter hervor.

»Zwanzig«, schrieb er. Dann hörte er auf zu schreiben. Die Augen der alten Frau auf dem Bild waren auf ihm – der alten Frau, seiner Mutter.

»Oliver!« warnte sie ihn. »Hab Vernunft! Sei kein Dummkopf!«

»Oliver!« flehte die Herzogin – es hieß jetzt »Oliver«, nicht »Mr Bacon«. »Sie kommen doch auf ein langes Wochenende?«

Allein in den Wäldern mit Diana! Allein mit Diana in den Wäldern reiten!

»Tausend«, schrieb er, und unterzeichnete. »Hier bitte«, sagte er.

Und es öffneten sich all die Volants des Sonnenschirms, all die Federn des Pfaus, der Glanz der Welle, die Schwerter und Speere von

Azincourt, als sie sich aus dem Sessel erhob. Und die beiden alten Männer und die beiden jungen Männer, Spencer und Marshall, Wicks und Hammond, drückten sich flach hinter den Ladentisch und beneideten ihn, als er sie durch den Laden zur Tür geleitete. Und er wackelte mit seinem gelben Handschuh vor ihren Gesichtern, und sie hielt ihre Ehre – einen Scheck über zwanzigtausend Pfund mit seiner Unterschrift – sehr fest in ihren Händen.

»Sind sie falsch oder sind sie echt?« fragte Oliver, schloß seine private Tür. Da waren sie, zehn Perlen auf dem Löschpapier auf dem Tisch. Er brachte sie ans Fenster. Er hielt sie unter seiner Linse ans Licht ... Dies, also, war die Trüffel, die er aus der Erde herausgewühlt hatte! Innerlich faul – innerlich verderbt!

»Vergib mir, oh meine Mutter!« seufzte er und hob die Hände als bitte er die alte Frau auf dem Bild um Verzeihung. Und wieder war er ein kleiner Junge in der Gasse, wo am Sonntag Hunde verkauft wurden.

»Denn«, murmelte er und legte die Flächen seiner Hände zusammen, »es soll ein langes Wochenende werden.«

Anmerkung

Die Erzählung wurde vermutlich 1932 konzipiert, da der Titel ›The Great Jeweller‹ in einer Liste geplanter oder bereits entworfener ›Caricatures‹ im Februar 1932 auftaucht. Die beiden undatierten Typoskripte (mit Verbesserungen) stammen aber wahrscheinlich vom August 1937, als Virginia Woolf die Erzählung für die Publikation überarbeitete. Hierbei wurden alle direkten Anspielungen darauf, daß der Juwelier Jude ist, getilgt. Im ersten Typoskript erinnert sich der Juwelier an seine Kindheit als »kleiner Judenjunge«; im zweiten Typoskript und im publizierten Text heißt es »kleiner Junge«. Dort wo es jetzt heißt: »er schlüpfte zwischen den Menschenmengen hinein und hinaus«, war vorher die Rede von den Mengen (crowds) »der Jüdinnen, schöner Frauen, mit ihren falschen Perlen, mit ihrem falschen Haar«. Sein Name war zunächst Theorodoric, dann Isidore Oliver im Typoskript, schließlich Oliver Bacon im veröffentlichten Text.

Virginia Woolf machte die Veränderungen auf Wunsch ihres New Yorker

Agenten Jacques Chambrun, der ihr mitgeteilt hatte, sein (ungenannter) Kunde habe die Erzählung abgelehnt, weil sie als »psychologische Studie eines Juden« seine Leser möglicherweise kränken könnte. Nach weiterer Korrespondenz zwischen Chambrun und den Woolfs wurde die Erzählung in *Harper's Bazaar* (London, April 1938; New York, Mai 1938) veröffentlicht. Unserem Text liegt die Fassung von *Harper's Bazaar* zugrunde.

Die Jagdgesellschaft

Sie stieg ein und legte ihren Koffer ins Gepäcknetz, und das Paar Fasane oben drauf. Dann setzte sie sich in die Ecke. Der Zug ratterte durch die Midlands, und der Nebel, der hereinkam, als sie die Tür öffnete, schien das Abteil zu vergrößern und trennte die vier Reisenden voneinander. Offensichtlich hatte M. M. – so lauteten die Initialen auf ihrem Koffer – das Wochenende bei einer Jagdgesellschaft verbracht, offensichtlich, denn sie erzählte die Geschichte jetzt nach, zurückgelehnt in ihrer Ecke. Sie machte die Augen nicht zu. Aber es war klar, daß sie weder den Mann gegenüber sah noch die Farbphotographie des Yorker Münsters. Sie mußte auch gehört haben, was sie gesagt hatten. Denn während sie ins Leere blickte, bewegten sich ihre Lippen; hin und wieder lächelte sie. Und sie sah gut aus; eine Zentifolie; ein rotbrauner Apfel; fahlrot; aber mit einer Narbe auf der Wange – die Narbe verlängerte sich, wenn sie lächelte. Da sie die Geschichte nacherzählte, mußte sie dort Gast gewesen sein, und doch, so wie sie gekleidet war, nicht der Mode entsprechend, wie Frauen sich vor Jahren kleideten, auf den Photos der Modeseiten der Sportzeitschriften, wirkte sie nicht so ganz wie ein Gast, aber auch nicht wie ein Dienstmädchen. Hätte sie einen Korb bei sich gehabt, wäre sie die Frau gewesen, die Foxterrier züchtet; die Besitzerin der Perserkatze; jemand, der mit Jagdhunden und Pferden zu tun hat. Aber sie hatte nur einen Koffer und die Fasane. Von daher mußte sie sich irgendwie in das Zimmer hineingeschlichen haben, das sie durch die Polsterung des Abteils sah, und den kahlen Kopf des Mannes, und das Photo vom Yorker Münster. Und sie mußte zugehört haben, was sie sagten, denn jetzt, als ahme sie das Geräusch nach, das jemand anderes macht, machte sie ein kleines Klicken ganz hinten in der Kehle. »Klk, Klk.« Dann lächelte sie.

»Klk«, sagte Miss Antonia und drückte sich die Brille auf die Nase. Die klammen Blätter fielen über die langen Fenster der Galerie; eins oder zwei blieben kleben, fischförmig, und lagen wie eine Einlegearbeit aus braunem Holz auf den Fensterscheiben. Dann erschauerten die Bäume im Park, und die herabtänzelnden Blätter schienen das Erschauern sichtbar zu machen – das klamme braune Erschauern.

»Klk«, schnüffelte Miss Antonia erneut, und pickte nach dem dünnen weißen Material, das sie in ihren Händen hielt, wie ein Huhn nervös hastig nach einem Stück Weißbrot pickt.

Der Wind seufzte. Das Zimmer war zugig. Die Türen schlossen nicht richtig, die Fenster auch nicht. Hin und wieder lief ein Kräuseln, wie ein Reptil, unter den Teppich. Auf dem Teppich lagen Felder von Grün und Gelb, wo die Sonne ruhte, und dann bewegte sich die Sonne und deutete mit einem Finger wie im Spott auf ein Loch im Teppich und hielt inne. Und dann zog er weiter, der schwache aber unparteiische Finger der Sonne, und legte sich auf das Wappen über dem Kamin – beleuchtete sanft den Schild; die hängenden Trauben; die Meerjungfrau; und die Speere. Miss Antonia sah hoch, als das Licht stärker wurde. Gewaltige Ländereien, so hieß es, hatten die alten Leute besessen – ihre Vorväter – die Rashleighs. Dort drüben. Den Amazonas hinauf. Freibeuter. Seefahrer. Säcke mit Smaragden. Waren um die Inseln herumgefahren. Hatten Gefangene gemacht. Jungfrauen. Da war sie, ganz Schuppen vom Schwanz bis zur Hüfte. Miss Antonia grinste. Nach unten zielte der Finger der Sonne, und ihr Auge ging mit ihm. Jetzt ruhte er auf einem silbernen Rahmen; auf einer Photographie; auf einem eiförmigen fast kahlen Kopf; auf einer Lippe, die unter dem Schnurrbart vorragte; und dem Namen »Edward« mit einem Schnörkel darunter geschrieben.

»Der König …« murmelte Miss Antonia, drehte das hauchdünne weiße Gewebe auf ihrem Knie, »hatte das Blaue Zimmer«, fügte sie hinzu und warf den Kopf zurück. Das Licht verblaßte.

Draußen auf der Königsstrecke wurden die Fasane vor den Mündungen der Gewehre vorbeigetrieben. Auf flatterten sie aus dem Unterholz wie schwere Raketen, rötlich violette Raketen, und als sie aufstiegen, krachten die Gewehre nach der Reihe, eifrig, scharf, als hätte eine Reihe von Hunden plötzlich gebellt. Wölkchen weißen Rauchs hielten einen Augenblick lang zusammen; lösten sich dann sanft, verblaßten und zerstreuten sich.

Im tief eingeschnittenen Weg unterhalb des Hangs stand ein Karren, bereits ausgelegt mit weichen warmen Körpern, mit schlaffen Klauen, und immer noch glänzenden Augen. Die Vögel schienen noch lebendig, aber ohnmächtig unter ihren reichen klammen Federn. Sie sahen entspannt und behaglich aus, regten sich leise, als schliefen sie auf einem warmen Gestade aus weichen Federn auf dem Boden des Karrens.

Dann stieß der Squire mit dem violett-gefleckten Galgenvogelgesicht, in den schäbigen Gamaschen, einen Fluch aus und hob sein Gewehr.

Miss Antonia stickte weiter. Hin und wieder griff eine Flammenzunge um das graue Scheit herum, das sich von einer Stange zur anderen über den Rost erstreckte; aß es gierig, erstarb dann, hinterließ ein weißes Armband, wo die Rinde abgegessen worden war. Miss Antonia sah einen Augenblick hoch, starrte weitäugig, instinktiv, wie ein Hund auf eine Flamme starrt. Dann sank die Flamme, und sie stickte wieder.

Dann, lautlos, öffnete sich die ungeheuer hohe Tür. Zwei hagere Männer kamen herein und zogen einen Tisch über das Loch im Teppich. Sie gingen hinaus; sie kamen herein. Sie legten ein Tuch über den Tisch. Sie gingen hinaus; sie kamen herein. Sie brachten einen grünen Frieskorb mit Messern und Gabeln; und Gläsern; und Zukkerstreuer; und Salzfäßchen; und Brot; und eine silberne Vase mit drei Chrysanthemen darin. Und der Tisch wurde gedeckt. Miss Antonia stickte weiter.

Wieder öffnete sich die Tür, dieses Mal schwächlich gestoßen. Ein kleiner Hund trottete herein, ein Spaniel, behende schnüffelnd; er hielt inne. Die Tür stand offen. Und dann, auf ihren Stock gestützt, schwer, trat die alte Miss Rashleigh ein. Ein weißer Schal, diamantengehalten, umwölkte ihre Kahlheit. Sie hoppelte; durchquerte das

Zimmer; krümmte sich im hochlehnigen Sessel am Kamin zusammen. Miss Antonia stickte weiter.

»Sie schießen«, sagte sie schließlich.

Die alte Miss Rashleigh nickte. »Auf der Königsstrecke«, sagte sie. Sie umgriff fest ihren Stock. Sie saßen und warteten.

Die Schützen waren jetzt von der Königsstrecke zum Hauswald gezogen. Sie standen auf dem purpurn gepflügten Feld davor. Hin und wieder knackte ein Zweig; Blätter wirbelten herbei. Aber über dem Nebel und dem Rauch war eine Insel von Blau – schwach blau, rein blau – allein am Himmel. Und in der unschuldigen Luft, als streife sie allein umher wie ein Cherub, tollte, tänzelte eine Glocke von einem fern versteckten Kirchturm, und verhallte dann. Dann schossen die Raketen wieder auf, die rötlich violetten Fasane. Auf und auf flogen sie. Wieder bellten die Gewehre; die Rauchkugeln formten sich; lösten sich, zerstreuten sich. Und die geschäftigen kleinen Hunde rannten behende schnüffelnd über die Felder; und die warmen klammen Körper, immer noch schlaff und weich, wie in einer Ohnmacht, wurden von den Männern in Gamaschen zusammengebündelt und in den Karren geschleudert.

»Da!« grunzte Milly Masters, die Haushälterin, und warf ihre Brille hin. Auch sie stickte in dem kleinen dunklen Zimmer, das auf die Stallungen hinausging. Der Pullover, der grobe wollene Pullover für ihren Sohn, den Jungen, der die Kirche saubermachte, war fertig. »Das wäre geschafft!« murmelte sie. Dann hörte sie den Karren. Räder knirschten auf den Kopfsteinen. Auf stand sie. Die Hände an den Haaren, den kastanienbraunen Haaren, stand sie im Hof, im Wind.

»Ich komme schon!« lachte sie, und die Narbe auf ihrer Wange verlängerte sich. Sie entriegelte die Tür der Jagdkammer, als Wing, der Wildhüter, den Karren über die Kopfsteine fuhr. Die Vögel waren jetzt tot, ihre Klauen griffen fest zu, obwohl sie nichts griffen. Die ledrigen Augenlider waren gräulich über ihre Augen gefältelt. Mrs Masters, die Haushälterin, Wing der Wildhüter, nahmen Bündel toter Vögel beim Hals und warfen sie hinunter auf den Schieferboden der Wildkammer. Der Schieferboden wurde beschmiert und betüpfelt von Blut. Die Fasane sahen jetzt kleiner aus, als seien ihre Körper zusammengeschrumpft. Dann hob Wing die hintere Klappe des Karrens und trieb die Stifte ein, die sie sicherten. An den Seiten des Karrens klebten kleine graublaue Federn, und der Boden war beschmiert und befleckt von Blut. Aber er war leer.

»Der Rest vom Schützenfest!« grinste Milly Masters, als der Karren wegfuhr.

»Das Essen ist angerichtet, Madam«, sagte der Butler. Er deutete auf den Tisch; er gab dem Diener Anweisung. Die Platte mit dem silbernen Deckel wurde genau dorthin gestellt, wo er hindeutete. Sie warteten, der Butler und der Diener.

Miss Antonia legte ihr weißes Gewebe auf den Korb; legte ihre Seide weg; ihren Fingerhut; steckte ihre Nadel durch ein Stück Flanell; und hängte ihre Brille an ein Häkchen auf ihrer Brust. Dann erhob sie sich.

»Essen!« bellte sie ins Ohr der alten Miss Rashleigh. Eine Sekunde später streckte die alte Miss Rashleigh ihr Bein aus; umgriff fest ihren Stock; und erhob sich ebenfalls. Die beiden alten Frauen schritten langsam zum Tisch; und wurden vom Butler und vom Diener bequem hingesetzt; eine an diesem Ende, eine am anderen. Herunter kam der silberne Deckel. Und da war der Fasan, federlos, glänzend; die Schenkel fest an die Seiten gepreßt; und kleine Hügel von Brotkrumen waren an jedem Ende aufgehäufelt.

Miss Antonia zog das Tranchiermesser entschieden über die Brust des Fasans. Sie schnitt zwei Scheiben und legte sie auf einen Teller. Flink zog ihn der Diener von ihr weg, und die alte Miss Rashleigh hob ihr Messer. Schüsse ertönten im Wald unter dem Fenster.

»Kommen sie?« sagte die alte Miss Rashleigh und hielt ihre Gabel in der Schwebe.

Die Äste winkten und wehten an den Bäumen im Park.

Sie nahm einen Mundvoll Fasan. Fallende Blätter schnippten gegen die Fensterscheibe; eins oder zwei blieben am Glas kleben.

»Sind jetzt im Hauswald«, sagte Miss Antonia. »Hughs letzter

Schuß.« Sie zog ihr Messer an der anderen Seite der Brust herunter. Sie fügte Kartoffeln und Soße, Rosenkohl und Brottunke methodisch im Kreis um die Scheiben auf ihrem Teller hinzu. Der Butler und der Diener standen da und sahen zu, wie Bediener bei einem Festmahl. Die alten Damen aßen leise; schweigend; sie hetzten sich nicht; methodisch putzten sie den Vogel weg. Nur Knochen blieben auf ihren Tellern zurück. Dann zog der Butler die Karaffe auf Miss Antonia zu, und hielt einen Augenblick mit geneigtem Kopf inne.

»Geben Sie her, Griffiths«, sagte Miss Antonia und nahm das Gerippe in die Finger und warf es dem Spaniel unter dem Tisch zu. Der Butler und der Diener verbeugten sich und gingen hinaus.

»Sie kommen näher«, sagte Miss Rashleigh und lauschte. Der Wind hob sich. Ein brauner Schauder erschütterte die Luft; Blätter flogen zu schnell, um klebenzubleiben. Das Glas klapperte in den Fenstern.

»Wild wie Vögel«, nickte Miss Antonia, und beobachtete das wirre Durcheinander.

Die alte Miss Rashleigh füllte ihr Glas. Als sie tranken, wurden ihre Augen glänzend wie Halbedelsteine, die man ans Licht hält. Schieferblau waren die von Miss Rashleigh; die von Miss Antonia rot, wie Portwein. Und ihre Spitzen und ihre Rüschen schienen zu beben, als wären ihre Körper warm und weich unter ihren Federn, als sie tranken.

»Es war ein Tag wie heute, weißt du noch?« sagte die alte Miss Rashleigh, ihr Glas befingernd. »Sie brachten ihn nach Hause ... eine Kugel durchs Herz. Ein Dornenzweig, sagten sie. Stolperte. Blieb mit dem Fuß hängen ...« Sie lachte leise, als sie an ihrem Wein nippte.

»Und John ...« sagte Miss Antonia. »Die Stute, sagten sie, trat mit dem Fuß in ein Loch. Starb auf dem Feld. Die Jagd ritt über ihn weg. Auch er kam nach Hause, auf einem Laden ...« Sie nippten wieder.

»Erinnerst du dich an Lily?« sagte die alte Miss Rashleigh. »Eine Schlimme.« Sie schüttelte den Kopf. »Ritt mit einer scharlachroten Troddel an ihrer Gerte ...«

»Durch und durch verdorben!« rief Miss Antonia. »Erinnerst du dich an den Brief des Colonels? ›Ihr Sohn ritt, als hätte er zwanzig

Teufel im Leib – griff an der Spitze seiner Männer an.‹ ... Dann hat einer von diesen weißen Teufeln – ah hah!« Sie nippte wieder.

»Die Männer unseres Hauses ...« fing Miss Rashleigh an. Sie hob ihr Glas. Sie hielt es hoch, als bringe sie einen Toast aus auf die in Stuck geschnitzte Meerjungfrau über dem Kamin. Sie hielt inne. Die Gewehre bellten. Etwas knackte in der Holztäfelung. Oder war es eine Ratte, die hinter dem Verputz lief?

»Immer Frauen ...« nickte Miss Antonia. »Die Männer unseres Hauses. Diese rosa und weiße Lucy von der Mühle – erinnerst du dich?«

»Ellens Tochter aus der ›Ziege und Sichel‹«, fügte Miss Rashleigh hinzu.

»Und das Mädchen beim Schneider«, murmelte Miss Antonia, »wo Hugh seine Reithosen kaufte, der kleine dunkle Laden auf der rechten Seite ...«

»... der jeden Winter überschwemmt wurde. Es ist *sein* Junge«, lachte Miss Antonia leise, beugte sich zu ihrer Schwester hinüber, »der die Kirche saubermacht.«

Da krachte es. Ein Dachschiefer war durch den Schornstein heruntergefallen. Das große Scheit war in zwei Teile zerbrochen. Stuckbrocken fielen von dem Schild über dem Kamin.

»Sie fallen«, lachte die alte Miss Rashleigh leise, »sie fallen.«

»Und wer«, sagte Miss Antonia und sah auf die Brocken auf dem Teppich, »wer soll das bezahlen?«

Krähend wie alte Babies, gleichgültig, unbekümmert, lachten sie; gingen hinüber zum Kamin und nippten ihren Sherry bei der Holzasche und dem Stuck, bis jedes Glas nur noch einen Tropfen Wein enthielt, rötlich violett, am Boden. Und von diesem wollten die alten Frauen sich nicht trennen, so schien es; denn sie befingerten ihre Gläser, als sie Seite an Seite bei den Aschen saßen; aber sie hoben sie nicht an ihre Lippen.

»Milly Masters aus der Vorratskammer«, fing die alte Miss Rashleigh an. »Sie ist unseres Bruders ...«

Ein Schuß bellte unter dem Fenster. Er durchschnitt die Schnur, die den Regen hielt. Herunter stürzte er, herunter, herunter, herunter, in geraden Stangen, die die Fenster peitschten. Licht verblaßte vom Teppich. Licht verblaßte auch in ihren Augen, als sie lauschend bei der weißen Asche saßen. Ihre Augen wurden wie Kieselsteine, die man aus dem Wasser genommen hat; graue Steine getrübt und getrocknet. Und ihre Hände griffen ihre Hände wie die Klauen toter Vögel, die nichts greifen. Und sie schrumpften, als wären die Körper in den Kleidern zusammengeschrumpft. Dann hob Miss Antonia ihr Glas der Meerjungfrau entgegen. Es war der letzte Toast, der letzte Tropfen; sie trank ihn. »Sie kommen!« krächzte sie und knallte das Glas hin. Unten schlug eine Tür. Dann noch eine. Dann noch eine. Man konnte Füße durch den Korridor auf die Galerie zutrampeln und doch schlurfen hören.

»Näher! Näher!« grinste Miss Rashleigh, ihre drei gelben Zähne entblößend.

Die unglaublich hohe Tür flog auf. Herein stürzten drei große Jagdhunde und blieben keuchend stehen. Dann kam, mit krummem Rücken, der Squire selbst in schäbigen Gamaschen herein. Die Hunde drängten sich um ihn, warfen die Köpfe, schnüffelten an seinen Taschen. Dann sprangen sie vorwärts. Sie rochen das Fleisch. Der Boden der Galerie wogte wie ein windgepeitschter Wald von den Schwänzen und Rücken der großen suchenden Hunde. Sie beschnupperten den Tisch. Sie betatschten das Tuch. Dann warfen sie sich mit einem wilden wiehernden Winseln auf den kleinen gelben Spaniel, der unter dem Tisch am Gerippe nagte.

»Der Teufel soll euch holen, der Teufel soll euch holen!« brüllte der Squire. Aber seine Stimme war schwach, als schrie er gegen einen Wind an. »Der Teufel soll euch holen, der Teufel soll euch holen!« schrie er und verfluchte jetzt seine beiden Schwestern.

Miss Antonia und Miss Rashleigh erhoben sich. Die großen Hunde hatten den Spaniel gepackt. Sie setzten ihm zu, bearbeiteten ihn mit ihren großen gelben Zähnen. Der Squire schwang eine ledergeknotete Peitsche hierhin, dorthin, verfluchte die Hunde, verfluchte seine Schwestern, mit der Stimme, die so laut und doch so schwach klang. Mit einem Peitschenhieb riß er die Vase mit den

Chrysanthemen zu Boden. Ein weiterer traf die alte Miss Rashleigh an der Wange. Die alte Frau taumelte nach hinten. Sie fiel gegen den Kaminsims. Ihr wild fuchtelnder Stock schlug gegen den Schild über dem Kamin. Mit einem Plumps fiel sie in die Asche. Der Schild der Rashleighs krachte von der Wand. Unter der Meerjungfrau, unter den Speeren, lag sie begraben.

Der Wind peitschte die Glasscheiben; Schüsse hallten in Salven im Park und ein Baum fiel. Und dann rutschte König Edward im Silberrahmen, überschlug sich und fiel ebenfalls.

Der graue Nebel im Abteil war dichter geworden. Er hing herunter wie ein Schleier; er schien die vier Reisenden in den Ecken sehr weit voneinander zu entfernen, obwohl sie sich in Wahrheit so nah waren, wie ein Eisenbahnabteil dritter Klasse sie nur bringen konnte. Die Wirkung war merkwürdig. Die gutaussehende, wenn auch etwas ältliche, die gutgekleidete, wenn auch etwas schäbige Frau, die auf irgendeinem Bahnhof in den Midlands eingestiegen war, schien ihre Form verloren zu haben. Ihr Körper war ganz Nebel geworden. Nur ihre Augen glänzten, veränderten sich, lebten ganz für sich allein, schien es; Augen ohne einen Körper; blaugraue Augen, die etwas Unsichtbares sahen. In der nebligen Luft leuchteten sie hervor, bewegten sie sich, so daß sie in der gruftigen Atmosphäre – die Fenster waren zugelaufen, die Lampen waren von einem Nebelhof umgeben – wie tanzende Lichter waren, Irrlichter, die sich, wie die Leute sagen, über den Gräbern unruhiger Schläfer auf Kirchhöfen bewegen. Eine absurde Idee? Reine Einbildung! Aber da es letztendlich nichts gibt, was nicht irgendeinen Rückstand hinterläßt, und die Erinnerung ein Licht ist, das im Geist tanzt, wenn die Realität begraben wird, warum sollten dann nicht die Augen dort, glänzend, sich bewegend, der Geist einer Familie sein, eines Zeitalters, einer Zivilisation, der über dem Grab tanzt?

Der Zug verlangsamte seine Fahrt. Eine nach der anderen standen Lampen auf; hielten ihre gelben Köpfe eine Sekunde lang hoch; wurden dann gefällt. Und wieder standen sie auf, als der Zug in den Bahnhof glitt. Die Lichter häuften sich und strahlten hell. Und die

Augen in der Ecke? Sie waren geschlossen; die Lider waren zu. Sie sahen nichts. Vielleicht war das Licht zu stark. Und natürlich war es im vollen Strahlen der Bahnhofslampen offensichtlich – sie war eine ganz gewöhnliche, eher ältliche Frau, die wegen irgendeines ganz gewöhnlichen Geschäfts nach London reiste – irgend etwas, das mit einer Katze oder einem Pferd oder einem Hund zu tun hatte. Sie griff nach ihrem Koffer, erhob sich, und nahm die Fasane aus dem Gepäcknetz. Aber als sie die Abteiltür öffnete und hinaustrat, murmelte sie da nicht dennoch »Klk, Klk«, als sie vorbeiging?

Anmerkung

Die Erzählung gehört in den Kontext der im Februar 1932 aufgelisteten ›Caricatures‹ (mit ›The Royal Navy‹ und ›The Great Jeweller‹); sie sollte »a caricature of Country house life« sein. Ein handschriftlicher Entwurf und zwei Typoskripte mit handschriftlichen Verbesserungen sind datiert 19. Januar 1932. Ein späteres (undatiertes) Typoskript scheint eine Verarbeitung zweier Entwürfe zu sein, enthält jedoch genausowenig wie die früheren Fassungen den Rahmen der Erzählung. Überarbeitung zur Publikation im Oktober 1937. Erstveröffentlichung in *Harper's Bazaar* (London und New York) im März 1938. Unserem Text liegt die Fassung in *Harper's Bazaar* zugrunde.

Lappin und Lapinova

Sie waren getraut. Der Hochzeitsmarsch verklang. Die Tauben flatterten. Kleine Jungen in Eton-Blazern warfen Reis; ein Foxterrier trottete über den Weg; und Ernest Thorburn führte seine Braut zum Wagen, mitten durch die kleine neugierige Schar völlig fremder Menschen, die sich in London immer findet, um sich am Glück oder Unglück anderer Leute zu erfreuen. Zweifellos sah er gut aus und sie schüchtern. Mehr Reis wurde geworfen, und der Wagen fuhr davon.

Das war am Dienstag. Jetzt war Samstag. Rosalind mußte sich erst noch daran gewöhnen, daß sie Mrs Ernest Thorburn war. Vielleicht würde sie sich nie daran gewöhnen, Mrs Ernest Irgendwer zu sein, dachte sie, während sie im Erkerzimmer des Hotels am Fenster saß, über den See auf die Berge blickte und darauf wartete, daß ihr Mann zum Frühstück herunterkam. Ernest war ein Name, an den man sich nur schwer gewöhnen konnte. Es war nicht der Name, den sie sich ausgesucht hätte. Ihr wären Timothy, Antony oder Peter lieber gewesen. Er sah auch gar nicht aus wie Ernest. Der Name erinnerte an das Albert Memorial, an Mahagonibuffets, an Stahlstiche vom Prinzgemahl und seiner Familie – kurz, an das Eßzimmer ihrer Schwiegermutter in der Porchester Terrace.

Aber da war er ja. Gott sei Dank sah er nicht aus wie Ernest – oh nein. Aber wie dann? Sie sah ihn kurz von der Seite an. Also, wenn er Toast aß, sah er aus wie ein Kaninchen. Nicht daß man tatsächlich eine Ähnlichkeit hätte sehen können zwischen einem so winzigen scheuen Wesen und diesem adretten muskulösen jungen Mann mit der geraden Nase, den blauen Augen und dem entschlossenen Mund. Aber das machte die Sache nur noch interessanter. Seine Nase zuckte ein kleines bißchen, wenn er aß. Wie die Nase ihres Kaninchens. Sie beobachtete weiter, wie seine Nase zuckte; und als er sie dann dabei ertappte, wie sie ihn ansah, mußte sie erklären, warum sie lachte.

»Weil du wie ein Kaninchen bist, Ernest«, sagte sie. »Wie ein Wildkaninchen«, fügte sie hinzu und sah ihn an. »Ein Kaninchen auf der Jagd; ein Königskaninchen; ein Kaninchen, das Gesetze aufstellt für alle anderen Kaninchen.«

Ernest hatte nichts dagegen, diese Art von Kaninchen zu sein, und da sie es lustig fand, wenn seine Nase zuckte – er hatte nicht gewußt, daß seine Nase zuckte – ließ er sie absichtlich zucken. Und sie lachte und lachte; und er lachte auch, so daß die altjüngferlichen Damen und der Angler und der Schweizer Kellner in seinem schmierigen schwarzen Jackett es alle errieten; die beiden waren sehr glücklich. Aber wie lange dauert ein solches Glück? fragten sie sich; und ihre Antworten entsprachen den je eigenen Lebensumständen.

Zur Mittagszeit saß Rosalind auf einem Büschel Heidekraut am See und sagte: »Salat, Kaninchen?« Dabei hielt sie ihm die Salatblätter hin, die zu den harten Eiern gegessen werden sollten. »Komm, friß sie mir aus der Hand«, fügte sie hinzu, und er streckte sich vor und mümmelte den Salat und zuckte mit der Nase.

»Gutes Kaninchen, liebes Kaninchen«, sagte sie und streichelte ihn, wie sie zu Hause ihr zahmes Kaninchen immer gestreichelt hatte. Aber das war absurd. Er war kein zahmes Kaninchen, was er auch immer sonst sein mochte. Sie übersetzte es ins Französische. »Lapin« nannte sie ihn. Aber was er auch immer sonst sein mochte, ein französisches Kaninchen war er nicht. Er war durch und durch englisch – geboren in der Porchester Terrace, erzogen in Rugby; und jetzt Staatsbeamter in Diensten Seiner Majestät. Also versuchte sie es als nächstes mit »Häschen«, aber das ging erst recht nicht. Ein »Häschen« war ein rundlicher weicher komischer Mensch; er war dünn und hart und ernst. Und doch zuckte seine Nase. »Lappin«, rief sie plötzlich; und stieß einen kleinen Schrei aus, als hätte sie genau das Wort gefunden, nach dem sie gesucht hatte.

»Lappin, Lappin, König Lappin«, wiederholte sie. Es schien genau auf ihn zu passen, er war nicht Ernest, er war König Lappin. Warum? Sie wußte es nicht.

Wenn es auf ihren langen einsamen Spaziergängen keinen neuen Gesprächsstoff mehr gab – und es regnete, wie alle warnend vorhergesagt hatten; oder wenn sie, weil es kalt war, abends am Kamin saßen, und die altjüngferlichen Damen fort waren und der Angler auch, und der Kellner nur kam, wenn man nach ihm klingelte, ließ sie ihrer Phantasie freien Lauf und erfand die Geschichte des Lappin-Stammes. Unter ihren Händen – während sie nähte und er las – wurden die Lappins sehr wirklich, sehr lebendig, sehr lustig. Ernest legte die Zeitung weg und half ihr. Es gab die schwarzen Kaninchen und die roten; es gab die feindlich und die freundlich gesinnten. Es gab den Wald, in dem sie lebten, und das umliegende Grasland und den Sumpf. Vor allem aber gab es König Lappin, der keineswegs nur die eine Eigenheit besaß, mit der Nase zu zucken, sondern der mit der Zeit zu einem höchst charaktervollen Tier wurde; Rosalind fand immer neue Qualitäten in ihm. Vor allem aber war er ein großer Jäger.

»Und was«, sagte Rosalind am letzten Tag ihrer Flitterwochen, »hat der König heute gemacht?« In Wirklichkeit hatten sie eine lange Bergtour unternommen, und sie hatte eine Blase an der Ferse bekommen, aber das meinte sie nicht.

»Heute«, sagte Ernest und zuckte mit der Nase, während er das Ende seiner Zigarre abbiß, »hat er einen Hasen gejagt.« Er hielt inne; zündete ein Streichholz an und zuckte wieder.

»Eine Häsin«, fügte er hinzu.

»Eine weiße Häsin!« rief Rosalind aus, als hätte sie damit gerechnet. »Eine ziemlich kleine Häsin; silbergrau mit großen, hellen Augen?«

»Ja«, sagte Ernest und sah sie so an, wie sie ihn angesehen hatte, »ein eher kleines Tier; mit hervortretenden Augen und zwei herabhängenden Vorderpfoten.« Genau so saß sie da, mit ihrem Nähzeug, das von ihren Händen herabhing; und ihre Augen, die so groß und hell waren, standen zweifellos ein wenig hervor.

»Ach, Lapinova«, murmelte Rosalind.

»Heißt sie so?« fragte Ernest – »die echte Rosalind?« Er sah sie an. Er war sehr in sie verliebt.

»Ja; so heißt sie«, sagte Rosalind. »Lapinova.« Und bevor sie in dieser Nacht zu Bett gingen, war alles genau geregelt. Er war König Lappin; sie war Königin Lapinova. Sie waren das genaue Gegenteil voneinander; er war kühn und entschlossen; sie vorsichtig und unzuverlässig. Er herrschte über die geschäftige Welt der Kaninchen;

ihre Welt war ein verlassener, geheimnisvoller Ort, den sie meist bei Mondschein durchstreifte. Trotzdem berührten sich ihre Reviere; sie waren König und Königin.

Als sie aus den Flitterwochen zurückkamen, besaßen sie also eine private Welt, in der bis auf den weißen Hasen nur Kaninchen wohnten. Niemand ahnte etwas von diesem Ort, und das machte das Ganze natürlich noch amüsanter. Das Gefühl, gegen den Rest der Welt verbündet zu sein, war bei ihnen noch ausgeprägter als bei den meisten jungverheirateten Paaren. Oft sahen sie sich heimlich an, wenn von Kaninchen und Wäldern und Fallen und vom Schießen die Rede war. Oder sie zwinkerten sich verstohlen über den Tisch zu, wenn Tante Mary sagte, sie könne keinen Hasen in einer Schüssel liegen sehen – er sehe aus wie ein Baby; oder wenn John, Ernests sportlicher Bruder, ihnen erzählte, welchen Preis Kaninchen diesen Herbst in Wiltshire erzielten, samt Fell und allem. Manchmal, wenn sie einen Wildhüter brauchten oder einen Wilddieb oder einen Gutsherrn, machten sie sich einen Spaß daraus, diese Rollen auf ihre Freunde zu verteilen. Ernests Mutter, Mrs Reginald Thorburn, paßte zum Beispiel hervorragend in die Rolle des Squire. Aber all das war geheim – das war das Entscheidende; niemand außer ihnen wußte von der Existenz dieser Welt.

Wie hätte sie ohne diese Welt, fragte sich Rosalind, diesen Winter überhaupt überstehen können? Da war zum Beispiel die goldene Hochzeit, zu der sich alle Thorburns in der Porchester Terrace zusammenfanden, um den fünfzigsten Jahrestag dieser Verbindung zu feiern, die so gesegnet gewesen war – hatte sie nicht Ernest Thorburn hervorgebracht? und so fruchtbar – hatte sie nicht neun weitere Söhne und Töchter obendrein hervorgebracht, von denen viele verheiratet und ebenfalls fruchtbar waren? Sie hatte Angst vor diesem Fest. Aber es war unausweichlich. Als sie nach oben ging, wurde ihr schmerzlich bewußt, daß sie ein Einzelkind und noch dazu eine Waise war; ein bloßer Tropfen unter all diesen Thorburns, die in dem großen Salon mit der glänzenden Satintapete und den schimmernden Familienporträts versammelt waren. Die lebenden Thorburns sahen den gemalten sehr ähnlich; nur daß sie statt gemalter

Münder echte Münder hatten; aus denen Späße kamen; Späße aus der Schulzeit, wie sie der Hauslehrerin den Stuhl weggezogen hatten; Späße mit Fröschen, die sie unverheirateten Damen zwischen die jungfräulichen Laken gesteckt hatten. Was sie betraf, so hatte sie noch nicht einmal jemandem aus Spaß die Bettücher verknotet. Mit ihrem Geschenk in der Hand ging sie auf ihre Schwiegermutter zu, die in gelbem Satin prangte; und auf ihren Schwiegervater, der mit einer sattgelben Nelke dekoriert war. Überall auf den Tischen und Stühlen um sie herum lagen Achtungsbekundungen aus Gold; manche in Watte eingebettet; andere prächtig wuchernd – Kerzenleuchter; Zigarrenkisten; Ketten; jedes Teil vom Goldschmied mit einem Stempel für solides, echtes, auf den Feingehalt geprüftes Gold versehen. Sie aber hatte als Geschenk nur eine kleine Büchse aus Tombak, in die Löcher gebohrt waren; einen alten Sandstreuer, ein Relikt aus dem 18. Jahrhundert, das man einst benutzte, um Sand auf die nasse Tinte zu streuen. Ein ziemlich sinnloses Geschenk, fand sie – im Zeitalter des Löschpapiers; und als sie es überreichte, sah sie die schwarze Stummelschrift vor sich, in der ihre Schwiegermutter zu ihrer Verlobung der Hoffnung Ausdruck verliehen hatte, »Daß mein Sohn dich glücklich machen wird«. Nein, sie war nicht glücklich. Kein bißchen glücklich. Sie sah Ernest an, der strack wie ein Ladestock dastand, mit einer Nase, die aussah wie alle Nasen auf den Familienporträts; einer Nase, die überhaupt nie zuckte.

Dann gingen sie hinunter zum Dinner. Sie saß halb verdeckt hinter den großen Chrysanthemen, die ihre rot-goldenen Blütenblätter zu großen festen Kugeln rollten. Alles war golden. Eine goldumränderte Karte mit verschlungenen goldenen Initialen rezitierte die Liste aller Gänge, die sie nacheinander vorgesetzt bekommen würden. Sie tauchte ihren Löffel in einen Teller mit einer klaren goldenen Flüssigkeit. Der naßkalte weiße Nebel draußen war von den Lampen in ein Goldgeflecht verwandelt worden, das die Tellerränder verschwimmen ließ und den Ananasfrüchten eine rauhe goldene Schale verlieh. Nur sie selbst, die in ihrem weißen Hochzeitskleid mit ihren vorstehenden Augen vor sich hin spähte, schien unauflösbar wie ein Eiszapfen zu sein.

Im Laufe des Dinners jedoch wurde der Raum dampfig heiß. Schweißperlen standen den Männern auf der Stirn. Sie fühlte, wie ihr Eiszapfen sich in Wasser verwandelte. Sie zerschmolz; zerstob; löste sich auf in nichts; und würde bald ohnmächtig werden. Da hörte sie durch das Wogen in ihrem Kopf und das Getöse in ihren Ohren eine Frauenstimme rufen, »Aber sie vermehren sich so!«

Die Thorburns – ja; sie vermehren sich so, sprach sie nach; und betrachtete all die runden roten Gesichter, die sich in dem Schwindel, der sie überkam, verdoppelt zu haben schienen; und vergrößert, in dem goldenen Nebel, der sie mit einem Strahlenkranz umgab. »Sie vermehren sich so!« Da brüllte John:

»Die Teufelsbrut! ... Totschießen sollte man die! Mit den Stiefeln zertrampeln! Anders wird man mit denen nicht fertig ... Kaninchen!«

Bei diesem Wort, diesem magischen Wort, kam wieder Leben in sie. Sie lugte durch die Chrysanthemen und sah Ernests Nase zucken. Sie kräuselte sich, sie zuckte mehrmals hintereinander. Und da brach eine geheimnisvolle Katastrophe über die Thorburns herein. Die goldene Tafel wurde zu einem Moor, wo der Stechginster in voller Blüte stand; das Stimmengewirr verwandelte sich in ein einziges schallendes Juxgelächter, das vom Himmel herabtönte. Es war ein blauer Himmel – die Wolken zogen langsam dahin. Und sie waren alle verwandelt – die Thorburns. Sie sah ihren Schwiegervater an, einen heimlichtuerischen kleinen Mann mit gefärbtem Schnurrbart. Er hatte eine Schwäche fürs Sammeln – Siegel, Emailledosen, Kleinigkeiten von Toilettentischen aus dem 18. Jahrhundert, die er in den Schubladen seines Arbeitszimmers vor seiner Frau versteckte. Jetzt sah sie ihn wie er war – ein Wilddieb, der sich davonstahl, den Mantel prall gefüllt mit Fasanen und Rebhühnern, die er heimlich in seiner verrauchten kleinen Hütte in einen dreifüßigen Topf fallen ließ. Das war ihr wirklicher Schwiegervater – ein Wilddieb. Und Celia, die unverheiratete Tochter, die immer die Geheimnisse anderer Menschen herausschnüffelte, die kleinen Dinge, die sie verbergen wollten – sie war ein weißes Frettchen mit rosa Augen und einer Nase, die von ihren schrecklichen Schnüffeltouren unter Tage erdverkrustet war. In einem Netz von Männerschultern herabbaumeln und in ein

Loch hinabgestoßen werden – es war ein bedauernswertes Leben – Celias Leben; es war nicht ihre Schuld. So sah sie Celia. Und dann sah sie ihre Schwiegermutter an – die sie den Squire getauft hatten. Rot, derb, ein Tyrann – sie war all das, wie sie so stand und sich bedankte, aber als Rosalind – das heißt Lapinova – sie jetzt sah, sah sie den zerfallenen Familiensitz hinter ihr, den Putz, der von den Wänden blätterte, und hörte, wie sie mit einem Schluchzen in der Stimme ihren Kindern (die sie haßten) für eine Welt dankte, die nicht mehr existierte. Plötzlich wurde es still. Sie alle standen mit erhobenen Gläsern da; sie alle tranken; dann war es vorüber.

»Oh König Lappin!« rief sie, als sie zusammen im Nebel nach Hause fuhren, »wenn deine Nase nicht genau in dem Moment gezuckt hätte, hätte ich in der Falle gesessen!«

»Aber du bist in Sicherheit«, sagte König Lappin und drückte ihre Pfote.

»Völlig in Sicherheit«, antwortete sie.

Und sie fuhren zurück durch den Park, König und Königin des Sumpfs, des Nebels und des Moors, das nach Ginster duftete.

So verging die Zeit; ein Jahr; zwei Jahre. Und an einem Winterabend, der zufällig mit dem Jahrestag der goldenen Hochzeit zusammenfiel – aber Mrs Reginald Thorburn war tot; das Haus war zu vermieten; und es wohnte nur noch ein Hausmeister dort – kam Ernest aus dem Amt nach Hause. Sie hatten ein hübsches kleines Heim; die Hälfte eines Hauses über einer Sattlerei in South Kensington, nicht weit von der U-Bahn-Station. Es war kalt, die Luft war neblig und Rosalind saß am Kamin und nähte.

»Stell dir vor, was mir heute passiert ist«, begann sie, sobald er es sich bequem gemacht und die Beine vor dem Feuer ausgestreckt hatte. »Ich überquerte gerade den Bach, als –«

»Welchen Bach?« unterbrach sie Ernest.

»Den Bach unten, wo unser Wald an den schwarzen Wald grenzt«, erklärte sie.

Ernest sah sie einen Augenblick lang völlig verständnislos an.

»Wovon zum Teufel redest du?« fragte er.

»Aber Ernest!« rief sie bestürzt. »König Lappin«, fügte sie hinzu und ließ ihre kleinen Vorderpfoten im Schein des Feuers baumeln. Aber seine Nase zuckte nicht. Ihre Hände – sie wurden wieder zu Händen – hielten den Stoff umklammert; die Augen traten ihr halb aus dem Kopf. Er brauchte mindestens fünf Minuten, um sich von Ernest Thorburn in König Lappin zu verwandeln; und während sie wartete, fühlte sie etwas Schweres hinten im Genick, als wollte ihr es jemand brechen. Schließlich verwandelte er sich in König Lappin; seine Nase zuckte; und sie streiften den ganzen Abend durch die Wälder, ganz wie sonst auch.

Aber sie schlief schlecht. Mitten in der Nacht wachte sie mit dem Gefühl auf, daß ihr etwas Seltsames widerfahren sei. Sie war steif und fror. Schließlich machte sie Licht und sah Ernest an, der neben ihr lag. Er schlief fest. Er schnarchte. Aber obwohl er schnarchte, blieb seine Nase vollkommen ruhig. Sie sah aus, als hätte sie gar nie gezuckt. War es möglich, daß er wirklich Ernest war; und daß sie wirklich mit Ernest verheiratet war? Sie sah das Eßzimmer ihrer Schwiegermutter plötzlich vor sich; und dort saßen sie, sie und Ernest, gealtert, unter den Stahlstichen, vor dem Buffet ... Es war ihr goldener Hochzeitstag. Sie konnte es nicht ertragen.

»Lappin, König Lappin!« flüsterte sie, und einen Augenblick lang schien seine Nase ganz von selbst zu zucken. Aber er schlief weiter. »Wach auf, Lappin, wach auf!« rief sie.

Ernest erwachte; und als er sie kerzengerade neben sich sitzen sah, fragte er: »Was ist los?«

»Ich hab gedacht, mein Kaninchen ist tot!« wimmerte sie. Ernest war wütend.

»Red nicht solchen Unsinn, Rosalind«, sagte er. »Leg dich hin und schlaf.«

Er drehte sich auf die andere Seite. Im nächsten Augenblick war er fest eingeschlafen und schnarchte.

Aber sie konnte nicht schlafen. Sie lag zusammengerollt auf ihrer Betthälfte, wie ein Hase in seinem Lager. Sie hatte das Licht ausgemacht, aber die Zimmerdecke wurde von der Straßenlaterne schwach beleuchtet und von den Bäumen draußen mit einem Spitzenmuster bedeckt, so als befände sich ein schattiges Wäldchen an der Decke, in dem sie umherwanderte, sich drehend und wendend, hinein und hinaus und rundherum, auf der Jagd und gejagt, das Hundegebell und die Hörner im Ohr; fliehend, flüchtend ... bis das Dienstmädchen den Vorhang aufzog und den Morgentee brachte.

Am nächsten Tag konnte sie sich auf nichts konzentrieren. Sie schien etwas verloren zu haben. Sie fühlte sich, als wäre ihr Körper geschrumpft; er war klein geworden und schwarz und hart. Auch schienen ihre Gelenke steif zu sein, und als sie in den Spiegel schaute, was sie mehrmals tat, wenn sie in der Wohnung umherging, schienen ihr die Augen aus dem Kopf zu springen, wie die Rosinen in einem Rosinenbrötchen. Die Zimmer schienen ebenfalls geschrumpft zu sein. Große Möbelstücke standen in merkwürdigem Winkel hervor, und sie stieß sich immer wieder an ihnen. Schließlich setzte sie ihren Hut auf und ging hinaus. Sie ging die Cromwell Road entlang; und jedes Zimmer, an dem sie vorbeikam und in das sie spähte, schien ein Eßzimmer mit dicken gelben Spitzenvorhängen und Mahagonibuffets zu sein, in dem Menschen unter Stahlstichen beim Essen saßen. Endlich gelangte sie zum Naturkundemuseum; als Kind war sie dort immer gern gewesen. Aber das erste, was sie sah, als sie jetzt hineinging, war ein ausgestopfter Hase, der mit rosaroten Glasaugen auf Kunstschnee stand. Davon zitterte sie irgendwie am ganzen Körper. Vielleicht würde es besser werden, wenn es dunkelte. Sie ging nach Hause und setzte sich an den Kamin, ohne Licht, und versuchte sich vorzustellen, sie sei allein draußen in einem Moor; und ein Bach rausche vorbei; und jenseits des Baches sei ein dunkler Wald. Aber sie gelangte nicht über den Bach hinaus. Schließlich hockte sie sich ans Ufer auf das nasse Gras und saß zusammengekauert in ihrem Stuhl, die Hände baumelten leer und ihre Augen wirkten glasiert, wie Glasaugen, im Feuerschein. Dann krachte plötzlich ein Gewehr ... Sie erschrak, als wäre sie erschossen worden. Es war nur Ernest, der den Schlüssel im Schloß umdrehte. Sie wartete zitternd. Er kam herein und schaltete das Licht an. Da stand er, groß und gutaussehend, und rieb sich die Hände, die vor Kälte rot waren.

»Du sitzt im Dunkeln?« sagte er.

»Ach Ernest, Ernest!« rief sie und sprang von ihrem Sessel auf.

»Was ist denn jetzt los?« fragte er energisch, während er sich die Hände am Feuer wärmte.

»Es ist wegen Lapinova ...« stammelte sie und blickte ihn aus ihren großen erschrockenen Augen wild an. »Sie ist weg, Ernest, ich hab sie verloren!«

Ernest runzelte die Stirn. Er preßte die Lippen fest zusammen. »Ach, das ist es also?« sagte er und lächelte seine Frau ziemlich grimmig an. Zehn Sekunden lang stand er schweigend da; und sie wartete und fühlte, wie sich Hände immer fester in ihrem Genick schlossen.

»Ja«, sagte er schließlich. »Arme Lapinova ...« Er zog sich vor dem Spiegel über dem Kaminsims die Krawatte gerade.

»In die Falle gegangen«, sagte er, »getötet«, und setzte sich und las Zeitung.

Das also war das Ende dieser Ehe.

Anmerkung

Nach eigener Erinnerung wurde die Erzählung um 1918, »vielleicht als ich Night & Day schrieb«, entworfen. Im Herbst und Winter 1938 für *Harper's Bazaar* neu geschrieben bzw. überarbeitet. Im Tagebuch heißt es am 24. November 1938: »Ach, und dann die Last, eine Erzählung ausarbeiten zu müssen, um Geld zu verdienen!« Am 19. Dezember wird die Erzählung als beendet im Tagebuch angeführt. Im April 1939 in *Harper's Bazaar* (London und New York) erschienen. Unserem Text liegt die Fassung in *Harper's Bazaar* zugrunde.

Gipsy, die Promenadenmischung

»Sie hatte ein so bezauberndes Lächeln«, sagte Mary Bridger nachdenklich. Sie, die Bridgers und die Bagots, unterhielten sich spät eines Abends am Feuer über alte Freunde. Diese, Helen Folliott, das Mädchen mit dem bezaubernden Lächeln, war verschwunden. Keiner von ihnen wußte, was aus ihr geworden war. Sie war irgendwie in Schwierigkeiten geraten, hatten sie gehört, und, darüber waren sie sich einig, jeder von ihnen hatte immer gewußt, daß es so kommen würde, und, was seltsam war, keiner von ihnen hatte sie je vergessen.

»Sie hatte ein so bezauberndes Lächeln«, wiederholte Lucy Bagot. Und so fingen sie an, über die Seltsamkeiten menschlicher Angelegenheiten zu reden – was für ein Glücksspiel es scheint, ob man untergeht oder oben schwimmt, wieso man sich erinnert und vergißt, was für einen Unterschied Kleinigkeiten ausmachen, und wie Leute, die sich jeden Tag getroffen haben, plötzlich auseinandergehen und sich nie wieder sehen.

Dann schwiegen sie. Deshalb hörten sie einen Pfiff – war es ein Zug oder eine Sirene? – einen schwachen fernen Pfiff, der über die flachen Felder Suffolks erklang und dahinschwand. Der Klang mußte etwas ausgelöst haben, jedenfalls bei den Bagots, denn Lucy sah ihren Mann an und sagte: »*Sie* hatte ein so bezauberndes Lächeln.« Er nickte. »Man kann kein kleines Hündchen ertränken, das dem Tod mitten ins Gesicht grinst«, sagte er. Es klang wie ein Zitat. Die Bridgers machten fragende Gesichter. »Unser Hund«, sagte Lucy. »Erzählt uns die Geschichte von eurem Hund«, drängten die Bridgers. Sie beide hatten Hunde gern.

Tom Bagot war erst schüchtern, wie Leute es sind, die sich dabei ertappen, daß sie mehr fühlen als angemessen ist. Außerdem beteuerte er, daß es keine Geschichte sei; es sei eine Charakterstudie, und sie würden ihn für sentimental halten. Aber sie drängten ihn, und er fing sofort an – »›Man kann kein kleines Hündchen ertränken, das dem Tod mitten ins Gesicht grinst.‹ Hat der alte Holland gesagt. Er sagte es in jener verschneiten Nacht, in der er es über die Wassertonne hielt. Er war ein Bauer, unten in Wiltshire. Er hatte Zigeuner gehört – das heißt, einen Pfiff. Und er ging in den Schnee hinaus, mit einer Hundepeitsche. Sie waren weg; aber sie hatten etwas zurückgelassen, wie ein zerknülltes Stück Papier sah es in der Hecke aus. Aber es war ein Korb, einer von diesen Binsenkörben, die Frauen mit zum Markt nehmen, und in dem Korb, eingenäht, damit es nicht folgen konnte, war ein Winzlingsding von einem Hündchen. Sie hatten ihm einen Kanten Brot und ein Büschel Stroh gegeben –«

»Was beweist«, unterbrach Lucy, »daß sie nicht das Herz hatten, es zu töten.«

»Ebensowenig wie er«, fuhr Tom Bagot fort. »Er hielt es über das Wasser, und dann –« er zog seinen kleinen angegrauten Schnurrbart von den oberen Zähnen zurück, »grinste es so zu ihm hoch, im Mondlicht. Also verschonte er es. Es war eine erbärmliche kleine Promenadenmischung, ein richtiger Zigeunerhund, halb Foxterrier, halb weiß der Himmel was. Es sah aus, als hätte es im Leben noch nichts Richtiges zu fressen bekommen. Sein Fell war rauh wie ein Fußabtreter. Aber es hatte – wie sagt man, wenn man einem Menschen ein dutzendmal am Tag wider besseres Wissen verzeiht? Charme? Charakter? Was immer es war, das Hündchen, das ein Fräulein war, hatte es. Oder weshalb hat er es behalten? Sagt es mir. Es machte ihm das Leben zur Last. Brachte alle Nachbarn gegen ihn auf. Scheuchte ihre Hühner. Ließ den Schafen keine Ruhe. Ein dutzendmal war er dicht davor, es zu töten. Aber er brachte es nicht über sich, es zu tun – bis es die Katze tötete, den Liebling seiner Frau. Es war die Frau, die darauf bestand. So brachte er es noch einmal hinaus auf den Hof, stellte es vor die Wand, und wollte gerade den Abzug drükken. Und wieder – grinste es; grinste dem Tod mitten ins Gesicht, und er hatte nicht das Herz, es zu tun. Also überließen sie es dem Metzger; er mußte tun, was sie nicht tun konnten. Und dann – wieder Zufall. Es war auf seine Art ein kleines Wunder – daß unser Brief ausgerechnet an jenem Morgen kam. Nichts als ein glücklicher Zufall, egal von welcher Seite man es betrachten will. Wir lebten damals in London – wir hatten eine Köchin, eine alte irische Seele, die schwor, sie hätte Ratten gehört. Ratten hinter der Täfelung. Wollte keine Nacht länger im Haus schlafen und so weiter. Wieder aus reinem Zufall – wir hatten einen Sommer dort verbracht – dachte ich an Holland, schrieb und fragte ihn, ob er einen Hund zu verkaufen hätte, einen Terrier, zum Rattenfangen. Der Postbote traf den Metzger; es war der Metzger, der den Brief überbrachte. So wurde Gipsy um Haaresbreite noch einmal gerettet. Er war froh, kann ich euch sagen – der alte Holland. Er steckte es gleich mit einem Brief in den Zug. ›Sein Aussehen spricht gegen es‹«, zitierte Bagot erneut. »›Aber glauben Sie mir, es ist ein Hundefräulein von Charakter – ein Hund von bemerkenswertem Charakter.‹ Wir stellten es auf den Küchentisch. Ihr habt noch nie etwas Kläglicheres gesehen. ›Ratten? Die würden es auffressen‹, sagte die alte Biddy. Aber wir hörten nie wieder was von diesem Thema.«

Hier machte Tom Bagot eine Pause. Er war, wie es schien, bei einem Teil seiner Geschichte angelangt, den zu erzählen ihm schwerfiel. Es ist für einen Mann schwer zu sagen, warum er sich in eine Frau verliebt hat, aber noch schwerer ist es zu sagen, warum er sich in eine Promenadenmischung von Terrier verliebt hat. Und doch war offensichtlich genau das geschehen – das kleine Biest hatte einen unbeschreiblichen Zauber auf ihn ausgeübt. Es war eine Liebesgeschichte, die er erzählte. Mary Bridger war sich dessen durch irgend etwas in seiner Stimme ganz sicher. Eine phantastische Idee kam ihr, daß er in Helen Folliott verliebt gewesen war, das Mädchen mit dem bezaubernden Lächeln. Irgendwie brachte er die beiden miteinander in Verbindung. Stehen nicht alle Geschichten miteinander in Verbindung? fragte sie sich, und verpaßte so einen oder zwei Sätze von dem, was er sagte. Als sie wieder zuhörte, erinnerten die Bagots sich an absurde kleine Geschichten, die sie eigentlich gar nicht erzählen wollten, und doch bedeuteten sie so viel.

»Es hat alles auf eigene Faust gemacht«, sagte Tom Bagot. »Wir haben ihm nie etwas beigebracht. Und doch hatte es uns jeden Tag etwas Neues zu zeigen. Einen kleinen Trick nach dem anderen. Es brachte mir die Briefe im Maul. Oder, wenn Lucy ein Streichholz anzündete, machte der Hund es aus« – er haute mit der Faust auf ein Streichholz – »so. Mit der nackten Pfote. Oder er bellte wenn das Telefon klingelte. ›Dieses verfluchte Geklingel‹, sagte er so deutlich wie nur was. Und Besucher – weißt du noch, wie er sich ein Urteil über unsere Freunde bildete, als wären es seine eigenen? ›Du kannst bleiben‹ – und er sprang hoch und leckte einem die Hand; ›Nein, dich wollen wir nicht‹ und er rannte zur Tür, als wollte er ihnen zeigen, wo es hinaus ging. Und er machte nie einen Fehler. Er hatte genausoviel Menschenkenntnis wie du.«

»Ja«, bestätigte Lucy ihn, »er war ein Hund von Charakter. Und doch«, fügte sie hinzu, »haben eine Menge Leute das nicht gesehen. Was ein weiterer Grund dafür war, ihn zu mögen. Da war dieser Mann, der uns Hector gab.«

Bagot nahm die Geschichte auf.

»Hopkins mit Namen«, sagte er. »Börsenmakler von Beruf. Sehr stolz auf sein kleines Anwesen in Surrey. Ihr kennt den Typ – nichts als Stiefel und Gamaschen, wie auf den Bildern in den Sportzeitschriften. Ich bin der Überzeugung, daß er keine Ahnung hatte, wo bei einem Pferd hinten und vorne ist. Aber er ›konnte es nicht ertragen, uns mit so einer erbärmlichen kleinen Promenadenmischung zu sehen‹.« Bagot zitierte wieder. Offensichtlich enthielten die Worte eine Stichelei. »Und so erfrechte er sich, uns ein Geschenk zu machen. Einen Hund namens Hector.«

»Einen roten Setter«, erklärte Lucy.

»Mit einem Schwanz wie ein Ladestock«, fuhr Bagot fort, »und einem Stammbaum so lang wie euer Arm. Das Fräulein hätte beleidigt tun können – Gipsy. Sie hätte es übelnehmen können. Aber sie war ein Hund von Verstand. Nichts Kleinliches an ihr. Leben und leben lassen – es braucht solche und solche, um eine Welt zu machen. Das war ihr Motto. Man konnte ihnen auf der High Street begegnen – Arm in Arm, hätte ich beinahe gesagt, wie sie zusammen herumliefen. Sie hat ihm das eine oder andere beigebracht, möchte ich wetten …«

»Sei ihm gegenüber fair, er war ein perfekter Gentleman«, unterbrach Lucy.

»Ein bißchen unterbelichtet im Dachstübchen«, sagte Tom Bagot und tippte sich an die Stirn.

»Aber mit perfekten Manieren«, wandte Lucy ein.

Es geht doch nichts über eine Hundegeschichte, um den Charakter der Menschen ans Licht zu bringen, dachte Mary Bridger. Natürlich war Lucy auf der Seite des Gentleman gewesen; Tom auf der Seite der Hundelady. Aber der Charme der Lady hatte sogar Lucy Bagot bezwungen, die dazu neigte, ihrem Geschlecht gegenüber streng zu sein. Also mußte sie etwas in sich gehabt haben.

»Und dann?« drängte sie sie.

»Alles ging wie geschmiert. Wir waren eine glückliche Familie«, fuhr Tom fort. »Nichts, was die Harmonie gestört hätte, bis –«, hier zögerte er. »Wenn man es bedenkt«, sprudelte er hervor, »kann man der Natur keinen Vorwurf machen. Sie stand in der Blüte der Jugend – zwei Jahre alt. Was wäre das bei einem Menschen? Achtzehn? Zwanzig? Und voller Leben – voller Spaß – wie Mädchen es sein sollten.« Er hielt inne.

»Du denkst an die Dinner-Party«, half seine Frau ihm. »Den Abend, an dem die Harvey Sinnotts zum Essen bei uns waren. Am vierzehnten Februar – was«, fügte sie mit einem seltsamen kleinen Lächeln hinzu, »Valentinstag ist.«

»Kuppeltag sagt man in meiner Ecke des Landes dazu«, warf Dick Bridger ein.

»Richtig«, fuhr Tom Bagot fort. »Valentinstag – der Gott der Liebe, nicht wahr? Jedenfalls waren Leute mit Namen Harvey Sinnott zum Essen bei uns. Wir hatten sie vorher noch nie gesehen. Hatten was mit der Firma zu tun« (Tom Bagot war der Londoner Partner der großen Liverpooler Konstruktionsfirma Harvey, Marsh und Coppard). »Es war etwas ganz Formelles. Für einfache Leutchen wie uns eine ziemliche Heimsuchung. Wir wollten ihnen Gastfreundschaft zeigen. Wir taten unser Bestes. *Sie*«, er deutete auf seine Frau, »gab sich unheimlich viel Mühe, war schon Tage vorher in heller Aufregung. Alles mußte genau so und nicht anders sein. Ihr kennt Lucy ja ...« Er tätschelte ihr Knie. Mary Bridger kannte Lucy. Sie konnte den gedeckten Tisch sehen; das blinkende Silber, alles, wie Tom gesagt hatte, »genau so und nicht anders«, für die Ehrengäste.

»Es war eine Geschichte mit allen Schikanen, das ist mal sicher«, fuhr Tom Bagot fort. »Ein bißchen formell ...«

»Sie war eine von den Frauen«, warf Lucy ein, »die sich ständig zu fragen scheinen ›Was hat das gekostet? Ist das echt?‹, während sie sich mit einem unterhalten. Und für den Anlaß zu fein gekleidet. Sie sagte – das Essen war halb vorbei – wie angenehm es sei – sie waren wie immer im Ritz abgestiegen, oder im Carlton – so ein kleines, ruhiges Essen. So einfach, so gemütlich. So eine Erholung ...«

»Kaum daß die Worte aus ihrem Mund waren«, fiel Bagot ein, »gab es eine Explosion ... Eine Art Erdbeben unter dem Tisch. Ein Getöse. Ein Quietschen. Und sie erhob sich in all ihrem ...«, er breitete die Arme aus, um die umfangreiche Dame anzudeuten, »Gepränge«, probierte er, »und schrie, ›Etwas beißt mich! Etwas beißt mich!‹« machte er quiekend nach. »Ich tauchte unter den Tisch.« (Er sah unter die Falbel eines Sessels.) »Oh diese elende kleine Kreatur! Dieser mutwillige Kobold! Auf dem Boden vor den Füßen der guten Dame lag ... sie hatte geboren ... sie hatte ein Hundebaby bekommen!«

Die Erinnerung war zuviel für ihn. Er lehnte sich lauthals lachend in seinem Sessel zurück.

»Also«, fuhr er fort, »wickelte ich ein Tuch um sie. Ich trug sie beide hinaus. (Gnädigerweise war das Hundebaby tot, mausetot). Ich stellte sie vor die Tatsache. Ich hielt es ihr unter die Nase. Draußen im Hof hinter dem Haus. Draußen im Mondlicht, unter dem reinen Blick der Sterne. Ich hätte sie prügeln mögen, bis kein Leben mehr in ihr steckte. Aber wie kann man einen Hund prügeln, der grinst ...«

»Den guten Sitten mitten ins Gesicht?« schlug Dick Bridger vor.

»Wenn du es so ausdrücken willst«, lächelte Bagot. »Aber ihre Haltung! Bei Gott! Sie rannte im Hof herum, das kleine Flittchen, und jagte eine Katze ... Nein, ich hatte nicht das Herz, es zu tun.«

»Und die Harvey Sinnotts nahmen es wirklich sehr nett«, fügte Lucy hinzu. »Es brach das Eis. Danach wurden wir alle gute Freunde.«

»Wir haben ihr verziehen«, sprach Tom Bagot weiter. »Wir sagten, es dürfe nicht wieder vorkommen. Und es kam nicht wieder vor. Nie wieder. Dafür aber andere Dinge. Eine Menge Dinge. Ich könnte euch eine Geschichte nach der anderen erzählen. Aber die Wahrheit ist«, er schüttelte den Kopf, »daß ich nicht an Geschichten glaube. Ein Hund hat einen Charakter genau wie wir, und der zeigt sich genau wie er es bei uns tut durch das, was wir sagen, durch alle Arten von kleinen Dingen.«

»Wenn man in ein Zimmer kam, fragte man sich – es klingt absurd, aber es ist die Wahrheit«, fügte Lucy hinzu, »warum hat sie das jetzt getan? als wäre sie ein Mensch. Und da sie ein Hund war, mußte man raten. Manchmal konnte man es nicht. Die Hammelkeule zum Beispiel. Sie nahm sie vom Tisch, hielt sie zwischen den Vorderpfoten, und lachte. Als Witz? Als Witz auf unsere Kosten? Es schien so. Und eines Tages versuchten wir, ihr einen Streich zu spielen. Sie hatte eine Leidenschaft für Obst – rohes Obst, Äpfel, Pflaumen. Wir gaben ihr eine Pflaume mit einem Stein drin. Was sie wohl damit macht? fragten wir uns. Statt unsere Gefühle zu verletzen, wenn ihr mir glauben wollt, behielt sie diese Pflaume im Maul, und dann, als sie dachte, daß wir nicht hinguckten, ließ sie den Stein in ihren Wassernapf fallen und kam schwanzwedelnd zurück. Es war, als hätte sie gesagt, ›Da habe ich es euch aber gezeigt!‹«

»Ja«, sagte Tom Bagot. »Sie hat uns eine Lektion erteilt. Ich habe mich oft gefragt«, fuhr er fort, »was sie von uns dachte – da unten zwischen all den Stiefeln und alten Streichhölzern auf dem Kaminläufer? Was war ihre Welt? Sehen Hunde, was wir sehen, oder ist es etwas anderes?«

Auch sie sahen hinunter auf die Stiefel und alten Streichhölzer, versuchten einen Augenblick lang mit der Schnauze auf den Pfoten zu liegen und mit den Augen eines Hundes in die roten Tiefen und die gelben Flammen zu sehen. Aber sie konnten diese Frage nicht beantworten.

»Man sah sie dort liegen«, sprach Bagot weiter, »Gipsy auf ihrer Seite des Feuers, Hector auf seiner, so verschieden wie Tag und Nacht. Es war eine Frage der Geburt und der Erziehung. Er war ein Aristokrat. Sie ein Hund aus dem Volk. Es war natürlich, wo ihre

Mutter eine Streunerin gewesen war, ihr Vater weiß der Himmel wer, und ihr Herr ein Zigeuner. Man ging mit den beiden spazieren. Hector so schmuck wie ein Polizist, ganz auf der Seite von Recht und Ordnung. Und Gipsy sprang über Zäune, scheuchte die königlichen Enten, aber immer auf der Seite der Möwen. Vagabunden wie sie selbst. Wir gingen mit ihr am Fluß entlang, wo die Leute die Möwen füttern. ›Nehmt euch euer Stückchen Fisch‹ sagte sie zu ihnen. ›Ihr habt es euch verdient.‹ Ich habe selbst gesehen, ob ihr es glaubt oder nicht, wie sie eine aus ihrem Maul fressen ließ. Aber für die verwöhnten Reichen hatte sie nichts übrig – die Möpse, die Schoßhündchen. Man konnte sich vorstellen, daß sie über das Thema debattierten, da unten auf dem Kaminläufer. Und bei Gott! sie überzeugte den alten Tory. Wir hätten es besser wissen müssen. Ja, ich habe mir oft Vorwürfe gemacht. Aber das ist es eben – wenn eine Sache vorbei ist, ist es leicht zu sehen, wie man sie hätte verhindern können.«

Ein Schatten flog über sein Gesicht, als erinnere er sich an eine kleine Tragödie, die, wie er sagte, hätte verhindert werden können und dem Zuhörer doch nicht mehr bedeuten würde als das Fallen eines Blatts, oder der Tod eines Schmetterlings durch Ertrinken. Die Bridgers stellten ihre Gesichter darauf ein zu hören, was immer es war. Vielleicht war sie von einem Auto überfahren, oder vielleicht war sie gestohlen worden.

»Es war dieser alte Dummkopf Hector«, sprach Bagot weiter. »Ich hatte noch nie etwas für schöne Hunde übrig«, erläuterte er. »Sie tun zwar keinem was, aber sie haben auch keinen Charakter. Vielleicht war er eifersüchtig. Er hatte nicht ihr Gespür für das Angemessene. Nur weil sie etwas tat, versuchte er, noch eins draufzusetzen. Um die Sache kurz zu machen – eines schönen Tages sprang er über die Gartenmauer, krachte durch das Gewächshaus eines Nachbarn, flitzte einem alten Herrn zwischen den Beinen durch, stieß mit einem Auto zusammen, ohne sich dabei etwas zu tun, machte aber eine Beule in die Kühlerhaube – das Stück Tagesarbeit kostete uns fünf Pfund zehn und einen Besuch beim Polizeigericht. Es war alles ihre Schuld. Ohne sie wäre er so zahm gewesen wie ein altes Schaf. Jedenfalls, einer von den beiden mußte gehen. Von Rechts wegen hätte es Gipsy sein müssen. Aber betrachtet es einmal von dieser Warte. Angenommen, man hat zwei Hausmädchen; beide kann man nicht behalten; die eine kriegt mit Sicherheit eine neue Stellung, aber die andere – sie ist nicht jedermanns Geschmack, findet vielleicht keine Arbeit mehr, würde in der Tinte sitzen. Ihr würdet nicht zögern – ihr würdet es genauso machen wie wir. Wir gaben Hector an Freunde weiter; wir behielten Gipsy. Vielleicht war es ungerecht. Jedenfalls fingen die Probleme damit an.«

»Ja, von da an ging alles schief«, sagte Lucy Bagot. »Sie hatte das Gefühl, einen guten Hund um sein Heim gebracht zu haben. Sie zeigte es auf alle möglichen Weisen, jene seltsamen kleinen Weisen, die alles sind, was ein Hund schließlich hat.« Sie machte eine Pause. Die Tragödie, wie immer sie auch aussehen mochte, kam näher, die absurde kleine Tragödie, die diese beiden älteren Leutchen so schwer erzählen und so schwer vergessen konnten.

»Bis dahin hatten wir nicht gewußt«, fuhr Bagot fort, »wieviel Gefühl in ihr steckte. Menschen, wie Lucy sagt, können sprechen. Sie können sagen, ›es tut mir leid‹, und damit hat es sich. Aber bei einem Hund ist das anders. Hunde können nicht reden. Aber Hunde«, fügte er hinzu, »erinnern sich.«

»Sie erinnerte sich«, bestätigte Lucy ihn. »Sie zeigte es. Eines Abends brachte sie zum Beispiel eine alte Lumpenpuppe ins Wohnzimmer. Ich saß alleine da. Sie nahm sie und legte sie auf den Boden, als sei sie ein Geschenk – als Ersatz für Hector.«

»Ein anderes Mal«, fuhr Bagot fort, »brachte sie einen weißen Kater nach Hause. Ein erbärmliches Tier, voller Schwären, hatte nicht einmal einen Schwanz. Und er wollte nicht wieder gehen. Wir wollten ihn nicht haben. Sie wollte ihn auch nicht. Aber es bedeutete etwas. Ersatz für Hector? Ihre einzige Art? Vielleicht ...«

»Oder vielleicht gab es auch einen anderen Grund«, fuhr Lucy fort. »Ich kann es bis heute nicht sagen. Wollte sie uns einen Hinweis geben? Uns vorbereiten? Wenn sie nur hätte sprechen können! Dann hätten wir vernünftig mit ihr reden können, versuchen können, sie zu überzeugen. So aber wußten wir jenen ganzen Winter über nur vage, daß etwas nicht in Ordnung war. Sie schlief ein und fing an zu fiepen, als träume sie. Dann wachte sie auf und lief mit gespitzten Ohren durchs Zimmer, als höre sie etwas. Oft bin ich zur Tür gegangen und habe nachgesehen. Aber da war niemand. Manchmal fing sie am ganzen Leib an zu zittern, halb ängstlich, halb eifrig. Wenn sie eine Frau gewesen wäre, hätte man gesagt, daß sie langsam von einer Versuchung überwältigt wurde. Da war etwas, dem sie zu widerstehen suchte, es aber nicht konnte, etwas in ihrem Blut sozusagen, was zu stark für sie war. Das war das Gefühl, das wir hatten … Und sie wollte nicht mehr mit uns spazierengehen. Sie saß da auf dem Kaminläufer und lauschte. Aber es ist besser, euch nur die Fakten zu erzählen, und euch selbst urteilen zu lassen.«

Lucy schwieg. Aber Tom nickte ihr zu. »Erzähl du das Ende«, sagte er aus dem leicht ersichtlichen Grund, daß er sich nicht trauen konnte, so absurd es auch erscheinen mochte, das Ende selbst zu erzählen.

Lucy Bagot fing an; sie sprach steif, als läse sie aus einer Zeitung vor.

»Es war ein Winterabend, der sechzehnte Dezember 1937. Augustus, der weiße Kater, saß an der einen Seite des Feuers, Gipsy an der anderen. Es schneite. Alle Straßengeräusche waren vermutlich durch den Schnee gedämpft. Und Tom sagte: ›Man könnte eine Stecknadel fallen hören. Es ist so still wie auf dem Land.‹ Und das ließ uns natürlich hinhorchen. Ein Bus fuhr auf einer weiter entfernten Straße vorbei. Eine Tür schlug zu. Man konnte sich entfernende Schritte hören. Alles schien dahinzuschwinden, verloren im fallenden Schnee. Und dann – wir hörten es nur, weil wir hinhorchten – ertönte ein Pfiff – ein langer leiser Pfiff – der dahinschwand. Gipsy hörte ihn. Sie hob den Kopf. Sie zitterte am ganzen Leib. Dann grinste sie …« Sie schwieg. Sie brachte ihre Stimme unter Kontrolle und sagte: »Am nächsten Morgen war sie weg.«

Es war totenstill. Sie hatten ein Gefühl von weitem leerem Raum um sich herum, von Freunden, die für immer verschwinden, fortgerufen von einer geheimnisvollen Stimme, in den Schnee hinaus.

»Ihr habt sie nie gefunden?« fragte Mary Bridger nach einer Weile.

Tom Bagot schüttelte den Kopf.

»Wir taten, was wir konnten. Setzten eine Belohnung aus. Fragten die Polizei um Rat. Es ging ein Gerücht – jemand hatte Zigeuner vorbeiziehen sehen.«

»Was glaubt ihr, was sie gehört hat? Worüber grinste sie?« fragte Lucy Bagot. »Oh ich bete immer noch«, rief sie aus, »daß es nicht das Ende war!«

Anmerkung

Im Oktober 1939 hatte Virginia Woolfs New Yorker Agent Chambrun eine Hundegeschichte »bestellt«. Am 22. Januar 1940 schickte sie die Erzählung an Chambrun, für die sie im März £ 170 erhielt, die aber nie veröffentlicht wurde.

Das undatierte Typoskript mit handschriftlichen Verbesserungen scheint aus mindestens drei verschiedenen Entwürfen zusammengesetzt zu sein.

Der Badeort

Wie alle Seebäder war es durchdrungen vom Geruch nach Fisch. Die Spielwarenläden waren voller Muscheln, lackiert, hart und doch zerbrechlich. Sogar die Einwohner hatten ein muscheliges Aussehen – ein frivoles Aussehen, als sei das echte Tier an der Spitze einer Nadel herausgezogen worden und nur die Schale geblieben. Die alten Männer auf der Promenade waren Muschelschalen. Ihre Gamaschen, ihre Reithosen, ihre Ferngläser schienen sie zu Spielzeug zu machen. Sie konnten ebensowenig echte Seeleute oder echte Angler gewesen sein, wie die Muscheln, die auf die Ränder von Bilderrahmen und Spiegeln geklebt waren, in den Tiefen der See hätten liegen können. Auch die Frauen, mit ihren langen Hosen und ihren hochhackigen Schühchen und ihren Basttaschen und ihren Perlenketten schienen Schalen von echten Frauen, die morgens aus dem Haus gehen, um ihre Einkäufe zu machen.

Um ein Uhr drängte sich diese zerbrechliche lackierte Schalen-Tier-Bevölkerung im Restaurant zusammen. Das Restaurant hatte einen fischigen Geruch, den Geruch einer Schmacke, die Netze voller Sprotten und Heringe eingeholt hat. Der Verzehr von Fisch in diesem Speisesaal mußte gewaltig gewesen sein. Der Geruch durchdrang sogar den Raum auf dem ersten Treppenabsatz, der mit Damen gekennzeichnet war. Dieser Raum wurde von einer Tür in nur zwei Abteilungen geteilt. Auf der einen Seite der Tür wurden die Ansprüche der Natur befriedigt; und auf der anderen, am Waschtisch, am Spiegel, wurde die Natur von der Kunst diszipliniert. Drei junge Damen hatten dieses zweite Stadium des täglichen Rituals erreicht. Sie übten ihre Rechte auf Verbesserung der Natur aus, unterwarfen sie, mit ihren Puderquasten und kleinen roten Döschen. Während sie dies taten, unterhielten sie sich; aber ihre Unterhaltung wurde unterbrochen wie vom Branden einer einlaufenden Flut; und dann zog die Flut sich zurück und man hörte eine sagen:

»Ich habe mir nie was aus ihr gemacht – diesem affektierten kleinen Ding ... Bert hat sich nie was aus großen Frauen gemacht ... Hast du ihn gesehen, seit er zurück ist? ... Seine Augen ... sie sind so blau ... Wie Tümpel ... Die von Gert auch ... Die beiden haben die gleichen Augen ... Man sieht in sie hinunter ... Sie haben beide die gleichen Zähne ... Ach Er hat so schöne weiße Zähne ... Gert hat sie auch ... Aber seine sind ein bißchen schief ... wenn er lächelt ...«

Das Wasser rauschte ... Die Flut schäumte und zog sich zurück. Als nächstes deckte sie auf: »Aber er soll besser vorsichtiger sein. Wenn er dabei erwischt wird, kommt er vors Kriegsgericht ...« Hier kam ein gewaltiges Wasserrauschen aus der nächsten Abteilung. Die Flut im Badeort scheint unaufhörlich zu kommen und sich zurückzuziehen. Sie deckt diese kleinen Fische auf; sie schwappt über sie. Sie zieht sich zurück, und da sind die Fische wieder, riechen sehr stark nach einem merkwürdigen fischigen Geruch, der den ganzen Badeort zu durchdringen scheint.

Aber nachts sieht der Ort sehr ätherisch aus. Am Horizont ist ein weißes Glühen. In den Straßen sind Reifen und Diademe. Die Stadt ist im Wasser versunken. Und nur das Skelett wird von magischen Lichtern umrissen.

Anmerkung

Am 26. Februar 1941 vermerkt Virginia Woolf im Tagebuch ein Gespräch, das sie in der Damentoilette eines Restaurants in Brighton mit anhörte, das dem der Erzählung ähnlich ist.

Undatiertes Typoskript. Gegenüber dem handschriftlichen Entwurf sind alle Anspielungen auf die Toilettenfrau gestrichen, deren Erinnerungen, wie die Erzählerin vermerkt, »nie aufgeschrieben worden sind«. »Wenn sie, in hohem Alter, durch die Korridore der Erinnerung zurückblicken, muß ihre Vergangenheit von der aller anderen Menschen verschieden sein. Sie muß zerschnitten sein: unverbunden. Die Türe muß ständig aufgehen: und sich schließen. Sie können keine festen Beziehungen zu ihresgleichen haben.«

Essays

Über das Wiederlesen von Romanen

Da soll es also neue Ausgaben von Jane Austen und den Brontës und George Meredith geben. In Eisenbahnzügen liegengelassen, in Ferienpensionen vergessen, bis zur Auflösung durchblättert und zerfetzt, haben die alten ihre Dienste getan, und für die Neulinge in ihren neuen Häusern soll es neue Ausgaben und neue Lektüren und neue Freunde geben. Es spricht sehr für die Georgianer.[1] Mehr noch gereicht es den Viktorianern zur Ehre. Trotz der Störenfriede kommen die Enkel, wie es scheint, mit den Großeltern sehr gut aus; und der Anblick ihrer Eintracht verweist untrüglich auf den späteren Bruch zwischen den Generationen, welcher noch totaler war als der andere und vielleicht folgenschwerer. Das gewisse, doch katastrophale Versagen der Edwardianer[2] – das ist eine Frage, die es zu überlegen gilt. Wie das Jahr 1860 ein Jahr leerer Wiegen war; wie die Regierungszeit Edwards des Siebenten arm war an Dichtern, Romanciers, Kritikern; wie daraus folgte, daß die Georgianer russische Romane in Übersetzungen lasen; wie sie davon profitierten und darunter litten; welch eine andere Geschichte wir vielleicht heute zu erzählen hätten, hätte es zur Verehrung und Vernichtung lebende Helden gegeben – all das finden wir im Blick auf die neuen Ausgaben der alten Bücher bedeutungsvoll. Die Georgianer, so scheint es, sind in der merkwürdigen Verlegenheit, nicht bei ihren Eltern, die am Leben sind, Trost und Geleit zu suchen, sondern bei ihren Großeltern, die tot sind. Und so wird uns dieser Tage höchstwahrscheinlich ein junger Mann gegenübertreten, der zum ersten Mal Meredith liest. Aber bevor wir uns, von seinem Beispiel beflügelt, an den gefährlichen Versuch wagen, *Harry Richmond*[3] ein zweites Mal zu lesen, wollen wir einige der Fragen bedenken, die uns bei der Aussicht, einen langen viktorianischen Roman zu lesen, sogleich in den Sinn kommen.

Zuerst ist da diese Langweiligkeit. Die nationale Gewohnheit des Lesens hat sich am Drama gebildet, und das Drama hat immer der

Tatsache Rechnung getragen, daß Menschen nicht länger als fünf Stunden hintereinander vor der Bühne sitzen können. Man lese *Harry Richmond* fünf Stunden hintereinander, und nur ein Bruchteil ist abgetragen. Vielleicht vergehen Tage, ehe wir mehr hinzutun können; unterdessen ist die Handlung vergessen; das Buch läuft ins Leere; wir machen uns Vorwürfe; wir geben dem Autor die Schuld; nichts ist erbitternder und entmutigender. Das ist das erste Hindernis, das es zu nehmen gilt. Ferner läßt sich nicht bezweifeln, daß wir nach Temperament und Tradition poetisch sind. Noch immer hält sich in uns der Glaube, die Poesie sei die ranghöchste Gattung. Wenn wir eine Stunde übrig haben, glauben wir sie mit Keats lohnender als mit Macaulay[4] zu verbringen. Romane jedoch, abgesehen davon, daß sie so lang und so schlecht geschrieben sind, handeln immer von den altbekannten Dingen; was wir Woche für Woche zwischen Frühstück und Schlafenszeit so alles tun; sie handeln vom Leben, und Leben haben wir schon genug am Hals, ohne alles noch einmal in Prosa zu durchleben.

Das ist ein weiteres Hindernis. Diese gängigen Klagen aber, die wir zu hören oder (während wir älter werden) zu äußern beginnen, verlieren nichts von ihrer Bissigkeit, wenn wir im selben Atemzug zugeben müssen, wir hätten Tolstoi, Flaubert und Hardy[5] mehr zu verdanken, als wir ermessen können; und wollten wir uns glücklichere Stunden zurückrufen, wären es jene, die uns Conrad und Henry James[6] bereitet haben; und erlebt zu haben, wie ein junger Mann den ganzen Meredith verschlingt, ruft uns das Vergnügen so vieler erster Lektüren ins Gedächtnis, daß wir sogar bereit sind, uns auf eine zweite einzulassen. Wenn wir uns ein zweites Mal mit *Vanity Fair,*[7] den Copperfields, den Richmonds einlassen, so ist die Frage, ob wir eine andere Form des Vergnügens finden können, die an die Stelle jener frohgemuten Verzückung tritt, welche uns beim ersten Mal so siegesgewiß davontrug. Das Vergnügen, das wir jetzt suchen, wird nicht so offen zutage liegen; und es wird uns hart ankommen, herauszufinden, was für eine bleibende Qualität es ist, wenn es denn eine gibt, die diese dicken Prosabücher über das moderne Leben rechtfertigt.

Vor mehreren Monaten hat sich Mr Percy Lubbock in *The Craft of Fiction* befleißigt, einige dieser Fragen zu beantworten – es ist ein Buch, das wahrscheinlich großen Einfluß auf die Leser haben und am Ende vielleicht auch die Kritiker erreichen wird.[8] Das Thema ist weit und das Buch kurz; aber es wird unsere, nicht Mr Lubbocks Schuld sein, wenn wir in Zukunft über Romane ebenso vage sprechen, wie wir es in der Vergangenheit getan haben. Sagen wir zum Beispiel, *Harry Richmond* könnten wir kein zweites Mal lesen? Mr Lubbock legt uns den Verdacht nahe, schuld daran sei unser erstes Lesen. Ein starkes, aber vages Gefühl, zwei oder drei Charaktere, ein halbes Dutzend verstreuter Szenen – wenn das alles ist, was *Harry Richmond* uns ins Gedächtnis zurückruft, dann liegt der Fehler vielleicht nicht bei Mr Meredith, sondern bei uns. Haben wir das Buch so gelesen, wie er es im Sinn hatte, oder haben wir durch unser eigenes Unvermögen nicht ein Chaos daraus gemacht? In Romanen, mehr als in allen anderen Büchern, so werden wir gemahnt, wimmelt es von Versuchungen. Wir identifizieren uns mit dieser oder jener Person. Wir heften uns an die Gestalt oder die Szene, die uns zusagt. Wir lassen je nach Laune unsere Einbildungskraft von einem Fleck zum anderen schwingen. Wir vergleichen die erdichtete Welt mit der wirklichen und urteilen über beide nach den gleichen Maßstäben. Ohne Zweifel tun wir das alles und finden leicht Entschuldigungen dafür. »Aber unterdessen liegt das Buch, das Ding, das er geschaffen hat, in dem Band gefangen, und unser Blick darauf war, wie es scheint, zu flüchtig, als daß uns ein dauernder Begriff von seiner Form geblieben wäre.« Darum geht es: Es gibt etwas Bleibendes, das wir wissen können, etwas Festes, das wir greifen können. Es gibt, so argumentiert Mr Lubbock, so etwas wie das Buch selbst. Um das zu erfassen, sollten wir mit gehörigem Abstand von den Ablenkungen lesen, die wir genannt haben. Wir müssen Eindrücke empfangen, aber wir müssen sie so zueinander in Beziehung setzen, wie es die Absicht des Autors war. Und erst, wenn wir uns unsere Eindrücke, wie es die Absicht des Autors war, gebildet haben, sind wir in der Lage, die Form als solche zu erfassen, und dies ist es, was dauert, wie Mode oder Stimmung sich auch immer ändern mögen. Mit Mr Lubbocks eigenen Worten:

Ist aber das Buch nun in diesem Zustand einer deutlich bestimmten Gestalt mit klarer Kontur, dann zeigt sich seine Form in der Tat als das, was sie ist – nicht ein Attribut, eines von vielen und möglicherweise nicht das wichtigste, sondern das Buch selbst, so wie die Form einer Statue die Statue selbst ist.

Derzeit, wie Mr Lubbock klagt, steckt die literarische Kritik der Erzählkunst in ihren Kinderschuhen, und ihre Sprache, besteht sie auch nicht nur aus Einsilbern, ist Babysprache. Dieses Wort »Form« stammt bekanntlich aus den bildenden Künsten, und wir für unser Teil wünschten, er hätte einen Weg gefunden, ohne es auszukommen. Es stiftet Verwirrung. Die Form des Romans, das ist wahr, unterscheidet sich von der dramatischen Form; wenn wir wollen, können wir sagen, wir sähen vor unserem geistigen Auge den Unterschied. Aber können wir sehen, daß die Form von *The Egoist*[9] anders ist als die Form von *Vanity Fair*? Wir stellen die Frage nicht aus Genauigkeitssucht, gerade hier, wo die meisten Worte vorläufig sind, viele metaphorisch und manche zum ersten Mal auf der Probe. Es ist nicht nur eine Frage der Worte. Sie geht tiefer, führt mitten in den Prozeß des Lebens selbst hinein. Hier haben wir Mr Lubbock, der uns sagt, das Buch sei gleichbedeutend mit seiner Form, der mit äußerster Subtilität und Klarheit den Methoden nachspürt, nach welchen Romanautoren das endgültige und dauerhafte Bauwerk ihres Buches errichten. Die Promptheit, mit der uns das Bild in die Feder kommt, läßt uns zweifeln, ob es nicht ein wenig zu bequem paßt. Und unter diesen Umständen ist es am besten, sich von Bildern freizumachen, neu anzusetzen und ein klar begrenztes Thema zu erarbeiten. Lesen wir also eine Geschichte und halten wir im Fortschreiten unsere Eindrücke fest, so entdecken wir vielleicht, woran es liegt, daß Mr Lubbocks Verwendung des Wortes Form uns unbehaglich ist. Kein anderer Autor scheint dafür geeigneter als Flaubert; und um uns nicht zu sehr auszubreiten, wollen wir eine kurze Geschichte wählen. *Un cœur simple*[10] zum Beispiel, denn wie es sich trifft, ist uns gerade diese fast entfallen.

Der Titel weist uns die Richtung, und die ersten Worte lenken unsere Aufmerksamkeit auf Madame Aubains treue Magd Félicité. Und jetzt beginnen die Eindrücke sich einzustellen. Madames Charakter; das Aussehen des Hauses; Félicités Erscheinung; ihre Liebesgeschichte mit Théodore; Madames Kinder; ihre Besucher; der zornige Stier. Wir nehmen sie auf, aber wir verwenden sie nicht. Wir legen sie bis auf weiteres beiseite. Unsere Aufmerksamkeit flackert hierhin und dorthin, vom einen zum anderen. Noch immer mehren sich die Eindrücke, und noch immer, ihre Eigenart im einzelnen kaum beachtend, lesen wir weiter, bemerken das Erbarmen, die Ironie, nehmen flüchtig gewisse Beziehungen und Kontraste wahr, aber heben nichts hervor; warten immerfort auf das endgültige Zeichen. Plötzlich haben wir es. Herrin und Magd sind dabei, die Kleider des toten Kindes zu sichten. »Et des papillons s'envolèrent de l'armoire.«[11] Die Herrin küßt zum ersten Mal die Magd. »Félicité lui en fut reconnaissante comme d'un bienfait, et désormais la chérit avec un dévouement bestial et une vénération religieuse.«[12] Eine plötzliche Intensität des Satzes, etwas, was wir aus guten oder schlechten Gründen als emphatisch empfinden, durchzuckt uns wie ein jähes Verstehen. Wir sehen jetzt, warum die Geschichte geschrieben wurde. Später läßt uns ein Satz mit ganz anderer Intention auf die gleiche Weise aufhorchen. »Et Félicité priait en regardant l'image, mais de temps à autre se tournait un peu vers l'oiseau.«[13] Wiederum haben wir diese Überzeugung, wir wüßten, warum die Geschichte geschrieben worden sei. Und dann ist sie zu Ende. All die Beobachtungen, die wir beiseite gelegt haben, kommen nun hervor und ordnen sich den Hinweisen entsprechend, die wir empfangen haben. Manche sind wesentlich; andere können wir nicht einordnen. Bei einer zweiten Lektüre sind wir imstande, unsere Beobachtungen von Anfang an zu verwenden, und sie sind viel präziser; aber noch immer werden sie von diesen Augenblicken des jähen Verstehens kontrolliert.

Daher ist das »Buch selbst« nicht Form, die man sieht, sondern Empfindung, die man fühlt, und je intensiver des Autors Gefühl, um so genauer – unfehlbar und lückenlos – ist der Ausdruck derselben in Worten. Und wann immer Mr Lubbock von Form spricht, ist es, als trete etwas zwischen uns und das Buch, wie wir es kennen. Wir fühlen, wie die Gegenwart eines fremden Stoffes, der bildlich vorgestellt sein will, sich Empfindungen aufdringt, die wir aufs natürlichste fühlen und aufs einfachste benennen und in endgültiger Ordnung reihen, indem wir ihre richtigen wechselseitigen Beziehungen fühlen. Entsprechend haben wir unsere innere Vorstellung von *Un cœur simple* gewonnen, indem wir uns von der Empfindung im Innern nach außen vorgearbeitet haben, und liegt die Lektüre hinter uns, ist da nichts zu sehen; es ist alles zu fühlen. Und nur wenn die Empfindung schwach und das Kunstgeschick vortrefflich ist, können wir, was gefühlt wird, vom Ausdruck trennen und zum Beispiel bemerken, welche Überlegenheit der Form *Esther Waters* besitzt im Vergleich zu *Jane Eyre.*[14] Doch betrachten wir die *Princesse de Clèves.*[15] Hier ist innere Schau, und hier ist Ausdruckskraft. Beide bilden eine so vollkommene Einheit, daß wir, wenn Mr Lubbock uns auffordert, die Form mit den Augen zu prüfen, ganz und gar nichts sehen. Mit einzigartiger Befriedigung aber fühlen wir; und da alle unsere Gefühle zusammenstimmen, bilden sie ein Ganzes, das uns als das Buch selbst im Gedächtnis bleibt. Der Punkt ist genauer Betrachtung wert, nicht bloß um ein Wort durch ein anderes zu ersetzen, sondern um bei all dem Gerede über Methoden nachdrücklich zu betonen, daß beim Schreiben wie beim Lesen es die Empfindung ist, die zuerst kommen muß.

Doch wir haben nur einen Anfang gemacht und einen sehr gefährlichen dazu. Eine Empfindung aufzugreifen und in ihr zu schwelgen und ihrer überdrüssig zu werden, ist in der Literatur eine ebensolche Vergeudung wie im Leben. Wenn wir allerdings dieses Vergnügen Flaubert, dem strengsten der Künstler, abringen, dann gibt es keine Grenze für die berauschende Wirkung von Meredith und Dickens und Dostojewski und Scott und Charlotte Brontë. Oder vielmehr gibt es eine Grenze, und wir haben sie wieder und wieder gefunden im Übermaß der Sättigung und Ernüchterung. Sollen wir sie wiederlesen, so müssen wir irgendwelche Unterscheidungen treffen. Empfindung ist unser Material; aber welchen Wert messen wir der Empfindung bei? Wie viele verschiedene Arten von Empfindung gibt es nicht schon in einer einzigen kurzen Geschichte, wie viele Eigenarten und aus wie vielen verschiedenen Teilen zusammengesetzt? Und unmittelbar und für uns selbst unserer Empfindung habhaft zu werden, bedeutet deshalb nur einen ersten Schritt. Wir müssen weitergehen und sie prüfen und in Frage stellen. Bleibt nichts davon übrig, schön und gut; wirf's in den Papierkorb und laß gut sein. Bleibt etwas übrig, nimm es für immer unter die Schätze des Universums auf. Gibt es nicht etwas jenseits der Empfindung, etwas, das zwar von der Empfindung beseelt ist, aber sie dennoch lindert, sie ordnet, sie komponiert – das, was Mr Lubbock Form nennt, und was wir der Einfachheit halber Kunst nennen wollen? Können wir nicht selbst im Wirbel und Strudel der viktorianischen Erzählliteratur erkennen, wie noch der überschwenglichste der Romanciers sich dazu zwang, sein Material einigermaßen zu beschränken, Symmetrie herzustellen? Eine so einfältige Frage einem Dramatiker zu stellen, wäre kaum nötig. Der gleichgültigste Theaterbesucher muß sofort bemerken, wie streng selbst das gröbste Drama von festen Regeln beherrscht wird, und feine geschliffene Beispiele dramatischer Technik fallen ihm ein, die seit vielen hundert Jahren Geltung haben und Anerkennung genießen. Bei *Macbeth* zum Beispiel weist ein Kritiker nach dem anderen darauf hin, welche Wirkung der Wechsel von der Tragödie zur Komödie in der Pförtnerszene hervorbringt; und bei der *Antigone* des Sophokles heißt man uns wahrnehmen, wie der Bote das Geschehen umordnet, so daß die Entdeckung vom Tode der Antigone auf die Bestattung folgt, statt ihr vorauszugehen.

Das Drama ist dem Roman jedoch um Hunderte von Jahren voraus. Wir müssen wissen, daß ein Romancier, ehe er uns überzeugen kann, daß seine Welt wirklich ist und seine Menschen lebendig, ehe er beginnen kann, durch den Anblick ihrer Freuden und Leiden uns zu rühren, gewisse Fragen zu lösen und gewisse Fertigkeiten zu erwerben hat. Aber bisher haben wir unsere Erzählliteratur mit geschlossenen Augen verschlungen. Wir haben die einfachsten Kunstgriffe, die jeder Roman zur Entstehung braucht, nicht benannt und also vermutlich auch nicht wahrgenommen. Wir haben uns nicht die Mühe gemacht, unserem Geschichtenerzähler zuzuschauen, wie er entscheidet, welche Methode er verwenden will; wir haben seine Wahl nicht gelobt, seinen Mangel an Urteilskraft nicht beklagt oder erfreut und interessiert verfolgt, wie er irgendeinen riskanten neuen Kunstgriff verwendet, welcher entweder glänzend gelingt oder womöglich das ganze Buch zu Bruch gehen läßt.

Als Milderungsgrund für unsere Nachlässigkeit muß nicht nur zugestanden werden, daß die Methoden unbenannt sind, sondern auch, daß keinem Schriftsteller so viele zur Verfügung stehen wie dem Romancier. Er kann jede Perspektive einnehmen; er kann in gewissem Umfang mehrere verschiedene Perspektiven verbinden. Er kann in Person erscheinen wie Thackeray; oder wie Flaubert (vielleicht nie vollständig) verschwinden. Er kann wie Defoe [16] die Fakten vortragen oder den Gedanken ohne das Faktum bringen wie Henry James. Er kann die fernsten Horizonte streifen wie Tolstoi oder die eine alte Apfelfrau und ihren Korb darstellen, wiederum wie Tolstoi. Wo alle Freiheit herrscht, ist alles erlaubt; und bei freiem Eintritt für alle und offenen Armen fordert der Roman mehr Opfer als alle anderen Gattungen der Literatur zusammengenommen. Aber schauen wir auf die Sieger. Ja, wir sind versucht, sie sehr viel näher anzuschauen, als der Platz es erlaubt. Denn auch sie nehmen sich anders aus, wenn man ihnen bei der Arbeit zusieht. Hier ist Thackeray, der immerzu Maßnahmen ergreift, um eine Szene zu vermeiden, und hier Dickens, der (außer in *David Copperfield*) beständig danach auf der Suche ist. Hier ist Tolstoi, der sich mitten in seine Geschichte stürzt, ohne innezuhalten, um die Fundamente zu legen, und hier Balzac, der die Fundamente so tief legt, daß es scheint, als wolle die Geschichte selbst nie beginnen. Aber wir müssen uns den Wunsch versagen, herauszufinden, wohin Mr Lubbocks Kritik führen würde, wenn wir bestimmte Bücher lesen. Der generelle Blick ist interessanter, und ein genereller Blick ist zu haben.

Wir wollen nicht jede Geschichte für sich betrachten, sondern die Methode des Geschichtenerzählens im ganzen und ihre Entwicklung von Generation zu Generation. Wir wollen sie in Richardsons [17] Händen betrachten und zusehen, wie sie sich wandelt und entwikkelt, wenn Thackeray sie benutzt und Dickens und Tolstoi und Meredith und Flaubert und die übrigen. Dann wollen wir sehen, wie schließlich Henry James, der nicht mit größerem Genie, aber mit größerem Wissen und Kunstgeschick begabt war, Schwierigkeiten in *The Ambassadors*[18] überwindet, vor denen Richardson in *Clarissa* ratlos blieb. Der Blick ist schwierig; das Licht ist schlecht. In jedem Winkel erhebt sich jemand und wendet ein, Romane seien die Eruption einer plötzlichen Eingebung, und Henry James habe durch seine strenge Kunstfrömmigkeit soviel verloren wie gewonnen. Wir wollen diese Einwände nicht abweisen, denn sie sind Ausdruck einer unmittelbaren Freude an der Lektüre, ohne welche jede zweite Lektüre unmöglich wäre, weil es keine erste gäbe. Allerdings scheint uns der Schluß unabweisbar, Henry James habe erreicht, worum Richardson sich bemühte. »Der einzige wirklich *Gelehrte* in der Kunst«[19] schlägt die Dilettanten. Der Nachkömmling überflügelt die Wegbereiter. Mehr ist hier im Spiel, als wir auch nur im Ansatz darstellen können.

Von diesem erhöhten Blickpunkt aus ist nämlich die Kunst des Erzählens durchaus nicht deutlich, aber in einem neuen Verhältnis zu sehen. Wir könnten von Kindheit, von Jugend und von Reife sprechen. Wir könnten sagen, Scott sei kindlich und Flaubert im Vergleich ein erwachsener Mann. Wir könnten weiterhin sagen, die Vitalität und der Glanz der Jugend wiege die eher bedächtigen Tugenden der Reife beinah auf. Und dann können wir bei dem tieferen Sinn von »beinah« zögern und uns fragen, ob nicht damit zusammenhänge, daß wir viktorianische Romane nur ungern ein zweites Mal lesen. In den dickleibigen, behäbigen Wälzern scheint noch das Gähnen und Klagen ihrer Schöpfer nachzuhallen. Ein Schloß zu bauen, ein Profil zu zeichnen, ein Gedicht hinzuwerfen, ein Armenhaus zu reformieren oder ein Gefängnis niederzureißen, das waren Tätigkeiten, die den Autoren mehr zusagten oder ihrer Mannheit besser zu Gesichte standen, als an den Schreibtisch gefesselt dazusitzen und Romane für ein einfältiges Publikum zu kritzeln. Aus einer von Grund auf schlechten Sache scheint der Genius der viktorianischen Erzählkunst das Beste aufs großartigste zu machen. Aber bei Henry James ist es nirgendwo möglich zu sagen, er mache das Beste aus einer schlechten Sache. Auf der ganzen langen Strecke von *The Wings of the Dove*[20] und *The Ambassadors* ist nicht der Hauch eines Gähnens, nicht ein Zeichen der Herablassung. Der Roman ist seine Sache. Er ist die geeignete Form für das, was er zu sagen hat. Aus dieser Tatsache bezieht er seine Schönheit – eine subtile und noble Schönheit, wie er sie niemals vorher besaß. Und jetzt endlich hat er sich frei gemacht und klar von seinen Weggenossen geschieden. Er wird sich nicht anderer Leute Überreste aufladen. Er wird zu sagen belieben, was immer er auf beste Weise sagen kann. Flaubert wird eine alte Jungfer und einen ausgestopften Papageien zu seinem Thema machen. Henry James wird alles, was er braucht, um den Teetisch herum in einem Wohnzimmer finden. Verbannt sind die Nachtigallen und Rosen – oder die Nachtigall zumindest klingt merkwürdig vor dem Verkehrslärm, und die Rosen sind im Lichte der Bogenlampen nicht ganz so rot. Es gibt neue Verbindungen alter Materialien, und der Roman, wird er um seiner Vorzüge und nicht um seiner Mängel willen verwendet, bringt neue Aspekte der immerwährenden Geschichte zur Geltung.

Klugerweise führt Mr Lubbock seinen Überblick nicht über die Romane von Henry James hinaus. Doch schon türmen sich seitdem die Jahre. Wir können erwarten, daß der Roman, während die regsten Geister einer sehr komplexen Zeit ihn erkunden, sich wandelt und entwickelt. Was haben wir nicht in der Tat allein schon von Proust zu erwarten? Hört aber der gewöhnliche Leser auf Mr Lubbock, so wird er nicht länger in passiver Erwartung mit offenem Munde dasitzen. Das wäre für den Scharlatan eine Ermutigung, uns zu schockieren, und für den Taschenspieler, uns etwas vorzugaukeln.

Aus all dem scheinen sich einige Schlußfolgerungen zu ergeben. Zum ersten, wenn wir von Form sprechen, so meinen wir, daß bestimmte Empfindungen in die rechte Beziehung zueinander gesetzt sind; sodann, daß der Romancier imstande ist, diese Empfindungen in eine Ordnung und zur Wirkung zu bringen durch Methoden, die er ererbt hat, seinen Zwecken unterwirft, neu gestaltet oder sogar für sich erfindet. Ferner, daß der Leser diese Kunstgriffe entdecken kann und, indem er das tut, sein Verständnis für das Buch vertieft wird; wobei im übrigen zu erwarten ist, daß Romane, wenn der Romancier seine Technik erkundet und vervollkommnet, ihre Konfusion verlieren und sich immer durchgeformter gestalten werden. Zu guter Letzt vielleicht ist dem Leser in seiner Trägheit und Leichtgläubigkeit eine Verpflichtung auferlegt. Er bleibe dem Romancier dicht auf den Fersen, sei flink im Folgen, flink im Verstehen, und übe seinen Einfluß auf ihn aus – sogar wenn er in seinem Studierzimmer sitzt, mit Stößen von Papier zur Hand und Verlegern, die die aufgeblähten Produkte seiner Einsamkeit willig entgegennehmen –, den nüchternen und heilsamen Druck, mit welchem ein Dramatiker von seiten der Schauspieler, der Zuschauer und der Zuhörer, die seit Generationen in der Kunst geschult sind, ins Theater zu gehen, zu rechnen hat.

Anmerkungen

Der Essay wurde am 20. Juli 1922 im *Times Literary Supplement* veröffentlicht als Besprechung von *The Novels of Jane Austen; The Novels of Charlotte, Emily and Anne Brontë; The Works of George Meredith* und *The Craft of Fiction* von Percy Lubbock (1921). Er erschien revidiert in dem Band *The Moment* (*Der Augenblick*, Frankfurt: S. Fischer, 1996).

1 Als *Georgians* bezeichnet man die Autoren, die während der Regierungszeit von George V. (1910–36) schrieben.

2 Mit *Edwardians* (nach Edward VII., 1901–10) werden die Jahre von 1900 bis 1914 bezeichnet, eine Zeit des Umbruchs nach der allzulangen viktorianischen Ära.

3 *The Adventures of Harry Richmond* (1871), der längste (zum Teil autobiographische) Roman von George Meredith (1828–1909). Vgl. Virginia Woolfs Essay ›Die Romane George Merediths‹ in *Der gewöhnliche Leser*, Band 2, Frankfurt: S. Fischer, 1990, 268–80.

4 John Keats (1795–1821), Dichter der jüngeren Romantikergeneration. Thomas Babington Macaulay (1800–1859), Autor vielbändiger Geschichtswerke.

5 Zu Hardy (1840–1928) vgl. Virginia Woolfs Essay ›Die Romane Thomas Hardys‹ in *Der gewöhnliche Leser*, Band 2, 291–305.

6 Zu Joseph Conrad (1857–1924) vgl. Virginia Woolfs Essay ›Joseph Conrad‹ im vorliegenden Band. – Henry James (1843–1916), in England arbeitender amerikanischer Romancier, dessen Techniken manches von dem vorwegnehmen, was Joyce und Virginia Woolf dann entwickelten.

[7] Roman von William Makepeace Thackeray (1811–1863), 1847–48 erschienen.
[8] Percy Lubbocks (1879–1965) ›Romantheorie‹ erschien 1921 und hatte in der Tat beträchtlichen Einfluß.
[9] Roman von George Meredith, erschienen 1879.
[10] Eine der *Trois Contes* (1877), die jeweils in einem anderen Erzählmodus geschrieben sind.
[11] »Und Falter schwirrten aus dem Schranke hervor.« Dies und die folgenden Zitate nach der Übersetzung von Ernst Hardt (Leipzig 1904).
[12] »Félicité war ihr dafür erkenntlich wie für eine Wohltat und liebte sie fortan mit einer tierischen Ergebenheit und religiösen Verehrung.«
[13] »Und Félicité betete, indem sie das Bild anschaute, wendete sich aber von Zeit zu Zeit etwas nach dem Vogel hin.«
[14] *Esther Waters*, Roman von George Moore (1852–1933), erschienen 1894; *Jane Eyre*, Roman von Charlotte Brontë (1816–1855), erschienen 1847.
[15] *La Princesse de Clèves* (1678) von Mme de la Fayette (1634–1693), die mit diesem Buch den ›Charakter-Roman‹ begründete.
[16] Daniel Defoe (1660–1731), Begründer des englischen Romans mit *Robinson Crusoe* (1719), *Moll Flanders* (1722) etc.
[17] Samuel Richardson (1689–1761) gilt mit seinen Briefromanen *Pamela* (1740–41) und *Clarissa* (1748) als Begründer des psychologischen Romans.
[18] Gilt als Hauptwerk von Henry James, 1903 erschienen.
[19] Percy Lubbock, *The Craft of Fiction*, London 1921, 187.
[20] Erschienen 1902.

Nach Spanien

Sie, die Sie den Ärmelkanal jährlich überqueren, haben wahrscheinlich gar kein Auge mehr für das Haus in Dieppe, fühlen gar nicht mehr, wenn der Zug langsam die Straße entlangfährt, wie eine Kultur versinkt, eine andere ersteht – wie aus dem Verfall und Chaos des britischen Stucks sich dieser unglaubliche rosa-blaue Phönix erhebt, vier Stockwerke hoch, mit seinen Blumentöpfen, seinen Balkons, seinem Dienstmädchen, das, auf das Fenstersims gelehnt, träge herausschaut. Ganz ungerührt sitzen Sie da und lesen – vielleicht Thomas Hardy [1] –, überbrücken Abgründe, bewahren Kontinuität, ein wenig verächtlich gegenüber der Erregung, die diejenigen ergriffen hat, die sich von der einen Zivilisation befreit, in eine andere hineingeworfen fühlen, zu solch seltsamem Gebahren, solch befremdlichen Rückhaltlosigkeiten. Aber bedenken Sie doch, wieviel jene schon durchgemacht haben. Versuchen Sie einmal, sich den Anblick der Londoner Straßen ins Gedächtnis zu rufen, die Sie sehr früh, vielleicht in sehr jungen Jahren, vom Fenster einer Droschke aus während der Fahrt nach Victoria Station gesehen haben. Überall ist da dieselbe Intensität, wie wenn der Augenblick, statt vorüberzugehen, plötzlich stillstünde, weil er plötzlich feierlich geworden wäre und die Vorübergehenden in ihren flüchtigsten Momenten des Wahrgenommenwerdens bannend festhielte, für immer und ewig. Sie wissen nicht, wie wichtig sie geworden sind. Wenn sie es wüßten, würden sie vielleicht keine Zeitungen mehr kaufen und keine Türstufen mehr schrubben. Wir jedoch, die wir im Begriff sind, sie zu verlassen, fühlen uns um so mehr zu dem Wunsche bewogen, sie möchten weitermachen mit diesen häuslichen Verrichtungen am Rande dieses Abgrundes – unserer Abreise. Deshalb ist es ganz natürlich, daß diejenigen, die die Überfahrt überstanden haben, mit ihrer letzten Prüfung vorübergleitender Gesichter, die einer kleinen Todesparade so ähnlich ist, erschüttert sind; Handtaschen bewegen; Unterhaltungen beginnen; und einen berauschenden Augenblick lang zitternd am Rande jener idealen Gesellschaft stehen, wo jeder ohne Furcht oder Zögern die Tiefen seiner Seele enthüllt.

Aber nur für einen Augenblick. Als nächstes verlangt es den gegen das Fenster flatternden entkörperten Geist vor allen Dingen, Zugang zu der neuen Gesellschaft zu bekommen, wo die Häuser mit Rhomben von blassem Rosa und Blau bemalt sind; wo Frauen Umschlagtücher tragen; wo Hosen ausgebeult sind; da sind Kruzifixe auf Hügelkuppen; gelbe Hundemischlinge; Stühle auf den Straßen; Kopfsteine – Heiterkeit, Frivolität, Drama, um es kurz zu machen. »Es tut mir schrecklich leid für die Agnes, denn jetzt können sie nicht heiraten, wenn er keinen Job in London kriegt. Es ist zu weit weg, als daß er von der Arbeit zum Mittagessen nach Hause kommen könnte. Ich hätte gedacht, der Vater hätte etwas für sie getan.« Diese losgelösten Sätze, die von zwei englischen Mädchen ein wenig abgerissen gesprochen werden (denn sie blicken dabei stirnrunzelnd in winzig kleine Spiegel und ziehen angestrengt Kämme durch blondes Bubikopfhaar), fallen wie die Gitterstäbe eines Gefängnisses schwer über das Gemüt. Sie sind es, vor denen wir fliehen müssen; die Stunden, die Arbeiten, die starren und geradlinigen Einteilungen der alten britischen Woche. Schon während der Zug Dieppe verläßt, scheinen diese Hindernisse im Kessel einer angemesseneren Kultur zu brodeln und zu kochen. Die Tage der Woche haben abgenommen; die Stunden sind verschwunden. Es war fünf Uhr, aber keine Banken hatten gleichzeitig ihre Tore geschlossen, auch waren aus unzähligen Lifts keine Millionen von Bürgern rechtzeitig zum Dinner herausgequollen, oder zum Abendbrot in den ärmeren Vororten mit Scheiben von kaltem Fleisch und ›Swiss rolls‹, die ordentlich auf flachen Glastellern zurechtgelegt waren. Selbst für die Franzosen muß es doch Tageseinteilungen geben, aber wo sie liegen, können wir nicht sagen, und die Dame in der Ecke, die so blaß, so rundlich, so gedrungen war, schien, wie sie lächelnd dasaß, mit dem Leben über Gräben und Grenzen hinwegzusetzen, die durch den Genius der lateinischen Rasse schon geglättet waren.

Sie stand auf, um in den Speisewagen zu gehen. Wie sie sich hinsetzte, zog sie einen kleinen Tiegel aus ihrer Handtasche und verbarg ihn diskret unter einem Papierzelt, das sie aus einer Nummer des *Temps* gemacht hatte. Bei jedem Gang, der serviert wurde, tat sie geschickt in Abwesenheit des Kellners eine Portion auf die Seite. Ihr Gatte lächelte. Ihr Gatte billigte es. Wir wußten nur, daß sie tapfer war. Sie mochten arm sein. Die Portionen waren groß. Die Franzosen haben Mütter. Es war zweifellos ein Teil der französischen Lebenskunst, die Extravaganzen des Lebens fortlaufend auszugleichen und die Hülle dem Inhalt anzupassen, anstatt sie in großsprecherischer Leere aufzublähen. Wenn es jedoch zu der dicken gelben Rinde eines nicht mehr frischen Käses kommt –. Ironisch lächelnd ließ sie sich in jener exquisiten Sprache, die mit all ihren Akzenten wie geschliffene Diamanten glitzert, dazu herab, zu erklären, daß sie einen Hund halte. Doch hätte sie – alles mögliche halten können. »Das Leben ist so einfach«, schien sie zu sagen.

»Das Leben ist so einfach – das Leben ist so einfach«, sagten die Räder des Süd-Express die ganze Nacht hindurch, in der ihnen eigenen idiotischen oder ironischen Art, denn es ließe sich kaum eine Botschaft vorstellen, die der beklemmenden Dunkelheit, dem Gerassel der Ketten, den gequälten Rufen der Eisenbahner und in der Morgendämmerung dem Elend des unausgeruhten Körpers weniger angemessen gewesen wäre. Aber Reisende sind leicht Redensarten ausgeliefert. Losgerissen von zu Hause, das sie wie eine Schale hart, abgetrennt, individuell gemacht hat, bilden sich in ihren bloßgelegten Hirnen weitläufige Verallgemeinerungen; das Gerattere der Räder und Geknattere der Fenstervorhänge hämmert idiotische Aussprüche von falscher Tiefe über das Leben zu Rhythmen, wiederholt bis zum Irrsinn Prosastücke und läßt sie mit wilder Melancholie in die Landschaft hinausstarren, die in der Mitte Frankreichs langweilig genug ist. Die Franzosen sind methodisch; aber das Leben ist einfach; die Franzosen sind prosaisch; die Franzosen haben Straßen. Ja, sie haben Straßen, die von jener dürren Pappel dort nach Wien, nach Moskau ziehen; Tolstois Haus passieren, Berge erklimmen, dann, ganz ladengeschmückt, durch die Mitte berühmter Städte ihre Marschroute verfolgen. Aber in England läuft die Straße hinaus bis auf eine Klippe; versandet unschlüssig am Rande des Meeres. Es wird anscheinend gefährlich, in England zu leben. Hier dagegen könnte man wahrhaftig noch ein Haus bauen und keine Nachbarn haben; könnte diese endlose weiße Straße zwei, drei, vier Meilen entlangwandern und dabei nur auf einen schwarzen Hund und eine alte Frau stoßen, die, vielleicht von der unendlichen Weite der Landschaft und der Nutzlosigkeit der Fortbewegung bedrückt, sich auf eine Bank niedergelassen und ihre Kuh an einem Seil neben sich festgebunden hat und nun dasitzt, unbewegt, gleichgültig, monumental. Könnten unsere englischen Dichter doch für einen Augenblick ihren Platz teilen und ihre Gedanken denken, die Pfarrgemeinde, das Gänseblümchen und das Sperlingsei vergessen und sich (wie sie es zu tun scheint) auf das Geschick der Menschen konzentrieren!

Aber wie sich das Land hinter Bordeaux mehr und mehr weitet, zerreißt die Konzentration, die nötig ist, um selbst den einfachsten kleinen Gedanken hervorzubringen, so wie ein Handschuh zerreißt, wenn eine große Hand hineinfährt. Gesegnet sind die Maler mit ihren Pinseln, Farben und Leinwänden. Dagegen sind Worte fadenscheiniges Zeug. Sie machen beim ersten Annähern sichtbarer Schönheit kehrt. Sie lassen einen fallen, im buchstäblichsten Sinn des Wortes, in einen chaotischen, einen beängstigenden Abgrund, der angefüllt ist – denn das Auge schüttet es alles hinein – mit weißen Städten, mit Maultieren in Reih und Glied, mit einsamen Gehöften, mit riesigen Kirchen, mit weiten Feldern, die zur Abendzeit in Blässe zerbröckeln, mit Obstbäumen, die wie angeblasene Streichhölzer schräg emporlodern, und Bäumen, in denen Orangen brennen, und mit Wolken und Stürmen. Die Schönheit schien sich droben über den Köpfen geschlossen zu haben, und man wird von ihren Wassern hierhin und dorthin gespült. Man klettert immer auf den Schultern eines Menschen aus dem Zug; ein Profil im Gang; eine Dame in tiefer Trauer, die in ein Automobil steigt und über eine dürre Ebene dahinfährt – wohin und warum? ein Kind in Madrid, das überschwenglich Konfetti auf die Figur von Christus wirft; ein Engländer, der, während sein Hut die halbe Sierra Nevada verdunkelt, Mr Churchills letzten Artikel in der *Times* kommentiert. »Nein«, sagt man zur Schönheit – wie man einen lästigen Hund zurechtweist, »runter mit dir, runter; ich will dich durch die Augen von Menschen ansehen.«

Aber der Hut des Engländers ist kein Maßstab für die Sierra Nevada. Wenn man am nächsten Tag zu Fuß und auf Maultiersrücken aufbricht, so entdeckt man, daß dieser faltenreiche rote und weiße Wandschirm, dieser Hintergrund für Hüte, dieser komische Kommentar (besonders bei Sonnenuntergang) zu Mr Churchills Artikel in der *Times* aus Steinen, Olivenbäumen, Ziegen, Asphodelen, Iris, Sträuchern, Hügelrücken, Felsplatten, Erdklumpen, Gebüschgruppen und Mulden besteht, zahllosen, unbeschreibbaren, unausdenkbaren. Die Inhalte des Bewußtseins zerbrechen zu kurzen Sätzen. Es ist heiß; der alte Mann; der Tiegel; es ist heiß; das Bild der Jungfrau; die Flasche Wein; es ist Zeit zum Lunch; es ist erst halb eins; es ist heiß. Und dann kommen immer und immer wieder alle diese Dinge – Steine, Oliven, Ziegen, Asphodelen, Libellen, Iris, bis sie durch irgendeinen Trick der Einbildungskraft in Wendungen des Befehlens, des Ermahnens und des Ermutigens übergehen, wie sie marschierenden Soldaten zukommen, Wachtposten in einsamen Nächten und Anführern großer Bataillone. Aber muß man den Kampf aufgeben? Muß man vom Spiel ablassen? Ja, denn die Wolken treiben über den Paß dahin; Maultiere scheren sich nicht um das, was sie tragen; Maultiere straucheln nie; sie kennen den Weg. Warum nicht ihnen alles überlassen?

Wie die Nacht hereinbricht (und der Paß war sehr neblig), scheinen die Reiter aus dem Leben hinaus auf irgendeinen sehr verlockenden Ausblick zuzureiten, während die vier Beine ihrer Tiere alle notwendigen Verhandlungen mit der Erde weiterführen. Die Reiter ruhen aus; weiter reiten sie, weiter und weiter. Und, so sinnen sie, was hat das alles schon zu besagen; und was für Schaden kann schon ein guter Mensch nehmen (schau die zwei Priester, die aus dem Nieselregen treten, sich verbeugen und entschwinden) im Leben oder nach dem Tode? Und dann, da ein Fuchs den Pfad gekreuzt hat, der auf grasigem Boden dahinführt und nahe am Gipfel des Berges sein muß, wie seltsam scheint es, so, als wenn sie in England ritten, eine lange Tagesreise, vor Hunderten von Jahren, und die Gefahr ist vorüber, und sie sehen die Lichter des Gasthofs, und die Wirtin kommt in den Hof und lädt sie ein, sich ans Feuer zu setzen, während sie das Abendessen kocht, was sie dann tun, halb im Traum, während ungeschickte Knaben und Mädchen mit roten Blumen im Hintergrund hin- und hergehen, und die Mutter stillt ihr Kind, und der alte Mann, der kein Wort spricht, bricht Büschel vom Reisig und wirft sie aufs Feuer, das auflodert, und die ganze Gesellschaft starrt hinein.

Aber du lieber Himmel! Man weiß nie, was für Tage auf was für Nächte folgen. Ach du lieber Himmel! »Don Fernando hatte eine Leidenschaft für Taubenpastete, und deshalb hielt er Tauben hier oben« – auf diesem Dach, heißt das, von dem man diesen erstaunlichen, diesen seltsamen, diesen bestürzenden Blick auf die Alpujarras hat. »Er starb letzten Sommer in Granada.« Ach, wirklich? Es ist natürlich das Licht, eine Million Rasierklingen haben die Borke und den Staub abgeschabt, und heraus quillt reine Farbe; das Weiß aus Feigenbäumen; Rot und Grün und wieder Weiß aus der ungeheuren, der höckerigen, der ewigen Landschaft. Aber hör einmal die Laute auf dem Dach – erst die flatternden Tauben; dann rauschendes Wasser; dann ein alter Mann, der Hühner zum Verkauf ausruft; dann ein Esel, der im Tale weit drunten schreit. Hör mal; und wie man hinhört, fängt dies zufällige Leben an, aus dem Herzen eines Dorfes zu kommen, das mit zeitloser und aristokratischer Ausdauer tausend Jahre lang die afrikanische Küste angeblickt hat. Aber wie soll man dies (wenn man von der blendenden Höhe heruntersteigt) der spanischen Bauersfrau sagen, die einen auffordert, ihre Kammer zu betreten, mit ihren Lilien und ihrer Wäsche, mit ihrem Lächeln und den Blicken aus dem Fenster, als wenn auch sie tausend Jahre dort hinausgeblickt hätte?

Anmerkungen

Der Essay erschien am 5. Mai 1923 in *Nation & Athenaeum*. Die Woolfs reisten von Ende März bis Ende April 1923 über Paris nach Madrid, Granada und Yegen in der Sierra Nevada (zu dem Schriftsteller Gerald Brenan) und von dort wieder zurück über Alicante, Valencia, Perpignan und Montauban nach Paris.

[1] Thomas Hardy (1840–1928), bedeutender englischer Romanschriftsteller und Lyriker. Der landschaftlich-geschichtliche Hintergrund seiner Romane ist die bei ihm »Wessex« genannte Heimat Dorsetshire. Grundzug der Lebensphilosophie Hardys ist die Ohnmacht des Menschen gegenüber einer gleichgültigen Schicksalsmacht. Vgl. Virginia Woolfs Essay ›Die Romane Thomas Hardys‹, in: *Der gewöhnliche Leser,* Band 2, Frankfurt: S. Fischer, 1990, 291–305.

Joseph Conrad

Plötzlich, ohne uns Zeit zu geben, unsere Gedanken zu ordnen oder unsere Sätze vorzubereiten, hat unser Gast uns verlassen; und sein Fortgehen ohne Abschied oder Feierlichkeit entspricht seiner geheimnisvollen Ankunft vor vielen Jahren, als er in diesem Lande seinen Wohnsitz nahm. Denn immer war er geheimnisumwoben. Das hatte zum Teil mit seiner polnischen Herkunft, zum Teil mit seiner ungewöhnlichen Erscheinung, zum Teil mit seiner Vorliebe zu tun, tief im Innern des Landes zu leben, außer Hörweite jeglichen Klatsches und unerreichbar für Gastgeberinnen, so daß man sich, um etwas über ihn zu erfahren, auf das Zeugnis schlichter Besucher verlassen mußte, die an Haustüren zu klingeln pflegen, und die von dem ihnen unbekannten Hausherrn berichteten, er habe die vollendetsten Manieren, die strahlendsten Augen und spreche Englisch mit starkem ausländischem Akzent.

Dennoch, obgleich der Tod im allgemeinen unsere Erinnerungen zu beflügeln und zu schärfen vermag, haftet dem Genius Conrads etwas im Wesentlichen, und nicht im Äußerlichen, Unzugängliches an. In seinen späteren Jahren war sein Ruf, mit einer offenkundigen Ausnahme, zweifellos der höchste in England; doch populär war Conrad nicht. Manche lasen ihn mit leidenschaftlichem Entzücken; andere ließ er kalt und stumpf. Zu seinen Lesern gehörten Leute der gegensätzlichsten Altersstufen und Interessen. Vierzehnjährige Schuljungen, die Marryat,[1] Scott, Henty[2] und Dickens verschlangen, schluckten ihn mit den übrigen; während die Reifen und Anspruchsvollen, die im Laufe der Zeit zum Kern der Literatur vorgedrungen sind und einige kostbare Bissen immer wieder um- und umkehren, Conrad mit Bedacht auf ihre Bankettafel stellten. *Eine* Quelle der Schwierigkeiten und Meinungsverschiedenheiten ist natürlich da zu finden, wo Menschen sie zu allen Zeiten gefunden haben, in der Schönheit. Man schlägt eine Seite von ihm auf und empfindet, was Helena empfunden haben muß, wenn sie in den Spiegel schaute und feststellte, tue sie, was sie wolle, für eine reizlose Frau würde man sie nie und nimmer halten. Solcherart war auch Conrad begabt, solcherart hatte er sich selbst geschult und einer fremden Sprache verpflichtet, die ihn bezeichnenderweise mehr wegen ihrer lateinischen als ihrer angelsächsischen Qualitäten so in ihren Bann schlug, daß es ihm unmöglich schien, einen häßlichen oder unbedeutenden Federstrich zu tun. Seine Herrin, der Stil, ist, wenn sie ruht, bisweilen etwas verschlafen. Aber geht man nur auf sie ein, wie großartig, mit welcher Farbkraft, welchem Triumph, welcher Majestät überwältigt sie uns dann! Dennoch läßt sich darüber streiten, ob Conrad sowohl an Anerkennung als auch an Popularität gewonnen hätte, wenn er das, was er schreiben mußte, ohne dieses unaufhörliche Streben nach vollendeter Erscheinungsform geschrieben hätte. Sie halten nur auf, wirken nur hindernd und lenken ab, sagen seine Kritiker im Hinblick auf jene berühmten Stellen, die aus ihrem Kontext zu reißen und mit anderen Schnittblumen englischer Prosa zusammenzustellen mittlerweile Brauch geworden ist. Er befasse sich immer nur mit sich selbst, sei steif und aufgeblasen, klagen sie, und der Klang seiner eigenen Stimme sei ihm lieber als die Stimme der Menschheit in ihrer Pein. Die Kritik ist bekannt und genauso schwer zu widerlegen wie die Bemerkungen schwerhöriger Menschen, wenn *Figaro* gespielt wird. Sie sehen das Orchester; hören von ferne ein gräßlich kratzendes Geräusch; ihre eigenen Bemerkungen werden unterbrochen, und ganz natürlich kommen sie zu dem Schluß, daß dem Sinn des Lebens zweckmäßiger gedient wäre, wenn diese fünfzig Geiger, statt Mozart zu kratzen, die Straße pflastern würden. Daß Schönheit lehrt, daß Schönheit eine Zuchtmeisterin ist, wie soll man sie davon überzeugen, wenn die Lehre der Schönheit untrennbar mit dem Klang ihrer Stimme verbunden ist, und sie die nicht hören? Aber man lese Conrad, nicht nur gelegentlich in Geburtstagsbüchern, sondern bändeweise, und es muß einem jeder Sinn für die Bedeutung von Worten abgehen, wenn man in dieser fast strengen und schwermütigen Musik mit ihrer Zurückhaltung, ihrem Stolz, ihrer unermeßlichen und unerbittlichen Lauterkeit nicht hört, daß es besser ist, gut zu sein als schlecht, daß Loyalität gut ist und Ehrenhaftigkeit und Mut, obgleich es Conrad scheinbar nur daran liegt, uns die Schönheit einer Nacht auf See vor Augen zu führen. Aber man tut schlecht daran, solche Andeutungen herauszureißen aus ihrem Element. Getrocknet in unseren flachen Schälchen, ohne die Magie und das Mysterium der Sprache, verlieren sie ihre Macht zu begeistern und anzustacheln; verlieren sie die drastische Kraft, die Conrads Prosa immer bestimmt.

Denn gerade diese drastische Art, die Eigenschaften eines Führers und Kapitäns, waren es, durch welche Conrad einen solchen Einfluß auf Knaben und junge Leute hatte. Bis zu *Nostromo*[3] waren seine Charaktere, was die Jungen sehr schnell begriffen hatten, von Grund auf einfach und heroisch, mochte die Absicht ihres Schöpfers auch noch so subtil und seine Methode noch so indirekt sein. Sie waren Seefahrer, an Einsamkeit und Stille gewöhnt. Sie lebten im Kampf mit der Natur, aber in Frieden mit den Menschen. Die Natur war ihr Widerpart; sie war es, die in ihnen die dem Menschen eigenen Qualitäten, Ehrgefühl, Großmut, Loyalität entwickelte; sie war es, die in geschützten Buchten schöne, unergründliche und ernsthafte Mädchen zu Frauen erzog. Vor allem war die Natur es, die so knorrige und bewährte Charaktere wie Kapitän Whalley und den alten Singleton hervorbrachte, anonym, aber glorios in ihrer Anonymität und für Conrad die Besten des Menschengeschlechts, Männer, deren Lob zu singen er nie müde wurde:

Sie waren stark, stark wie jene sind, die weder Zweifel noch Hoffnung kennen. Sie waren ungeduldig und ausdauernd, ungestüm und ergeben, unbändig und treu. Manche, die es gut mit ihnen meinten, hatten versucht, sie als Männer hinzustellen, die ihr karges Brot nur mit Tränen aßen und ihre Arbeit in steter Angst um ihr Leben verrichteten. In Wahrheit sind es Männer gewesen, die Plackerei und Entbehrung, Gewalttätigkeit und Ausschweifung gekannt – aber nichts von Furcht wußten, und in deren Herzen die Bosheit keinen Platz hatte. Männer, die schwer zu lenken, doch leicht zu begeistern waren; vielen Worten feind, doch Manns genug, in ihrer Brust jede sentimentale Regung über ihr hartes Geschick zu unterdrücken. Es war ein außergewöhnliches Geschick, und es war das ihre – es zu tragen, schien ihnen das Vorrecht der Auserwählten. Sie machten nicht viel von sich reden und waren doch unentbehrlich. Sie wußten nichts von den Annehmlichkeiten der Liebe und der Geborgenheit eines Heimes, und sie starben frei von der dunklen Furcht vor einem engen Grabe. Sie waren die ewigen Kinder der geheimnisvollen See.[4]

Solcherart waren die Charaktere seiner frühen Bücher – *Lord Jim, Taifun, Der Nigger von der »Narzissus«* und *Jugend*;[5] und diese Bücher werden, trotz allen Wandlungen und Moden, ganz gewiß ihren Platz unter unseren Klassikern behaupten. Aber sie erreichen diesen Rang dank Qualitäten, auf welche die simple Abenteuergeschichte, wie Marryat sie erzählte oder Fenimore Cooper, keinen Anspruch erheben kann. Denn das ist klar: Um solche Männer und ihre Taten schwärmerisch, von ganzem Herzen und mit der Leidenschaftlichkeit eines Liebhabers zu bewundern und zu rühmen, muß man die Fähigkeit besitzen, Dinge gleichzeitig von zwei Seiten zu sehen; muß man innen und außen zugleich sein. Um ihr Schweigen zu rühmen, muß man eine Stimme besitzen. Um ihre Ausdauer zu würdigen, muß man wissen, was Erschöpfung ist. Man muß imstande sein, mit den Whalleys und den Singletons wie mit seinesgleichen zu leben, und doch vor ihren mißtrauischen Augen gerade die Eigenschaften zu verbergen, die einen befähigen, sie zu verstehen. Nur Conrad vermochte ein solches Doppelleben zu führen, denn Conrad war eine Mischung aus zwei Menschen; gemeinsam mit dem Schiffskapitän lebte jener subtile, verfeinerte und sorgfältig analysierende Beobachter, den er Marlow nannte. »Ein höchst diskreter, verständnisvoller Mann«, sagte er von Marlow.[6]

Marlow gehörte zu jenen geborenen Beobachtern, die in Zurückgezogenheit am glücklichsten sind. Nichts liebte Marlow mehr, als rauchend und seinen Erinnerungen nachhängend in irgendeiner versteckten Themsebucht auf Deck zu sitzen; rauchend und sinnierend; seinem Rauch wunderschöne Wortringe nachsendend, bis die ganze Sommernacht vom Tabakrauch leicht eingewölkt war. Auch Marlow empfand die größte Hochachtung für die Männer, mit denen er zur See gefahren war; aber er sah auch ihre komischen Seiten. Er behielt sie im Auge und beschrieb meisterhaft jene heruntergekommenen

Individuen, die erfolgreich die unbeholfenen Veteranen schröpfen. Er hatte ein Flair für menschliche Deformationen; und sein Humor war sardonisch. Doch lebte er nicht ständig umnebelt vom Rauch seiner Zigarren. Er hatte die Gepflogenheit, plötzlich die Augen aufzuschlagen und um sich zu blicken – auf einen Kehrichthaufen, auf einen Hafen, auf einen Ladentisch –, und das jeweilige Objekt wird dann, ganz eingerahmt von seinem flammenden Lichtkranz, auf den mysteriösen Hintergrund geblitzt. Introspektiv und analytisch, war Marlow sich dieser Eigenheit bewußt. Diese geheimnisvolle Macht überkomme ihn ganz plötzlich, sagte er. Er brauche, zum Beispiel, nur zufällig einen französischen Offizier murmeln hören: »Mon Dieu! wie die Zeit vergeht!«

Nichts [kommentiert er] hätte geistloser sein können als diese Bemerkung; aber seine Äußerung fiel für mich mit einem Augenblick der Hellsichtigkeit zusammen. Es ist außerordentlich, wie wir mit halbgeschlossenen Augen durchs Leben gehen, mit tauben Ohren, mit verschlafenen Gedanken. (...) Gleichwohl wird es nur wenige unter uns geben, die nie einen dieser seltenen Augenblicke der Wachheit erlebt haben, in denen wir so viel sehen, hören und verstehen – alles – wie in einem Blitz – ehe wir in unsere behagliche Schläfrigkeit zurücksinken. Ich hob die Augen, während er weitersprach, und ich sah ihn, als ob ich ihn nie zuvor gesehen hätte.[7]

Bild um Bild malte er so auf jenen dunklen Hintergrund; vorwiegend Schiffe, Schiffe vor Anker, Schiffe im Sturm, Schiffe im Hafen; er malte Sonnenuntergänge und Morgendämmerungen; er malte die Nacht; er malte das Meer in allen Phasen; er malte die grelle Buntheit fernöstlicher Häfen und Männer und Frauen, ihre Häuser und ihr Gebaren. Er war ein genauer und unentwegter Beobachter, gewöhnt an jene »unbedingte Ehrlichkeit in seinen Gefühlen und Empfindungen«, an der, wie Conrad schrieb, »ein Autor, besonders in seinen erregendsten Schaffensmomenten, festhalten sollte«.[8] Und sehr ruhig und ergriffen flicht Marlow manchmal ein paar Worte eines Epitaphs ein, die uns, vor unseren Augen all die Schönheit und Farbenpracht, das Dunkel des Hintergrundes wieder ins Gedächtnis rufen.

Das würde uns bei einer flüchtigen Unterscheidung zu der Vermutung verleiten, daß Marlow der Erklärer, Conrad der Schöpfer ist. Durchaus im Bewußtsein, uns auf unsicherem Boden zu bewegen, kämen wir dazu, jene Veränderung zu begründen, die, wie Conrad uns erzählt, geschah, als er die letzte Erzählung des *Taifun*-Bandes beendet hatte – »ein kaum merklicher Wechsel in der Art der Inspiration« –, auf Grund einer gewissen Wandlung in der Beziehung der beiden alten Freunde. »... es schien gerade so, als gäbe es auf der Welt nichts mehr, worüber man schreiben könnte.«[9] Nehmen wir an, es sei Conrad gewesen, Conrad, der Schöpfer, der das sagte, da er mit wehmütiger Genugtuung auf die Geschichten zurückblickte, die er erzählt hatte, und sicher zu Recht empfand, daß er den Sturm in *Nigger von der »Narzissus«* nie besser würde schildern oder die Eigenschaften britischer Seeleute nicht überzeugender würde rühmen können, als er es schon in *Jugend* und *Lord Jim* getan hatte. Das war der Moment, wo Marlow, der Beobachter, ihm ins Gedächtnis rief, daß es ganz natürlich sei, älter zu werden, rauchend auf Deck zu sitzen und das Seemannsleben aufzugeben. Er rief ihm aber auch ins Gedächtnis, daß diese harten Jahre ihre Erinnerungsspuren hinterlassen hatten; und er ging vielleicht sogar so weit, anzudeuten, daß, mochte auch das letzte Wort über Kapitän Whalley und seine Einstellung zum Universum gefallen sein, immerhin eine Gruppe von Männern und Frauen an Land zurückblieb, deren Beziehungen, wenn auch mehr persönlicher Art, durchaus einen Einblick verdienten. Wenn wir fernerhin annehmen, daß sich ein Band Henry James an Bord befand, und daß Marlow seinem Freund das Buch als Bettlektüre mitgab, könnten wir einen Anhaltspunkt dafür in der Tatsache suchen, daß Conrad im Jahre 1905 einen sehr schönen Essay über den Meister geschrieben hat.[10]

Einige Jahre lang war also Marlow der dominierende Partner. *Nostromo, Spiel des Zufalls, Der goldene Pfeil*[11] sind das Ergebnis dieser Periode der Allianz, die manche Leser noch immer für die fruchtbarste halten. Das menschliche Herz ist verwunschener als der Wald, werden sie sagen; es hat seine Stürme; es hat seine Nachtgespenster; und wenn man als Romancier den Menschen in allen seinen Beziehungen untersuchen möchte, ist der Mensch sein wirklicher Widerpart; in der Gesellschaft, nicht in der Einsamkeit hat er zu bestehen. Für diese Leser werden immer diejenigen Bücher eine besondere Faszination haben, in denen das Licht jener leuchtenden Augen nicht nur auf die Weite des Wassers fällt, sondern in das Herz in seiner Betroffenheit. Sollte Marlow Conrad wirklich zu dieser Veränderung seines Blickwinkels geraten haben, war das wohl ein gewagter Rat. Denn der Blick eines Romanschriftstellers ist sowohl komplex als auch selektiv; komplex, weil hinter seinen Figuren und gesondert von ihnen etwas Unverrückbares stehen muß, zu dem er sie in Beziehung setzt; selektiv, weil für ihn, den als Individuum nur mit *einem* Empfindungsvermögen Begabten, die Ansichten der Welt, zu denen er sich mit Überzeugung bekennen kann, eng begrenzt sind. Ein so delikates Gleichgewicht ist leicht zu stören. Nach der mittleren Periode war Conrad nie mehr imstande, seine Figuren in eine vollkommene Beziehung zu ihrem Hintergrund zu bringen. Er glaubte an seine späteren und viel differenzierteren Gestalten nie mehr so, wie er an seine frühen Seeleute geglaubt hatte. Als er schließlich ihre Beziehung zu jener andern, unsichtbaren Welt der Romanciers, der Welt der Werte und Überzeugungen, offen darlegen mußte, war er noch viel unsicherer, was jene Werte waren. Damals barg ein einziger Satz, »Er steuerte mit Vorsicht«,[12] der wieder und wieder gegen Ende eines Sturmes gesprochen wurde, eine ganze Moral in sich. Doch in dieser dichter bevölkerten und komplizierteren Welt wurden derart knappe Formulierungen immer weniger geschätzt. Komplexe Männer und Frauen mit vielerlei Interessen und Bindungen unterwarfen sich nicht einem so summarischen Urteil; und wenn sie es taten, ließ das Verdikt vieles aus, was wichtig war. Und dennoch war es für Conrads geniale Schöpferkraft, mit ihrer verschwenderischen und abenteuerlichen Phantasie, sehr nötig, ein Gesetz zu haben, nach dem ihre Schöpfungen beurteilt werden konnten. Im wesentlichen – und das blieb sein Credo – ruhe die Welt zivilisierter und bewußter Menschen auf »einigen wenigen, sehr einfachen Gedanken«; doch wie sollen wir sie in dieser Welt der Gedanken und persönlichen Beziehungen finden? In den Salons gibt es keine Masten; von Politikern und Geschäftsleuten verlangt der Taifun keine Bewährungsprobe. In ihrer vergeblichen Suche nach solchen Anhaltspunkten ist der Welt von Conrads späterer Schaffensperiode eine unbeabsichtigte Dunkelheit eigen, eine Unentschiedenheit, fast eine Desillusionierung, die verwirrt und ermüdet. Nur verschwommen im Dämmer tauchen die früheren noblen Gedanken und Werte – Treue, Leidenschaft, Ehre und Pflichtgefühl – vor uns auf, immer noch schön, nur eben ein wenig wiederholsam, als hätten die Zeiten sich geändert. Vielleicht war es Marlows Irrtum. Die Art seines Denkens war ein wenig träg. Er hatte zu lange auf Deck gesessen; großartig im Selbstgespräch, war er dem Geben und Nehmen einer Unterhaltung weniger gewachsen; und jene »Momente der Vision«, die aufblitzen und verblassen, eignen sich nicht so gut wie ruhiges Lampenlicht dazu, das Dahinplätschern des Lebens und den langen, stetigen Ablauf der Jahre zu beleuchten. Vor allem aber hatte er vielleicht nicht bedacht, wie bedeutend es für Conrad war, daß er, um schöpferisch zu werden, zuallererst glauben mußte.

Daher kommt es, daß wir zwar noch Expeditionen in die späteren Bücher unternehmen und auch wunderbare Trophäen heimbringen, die meisten von uns aber große Gebiete nicht mehr betreten werden. Seine früheren Bücher aber – *Jugend, Lord Jim, Taifun, Der Nigger von der »Narzissus«* – werden wir vom Anfang bis zum Ende lesen. Denn wenn die Frage aufkommt, was von Conrad überleben wird und wo in den Rängen der Romanciers wir ihm seinen Platz geben müssen, werden uns diese Bücher in den Sinn kommen, mit ihrer Art, uns etwas sehr Altes und ganz und gar Wahres zu erzählen, das, so lange verborgen, jetzt zutage tritt, und sie werden solche Fragen und Vergleiche recht nichtig erscheinen lassen. Vollendet und leise, sehr keusch und sehr schön steigen sie in unserem Gedächtnis auf, wie an diesen heißen Sommerabenden langsam und feierlich erst ein Stern erscheint und dann ein anderer.

Anmerkungen

Aus Anlaß des Todes von Conrad am 3. August 1924 geschrieben und im *Times Literary Supplement* am 14. August 1924 erschienen.

1 Captain Frederick Marryat (1792–1848), Verfasser beliebter Seegeschichten wie *Masterman Ready* (1841).

2 G. A. Henty (1832–1902) schrieb Abenteuergeschichten für Knaben mit zumeist militärgeschichtlichem Hintergrund.

3 *Nostromo – A Tale of the Seaboard* (1904).

4 *The Nigger of the »Narcissus«* (1897). Zitiert nach der Übersetzung von Ernst Wagner (S. Fischer Verlag 1971), S. 38. – Der erwähnte Singleton, »der älteste erfahrene Seemann auf dem Schiff«, figuriert in diesem Roman.

5 *Lord Jim – A Tale* (1900); *Typhoon, and Other Stories* (1903); *Youth: A Narrative; and Two Other Stories* (1902).

6 Im 1917 geschriebenen Vorwort zu *Youth*. Marlow ist eine Figur – und bisweilen auch der Erzähler – in *Lord Jim, Heart of Darkness, Youth* und *Chance*.

7 *Lord Jim*, zitiert mit leichten Veränderungen nach der Übersetzung von Fritz Lorch (S. Fischer Verlag 1962), S. 162.

8 In seinem Essay ›Books‹, in der Sammlung *Notes on Life and Letters* (1921).

9 Aus Conrads 1917 geschriebenem Vorwort zu *Nostromo* (1904).

10 ›Henry James. An Appreciation‹, in: *The North American Review*, Januar 1905, nachgedruckt April 1916.

11 *Chance – A Tale in Two Parts* (1913); *The Arrow of Gold – A Story Between Two Notes* (1919).

12 *Der Nigger von der »Narzissus«*, Ende von Kapitel 3.

Über das Kranksein

Bedenkt man, wie allgemein Krankheit ist, wie gewaltig die geistige Veränderung, die sie bringt, wie erstaunlich, wenn das Licht der Gesundheit schwindet, die unentdeckten Länder sind, die sich dann erschließen, welche Öden und Wüsten des Innern ein leichter Grippeanfall vor Augen führt, welche Abgründe und mit leuchtenden Blumen bestreute Wiesen ein leichter Anstieg der Temperatur offenbart, welche uralten, unbeugsamen Eichen durch das Ereignis der Krankheit in uns entwurzelt werden, wie wir in die Grube des Todes einfahren und die Wasser der Vernichtung fühlen, die sich über unserem Kopfe schließen, und aufwachen im Glauben, uns in Gegenwart der Engel und Harfen zu befinden, wenn uns ein Zahn gezogen wird und wir im Zahnarztstuhl an die Oberfläche kommen und sein »Mund spülen – Mund spülen« mit dem Gruß der Gottheit verwechseln, die sich vom Himmelsgrunde herniederbeugt, uns willkommen zu heißen – wenn wir das alles bedenken, und wir sind so häufig dazu gezwungen, dann erscheint es wahrlich seltsam, daß nicht die Krankheit mit der Liebe und dem Kampf und der Eifersucht zusammen ihren Platz eingenommen hat unter den Hauptthemen der Literatur. Romane, würde man denken, wären der Grippe, epische Dichtungen dem Typhus gewidmet worden; Oden der Lungenentzündung; lyrische Verse dem Zahnweh. Aber nein; mit wenigen Ausnahmen – De Quincey versuchte etwas der Art in *The Opium Eater*,[1] ein oder zwei Bände über Krankheit müssen in Prousts Werk[2] verstreut liegen – tut die Literatur ihr möglichstes zur Wahrung des Anspruchs, es gehe ihr um den Geist; der Körper sei eine klare Glasscheibe, durch welche die Seele frei und offen herausschaut, und sei, abgesehen von ein oder zwei Leidenschaften wie Lust und Gier, null und nichtig und vernachlässigbar und nicht vorhanden. Nichtsdestotrotz, das genaue Gegenteil trifft zu. Den ganzen Tag und die ganze Nacht hindurch mischt sich der Körper ein; macht stumpf oder schärft, färbt oder macht farblos, wird in der Juniwärme zu Wachs, härtet sich im Februar düster zu Talg. Das Geschöpf drinnen kann nur durch die Scheibe starren – verschmutzt oder rosig; keinen einzigen Augenblick kann es sich vom Körper wie die Scheide vom Messer trennen oder wie die Schote von den Erbsen; es muß die ganze endlose Wechselfolge durchlaufen, Hitze und Kälte, Behagen und Unbehagen, Hunger und Sättigung, Gesundheit und Krankheit, bis die unausweichliche Katastrophe da ist; der Körper zerschmettert in tausend Stücke, und die Seele (so heißt es) entfleucht. Doch von diesem ganzen täglichen Drama des Körpers gibt es kein Zeugnis. Immer schreiben die Menschen vom Tun und Treiben des Geistes; von den Gedanken, die ihm kommen; seinen hochfliegenden Plänen; wie der Geist das Universum zivilisiert hat. Sie zeigen ihn, wie er im Philosophenturm den Körper ignoriert; oder auf der Jagd nach Eroberung oder Entdeckung den Körper meilenweit durch Schnee und Wüste wie einen alten Lederfußball vor sich herstößt. Jene großen Kriege, welche der Körper, dem der Geist sklavisch verfällt, in der Einsamkeit des Schlafzimmers gegen den Ansturm des Fiebers oder das Nahen der Schwermut führt, werden nicht beachtet. Auch ist der Grund leicht zu finden. Um diesen Dingen gerade ins Auge zu sehen, brauchte es den Mut eines Löwenbändigers; eine robuste Philosophie; einen Verstand, der im Innersten der Erde verwurzelt ist. Ohne sie wird dieses Ungeheuer, der Körper, dieses Wunder, seine Schmerzen, es bald dazu bringen, daß wir uns in Mystizismus verflüchtigen oder mit schnellen Flügelschlägen in die Verzückungen des Transzendentalismus emporsteigen. Das Publikum würde sagen, daß einem Roman über die Grippe die Handlung fehle; es würde sich beklagen, daß keine Liebe darin vorkomme – zu Unrecht jedoch, denn die Krankheit kleidet sich häufig ins Gewand der Liebe und spielt die gleichen sonderbaren Streiche. Gewissen Gesichtern verleiht sie Göttlichkeit, läßt uns Stunde um Stunde mit gespitzten Ohren auf das Knarren einer Treppenstufe warten und bekränzt das Gesicht Abwesender (bei Gesundheit, weiß Gott, schlicht genug) mit neuer Bedeutsamkeit, während der Geist tausend Legenden und Romanzen über sie zusammenbraut, wozu er bei Gesundheit weder Zeit noch

Neigung hat. Und schließlich ist da als weiteres Hindernis, Krankheit literarisch zu beschreiben, die Armut der Sprache. Das Englische, das die Gedanken Hamlets und die Tragödie des Lear ausdrücken kann, hat keine Worte für den Fieberschauer und das Kopfweh. Es hat sich nur in eine Richtung entwickelt. Das kleinste Schulmädchen, wenn es sich verliebt, hat Shakespeare oder Keats, die ihm aus der Seele sprechen; aber ein Leidender versuche, den Schmerz in seinem Kopf dem Doktor zu beschreiben, und sogleich versiegt die Sprache. Es gibt für ihn nichts Vorgefertigtes. Er ist gezwungen, selbst Worte für sich zu prägen, und seinen Schmerz in die eine Hand nehmend und einen Klumpen schieren Klangs in die andere (wie es vielleicht die Menschen von Babel am Anfang taten), muß er sie so zusammenpressen, daß am Ende ein nagelneues Wort herausfällt. Wahrscheinlich wird es etwas Lachhaftes sein. Denn wer von englischem Geblüt kann sich Freiheiten mit der Sprache herausnehmen? Für uns ist sie etwas Heiliges und deshalb zum Sterben verdammt, es sei denn die Amerikaner, deren Genie sich beim Verfertigen neuer Wörter so viel glücklicher erweist als in der Anordnung der alten, kommen uns zu Hilfe und bringen die Quellen zum Fließen. Doch brauchen wir nicht nur eine neue Sprache, urtümlicher, sinnlicher, schamloser, sondern auch eine neue Hierarchie der Leidenschaften; die Liebe muß ihren Thron räumen zugunsten einer Temperatur von 40 Grad; die Eifersucht muß den Stichen des Ischias weichen; die Schlaflosigkeit die Rolle des Schurken spielen, und zum Helden muß ein süßschmeckender weißer Saft werden – jener mächtige Fürst mit den Mottenaugen und den gefiederten Füßen, dessen einer Name Chloral ist.

Aber zurück zu dem Kranken. »Ich liege mit Grippe im Bett« – aber was sagt das aus über die große Erfahrung; wie die Welt ihre Gestalt verändert hat; wie das Arbeitsgerät ferngerückt ist; wie Festesklänge romantisch werden gleich einem Karussell, das man von fernher über die Felder hin hört; und wie Freunde verändert erscheinen, manche nehmen eine fremdartige Schönheit an, andere verformen sich zu hockenden Kröten, während die ganze Lebenslandschaft fern und schön daliegt gleich der Küste, von einem Schiff weit draußen auf See gesehen, und bald hebt es ihn auf einen Gipfel und bedarf es keiner Hilfe von Mensch oder Gott, und bald liegt er kraftlos am Boden, noch über den Fußtritt eines Hausmädchens erfreut – die Erfahrung ist nicht mitteilbar, und wie es immer mit diesen sprachlosen Dingen geht, dient sein eigenes Leiden nur dazu, im Kopf seiner Freunde die Erinnerung an *ihre* Grippen zu wecken, an *ihre* Qualen und Schmerzen, die letzten Februar unbeweint blieben und jetzt laut, lärmend, verzweifelt nach der himmlischen Linderung des Mitgefühls rufen.

Aber Mitgefühl können wir nicht aufbringen. Fatum, das weise, sagt nein. Sollten seine Kinder, so kummerbeladen wie sie schon sind, auch diese Bürde noch auf sich nehmen, im Geiste den eigenen Schmerzen noch andere hinzufügen, so würde kein Bauwerk mehr erstehen; Straßen würden sich in Wiesenpfade verlieren; mit Musik und Malerei wäre es vorbei; ein einziger großer Seufzer nur würde aufsteigen zum Himmel; und es gäbe für Männer und Frauen einzig die Haltung des Schreckens und der Verzweiflung. Wie die Dinge aber einmal liegen, findet sich immer eine kleine Ablenkung – ein Drehorgelmann an der Ecke vom Krankenhaus, ein Laden mit Büchern oder hübschem Kram, welcher einen am Gefängnis oder am Armenhaus vorbeilockt, irgendein Aberwitz von Katze oder Hund, der einen daran hindert, den alten Bettlerzinken des Elends in Bände schäbigen Leidens zu verwandeln; und so wird die riesige Anstrengung des Mitfühlens, die jene Schmerz- und Zuchtkasernen, jene dürren Symbole des Kummers von uns für sich fordern, unbehaglich für ein andermal beiseite geschoben. Mitgefühl wird heutzutage vorwiegend von den Nachzüglern und Erfolglosen gespendet, größtenteils Frauen (in welchen das Veraltete so merkwürdig Seite an Seite mit Anarchie und Neuheit existiert), die aus dem Rennen geschieden sind und Zeit für phantastische und unnütze Unternehmungen übrig haben; C. L. zum Beispiel, am matten Feuer des Krankenzimmers sitzend, läßt mit zugleich nüchternen und phantasievollen Strichen das Kamingitter im Kinderzimmer, den Brotlaib, die Lampe erstehen, Drehorgeln auf der Straße und all die einfältigen Ammenmärchen von Kinderschürzen und Eskapaden; A. R., die Unbesonnene, die Großmütige, verlangte man nach einer Riesenschildkröte zum

Trost oder zur Aufheiterung nach einer Theorbe, würde die Londoner Märkte durchstöbern und sie in Papier verpackt vor Tagesende herbeizaubern; die flatterhafte K. T., in Seide und Federboa, gepudert und angemalt (was auch Zeit kostet) wie für ein Bankett königlicher Hoheiten, verschwendet allen Glanz im Düster des Krankenzimmers und macht mit ihren Klatschgeschichten und mimischen Gebärden die Medizinflaschen klirren und die Flammen aufschießen. Aber solche Narreteien haben ihre Zeit gehabt; die Zivilisation weist auf ein anderes Ziel; und welcher Platz wird dann für die Schildkröte und die Theorbe bleiben?

Es gibt in der Krankheit, gestehen wir es doch (und Krankheit ist der große Beichtstuhl), einen kindischen Freimut; Dinge werden gesagt, Wahrheiten sprudeln heraus, die die vorsichtige Respektierlichkeit der Gesundheit verbirgt. Zum Beispiel das Mitgefühl – wir können darauf verzichten. Jene Illusion von einer derart gestalteten Welt, daß jedes Stöhnen ein Echo darin findet, von Menschenwesen, die durch gemeinsame Nöte und Ängste so aneinander gekettet sind, daß das Zerren an einem Handgelenk ein anderes mitzucken läßt, wo, gleichgültig wie sonderbar die eigene Erfahrung erscheint, andere Menschen sie auch gehabt haben, wo, gleichgültig wie weit auch die Reise im eigenen Geiste geht, irgend jemand schon vor dir dagewesen ist – sie ist ganz und gar eine Illusion. Wir kennen unsere eigene Seele nicht, geschweige denn die Seele anderer. Menschenwesen gehen nicht die ganze Wegstrecke Hand in Hand. In jedem ist ein Urwald; ein Schneefeld, wo selbst der Abdruck von Vogelfüßen ungekannt ist. Hier gehen wir allein und haben es lieber so. Immerfort Mitgefühl zu haben, immer begleitet, immer verstanden zu werden, wäre unerträglich. Bei Gesundheit aber muß die freundliche Täuschung aufrechterhalten und die Anstrengung erneuert werden – sich mitzuteilen, die Wüste zu kultivieren, gemeinsam zu besitzen, zu bebauen, den Eingeborenen zu bilden, Tag und Nacht gemeinsam zur Ergötzung zu werken. Bei Krankheit hört dieser Trug auf. Sobald das Bett angezeigt ist oder sobald wir, tief in Kissen versunken auf dem einen Sessel, die Füße auch nur zollbreit vom Boden auf einen anderen heben, hören wir auf, Soldaten in der Armee der Aufrechten zu sein; wir werden Fahnenflüchtige. Die anderen marschieren in die Schlacht. Wir treiben mit den Stecken im Strom, mit den welken Blättern Hals über Kopf auf dem Rasen, unverantwortlich und unbeteiligt und vielleicht zum ersten Mal seit Jahren imstande, um uns zu schauen, hinaufzuschauen – den Himmel, zum Beispiel, anzuschauen.

Der erste Eindruck dieses außerordentlichen Schauspiels ist sonderbar überwältigend. Im allgemeinen ist es unmöglich, auch nur eine kurze Weile den Himmel anzuschauen. Ein öffentlicher Himmelsbeschauer würde die Fußgänger behindern und aus der Fassung bringen. Die Himmelsfetzen, die wir erwischen, sind von Schloten und Kirchen entstellt, dienen dem Menschen als Hintergrund, deuten auf nasses Wetter oder schönes, vergolden Fenster, und, das Astwerk ausfüllend, vollenden sie das Pathos zerzauster herbstlicher Platanen auf herbstlichen Plätzen. Nun, da man darniederliegt und geradewegs hinaufstarrt, zeigt sich der Himmel so gänzlich anders, daß es geradezu ein wenig schockiert. Das also ging die ganze Zeit vor sich, ohne daß wir es wußten! – dieses unaufhörliche Aufbauen und Auflösen von Gebilden, dieses Zusammengepuffe von Wolken und das Schleppen endloser Schiffs- und Wagenzüge von Nord nach Süd, dieses unaufhörliche Auf- und Niedergehen von Vorhängen aus Licht und Schatten, dieses grenzenlose Experiment mit goldenen Strahlen und blauen Schatten, mit dem Verhüllen und Enthüllen der Sonne, mit dem Aufwerfen und Wegblasen von Felswällen – diese unendliche Betriebsamkeit unter Verschwendung von Gott weiß wie vielen Millionen Pferdestärken an Energie durfte jahraus, jahrein nach Belieben so fortwirken. Die Tatsache scheint kritische Betrachtung, wenn nicht Tadel herauszufordern. Sollte nicht jemand an die *Times* schreiben? Man müßte sie doch einem Nutzen zuführen. Dieses gigantische Kinostück sollte man nicht fortwährend vor leerem Haus spielen lassen. Man sehe aber nur ein wenig länger zu, und eine andere Empfindung erstickt die Regungen bürgerlichen Eifers. Göttlich schön, ist es auch göttlich herzlos. Unermeßliche Energiereserven werden für irgendeinen Zweck verbraucht, der nichts mit menschlichen Freuden oder menschlichem Gewinn zu tun hat. Wären wir alle niedergestreckt, steif und starr, der Himmel experimentierte doch weiter mit seinem Blau und Gold. Vielleicht dann, wenn wir auf etwas sehr Kleines und Nahes und Vertrautes niederblicken, werden wir Mitgefühl finden. Prüfen wir also die Rose. So oft haben wir sie in Vasen blühen sehen, sie so oft mit höchster Schönheit verbunden, daß wir vergessen haben, wie sie da steht, still und stetig in der Erde einen ganzen Nachmittag hindurch. Sie bewahrt eine Haltung vollendeter Würde und Gelassenheit. Die Durchfärbung ihrer Blütenblätter hat etwas unnachahmlich Richtiges. Bald vielleicht fällt das eine gemächlich; bald neigen all die Blumen ihr Haupt, die üppig purpurnen, die cremefarbenen, in deren wächsernem Fleisch der Löffel eine Ringelspur von Kirschsaft zurückließ; Gladiolen; Dahlien; Lilien, priesterlich, ekklesiastisch; Blumen mit steifen Pappkragen, aprikosen- und bernsteingetönt, beugen sich alle leise dem Wind – alle mit Ausnahme der schweren Sonnenblume, die stolz um Mittag die Sonne grüßt und vielleicht um Mitternacht den Mond schroff zurückweist. Da stehen sie; und eben diese, die stillsten, die selbstgenügsamsten aller Dinge, haben sich die Menschen zu Begleitern erkoren; diese sind ihnen Sinnbild ihrer Leidenschaften, schmücken ihre Feste und liegen (als kennten *sie* die Trauer) auf den Kissen der Toten. Erstaunlich mitzuteilen, daß die Dichter Religion in der Natur gefunden haben; daß Menschen auf dem Lande leben, um von den Pflanzen die Tugend zu lernen. In ihrer Indifferenz sind sie tröstlich. Jenes Schneefeld der Seele, wo kein Menschenfuß je ging, wird von der Wolke besucht, vom fallenden Blütenblatt geküßt, so wie in anderer Sphäre die großen Künstler es sind, die Miltons und die Popes,[3] die trösten, nicht weil sie unser gedenken, sondern vergessen.

Unterdessen, wie indifferent auch der Himmel oder wie hochmütig die Blumen, marschiert mit dem Heldenmut der Ameise oder der Biene die Armee der Aufrechten in die Schlacht. Mrs Jones erreicht ihren Zug. Mr Smith repariert seinen Motor. Die Kühe werden heimgetrieben zum Melken. Männer decken das Dach mit Stroh. Die Hunde bellen. Die Krähen, in einem Netz sich erhebend, fallen in einem Netz auf die Ulmen. Unermüdlich wirft sich die Welle des

Lebens hinaus. Nur die Darniederliegenden sind es, die wissen, was die Natur schließlich kaum zu verbergen bemüht ist – daß sie am Ende siegt; Wärme wird die Erde verlassen; steif vor Kälte werden wir aufhören, uns über die Felder zu schleppen; dick wird das Eis auf Fabrik und Maschine liegen; die Sonne wird ausgehen. Und auch dann noch, wenn die ganze Erde zugepackt und eisglatt ist, wird irgendeine Bodenwelle, eine Unebenheit der Oberfläche die Grenze eines uralten Gartens bezeichnen, und dort, unerschrocken den Kopf im Sternenlicht emporstreckend, wird die Rose blühen, der Krokus leuchten. Aber da der Lebenshaken noch in uns steckt, müssen wir noch zappeln. Wir können nicht friedlich zu gläsernen Hügeln erstarren. Selbst die Darniederliegenden springen auf bei der bloßen Vorstellung von Frost an den Zehen und recken sich, um von der allseitigen Hoffnung das Ihre zu erlangen – den Himmel, Unsterblichkeit. Gewiß werden die Menschen doch, da sie all die Zeiten hindurch gewünscht haben, irgend etwas ins Dasein gewünscht haben; irgendein grünes Eiland wird es geben, wo die Seele ausruhen, wenn auch der Fuß dort nicht auftreten kann. Die gesammelte Einbildungskraft der Menschheit muß doch irgendeine feste Umrißlinie gezogen haben. Aber nein. Man öffnet die *Morning Post* und liest den Bischof von Lichfield über den Himmel. Man sieht die Kirchgänger ein um den anderen in jene stattlichen Tempel wandeln, wo am trübsten Tage, auf dem nassesten Acker, Lampen brennen und Glocken läuten werden, und so sehr draußen die Herbstblätter rascheln und die Winde klagen mögen, werden drinnen die Hoffnungen und Wünsche in Glauben und Gewißheiten verwandelt. Sehen sie abgeklärt aus? Sind ihre Augen vom Licht ihrer erhabenen Überzeugung erfüllt? Würde einer von ihnen es wagen, von Beachy Head stracks in den Himmel zu springen? Nur ein Einfaltspinsel würde solche Fragen stellen; der kleine Trupp von Gläubigen zögert und zaudert und zerstreut sich. Die Mutter ist abgearbeitet; der Vater müde. Und was Vorstellungen vom Himmel betrifft, sie haben keine Zeit dafür. Das Himmelbauen muß der Einbildungskraft der Poeten überlassen bleiben. Ohne ihre Hilfe können wir uns nur Späße erlauben – uns Pepys[4] im Himmel vorstellen, kleine Unterhaltungen mit gefeierten

Leuten über Thymianbüschel entwerfen, sehr bald ins Klatschen verfallen über diejenigen unserer Freunde, die in der Hölle weilen, oder, noch schlimmer, zur Erde zurückkehren und die Wahl treffen, da Wählen ja nicht schadet, wieder und wieder zu leben, bald als Mann, bald als Frau, als Schiffskapitän oder Hofdame, als Kaiser oder Bauersfrau, in prächtigen Städten und entlegenem Heideland, zur Zeit des Perikles oder des Königs Artus, Karls des Großen oder Georgs des Vierten – zu leben und zu leben, bis wir jene Embryo-Leben ausgelebt haben, die in früher Jugend um uns sind, bis »Ich« sie unterdrückte. Aber »Ich« soll nicht, wenn das Wünschen es verhindern kann, auch noch den Himmel an sich reißen und uns, die wir hier unsere Rolle als William oder Alice gespielt haben, dazu verdammen, auf ewig William oder Alice zu bleiben. Uns selbst überlassen, stellen wir solche irdisch-fleischlichen Betrachtungen an. Wir brauchen die Poeten, damit sie ihre Phantasie für uns walten lassen. Man sollte mit dem Amt des Poeta laureatus die Pflicht des Himmelbauens verknüpfen.

Tatsächlich sind es die Poeten, an die wir uns wenden. Krankheit macht uns den langen Kampagnen abgeneigt, die die Prosa von uns fordert. Wir können nicht über all unsere Fähigkeiten verfügen und unseren Verstand und unsere Urteilskraft und unser Gedächtnis wach halten, während sich ein Kapitel auf das andere hinaufschwingt, und derweil das eine sich noch zurechtsetzt, müssen wir scharf auf die Ankunft des nächsten achthaben, bis der ganze Bau – Wölbungen, Türme und Zinnen – fest auf seinen Grundmauern steht. *The Decline and Fall of the Roman Empire* ist kein Buch für Grippe, so wenig wie *The Golden Bowl* oder *Madame Bovary.*[5] Andererseits, ist einmal die Verantwortung abgelegt und der Verstand untätig – denn wer wird von einem Kranken kritisches Urteil oder vom Bettlägerigen klare Vernunft fordern? –, machen sich andere Vorlieben geltend; plötzlich, anfallsweise, intensiv. Wir stehlen den Dichtern ihre Blumen. Wir brechen uns eine Zeile oder zwei und lassen sie tief unten im Innern sich öffnen:

and oft at eve
Visits the herds along the twilight meadows

wandering in thick flocks along the mountains
Shepherded by the slow unwilling wind.

(und geht am Abend oft
die Herden besuchen entlang den dämmrigen Wiesen

die dicht in Gruppen an den Hängen hin wandern
getrieben vom sachten unwilligen Wind.)[6]

Oder es steckt ein ganzer dreibändiger Roman zum Nachsinnen in einem Vers von Hardy oder einem Satz von La Bruyère.[7] Wir blättern in Lambs[8] Briefen – manche Prosaschriftsteller muß man wie Poeten lesen – und finden »Ich bin ein blutdürstiger Mörder der Zeit und würde sie eben jetzt gern zollweise töten. Aber die Schlange ist nicht umzubringen«, und wer wohl kann das Entzücken erklären? Oder wir schlagen Rimbaud[9] auf und lesen

O saisons o châteaux
Quelle âme est sans défauts?
(O Zeiten o Schlösser
welche Seele ist ohne Fehl?)

und wer wohl kann den Zauber vernünftig begründen? In der Krankheit scheint es, als besäßen die Worte eine mystische Beschaffenheit. Wir erfassen, was über ihre oberflächliche Bedeutung hinausgeht, erahnen instinktiv dies, das und jenes – einen Klang, eine Farbe, hier einen Akzent, dort eine Pause – die der Dichter, im Bewußtsein der Kargheit von Worten im Vergleich mit Ideen, über seine Seite verstreut hat, damit sie dann im Verein einen inneren Zustand evozieren, den Worte nicht ausdrücken können, noch der Verstand zu erklären vermag. Unverständlichkeit hat während der Krankheit eine gewaltige Macht über uns, mit größerem Recht vielleicht, als die Aufrechten einräumen werden. In gesunden Zeiten hat sich die Bedeutung vor den Klang gedrängt. Unsere Intelligenz herrscht über unsere Sinne. In kranken Zeiten aber, wenn die Polizei frei hat, schleichen wir uns geduckt unter irgendein dunkles Gedicht von Mallarmé oder Donne,[10] irgendeinen Satz auf latein oder griechisch, und die Worte geben ihren Duft frei und verströmen ihr Arom, und dann, wenn wir schließlich die Bedeutung erfassen, ist sie um so reicher und voller, als sie uns zuerst sinnlich über Gaumen und Nase zugekommen ist gleich irgendeinem seltenen Geruch. Ausländer, denen die Sprache fremd ist, haben uns da etwas voraus. Die Chinesen müssen den Klang von *Anthony and Cleopatra*[11] besser erfassen als wir.

Unbedachtheit ist eines der Merkmale von Krankheit – Vogelfreie die wir sind – und gerade Unbedachtheit haben wir nötig, wenn wir Shakespeare lesen. Nicht daß wir beim Lesen einnicken müßten, aber bei vollem Verstand und Bewußtsein wirkt sein Ruhm einschüchternd und lästig, und alle Ansichten aller Kritiker stumpfen jenen Donnerschlag der Überzeugung in uns ab, welcher, und sei er eine Illusion, doch eine so hilfreiche Illusion ist, eine so grenzenlose Freude, ein so scharfer Ansporn, wenn wir die Großen lesen. Shakespeare gerät langsam in Mißkredit; eine väterlich sorgende Regierung könnte sehr wohl das Schreiben über Shakespeare verbieten, wie sie sein Denkmal in Stratford der Reichweite kritzelnder Finger entrückt. Bei all diesem Gesumse der Kritik kann man im stillen seine Vermutungen wagen, seine Randbemerkungen machen; über dem Wissen aber, daß es irgend jemand schon vorher gesagt oder besser gesagt hat, geht die Begeisterung verloren. In ihrer königlichen Erhabenheit fegt die Krankheit all das beiseite und läßt nichts zurück als Shakespeare und einen selbst. Und bei seiner hochtragenden Macht und unserem hochtragenden Dünkel fallen die Barrieren dahin, Knoten glätten sich, im Kopfe schallt und hallt es wider von *Lear* oder *Macbeth*, und sogar Coleridge[12] höchstselbst quiekt wie eine ferne Maus.

Aber genug von Shakespeare – wenden wir uns Augustus Hare[13] zu. Manche Menschen sagen, solche Übergänge seien auch durch Krankheit nicht zu rechtfertigen; der Verfasser der *Story of Two Noble Minds* sei Boswell[14] nicht ebenbürtig; und wenn wir versichern, abgesehen vom Besten liebten wir in der Literatur das Schlechteste –

hassenswert sei die Mittelmäßigkeit –, wollen sie auch davon nichts hören. Sei es drum. Das Gesetz steht auf seiten des Normalen. Für jene aber, die einen leichten Anstieg der Temperatur erleiden, strahlt von den Namen Hare und Waterford und Canning ein Schein wohltuenden Lichtes aus. Zwar nicht unbedingt auf den ersten hundert Seiten. Dort nämlich, wie so oft in diesen dicken Bänden, geraten wir ins Schwimmen und drohen in einer Überfülle von Tanten und Onkeln zu versinken. Wir müssen uns vorhalten, daß es so etwas wie Atmosphäre gibt, daß selbst die Meister uns oft unerträglich lange warten lassen, während sie uns, worauf auch immer, vorbereiten – die Überraschung oder das Ausbleiben der Überraschung. So läßt auch Hare sich Zeit; unmerklich nimmt uns der Zauber gefangen; ganz allmählich werden wir beinah zu Mitgliedern der Familie, nicht gänzlich jedoch, denn das Bewußtsein von der Wunderlichkeit des Ganzen bleibt uns erhalten, und wir teilen die allgemeine Familienbestürzung, als Lord Stuart den Raum verläßt – es war ein Ball im Gange – und als nächstes aus Island von ihm zu hören ist. Gesellschaften, sagte er, langweilten ihn – so waren englische Aristokraten geartet, bevor die Verbindung mit dem Intellekt die feine Besonderheit ihres Geistes trübte. Gesellschaften langweilten sie; ab geht es nach Island. Danach befiel ihn Beckfords Manie des Schlösserbauens;[15] er muß ein französisches Château über den Ärmelkanal heben und Zinnen und Türme errichten, um sie unter riesigen Kosten als Bedientenschlafzimmer zu verwenden – und das am Rande bröckelnder Klippen, so daß die Hausmädchen ihre Besen den Solent hinabschwimmen sahen und Lady Stuart sehr bekümmert war, aber das Beste daraus machte und als die hochgeborene Dame, die sie war, damit begann, im Angesicht des Ruins Immergrün zu pflanzen. Derweil wuchsen die Töchter Charlotte und Louisa in ihrer unvergleichlichen Lieblichkeit heran, den Bleistift in der Hand ewig am Zeichnen, Tanzen, Flirten in einer Wolke von Tüll. Sie sind nicht sehr markant, das ist wahr. Denn dazumal war das Leben nicht das Leben von Charlotte und Louisa. Es war das Leben von Familien, von Gruppen. Es war ein Gespinst, ein Netz, das sich weit spannte und jederlei Vetter und Kusine, Gesinde und alten Gefolgsmann umfing. Tanten – Tante Caledon, Tante Mexborough – Großmütter – Großmama Stuart, Großmama Hardwicke – scharen sich im Chor und jubeln und trauern und verspeisen gemeinsam das Weihnachtsmahl und werden sehr alt und bleiben sehr aufrecht und sitzen in Stühlen mit Sonnendach und schneiden Blumen, wie es scheint, aus buntem Papier aus. Charlotte heiratete Canning und ging nach Indien; Louisa heiratete Lord Waterford und ging nach Irland. Hierauf beginnen Briefe die riesigen Strecken in langsamen Segelschiffen zurückzulegen, und die Mitteilungen werden noch länger und wortreicher, und kein Ende scheint es für den Raum und die Muße dieser frühen viktorianischen Tage zu geben, und so manchem geht der Glaube verloren, und die Biographie von Hedley Vicars [16] erweckt ihn wieder; Tanten erkälten sich, aber gesunden; Vettern und Kusinen heiraten; da ist die irische Hungersnot und die indische Meuterei, und zu ihrem großen, aber stillen Kummer bleiben beide Schwestern ohne Kinder, die ihnen nachfolgen. Louisa, die in Irland mit Lord Waterford abgestellt war, der den ganzen Tag auf der Jagd verbrachte, war oft sehr einsam; aber sie blieb auf ihrem Posten, suchte die Armen auf, sprach Worte des Trostes (»Ich bin wirklich sehr traurig, zu hören, daß Anthony Thompson den Verstand verloren hat oder vielmehr das Gedächtnis; kann er aber noch genügend verstehen, um einzig unserem Erlöser zu vertrauen, so hat er genug«) und malte und malte. Tausende von Skizzenbüchern füllten sich des Abends mit Bleistift- und Tuschzeichnungen, und dann spannte der Tischler auch Leinwand für sie auf, und sie entwarf Fresken für Schulzimmer und ließ sich lebendige Schafe ins Schlafzimmer bringen, drapierte Wildhüter mit Decken, malte überreichlich Heilige Familien, bis der große Watts [17] ausrief, hier fände Tizian seinesgleichen und Raffael seinen Meister! Daraufhin lachte Lady Waterford (sie hatte einen großmütigen, gütigen Sinn für Humor) und sagte, sie sei nichts weiter als ein Skizzenmacher, habe kaum je im Leben eine Stunde Unterricht gehabt – man betrachte nur ihre schändlich unfertigen Engelsflügel. Und dann war auch ihres Vaters Haus ständig im Begriff, ins Meer zu stürzen; sie mußte es abstützen; mußte ihre Freunde einladen; mußte ihre Tage mit allen möglichen Wohltätigkeitsgeschäften füllen, bis ihr Herr und Meister von der Jagd heimkehrte, und dann, oft um Mitternacht, unter der Lampe mit ihrem Skizzenbuch neben ihm sitzend, machte sie auch wohl eine Skizze von ihm mit dem ritterlichen Gesicht halb verborgen in einer Suppenschüssel. Fort ritt er dann wieder, stattlich wie ein Kreuzritter, den Fuchs zu jagen, und sie winkte ihm zu und dachte ein jedes Mal, wie, wenn es das letzte wäre? Und das war es auch an jenem Wintermorgen; sein Pferd strauchelte; er wurde getötet. Sie wußte es, ehe man ihr Bericht gab, und nie konnte Sir John Leslie, als er am Tage des Begräbnisses die Treppe hinabeilte, die Schönheit der großen Dame vergessen, wie sie dort stand und dem Leichenwagen nachsah, und auch nicht, wie er, als er zurückkam, den Vorhang, den schweren, mittelviktorianisch, vielleicht aus Plüsch, ganz zerknittert fand, wo sie ihn in ihrer Qual zusammengepreßt hatte.

Anmerkungen

›On Being Ill‹ wurde zuerst veröffentlicht in *New Criterion* (USA) im Januar 1926. In England zuerst veröffentlicht in einer limitierten, numerierten und signierten Einzelausgabe (250 Exemplare) bei der Hogarth Press, von Virginia Woolf eigenhändig gesetzt.

[1] Thomas De Quincey (1785–1859), den Romantikern nahestehender Essayist und Kritiker, offenbarte seine Erfahrungen mit Opium, das er wegen einer Krankheit einnehmen mußte und das ihn dann süchtig machte, schonungslos in *Confessions of an English Opium Eater* (1822, erweitert 1856).

[2] Marcel Prousts (1871–1922) großer Romanzyklus *A la recherche du temps perdu* (1913–27) erschien seit 1922 in der berühmt gewordenen Übersetzung von L. K. Scott Moncrieff unter dem Titel *Remembrance of Things Past*. Virginia Woolf hat die Bände sofort gelesen.

[3] John Milton (1608–1674), Autor des großen kosmischen Epos *Paradise Lost* (1667). – Alexander Pope (1688–1744), wichtigster Vertreter der englischen klassizistischen Poesie (etwa: *An Essay on Man*, 1733–34).

[4] Samuel Pepys (1633–1703), Verfasser nicht zur Veröffentlichung bestimmter, z.T. recht anstößiger Tagebücher voller Klatsch, die ein glänzendes ›Sittengemälde‹ der Londoner Gesellschaft bieten.

[5] *The History of the Decline and Fall of the Roman Empire* in sechs Bänden (1776–88) von Edward Gibbon (1737–1794). – *The Golden Bowl* (1904),

der letzte Roman von Henry James (1843–1916). – *Madame Bovary* (1857) von Gustave Flaubert (1821–1880).

6 Die ersten beiden Zeilen stammen aus dem Maskenspiel *Comus* (1637) von John Milton (1608–1674). Es ist die Rede von der Nymphe Sabrina: »Still she retains / Her maiden gentleness, and oft at eve / Visits the herds along the twilight meadows«. (Verse 842 ff.) – Die beiden anderen Zeilen entstammen dem lyrischen Drama *Prometheus Unbound* (1820) von Percy Bysshe Shelley (1792–1822). Die Ozeantochter Asia spricht: »Methought among these lawns together / We wandered, underneath the young gray dawn, / And multitudes of dense white fleecy clouds / Were wandering in thick flocks along the mountains / Shepherded by the slow, unwilling wind«. (II, i, 143 ff.) – Die Identifizierung der Zitate verdanke ich Herrn Bernhard Klein, M. A.

7 Thomas Hardy (1840–1928), der große Romancier, schrieb während der letzten dreißig Jahre seines Lebens fast ausschließlich Gedichte. – Jean de la Bruyère (1645-1696), Satiriker, Moralist, Naturforscher *(Les caractères ou les mœurs de ce siècle*, 1688).

8 Charles Lamb (1775–1834), vor allem berühmt als Essayist, Kritiker und Briefschreiber, den Romantikern nahestehend. Das Zitat stammt aus einem Brief an Bernard Barton vom 25. Juli 1829, in *The Letters of Charles Lamb*, London 1904, Bd. II, 230.

9 Arthur Rimbaud (1854–1891), der große Lyriker, der mit 19 bereits zu dichten aufhörte. Virginia Woolf zitiert den Anfang eines titellosen ›späten‹ Gedichts.

10 Stéphane Mallarmé (1842–1898) gilt als der dunkelste der französischen Lyriker der Moderne. – Über den z. T. rätselhaften ›metaphysical poet‹ John Donne (1572–1631) vgl. Virginia Woolfs Essay ›Donne nach drei Jahrhunderten‹, in: *Der gewöhnliche Leser*, Band 2, Frankfurt: S. Fischer, 1990, 26–48.

11 Eine der späten Tragödien Shakespeares (1564–1616), wahrscheinlich 1606–07 geschrieben.

12 Samuel Taylor Coleridge (1772–1834), Dichter und Kritiker der älteren Romantikergeneration, hatte mit seinen in zwei Bänden gesammelten Vorlesungen *(Shakespearean Criticism*, 1808–18) über den Schöpfungsprozeß, die organische Form usw. der Auseinandersetzung mit diesem Dichter eine neue Wendung gegeben.

13 Augustus Hare (1834–1903), Autor von Biographien und Reiseführern, verfaßte eine sechsbändige Autobiographie, *The Story of My Life* (1896 bis 1900), von der Virginia Woolf noch 1940 schrieb, sie habe ihr »acute

pleasure« bereitet. Der genaue Titel des Werks, dem die folgenden Impressionen gewidmet sind, lautet *The Story of Two Noble Lives. Being Memorials of Charlotte, Countess Canning, and Louisa, Marchioness of Waterford*, 3 Bände, 1893.

14 James Boswell (1740–1795), Verfasser u. a. des berühmten *Life of Samuel Johnson* (1791).

15 Der Exzentriker William Beckford (1759–1844) war nicht nur der Erbauer von Fonthill Abbey in neogotischem Phantasiestil, sondern auch Autor der sensualistischen morgenländischen Erzählung *Vathek* (1786).

16 Hedley S. J. Vicars (1826–1855), Offizier im Krimkrieg, der dort eine Art Damaskus erlebte. Catherine M. Marsh, *The Memorials of Captain Hedley Vicars* (1855).

17 George Frederick Watts (1817–1904), einer der angesehensten Porträt- und Landschaftsmaler der Viktorianer, in gewisser Weise ein Pendant zu dem ›Staatsdichter‹ Alfred Lord Tennyson.

Wie sollte man ein Buch lesen?

Zunächst möchte ich das Fragezeichen am Ende meines Titels besonders betonen. Auch wenn ich die Frage für mich beantworten könnte, so würde die Antwort nur für mich selbst gelten und nicht für Sie. Der einzige Rat nämlich, den ein Mensch einem anderen in puncto Lesen geben kann, ist der, auf keinen Rat zu hören, dem eigenen Instinkt zu folgen, den eigenen Verstand zu gebrauchen, eigene Schlüsse zu ziehen. Wenn wir uns darüber einig sind, dann fühle ich mich frei, einige Ideen und Anregungen zu äußern, denn dann werden Sie sich davon jene Unabhängigkeit nicht einschränken lassen, welche die wichtigste Eigenschaft ist, die ein Leser besitzen kann. Überhaupt – was für Gesetze lassen sich schon für Bücher aufstellen? Die Schlacht von Waterloo wurde ganz bestimmt an einem bestimmten Tage geschlagen; aber ist *Hamlet* ein besseres Stück als *Lear*? Niemand kann das sagen. Jeder muß diese Frage für sich entscheiden. Autoritäten in unsere Bibliotheken einzulassen – wie pelzverbrämt und talarbekleidet auch immer –, welche uns sagen, wie wir lesen sollen, was wir lesen sollen, wie wir bewerten sollen, was wir lesen, heißt den Geist der Freiheit vernichten, welcher der Lebensatem solch heiliger Hallen ist. Überall sonst mögen wir durch Gesetze und Konventionen gebunden sein – hier haben wir keine.

Doch um Freiheit zu genießen, wenn die Platitüde gestattet ist, müssen wir uns natürlich beschränken. Wir dürfen unsere Kräfte nicht verschwenden, hilflos und ahnungslos das halbe Haus unter Wasser setzen, um einen einzigen Rosenstrauch zu begießen; wir müssen sie aufs strengste und gründlichste trainieren, genau hier auf der Stelle. Das ist vielleicht eine der ersten Schwierigkeiten, vor die uns eine Bibliothek stellt. Was heißt »auf der Stelle«? Wohl mag es den Anschein haben, da sei nichts als ein wild gehäuftes Durcheinander. Gedichte und Romane, Historien und Memoiren, Wörterbücher und Weißbücher; Bücher in allen Sprachen, geschrieben von Männern und Frauen aller Art, aller Völker und Zeiten, drängen sich auf dem Bord. Und draußen schreit der Esel, die Frauen schwatzen bei der Pumpe, die Fohlen galoppieren über die Felder. Wo sollen wir anfangen? Wie sollen wir Ordnung in dieses grenzenlose Chaos bringen und so das tiefste und weiteste Vergnügen aus dem Gelesenen ziehen?

Es ist einfach genug zu sagen – da Bücher ja klassifiziert sind: Epik, Biographik, Lyrik –, wir sollten sie einteilen und von jeder Art nehmen, was sie uns billigerweise geben kann. Doch wenige Menschen fordern von Büchern, was Bücher uns geben können. Üblicherweise kommen wir zu den Büchern mit zerstreuten und geteilten Sinnen, verlangen von erzählender Dichtung, daß sie wahr sei, von lyrischer, daß sie falsch sei, von der Biographie, daß sie schmeichle, von der Historie, daß sie unsere eigenen Vorurteile bestärke. Könnten wir all solche vorgefaßten Ideen beim Lesen verbannen, so wäre das ein vortrefflicher Anfang. Machen Sie Ihrem Autor keine Vorschriften; versuchen Sie, er selbst zu werden. Seien Sie sein Mitarbeiter und Komplize. Wenn Sie sich sträuben und zurückhalten und zuerst kritisieren, dann hindern Sie sich selbst daran, dem Gelesenen seinen vollen Wert abzugewinnen. Aber wenn Sie Ihren Geist so weit wie möglich öffnen, dann werden schon im Her und Hin der ersten Sätze Winke und Zeichen von fast unmerklicher Feinheit Sie in die Gegenwart eines Menschen führen, der keinem anderen gleicht. Vertiefen Sie sich darein, machen Sie sich damit bekannt, und bald werden Sie finden, daß Ihr Autor Ihnen etwas weitaus Bestimmteres gibt oder zu geben versucht. Die zweiunddreißig Kapitel eines Romans – wenn wir zuerst überlegen, wie ein Roman zu lesen sei – sind ein Versuch, etwas so Planvolles und Geformtes zu machen wie ein Gebäude; nur sind Worte ungreifbarer als Backsteine; das Lesen ist ein längerer und komplizierterer Prozeß als das Sehen. Der schnellste Weg, in den Grundzügen zu verstehen, was ein Erzähler eigentlich tut, führt vielleicht nicht über das Lesen, sondern über das Schreiben, indem man seinen eigenen Versuch macht mit den Gefahren und Schwierigkeiten der Wörter. Besinnen Sie sich also auf irgendein Ereignis, das einen deutlichen Eindruck in Ihrem Gedächtnis hinterlassen hat –

wie an der Straßenecke vielleicht zwei Menschen im Gespräch standen, als Sie vorübergingen. Ein Baum bebte; ein elektrisches Licht tanzte; der Ton des Gesprächs war komisch, aber auch tragisch; eine ganze Vision, eine in sich vollkommene Konzeption schien in jenem Augenblick enthalten.

Doch wenn Sie versuchen, das innere Bild in Worten zu rekonstruieren, werden Sie finden, daß es in tausend widerstreitende Impressionen zerfällt. Manche müssen gedämpft, andere betont werden; währenddessen wird wahrscheinlich die Grundempfindung Ihrem Zugriff entgleiten. Dann wenden Sie sich von Ihren verwischten und überkritzelten Blättern zu den Anfangsseiten irgendeines großen Romanciers – Defoe, Jane Austen,[1] Hardy. Jetzt werden Sie besser imstande sein, ihre Meisterschaft richtig einzuschätzen. Nicht bloß, daß wir uns in der Gegenwart einer anderen Person befinden – Defoe, Jane Austen oder Thomas Hardy –, sondern daß wir in einer andern Welt leben. Hier, im *Robinson Crusoe*, stapfen wir auf ebener Straße; eines geschieht nach dem anderen; das Faktum und die Ordnung des Faktums ist genug. Wenn aber freie Luft und Abenteuer Defoe alles bedeuten, Jane Austen bedeuten sie nichts. Ihr Feld ist der Salon, Menschen, die reden und durch die vielen Spiegelgläser ihrer Rede ihr Wesen enthüllen. Und wenn wir, nachdem wir uns im Salon mit seinen Spiegelungen eingewöhnt haben, zu Hardy kommen, werden wir erneut um die eigene Achse gedreht. Um uns herum sind Moor und Heide und über uns die Sterne. Die andere Seite des Gemüts ist nun bloßgelegt – die dunkle Seite, die sich in der Einsamkeit hervorkehrt, nicht die helle, die sich in Gesellschaft zeigt. Beziehungen haben wir nicht zu Menschen, sondern zu Natur und Schicksal. Doch so verschieden diese Welten sind, jede ist in sich stimmig. Der Baumeister einer jeden ist darauf bedacht, die Gesetze der eigenen Perspektive zu wahren, und wie groß die Anspannung sein mag, die sie uns abverlangen, sie werden uns nie in Verwirrung stürzen, wie es weniger bedeutende Erzähler so häufig tun, indem sie in ein und dasselbe Buch zwei verschiedene Arten von Wirklichkeit einführen. Von einem der großen Romanciers zum anderen zu gehen – von Jane Austen zu Hardy, von Peacock[2] zu Trollope,[3] von Scott zu Meredith

– heißt also herausgerissen und entwurzelt werden, erst in eine Richtung geworfen werden, dann in die andere. Einen Roman zu lesen ist eine schwierige und komplexe Kunst. Sie müssen nicht nur eine sehr subtile Wahrnehmungsfähigkeit besitzen, sondern auch große Kühnheit der Einbildungskraft, wenn Sie aus allem Nutzen ziehen wollen, was der Erzähler – der große Künstler – Ihnen bietet.

Aber ein Blick auf die ungleiche Gesellschaft im Regal wird Ihnen zeigen, daß Schriftsteller sehr selten »große Künstler« sind; weit häufiger erhebt ein Buch gar keinen Anspruch darauf, ein Kunstwerk zu sein. Diese Biographien und Autobiographien zum Beispiel, Lebensbeschreibungen großer Männer, längst gestorben und vergessen, die Seite an Seite mit den Romanen und Gedichten stehen – sollen wir uns weigern, sie zu lesen, weil sie nicht »Kunst« sind? Oder sollen wir sie lesen, aber auf andere Weise, mit anderem Ziel? Sollen wir sie erst einmal lesen, um jene Neugierde zu stillen, die uns bisweilen überkommt, wenn wir am Abend vor einem Haus stehen bleiben, in dem die Lichter brennen und die Vorhänge noch nicht zugezogen sind und jedes Stockwerk des Hauses uns einen anderen Ausschnitt des menschlichen Daseins zeigt? Dann werden wir von Neugier verzehrt, das Leben dieser Menschen zu kennen – der Dienstboten, die einen Schwatz halten, der Herren, die speisen, des Mädchens, das sich für ein Fest ankleidet, der alten Frau am Fenster mit ihrem Strickzeug. Wer sind sie, was sind sie, welches sind ihre Namen, ihre Berufe, ihre Gedanken und Abenteuer?

Biographien und Memoiren geben Antwort auf solche Fragen, erhellen unzählige solcher Häuser; sie zeigen uns Menschen, die ihren täglichen Geschäften nachgehen, die sich plagen, die scheitern, Erfolg haben, essen, hassen, lieben, bis sie sterben. Und manchmal, wie wir zuschauen, verblaßt das Haus, und die Eisengitter verschwinden und wir sind draußen auf See; wir jagen, segeln, fechten; wir sind unter Wilden und Soldaten; wir nehmen an großen Feldzügen teil. Oder möchten wir hier in England bleiben, in London, so wechselt der Schauplatz gleichwohl; die Straße verengt sich; das Haus wird klein, eng, rautenfenstrig und dumpfig. Wir sehen einen Dichter, Donne,[4] aus solchem Haus getrieben, weil die Wände so dünn waren, daß die

Stimmen der Kinder hindurchdrangen, wenn sie weinten. Wir können ihm folgen auf den Wegen, die in den Seiten von Büchern vorgelegt sind, nach Twickenham, zu Lady Bedfords Park, einem berühmten Treffpunkt für Adlige und Dichter; lenken dann unsere Schritte nach Wilton zu dem großen Haus an den Hügeln und hören, wie Sidney seiner Schwester die *Arcadia*[5] vorliest, und durchstreifen eben jene Moore und sehen eben die Reiher, die in der berühmten Romanze eine Rolle spielen; und dann wieder reisen wir nordwärts mit jener anderen Lady Pembroke, Anne Clifford, in ihr wildes Heideland oder tauchen ein in die Stadt und zügeln unser Vergnügen beim Anblick von Gabriel Harvey[6] in seinem schwarzen Samtanzug, wie er mit Spenser über die Dichtkunst streitet. Nichts ist faszinierender, als im wechselnden Glanz und Dunkel des elisabethanischen London seinen Weg zu erkunden und umherzustolpern. Aber wir können nicht bleiben. Die Temples und die Swifts, die Harleys und die St. Johns[7] winken uns weiter; Stunde um Stunde kann man damit verbringen, ihre Streitereien zu entwirren und ihre Charaktere zu entziffern; und sind wir ihrer müde, können wir weiterschlendern, vorbei an einer diamantengeschmückten Dame in Schwarz zu Samuel Johnson und Goldsmith und Garrick;[8] oder auch, wenn wir möchten, über den Ärmelkanal setzen, und Voltaire und Diderot und Madame du Deffand[9] kennenlernen; und dann wieder zurück nach England und Twickenham – wie gewisse Orte sich wiederholen und gewisse Namen! – wo Lady Bedford einst ihren Park hatte und wo später Pope[10] lebte, zu Walpoles Haus in Strawberry Hill. Doch Walpole macht uns mit solch einem Schwarm neuer Personen bekannt, so viele Häuser müssen besucht, so viele Türglocken geläutet werden, daß wir allen Grund haben, einen Moment zu verharren, vor der Tür der Damen Berry zum Beispiel, und siehe, da tritt Thackeray[11] heran; er ist der Freund der Frau, die von Walpole geliebt wurde; so daß wir bloß durch einen Spaziergang von Freund zu Freund, von Garten zu Garten, von Haus zu Haus, von einem Ende der englischen Literatur zum anderen gelangt sind und beim Erwachen uns wieder hier in der Gegenwart befinden, falls wir diesen Augenblick so deutlich von all den vorangegangenen unterscheiden können. Dies also ist eine der Arten, wie wir diese Lebensberichte und Briefe lesen können; durch sie können wir die vielen Fenster der Vergangenheit erhellen; wir können die berühmten Toten bei ihren vertrauten Gewohnheiten beobachten und uns manchmal einbilden, daß wir ihnen sehr nahe wären und ihre Geheimnisse entdeckten, und manchmal ziehen wir vielleicht ein Theaterstück hervor oder ein Gedicht, das sie geschrieben haben, und sehen, ob es sich in Gegenwart des Autors anders liest. Doch dies wiederum ruft andere Fragen hervor. Wie weit, müssen wir uns fragen, wird ein Buch durch das Leben seines Verfassers beeinflußt – wie weit ist es ungefährlich, den Künstler aus dem Menschen zu erklären? Wie weit werden wir den Sympathien und Antipathien widerstehen oder nachgeben, die der Mensch selbst in uns erregt – so sensibel sind Worte, so empfänglich für den Charakter des Autors? Dies sind Fragen, die uns bedrängen, wenn wir Briefe und Lebensberichte lesen, und wir müssen uns selbst die Antwort darauf geben, denn nichts ist fataler, als sich in einer so persönlichen Angelegenheit von den Vorlieben anderer leiten zu lassen.

Wir können aber solche Bücher auch mit anderem Ziel lesen, nicht um Licht auf die Literatur zu werfen, nicht um mit berühmten Menschen vertraut zu werden, sondern um unsere eigenen schöpferischen Kräfte aufzufrischen und zu üben. Ist da rechts vom Büchergestell nicht ein offenes Fenster? Wie schön, im Lesen innezuhalten und hinauszuschauen! Wie anregend ist doch die Szene in ihrer Unbewußtheit, ihrer Belanglosigkeit, ihrer ständigen Bewegung – die Fohlen, die rund um das Feld galoppieren, die Frau, die den Eimer am Brunnen füllt, der Esel, der den Kopf zurückwirft und sein scharfes, langgezogenes Ächzen hervorstößt. Der größere Teil einer jeden Bibliothek ist nichts als die Aufzeichnung solch flüchtiger Augenblicke im Leben von Männern, Frauen und Eseln. Jede Literatur hat, indem sie altert, ihren Abfallhaufen, ihr Zeugnis entschwundener Augenblicke und vergessener Leben, vorgetragen in schwachen und gestammelten Tönen, die untergegangen sind. Aber wenn Sie sich dem Reiz des Abfall-Lesens überlassen, werden Sie überrascht, ja überwältigt sein von den Überbleibseln menschlichen Lebens, die zum Vermodern auf den Müll geworfen worden sind. Es mag ein

Brief sein – aber welchen Einblick gibt er! Es mögen ein paar Sätze sein – aber welche Aussicht eröffnen sie! Manchmal fügt sich eine ganze Geschichte zusammen mit so wunderbarem Humor und Pathos und in einer Vollständigkeit, daß es scheint, als sei ein großer Romancier am Werk gewesen, dabei ist es nur ein alter Schauspieler, Tate Wilkinson,[12] der sich an die seltsame Geschichte des Captain Jones erinnert; es ist nur ein junger Offizier, der unter Arthur Wellesley[13] dient und sich in Lissabon in ein hübsches Mädchen verliebt; es ist nur Maria Allen,[14] die im leeren Salon ihre Näharbeit sinken läßt und seufzt, wie sehr sie wünschte, sie wäre Dr. Burneys gutem Rat gefolgt und nie mit ihrem Rishy auf und davon gegangen. Nichts davon hat irgendwelchen Wert, es ist gänzlich ohne Belang; doch wie fesselnd ist es hin und wieder, die Abfallhaufen zu durchstöbern und Ringe und Scheren und abgebrochene Nasen begraben zu finden in der riesigen Vergangenheit und ein Zusammensetzen der Teile zu versuchen, während das Fohlen ums Feld galoppiert, die Frau ihren Eimer am Brunnen füllt und der Esel schreit.

Auf die Dauer aber werden wir müde, Abfälle zu lesen. Wir werden der Suche müde nach dem, was notwendig ist, um die Halbwahrheiten zu ergänzen, die alles sind, was die Wilkinsons, die Bunburys[15] und die Maria Allens uns bieten können. Sie hatten nicht das Vermögen des Künstlers, zu meistern und zu tilgen; sie konnten nicht einmal über ihr eigenes Leben die ganze Wahrheit sagen; sie haben die Geschichte verunstaltet, die so schön hätte gebaut sein können. Fakten sind alles, was sie uns bieten können, und Fakten sind eine ganz untergeordnete Form erzählender Literatur. So wächst in uns der Wunsch, das Halbgesagte und Ungefähre hinter uns zu lassen; den feinen Schattierungen des menschlichen Charakters nicht länger nachzuspüren, die größere Abstraktheit zu genießen, die reinere Wahrheit der Dichtung. So schaffen wir die Stimmung, konzentriert und verallgemeinert, blicklos für die Einzelheit, doch bestimmt von irgendeinem gleichmäßigen rhythmischen Pulsschlag, deren natürlicher Ausdruck die Poesie ist; und jetzt ist die Zeit, Poesie zu lesen, wenn wir beinahe imstande sind, sie zu schreiben.

Western wind, when wilt thou blow?
The Small rain down can rain.
Christ, if my love were in my arms,
And I in my bed again!
(Westerwind, wann willst du wehn?
Der kleine Regen kann regnen herab.
Herr, wär die Liebste mir im Arm
Und ich im Bett daheim!) [16]

Wie ein Schlag so hart und direkt trifft uns Poesie, daß für den Augenblick keine andere Empfindung herrscht außer der des Gedichtes selbst. Welche Urtiefen wir dann aufsuchen – wie plötzlich und vollkommen ist unser Eintauchen! Nichts gibt es hier, um sich festzuhalten; nichts, uns zu hemmen in unserem Flug. Die Illusion des Epischen entsteht allmählich; seine Wirkungen werden vorbereitet; wer aber, wenn er diese vier Zeilen liest, hält inne, zu fragen, wer sie geschrieben hat, oder beschwört den Gedanken an Donnes Haus oder Sidneys Sekretär herauf; oder verstrickt sie in die Wirren der Vergangenheit und die Folge der Generationen? Der Dichter ist immer unser Zeitgenosse. Unser Sein ist für den Augenblick in einen Punkt konzentriert und zusammengeschnürt wie bei jedem Schock persönlicher Empfindung. Nachher allerdings beginnt das Gefühl sich in weiteren Ringen durch unser Inneres auszubreiten; entlegenere Sinne werden erreicht; diese beginnen zu klingen und sich zu erklären, und wir nehmen Echos und Spiegelungen wahr. Die Intensität lyrischer Dichtung umfaßt immense Weiten der Empfindung. Vergleichen wir nur die Kraft und Unmittelbarkeit von

I shall fall like a tree, and find my grave,
    Only remembering that I grieve,
(Ich werde fallen wie ein Baum und finden mein Grab,
    In der Erinnerung nur den Gram,) [17]

mit der schwankenden Modulation von

Minutes are numbered by the fall of sands,
As by an hour glass; the span of time
Doth waste us to our graves, and we look on it;
An age of pleasure, revelled out, comes home
At last, and ends in sorrow; but the life,
Weary of riot, numbers every sand,
Wailing in sighs, until the last drop down,
So to conclude calamity in rest,
(Minuten werden gezählt im Fallen des Sandes
Wie im Stundenglas; die Spanne Zeit
Zehrt uns auf bis zum Grab, und wir schaun zu;
Eine Zeit der Freude, ausgeschwelgt, ist endlich
Um und endet in Trauer; aber das Leben,
Müde des Tobens, zählt jeden Sand,
In Seufzern klagend, bis der letzte fällt,
Die Trübsal so in ewiger Ruhe zu enden,) [18]

oder stellen wir die meditative Stille von

whether we be young or old,
Our destiny, our being's heart and home,
Is with infinitude, and only there;
With hope it is, hope that can never die,
Effort, and expectation, and desire,
And something evermore about to be,
(ob wir jung sind oder alt,
Unser Schicksal, Herz und Heimat unsres Seins,
Ist im Unendlichen und einzig dort;
In der Hoffnung ist es, Hoffnung, die nie stirbt,
Streben und Erwartung und Begehren,
Und etwas, das ewig im Begriffe ist zu sein,) [19]

neben die vollkommene und unerschöpfliche Schönheit von

The moving Moon went up the sky,
And nowhere did abide:
Softly she was going up,
And a star or two beside –
(Der schwebende Mond ging himmelan,
Und nirgends hielt er ein:
Stille ging er seinen Gang
Mit einem Stern oder zwein) [20]

oder die glanzvolle Phantastik von

And the woodland haunter
Shall not cease to saunter
  When, far down some glade,
Of the great world's burning,
One soft flame upturning
Seems, to his discerning,
  Crocus in the shade,
(Und der Waldland-Wandler
Soll vom Wandern nicht lassen,
  Wenn weit in einer Lichtung drunten
Vom großen Weltenbrande
Aufsteigend eine sanfte Flamme
Seinem scharfen Blick erscheint
  Als Krokus im Schatten,) [21]

so besinnen wir uns auf die vielseitige Kunst des Dichters; sein Vermögen, uns zu Akteuren und Zuschauern zugleich zu machen; sein Vermögen, mit der Hand in einen Charakter zu fahren, als wäre er ein Handschuh, und Falstaff oder Lear zu sein; sein Vermögen, zu verdichten, zu weiten; im Wort hinzustellen – einmal und auf immer.

»Vergleichen wir nur« – mit diesen Worten ist die Katze aus dem Sack, und die wahre Komplexität des Lesens ist eingestanden. Der erste Prozeß, Eindrücke mit dem äußersten Verständnis aufzunehmen, ist nur der halbe Prozeß des Lesens; er muß ergänzt werden durch einen weiteren, wenn wir in den vollen Genuß eines Buches kommen sollen. Wir müssen aus diesen zahllosen Eindrücken ein Urteil gewinnen; wir müssen aus diesen flüchtigen Gebilden eines machen, das fest ist und dauert. Aber nicht sofort. Warten Sie, bis der Staub des Lesens sich legt, bis Zweifel und Widerstreit still werden; gehen Sie umher, reden Sie, zupfen Sie die welken Blätter von einer Rose oder schlafen Sie. Dann plötzlich, ohne unser Zutun, denn das ist die Art, wie die Natur solche Übergänge bewerkstelligt, wird das Buch zurückkehren, nur anders. Es wird im Bewußtsein an die Oberfläche treiben als ein Ganzes. Und das Buch als ein Ganzes ist etwas anderes als das beim Lesen Satz für Satz aufgenommene Buch. Einzelheiten fügen sich nun an ihrem Platz ein. Wir sehen die Form des Ganzen von Anfang bis Ende; es ist eine Scheune, ein Schweinestall oder eine Kathedrale. Nun also können wir Buch mit Buch vergleichen, wie wir Gebäude mit Gebäude vergleichen. Aber dieser Akt des Vergleichens bedeutet, daß unsere Haltung sich geändert hat; wir sind nicht länger die Freunde des Autors, sondern seine Richter; und so wie wir als Freunde nicht zu mitfühlend sein können, ebenso wenig können wir als Richter zu streng sein. Sind es nicht Verbrecher, die Bücher, die uns Zeit und Mitgefühl gestohlen haben; sind sie nicht die heimtückischsten Feinde der Gesellschaft, Verderber, Schänder, die Schreiber falscher Bücher, schwindelhafter Bücher, Bücher, die die Luft mit Krankheit und Verwesung erfüllen? Lassen Sie uns dann also streng sein in unseren Urteilen; vergleichen wir jedes Buch mit den größten seiner Art. Da im Innern schweben sie uns vor, die Formen der Bücher, die wir gelesen haben, befestigt durch die Urteile, die wir über sie gesprochen haben – *Robinson Crusoe*, *Emma*,[22] *The Return of the Native*.[23] Vergleichen Sie Romane mit diesen – selbst der neueste und geringste Roman hat das Recht, an den besten gemessen zu werden. Und so auch bei der Poesie – wenn der Rausch des Rhythmus erstorben und die Pracht der Worte geschwunden ist, wird eine visionäre Form uns wiederkehren, und diese muß verglichen werden mit *Lear*, mit *Phèdre*,[24] mit dem *Prelude*; oder wenn nicht mit diesen, dann mit dem Besten seiner Art, oder was immer das Beste zu sein scheint. Und wir können sicher sein, daß die Neuheit neuer Lyrik und erzählender Prosa nur deren oberflächlichste Eigenschaft ist und daß wir die Maßstäbe bloß leicht zu ändern, nicht neu zu bilden brauchen, nach denen wir die alte beurteilt haben.

Nun wäre es töricht, so zu tun, als sei der zweite Teil des Lesens, zu urteilen, zu vergleichen, ebenso einfach wie der erste – den Geist weit zu öffnen für die rasch hereinströmenden unzähligen Eindrücke. Mit dem Lesen fortzufahren, ohne das Buch vor sich zu haben, ein Schattengebilde neben ein anderes zu halten, genügend breit belesen zu sein und genügend Verständnis zuhaben, um solche Vergleiche lebendig und erhellend anzustellen – das ist schwierig; und noch schwieriger ist es, weiter vorzudringen und zu sagen: »Das Buch ist nicht nur von dieser Art, sondern es hat diesen Wert; hier geht es fehl; hier ist es geglückt; dies ist schlecht; das ist gut.« Diesen Teil der Leserpflicht zu erfüllen braucht so viel Vorstellungskraft, Einsicht und Kenntnis, daß es schwer ist, sich einen einzelnen Geist zu denken, der dafür ausreichend begabt wäre; unmöglich für die Selbstsichersten, mehr als den Keim solcher Kräfte in sich zu finden. Wäre es dann nicht klüger, diesen Teil des Lesens weiterzureichen und es den Kritikern, den pelzverbrämten, talarbekleideten Autoritäten der Bibliothek, zu überlassen, die Frage nach dem absoluten Wert des Buches für uns zu entscheiden? Doch wie unmöglich! Wir mögen den Wert des Mitempfindens betonen; wir mögen versuchen, unsere eigene Identität versinken zu lassen, während wir lesen. Aber wir wissen, daß wir nicht vollkommen mitempfinden oder uns vollkommen versenken können; immer ist da ein Dämon in uns, der flüstert, »ich hasse, ich liebe«, und wir können ihn nicht zum Schweigen bringen. Ja, gerade weil wir hassen und lieben, ist unser Verhältnis zu den Dichtern und Erzählern so persönlich, daß wir die Gegenwart einer anderen Person unerträglich finden. Und selbst wenn die Ergebnisse fürchterlich und unsere Urteile falsch sind, bleibt dennoch unser Geschmack, der sensorische Nerv, der elektrische Schläge durch uns hindurchsendet, unsere wichtigste Quelle der Erleuchtung; wir lernen durch Fühlen; wir können die uns eigentümliche

Natur nicht unterdrücken, ohne sie ärmer zu machen. Aber mit der Zeit können wir vielleicht unseren Geschmack üben und bilden; vielleicht können wir ihn dazu bringen, sich einer gewissen Kontrolle zu unterwerfen. Hat er sich dann gierig und ausschweifend genährt von Büchern aller Art – Lyrik, Epik, Historie, Biographik – und hat er aufgehört zu lesen und lange Zeiten die Vielfalt betrachtet, die Ungereimtheit der lebendigen Welt, so werden wir finden, daß er dabei ist, sich ein wenig zu wandeln; er ist nicht so gierig, er ist überlegter. Er wird anfangen, uns nicht bloß Urteile über bestimmte Bücher zu liefern, sondern er wird uns sagen, daß gewissen Büchern eine bestimmte Eigenschaft gemeinsam ist. Hör zu, wird er sagen, wie sollen wir *das* nennen? Und er wird uns vielleicht den *Lear* vorlesen und dann vielleicht den *Agamemnon*,[25] um diese gemeinsame Eigenschaft ans Licht zu bringen. So werden wir uns, mit unserem Geschmack als Führer, über das einzelne Buch hinauswagen auf der Suche nach Eigenschaften, welche Bücher in Gruppen zusammenschließen; wir werden ihnen Namen geben und so eine Regel formulieren, die in unsere Wahrnehmungen Ordnung bringt. Wir werden aus diesem Sondern und Unterscheiden eine weitere und köstlichere Freude gewinnen. Da aber eine Regel nur lebt, wenn sie im Bezug zu den Büchern selbst ständig durchbrochen wird – nichts leichter und verdummender, als Regeln aufzustellen, die ohne Faktenbezug im leeren Raum existieren –, mag es als Stütze auf diesem schwierigen Wege nun zu guter Letzt angebracht sein, daß wir uns den sehr sehr seltenen Schriftstellern zuwenden, die imstande sind, uns über Literatur als Kunst aufzuklären. Coleridge und Dryden und Johnson[26] in ihrer wohlbedachten Kritik, die Poeten und Erzähler selber in ihren unbedachten Äußerungen sind oft überraschend ertragreich; sie klären und festigen die vagen Ideen, die in den nebelhaften Tiefen unseres Gemüts herumgeisterten. Aber sie können uns nur helfen, wenn wir reichbeladen zu ihnen kommen mit Fragen und Vermutungen, die wir uns selbst im Laufe unserer eigenen Lektüre ehrlich erworben haben. Sie können nichts für uns tun, wenn wir uns unter ihrer Autorität zusammenscharen und uns wie Schafe im Schutz einer Hecke niederlegen. Wir können ihren Urteilsspruch nur dann begreifen, wenn er mit unserem eigenen in Widerstreit gerät und ihn bezwingt.

Wenn das so ist, wenn ein Buch so zu lesen, wie es gelesen werden sollte, ganz außergewöhnliche Eigenschaften der Vorstellungskraft, der Einsicht und des Urteilsvermögens erfordert, dann schließen Sie vielleicht daraus, die Literatur sei eine hochkomplizierte Kunst und es sei unwahrscheinlich, daß wir, selbst nach lebenslangem Lesen, fähig würden, einen irgendwie wertvollen Beitrag zu ihrer kritischen Betrachtung zu leisten. Leser müssen wir bleiben; wir werden uns nicht mit der zusätzlichen Glorie umgeben, die jenen seltenen Wesen zugehört, die obendrein Kritiker sind. Aber dennoch haben wir als Leser unsere Verantwortung und sogar unsere Bedeutung. Die Maßstäbe, die wir setzen, und die Urteile, die wir fällen, fügen sich stillschweigend der Atmosphäre hinzu und werden Teil der Luft, die die Schriftsteller atmen, während sie arbeiten. Ein Einfluß wird geschaffen, der auf sie einwirkt, auch wenn er nie seinen Weg in den Druck findet. Und dieser Einfluß, wäre er kenntnisreich, kraftvoll und eigenständig und aufrichtig, könnte von großem Wert sein eben jetzt, da die Literaturkritik sich notgedrungen in einem Schwebezustand befindet; da Bücher zur Musterung vorbeiziehen gleich der Prozession von Tieren auf einem Schießstand, und der Kritiker nur eine Sekunde Zeit hat zum Laden, Zielen und Schießen und durchaus zu entschuldigen ist, wenn er Kaninchen für Tiger hält, Adler für Haushühner, oder gar nicht trifft und seinen Schuß an eine friedfertige Kuh verschwendet, die auf einem ferneren Felde grast. Hätte hinter dem ziellosen Gewehrfeuer der Presse der Autor das Gefühl, es gebe doch noch eine andere Art von Kritik, die Meinung von Menschen, die lesen aus Liebe zum Lesen, langsam und nicht berufsmäßig, und die mit großer Sympathie und doch mit großer Strenge urteilen, könnte dies nicht die Qualität seiner Arbeit erhöhen? Und würden mit unserer Hilfe die Bücher stärker, reicher und vielfältiger, so wäre dies ein Ziel, das zu erreichen sich lohnte.

Doch wer liest, um ein Ziel zu verwirklichen, wie wünschenswert es auch sei? Gibt es nicht manche Beschäftigung, der wir nachgehen, weil sie in sich gut ist, und manche Freuden, die endgültig sind? Und gehört die des Lesens nicht dazu? Ich habe jedenfalls manchmal geträumt, wenn der Tag des Jüngsten Gerichts heraufdämmert und die großen Eroberer und Rechtsgelehrten und Staatsmänner kommen, ihren Lohn zu empfangen – ihre Kronen, ihren Lorbeer, ihre Namen unauslöschlich gemeißelt in unvergänglichen Marmor –, dann werde der Allmächtige sich zu Petrus wenden und werde sagen, nicht ohne einen gewissen Neid, wenn er uns mit unseren Büchern unter dem Arm kommen sieht, »Sieh, diese brauchen keinen Lohn. Wir haben ihnen hier nichts zu geben. Sie haben das Lesen geliebt.«

Anmerkungen

Dieser Essay basiert auf einem Vortrag, den Virginia Woolf in einer privaten Mädchenschule in Hayes Court in der Grafschaft Kent am 30. Januar 1926 hielt; er wurde zuerst in der *Yale Review*, Oktober 1926, veröffentlicht. Die vorliegende Fassung wurde beträchtlich revidiert.

1 Zu Daniel Defoe (1660–1731) und Jane Austen (1775–1817) vgl. Virginia Woolfs Essays in *Der gewöhnliche Leser*, Band 1, Frankfurt: S. Fischer, 1989, 110ff. und 164ff.

2 Thomas Love Peacock (1785–1866), Satiriker, Essayist, Autor von Romanen, in denen Dialoge und Festlichkeiten eine große Rolle spielen (*Crotchet Castle*, 1831).

3 Anthony Trollope (1815–1882), Romancier des englischen Provinzlebens, vor allem in der sogenannten ›Barsetshire‹-Serie.

4 Der ›metaphysical poet‹ John Donne (1572–1631), vgl. Virginia Woolfs Essay ›Donne nach drei Jahrhunderten‹ in *Der gewöhnliche Leser*, Band 2, Frankfurt: S. Fischer, 1990, 26–48. Zu seinen zahlreichen Gönnerinnen zählte Lucy Harrington, Countess of Bedford.

5 Der Dichter und Soldat Sir Philip Sidney (1554–1586) hatte die umfängliche Romanze *Arcadia* für seine Schwester Mary Herbert, Countess of Pembroke (1561–1621) geschrieben. Vgl. Virginia Woolfs Essay ›Der Gräfin von Pembrokes Arcadia‹ in *Der gewöhnliche Leser*, Band 2, 49–60.

6 Gabriel Harvey (ca. 1550–1631), Humanist, Prosaist, Annotator, befreundet mit Sidney und dem elisabethanischen Dichter Edmund Spenser (ca. 1552–1599).

7 Sir William Temple (1628–1699), Diplomat, Essayist, Philologe, verheiratet mit Dorothy Osborne (1627–1695), die witzige und lebendige Briefe hinterlassen hat; vgl. Virginia Woolfs Essay ›Dorothy Osbornes Briefe‹ in

Der gewöhnliche Leser, Band 2, 70–80. Im Haushalt der Temples lebte als junger Mann der große Satiriker Jonathan Swift (1667–1745). Robert Harley, First Earl of Oxford (1661–1724), konservativer Politiker und Bibliophiler, mit Swift befreundet. Henry St. John, 1st Viscount Bolingbroke (1678–1751), Politiker, politischer und philosophischer Schriftsteller von einigem Einfluß auf die Staatsmänner der amerikanischen Revolution; zum Kreis um Swift gehörend.

8 Samuel Johnson (1709–1784), Dichter, Kritiker, Lexikograph; Oliver Goldsmith (ca. 1730–1774), Dichter, Dramatiker, Romancier (*The Vicar of Wakefield*, 1764); David Garrick (1717–1779), größter Schauspieler seiner Zeit.

9 Marie, Marquise du Deffand (1697–1780) unterhielt einen der berühmtesten Salons in Paris, in dem sowohl die Spitzen der Gesellschaft wie die Intellektuellen (etwa die Enzyklopädisten Diderot und d'Alembert) verkehrten. Enge Vertraute von Horace Walpole (1717–1797), mit dem sie bedeutsame Briefe wechselte und dem sie ihre Papiere und ihren Hund hinterließ. Walpole baute sich bei Twickenham ein Schloß im neugotischen Stil, Strawberry Hill.

10 Alexander Pope (1688–1744), der klassizistische Dichter und Übersetzer, spielt, wie auch Madame du Deffand, in Virginia Woolfs Roman *Orlando* eine Rolle.

11 William Makepeace Thackeray (1811–1863), der viktorianische Romancier (*Vanity Fair*, 1847). Seine älteste Tochter, Anne Thackeray Ritchie – über ihre Schwester, die erste Frau Leslie Stephens, mit Virginia Woolf verwandt, die sie zum Vorbild der Mrs Hilbery in ihrem zweiten Roman, *Night and Day*, nahm – veröffentlichte zahlreiche Anekdoten aus dem Leben ihres Vaters in *Chapters from some Memoirs* (1894).

12 Tate Wilkinson (1739–1803), Schauspieler und Theaterprinzipal in der Provinz, der zeitweilig berühmt war für seine ›Imitationen‹ führender Schauspieler seiner Zeit. Vgl. seine *Memoirs* (1790) sowie Virginia Woolfs Essay ›Jones und Wilkinson‹ in *Der Tod des Falters*, Frankfurt: S. Fischer, 1997, 37–43.

13 Arthur Wellesley, first Duke of Wellington (1769–1852); die Anekdote hat sich nicht aufspüren lassen.

14 Maria Allen, die einen Martin Rishton heiratete, war die Tochter Dr. Burneys von seiner zweiten Frau, Mrs Allen. Vgl. Virginia Woolfs Essay ›Fanny Burney's Half-Sister‹ in *Granite and Rainbow* (1958); vgl. zu Burney ihren Essay ›Dr. Burneys Abendgesellschaft‹ in *Der gewöhnliche Leser*, Band 2, 128–148.

[15] Bezieht sich vermutlich auf die Familie von Henry William Bunbury (1750–1811), einem dilettierenden Künstler. Einer seiner Söhne, Sir Henry Edward Bunbury (1778–1860), verfaßte historische Werke.

[16] Anonym, 16. Jahrhundert; es kursieren zahlreiche Fassungen dieser Strophe.

[17] Aus *The Maid's Tragedy* (1619, etwa 1611 geschrieben) von Sir Francis Beaumont (1584–1616) und John Fletcher (1579–1625), IV, i, 214f., gesprochen von dem unseligen Helden Amintor.

[18] Aus *The Love's Melancholy* (1628) von John Ford (1586–nach 1639), IV, iii, 57–64, von Eroclea gesprochen.

[19] Aus dem *Prelude* von William Wordsworth (1770–1850), Buch VI, ›Cambridge and the Alps‹, Zeilen 603–8 (Fassung von 1850).

[20] Samuel Taylor Coleridge (1772–1834), *The Rime of the Ancient Mariner* (1798), Zeilen 255–8.

[21] Nicht identifiziert.

[22] Roman von Jane Austen, 1816.

[23] Roman von Thomas Hardy, 1878.

[24] Tragödie von Jean Racine (1639–1699; 1677).

[25] Tragödie von Aischylos.

[26] Bei Coleridge denkt Virginia Woolf vor allem an dessen *Biographia Literaria* (1817) und an sein *Table Talk* (1836). Bei John Dryden (1631–1700), dem Dramatiker und Übersetzer, wäre zu denken an *Of Dramatick Poesie* (1668) oder *A Defence of an Essay* (1668). Auf Samuel Johnsons *Lives of the English Poets* (1779–81) hat Virginia Woolf häufig verwiesen; im Vorwort zu *Der gewöhnliche Leser*, Band 1, wird daraus zitiert.

Abend über Sussex:
Betrachtungen in einem Automobil

Der Abend ist gütig zu Sussex, denn Sussex ist nicht mehr jung, und es ist dankbar für den Schleier des Abends, wie eine ältliche Frau froh ist, wenn ein Schirm über eine Lampe gestülpt wird und nur noch die Kontur ihres Gesichtes bleibt. Die Kontur von Sussex ist noch sehr schön. Die Klippen stehen, eine hinter der andern, ins Meer hinaus. Ganz Eastbourne, ganz Bexhill, ganz St. Leonards, ihre Promenaden und ihre Pensionen, ihre Perlenläden und ihre Süßwarenläden und ihre Plakate und Invaliden und Kremser sind alle ausgelöscht. Was bleibt, ist, was da war, als Wilhelm[1] vor zehn Jahrhunderten aus Frankreich herüberkam: eine Reihe von Klippen, die ins Meer hinausläuft. Auch die Felder sind erlöst. Das Fleckchen roter Landhäuser an der Küste wird von einem dünnen, hellen See brauner Luft überspült, in dem sie und ihre Röte ertrinken. Es war noch zu früh für Lampen; und zu früh für Sterne.

Aber, dachte ich, es gibt immer einen Bodensatz von Gereiztheit, wenn der Augenblick so schön ist wie jetzt. Die Psychologen müssen das erklären; man blickt auf, man ist überwältigt von einer Schönheit, die verschwenderisch größer ist, als man erwarten konnte – über Battle[2] stehen jetzt rosa Wolken; die Felder sind gesprenkelt, marmoriert –, die Wahrnehmungen schwellen rasch an wie Luftballons, die durch einen Luftstrom ausgedehnt werden, und dann, wenn alles am vollsten und prallsten aufgeblasen zu sein scheint mit Schönheit und Schönheit und Schönheit, sticht eine Nadel zu; es zerplatzt. Aber was ist die Nadel? Soviel ich sagen konnte, hatte die Nadel etwas mit dem eigenen Unvermögen zu tun. Ich kann dies nicht halten – ich kann dies nicht ausdrücken – ich bin davon überwältigt – ich bin übermannt. Irgendwo in dieser Region lag die Unzufriedenheit; und sie war verbunden mit dem Gedanken, daß die eigene Natur die Herrschaft über alles verlangt, was sie empfängt; und Herrschaft bedeutete hier die Macht, das, was man jetzt über Sussex sah, mitzuteilen, so daß ein anderer Mensch daran teilhaben konnte. Und ferner war da noch ein anderer Nadelstich: man versäumte seine Gelegenheit; denn die Schönheit breitete sich aus zur Rechten, zur Linken und hinter einem auch; sie entwich die ganze Zeit; man konnte nur einen Fingerhut einer Sturzflut anbieten, die imstande war, Bäder, Seen zu füllen.

Aber gib auf, sagte ich (es ist wohlbekannt, wie unter Umständen wie diesen das Ich sich aufspaltet und ein Ich eifrig und unzufrieden und das andere streng und philosophisch ist), gib dieses unmögliche Trachten auf; sei zufrieden mit der Aussicht vor uns, und glaube mir, wenn ich dir sage, daß es das beste ist, dazusitzen und sich vollzusaugen; passiv zu sein; aufzunehmen; und mach dir keine Gedanken, weil dir die Natur sechs kleine Taschenmesser gegeben hat, um damit den Leib eines Wals in Stücke zu schneiden.

Während diese beiden Ichs dann ein Gespräch über den klugen Kurs führten, der in Gegenwart der Schönheit einzuschlagen war, sagte ich (eine dritte Partei meldete sich jetzt) zu mir selbst, wie glücklich sie doch waren, eine so einfache Beschäftigung zu genießen. Da saßen sie, während der Wagen dahinfuhr, und bemerkten alles: einen Heuschober; ein rostrotes Dach; einen Teich; einen alten Mann, der mit seinem Sack auf dem Rücken heimkam; da saßen sie und suchten für jede Farbe am Himmel und auf der Erde die passende aus ihrem Malkasten, bastelten kleine Modelle von Scheunen und Bauernhäusern in Sussex zusammen in dem roten Licht, das in der Januardämmerung ausreichte. Aber ich, die etwas anders war, saß zurückgezogen und melancholisch da. Während sie so beschäftigt sind, sagte ich zu mir selbst: Dahin, dahin; vorbei, vorbei; vergangen und erledigt, vergangen und erledigt. Ich fühle mich zurückgelassen, wie die Straße zurückgelassen wird. Wir sind über diese Strecke gefahren und sind schon vergessen. Da, Fenster wurden eine Sekunde lang von unseren Scheinwerfern beleuchtet; jetzt ist das Licht aus. Andere kommen hinter uns.

Dann sagte plötzlich ein viertes Ich (ein Ich, das im Hinterhalt liegt, scheinbar schlafend, und einen unversehens anspringt. Seine Bemerkungen haben oft gar keinen Zusammenhang mit dem, was geschehen ist, müssen aber gerade wegen ihrer Abruptheit beachtet werden): »Sieh dir das an.« Es war ein Licht; glänzend, wunderlich; unerklärlich. Eine Sekunde lang war ich nicht imstande, es zu benennen. »Ein Stern«; und während dieser Sekunde behielt er sein seltsames Flimmern der Unerwartetheit bei und tanzte und strahlte. »Ich verstehe dich«, sagte ich. »Du unstetes und impulsives Ich, das du bist, fühlst, daß das Licht, das über den Hügeln dort auftaucht, an der Zukunft baumelt. Laß uns versuchen, das zu verstehen. Laß uns das durchdenken. Ich fühle mich plötzlich nicht der Vergangenheit, sondern der Zukunft verbunden. Ich denke an Sussex in fünfhundert Jahren. Ich denke, viel Grobheit wird verschwunden sein. Dinge werden verbrannt, ausgemerzt worden sein. Es wird magische Tore geben. Luftzüge von elektrisch betriebenen Ventilatoren werden die Häuser reinigen. Helle und fest geführte Lichter werden über die Erde gehen und die Arbeit tun. Sieh das bewegliche Licht auf diesem Hügel; es ist der Scheinwerfer eines Automobils. Bei Tag und bei Nacht wird Sussex in fünf Jahrhunderten voll von bezaubernden Gedanken, raschen, wirksamen Strahlen sein.«

Die Sonne stand jetzt tief unter dem Horizont. Die Dunkelheit breitete sich rasch aus. Keines meiner Ichs konnte jenseits des spitzen Lichtkegels unserer Scheinwerfer auf der Hecke etwas sehen. Ich rief sie zusammen. »Jetzt«, sagte ich, »kommt die Zeit, unsere Rechnung aufzustellen. Jetzt müssen wir uns sammeln; wir müssen ein einziges Ich sein. Nichts ist mehr zu sehen außer einem Stück Straße und Böschung, das unsere Lichter unaufhörlich wiederholen. Wir sind bestens versorgt. Wir sind warm eingehüllt in eine Decke; wir sind vor Wind und Regen geschützt. Wir sind allein. Jetzt ist die Zeit der Abrechnung. Jetzt werde ich, die ich den Vorsitz über die Gesellschaft führe, die Trophäen ordnen, die wir alle eingebracht haben. Laßt mich sehen; sehr viel Schönheit wurde heute eingebracht: Bauernhäuser; Klippen, die ins Meer hinaus stehen; marmorierte Felder; gesprenkelte Felder; rotgefiederte Himmel; all das. Auch war da Verschwinden und der Tod des Individuums. Die entschwindende Straße und das für eine Sekunde erleuchtete und dann dunkle Fenster. Und dann war da das plötzliche tanzende Licht, das in der Zukunft aufgehängt war. Was wir also heute gemacht haben«, sagte ich, »ist dies: diese Schönheit; Tod des Individuums; und die Zukunft. Seht, ich will eine kleine Figur zu eurer Zufriedenheit machen; hier kommt sie. Ob diese kleine Figur, die durch die Schönheit, durch den Tod in die wirtschaftliche, mächtige und tüchtige Zukunft schreitet, in der die Häuser durch einen Stoß heißen Windes gereinigt werden, euch befriedigt? Seht sie an, da auf meinem Knie.« Wir saßen und betrachteten die Figur, die wir an diesem Tag gemacht hatten. Große, steile Felsplatten, von Bäumen gekrönt, umgaben sie. Sie war eine Sekunde lang sehr, sehr ernst. In der Tat, es schien, als würde die Wirklichkeit der Dinge da auf der Decke offenbart. Ein heftiger Schauder durchlief uns; als hätten wir einen elektrischen Schlag erhalten. Wir riefen zusammen aus: »Ja, ja«, als bestätigten wir etwas in einem Augenblick der Erkenntnis.

Und dann begann der Körper, der bis jetzt still gewesen war, sein Lied, beinahe so leise zuerst wie das Surren der Räder: »Eier und Speck; Toast und Tee; Feuer und ein Bad; Feuer und ein Bad; Hasenpfeffer«, fuhr er fort, »und Johannisbeergelee; ein Glas Wein; und danach Kaffee, und danach Kaffee – und dann ins Bett; und dann ins Bett.«

»Fort mit euch«, sagte ich zu meinen versammelten Ichs. »Eure Arbeit ist getan. Ich entlasse euch. Gute Nacht.«

Und der Rest der Fahrt verlief in der köstlichen Gesellschaft meines eigenen Körpers.

Anmerkungen

Vermutlich im Spätsommer 1927 geschrieben, als die Woolfs mit ihrem neuerworbenen Auto die Landschaft erkundeten. Siehe die Tagebucheintragungen vom 10. und 21. August 1927. (Nach einem Hinweis von Julia Briggs.)

1 Der Normanne William »the Conqueror« eroberte 1066 in der Schlacht bei Hastings England und begründete das normannische Königtum.

2 Der Marktflecken sechs Meilen nordwestlich von Hastings, der nach dem Sieg Williams über Harold »Battle« genannt wurde. William errichtete dort Battle Abbey.

Stadtbummel: Ein Londoner Abenteuer

Niemand hat vielleicht jemals ein leidenschaftliches Verlangen nach einem Bleistift gehabt. Aber es gibt Umstände, unter denen es höchst wünschenswert erscheinen mag, einen zu besitzen; Augenblicke, in denen wir darauf versessen sind, einen Gegenstand zu haben, eine Entschuldigung dafür, zwischen Tee und Abendessen durch halb London zu spazieren. Wie der Fuchsjäger jagt, um die Zucht der Füchse zu erhalten, und der Golfer spielt, damit offene Flächen vor den Bauunternehmern bewahrt bleiben, so dient, wenn uns der Wunsch überfällt, durch die Straßen zu streifen, der Bleistift als Vorwand, und wir stehen auf und sagen: »Wirklich, ich muß mir einen Bleistift kaufen«, so als könnten wir unter dem Deckmantel dieser Entschuldigung getrost dem größten Vergnügen des Stadtlebens im Winter frönen – durch die Straßen Londons zu streifen.

Die Stunde sollte der frühe Abend sein und die Jahreszeit Winter, denn im Winter sind die Champagnerklarheit der Luft und die Geselligkeit der Straßen wohltuend. Wir werden dann nicht wie im Sommer verhöhnt von der Sehnsucht nach Schatten und Einsamkeit und süßen Lüften von den Heufeldern. Die Abendstunde gibt uns auch die Verantwortungslosigkeit, die Dunkelheit und Lampenlicht gewähren. Wir sind nicht mehr ganz wir selbst. Wenn wir an einem schönen frühen Abend zwischen vier und sechs aus dem Haus treten, werfen wir das Ich ab, an dem uns unsere Freunde erkennen, und werden Teil jener großen republikanischen Armee anonymer Wanderer, deren Gesellschaft so angenehm ist nach der Einsamkeit des eigenen Zimmers. Denn dort sitzen wir umgeben von Gegenständen, die unaufhörlich die Wunderlichkeit unseres eigenen Naturells ausdrücken und die Erinnerungen an unsere eigenen Erlebnisse bestärken. Diese Schale auf dem Kaminsims, beispielsweise, wurde an einem windigen Tag in Mantua gekauft. Wir wollten schon das Geschäft verlassen, als uns die unheimliche alte Frau an den Kleidern zerrte und sagte, sie werde bald noch verhungern, aber »Nehmen Sie sie!« rief sie und drückte uns die blau-weiße Porzellanschale in die Hände, als wollte sie nie mehr an ihre donquichottische Großzügigkeit erinnert werden. So trugen wir sie schuldbewußt, aber nichtsdestoweniger ahnend, wie sehr wir geschröpft worden waren, in das kleine Hotel, wo sich mitten in der Nacht der Wirt so heftig mit seiner Frau zankte, daß wir uns alle auf den Hof hinauslehnten, um zu schauen, und die Weinreben um die Säulen geschlungen und die Sterne weiß am Himmel sahen. Der Augenblick wurde festgehalten, unauslöschlich geprägt wie eine Münze unter einer Million, die unmerklich vorbeiglitten. Da war auch der melancholische Engländer, der zwischen den Kaffeetassen und den kleinen Eisentischen aufstand und die Geheimnisse seiner Seele enthüllte – wie es Reisende tun. All das – Italien, der windige Morgen, die um die Säulen geschlungenen Weinreben, der Engländer und die Geheimnisse seiner Seele – steigt in einer Wolke von der Porzellanschale auf dem Kaminsims auf. Und da ist, als unser Blick auf den Boden fällt, dieser braune Fleck auf dem Teppich. Mr Lloyd George[1] machte ihn. »Der Mann ist ein Teufel!« sagte Mr Cummings und setzte den Kessel, mit dem er die Teekanne füllen wollte, nieder, so daß er einen braunen Ring in den Teppich brannte.

Doch wenn die Tür hinter uns zufällt, verschwindet all das. Die muschelartige Hülle, die unsere Seelen abgesondert haben, um sich eine Behausung zu schaffen, um sich eine von anderen verschiedene Gestalt zu geben, wird zerbrochen, und von all diesen Runzeln und Rauheiten bleibt in der Mitte eine Auster des Wahrnehmungsvermögens, ein riesiges Auge. Wie schön eine Straße im Winter ist! Sie ist zugleich enthüllt und verdunkelt. Hier kann man undeutlich symmetrische gerade Alleen von Türen und Fenstern erkennen; hier unter den Lampen sind schwimmende Inseln von blassem Licht, durch die rasch helle Männer und Frauen schreiten, die bei all ihrer Armut und Schäbigkeit ein gewisses Aussehen von Unwirklichkeit, eine Miene des Triumphs tragen, als wären sie dem Leben entwischt, so daß das Leben, um seine Beute betrogen, ohne sie weitertappt. Aber schließlich gleiten wir nur glatt über die Oberfläche. Das Auge ist kein

Bergmann, kein Taucher, kein Sucher nach einem vergrabenen Schatz. Es läßt uns sanft einen Strom hinuntertreiben; ruht, hält inne, das Gehirn schläft vielleicht, während es schaut.

Wie schön eine Londoner Straße dann ist mit ihren Lichtinseln und ihren langen Hainen der Dunkelheit, und auf einer Seite vielleicht eine mit Bäumen gesprenkelte, grasbewachsene Stelle, wo die Nacht sich zusammenfaltet, um auf natürliche Weise zu schlafen, und während man an dem eisernen Gitter entlanggeht, hört man das leise Rascheln und Knistern von Blatt und Zweig, das die Stille der Felder ringsumher, den Schrei einer Eule und in der Ferne das Rattern eines Zuges im Tal vorauszusetzen scheint. Aber wir werden daran erinnert, daß dies London ist; hoch zwischen den kahlen Bäumen hängen längliche Rahmen von rötlich gelbem Licht – Fenster; Punkte hellen Glanzes brennen stetig wie niedrige Sterne – Lampen; dieser leere Boden, der das Land in sich trägt und seinen Frieden, ist nur ein Londoner Platz, umstanden von Büros und Häusern, wo um diese Stunde grelle Lichter über Karten, über Dokumenten brennen, über Schreibtischen, an denen Angestellte sitzen und mit befeuchtetem Zeigefinger die Bündel endloser Korrespondenzen durchblättern; oder gedämpfter flackert der Feuerschein und das Lampenlicht fällt auf die Abgeschiedenheit eines Salons, seine Sessel, seine Zeitungen, sein Porzellan, seinen Tisch mit Einlegearbeit und die Gestalt einer Frau, die sorgfältig die genaue Anzahl von Löffeln Tee abmißt, die – Sie blickt nach der Tür, als hörte sie unten ein Klingeln und jemanden fragen, ob sie zu Hause sei.

Doch hier müssen wir entschieden innehalten. Wir laufen Gefahr, tiefer zu graben, als das Auge gutheißt; wir behindern unsere Fahrt den sanften Strom hinunter, indem wir an einem Ast oder einer Wurzel hängenbleiben. Jeden Augenblick kann sich die schlafende Armee regen und in uns tausend Geigen und Trompeten als Antwort wekken; die Armee der Menschwesen kann sich aufraffen und all ihre Seltsamkeiten und Leiden und Gemeinheiten geltend machen. Laßt uns noch ein wenig länger trödeln, noch nur mit Oberflächen zufrieden sein – dem blanken Glanz der Omnibusse; der fleischlichen Pracht der Metzgerläden mit ihren gelben Flanken und purpurnen

Steaks; den blauen und roten Sträußen, die so stattlich durch die Schaufensterscheiben der Blumenhändler glühen.

Denn das Auge hat diese seltsame Eigenschaft: es ruht nur auf Schönheit; wie ein Schmetterling sucht es Farbe und sonnt sich in der Wärme. An einem Winterabend wie diesem, wenn sich die Natur Mühe gegeben hat, sich zu polieren und zu putzen, bringt es die schönsten Trophäen heim, bricht kleine Stücke von Smaragden und Korallen ab, als wäre die ganze Erde aus Edelstein gemacht. Was es nicht kann (man spricht da vom durchschnittlichen laienhaften Auge), ist, diese Trophäen so zusammenzusetzen, daß die obskureren Winkel und Beziehungen zum Vorschein kommen. Daher werden wir uns nach einer längeren Diät dieser einfachen zuckrigen Kost, der reinen und ungeordneten Schönheit, der Übersättigung bewußt. Wir machen halt an der Tür des Schuhgeschäfts und bringen eine kleine Entschuldigung, die nichts mit dem wahren Grund zu tun hat, dafür vor, daß wir die hellen Utensilien der Straßen zusammenfalten und uns in eine dunklere Kammer des Seins zurückziehen, wo wir, während wir unseren linken Fuß gehorsam auf den Schemel setzen, fragen mögen: »Wie ist es, eine Zwergin zu sein?«

Sie kam herein in Begleitung zweier Frauen, die, von normaler Größe, neben ihr wie wohlwollende Riesinnen aussahen. Die Verkäuferinnen anlächelnd, schienen sie jeden Anteil an ihrer Mißbildung abzulehnen und sie ihres Schutzes zu versichern. Sie hatte den grämlichen und doch entschuldigenden Ausdruck, den man gewöhnlich in den Gesichtern der Verwachsenen findet. Sie brauchte ihre Güte, aber sie nahm sie ihnen übel. Als aber die Verkäuferin herbeigerufen worden war und die Riesinnen nachsichtig lächelnd nach Schuhen für »diese Dame« gefragt hatten und das Mädchen den kleinen Fußschemel vor sie hingeschoben hatte, streckte die Zwergin ihren Fuß mit einem Ungestüm aus, das unsere ganze Aufmerksamkeit in Anspruch nahm. Seht euch das an! Seht euch das an! schien sie von uns allen zu fordern, als sie ihren Fuß ausstreckte, denn siehe, es war der wohlgeformte, vollkommen proportionierte Fuß einer gutgewachsenen Frau. Er war gewölbt; er war aristokratisch. Ihre ganze Haltung änderte sich, als sie ihn auf dem Schemel betrachtete. Sie sah besänftigt und zufrieden aus. Ihre Haltung war voll Selbstvertrauen. Sie ließ sich einen Schuh nach dem andern bringen; sie probierte ein Paar nach dem andern an. Sie stand auf und drehte sich vor einem Spiegel hin und her, der nur die Füße zeigte, in gelben Schuhen, in rehbraunen Schuhen, in Schuhen aus Eidechsenleder. Sie hob ihre kleinen Röcke und zeigte ihre kleinen Beine. Sie dachte, daß schließlich die Füße der wichtigste Teil der ganzen Person seien; Frauen, sagte sie sich, sind allein um ihrer Füße willen geliebt worden. Da sie nichts als ihre Füße sah, stellte sie sich vielleicht vor, daß ihr übriger Körper diesen schönen Füßen entsprach. Sie war schäbig gekleidet, aber sie war bereit, jeden Betrag für ihre Schuhe zu verschwenden. Und da dies die einzige Gelegenheit war, bei der sie nicht fürchtete, betrachtet zu werden, sondern geradezu um Aufmerksamkeit bat, war sie bereit, jedes Mittel anzuwenden, um das Auswählen und Anpassen zu verlängern. Seht euch meine Füße an, schien sie zu sagen, als sie einen Schritt hierhin und dann einen Schritt dorthin machte. Die Verkäuferin mußte ihr gutgelaunt etwas Schmeichelhaftes gesagt haben, denn plötzlich leuchtete ihr Gesicht in Ekstase auf. Aber schließlich hatten die Riesinnen, so wohlwollend sie waren, ihre eigenen Angelegenheiten zu besorgen; sie mußte sich entschließen, sie mußte ihre Wahl treffen. Endlich wurde ein Paar gewählt, und als sie mit dem Paket, das von ihrem Finger baumelte, zwischen ihren Hüterinnen hinausging, schwand die Ekstase, das Wissen kehrte zurück, die alte Grämlichkeit, der alte Ausdruck der Entschuldigung kamen wieder, und als sie die Straße erreicht hatte, war sie wieder nur eine Zwergin.

Aber sie hatte die Stimmung verändert; sie hatte eine Atmosphäre ins Leben gerufen, die, als wir ihr auf die Straße hinaus folgten, tatsächlich die Buckligen, die Krummen, die Verwachsenen hervorzubringen schien. Zwei bärtige Männer, Brüder offenbar, stockblind, die sich stützten, indem sie eine Hand auf den Kopf eines kleinen Knaben zwischen ihnen legten, gingen die Straße herunter. Sie kamen heran mit dem unnachgiebigen und doch zitternden Schritt der Blinden, der ihrer Annäherung etwas von dem Entsetzen und der Unvermeidbarkeit des Schicksals zu verleihen scheint, das sie getroffen hat. Als der kleine Konvoi vorüberging, immer geradeaus, schien er die Passanten auseinanderzuspalten mit der Wucht seines Schweigens, seiner Direktheit, seines Unglücks. Die Zwergin hatte in der Tat einen hoppelnden grotesken Tanz ausgelöst, dem sich jetzt jeder in der Straße anschloß; die eng in eine glänzende Seehundsfelljacke eingehüllte dicke Dame; der schwachsinnige Junge, der an dem Silberknauf seines Stockes lutschte; der alte Mann, der auf einer Türstufe hockte, als hätte er sich, plötzlich von der Absurdität des menschlichen Schauspiels überwältigt, hingesetzt, um es zu betrachten – alle nahmen sie teil an dem Hoppeln und Springen des Tanzes der Zwergin.

In was für Spalten und Ritzen, mochte man fragen, hauste sie, diese verstümmelte Gesellschaft der Lahmen und Blinden? Hier, vielleicht, in den obersten Räumen dieser schmalen alten Häuser zwischen Holborn und Soho, wo die Leute so komische Namen haben und so vielen sonderbaren Gewerben nachgehen, Goldschläger, Akkordeonfalter sind oder Knöpfe überziehen oder, noch phantastischer, ihr Leben durch einen Handel mit Tassen ohne Untertassen, Schirmgriffen aus Porzellan und grellbunten Bildern von gemarterten Heiligen fristen. Dort hausen sie, und es scheint, als müßte die Dame in der Seehundsfelljacke das Leben erträglich finden, wenn sie den Tag mit dem Akkordeonfalter oder dem Mann, der Knöpfe überzieht, verbringt; ein Leben, das so phantastisch ist, kann nicht ganz tragisch sein. Sie neiden uns nicht unsere Wohlhabenheit, sinnen wir; als wir plötzlich, um die Ecke biegend, auf einen bärtigen Juden stoßen, der wild, von Hunger gequält, aus seinem Elend starrt; oder an dem buckligen Körper einer alten Frau vorübergehen, die verlassen auf der Stufe eines öffentlichen Gebäudes liegt, mit einem Mantel über sich wie die hastige Bedeckung, die man über ein totes Pferd oder einen toten Esel wirft. Bei solchen Anblicken scheinen sich die Nerven des Rückgrats aufzustellen; ein plötzliches flackerndes Licht wird vor unseren Augen geschwungen; eine Frage wird gestellt, die nie beantwortet wird. Oft genug suchen sich diese Wracks einen Platz keinen Steinwurf weit von Theatern entfernt, in Hörweite von Drehorgeln, beinahe, wenn die Nacht fortschreitet, in Reichweite der mit Ziermünzen benähten Umhänge und hellen Beine der Dinierenden und Tanzenden. Sie liegen nahe jenen Schaufenstern, in denen der Handel einer Welt von alten Frauen, die auf Türstufen kauern, blinden Männern, humpelnden Zwergen Sofas anbietet, die von den güldenen Hälsen stolzer Schwäne getragen werden; Tische, die mit Körben von bunten Früchten eingelegt sind; Anrichten, die mit grünem Marmor bedeckt sind, um das Gewicht von Eberköpfen besser zu tragen; und Teppiche, die das Alter so gedämpft hat, daß ihre Rosatöne in einer blaßgrünen See fast verschwunden sind.

Im Vorübergehen, im Schauen, scheint alles zufällig, aber auf wunderbare Weise mit Schönheit besprenkelt zu sein, als hätte die Flut des Handels, die ihre Last so pünktlich und prosaisch an den Ufern der Oxford Street ablagert, an diesem Abend nichts als Schätze ausgeworfen. Ohne den Gedanken zu kaufen ist das Auge mutwillig und großzügig; es schafft; es schmückt; es übertreibt. Draußen auf der Straße stehend, kann man alle Zimmer eines imaginären Hauses bauen und sie nach Wunsch mit Sofa, Tisch, Teppich einrichten. Dieser Läufer wird für den Flur passen. Diese Alabasterschale soll auf einem geschnitzten Tisch am Fenster stehen. Unsere Feste sollen von diesem dicken runden Spiegel reflektiert werden. Doch nachdem man das Haus gebaut und eingerichtet hat, ist man glücklicherweise nicht verpflichtet, es zu besitzen; man kann es im Nu wieder niederreißen und ein anderes Haus bauen und mit anderen Stühlen und anderen Spiegeln einrichten. Oder schwelgen wir bei den Antiquitätenjuwelieren, bei den Tabletts mit den Ringen und den hängenden Halsketten. Nehmen wir, zum Beispiel, diese Perlen und stellen wir uns dann vor, wie sich, wenn wir sie anlegten, das Leben ändern würde. Es wird augenblicklich zwischen zwei und drei am Morgen; die Lampen brennen sehr weiß in den verlassenen Straßen von Mayfair. Nur Automobile sind um diese Stunde unterwegs, und man hat ein Gefühl von Leere, von Leichtigkeit, von einsamer Fröhlichkeit. Perlen tragend, Seide tragend, tritt man hinaus auf einen Balkon, der die Gärten des schlafenden Mayfair überblickt. Einige Lichter brennen in den Schlafzimmern von großen Peers, die vom Hof zurückgekehrt sind, von Lakaien in Seidenstrümpfen, von Matronen, die

Staatsmännern die Hand gedrückt haben. Eine Katze kriecht die Gartenmauer entlang. An den dunkleren Stellen des Zimmers, hinter dicken grünen Vorhängen, werden Zärtlichkeiten ausgetauscht, zischend, verführerisch. Gelassen schlendernd, als promenierte er auf einer Terrasse, unter der die Grafschaften Englands in der Sonne liegen, erzählt der betagte Premierminister Lady Soundso mit den Lokken und den Smaragden die wahre Geschichte irgendeiner großen Krise in den Angelegenheiten des Landes. Wir scheinen auf der Spitze des höchsten Mastes des größten Schiffes zu reiten; und doch wissen wir zur gleichen Zeit, daß nichts dieser Art von Bedeutung ist; die Liebe wird so nicht bewiesen, noch werden große Taten so vollbracht; so daß wir mit dem Augenblick Spaß treiben und in ihm leicht unser Gefieder putzen, während wir auf dem Balkon stehen und zusehen, wie die vom Mond beleuchtete Katze an Prinzessin Marys Gartenmauer entlangkriecht.

Doch was könnte absurder sein? Es ist tatsächlich Punkt sechs; es ist ein Winterabend; wir gehen zur Strand, um einen Bleistift zu kaufen. Wie sind wir dann zugleich auf einem Balkon und tragen Perlen im Juni? Was könnte absurder sein? Doch es ist die Torheit der Natur, nicht unsere. Als sie sich an ihr Meisterstück machte, die Schaffung des Menschen, hätte sie nur an eines denken sollen. Statt dessen wandte sie den Kopf, blickte über die Schulter und ließ in jeden von uns Instinkte und Wünsche schlüpfen, die völlig uneins sind mit seinem eigentlichen Wesen, so daß wir gestreift sind, buntscheckig, eine Mischung; die Farben sind zerlaufen. Ist das wahre Ich das, welches im Januar auf dem Pflaster steht, oder das, welches sich im Juni über den Balkon beugt? Bin ich hier oder bin ich dort? Oder ist das wahre Ich weder dies noch das, weder hier noch dort, sondern etwas so Mannigfaltiges und Wanderndes, daß wir nur, wenn wir seinen Wünschen die Zügel schießen und es unbehindert seinen Weg gehen lassen, wirklich wir selbst sind? Die Umstände zwingen zur Einheit; um der Bequemlichkeit willen muß ein Mensch ein Ganzes sein. Der gute Bürger muß, wenn er abends seine Tür öffnet, Bankier, Golfer, Ehemann, Vater sein; nicht ein Nomade, der durch die Wüste zieht, ein Mystiker, der in den Himmel starrt, ein Wüstling in den Slums von San Francisco, ein Soldat, der eine Revolution anführt, ein Paria, der vor Skepsis und Einsamkeit heult. Wenn er seine Tür öffnet, muß er sich mit den Fingern durch die Haare fahren und seinen Schirm in den Ständer stellen wie alle anderen.

Aber hier, fast zu spät, kommen die Antiquariate. Hier finden wir einen festen Halt in diesen Gegenströmungen des Seins; hier bringen wir uns ins Gleichgewicht nach dem Glanz und dem Elend der Straßen. Der bloße Anblick der Frau des Buchhändlers, die mit dem Fuß auf dem Kamingitter neben einem schönen Kohlenfeuer sitzt, gegen die Tür hin abgeschirmt, ist ernüchternd und heiter. Sie liest nie oder nur die Zeitung; ihre Unterhaltung dreht sich, wenn sie den Buchverkauf verläßt, was sie nur zu gern tut, um Hüte; ein Hut, sagt sie, soll ebenso praktisch wie hübsch sein. O nein, sie wohnen nicht im Geschäft; sie wohnen in Brixton; sie muß ein wenig Grün sehen können. Im Sommer wird ein Topf mit Blumen, die in ihrem eigenen Garten wuchsen, auf einen der staubigen Stapel gestellt, um den Laden zu beleben. Bücher sind überall; und immer erfüllt uns dasselbe Gefühl des Abenteuers. Antiquarische Bücher sind wilde Bücher, heimatlose Bücher; sie sind zusammengekommen in großen Scharen von bunten Federn und haben einen Charme, der den gezähmten Bänden der Bibliothek fehlt. Außerdem können wir in dieser wahllos gemischten Gesellschaft auf einen völlig Fremden stoßen, der sich, mit einigem Glück, in den besten Freund verwandeln wird, den wir auf der Welt haben. Es besteht, wenn wir, verleitet durch seinen Ausdruck von Schäbigkeit und Verlassenheit, ein grauweißes Buch aus einem oberen Fach herunterholen, immer die Hoffnung, hier einem Mann zu begegnen, der vor über hundert Jahren ausritt, um den Wollmarkt in den Midlands und in Wales zu erkunden; einem unbekannten Reisenden, der in Wirtshäusern übernachtete, sein Bier trank, hübsche Mädchen und ernste Bräuche bemerkte und alles niederschrieb, steif, schwerfällig, aus reiner Liebe zur Sache (das Buch wurde auf seine eigenen Kosten veröffentlicht), unendlich nüchtern, fleißig und sachlich war und so, ohne es zu wissen, den Duft von Stockrosen und Heu einfließen ließ, zusammen mit einem Porträt seiner selbst, das ihm für immer einen Platz in der warmen

Kaminecke des Geistes beschert. Man kann ihn jetzt um achtzehn Pence kaufen. Er ist zwar mit drei Shilling und Sixpence angeschrieben, aber die Frau des Buchhändlers, die sieht, wie schäbig der Einband ist und wie lange das Buch schon da gestanden hat, seitdem es bei dem Verkauf der Bibliothek eines Gentleman in Suffolk gekauft wurde, wird es um diesen Preis hergeben.

Wir sehen uns im Buchladen um und schließen andere solche plötzlichen launenhaften Freundschaften mit den Unbekannten und den Verschwundenen, deren einziges Zeugnis beispielsweise dieser kleine Gedichtband ist, so schön gedruckt und so schön verziert mit einem Porträt des Autors. Denn er war ein Dichter und ertrank vorzeitig, und seine Verse, so schwach und förmlich und sentenziös sie auch sind, strömen noch einen zarten, sanften Laut aus wie den einer Drehorgel, die in einer Seitenstraße von einem alten italienischen Leierkastenmann in einer Kordsamtjacke resigniert gespielt wird. Es gibt auch Reisende, eine Reihe um die andere, die noch, unbezähmbare alte Jungfern, die sie waren, Zeugnis ablegen von den Strapazen, die sie erduldeten, und den Sonnenuntergängen, die sie in Griechenland bewunderten, als Königin Victoria ein Mädchen war. Eine Reise durch Cornwall mit einem Besuch der Zinnbergwerke wurde voluminöser Aufzeichnung für würdig erachtet. Menschen fuhren langsam den Rhein hinauf und porträtierten einander mit chinesischer Tusche und saßen lesend auf Deck neben einer Taurolle; sie maßen die Pyramiden; waren jahrelang für die Zivilisation verloren; bekehrten Neger in verpesteten Sümpfen. Dies Packen und Abreisen, Wüsten Erforschen und Fieber bekommen, sich fürs Leben in Indien niederlassen, sogar bis China vordringen und dann zurückkehren, um ein provinzlerisches Leben in Edmonton zu führen, all das liegt durcheinandergeworfen auf dem staubigen Boden wie eine unruhige See, so rastlos sind die Engländer mit den Wellen unmittelbar vor ihrer Tür. Die Wasser des Reisens und des Abenteuers scheinen sich an kleinen Inseln ernsthafter Bemühung zu brechen, und lebenslanger Fleiß steht in gezackten Säulen auf dem Boden. In diesen Stapeln von braunrot gebundenen Bänden mit vergoldeten Monogrammen auf dem Rücken erläutern nachdenkliche Geistliche die Evangelien; Gelehrte sind zu hören, die mit ihren Hämmern und Meißeln die alten Texte von Euripides und Aischylos herausschlagen. Das Denken, Kommentieren, Erklären geht rings um uns her mit erstaunlicher Geschwindigkeit vor sich, und alles überschwemmt wie eine pünktliche, immerwährende Flut die alte See der Romanliteratur. Zahllose Bände erzählen, wie Arthur Laura liebte, und sie wurden getrennt und sie waren unglücklich, und dann trafen sie sich wieder und waren von da an glücklich, wie es die Art war, als Victoria diese Inseln regierte.

Die Zahl der Bücher auf der Welt ist unendlich, und man ist gezwungen, flüchtig hinzusehen und zu nicken und weiterzugehen nach einem Augenblick des Gesprächs, einem Aufleuchten des Verstehens, wie man draußen auf der Straße ein Wort im Vorübergehen auffängt und aus einem zufälligen Satz ein ganzes Leben bastelt. Über eine Frau namens Kate sprechen sie gerade, wie »ich ihr gestern abend ganz offen sagte ... wenn du denkst, daß ich keine Penny-Marke wert bin, sagte ich ...« Aber wer Kate ist und auf welche Krise in ihrer Freundschaft sich diese Penny-Marke bezieht, werden wir nie wissen; denn Kate geht unter in der Wärme ihrer Redseligkeit; und hier, an der Straßenecke, wird eine andere Seite im Buch des Lebens aufgeschlagen durch den Anblick zweier Männer, die sich unter dem Laternenpfahl besprechen. Sie entziffern das letzte Telegramm aus Newmarket unter den nach Redaktionsschluß eingelaufenen Meldungen. Glauben sie denn, daß das Glück jemals ihre Lumpen in Pelz und feinen Wollstoff verwandeln, ihnen Uhrketten anhängen und Diamantnadeln dorthin stecken wird, wo jetzt ein zerfetztes offenes Hemd ist? Doch der Hauptstrom der Fußgänger treibt zu dieser Stunde zu rasch vorbei, um uns solche Fragen stellen zu lassen. Sie sind auf diesem kurzen Weg von der Arbeit nach Hause in einen narkotischen Traum gehüllt, jetzt da sie frei sind vom Schreibtisch und die frische Luft auf ihren Wangen spüren. Sie ziehen diese hellen Kleider an, die sie den ganzen übrigen Tag aufhängen und wegschließen müssen, und sind große Kricketspieler, berühmte Schauspielerinnen, Soldaten, die ihr Land in der Stunde der Not gerettet haben. Träumend, gestikulierend, oft laut ein paar Worte murmelnd, fluten sie über die Strand und über Waterloo Bridge, von wo aus sie in langen, ratternden Zügen zu einem sauberen Häuschen in Barnes oder Surbiton geschleudert werden, wo der Anblick der Uhr im Flur und der Geruch des Abendessens im Kellergeschoß den Traum zum Platzen bringen.

Doch wir sind jetzt an der Strand angelangt, und während wir an der Gehsteigkante zögern, beginnt ein kleiner Stab, ungefähr so lang wie ein Finger, seinen Riegel quer über die Geschwindigkeit und Fülle des Lebens zu legen. »Wirklich, ich muß – wirklich, ich muß« – das ist es. Ohne die Forderung zu untersuchen, duckt sich der Geist vor dem gewohnten Tyrannen. Man muß, man muß immer das eine oder andere tun; es ist einem nicht erlaubt, sich einfach zu amüsieren. War es nicht aus diesem Grunde, daß wir vor einer Weile den Vorwand fabrizierten und die Notwendigkeit erfanden, etwas zu kaufen? Aber was war es? Ah, wir erinnern uns, es war ein Bleistift. So wollen wir denn gehen und diesen Bleistift kaufen. Aber als wir uns gerade umwenden, um dem Befehl zu gehorchen, bestreitet ein anderes Ich das Recht des Tyrannen, darauf zu dringen. Der übliche Konflikt entsteht. Ausgedehnt hinter dem Stab der Pflicht sehen wir die ganze Breite der Themse – weit, traurig, friedlich. Und wir sehen sie mit den Augen von jemandem, der sich an einem Sommerabend über das Embankment lehnt, aller Sorgen ledig. Laßt uns den Kauf des Bleistifts aufschieben; laßt uns auf die Suche nach dieser Person gehen – und bald wird offenbar, daß diese Person wir selbst sind. Denn wenn wir dort stehen könnten, wo wir vor sechs Monaten standen, würden wir dann nicht wieder sein, wie wir damals waren – ruhig, gelassen, zufrieden? Wir wollen es also versuchen. Aber der Fluß ist rauher und grauer, als wir ihn in Erinnerung hatten. Die Flut geht zur See hinaus. Sie bringt einen Schlepper und zwei Kähne mit herunter, deren Strohladung fest unter Planen verzurrt ist. Nahe bei uns lehnt auch ein Paar über die Balustrade mit dem seltsamen Mangel an Befangenheit, den Liebende zeigen, so als forderte die Wichtigkeit der Affäre, die sie haben, ohne Frage die Nachsicht der ganzen menschlichen Rasse. Die Bilder, die wir jetzt sehen, und die Laute, die wir jetzt hören, haben nichts von der Eigenschaft der Vergangenheit; noch haben wir Anteil an der Gelassenheit des Menschen, der vor sechs Monaten genau dort stand, wo wir jetzt stehen. Sein ist die Glückseligkeit des Todes, unser die Unsicherheit des Lebens. Er hat keine Zukunft; die Zukunft dringt sogar jetzt in unseren Frieden ein. Nur wenn wir die Vergangenheit betrachten und das Element der Ungewißheit von ihr nehmen, können wir vollkommenen Frieden genießen. Wie es ist, müssen wir kehrtmachen, wir müssen die Strand wieder überqueren, wir müssen einen Laden finden, wo man um diese Stunde noch bereit ist, uns einen Bleistift zu verkaufen.

Es ist immer ein Abenteuer, einen neuen Raum zu betreten; denn Leben und Charakter seiner Besitzer haben ihre Atmosphäre in ihn hinein destilliert, und sobald wir eintreten, kämpfen wir gegen eine neue Welle von Gefühlen an. Hier im Papierwarenladen hatten sich ohne Zweifel Menschen gestritten. Ihr Zorn schoß durch die Luft. Sie hielten beide inne; die alte Frau – sie waren offensichtlich Mann und Frau – zog sich in ein Hinterzimmer zurück; der alte Mann, dessen runde Stirn und kugelrunde Augen sich gut auf dem Titelbild eines elisabethanischen Folios gemacht hätten, blieb, um uns zu bedienen. »Einen Bleistift, einen Bleistift«, wiederholte er, »gewiß, gewiß.« Er sprach mit der Zerstreutheit und doch Überschwenglichkeit eines Mannes, dessen Gefühle geweckt und in vollem Schwange gezügelt worden sind. Er begann eine Schachtel nach der andern zu öffnen und wieder zu schließen. Er sagte, daß es schwierig sei, etwas zu finden, wenn man so viele verschiedene Artikel führte. Er begann eine Geschichte von einem Juristen, der durch das Betragen seiner Frau in Schwierigkeiten geraten war. Er hatte ihn seit Jahren gekannt; er hatte ein halbes Jahrhundert lang seine Kanzlei im Temple[2] gehabt, sagte er, als wollte er, daß seine Frau im Hinterzimmer ihn hörte. Er warf eine Schachtel mit Gummibändern um. Schließlich stieß er, erbittert über seine Unfähigkeit, die Pendeltür auf und rief mit grober Stimme: »Wo hast du die Bleistifte hingetan?«, so als hätte seine Frau sie versteckt. Die alte Dame kam herein. Sie sah niemanden an und legte ihre Hand mit einer feinen Miene gerechter Strenge auf die richtige Schachtel. Da waren die Bleistifte. Wie konnte er also ohne sie auskommen? War sie nicht unentbehrlich für ihn? Um sie dort festzuhalten, Seite an Seite in erzwungener Neutralität, mußte man die Bleistifte umständlich auswählen; dieser war zu weich, dieser zu hart. Sie standen schweigend da und sahen zu. Je länger sie da standen, desto ruhiger wurden sie; ihre Hitze legte sich, ihr Zorn verrauchte. Jetzt war der Streit, ohne daß einer ein Wort sagte, beigelegt. Der alte Mann, der Ben Jonsons[3] Titelseite keine Schande gemacht hätte, stellte die Schachtel an ihren richtigen Platz zurück, verbeugte sich tief, um uns guten Abend zu sagen, und sie zogen sich zurück. Sie würde ihr Nähzeug hervorholen; er würde seine Zeitung lesen; der Kanarienvogel würde sie unparteiisch mit Samen bestreuen. Der Streit war vorüber.

In diesen Minuten, in denen ein Geist gesucht, ein Streit geschlichtet und ein Bleistift gekauft wurde, waren die Straßen völlig leer geworden. Das Leben hatte sich in das oberste Stockwerk zurückgezogen, und Lampen gingen an. Der Gehsteig war trocken und hart; die Straße war aus gehämmertem Silber. Während man durch die Verödung nach Hause ging, konnte man sich die Geschichte von der Zwergin, von den blinden Männern, von der Gesellschaft in dem Haus in Mayfair, von dem Streit im Papierwarenladen erzählen. In jedes dieser Leben konnte man ein kleines Stück eindringen, weit genug, um sich der Illusion hinzugeben, daß man nicht an einen einzigen Geist gebunden ist, sondern kurz, für einige Minuten, Körper und Geist anderer anlegen kann. Man konnte eine Waschfrau, ein Gastwirt, ein Straßensänger werden. Und was für ein größeres Entzücken und Wunder kann es geben, als die geraden Linien der Persönlichkeit zu verlassen und in jene Pfade einzubiegen, die unter Dornengestrüpp und dicken Baumstämmen in das Herz des Waldes führen, wo diese wilden Tiere, unsere Mitmenschen, leben?

Das ist wahr: zu entkommen ist das größte Vergnügen; ein Stadtbummel im Winter das größte Abenteuer. Dennoch, wenn wir uns wieder unserer eigenen Tür nähern, ist es tröstlich zu fühlen, wie uns der alte Besitz, die alten Vorurteile umgeben; und das Ich, das um so viele Straßenecken geweht wurde, das wie ein Falter gegen die Flamme so vieler unzugänglicher Laternen geflogen ist, ist wieder geschützt und eingeschlossen. Hier ist wieder die übliche Tür; hier der Stuhl, der noch so gedreht steht, wie wir ihn verließen, und die Porzellanschale und der braune Ring auf dem Teppich. Und hier – wir wollen sie zärtlich untersuchen, wir wollen sie mit Ehrfurcht berühren – ist die einzige Beute, die wir von allen Schätzen der Stadt mitgebracht haben, ein Bleistift.

Anmerkungen

Der Essay erschien im Oktober 1927 in der *Yale Review*, sodann in einer limitierten und signierten Einzelausgabe im Mai 1930 in der *Westgate Press*, San Francisco. In England erschien er erstmals in *The Death of the Moth* (*Der Tod des Falters*, Frankfurt: S. Fischer, 1997).

[1] David Lloyd George (1863–1945), liberaler Politiker, brillanter Redner, Kriegsminister während des Ersten Weltkrieges, englischer Verhandlungsführer bei der Versailler Friedenskonferenz, 1918–22 Premierminister.

[2] Temple, wie Lincoln's Inn einer der Londoner Anwaltsdistrikte, in der Nähe der Strand.

[3] Ben Jonson (1572/3–1637), Dramatiker, Dichter, Autor von Maskenspielen. Die erste Folio-Ausgabe seiner *Works* erschien 1616.

Über Erzählkunst

Daß die Erzählkunst eine Dame ist, und zwar eine Dame, die sich irgendwie in Schwierigkeiten gebracht hat, ist ein Gedanke, der ihren Bewunderern häufig gekommen sein muß. Manch galanter Edelmann kam zu ihrer Rettung geritten, unter ihnen in erster Linie Sir Walter Raleigh[1] und Mr Percy Lubbock.[2] Aber beide waren in ihrer Haltung ein wenig förmlich; beide, so spürte man, hatten eingehende Kenntnis von ihr, waren aber wenig mit ihr vertraut. Nun kommt Mr Forster,[3] der alle Kenntnis abstreitet, doch nicht leugnen kann, daß er die Dame gut kennt. Zwar fehlt ihm einiges von der Autorität der anderen, doch genießt er die Vorrechte, die dem Liebhaber gewährt sind. Er klopft an die Schlafzimmertür und wird eingelassen, wenn die Dame sich noch in Pantoffeln und Morgenrock befindet. Ihre Stühle ans Feuer rückend, sprechen sie leichthin, gescheit, feinsinnig wie alte Freunde, die keine Illusionen haben, wenn in Wahrheit auch das Schlafzimmer ein Hörsaal ist und der Ort die hochgestrenge Stadt Cambridge.

Diese zwanglose Haltung auf seiten Mr Forsters ist natürlich wohlüberlegt. Er ist kein Wissenschaftler; er lehnt es ab, ein Pseudowissenschaftler zu sein. Ein Standpunkt verbleibt demnach, den der Vortragende in aller Bescheidenheit zu seinem Nutz und Frommen einnehmen kann. Er kann sich, wie Mr Forster es ausdrückt, »die englischen Romanautoren bildlich vorstellen, nicht als trieben sie jenen Strom hinab, der all seine Söhne davonträgt, wenn sie nicht achtgeben, sondern als säßen sie zusammen in einem Saal, einem kreisrunden Saal – ähnlich dem Lesesaal des British Museum – und schrieben ihre Romane alle gleichzeitig«. Ja, so gleichzeitig sind sie, daß sie beharrlich außer der Reihe schreiben. Richardson[4] besteht darauf, der Zeitgenosse von Henry James[5] zu sein. Wells[6] muß durchaus eine Passage schreiben, als wäre sie von Dickens[7] geschrieben. Selber ein Romanautor, ist Mr Forster von dieser Entdeckung nicht beunruhigt.

Er weiß aus Erfahrung, was für eine verwirrte und unlogische Maschinerie das Hirn eines Schriftstellers ist. Er weiß, wie wenig sie über Methoden nachdenken; wie vollständig sie ihre Großväter vergessen; wie sie dazu neigen, in irgendeine ihrer eigenen Visionen zu versinken. Hat er auch alle Hochachtung vor den Wissenschaftlern, so gilt seine Sympathie doch den unordentlichen und gequälten Menschen, die immerfort an ihren Büchern kritzeln. Und wie er auf sie niederschaut, gewiß nicht aus großer Höhe, sondern, wie er sagt, über ihre Schulter, nimmt er im Vorbeigehen wahr, daß in ihren Köpfen gewisse Formen und Ideen gerne wiederkehren, ganz gleich, welche Epoche es sei. Seit das Geschichtenerzählen begann, sind die Geschichten stets aus ungefähr den gleichen Elementen gebaut worden; und diese, er nennt sie die Fabel, Menschen, Handlungsaufbau, Phantasie, Prophezeiung, Grundmuster und Rhythmus, beginnt er nun zu untersuchen.

Zahlreich sind die Urteile, die wir gern erörtern, zahlreich die Punkte, bei denen wir gern verweilen würden, während Mr Forster leichten Fußes weiterschreitet. Scott sei ein Geschichtenerzähler und weiter nichts; eine Geschichte (›story‹) sei unter den literarischen Organismen der niedrigste; und des Romanciers unnatürliche Eingenommenheit von der Liebe sei wesentlich ein Spiegelbild seines eigenen Gemütszustandes, während er denkt und dichtet – jede Seite enthält einen Wink oder Vorschlag, der uns innehalten und nachdenken läßt oder unseren Widerspruchsgeist weckt. Ohne seine Stimme je über die gewöhnliche Lautstärke zu erheben, hat Mr Forster die Kunstfertigkeit, Dinge zu sagen, die sich so leicht ins Gemüt senken, daß sie dort bleiben und sich entfalten wie jene japanischen Blumen, die sich in den Tiefen des Wassers öffnen. Aber so sehr uns diese Sentenzen fesseln, wünschen wir doch, an einem bestimmten Punkte Halt zu gebieten; wir wollen Mr Forster dazu bringen, Rede und Antwort zu stehen. Denn wenn die Erzählkunst, wie wir meinen, in Schwierigkeiten ist, könnte der Grund möglicherweise der sein, daß niemand sie fest packt und streng definiert. Für sie sind keine Regeln aufgestellt worden, sehr wenig Gedanken hat man sich ihretwegen gemacht. Und wenn Regeln auch falsch sein können und durchbrochen werden müssen, haben sie doch diesen Vorteil: sie verleihen ihrem Gegenstand Würde und Ordnung; sie weisen ihm einen Platz in der zivilisierten Gesellschaft zu; sie beweisen, daß er wert ist, ernst genommen zu werden. Doch diesen Teil seiner Pflicht, wenn es denn seine Pflicht ist, weist Mr Forster ausdrücklich von sich. Er will keine Theorien über die Erzählkunst aufstellen, es sei denn am Rande; er bezweifelt sogar, daß sie überhaupt von Kritikern behandelt werden sollte, und wenn doch, fragt es sich, mit welchem kritischen Handwerkszeug. Alles, was wir tun können, ist, ihn in eine Position zu manövrieren, die klar genug bestimmt ist, daß wir sehen können, wo er steht. Und vielleicht läßt sich das am besten zeigen, wenn wir, stark gerafft, seine Einschätzung dreier großer Gestalten wiedergeben – Meredith,[8] Hardy[9] und Henry James. Meredith sei ein veralteter Philosoph. Sein Bild der Natur sei »verblasen und üppig«. Tritt er ernst und edel auf, wird er ein Tyrann. »Und seine Romane; die meisten der gesellschaftlichen Werte sind verlogen. Die Schneider sind keine Schneider, die Cricket Matches sind kein Cricket.« Hardy sei ein viel größerer Schriftsteller. Aber als Romancier sei er nicht so bedeutend, weil seine Gestalten gezwungen werden, »zuviel zur Handlung beizutragen; ausgenommen in ihrer rustikalen Spielart scheint ihre Vitalität erschöpft, sie sind dünn und trocken geworden – er hat die Kausalität stärker hervorgehoben, als sein Medium es erlaubt«. Henry James habe den schmalen Pfad ästhetischer Pflicht erfolgreich beschritten. Aber um welchen Preis? »Der größte Teil des menschlichen Lebens muß verschwinden, bevor er uns einen Roman schaffen kann. Einzig verkrüppelte Geschöpfe können in seinen Romanen atmen. Seine Charaktere sind wenig an der Zahl und aufs dürftigste ausgestaltet.«

Wenn wir uns nun diese Urteile anschauen und ihnen gewisse Zugeständnisse und Auslassungen an die Seite stellen, werden wir sehen, ob wir Mr Forster wenn schon nicht auf ein Glaubensbekenntnis, so doch auf einen gewissen Blickpunkt festlegen können. Es gibt da etwas – wir zögern, genauer zu sein –, was er »Leben« nennt. Zu ihm stellt er die Bücher von Meredith, Hardy oder James in Vergleich. Ihr Scheitern ist immer ein Scheitern in ihrem Verhältnis zum Leben. Es ist die menschenbezogene Sicht der Erzählkunst, die der ästhetischen gegenübergestellt wird. Sie verlangt, daß der Roman »mit Menschlichem durchtränkt« sei, daß »Menschenwesen im Roman ihre große Chance haben«; ein Sieg, der auf Kosten des Lebens gewonnen wird, ist in Wahrheit eine Niederlage. Auf diese Weise kommen wir zu dem bemerkenswert harten Urteil über Henry James. Denn Henry James brachte dem Roman außer menschlichen Wesen noch etwas anderes hinzu. Er schuf Grundmuster, die, obwohl in sich schön, dem Menschlichen feindlich sind. Und da er das Leben vernachlässigt, sagt Mr Forster, wird er untergehen.

Doch an diesem Punkt wird der hartnäckige Schüler vielleicht fragen: »Was ist dies ›Leben‹, das so geheimnisvoll und so selbstzufrieden in Büchern über Erzählkunst immerfort auftaucht? Wieso ist es in einem Grundmuster abwesend und in einer Teegesellschaft vorhanden? Wieso ist die Freude, die wir am Grundmuster in *The Golden Bowl* haben, weniger wertvoll als die Empfindung, die Trollope [10] in uns weckt, wenn er eine im Pfarrhaus Tee trinkende Dame beschreibt? Gewiß ist doch die Definition des Lebens zu willkürlich und muß erweitert werden.« Auf all das würde Mr Forster vermutlich erwidern, er erlasse ja keine Gesetze; der Roman scheine ihm irgendwie ein zu weicher Stoff zu sein, als daß er sich wie die anderen Künste modellieren lasse; er teile uns bloß mit, was ihn bewege und was ihn kalt lasse. Tatsächlich gäbe es kein anderes Kriterium. So befinden wir uns denn wieder im alten Sumpf; niemand weiß irgend etwas über die Gesetze der Erzählkunst; oder in welchem Verhältnis sie zum Leben steht; oder für welche Wirkungen sie geeignet ist. Wir können uns nur auf unseren Instinkt verlassen. Wenn der Instinkt den einen Leser dazu treibt, Scott einen Geschichtenerzähler zu heißen, einen anderen, ihn einen Meister romantischer Dichtung zu nennen; wenn ein Leser von der Kunst bewegt wird, der andere vom Leben, so hat jeder recht, und jeder mag auf seine Ansicht ein Kartenhaus der Theorie auftürmen, so hoch er nur kann. Aber die Annahme, daß die Erzählkunst inniger und bescheidener mit dem Dienste am Menschen verknüpft sei als die anderen Künste, führt zu einer weiteren Einstellung, die Mr Forsters Buch wiederum anschaulich macht. Es sei unnötig, bei ihren ästhetischen Funktionen zu verweilen, weil sie so geringfügig seien, daß man sie gefahrlos ignorieren könne. So ist es zwar unmöglich, sich ein Buch über Malerei vorzustellen, in dem kein Wort über das Medium gesagt wird, mit dem der Maler arbeitet, aber ein gescheites und glänzendes Buch wie das von Mr Forster kann über die Erzählkunst geschrieben werden, ohne daß mehr als ein oder zwei Sätze über das Medium gesagt werden, in dem ein Romancier arbeitet. Fast nichts wird über Worte gesagt. Man könnte annehmen, wenn man sie nicht gelesen hat, daß bei Sterne[11] wie bei Wells ein Satz das gleiche bedeute und zum gleichen Zweck verwendet werde. Man könnte zu dem Schluß kommen, daß *Tristram Shandy* nichts durch die Sprache, in der er geschrieben ist, hinzugewinnt. Ebenso steht es mit den anderen ästhetischen Eigenschaften. Das Grundmuster, wie wir gesehen haben, wird erkannt, aber aufs schärfste getadelt, weil es geeignet ist, die menschlichen Züge zu überdekken. Die Schönheit kommt vor, ist aber verdächtig. Verstohlen tritt sie einmal auf »Schönheit, worauf der Romancier nie abzielen sollte, obwohl er scheitert, wenn er sie nicht erringt« –, und die Möglichkeit, daß sie als Rhythmus wieder auftauchen kann, wird gegen Ende auf einigen interessanten Seiten kurz erörtert. Im übrigen aber wird die Erzählkunst als ein Parasit behandelt, der aus dem Leben seine Nahrung saugt und daher in Dankbarkeit dem Leben gleichen oder zugrunde gehen muß. In der Lyrik, im Drama mögen Worte aufregen, stimulieren und vertiefen ohne diese Treuepflicht; aber in der Erzählkunst müssen sie allererst und zuvörderst der Teekanne und dem Mops zu Diensten sein, und mangelhaft befunden werden, heißt ungenügend befunden werden.

So merkwürdig diese unästhetische Haltung bei Kritikern jeder anderen Kunst wäre, so wenig überrascht sie uns bei einem Kritiker der Erzählkunst. Zum einen ist das Problem außerordentlich schwierig. Ein Buch vergeht wie ein Nebel, ein Traum. Wie sollen wir einen Stock nehmen und auf den entschwindenden Seiten auf jenen Ton, jene Beziehung deuten, wie Mr Roger Fry mit seinem Zauberstab auf eine Linie oder eine Farbe auf dem Bilde deutet, das vor ihm aufgestellt ist? Ein Roman im besonderen hat überdies während seines Fortgangs tausend ganz gewöhnliche menschliche Gefühle wachgerufen. In solch einen Zusammenhang die Kunst hereinzuziehen, erscheint pedantisch und kaltherzig. Es könnte den Kritiker als einen Mann mit Feingefühl und häuslichen Bindungen sehr wohl in Verlegenheit bringen. Und während so der Maler, der Musiker und der Poet ihren Teil der Kritik abbekommen, bleibt der Romancier unversehrt. Seine Gestalten werden besprochen; seine Moral, vielleicht seine Herkunft, wird untersucht; seine Schreibweise aber wird ungeschoren davonkommen. Zur Zeit gibt es keinen einzigen Kritiker, der sagen würde, der Roman sei ein Kunstwerk und als solches wolle er ihn beurteilen.

Und vielleicht, wie Mr Forster andeutet, haben die Kritiker recht. In England jedenfalls ist der Roman nicht ein Kunstwerk. Es gibt keine, die sich neben *Krieg und Frieden*, *Die Brüder Karamasow* und *À la recherche du temps perdu*[12] stellen ließen. Aber während wir die Tatsache hinnehmen, können wir doch eine letzte Mutmaßung nicht unterdrücken. In Frankreich und Rußland nimmt man den Roman ernst. Flaubert verbringt einen Monat damit, einen Satz für die Beschreibung eines Kohlkopfes zu suchen. Tolstoi schreibt *Krieg und Frieden* siebenmal um. Ein Teil ihres unerreichten Ranges mag der Sorgfalt, die sie aufwenden, ein Teil der Strenge, mit der sie beurteilt werden, zuzuschreiben sein. Wäre der englische Kritiker weniger auf Heimisches konzentriert, weniger emsig dabei, die Rechte dessen zu schützen, was er beliebt Leben zu nennen, dann wäre vielleicht auch der Romanautor kühner. Vielleicht würde er sich von dem ewigen Teetisch und den scheinhaften und aberwitzigen Formeln losmachen, die angeblich das Ganze unseres menschlichen Abenteuers vorstellen. Aber dann käme ja vielleicht die Fabel ins Wanken; der Handlungsaufbau zerfiele am Ende; den Gestalten drohte der Ruin. Der Roman, kurz gesagt, würde vielleicht zu einem Kunstwerk.

Solcher Art sind die Träume, die Mr Forster uns zu hegen verleitet. Denn sein Buch ist von der Art, die zum Träumen ermutigt. Keines, das suggestiver wäre, ist über die bedauernswerte Dame geschrieben worden, die wir in vielleicht verfehlter Ritterlichkeit noch immer die Erzählkunst nennen.

Anmerkungen

Dieser Essay ist die Besprechung des Buches *Aspects of the Novel* von E. M. Forster, die unter dem Titel ›Is Fiction an Art?‹ am 16. Oktober 1927 im *New York Herald Tribune* erschien und, revidiert und unter dem Titel ›The Art of Fiction‹, am 12. November 1927 in *Nation & Athenaeum* nachgedruckt wurde.

[1] Nicht der elisabethanische Höfling, sondern Sir Walter Alexander Raleigh (1861–1922), ein seinerzeit angesehener Literaturwissenschaftler und Kritiker. Möglicherweise bezieht sich Virginia Woolf hier auf seine erfolgreichen öffentlichen Vorlesungen über Literatur, in denen er sich über den Roman geäußert haben mag. Siehe aber auch sein Buch *The English Novel* (1883).

[2] Percy Lubbock (1879–1965), ein Freund von Henry James, der als einer der ersten Techniken des Romans analysierte, *The Craft of Fiction*, 1921.

[3] Edward Morgan Forster (1879–1970), ein Freund Virginia Woolfs aus Bloomsbury-Tagen, hatte sich längst als Romancier einen Namen gemacht (etwa *Howards End*, 1910, *A Passage to India*, 1924), als er 1927 aufgefordert wurde, in Cambridge die Clark Lectures zu halten, die im gleichen Jahr noch als Buch, *Aspects of the Novel*, veröffentlicht wurden.

[4] Samuel Richardson (1689–1761), der Erfinder des psychologischen Romans (etwa *Pamela*, 1740–41; *Clarissa*, 1748–49).

[5] Henry James (1843–1916), der angloamerikanische Erneuerer des Romans, bei dem sich bereits Ansätze der Techniken finden, die dann von Virginia Woolf und James Joyce ausgebaut wurden. (*Portrait of a Lady*, 1881; *The Ambassadors*, 1903; *The Golden Bowl*, 1904.)

[6] H. G. Wells (1866–1946), ein von Virginia Woolf gern attackierter traditioneller Erzähler, mit häufig utopischen Sujets (*The Time Machine*, 1895).

[7] Zu Dickens siehe Virginia Woolfs Essay ›David Copperfield‹ in *Der Augenblick*, Frankfurt: S. Fischer, 1996, 77–84.

[8] George Meredith (1828–1909), seinerzeit hoch angesehener Romancier an der Schwelle zur Moderne, von einigem Einfluß auf Thomas Hardy und Henry James.

[9] Thomas Hardy (1840–1928), in seinen Romanen großer Natur- und Seelenschilderer, bedeutender Lyriker.

[10] Anthony Trollope (1815–1882), Romancier des englischen Provinzlebens, in einer Serie von Romanen, den sogenannten ›Barsetshire‹-Romanen, deren bekanntester *Barchester Towers* (1857) ist.

[11] Laurence Sterne (1713–1768), der erste Romancier, der die Technik des

Erzählens zum Thema des Erzählens machte. Sein folgenreichster Roman ist *The Life and Opinions of Tristram Shandy* (1759–67).

12 Tolstois *Krieg und Frieden* erschien 1863–69; Dostojewskis *Brüder Karamasow* erschienen 1880; Prousts *Recherche* erschien 1913–27; die berühmte englische Übersetzung von C. K. Scott Moncrieff, *Remembrance of Things Past*, erschien von 1922 bis 1931.

Ein eigenes Zimmer

1. Kapitel

Aber, werden Sie sagen, wir haben Sie gebeten, über Frauen und Literatur zu sprechen – was hat das mit einem eigenen Zimmer zu tun? Ich werde versuchen, es zu erklären. Als Sie mich baten, über Frauen und Literatur zu sprechen, setzte ich mich ans Ufer eines Flusses und begann zu überlegen, was die Worte bedeuteten. Sie könnten einfach einige Bemerkungen über Fanny Burney bedeuten; einige weitere über Jane Austen; eine Huldigung an die Brontës und eine Schilderung des Pfarrhauses von Haworth im Schnee; etwas Witziges, wenn möglich, über Miss Mitford; eine respektvolle Anspielung auf George Eliot; einen Hinweis auf Mrs Gaskell,[1] und man wäre fertig. Aber auf den zweiten Blick schienen die Worte nicht so einfach zu sein. Der Titel Frauen und Literatur könnte bedeuten, und so haben Sie ihn vielleicht gemeint, Frauen und wie sie sind; oder er könnte bedeuten, Frauen und die Literatur, die sie schreiben; oder er könnte bedeuten, Frauen und die Literatur, die über sie geschrieben wird; oder er könnte bedeuten, daß irgendwie alle drei untrennbar miteinander vermengt sind und daß Sie von mir erwarten, sie in diesem Licht zu betrachten. Aber als ich begann, das Thema in dieser letzten Weise zu betrachten, die am interessantesten schien, sah ich bald, daß sie einen entscheidenden Nachteil hatte. Ich wäre nie in der Lage, zu einer Schlußfolgerung zu kommen. Ich wäre nie in der Lage, die meinem Verständnis nach erste Pflicht einer Rednerin zu erfüllen – Ihnen nach einstündigem Vortrag ein Goldklümpchen reiner Wahrheit auszuhändigen, damit Sie es zwischen die Seiten Ihrer Notizbücher stecken und für alle Zeit auf dem Kaminsims aufbewahren. Ich kann Ihnen lediglich eine Meinung zu einer Nebensache anbieten – eine Frau muß Geld und ein eigenes Zimmer haben, um schreiben zu können; und das läßt, wie Sie sehen werden, die große Frage nach der wahren Natur der Frau und der wahren Natur der Literatur unbeantwortet. Ich habe mich vor der Pflicht gedrückt, in diesen beiden

Bereichen zu Schlußfolgerungen zu kommen – Frauen und Literatur bleiben, soweit es mich angeht, ungelöste Probleme. Aber um das ein wenig wettzumachen, werde ich tun, was ich kann, um Ihnen zu zeigen, wie ich zu dieser Meinung über das Zimmer und das Geld gelangt bin. Ich werde in Ihrer Gegenwart so ausführlich und freimütig, wie ich kann, den Gedankengang entwickeln, der mich zu dieser Ansicht geführt hat. Wenn ich die Vorstellungen, die Vorurteile bloßlege, die dieser Behauptung zugrunde liegen, werden Sie merken, daß sie gewisse Auswirkungen auf Frauen haben und gewisse auf Literatur. Jedenfalls, wenn ein Thema höchst umstritten ist – und jede Frage zum Thema Geschlecht ist das –, kann man nicht hoffen, die Wahrheit zu sagen. Man kann nur zeigen, wie man zu seiner Meinung gelangt ist, welche es auch sei. Man kann seinen Zuhörerinnen nur die Gelegenheit geben, ihre eigenen Schlüsse zu ziehen, während sie die Grenzen, die Vorurteile, die Abneigungen der Rednerin wahrnehmen. Die Erfindungen der Literatur enthalten in dieser Hinsicht wahrscheinlich mehr Wahrheit als Wirklichkeit. Ich schlage deshalb vor, Ihnen unter Ausnutzung aller Vorrechte und Freiheiten einer Romanschriftstellerin die Geschichte der zwei Tage zu erzählen, die meiner Ankunft hier vorausgingen – wie ich, niedergebeugt vom Gewicht des Themas, das Sie auf meine Schultern gelegt haben, es drehte und wendete und es innerhalb und außerhalb meines Alltags rumoren ließ. Ich brauche nicht zu sagen, daß Dinge, die ich gleich beschreiben werde, so nicht existieren; Oxbridge ist eine Erfindung; desgleichen Fernham;[2] »ich« ist nur ein zweckmäßiges Wort für jemanden, den es nicht wirklich gibt. Lügen werden von meinen Lippen fließen, aber es könnte ihnen vielleicht eine gewisse Wahrheit beigemischt sein; es ist an Ihnen, diese Wahrheit aufzuspüren und zu entscheiden, ob irgendein Teil davon bewahrenswert ist. Wenn nicht, werden Sie das Ganze kurzerhand in den Papierkorb werfen und vergessen.

Da war ich also (nennen Sie mich Mary Beton, Mary Seton, Mary Carmichael[3] oder wie immer es Ihnen gefällt – es ist vollkommen unwichtig) und saß vor ein oder zwei Wochen bei schönem Oktoberwetter am Ufer eines Flusses, in Gedanken versunken. Jenes Joch, von dem ich gesprochen habe, Frauen und Literatur, der Zwang, bei einem Thema, das alle Arten von Voreingenommenheiten und Leidenschaften weckt, zu einer Schlußfolgerung zu kommen, beugte meinen Kopf zu Boden. Zur Rechten und Linken standen Sträucher, golden und karminrot, glühten von der Farbe, schienen sogar verbrannt von der Hitze, dem Feuer. Weiter fort am Ufer weinten die Weiden in unablässiger Klage, das Haar um die Schultern. Der Fluß spiegelte von Himmel und Brücke und brennendem Baum, was ihm gerade gefiel, und als der Student sein Boot durch diese Spiegelungen gerudert hatte, schlossen sie sich wieder, vollständig, als hätte es ihn nie gegeben. Man hätte dort rund um die Uhr sitzen können, in Gedanken versunken. Die Gedanken – um sie mit einem stolzeren Namen zu belegen, als sie verdienten – hatten ihre Angelschnur in den Wasserlauf hinuntergelassen. Sie schwang, Minute um Minute, hierhin und dorthin zwischen den Spiegelungen und den Pflanzen, ließ sich vom Wasser heben und senken, bis – Sie kennen den kleinen Ruck – die plötzliche Verdichtung einer Idee am Ende der Angelschnur: und dann das behutsame Einholen und das sorgfältige Ausbreiten? Doch leider, im Gras ausgelegt, wie klein, wie unbedeutend sah da mein Gedanke aus; ein Fisch der Art, wie ihn ein guter Angler ins Wasser zurückwirft, damit er dicker werden kann und es sich eines Tages lohnt, ihn zu kochen und zu essen. Ich will Sie jetzt mit diesem Gedanken nicht behelligen, obwohl Sie ihn bei genauem Hinsehen in dem, was ich sagen werde, selbst finden können.

Aber wie klein er auch war, er besaß trotzdem die geheimnisvolle Eigenschaft seiner Art – in den Kopf zurückgesteckt, wurde er sofort sehr aufregend, und wichtig; und während er huschte und tauchte und hierhin und dorthin schoß, löste er solch einen Schwall und Tumult von Ideen aus, daß es unmöglich war, stillzusitzen. So kam es, daß ich in außerordentlicher Eile über eine Grasfläche ging. Augenblicklich erhob sich die Gestalt eines Mannes, um mir den Weg abzuschneiden. Anfangs verstand ich gar nicht, daß das Gestikulieren des seltsam aussehenden Ungetüms in Gehrock und Frackhemd an mich gerichtet war. Sein Gesicht drückte Entsetzen und Entrüstung aus. Instinkt, nicht Vernunft, kam mir zu Hilfe; er war ein Pedell; ich war eine Frau. Dies war der Rasen; dort war der Weg. Hier sind nur die Fellows und die Gelehrten zugelassen; mein Ort ist der Kies. Solche Gedanken waren das Werk eines Augenblicks. Als ich mich auf den Weg zurückbegab, sanken die Arme des Pedells herab, sein Gesicht glättete sich zu gewohnter Ruhe, und obwohl es sich auf Rasen besser geht als auf Kies, war kein großer Schaden angerichtet worden. Die einzige Beschuldigung, die ich gegen jene – welchem College auch immer angehörenden – Fellows und Gelehrten vorbringen konnte, war, daß sie zum Schutz ihres seit 300 Jahren unablässig gewalzten Rasens meinen kleinen Fisch verscheucht hatten.

Welche Idee mich zu so kühner Übertretung veranlaßt hatte, wußte ich jetzt nicht mehr. Der Geist des Friedens senkte sich wie eine Wolke vom Himmel, denn wenn der Geist des Friedens irgendwo wohnt, dann in den Höfen und Gevierten von Oxbridge an einem schönen Oktobermorgen. Beim Schlendern durch jene Colleges, vorbei an jenen uralten Gebäuden, schien die Rauheit der Gegenwart fortgeglättet; der Körper schien in eine wundersame Glasvitrine eingeschlossen, die kein Geräusch durchdringen konnte, und der Geist, aller Berührungen mit der Wirklichkeit enthoben (es sei denn, man betrat wieder den Rasen), war frei, sich jeglicher Kontemplation zu überlassen, die mit dem Augenblick in Einklang stand. Wie der Zufall es wollte, weckte ein flüchtiger Gedanke an einen alten Essay über ein Wiedersehen mit Oxbridge in den großen Ferien die Erinnerung an Charles Lamb[4] – der heilige Charles, sagte Thakkeray, sich einen Brief von Lamb an die Stirn haltend. Es ist wahr, unter all den Toten (ich gebe Ihnen meine Gedanken wieder, wie sie mir kamen) ist Lamb einer der sympathischsten; einer, den man gern gefragt hätte: Sagen Sie, wie haben Sie eigentlich Ihre Essays geschrieben? Denn seine Essays sind sogar denen von Max Beerbohm[5] überlegen, bei aller Perfektion, die diese haben, dachte ich, aufgrund jener Feuergarbe der Phantasie, jenes Blitzschlags der Genialität mitten hinein, der ihnen Mängel zufügt und die Vollkommenheit nimmt, sie aber mit Poesie bestirnt. Lamb besuchte also Oxbridge vor vielleicht hundert Jahren. Er schrieb einen Essay – dessen Titel mir entfallen ist – über die Handschrift eines Gedichts von Milton,[6] die er hier sah. Vielleicht war es *Lycidas*, und Lamb schrieb, wie sehr es ihn erschreckte, irgendein Wort in *Lycidas* könnte anders gelautet haben, als es jetzt lautet. Der Gedanke, Milton könnte Wörter in diesem Gedicht geändert haben, erschien ihm wie ein Sakrileg. Das brachte mich darauf, meine Erinnerungen an *Lycidas* hervorzuholen und mich dem Ratespiel zu widmen, welches Wort Milton geändert haben könnte und warum. Dann fiel mir ein, daß eben jene von Lamb betrachtete Handschrift nur wenige hundert Meter entfernt lag, so daß man Lambs Schritten über den Innenhof hinweg folgen konnte bis in jene berühmte Bibliothek,[7] in der dieser Schatz aufbewahrt wird. Außerdem, erinnerte ich mich, als ich diesen Plan in die Tat umsetzte, wird in dieser berühmten Bibliothek auch die Handschrift von Thackerays *Esmond* aufbewahrt.[8] Die Kritiker behaupten oft, *Esmond* sei Thackerays gelungenster Roman. Aber das Affektierte des Stils, mit seiner Nachahmung des achtzehnten Jahrhunderts, stört einen, soweit ich mich erinnere; falls nicht etwa der Stil des achtzehnten Jahrhunderts der Thackeray naturgemäße war – eine Tatsache, die man überprüfen könnte, wenn man sich die Handschrift vornähme, um zu sehen, ob die Änderungen dem Stil galten oder dem Sinn. Aber dann müßte man entscheiden, was Stil und was Bedeutung ist, eine Frage die – aber hier stand ich tatsächlich vor der Tür, die in die Bibliothek selbst führt. Ich muß sie geöffnet haben, denn augenblicklich erschien, wie ein Schutzengel mit einem Geflatter schwarzen Talars statt weißer Flügel den Weg versperrend, ein abwehrender, silbriger, freundlicher Herr, der, indes er mich fortwinkte, mit leiser Stimme bedauerte, daß Damen nur Zutritt zu der Bibliothek haben, wenn sie von einem Fellow des College begleitet werden oder ein Empfehlungsschreiben vorweisen.

Daß eine berühmte Bibliothek von einer Frau verflucht worden ist, bleibt einer berühmten Bibliothek vollkommen gleichgültig. Ehrwürdig und gelassen, all ihre Schätze sicher in ihrer Brust eingeschlossen, schläft sie selbstzufrieden und wird, soweit es mich angeht, ewig so weiterschlafen. Niemals werde ich jene Echos wecken, niemals werde ich wiederum um jene Gastfreundschaft bitten, schwor ich, als ich im Zorn die Treppe hinunterstieg. Es blieb immer noch eine Stunde bis zum Lunch, und was sollte man damit anfangen? Über die Wiesen schlendern? am Fluß sitzen? Gewiß, es war ein wunderschöner Herbstmorgen; die Blätter flatterten rot zu Boden; beides versprach keine sonderliche Mühsal. Aber der Klang von Musik drang an mein Ohr. Ein Gottesdienst oder eine Feierstunde war im Gange. Die Orgel beklagte sich erhaben, als ich an der Kirchentür vorbeikam. Sogar das Leid der Christenheit klang in dieser heiteren Luft eher wie die Erinnerung an Leid als das Leid selbst; sogar das Stöhnen der uralten Orgel schien in Frieden eingehüllt. Ich hatte nicht den Wunsch, einzutreten, sollte ich das Recht dazu haben, und diesmal hätte der Küster mich vielleicht aufgehalten und mir meinen Taufschein abverlangt, oder ein Empfehlungsschreiben des Dekans. Aber das Äußere dieser prächtigen Gebäude ist oft ebenso schön wie das Innere. Überdies war es unterhaltsam genug, zuzuschauen, wie sich die Gemeinde versammelte, wie die Mitglieder hineingingen und wieder herauskamen, geschäftig am Portal der Kirche wie Bienen am Flugloch eines Bienenkorbs. Viele waren in Barett und Talar; manche hatten Pelzchen auf den Schultern; andere wurden in Rollstühlen hineingeschoben; wieder andere, obwohl nicht über die mittleren Jahre hinaus, schienen zu so eigentümlichen Gestalten geknifft und geknüllt, daß sie an jene riesigen Krabben und Krebse erinnerten, die sich mühsam über den Sand eines Aquariums schleppen. Als ich so an der Mauer lehnte, erschien mir die Universität in der Tat als ein Refugium, in dem seltene Arten bewahrt werden, die bald eingehen würden, wären sie dem Existenzkampf auf dem Pflaster der Strand[9] ausgeliefert. Alte Geschichten von alten Dekanen und alten Doktoren kamen mir wieder in den Sinn, aber bevor ich meinen Mut zusammengenommen hatte, um zu pfeifen – es wurde erzählt, daß beim Ertönen eines Pfiffs der alte Professor — prompt in Galopp fiel –, war die ehrwürdige Gemeinde ins Innere gegangen. Das Äußere der Kirche blieb. Wie Sie wissen, sieht man ihre hohen Kuppeln und Spitztürme, wie ein immer dahinziehendes, niemals ankommendes Segelschiff, bei Nacht hell erleuchtet und meilenweit wahrnehmbar, bis weithin über die Hügel. Vermutlich war einst dieser Innenhof mit seinen glatten Rasenflächen, seinen wuchtigen Gebäuden und selbst der Kirche ebenfalls Sumpfland, wo die Gräser wogten und die Schweine wühlten. Pferde- und Ochsengespanne, dachte ich, mußten die Steine in Fuhrwerken von fernen Grafschaften hergezogen haben, und dann wurden in unendlicher Fronarbeit die grauen Quader, in deren Schatten ich jetzt stand, einer säuberlich auf den anderen geschichtet, und dann brachten die Maler ihr Glas für die Fenster, und die Maurer werkelten jahrhundertelang oben auf jenem Dach mit Kitt und Mörtel, Schippe und Kelle. Jeden Samstag mußte jemand Gold und Silber aus einem ledernen Geldbeutel in ihre uralten Fäuste geschüttet haben, denn am Abend vergnügten sie sich vermutlich bei Bier und Kegelspiel. Ein endloser Strom aus Gold und Silber, dachte ich, mußte unablässig in diesen Hof geströmt sein, damit immerfort die Steine kamen und die Maurer arbeiteten; ebneten und aushoben, gruben und drainierten. Aber es war damals das Zeitalter des Glaubens, und Geld wurde freigebig ausgeschüttet, um diese Steine auf ein tiefes Fundament zu setzen, und als die Steine aufgerichtet waren, floß weiteres Geld herein aus den Schatztruhen von Königen und Königinnen und Fürsten, um sicherzustellen, daß hier Choräle gesungen und Scholaren unterrichtet wurden. Ländereien wurden übertragen; Zehnte wurden bezahlt. Und als das Zeitalter des Glaubens vorüber und das Zeitalter der Vernunft gekommen war, floß derselbe Strom aus Gold und Silber immer noch; Fellowships wurden gegründet; Lehrstühle gestiftet; nur floß das Gold und Silber jetzt nicht mehr aus den Schatztruhen des Königs, sondern aus den Schatullen von Kaufleuten und Fabrikanten, aus den Geldbörsen von Männern, die, zum Beispiel, als Unternehmer ein Vermögen gemacht hatten und in ihren Testamenten einen großzügigen Teil davon zurückgaben, um weitere Lehrstühle, weitere Professuren, weitere Fellowships für die Universität zu stiften, an der sie ihr Handwerk gelernt hatten. Daher die Bibliotheken und Laboratorien; die Observatorien; die vorzügliche Ausstattung mit kostspieligen und empfindlichen Instrumenten, die jetzt auf Glasborden stehen, wo vor Jahrhunderten die Gräser wogten und die Schweine wühlten. Gewiß schien, während ich rings um den Hof schlenderte, das Fundament aus Gold und Silber tief genug; das Pflaster fest ausgelegt über den wilden Gräsern. Männer mit Tabletts auf den Köpfen gingen geschäftig von Treppenhaus zu Treppenhaus. Bunte Blumen blühten in Fensterkästen. Grammophonklänge schallten aus den Zimmern dahinter. Es war unmöglich, nicht zu überlegen – der Überlegung, welche es auch gewesen sein mag, wurde der Faden abgeschnitten. Die Uhr schlug. Es war Zeit, den Weg zum Lunch zu finden.

Es ist eine merkwürdige Tatsache, daß Romanautoren uns gerne glauben machen wollen, Lunchgesellschaften seien ausnahmslos denkwürdig, weil auf ihnen etwas sehr Witziges gesagt oder etwas sehr Weises getan wurde. Aber sie erübrigen selten ein Wort für das, was gegessen wurde. Es gehört zur Gepflogenheit des Romanautors, Suppe und Lachs und Ente nicht zu erwähnen, als wären Suppe und Lachs und Ente vollkommen unwichtig, als rauchte niemand je eine Zigarre oder tränke ein Glas Wein. Hier werde ich mir jedoch die Freiheit nehmen, mich über diese Gepflogenheit hinwegzusetzen und Ihnen zu erzählen, daß der Lunch bei diesem Anlaß mit Seezungen in einer tiefen Schüssel begann, über die der College-Koch eine Decke aus weißestem Rahm gebreitet hatte, nur hie und da unterbrochen von braunen Flecken wie die Flecke auf den Flanken einer Damhirschkuh. Danach kamen die Rebhühner, aber wenn Ihnen dies ein paar kahle, braune Vögel auf einem Servierteller in den Sinn riefe, dann irrten Sie. Die Rebhühner, zahlreich und vielfältig, kamen mit all ihrem Gefolge der Soßen und Salate, der scharfen und der lieblichen, in geordnetem Fortgang; ihren Kartoffeln, dünn wie Münzen, aber nicht so hart; ihren Sprossenkohlköpfchen, aus Blättchen geformt wie Rosenknospen, aber saftiger. Und kaum waren der Braten und sein Gefolge abgetan, schon war der stumme Hausdiener da, vielleicht der Pedell selbst in sanfterer Erscheinungsform, und setzte uns eine von Servietten umkränzte Nachspeise vor, die sich zuckerrein aus den Wellen erhob. Sie Pudding zu nennen und so mit Reis und Sago in Verbindung zu bringen, wäre eine Beleidigung. Unterdessen hatten die Weingläser gelb aufgeleuchtet und karminrot aufgeleuchtet; waren geleert worden; waren gefüllt worden. Und so wurde allmählich mitten in der Wirbelsäule, die der Sitz der Seele ist, ein Feuer entzündet, nicht jenes harte, kleine elektrische Licht, das wir Esprit nennen, wenn es uns auf den Lippen tanzt, sondern das tiefere, feinsinnigere und unterirdischere Leuchten, die üppige gelbe Flamme geistigen Verkehrs. Kein Zwang zur Eile. Kein Zwang zu Geistesblitzen. Kein Zwang, irgend jemand anders zu sein als man selbst. Wir kommen alle in den Himmel, und van Dyck ist mit von der Partie [10] – mit anderen Worten, wie gut das Leben schien, wie süß seine Belohnungen, wie belanglos dieser Grimm oder jener Groll, wie bewundernswert Freundschaft und Gesellschaft Gleichgesinnter, indes man, sich eine gute Zigarette anzündend, in die Kissen des Sitzes am Fenster sank.

Wenn durch einen glücklichen Zufall ein Aschenbecher zur Hand gewesen wäre, wenn man mangels dessen nicht die Asche aus dem Fenster geschnippt hätte, wenn die Dinge ein wenig anders gewesen wären, als sie waren, man hätte sie vermutlich nicht gesehen, die Katze ohne Schwanz. Der Anblick dieses jäh endenden, kupierten Tiers, das auf leisen Pfoten über den Innenhof spazierte, veränderte durch einen plötzlichen Stoß des unbewußten Intellekts für mich das emotionale Licht. Es war, als hätte jemand eine Blende fallen lassen. Vielleicht ließ die Wirkung des vorzüglichen Rheinweins nach. Jedenfalls, während ich beobachtete, wie die Manx-Katze mitten auf dem Rasen stehen blieb, als stellte auch sie das Weltall in Frage, schien etwas zu fehlen, schien etwas anders zu sein. Aber was fehlte, was war anders, fragte ich mich, der Unterhaltung lauschend? Und um diese Frage zu beantworten, mußte ich mich aus dem Zimmer hinausdenken, zurück in die Vergangenheit, bis vor den Krieg sogar, und mir das Muster einer anderen Lunchgesellschaft vor Augen halten, die in Zimmern gar nicht weit von diesen stattgefunden hatte; aber anders. Alles war anders. Indessen ging die Unterhaltung zwischen den Gästen weiter, die zahlreich und jung waren, die einen diesen, die anderen jenen Geschlechts; sie ging aufs Geratewohl weiter, sie ging angenehm weiter, ungehemmt, amüsant. Und während sie weiterging, hielt ich sie vor den Hintergrund jener anderen Unterhaltung, und als ich die beiden übereinander paßte, hatte ich keinen Zweifel, daß die eine die Nachfahrin, die rechtmäßige Erbin der anderen war. Nichts hatte sich gewandelt; nichts war anders bis auf – hier lauschte ich mit großen Ohren nicht völlig dem, was gesagt wurde, sondern dem Raunen oder der Strömung dahinter. Ja, das war es – da war der Wandel. Vor dem Krieg hätten die Gäste auf einer Lunchgesellschaft wie dieser genau die gleichen Dinge gesagt, aber sie hätten sich anders angehört, denn zu jener Zeit wurden sie von einer Art Summgeräusch begleitet, das nicht deutlich, aber melodisch, aufregend war und die Worte selbst in ihrem Wert veränderte. Konnte man dieses Summgeräusch in Worte setzen? Vielleicht mit Hilfe der Dichter. Ein Buch lag neben mir, ich schlug es auf und blätterte eher zufällig zu Tennyson. Und hier fand ich Tennyson singen:

Von Passionsblumenranken am Tor
  Rinnt eine Träne ins Moos.
Ah, sie kommt, die mein Herz sich erkor,
  Sie kommt, mein Leben, mein Los.
Rotrose ruft: »Sie ist nah, sie ist nah«,
  Weißrose weint: »Verspätet sie sich?«
Rittersporn lauscht: »Sie ist da, sie ist da«,
  Lilie flüstert: »Gedulde dich.« [11]

War es das, was Männer auf Lunchgesellschaften vor dem Krieg summten? Und die Frauen?

Mein Herz ist wie ein Vogel heut',
  Dem dichtes Laub sein Nest umflicht;
Mein Herz ist wie ein Apfelbaum,
  Dem jeder Ast von Früchten bricht;
Mein Herz ist wie ein Muschelhaus,
  Das schwimmt im tiefdurchsonnten Meer,
Und noch viel froher ist mein Herz,
  Mein Liebster kam zu mir daher. [12]

War es das, was Frauen auf Lunchgesellschaften vor dem Krieg summten?

Es hatte etwas derart Aberwitziges, sich Menschen vorzustellen, die so etwas auf Lunchgesellschaften vor dem Krieg auch nur leise vor sich hin summten, daß ich laut auflachte und mein Gelächter erklären mußte, indem ich auf die Manx-Katze zeigte, die wirklich ein wenig absurd aussah, das arme Tier, ohne Schwanz, mitten auf dem Rasen. War sie tatsächlich so geboren, oder hatte sie ihren Schwanz bei einem Unfall verloren? Die schwanzlose Katze, obwohl es auf der Insel Man einige davon geben soll, ist seltener, als man denkt. Sie ist ein sonderbares Tier, eher kurios als schön. Es ist merkwürdig, welchen Unterschied ein Schwanz ausmacht – was man eben so sagt, wenn eine Lunchgesellschaft zu Ende geht und die Gäste sich ihre Mäntel und Hüte holen.

Diese hier hatte dank der Großzügigkeit unseres Gastgebers bis weit in den Nachmittag gedauert. Der schöne Oktobertag verblaßte, und die Blätter fielen von den Bäumen der Allee, durch die ich ging. Tor um Tor schien sich mit sanfter Endgültigkeit hinter mir zu schließen. Unzählige Pedelle steckten unzählige Schlüssel in gut geölte Schlösser; das Schatzhaus wurde für eine weitere Nacht gesichert. Von der Allee gelangt man auf eine Straße – ich habe vergessen, wie sie heißt –, die einen, wenn man die rechte Richtung einschlägt, nach Fernham führt. Aber es blieb noch viel Zeit. Dinner gab es erst um halb acht. Nach solch einem Lunch kam man fast ohne ein Dinner aus. Es ist seltsam, wie ein Bröckchen eines Gedichts sich in den Sinn gräbt und die Beine veranlaßt, im Takt dazu auf der Straße zu gehen. Diese Worte –

> Von Passionsblumenranken am Tor
> Rinnt eine Träne ins Moos.
> Ah, sie kommt, die mein Herz sich erkor –

sangen in meinem Blut, als ich rasch nach Headingley ausschritt. Und dann, in das andere Versmaß umschaltend, sang ich, wo das Wasser vom Wehr aufgewirbelt wird:

> Mein Herz ist wie ein Vogel heut',
> Dem dichtes Laub sein Nest umflicht;
> Mein Herz ist wie ein Apfelbaum ...

Was für Dichter, rief ich laut aus, wie man es in der Dämmerung tut, was für Dichter sie doch waren!

Wohl mit einer Art Eifersucht für unser eigenes Zeitalter fragte ich mich dann, so albern und absurd solche Vergleiche auch sind, ob man ehrlich zwei lebende Dichter nennen könnte, die jetzt so bedeutend wären, wie Tennyson und Christina Rossetti es damals waren. Offensichtlich ist es unmöglich, dachte ich, in das schäumende Wasser schauend, sie miteinander zu vergleichen. Der eigentliche Grund, warum jene Lyrik einen zu solchem Überschwang, solcher Verzükkung hinreißt, ist, daß sie ein Gefühl feiert, wie man es früher hatte (auf Lunchgesellschaften vor dem Krieg vielleicht), so daß man leicht, in vertrauter Weise darauf anspricht, ohne sich die Mühe zu machen, das Gefühl zu überprüfen oder es mit einem zu vergleichen, das man heute hat. Aber die lebenden Dichter drücken ein Gefühl aus, das gerade erst entsteht und in diesem Augenblick aus uns herausgerissen wird. Man erkennt es anfangs nicht; oft fürchtet man es aus irgendeinem Grund; man beobachtet es scharf und vergleicht es eifersüchtig und mißtrauisch mit dem alten Gefühl, das man kannte. Daher die Schwierigkeit der modernen Lyrik; und diese Schwierigkeit führt dazu, daß man sich nicht an mehr als zwei zusammenhängende Zeilen irgendeines guten modernen Dichters erinnern kann. Aus diesem Grund – daß mein Gedächtnis mich im Stich ließ – ging meiner Beweisführung aus Mangel an Material die Luft aus. Aber warum, fuhr ich fort, weiter auf Headingley zugehend, summen wir auf Lunchgesellschaften nicht mehr leise vor uns hin? Warum singt Alfred nicht mehr

Ah, sie kommt, die mein Herz sich erkor?

Warum erwidert Christina nicht mehr

Und noch viel froher ist mein Herz,
Mein Liebster kam zu mir daher?

Sollen wir dem Krieg die Schuld aufladen? Als die Kanonen im August 1914 zu feuern begannen, waren da die Gesichter von Männern und Frauen für einander so klar zu erkennen, daß die romantische Liebe den Tod fand? Ganz gewiß war es ein Schock (besonders für Frauen mit ihren Illusionen über Erziehung und dergleichen), die

Gesichter unserer Herrscher im Licht des Geschützfeuers zu sehen. Wie häßlich sie aussahen – deutsche, englische, französische –, wie dumm. Aber auf was oder wen man nun auch die Schuld lädt, die Illusion, die Tennyson und Christina Rossetti dazu anregte, so leidenschaftlich die Ankunft ihrer Liebsten zu besingen, ist jetzt weitaus seltener als damals. Man braucht nur zu lesen, zu lauschen, sich umzuschauen, sich zu erinnern. Aber warum von »Schuld« reden? Warum, wenn es eine Illusion war, nicht die Katastrophe preisen, welche es auch war, die diese Illusion zerstörte und die Wahrheit an ihre Stelle setzte? Denn die Wahrheit ... diese Punkte bezeichnen die Ecke, an der ich auf der Suche nach der Wahrheit die Abzweigung nach Fernham verfehlte. Ja, wirklich, was war Wahrheit und was war Illusion, fragte ich mich? Was war die Wahrheit von diesen Häusern, zum Beispiel, sanft und frohgestimmt jetzt mit den roten Fenstern in der Abenddämmerung, aber rauh und rot und karg, mit dem Haferbrei und den Schnürsenkeln, um neun Uhr morgens? Und die Weiden und der Fluß und die Gärten, die sich zum Fluß hinunter erstreckten, verschwommen jetzt im Nebel, der sich über sie stahl, aber golden und rot im Sonnenlicht – was davon war die Wahrheit, was war Illusion? Ich erspare Ihnen die Schlingen und Schlaufen meiner Überlegungen, denn es kam auf der Straße nach Headingley zu keinerlei Schlußfolgerungen, und ich bitte Sie, mir zuzutrauen, daß ich meinen Irrtum bei der Abzweigung bald bemerkte und kehrtmachte nach Fernham.

Da ich schon gesagt habe, daß es ein Oktobertag war, wage ich nicht, mir Ihre Achtung zu verscherzen und den hehren Ruf der Literatur zu gefährden, indem ich die Jahreszeit ändere und Flieder beschreibe, der über Gartenmauern hing, Krokusse, Tulpen und andere Frühlingsblumen. Die Literatur muß sich an die Tatsachen halten, und je wahrer die Tatsachen, desto besser die Literatur – so heißt es. Deshalb war es immer noch Herbst, und die Blätter waren immer noch gelb und fielen, wenn überhaupt, ein wenig schneller als zuvor, denn es war jetzt Abend (sieben Uhr dreiundzwanzig, um genau zu sein) und ein leichter Wind (aus Südwest, um präzis zu sein) war aufgekommen. Aber trotz alledem war etwas Seltsames am Werk:

Mein Herz ist wie ein Vogel heut',
  Dem dichtes Laub sein Nest umflicht;
Mein Herz ist wie ein Apfelbaum,
  Dem jeder Ast von Früchten bricht –

vielleicht waren die Worte von Christina Rossetti zum Teil für das Hirngespinst verantwortlich – denn es war natürlich nur ein Hirngespinst –, daß Flieder seine Blüten über die Gartenmauern schüttete und Zitronenfalter hierhin und dorthin gaukelten und Pollenstaub in der Luft war. Ein Wind blies, ich weiß nicht, aus welcher Richtung, aber er hob die frisch entfalteten Blättchen, so daß ein silbergraues Blinken in der Luft war. Es war die Zeit zwischen Licht und Dunkel, wenn die Farben ihre stärkste Leuchtkraft erhalten und Purpur- und Goldtöne in Fensterscheiben brennen wie der Schlag eines erregbaren Herzens; wenn aus irgendeinem Grund die Schönheit der Welt, die sich offenbart und doch so bald vergehen muß (hier betrat ich die Gartenanlage, denn unvorsichtigerweise stand die Pforte offen und kein Pedell war zu sehen), wenn die Schönheit der Welt, die so bald vergehen muß, zwei Schneiden hat, eine des Lachens, eine des Leidens, und so das Herz zerspaltet. Die Gärten von Fernham lagen im Frühlingszwielicht vor mir, wild und offen, und im langen Gras, verstreut und achtlos verteilt, blühten Narzissen und Glockenhyazinthen, gemeinhin vielleicht auch nicht ordentlich, aber jetzt windzerzaust und wogend, während sie an ihren Wurzeln zerrten. Die Fenster des Gebäudes, gerundet wie Schiffsfenster inmitten reicher Wellen aus rotem Backstein, wechselten von Zitronengelb zu Silber unter dem Flug der schnellen Frühlingswolken. Jemand lag in einer Hängematte, jemand, aber in diesem Licht waren sie nur Schemen, halb erraten, halb gesehen, rannte über das Gras – wollte ihr denn niemand Einhalt gebieten? –, und dann erschien auf der Terrasse, als käme sie heraus, um Luft zu schöpfen, den Garten anzuschauen, eine gebeugte Gestalt, ehrfurchtgebietend, doch bescheiden, mit der großen Stirn und dem ärmlichen Kleid – konnte es die berühmte Gelehrte, konnte es J— H—[13] persönlich sein? Alles war schummrig, doch auch voll Leuchtkraft, als würde der Schleier, den die Dämmerung über den Garten gebreitet hatte, von Stern oder Schwert zerrissen – der Blitzstrahl einer schrecklichen Wirklichkeit entsprang, wie es seine Art ist, dem Herzen des Frühlings. Denn die Jugend —

Da kam meine Suppe. Im großen Speisesaal wurde gerade das Dinner aufgetragen. Es war keineswegs Frühling, sondern vielmehr ein Abend im Oktober. Alle hatten sich im großen Speisesaal versammelt. Das Dinner war bereit. Die Suppe kam. Es war eine schlichte Brühsuppe. Nichts darin, was die Phantasie anregte. Man hätte durch die klare Flüssigkeit jedes Muster sehen können, hätte der Teller eines gehabt. Aber da war kein Muster. Der Teller war schlicht. Als nächstes kam Rindfleisch mit seinen begleitenden Gemüsen und Kartoffeln – eine frugale Dreieinigkeit, die an Rinderschwanzstücke auf einem schmuddeligen Markt erinnerte und an Rosenkohl mit welken und gelb verfärbten Rändern und an Herunterhandeln und Herabsetzen und an Frauen mit Einkaufsnetzen am Montagmorgen. Es gab keinen Grund, sich über des Menschen tägliche Nahrung zu beklagen, zumal es genügend davon gab und Bergarbeiter sich zweifellos zu weniger an den Tisch setzten. Backpflaumen und Vanillesauce folgten. Und wenn irgend jemand sich beschwert, Backpflaumen seien, auch wenn von Vanillesauce gemildert, ein unbarmherziges Gemüse (Obst sind sie nicht), ledrig wie das Herz eines Geizhalses und eine Flüssigkeit absondernd, wie sie in den Adern von Geizhälsen rinnen könnte, die sich achtzig Jahre lang weder Wein noch Wärme gegönnt und trotzdem den Armen nichts gegeben haben, so sollte er bedenken, daß es Menschen gibt, deren Barmherzigkeit sogar die Backpflaume einbegreift. Salzkekse und Käse kamen als nächstes, und hier wurde der Wasserkrug freigebig herumgereicht, denn Kekse sind ihrer Natur nach trocken, und diese waren Kekse bis ins Mark. Das war alles. Die Mahlzeit war beendet. Alle schoben scharrend ihre Stühle zurück; die Schwingtüren schwangen heftig hin und her; bald war der Saal bar aller Spuren des Essens und wurde zweifellos für das Frühstück am nächsten Morgen gerüstet. Flure hinunter und Treppen hinauf ging polternd und singend Englands Jugend. Und stand es einem Gast zu, einer Fremden (denn ich besaß hier in Fernham nicht mehr Rechte als in Trinity oder Somerville oder Girton oder Newnham oder Christchurch), zu sagen: »Das Dinner war nicht gut«, oder zu sagen (wir waren jetzt, Mary Seton[14] und ich, in ihrem Wohnzimmer): »Hätten wir nicht hier oben allein essen können?«, denn wenn ich irgend etwas Derartiges gesagt hätte, wäre das ein neugieriges Herumspionieren in den geheimen Sparmaßnahmen eines Hauses gewesen, das einer Fremden eine so prächtige Fassade von Heiterkeit und Mut zeigt. Nein, man konnte nichts dergleichen sagen. Für einen Augenblick geriet das Gespräch ins Stocken. Da der Mensch nun einmal so beschaffen ist, Herz, Körper und Gehirn alle miteinander vermengt und nicht in getrennten Behältnissen untergebracht, wie sie es zweifellos in einer weiteren Million Jahren sein werden, ist ein gutes Dinner von großer Bedeutung für ein gutes Gespräch. Man kann nicht gut denken, gut lieben, gut schlafen, wenn man nicht gut gespeist hat. Die Lampe in der Wirbelsäule brennt nicht von Rindfleisch und Backpflaumen. Wir kommen *wahrscheinlich* alle in den Himmel, und van Dyck erwartet uns *hoffentlich* an der nächsten Ecke – das ist der zweifelhafte und eingeschränkte Geisteszustand, den Rindfleisch und Backpflaumen am Ende von des Tages Mühen miteinander erzeugen. Zum Glück hatte meine Freundin, die Naturwissenschaften lehrte, einen Schrank, in dem es eine gedrungene Flasche und kleine Gläser gab – (aber erst einmal hätte es Seezunge und Rebhuhn geben sollen) –, so daß wir uns ans Feuer setzen und einige der Schäden unserer Verpflegung beheben konnten. Binnen weniger Minuten gingen wir ungezwungen ein und aus zwischen all jenen Gegenständen der Neugier und des Interesses, die sich in der Abwesenheit einer bestimmten Person im Geiste bilden und natürlich besprochen werden müssen, wenn man wieder zusammenkommt – wie jemand geheiratet hat, jemand anders nicht; der eine denkt dies, der andere jenes; der eine hat sich gänzlich unerwartet herausgemacht, der andere ist zur größten Überraschung unter die Räder gekommen – mit all jenen Mutmaßungen über das Wesen des Menschen und die Eigenart der erstaunlichen Welt, in der wir leben, die sich vollkommen natürlich aus solchen Anfängen ergeben. Während diese Dinge gesagt wurden, kam mir jedoch peinlich zu Bewußtsein, daß ganz von allein eine Strömung einsetzte und alles einem eigenen Ziel entgegentrug. Man mochte von Spanien oder Portugal reden, von Buch oder Rennpferd, aber was auch gesagt wurde, nichts davon war von wahrem Interesse, sondern einzig eine Szene mit Maurern auf einem hohen Dach vor fünfhundert Jahren. Könige und Fürsten brachten Schätze in großen Säcken und schütteten sie unter die Erde. Diese Szene wurde immer wieder in meinen Gedanken lebendig und stellte sich neben eine andere mit mageren Kühen und einem schmuddeligen Markt und welkem Gemüse und den ledrigen Herzen alter Männer – diese beiden Bilder, unverbunden und getrennt und unsinnig, wie sie waren, kamen immer wieder zusammen und bekämpften sich und hatten mich völlig in ihrer Gewalt. Damit nicht das ganze Gespräch verzerrt wurde, war es am besten, das, was mir durch den Sinn ging, der Luft auszusetzen, wo es mit etwas Glück verblassen und zerfallen würde wie der Kopf des toten Königs, als man in Windsor den Sarkophag öffnete. Kurzum, ich erzählte Miss Seton von den Maurern, die all die Jahre auf dem Dach der Kirche gewesen waren, und von den Königen und Königinnen und Fürsten mit Säcken voll Gold und Silber auf den Schultern, das sie in die Erde schaufelten; und wie dann die großen Finanzmagnaten unserer Zeit kamen und Schecks und Schatzbriefe vermutlich eben dort deponierten, wo die anderen Barren und Goldklumpen deponiert hatten. All das liegt unter den Colleges dort drüben, sagte ich; aber dieses College, in dem wir jetzt sitzen – was liegt unter seinen wackeren roten Backsteinen und den wilden, ungepflegten Wiesen des Gartens? Welche Macht steht hinter dem schlichten Porzellan, von dem wir gegessen haben, und (es entschlüpfte mir, bevor ich es verhindern konnte) dem Rindfleisch, der Vanillesauce und den Backpflaumen?

Ja, also, sagte Mary Seton, um das Jahr 1860 wurden – Ach, aber du kennst die Geschichte, sagte sie, vermutlich vom neuerlichen Hersagen gelangweilt. Und sie erzählte mir – Räume wurden angemietet. Komitees traten zusammen. Umschläge wurden adressiert. Rundbriefe wurden entworfen. Versammlungen wurden abgehalten; Briefe wurden verlesen; Soundso hat soundsoviel versprochen; Mr — will keinen Penny herausrücken. Die *Saturday Review* ist sehr ausfällig geworden. Wie verschaffen wir uns Geld, um Büroräume zu bezahlen? Sollen wir einen Basar abhalten? Können wir nicht ein hübsches Mädchen auftreiben, das sich in die erste Reihe setzt? Schlagen wir doch nach, was John Stuart Milll[15] zu dem Thema gesagt hat. Kann irgend jemand den Herausgeber der — dazu überreden, einen Brief abzudrucken? Können wir Lady — veranlassen, ihn zu unterschreiben? Lady — ist verreist. So machte man das vermutlich vor sechzig Jahren, und es war eine gewaltige Anstrengung, und sehr viel Zeit wurde darauf verwendet. Und erst nach langem Kampf und unter unsäglichen Mühen bekamen sie dreißigtausend Pfund zusammen.* Also können wir uns natürlich keinen Wein und keine Rebhühner und keine Diener leisten, die Blechtabletts auf dem Kopf balancieren, sagte sie. Wir können uns keine Sofas und Gesellschaftsräume leisten. »Die Annehmlichkeiten«, sagte sie, aus irgendeinem Buch zitierend, »werden warten müssen.«**

Bei dem Gedanken, wie all diese Frauen sich Jahr um Jahr abgemüht hatten und es schwer fanden, zweitausend Pfund zu beschaffen, und unmöglich, mehr als dreißigtausend Pfund zusammenzubekommen, empörten wir uns höhnisch über die schändliche Armut unseres Geschlechts. Was hatten unsere Mütter damals getrieben, daß sie uns keine Reichtümer hinterlassen konnten? Sich die Nase gepudert? Schaufenster betrachtet? In Monte Carlo die Sonne genossen? Auf dem Kaminsims standen mehrere Photographien. Marys Mutter – wenn das ihr Bild war – mag in ihrer Freizeit eine Lebedame gewesen

* »Man sagt uns, daß wir mindestens £ 30000 fordern müßten ... Das ist keine große Summe, wenn man bedenkt, daß es nur ein einziges College dieser Art für Großbritannien, Irland und die Kolonien geben soll, und wenn man bedenkt, wie leicht es ist, beträchtliche Summen für Knabenlehranstalten zusammenzutragen. Aber wenn man bedenkt, wie wenige Menschen wirklich wollen, daß Frauen Bildung vermittelt wird, ist es ziemlich viel.« (Lady Stephen, *Life of Miss Emily Davies and Girton College*) [Virginia Woolf]

** »Jeder Penny, der zusammengekratzt werden konnte, wurde für die Bauten beiseite gelegt, und die Annehmlichkeiten mußten hinausgeschoben werden.« (R. Strachey, *The Cause*) [Virginia Woolf] sein (sie gebar einem Diener der Kirche dreizehn Kinder), doch wenn, dann hatte ihr fröhliches und ausschweifendes Leben allzu wenige Spuren seiner Vergnügungen auf ihrem Gesicht hinterlassen. Sie war unscheinbar; eine alte Dame in einem karierten Umschlagetuch, das von einer großen Kamee zusammengehalten wurde; sie saß in einem Korbsessel und hielt einen Spaniel dazu an, in die Kamera zu schauen, mit der amüsierten, doch angestrengten Miene jemandes, der überzeugt ist, daß der Hund sich bewegen wird, sobald der Auslöser gedrückt ist. Wenn sie dagegen die kaufmännische Laufbahn eingeschlagen hätte; Fabrikantin von Kunstseide oder Börsenmagnatin geworden wäre; wenn sie Fernham zwei- oder dreihunderttausend Pfund vermacht hätte, dann hätten wir es uns heute abend wohl sein lassen können, bei Gesprächsthemen wie Archäologie, Botanik, Anthropologie, Physik, dem Wesen des Atoms, Mathematik, Astronomie, Relativität, Geographie. Wenn nur Mrs Seton und vor ihr ihre Mutter und deren Mutter die große Kunst des Geldverdienens gelernt hätten und von ihrem Geld, wie ihre Väter und vor ihnen ihre Großväter, ihrem eigenen Geschlecht vorbehaltene Fellowships und Professuren und Preise und Stipendien gestiftet hätten, dann hätten wir hier oben allein speisen und uns an Rebensaft und Rebhühnern gütlich tun können; wir hätten ohne unangemessene Zuversicht einem angenehmen und geachteten Leben im Schutz eines der gut bezahlten Berufe entgegensehen können. Wir hätten vielleicht Forschungsreisen unternommen oder geschrieben; wären an den ehrwürdigen Stätten der Erde herumgegeistert; hätten in Betrachtungen versunken auf den Stufen des Parthenon gesessen oder wären um zehn in ein Büro gegangen und um halb fünf gemütlich nach Hause gekommen, um noch ein wenig zu dichten. Doch wenn Mrs Seton und ihresgleichen im Alter von fünfzehn Jahren die kaufmännische Laufbahn eingeschlagen hätten, dann hätte es – das war der Haken an der Beweisführung – keine Mary gegeben. Was, fragte ich, hatte Mary dazu zu sagen? Dort, zwischen den Vorhängen, stand die Oktobernacht, still und hold, hier und da ein Stern, der sich in den vergilbenden Bäumen verfangen hatte. War sie willens, auf ihren Anteil daran zu verzichten ebenso wie auf ihre Erinnerungen (denn sie kam aus einer glücklichen, wenn auch großen Familie) an Spiele und Streitereien oben in Schottland, das sie unermüdlich für seine gute Luft und seine vorzüglichen Kuchen preist, damit Fernham durch einen Federstrich eine Stiftung von sagen wir fünfzigtausend Pfund hätte erhalten können? Denn eine College-Stiftung würde die gänzliche Abschaffung der Familie erfordern. Ein Vermögen verdienen und dreizehn Kinder zur Welt bringen – kein Mensch könnte das durchstehen. Betrachten wir die Tatsachen, sagten wir. Als erstes sind da die neun Monate, bevor das Kind geboren wird. Dann wird das Kind geboren. Dann gehen drei oder vier Monate damit hin, das Kind zu stillen. Nachdem das Kind abgestillt worden ist, gehen bestimmt fünf Jahre damit hin, mit dem Kind zu spielen. Man kann Kinder offenbar nicht einfach auf die Straße schicken. Leute, die in Rußland streunende Kinder gesehen haben, sagen, es sei kein schöner Anblick. Manche Leute sagen auch, das Wesen des Menschen bilde sich im Alter von ein bis fünf Jahren heraus. Wenn Mrs Seton, sagte ich, Geld gescheffelt hätte, was für Erinnerungen hättest du dann an Spiele und Streitereien? Was wüßtest du von Schottland und seiner guten Luft und seinen vorzüglichen Kuchen und allem anderen? Aber es ist sinnlos, solche Fragen zu stellen, denn es hätte dich überhaupt nicht gegeben. Ferner ist es ebenso sinnlos, zu fragen, was vielleicht geschehen wäre, wenn Mrs Seton und ihre Mutter und deren Mutter vor ihr große Reichtümer angehäuft und unter die Fundamente von College und Bibliothek gelegt hätten, denn erstens war es ihnen nicht möglich, Geld zu verdienen, und zweitens, wäre es möglich gewesen, so verweigerte das Gesetz ihnen das Recht, irgend etwas von dem Geld, das sie verdienten, zu besitzen. Erst seit achtundvierzig Jahren darf Mrs Seton einen eigenen Penny haben.[16] In all den Jahrhunderten davor wäre er das Eigentum ihres Ehemannes gewesen – ein Gedanke, der vielleicht dazu beigetragen hat, Mrs Seton und ihre Mütter von der Börse fernzuhalten. Jeder Penny, den ich verdiene, mögen sie gesagt haben, wird mir weggenommen und nach dem Gutdünken meines Mannes verwendet werden – vielleicht zur Stiftung eines Stipendiums oder eines Fellowships am Balliol oder am King's,[17] so daß Geldverdienen, selbst wenn ich es könnte, keine Angelegenheit ist, die mich sonderlich interessiert. Das überlasse ich lieber meinem Mann.

Jedenfalls, ob die alte Dame, die den Spaniel ansah, nun schuld daran war oder nicht, es ließ sich nicht bezweifeln, daß unsere Mütter aus dem oder jenem Grund außerordentlich schlecht gewirtschaftet hatten. Kein einziger Penny blieb für »Annehmlichkeiten« übrig; für Rebhühner und Wein, Pedelle und Rasen, Bücher und Zigarren, Museen und Müßiggang. Nackte Mauern aus der nackten Erde zu errichten war das Äußerste, was sie vermochten.

So redeten wir, standen dabei am Fenster und schauten, wie so viele Tausende jeden Abend schauen, hinunter auf die Kuppeln und Türme der berühmten Stadt unter uns. Sie war sehr schön, sehr geheimnisvoll im herbstlichen Mondenschein. Das alte Mauerwerk sah sehr weiß und ehrwürdig aus. Man dachte an all die Bücher, die dort unten versammelt waren; an die Bildnisse von alten Prälaten und Würdenträgern, die in den holzgetäfelten Räumen hingen; an die bunten Fenster, die seltsame Kugeln und Halbmonde auf das Pflaster warfen; an die Gedenktafeln und Ehrenmale und Inschriften; an die Brunnen und das Gras; an die stillen Zimmer mit Ausblick auf die stillen Innenhöfe. Und (verzeihen Sie mir den Gedanken) ich dachte auch an die ausgezeichneten Rauchwaren und Getränke und die tiefen Lehnsessel und die weichen Teppiche: an die Weltläufigkeit, die Urbanität, die Würde, alles Früchte von Luxus und Privatheit und viel Platz. Zweifellos hatten unsere Mütter uns mit nichts Vergleichbarem versorgt – unsere Mütter, die es schwierig fanden, dreißigtausend Pfund zusammenzukratzen, unsere Mütter, die Dienern der Kirche von St. Andrews dreizehn Kinder gebaren.

So ging ich in mein Gasthaus zurück, und während ich durch die dunklen Straßen wanderte, sann ich über dieses und jenes nach, wie man es am Ende eines langen Tages tut. Ich sann darüber nach, warum Mrs Seton uns kein Geld hinterlassen konnte; und welche Wirkung Armut auf den Geist hat; und welche Wirkung Reichtum auf den Geist hat; und ich dachte an die wunderlichen alten Herren, die ich am Morgen mit Pelzchen auf den Schultern gesehen hatte; und ich erinnerte mich daran, wie, wenn jemand pfiff, einer von ihnen losrannte; und ich dachte an die dröhnende Orgel in der Kirche und an die verschlossene Tür der Bibliothek; und ich dachte, wie unangenehm es ist, ausgesperrt zu sein; und ich dachte, wieviel schlimmer es vielleicht ist, eingesperrt zu sein; und bei den Gedanken an die Sicherheit und den Wohlstand des einen Geschlechts und an die Armut und die Unsicherheit des anderen und an die Wirkung der Tradition oder des Mangels an Tradition auf den Geist eines Schriftstellers oder einer Schriftstellerin dachte ich schließlich, daß es Zeit war, die verschrumpelte Haut des Tages mit ihren Überlegungen und ihren Eindrücken und ihrem Zorn und ihrem Gelächter abzustreifen und unter eine Hecke zu werfen. Tausend Sterne blitzten in den blauen Weiten des Himmels. Man schien mit einer unergründlichen Gesellschaft allein zu sein. Alle Menschen lagen in tiefem Schlaf – ausgestreckt, waagerecht, stumm. Niemand schien sich auf den Straßen von Oxbridge zu regen. Sogar die Tür des Hotels sprang auf, von unsichtbarer Hand berührt – kein Hausdiener saß mehr da, um mir aufs Zimmer zu leuchten, so spät war es.

Anmerkungen

Dieser Essay basiert auf zwei Vorträgen, die in der Arts Society am Newnham College und im Odtaa am Girton College im Oktober 1928 gehalten wurden. Die Vorträge waren zu lang, um vollständig verlesen zu werden, und sind seitdem verändert und erweitert worden. [Virginia Woolf] *Odtaa* ist der Titel eines Romans von John Masefield (1926) und ist ein Akronym von ›one damn thing after another‹.

[1] Fanny Burney (1752–1840), Autorin vielgelesener Gesellschaftsromane (*Evelina*, 1778, *Cecilia*, 1782), Tagebuch- und Briefschreiberin mit großem Gespür für Atmosphärisches. Siehe Virginia Woolfs Essay ›Dr. Burneys Abendgesellschaft‹ (1929), in: *Der gewöhnliche Leser,* Band 2, Frankfurt: S. Fischer, 1990, 128–148. – Jane Austen (1775–1817), die große Romanautorin. Virginia Woolf hat sich oft über sie geäußert, z. B. ›Jane Austen‹ (1923), in: *Der gewöhnliche Leser,* Band 1, Frankfurt: S. Fischer, 1989, 164–177. – Auch über die Brontë-Schwestern Charlotte (1816–1855), Emily (1818–1848) und Anne (1820–1849) hat Virginia Woolf wiederholt geschrieben, z. B. ›*Jane Eyre* und *Wuthering Heights*‹ (1916, später erwei-

tert), in: *Der gewöhnliche Leser,* Band 1, 189–195; ›Über das Wiederlesen von Romanen‹, im vorliegenden Band. – Im Pfarrhaus von Haworth in Yorkshire wuchsen die Brontë-Schwestern auf. Ihm ist der früheste veröffentlichte Essay von Virginia Woolf gewidmet, ›Haworth, November 1904‹, in: *Frauen und Literatur,* Frankfurt: S. Fischer, 1989, 121–126. – Mary Russell Mitford (1787–1855), zu ihrer Zeit geschätzte Autorin und Verfasserin gescheiter Briefe an die Berühmtheiten ihrer Zeit; sie schenkte Elizabeth Barrett den Hund Flush, über den Virginia Woolf einen Roman schrieb. Siehe Virginia Woolfs Essay ›Miss Mitford‹, in: *Der gewöhnliche Leser,* Band 1, 220–226. – Über die große Romanautorin George Eliot (1819–1880) siehe Virginia Woolfs Essay ›George Eliot‹ (1919), in: *Der gewöhnliche Leser,* Band 1, 196–208. – Elizabeth Cleghorn Gaskell (1810–1865), zu ihrer Zeit angesehene Romanautorin mit scharfem Blick für soziale Mißstände, schrieb die erste Biographie der mit ihr befreundeten Charlotte Brontë.

2 Fernham klingt wie eine Zusammenziehung der Frauencolleges Girton und Newnham in Cambridge, analog zu dem offensichtlicheren Oxbridge.

3 Die Namen entstammen einer schottischen Ballade über vier Gefährtinnen der Maria Stuart, ›Ballad of the Four Marys‹. Die Sängerin ist Mary Hamilton am Vorabend ihrer Hinrichtung. Der Refrain lautet: »Yestre'en the queen had four Marys; / This night she'll have but three; / There was Mary Beaton and Mary Seaton / Mary Carmichael and me.«

4 Charles Lamb (1775–1834), bedeutender Essayist: ›Oxford in the Vacation‹, veröffentlicht 1820 im *London Mercury,* aufgenommen in *The Essays of Elia* (1823). – Der große Romancier William Makepeace Thackeray (1811–1863) hat Lamb vermutlich nicht mehr gekannt. Weiter unten im gleichen Absatz erwähnt Virginia Woolf Thackerays Roman *The History of Henry Esmond, Esq.* (1852).

5 Max Beerbohm (1872–1956), Essayist, Kritiker, Karikaturist; schrieb einen Roman *Zuleika Dobson* (1911), der die Atmosphäre von Oxford um 1890 heraufbeschwört.

6 John Milton (1608–1674) schrieb in seiner Jugend das Pastoralgedicht *Lycidas* (1638) auf den Tod eines Freundes. Sein berühmtes Epos *Paradise Lost* erschien 1667.

7 Die Bibliothek von Trinity College, Cambridge.

8 Virginia Woolfs Vater Leslie Stephen, durch seine erste Frau der Schwiegersohn Thackerays, hatte das Manuskript Trinity College vermacht.

9 Eine Straße in London.

[10] Das sollen die letzten Worte des Malers Thomas Gainsborough (1727 bis 1788) gewesen sein.

[11] Aus Alfred Lord Tennysons (1809–1892) Monodram-Gedicht *Maud* (1855), Teil I, Sektion XXII, Strophe X.

There has fallen a splendid tear
  From the passion-flower at the gate.
She is coming, my dove, my dear;
  She is coming, my life, my fate;
The red rose cries, ›She is near, she is near‹;
  And the white rose weeps, ›She is late‹;
The larkspur listens, ›I hear, I hear‹;
  And the lily whispers, ›I wait‹.

[12] Erste Strophe des Gedichts ›A Birthday‹ (1861) von Christina Rossetti (1830–1894).

My heart is like a singing bird
  Whose nest is in a water'd shoot;
My heart is like an apple tree
  Whose boughs are bent with thick-set fruit;
My heart is like a rainbow shell
  That paddles in a halcyon sea;
My heart is gladder than all these
  Because my love is come to me.

Die deutsche Übersetzung stammt von Levin Ludwig Schücking. Vgl. Virginia Woolfs Essay ›Ich bin Christina Rossetti‹ (1930), in: *Der gewöhnliche Leser*, Band 2, 281–290.

[13] Jane Harrison (1850–1928), Anthropologin und Gräzistin, schrieb bedeutende Bücher über die Frühzeit der griechischen Religion besonders in ihren weiblichen Aspekten. Von Virginia Woolf sehr bewundert. Sie war im April 1928 gestorben.

[14] Siehe Anm. 3.

[15] John Stuart Mill (1806–1873), der Philosoph und »frühe Feminist« (*The Subjection of Women*, 1869).

[16] Virginia Woolf bezieht sich auf zwei Gesetze von 1870 und 1882 (›Married Women's Property Acts‹), die verheirateten Frauen das Eigentumsrecht über ihr eigenes (verdientes oder ererbtes) Geld zusprachen.

[17] Balliol College ist in Oxford, King's College in Cambridge.

Berufe für Frauen

Als mich Ihre Schriftführerin hierher einlud, sagte sie mir, Ihre Gesellschaft befasse sich mit der Berufstätigkeit von Frauen, und machte den Vorschlag, ich sollte Ihnen etwas über meine eigenen beruflichen Erfahrungen erzählen. Es trifft zu, daß ich eine Frau bin; es trifft zu, daß ich einer Beschäftigung nachgehe; aber was für berufliche Erfahrungen habe ich gehabt? Das ist schwer zu sagen. Mein Beruf ist die Literatur; und in diesem Beruf gibt es weniger Erfahrungen für Frauen zu machen als in irgendeinem anderen, mit Ausnahme der Bühne – weniger, meine ich, die ausgesprochen von Frauen zu machen sind. Denn schon vor vielen Jahren wurde der Weg gebahnt – von Fanny Burney,[1] von Aphra Behn,[2] von Harriet Martineau,[3] von Jane Austen,[4] von George Eliot[5] – viele berühmte Frauen und noch viele andere mehr, die unbekannt und vergessen sind, waren vor mir, haben den Weg geebnet und meine Schritte gelenkt. So fand ich, als ich zu schreiben anfing, kaum wesentlich konkrete Hindernisse auf meinem Weg. Das Schreiben war eine achtbare und harmlose Betätigung. Durch das Kratzen einer Feder wurde dem Familienfrieden kein Abbruch getan. Keine Ansprüche wurden an den Geldbeutel der Familie gestellt. Für zehn Shilling und Sixpence kann man genügend Papier kaufen, um sämtliche Stücke von Shakespeare zu schreiben – falls man in diese Richtung neigt. Klaviere und Modelle, Paris, Wien und Berlin, Herren und Meister und Maitressen hat ein Schreibender nicht nötig. Natürlich liegt es an der Billigkeit von Schreibpapier, daß Frauen sich als Schriftsteller durchsetzten, bevor sie sich in anderen Berufen durchsetzten.

Um Ihnen aber meine Geschichte zu erzählen – sie ist sehr einfach. Sie brauchen sich nur ein kleines Mädchen mit einer Feder in der Hand in einem Schlafzimmer vorzustellen. Sie brauchte nur die Feder von links nach rechts zu führen – von zehn Uhr bis eins. Dann kam ihr die Idee, etwas schließlich ganz Einfaches und Billiges zu tun – ein paar dieser Blätter in einen Umschlag zu stecken, oben am Rand eine Briefmarke aufzukleben und den Umschlag in den roten Kasten an der Ecke zu werfen. So kam es, daß ich Journalistin wurde; und am ersten Tag des folgenden Monats – ein sehr glorreicher Tag war das für mich – wurde meine Mühe durch den Brief eines Herausgebers belohnt; mit einem Scheck über ein Pfund, zehn Shilling und Sixpence.[6] Doch um Ihnen zu zeigen, wie wenig mir zukommt, als berufstätige Frau zu gelten, wie wenig ich von den Kämpfen und Schwierigkeiten eines solchen Lebens weiß, muß ich gestehen, daß ich – statt die Summe für Brot und Butter, Miete, Schuhe und Strümpfe oder die Metzgerrechnung zu verwenden – mich aufmachte und eine Katze erstand – eine wunderschöne Katze, eine Perserkatze, was mich sehr bald in erbitterte Dispute mit meinen Nachbarn verwickelte.

Was könnte leichter sein, als Artikel zu schreiben und mit dem Geld Perserkatzen zu kaufen? Aber warten Sie einen Moment. Artikel müssen über etwas sein. Meiner, glaube ich, war über den Roman eines berühmten Mannes. Und während ich die Besprechung schrieb, merkte ich, daß ich, wollte ich künftig Bücher rezensieren, mit einem bestimmten Phantom würde zu kämpfen haben. Und das Phantom war eine Frau, und als ich sie mit der Zeit besser kennenlernte, nannte ich sie nach der Heldin eines berühmten Gedichts den »Engel im Haus«.[7] Sie war es, die sich immer wieder zwischen mich und mein Papier drängte, wenn ich Rezensionen schrieb. Sie war es, die mich störte und mir die Zeit stahl und mich so quälte, daß ich sie schließlich umbrachte. Sie, die Sie aus einer jüngeren und glücklicheren Generation stammen, haben vielleicht nicht von ihr gehört – Sie wissen vielleicht gar nicht, was ich mit dem Engel im Hause meine: Ich will Ihnen eine möglichst kurze Beschreibung geben. Diese Person war voll inniger Einfühlsamkeit. Sie war unendlich liebenswürdig. Sie war gänzlich selbstlos. Sie war unübertroffen in den schwierigen Künsten des Familienlebens. Täglich opferte sie sich auf. Gab es Hühnchen, nahm sie das Bein; war irgendwo Zugluft, so saß sie darin – kurzum, sie war so beschaffen, daß sie weder einen eigenen Kopf noch einen eigenen Wunsch hatte, sondern es immer vorzog, mit den

Köpfen und den Wünschen anderer übereinzustimmen. Vor allem – ich brauche es kaum zu sagen – war sie keusch. Ihre Keuschheit galt als ihre höchste Schönheit – ihr Erröten als ihr besonderer Liebreiz. In jenen Tagen – den letzten der Königin Victoria – hatte jedes Haus seinen Engel. Und als ich ans Schreiben ging, traf ich auf diese Gestalt beim allerersten Wort. Der Schatten ihrer Flügel fiel auf mein Blatt; ich hörte das Rauschen ihrer Röcke im Raum. Das heißt, kaum hatte ich die Feder in der Hand, um diesen Roman eines berühmten Mannes zu besprechen, stahl sie sich hinter mich und flüsterte: »Meine Liebe, du bist eine junge Frau. Du schreibst über ein Buch, das ein Mann geschrieben hat. Sei einfühlsam; sei sanft; schmeichle; täusche; brauche alle Listen und Ränke unseres Geschlechts. Laß niemanden ahnen, daß du einen eigenen Kopf hast. Vor allem, sei keusch.« Und sie machte Anstalten, mir die Feder zu führen. Hier erwähne ich die einzige Tat, die ich mir selbst einigermaßen zugute halte, obschon das Verdienst von Rechts wegen einigen vortrefflichen unter meinen Vorfahren zukommt, die mir eine gewisse Geldsumme hinterließen – sagen wir fünfhundert Pfund im Jahr? –, so daß ich nicht darauf angewiesen war, meinen Unterhalt allein durch Charme zu bestreiten. Ich kehrte mich gegen sie und ging ihr an die Kehle. Ich tat, was ich konnte, sie umzubringen. Meine Rechtfertigung, würde ich vor Gericht gestellt, wäre, daß ich in Notwehr gehandelt habe. Hätte ich sie nicht getötet, dann sie mich. Sie hätte mir das Herz aus meinem Schriftwerk gerissen. Denn – so fand ich, kaum daß ich die Feder ansetzte – nicht einmal einen Roman kann man besprechen, ohne einen eigenen Kopf zu haben, ohne über menschliche Beziehungen, Moral, Sexualität zu sagen, was man für wahr hält. Und alle diese Fragen, dem Engel des Hauses zufolge, können von Frauen nicht frei und offen behandelt werden; Frauen müssen bezaubern, sie müssen begütigen, sie müssen – um es ganz grob zu sagen – Lügen auftischen, wenn sie Erfolg haben sollen. So nahm ich immer, wenn ich den Schatten ihres Flügels oder das Licht ihres Heiligenscheins auf meinem Blatt spürte, das Tintenfaß und warf es nach ihr. Sie hatte ein zähes Leben. Ihre fiktive Natur kam ihr sehr zu Hilfe. Es ist weit schwieriger, ein Phantom totzukriegen, als eine Realität. Immer kam sie wieder angekrochen, wenn ich dachte, ich hätte sie erledigt. Zwar schmeichle ich mir, daß ich sie schließlich doch umgebracht habe, doch der Kampf war hart; er forderte viel Zeit, die man besser darauf verwendet hätte, griechische Grammatik zu lernen; oder auf der Suche nach Abenteuern durch die Welt zu streifen. Aber es war eine wirkliche Erfahrung; eine Erfahrung, die zu dieser Zeit alle Schriftstellerinnen durchmachen mußten. Den Engel im Hause zu töten, das gehörte zum Geschäft der Autorin.

Um aber meine Geschichte fortzusetzen: der Engel war tot; was blieb dann noch zu tun? Sie könnten sagen, was zu tun blieb, war etwas Einfaches und Normales – eine junge Frau in einem Schlafzimmer mit einem Tintenfaß. Mit anderen Worten, nun, da sie sich von der Verlogenheit befreit hatte, brauchte sie nur noch sie selbst zu sein. Ah, aber was ist »sie selbst«? Ich meine, was ist eine Frau? Ich versichere Ihnen, ich weiß es nicht. Ich glaube nicht, daß Sie es wissen. Ich glaube nicht, daß es irgend jemand wissen kann, bevor sie sich nicht in allen Künsten und Berufen, die der menschlichen Kunstfertigkeit offenstehen, ausgedrückt hat. Das ist tatsächlich einer der Gründe, warum ich hierher gekommen bin – aus Respekt vor Ihnen, die Sie im Begriff sind, uns durch Ihre Experimente zu zeigen, was eine Frau ist, die Sie im Begriff sind, uns durch Ihre Fehlschläge und Ihre Erfolge diese äußerst wichtige Kenntnis zu verschaffen.

Um aber die Geschichte meiner beruflichen Erfahrungen fortzusetzen: mit meiner ersten Rezension verdiente ich ein Pfund, zehn Shilling und Sixpence; und ich kaufte von dem Geld eine Perserkatze. Dann wurde ich ehrgeizig. Eine Perserkatze ist zwar recht schön, sagte ich mir, aber eine Perserkatze ist nicht genug. Ich muß ein Auto haben. Und so kam es, daß ich Romanautorin wurde – denn es ist etwas sehr Merkwürdiges, daß die Menschen einem ein Auto geben, wenn man ihnen eine Geschichte erzählt. Noch merkwürdiger ist, daß es nichts Schöneres auf der Welt gibt, als Geschichten zu erzählen. Es ist viel angenehmer, als Rezensionen berühmter Romane zu schreiben. Und doch, soll ich Ihrer Schriftführerin gehorchen und Ihnen von meinen beruflichen Erfahrungen als Romanautorin berichten, so muß ich Ihnen eine sehr merkwürdige Erfahrung erzählen, die mir als Romanautorin widerfuhr. Und um sie zu verstehen, müssen Sie zuerst versuchen, sich den Gemütszustand eines Romanautors vorzustellen. Ich hoffe, keine Berufsgeheimnisse zu verraten, wenn ich sage, daß es der Hauptwunsch eines Romanautors ist, so unbewußt wie möglich zu sein. Er muß in sich einen Zustand andauernder Lethargie herstellen. Er möchte, daß das Leben in äußerster Ruhe und Regelmäßigkeit verläuft. Er möchte die gleichen Gesichter sehen, die gleichen Bücher lesen, die gleichen Dinge tun Tag für Tag, Monat für Monat, während er schreibt, so daß nichts die Illusion bricht, in der er lebt – so daß nichts das geheimnisvolle Herumschnopern, Umhertasten, Zustoßen, Nachspüren und plötzliche Fündigwerden jenes sehr scheuen und scheinhaften Geistes, der Einbildungskraft, störe oder beunruhige. Ich vermute, daß dieser Zustand für Männer und Frauen der gleiche ist. Wie immer das sein mag, ich möchte, daß Sie sich vorstellen, wie ich in einem Trancezustand einen Roman schreibe. Ich möchte, daß Sie sich ausmalen, wie ein Mädchen dasitzt, in der Hand eine Feder, die sie minutenlang, ja stundenlang gar nicht ins Tintenfaß taucht. Das Bild, das mir in den Sinn kommt, wenn ich an dieses Mädchen denke, ist das Bild eines Fischers, traumverloren am Rand eines tiefen Sees lagernd, die Angel weit übers Wasser hinaushaltend. Ungehindert ließ sie ihre Einbildungskraft schweifen, um jeden Fels und Spalt der Welt herum, die in den Tiefen unseres unbewußten Seins verborgen liegt. Nun aber kam die Erfahrung, die Erfahrung, die bei schreibenden Frauen, wie ich glaube, weit verbreiteter ist als bei Männern. Die Angelschnur glitt dem Mädchen rasend schnell durch die Finger. Ihre Imagination war mit ihr durchgegangen. Sie hatte die Tümpel, die Tiefen, die dunklen Stellen gesucht, wo die größten Fische schlummern. Und dann kam ein Krachen. Es kam eine Explosion. Es gab ein Schäumen und ein Durcheinander. Die Imagination war gegen etwas Hartes geprallt. Das Mädchen wurde aus seinem Traum gerissen. Ja, sie war in einem Zustand härtester und schwierigster Bedrängnis. Unbildlich gesprochen, sie hatte an etwas gedacht, etwas über den Körper, über die Leidenschaften, was für sie als Frau zu sagen ungehörig war. Die Männer, das sagte ihr der Verstand, würden schockiert sein. Das Bewußtsein, was Männer von einer Frau sagen würden, die ehrlich über ihre Leidenschaften spricht, hatte sie aus ihrem Zustand künstlerischer Unbewußtheit herausgerissen. Sie konnte nicht mehr schreiben. Die Trance war vorüber. Ihre Einbildungskraft konnte nicht mehr arbeiten. Dies, so meine ich, ist eine unter Schriftstellerinnen sehr allgemeine Erfahrung – die extreme Konventionalität des anderen Geschlechts behindert sie. Denn obwohl Männer deutlich wahrnehmbar sich selbst in dieser Hinsicht große Freiheiten gestatten, bezweifle ich, daß sie sich darüber im klaren sind oder zu kontrollieren vermögen, mit welch extremer Strenge sie solche Freiheit bei Frauen verurteilen.

Dies waren also zwei ganz echte eigene Erfahrungen. Dies waren zwei Abenteuer aus meinem beruflichen Leben. Die erste Probe – die Tötung des Engels im Hause – habe ich, wie ich denke, bestanden. Er ist gestorben. Die zweite aber – über meine eigenen Erfahrungen als Körper die Wahrheit zu sagen – habe ich, wie ich denke, nicht bestanden. Ich zweifle, ob irgendeine Frau das bisher geschafft hat. Die Hindernisse vor ihr sind noch immer gewaltig – und doch sind sie sehr schwer zu bestimmen. Was ist, äußerlich betrachtet, einfacher, als Bücher zu schreiben? Welche Hindernisse gibt es denn, äußerlich betrachtet, die für eine Frau eher gelten als für einen Mann? Von innen betrachtet, liegt der Fall, denke ich, sehr anders; viele Geister hat sie noch zu bekämpfen, viele Vorurteile zu überwinden. Ja, es wird noch lange Zeit dauern, denke ich, bis eine Frau sich hinsetzen kann, um ein Buch zu schreiben, ohne daß ein Phantom vor ihr steht, das zu erschlagen ist, ein Felsen, gegen den anzurennen ist. Und wenn das in der Literatur so ist, dem freiesten aller Berufe für Frauen, wie ist es dann wohl in den neuen Berufen, in die Sie jetzt zum ersten Mal eintreten?

Dies sind die Fragen, die ich Ihnen, hätte ich die Zeit, gerne stellen würde. Und wahrhaftig, wenn ich diese eigenen beruflichen Erfahrungen in den Vordergrund gestellt habe, dann deshalb, weil ich glaube, daß sie, wenn auch in anderer Form, ebenso die Ihren sind. Selbst wenn dem Buchstaben nach der Weg frei ist – wenn nichts eine Frau daran hindert, Ärztin, Rechtsanwältin oder Beamtin zu werden –, erheben sich noch immer, wie ich glaube, viele Phantome und Hindernisse drohend auf ihrem Weg. Über sie zu sprechen und sie näher zu bestimmen, ist höchst wertvoll und wichtig; denn nur so kann die Arbeit eine gemeinsame sein, können die Schwierigkeiten bewältigt werden. Daneben aber ist es auch notwendig, über die Ziele und Zwecke zu sprechen, für die wir streiten, für die wir gegen diese gewaltigen Hindernisse zu Felde ziehen. Diese Ziele sind nicht einfach als gegeben vorauszusetzen; sie müssen ständig in Frage gestellt und geprüft werden. Die ganze Lage, wie ich sie sehe – hier in diesem Saal inmitten von Frauen, die zum ersten Mal in der Geschichte ich weiß nicht wie viele verschiedene Berufe ausüben –, ist von außerordentlichem Interesse und großer Tragweite. In dem Haus, das bisher ausschließlich das Eigentum von Männern war, haben Sie für sich eigene Zimmer erstritten. Sie sind imstande, wenn auch nicht ohne große Mühe und Anstrengung, die Miete zu bezahlen. Sie verdienen Ihre fünfhundert Pfund im Jahr. Aber diese Freiheit ist erst ein Anfang; das Zimmer ist Ihr eigen, aber es ist noch kahl. Es muß möbliert werden; es muß ausgeschmückt werden; es muß mit anderen geteilt werden. Wie werden Sie es möblieren, wie werden Sie es ausschmücken? Mit wem werden Sie es teilen und unter welchen Bedingungen? Dies, denke ich, sind Fragen von größter Tragweite und höchstem Interesse. Zum ersten Mal in der Geschichte sind Sie imstande, sie zu stellen; zum ersten Mal sind Sie imstande, selbst zu entscheiden, wie die Antworten lauten sollen. Gern würde ich bleiben und diese Fragen und Antworten diskutieren – aber nicht heute. Meine Zeit ist um; und ich muß schließen.

Anmerkungen

Dieser Essay, zuerst veröffentlicht in *The Death of the Moth*, basiert auf einem Vortrag, den Virginia Woolf vor der ›National Society for Women's Service‹ am 21. Januar 1931 in London hielt. Das Typoskript des ursprünglichen Vortrags, von etwa dreifachem Umfang, ist abgedruckt in *The Pargiters* (London: Hogarth, 1978), der Rekonstruktion des Essay-Romans, den Virginia Woolf auf der Grundlage eben dieses Vortrags zu schreiben unternahm.

[1] Fanny Burney (1752–1840) schrieb Romane, die zu ihrer Zeit viel bewundert wurden, etwa von Jane Austen, wird aber vor allem erinnert wegen ihrer lebendigen und witzigen Briefe und Tagebücher.

[2] Aphra Behn (1640–1689), die erste freie Schriftstellerin, heute vor allem wegen ihres Romans vom ›edlen Wilden‹, *Oroonoko* (1688), noch gelesen.

[3] Harriet Martineau (1802–1876), streitbare und risikofreudige englische Sozialreformerin, Journalistin, Romanautorin, Übersetzerin von Comte. Ihre gegen die herrschenden Religionen gerichteten *Laws of Man's Social Nature* erschienen 1851.

[4] Zu Jane Austen (1775–1817) siehe Virginia Woolfs Essay in: *Der gewöhnliche Leser,* Band 1, Frankfurt: S. Fischer, 1989, 164–177.

[5] Zu George Eliot (1819–1880) siehe Virginia Woolfs Essay in: *Der gewöhnliche Leser,* Band 1, 196–208.

[6] Vermutlich die Besprechung des Romans *The Son of Royal Langbrith* von W. D. Howells, die am 14. Dezember 1904 im *Guardian* erschien und die Virginia Woolf in einer halben Stunde geschrieben haben will. Jetzt in: *The Essays of Virginia Woolf,* hg. v. Andrew McNeillie, Band I 1904–1912 (London: Hogarth, 1986).

[7] *The Angel of the House*, Gedichtzyklus von Coventry Patmore (1823–1896) in vier Teilen, das Hohelied der ehelichen Liebe.

Der Tod des Falters

Falter, die bei Tage fliegen, kann man nicht eigentlich Falter nennen; sie rufen nicht jenes angenehme Gefühl von dunklen Herbstnächten und Efeublüten wach, das der gemeinste gelbe Nachtfalter, der schlafend im Schatten des Vorhangs hängt, unfehlbar in uns erregt. Es sind hybride Geschöpfe, weder fröhlich wie Schmetterlinge noch düster wie ihre eigene Gattung. Das gegenwärtige Exemplar, die schmalen heufarbenen Flügel von gleichfarbigen Fransen gerändert, schien dennoch mit dem Leben zufrieden. Es war ein angenehmer Morgen Mitte September, milde, wohltuend, doch mit schärferem Atem als in den Sommermonaten. Der Pflug zog schon seine Furchen in das Feld vor dem Fenster, und wo die Pflugschar gewesen war, war die Erde flachgepreßt und glänzte von Feuchtigkeit. Solche Lebenskraft kam von den Feldern und den Hügeln drüben hereingerollt, daß es schwerfiel, die Augen fest auf dem Buch zu halten. Dazu feierten die Krähen eins ihrer jährlichen Feste; umschwangen die Baumwipfel, bis es aussah, als wäre ein riesiges Netz mit Tausenden schwarzer Knoten darin hinauf in die Luft geworfen; das über ein kurzes sachte auf die Bäume herniedersänke, bis jeder Zweig am Ende einen Knoten zu haben schien. Dann, ganz plötzlich, würde das Netz erneut in die Luft geworfen, diesmal in weiterem Kreis, unter gewaltigem Lärm und Geschrei, als sei es ein ungeheuer aufregendes Erlebnis, in die Luft geworfen zu werden und sachte auf Baumwipfel niederzugehen.

Dieselbe Energie, die die Krähen, die Pflüger, die Pferde beseelte und, wie es schien, selbst die kahlen, schmalrückigen Hügel, trieb den Falter hin und her von einer Seite seines Fensterquadrats zur andern. Unwillkürlich mußte man ihn beobachten. Ja, man entdeckte in sich ein sonderbares Gefühl von Mitleid für ihn. An jenem Morgen zeigten sich die Möglichkeiten zur Freude so ungeheuer und so grenzenlos, daß es ein hartes Los schien, nur als Falter, noch dazu als

Tagfalter Anteil am Leben zu haben, und die Lust, mit der er seinen dürftigen Spielraum bis zum äußersten nutzte, hatte etwas Anrührendes. Voller Energie flog er in eine Ecke seines Gevierts, verharrte dort einen Augenblick und flog hinüber zur andern. Was blieb ihm übrig, als zu einer dritten zu fliegen und dann zur vierten? Das war alles, was er tun konnte, trotz der Größe des Hügellandes und der Weite des Himmels, der Rauchwolken aus fernen Häusern und der romantischen Stimme, hin und wieder, eines Dampfschiffs draußen auf See. Was er tun konnte, tat er. Im Zusehen schien es, als sei ein Teil der ungeheuren Weltenergie, eine sehr dünne, aber reine Faser, in seinem überaus zarten und verletzlichen Körper eingeschlossen. Sooft er die Scheibe überquerte, konnte ich mir einbilden, ein Faden wesenhaften Lichtes werde sichtbar. Er war wenig oder nichts, aber das Leben.

Gleichwohl, weil er so klein und eine so einfache Form der Energie war, die zum offenen Fenster hereinrollte und durch so viele enge und verzwickte Windungen meines Gehirns und anderer Menschen Gehirne seinen Weg nahm, war etwas Wunderbares ebenso wie Anrührendes um das Geschöpf. Es war, als hätte jemand eine winzige Perle puren Lebens genommen, sie so leicht wie möglich mit Flaum und Federn umkleidet und sie zum Tanzen gebracht, hin und her und kreuz und quer, um uns die wahre Natur des Lebens zu zeigen. Man kam über das Sonderbare dieses Schauspiels gar nicht hinweg. Sehr leicht vergißt man das Leben ganz, bucklig und unförmig und aufgeputzt und überladen, wie es sich ansieht, so daß es sich mit größter Umsicht und Würde bewegen muß. Wieder bewirkte der Gedanke an alles, was das Leben hätte sein können, wäre er in irgendeiner anderen Gestalt zur Welt gekommen, daß man sein einfaches Tun und Treiben mit einer Art Mitleid betrachtete.

Nach einer Weile, offenbar müde vom Tanzen, setzte er sich aufs Fensterbrett in die Sonne, und mit dem Ende des sonderbaren Schauspiels vergaß ich ihn. Dann, als ich aufschaute, fiel er mir ins Auge. Er versuchte, seinen Tanz wieder aufzunehmen, schien aber so steif oder so ungeschickt, daß er nur die Fensterscheibe hinabflattern konnte; und als er quer zu fliegen versuchte, scheiterte er. In andere Dinge vertieft, beobachtete ich diese fruchtlosen Versuche eine Zeitlang gedankenlos, unbewußt darauf wartend, daß er seinen Flug wiederaufnähme, so wie man erwartet, daß eine Maschine nach kurzem Stillstand wieder einsetzt, ohne die Ursache des Versagens zu bedenken. Nach dem vielleicht siebenten Versuch glitt er vom Holzrahmen herab und fiel flügelflatternd mit dem Rücken aufs Fensterbrett. Das Hilflose seiner Haltung weckte mich auf. Plötzlich begriff ich, daß er in Schwierigkeiten war; er konnte sich nicht mehr erheben; die Beine kämpften vergebens. Aber wie ich den Bleistift hinstreckte und ihm helfen wollte, sich aufzurichten, überkam mich die Gewißheit, das Ungeschick und Versagen sei das Nahen des Todes. Ich legte den Bleistift wieder hin.

Die Beine bewegten sich noch einmal heftig. Ich sah hin, als suchte ich den Feind, gegen den er kämpfte. Ich blickte ins Freie. Was war dort geschehen? Es war wohl Mittag, und die Arbeit auf den Feldern hatte aufgehört. Stille und Ruhe herrschten anstelle der Belebtheit vorher. Die Vögel waren auf und davon, um an den Bächen Futter zu suchen. Die Pferde standen still. Und doch war da draußen die gleiche gesammelte Kraft, gleichgültig, unpersönlich, mit nichts Besonderem befaßt. Irgendwie stand sie dem kleinen heufarbenen Falter feindlich gegenüber. Es hatte keinen Sinn, etwas tun zu wollen. Man konnte nur zusehen, wie diese winzigen Beine mit alleräußerster Anstrengung sich gegen ein nahendes Verhängnis wehrten, das je nach Belieben eine ganze Stadt, ja nicht bloß eine Stadt, ach Massen von Menschen hätte erfassen können; nichts, ich wußte es, kam gegen den Tod an. Jedoch, nach einer Pause der Erschöpfung flatterten die Beine erneut. Herrlich war dieser letzte Protest, und so wild, daß es ihm endlich gelang, sich aufzurichten. Natürlich stand man ganz auf der Seite des Lebens. Dann auch, wenn es doch niemanden gab, der sich kümmerte oder wußte, war man merkwürdig bewegt von der gigantischen Anstrengung eines unbedeutenden kleinen Falters, gegen eine so gewaltige Übermacht festzuhalten, was kein anderer achtete oder begehrte. Und wieder, irgendwie, sah man das Leben, eine vollkommene Perle. Ich hob den Bleistift erneut, wenn ich auch wußte, wie vergeblich es sei. Aber im selben Augenblick zeigten sich unverkennbar die Zeichen des Todes. Der Körper entspannte sich und war im Nu steif. Der Kampf war vorüber. Das unbedeutende kleine Geschöpf kannte nun den Tod. Wie ich auf den toten Falter blickte, überkam mich Verwunderung über diesen beiläufigen winzigen Triumph einer so gewaltigen Kraft über einen so geringen Gegner. Schien eben noch das Leben merkwürdig, so war es nun der Tod gleichermaßen. Der Falter, der sich aufgerichtet hatte, lag jetzt hochanständig und klaglos still da. O ja, schien er zu sagen, der Tod ist stärker als ich.

Wann dieser Essay geschrieben wurde, war bisher nicht zu ermitteln.

Der Augenblick: Sommernacht

Die Nacht sank hernieder, so daß der Tisch im Garten unter den Bäumen weißer und weißer wurde; und die Menschen um ihn herum undeutlicher wurden. Eine Eule, plump, urtümlich wirkend, schwergewichtig, flog mit einem schwarzen Fleck zwischen den Fängen quer über den verbleichenden Himmel. Die Bäume wisperten. Ein Flugzeug summte wie ein Stück gezupfter Draht. Da war auch, auf den Straßen, die ferne Explosion eines Motorrads, das weiter und weiter die Landstraße hinunter davonschoß. Doch was bildete den gegenwärtigen Augenblick? Wenn du jung bist, liegt die Zukunft auf der Gegenwart wie ein Stück Glas, läßt sie beben und zittern. Wenn du alt bist, liegt die Vergangenheit wie dickes Glas auf der Gegenwart, läßt sie schwanken, verzerrt sie. Dennoch glaubt jeder, die Gegenwart sei etwas, spürt den verschiedenen Elementen in dieser Situation nach, um daraus ihre Wahrheit, ihre Ganzheit zu bilden.

Zunächst: sie wird wesentlich aus Sichtbarem und aus Sinneseindrücken gebildet. Der Tag war sehr heiß. Nach Hitze ist die Oberfläche des Körpers geöffnet, als wären alle seine Poren offen und alles läge entblößt, nicht versiegelt und zusammengezogen wie bei kaltem Wetter. Die Luft weht kalt an die Haut unter den Kleidern. Die Fußsohlen dehnen sich im Hausschuh nach dem Laufen auf harten Straßen. Dann scheint das Gefühl des in die Dunkelheit zurücksinkenden Lichtes die Farbe im eigenen Auge sanft mit einem feuchten Schwamm zu löschen. Dann zittern hin und wieder die Blätter, als ginge ein Zukken unwiderstehlicher Empfindung durch sie hindurch, so wie ein Pferd plötzlich mit dem Fell zuckt.

Doch dieser Augenblick wird auch aus einem Gefühl gebildet, daß die Beine des Stuhles durch den Mittelpunkt der Erde sinken, durch die schwere Gartenerde hindurch; sie sinken, werden hinabgedrückt. Dann verliert der Himmel merklich seine Farbe, und ein Stern macht hie und da einen Punkt von Licht. Dann scheinen Veränderungen, bei Tage ungesehen, nacheinander eine Ordnung sichtbar zu machen. Man wird gewahr, daß wir Zuschauer und auch passive Teilnehmer an einem Schauspiel sind. Und da nichts die Ordnung stören kann, haben wir nichts zu tun als zu empfangen und zu schauen. Jetzt kommen kleine Funken, die nicht stetig, sondern sprunghaft sind, als sei jemand im Zweifel, über das Feld. Ist es Zeit, die Lampe anzuzünden, sagen die Bauersfrauen: kann ich ein bißchen länger noch sehen? Die Lampe sinkt nieder; dann flammt sie auf. Aller Zweifel ist vorüber. Ja, in allen Katen, in allen Gehöften ist die Zeit gekommen, die Lampen anzuzünden. So ist denn der Augenblick umzogen von diesem Hin- und Widerweben, diesem unausbleiblichen Niedersinken, Fliegen, Lampenentzünden.

Doch das ist der weitere Umkreis des Augenblicks. Hier im Zentrum ist ein Knoten von Bewußtsein; ein Kern, aufgeteilt in vier Köpfe, acht Beine, acht Arme und vier verschiedene Körper. Sie unterstehen nicht dem Gesetz der Sonne und der Eule und der Lampe. Sie helfen ihm. Denn manchmal ruht eine Hand auf dem Tisch; manchmal wird ein Bein über ein Bein geschlagen. Jetzt wird der Augenblick durchschossen von dem außergewöhnlichen Pfeil, der den Menschen vom Munde fliegt – wenn sie sprechen.

»Er wird gut verdienen mit seinem Heu.«

Die Worte lassen diesen Samen fallen, aber zudem, wie sie von diesem umdunkelten Gesicht und dem Mund und der Hand kommen, die so typisch die Zigarette hält, treffen sie jetzt das Gemüt mit einem Wattebausch, zerstäuben dann wie ein Parfüm, das mit seinem Weihraucharom das ganze Gewölbe des Geistes durchzieht; lassen aus ihrer ungewissen Hülle das Selbstvertrauen der Jugend fallen, aber auch ihr drängendes Verlangen nach Lob und Bestätigung; wenn sie sagen wollten: »Aber du siehst nicht weniger gut aus als viele – du bist nicht anders – die Leute nehmen dich nicht aufs Korn, um dich auszulachen«: daß er gleichzeitig so prahlerisch und so linkisch ist, macht den Augenblick wanken vor Gelächter und der Bosheit, die davon kommt, daß man anderer Menschen Motive überschaut; und sieht, was sie verborgen halten; und so, daß man Partei ergreift; er wird Erfolg haben; oder nein, sicher nicht; und dann wiederum, dieser Erfolg, wird er meine Niederlage bedeuten; oder nicht? All dies schießt durch den Augenblick, macht ihn beben von Bosheit und Erheiterung; dazu das Gefühl des Beobachtens und Vergleichens; und das Beben stößt an Land, wenn die Eule hinausfliegt, und setzt diesem Urteilen, diesem Überschauen ein Ende, und die Flügel gespreitet, fliegen auch wir, schwingen uns auf mit der Eule über die Erde und betrachten die Stille dessen, was schläft, eingefaltet, schlummernd, den Arm im weiten Dunkel streckend und den Daumen lutschend auch; die Verliebten und die Unschuldigen; und ein Seufzen steigt auf. Könnten nicht auch wir fliegen mit breiten Schwingen und mit Sanftheit; und alle eine Schwinge sein; allumarmend, allumfassend, und diese Begrenzungen, dieses heimliche über Hecken Spähen, in verborgene Bezirke verschiedener Farbe alle vom Streifen der Schwinge in eine einzige Farbe gefegt werden; und so im Glanze hoheitsvoll Gipfel aufsuchen; und dort liegen nackt und bloß, auf dem Rückgrat, hoch oben, dem kalten Licht des steigenden Mondes ausgesetzt, und wie der Mond aufsteigt, allein, für sich, ihn betrachten, den einen, erhaben über uns?

Ah, ja, könnten wir fliegen, fliegen, fliegen ... Hier wird der Körper gepackt; und geschüttelt; und die Kehle erstarrt; und die Nase kribbelt; und wie eine vom Terrier geschüttelte Ratte niest man; und der ganze Erdkreis wird geschüttelt; Gebirge, Schnee, Wiesen; Mond; holterdiepolter, kopfüber kopfunter, kleine fliegende Fetzen; und den Kopf reißt es im Ruck hoch, nieder. »Heuschnupfen – was für ein Lärm! – es gibt kein Mittel dagegen. Es sei denn, die Heuzeit auf einem Schiff zu verbringen. Vielleicht schlimmer als die Krankheit, obwohl ein Mann genau das getan hat – hin- und hergefahren ist den ganzen Sommer lang.«

Ausgehend von einem weißen Arm, einer langen Gestalt in einer Hülle aus Schwarz und Weiß zurückgelehnt unter dem Baum, der niederschwingend ein Teil dieser Biegung, dieses Fließens scheint, enthüllt die Stimme mit ihrem Spott und ihrer Bedeutsamkeit dem geschüttelten Terrier seine eigene Nichtigkeit. Nicht länger Teil des Schnees; kein Teil des Gebirgs; anderen Menschen nicht im geringsten verehrungswürdig; sondern lächerlich; ein kleines Mißgeschick;

ein Ding zum Auslachen; ausgesondert; sauber herausgeschnitten gesehen, niesend, niesend, beurteilt und verglichen. So stiehlt sich Selbstbehauptung in den Augenblick; ah, wieder das Niesen; der Wunsch, mit Überzeugung zu niesen; gebieterisch; sich hörbar machen; fühlbar; wenn schon nicht bedauert, dann jemand von Bedeutung; vielleicht ausreißen und gehen. Aber nein; die andere Gestalt hat von ihrem Pfeil noch einen feinen Bindfaden gesandt: »Soll ich mein Vapex holen?« Sie, die Aufmerksame, fein Unterscheidende, die immer auch andere Beispiele in Erinnerung hat, so daß gar nichts Besonderes an irgendeinem bestimmten Falle ist – die sich nie zu Narrheiten verleiten läßt; und so skeptisch obendrein; kann nicht an Wunder glauben; sieht die Vergeblichkeit der Mühe dort; vielleicht wäre dann hier ein Versuch am Platze; wenn sie aber schon aus dem Nebel des Grenzenlosen Fälle herauslöst, so sieht sie, was da ist, um so genauer; läßt sich nichts vormachen; zeigt aber in diesem genauen Unterscheiden einige Weite. Daher kommt es, daß der Augenblick härter wird, sich verdichtet, vermindert, sich durch irgendeine irgendwie ausgeschiedene persönliche Substanz zu verfärben beginnt; mit dem Verlangen, geliebt zu werden, der anderen Gestalt ganz nahe gehalten zu werden; den Schleier der Dunkelheit wegzuziehen und brennende Augen zu sehen.

Dann wird ein Licht entzündet; darin erscheint ein sonnverbranntes Gesicht, schmal, blauäugig, und der Pfeil fliegt, indem das Streichholz erlischt:

»Er schlägt sie jeden Sonntag; aus Langeweile, würde ich sagen; nicht Alkohol; er hat nichts anderes zu tun.«

Wie Quecksilber über ein schräges Brett rollt der Augenblick in die Wohnküche der Kate; da sind die Teesachen auf dem Tisch; die harten Windsor-Stühle; auf dem Bord Teedosen als Schmuck: unter einem Glassturz die Medaille; Gemüsedampf quillt aus dem Topf; am Boden krabbeln zwei Kinder; und Liz kommt herein, und John versetzt ihr einen Schlag gegen den Kopf, als sie an ihm vorbeischlurft, schmutzig, mit hängenden Haaren und einer Haarnadel, die, im Begriff zu fallen, herausragt. Und in einer gewohnheitsmäßigen, tierhaften Weise stöhnt sie; und die Kinder schauen auf und machen dann ein pfeifendes Geräusch, um die Lokomotive nachzuahmen, die sie über die Fliesen ziehen; und John läßt sich mit Wucht am Tisch nieder und schneidet einen Kanten Brot und kaut, weil es nichts zu tun gibt. Ein Dampf steigt von seinem Häufchen Kohl auf. Tun wir doch etwas, irgend etwas, um diesem schrecklichen Augenblick ein Ende zu machen, diesem scheinhaften, glitzernden Augenblick, der an seinen glatten Seiten diese unerträgliche Küche widerspiegelt, dieser Verkommenheit; dieser stöhnenden Frau; und dem Geklapper des Spielzeugs auf den Fliesen und dem kauenden Mann. Zerschmettern wir ihn, zerbrechen ihn mit einem Streichholz. Da – knacks.

Und dann kommt das Muhen der Kühe auf dem Felde; und eine andere Kuh zur Linken antwortet; und alle die Kühe scheinen sich gemächlich quer über das Feld zu bewegen, und die Eule ruft ihren gurgelnden Laut hinaus. Aber die Sonne ist tief unter der Erde. Die Bäume werden schwerer, schwärzer; keine Ordnung ist wahrnehmbar; es ist keine Reihenfolge in diesen Schreien, diesen Bewegungen; sie kommen von keinen Körpern; es sind Schreie zur Linken und zur Rechten. Nichts ist zu sehen. Wir können nur uns selbst als Umrisse sehen, leichenhaft, wie in Stein gehauen. Und die Stimme trägt schwerer durch dieses Dunkel. Das Dunkel hat dem Pfeil die Flugfedern abgestreift – die Schwingungen, die rot aufsteigen, flirren, wie er durch uns hindurchgeht.

Dann kommt der Schrecken, das Triumphieren; die Macht, unbemerkt hinauszurennen, allein; verzehrt zu werden; fortgerissen, um Reiter zu werden auf dem wilden Wind; dem stoßenden Wind; dem trampelnden und wiehernden Wind; dem Roß mit der nach hinten gewehten Mähne; das Poltern, das Stöbern und Futtern; er, der auf immer und ewig galoppiert, auf der Reise nirgendwohin, indifferent; Teil sein des blicklosen Dunkels, zucken und strömen, fühlen, wie die Herrlichkeit fließend heiß das Rückgrat emporsteigt, die Glieder hinunter, daß die Augen glühen, brennend, hell, und die schlagenden Wogen des Windes durchdringen.

»Alles ist pitschnaß. Das ist der Tau vom Gras. Zeit, hineinzugehen.«

Und dann wankt und wogt eine Gestalt und erhebt sich, und, die

Jacken schleifend, gehen wir den Weg hinunter den erleuchteten Fenstern entgegen, dem matten Glühen hinter den Zweigen, und treten so in die Tür, und das Viereck zieht seine Linien um uns, und hier ist ein Stuhl, ein Tisch, Gläser, Messer, und so sind wir abgepackt unter Dach und Fach und werden bald einen Schluck Sodawasser brauchen und etwas zum Lesen im Bett.

Dieser Essay wurde erstmals aus dem Nachlaß publiziert in *The Moment* (1947).

Gedanken über den Frieden bei einem Luftangriff

Die Deutschen waren letzte Nacht und die Nacht davor über diesem Haus. Hier sind sie wieder. Es ist ein seltsames Erlebnis, im Dunkeln zu liegen und auf das Summen einer Hornisse zu horchen, die einen jeden Augenblick totstechen kann. Es ist ein Laut, der kühles und zusammenhängendes Denken über den Frieden unterbricht. Und doch ist es ein Laut, der einen – weit mehr als Gebete und Choräle – dazu zwingen sollte, über den Frieden nachzudenken. Wenn wir den Frieden nicht in Existenz denken können, werden wir – nicht dieser eine Körper in diesem einen Bett, sondern Millionen Körper, die erst noch geboren werden müssen – in der gleichen Dunkelheit liegen und das gleiche Todesrattern über uns hören. Denken wir darüber nach, was wir tun können, um den einzig wirksamen Schutz gegen Luftangriffe zu schaffen, während die Geschütze auf den Hügeln pop-pop-pop machen und die Scheinwerfer die Wolken abfingern und dann und wann, manchmal ganz nahe, manchmal weit entfernt, eine Bombe fällt.

Dort oben am Himmel kämpfen junge Engländer und junge Deutsche gegeneinander. Die Verteidiger sind Männer, die Angreifer sind Männer. Der Engländerin werden keine Waffen gegeben, um den Feind zu bekämpfen oder sich zu verteidigen. Sie muß heute nacht waffenlos daliegen. Doch wenn sie glaubt, daß der Kampf oben am Himmel ein Kampf der Engländer, um die Freiheit zu schützen, und der Deutschen, um die Freiheit zu zerstören, ist, muß sie, soweit sie kann, auf der Seite der Engländer kämpfen. Wie weit kann sie für die Freiheit kämpfen ohne Feuerwaffen? Indem sie Waffen oder Kleidung oder Nahrungsmittel herstellt. Aber es gibt noch eine andere Möglichkeit, ohne Waffen für die Freiheit zu kämpfen; wir können mit dem Geist kämpfen. Wir können Ideen machen, die dem jungen Engländer, der oben am Himmel kämpft, helfen werden, den Feind zu schlagen.

Doch um Ideen in die Tat umzusetzen, müssen wir imstande sein, sie abzufeuern. Wir müssen sie in die Tat umsetzen. Und die Hornisse am Himmel weckt eine andere Hornisse im Geist. Eine summte heute morgen in der *Times* – eine Frauenstimme sagte: »Frauen haben in der Politik kein Wort mitzureden.« Es gibt keine Frau im Kabinett oder auf irgendeinem verantwortungsvollen Posten. Alle Ideenmacher, die in der Lage sind, Ideen in die Tat umzusetzen, sind Männer. Das ist ein Gedanke, der das Denken dämpft und zur Verantwortungslosigkeit herausfordert. Warum nicht den Kopf im Kissen vergraben, die Ohren zustopfen und diese fruchtlose Tätigkeit des Ideenmachens aufgeben? Weil es noch andere Tische gibt als Offizierstische und Konferenztische. Lassen wir den jungen Engländer nicht ohne eine Waffe, die für ihn von Wert sein könnte, wenn wir das private Denken, das Teetisch-Denken, aufgeben, weil es nutzlos zu sein scheint? Betonen wir nicht unsere Unfähigkeit, weil unsere Fähigkeit uns vielleicht Schmähungen, vielleicht der Verachtung aussetzt? »Ich werde nicht vom geistigen Kampf ablassen«, schrieb Blake.[1] Geistiger Kampf bedeutet gegen den Strom denken, nicht mit ihm.

Dieser Strom fließt schnell und wild. Er geht in einem Schwall von Worten von den Lautsprechern und Politikern aus. Jeden Tag sagen sie uns, daß wir ein freies Volk sind, das kämpft, um die Freiheit zu verteidigen. Das ist der Strom, der den jungen Flieger in den Himmel hinaufgewirbelt hat und ihn dort zwischen den Wolken kreisen läßt. Hier unten, mit einem Dach über dem Kopf und einer Gasmaske zur Hand, ist es unsere Aufgabe, Gasblasen aufzustechen und Samen der Wahrheit zu entdecken. Es ist nicht wahr, daß wir frei sind. Wir sind heute abend beide Gefangene – er in seiner Maschine eingeschlossen mit einem Geschütz zur Hand; wir im Dunkeln liegend mit einer Gasmaske zur Hand. Wären wir frei, würden wir draußen sein, tanzen, ins Theater gehen oder am Fenster sitzen und uns unterhalten. Was hindert uns daran? »Hitler!« brüllen die Lautsprecher einstimmig. Wer ist Hitler? Was ist er? Aggressivität, Tyrannei, die manifest gewordene krankhafte Machtgier, antworten sie. Zerstört das, und ihr werdet frei sein.

Das Dröhnen der Flugzeuge klingt jetzt, als würde oben ein Ast durchgesägt. Rund und rund geht es und sägt und sägt an einem Ast direkt über dem Haus. Ein anderer Laut beginnt, sich zum Gehirn durchzusägen. »Fähige Frauen« – es war Lady Astor,[2] die heute morgen in der *Times* sprach – »werden unterdrückt wegen eines unbewußten Hitlerismus in den Herzen der Männer.« Gewiß werden wir unterdrückt. Wir sind gleichermaßen Gefangene heute nacht – die Engländer in ihren Flugzeugen, die Engländerinnen in ihren Betten. Aber wenn einer von ihnen aufhört zu denken, kann er getötet werden; und wir auch. Laßt uns also für ihn denken. Laßt uns versuchen, den unbewußten Hitlerismus, der uns unterdrückt, ins Bewußtsein heraufzuholen. Er ist der Wunsch nach Aggression; der Wunsch zu beherrschen und zu versklaven. Sogar in der Dunkelheit können wir das sichtbar machen. Wir können Schaufenster strahlen sehen; und Frauen starren; geschminkte Frauen; herausgeputzte Frauen; Frauen mit hochroten Lippen und hochroten Fingernägeln. Sie sind Sklavinnen, die zu versklaven trachten. Wenn wir uns von der Sklaverei befreien könnten, würden wir die Menschen von der Tyrannei befreien. Hitlers werden von Sklaven hervorgebracht.

Eine Bombe fällt. Alle Fenster klirren. Die Flak wird tätig. Dort oben auf dem Hügel, unter einem Netz, das mit Streifen von grünem und braunem Stoff durchzogen ist, um die Farben von Herbstlaub nachzuahmen, sind Geschütze verborgen. Jetzt feuern sie alle zugleich. In den Neun-Uhr-Nachrichten im Radio wird man uns sagen: »Vierundvierzig feindliche Flugzeuge wurden im Laufe der Nacht abgeschossen, zehn davon durch Flak-Feuer.« Und eine der Friedensbedingungen, sagen die Lautsprecher, soll die Abrüstung sein. Es soll in Zukunft keine Kanonen mehr geben, kein Heer, keine Flotte, keine Luftwaffe. Es sollen keine jungen Männer mehr dazu ausgebildet werden, mit Waffen zu kämpfen. Das weckt eine andere Hornisse in den Kammern des Gehirns – ein anderes Zitat. »Gegen einen wirklichen Feind zu kämpfen, unsterbliche Ehre und Ruhm zu gewinnen, indem ich völlig Fremde erschoß, und heimzukehren mit Medaillen und Orden auf der Brust, das war der Gipfel meiner Hoffnung ... Dem war mein ganzes Leben bis dahin, meine Erziehung, meine Ausbildung, alles gewidmet gewesen ...«

Das waren die Worte eines jungen Engländers, der im letzten Krieg kämpfte. Glauben die gegenwärtigen Denker, wenn sie sie lesen, ehrlich, daß sie alles getan haben werden, was nötig ist, wenn sie an einem Konferenztisch »Abrüstung« auf ein Blatt Papier schreiben? Othellos Geschäft wird es nicht mehr geben; aber er wird Othello bleiben. Der junge Flieger oben am Himmel wird nicht nur durch die Stimmen von Lautsprechern angetrieben; er wird von Stimmen in ihm selbst getrieben – von alten Instinkten, Instinkten, die durch Erziehung und Tradition gefördert und gehegt werden. Kann man ihm diese Instinkte zum Vorwurf machen? Könnten wir den mütterlichen Instinkt auf Befehl eines Tisches voller Politiker ausschalten? Nehmen wir an, das wichtigste Gebot unter den Friedensbedingungen lautete: »Das Gebären ist auf eine sehr kleine Klasse besonders ausgesuchter Frauen zu beschränken.« Würden wir uns dem unterwerfen? Sollten wir nicht sagen: »Der mütterliche Instinkt ist der Ruhm einer Frau. Dem war mein ganzes Leben, meine Erziehung, meine Ausbildung, alles gewidmet ...« Aber wenn es um der Menschheit willen, um des Friedens der Welt willen nötig wäre, das Gebären einzuschränken, den mütterlichen Instinkt zu unterdrücken, würden es die Frauen versuchen. Die Männer würden ihnen helfen. Sie würden sie ehren für ihre Weigerung, Kinder zu bekommen. Sie würden ihnen andere Betätigungsfelder für ihre schöpferische Kraft geben. Auch das muß ein Teil unseres Kampfes für die Freiheit sein. Wir müssen den jungen Engländern helfen, die Liebe zu Medaillen und Orden in sich auszumerzen. Wir müssen ehrenvollere Tätigkeiten für diejenigen schaffen, die versuchen, ihren Kampfinstinkt, ihren unbewußten Hitlerismus zu überwinden. Wir müssen den Mann für den Verlust seines Gewehrs entschädigen.

Das Geräusch des Sägens oben ist lauter geworden. Alle Scheinwerfer sind steil nach oben gerichtet. Sie zeigen auf einen Punkt genau über diesem Dach. Jeden Augenblick kann eine Bombe auf dieses Zimmer fallen. Eins, zwei, drei, vier, fünf, sechs ... die Sekunden vergehen. Die Bombe ist nicht gefallen. Aber während dieser Sekunden der Spannung hat alles Denken aufgehört. Alles Fühlen mit Ausnahme einer dumpfen Angst hörte auf. Ein Nagel fixierte das ganze

Sein auf einem harten Brett. Die Emotion der Angst und des Hasses ist daher steril, unfruchtbar. Sobald diese Angst vorüber ist, greift der Geist aus und belebt sich wieder instinktiv, indem er schöpferisch zu sein versucht. Da das Zimmer dunkel ist, kann er nur aus der Erinnerung schaffen. Er greift nach der Erinnerung an andere Augusttage – in Bayreuth, wo man Wagner hörte; in Rom, wo man durch die Campagna ging; in London. Die Stimmen von Freunden kommen wieder. Bruchstücke von Gedichten kehren zurück. Jeder dieser Gedanken war, selbst in der Erinnerung, weit positiver, belebender, heilender und schöpferischer als diese dumpfe Angst, die aus Furcht und Haß bestand. Daher müssen wir dem jungen Mann, wenn wir ihn für den Verlust seines Ruhmes und seines Gewehrs entschädigen wollen, Zugang zu den schöpferischen Gefühlen geben. Wir müssen Glück schaffen. Wir müssen ihn von der Maschine befreien. Wir müssen ihn aus seinem Gefängnis ins Freie bringen. Aber was für einen Zweck hat es, den jungen Engländer zu befreien, wenn der junge Deutsche und der junge Italiener Sklaven bleiben?

Die Scheinwerfer, die über das ebene Land schweifen, haben jetzt das Flugzeug erfaßt. Von diesem Fenster aus kann man ein kleines silbernes Insekt sehen, das sich im Licht dreht und wendet. Die Geschütze machen pop-pop-pop. Dann schweigen sie. Wahrscheinlich wurde der Angreifer hinter dem Hügel heruntergeholt. Neulich landete einer der Piloten sicher auf einem Feld hier in der Nähe. Er sagte zu den Männern, die ihn gefangennahmen, in recht gutem Englisch: »Wie froh bin ich, daß der Kampf vorbei ist!« Dann gab ihm ein Engländer eine Zigarette, und eine Engländerin machte ihm eine Tasse Tee. Das scheint zu zeigen, daß, wenn man den Mann von der Maschine befreien kann, der Samen nicht auf ganz steinigen Boden fällt. Der Samen kann fruchtbar sein.

Zuletzt haben alle Geschütze zu feuern aufgehört. Alle Scheinwerfer sind erloschen. Die natürliche Dunkelheit einer Sommernacht kehrt zurück. Die unschuldigen Laute des Landes sind wieder zu hören. Ein Apfel fällt dumpf auf den Boden. Eine Eule schreit und schwingt sich von Baum zu Baum. Und einige halb vergessene Worte eines alten englischen Schriftstellers fallen einem ein: »Die Jäger sind auf in Amerika ...« Wir wollen diese fragmentarischen Aufzeichnungen den Jägern schicken, die in Amerika auf sind, den Männern und Frauen, deren Schlaf noch nicht durch Maschinengewehrfeuer unterbrochen wurde, in dem Glauben, daß sie sie großzügig und nachsichtig überdenken und vielleicht zu etwas Brauchbarem formen werden. Und jetzt, in der beschatteten Hälfte der Welt, wollen wir schlafen.

Anmerkungen

Geschrieben im August 1940 für ein amerikanisches Symposium über aktuelle Frauenfragen, veröffentlicht in *New Republic*, New York, am 21. Oktober 1940.

[1] William Blake (1757–1827), der große visionäre Dichter, der zum Beispiel unbeirrt die Ideen der Französischen Revolution vertrat.

[2] Lady Astor (1879–1964), amerikanischer Herkunft, war die erste Frau, die ins englische Parlament gewählt wurde.

Aus den Tagebüchern

Montag 25. Oktober (der erste Tag der Winterzeit) 1920

Warum ist das Leben so tragisch; wie ein schmales Stückchen Trottoir über einem Abgrund. Ich schaue hinunter; mich schwindelt; ich frage mich, wie ich je auf die andere Seite gelangen soll. Aber warum habe ich dieses Gefühl? Jetzt, wo ich es sage, ist es weg. Das Kaminfeuer brennt; wir hören uns gleich die Beggar's Opera an. Nur ist es um mich herum; ich kann meine Augen nicht davor verschließen. Es ist ein Gefühl der Ohnmacht: daß ich keinen Eindruck hinterlasse. Hier sitze ich in Richmond, & wie bei einer Laterne, die man mitten auf einem Feld abgestellt hat, steigt mein Licht in die Dunkelheit. Die Melancholie nimmt ab, wenn ich schreibe. Warum schreibe ich es dann nicht öfter auf? Nun, die Eitelkeit verbietet das. Ich will sogar vor mir selbst erfolgreich erscheinen. Doch komme ich dem nicht auf den Grund. Es ist, weil ich keine Kinder habe, getrennt von meinen Freunden wohne, es mir nicht gelingt, gut zu schreiben, ich zuviel für Essen ausgebe, alt werde – ich denke zu viel an das Warum & Weshalb: zu viel an mich selbst. Ich mag nicht, daß die Zeit mich umflattert. Also gut, Arbeit. Schon, aber ich werde so schnell müde bei der Arbeit – kann immer nur ein bißchen lesen, eine Stunde Schreiben reicht mir. Hier draußen schaut niemand herein, um auf angenehme Weise Zeit zu verschwenden. Wenn es jemand tut, bin ich böse. Nach London zu fahren ist zuviel Aufwand. Nessas Kinder werden größer, & ich kann sie nicht zum Tee herbitten oder mit ihnen in den Zoo gehen. Mein Taschengeld reicht nicht sehr weit. Doch bin ich überzeugt, daß diese Dinge belanglos sind: es ist das Leben selber, denke ich manchmal, so tragisch für uns und unsere Generation – kein Zeitungsplakat, aus dem nicht die Agonie von irgend jemandem schreit. McSwiney heute nachmittag & die Gewalt in Irland; ein andermal ist es der Streik. Das Unglück ist überall; direkt vor der Türe; oder die Dummheit, was noch schlimmer ist. Und doch werde ich mein Unbehagen nicht los. Wenn ich an Jacob's Room weiterschreibe, werden meine Fasern glaube ich wieder lebendig. Evelyn ist fertig: aber mir gefällt nicht, was ich jetzt schreibe. Und wie glücklich bin ich trotz alledem – wenn da nur nicht das Gefühl von dem schmalen Stück Trottoir über dem Abgrund wäre.

Dienstag 2. Januar 1923

Wenn ich eine Heuchlerin wäre, würde ich das hier mit dem letzten Tag des Jahres 1922 datieren. So kommt es einem vor. Wir sind gestern aus Rodmell zurückgekommen, & ich habe heute eine von meinen Stimmungen, wie die Krankenschwestern dazu immer sagten. Und was ist es & warum? Der Wunsch nach Kindern, glaube ich; nach Nessas Leben; nach so etwas wie Blumen, die überall um mich herum unwillkürlich aufgehen. Hier ist Angelica – hier Quentin & Julian. Kinder bringen einen eben nicht dazu, daß einem heute abend vom Plumpudding schlecht wird. Wir haben Gäste zum Dinner. Es gibt kein heißes Wasser. In Quentins Schlafzimmer strömt Gas aus – ich pflücke meine sogenannten Blumen auf gut Glück. Sie lassen mein Leben manchmal ein bißchen kahl wirken; & dann suggeriert mir meine unverbesserlich romantische Natur die Vorstellung, voran zu gehen, allein, durch die Nacht: innerlich stoisch zu leiden; mir bis ans Ende meinen Weg zu bahnen – & so weiter. In Wahrheit flattern die Segel um mich herum noch zwei, drei Tage nach meiner Rückkehr; da ich nicht mit aller Kraft arbeite, grübele ich & trödele. Und das alles dauert eine Zeitlang: trotzdem will ich mich ganz klar ausdrücken. Ich will einen einzigen Beichtstuhl haben, wo ich nicht zu prahlen brauche. Vor vielen vielen Jahren, nach der Lytton-Affäre, sagte ich mir, als ich den Hügel in Bayreuth hinaufging, daß man nie so tun darf, als seien die Dinge, die man nicht hat, den Besitz nicht wert; ein guter Rat, glaube ich. Zumindest kommt er mir oft in den Sinn. Man sollte zum Beispiel nie so tun, als ließen sich Kinder durch etwas anderes ersetzen. Und dann sagte ich mir weiterhin (der Gedanke ist immer mit Mrs Freshfield verknüpft – wieso?), daß man (wie soll ich es ausdrücken?) die Dinge um ihrer selbst willen mögen muß: beziehungsweise, sie von den Belangen befreien muß, die sie für uns persönlich haben. Man muß das beiseite werfen; & sich auf die Dinge einlassen, die unabhängig von einem selbst existieren. Jungen Frauen fällt das sehr schwer. Mir hat es jedoch Befriedigung verschafft. Und jetzt, da ich mit L. verheiratet bin, *muß* ich mich nicht darum bemühen. Ich tue es, wenn es mir Spaß macht. Vielleicht bin ich zu glücklich gewesen, als für meine Seele gut ist? Vielleicht bin ich feige geworden & lasse mich zu sehr gehen? Und ist mein Unbehagen teilweise auf dieses Gefühl zurückzuführen? Ich konnte gestern abend nicht in der Nummer 46 bleiben, weil L. am Telephon sein Mißbehagen zum Ausdruck brachte. Wieder eine lange Nacht. Sehr unvernünftig. Dein schwaches Herz – & so wurde mein Selbstvertrauen unterminiert und ich hatte nicht den Mut, es gegen seinen Willen doch zu tun. Ich reagiere dann. Natürlich ist es eine schwierige Frage. Denn zweifellos bekomme ich Kopfschmerzen oder Herzsausen; & das verdirbt ihm dann die Freude, & wenn man mit jemandem zusammenlebt, hat man dann das Recht – So geht es weiter. Und ich will versuchen, meine Darstellung der geistig-seelischen Seite zu vervollständigen, bevor ich mich der weltlichen zuwende, nur wird es wie immer holprig & unzusammenhängend werden, & nicht über das hinausreichen, was ein Apotheker tut, wenn er die Gläser in seinem Laden nur antippt und kurz benennt, weil er weiß, was sie enthalten. Wenn ich es mit 50 wieder lese, weiß ich vielleicht, was ich gemeint habe.

Das mittlere Alter also. Das soll der Inhalt meiner Abhandlung sein. Ich fürchte, wir werden älter. Wir sind beschäftigt & messen der Zeit Bedeutung bei. Ich muß meine Korrespondenz erledigen, sagt L. heute. Ich lache nicht darüber. Ich nehme es ernst. Aber wir dürfen nicht zulassen, daß unsere Hobbies & Vergnügungen zu Gegenständen fetischistischer Verehrung werden. L. leidet, glaube ich, an seiner Überklarheit. Er sieht die Dinge so klar, daß er nicht schwimmen schweben & spekulieren kann. Und jetzt hängen so viele Dinge an uns, daß wir weitermachen müssen. Zumindest ist es leicht so zu tun, als stünden wir unter Druck. Doch Nessa, die sich so leicht auf die Belastungen & die Umstände berufen könnte, bewegt sich viel freier als wir. Zum Beispiel verreist sie über Ostern mit den Kindern.

Wir müssen Geld verdienen – das ist wahr. Wir müssen ein Haus haben; 2 Häuser; 2 Dienstmädchen; einen Verlag; eine Thomson; einen Ralph. Das meiste davon mir zuliebe; & bin ich ehrlich, wenn ich es anders will? Habe ich nicht (in erster Linie) das Gefühl, daß ich die Spannung der Verhältnisse abbauen muß, um schreiben zu können? – daß mir Unterbrechungen lästig sind; sperriges Material in mein Feuer legen?

Hierbei will ich es belassen, unvollendet, ein Fragezeichen – das auf eine Stimmung hindeutet, die immer wieder auftaucht, aber nicht oft zum Ausdruck kommt. An der Oberfläche ist unser Leben aus solchen Stimmungen zusammengesetzt; aber sie gehen durch eine feste Substanz hindurch, in die hinein ich mir jetzt auch keinen Weg schlagen werde.

Das ist also das Ende von 1922.

Montag 5. Mai 1924

Heute ist Mutters 29. Todestag. Ich glaube, es passierte an einem Sonntag früh morgens, & ich schaute aus dem Kinderzimmerfenster & sah den alten Dr. Seton fortgehen, die Hände hinter dem Rücken, als wollte er sagen, es ist vorbei, & dann sah ich die Tauben herniederfliegen und auf der Straße picken, glaube ich, & ihr jäher Sturz und ihr Niederflug waren unendlich friedlich. Ich war 13, & könnte mehr als eine Seite mit den Eindrücken jenes Tages füllen, von denen ich viele schlecht aufgenommen & vor den Erwachsenen versteckt habe, aber deshalb sind sie mir noch lebhaft im Gedächtnis: wie ich zum Beispiel hinter vorgehaltener Hand lachte, weil ich meine Tränen verbergen wollte; & durch die Finger die Kindermädchen schluchzen sah.

Aber genug vom Tod – was zählt, ist das Leben. Vor 7 Tagen sind wir aus Rodmell zurückgekommen, nach einem fürstlichen Osterfest, das Nelly heldenhaft überstanden hat. Nach dem Unkrautjäten mußte ich aus der Sonne und ins Haus; & wie die Stille mich umhüllte! & wie träge ich dann wurde, wenn ich ganz genau bin: & wie die Schönheit über mich floß & meine Nerven durchtränkte bis sie zitterten, so wie ich einmal eine Wasserpflanze zittern sah, als sie vom Wasser überspült wurde. (Das stimmt nicht, aber ich muß diese Empfindung eines Tages formulieren). Dann der Ärger mit dem Lärm hier – hatte ich Kopfschmerzen oder was? Ich weiß es gar nicht mehr, da ich jetzt schon zum 2. Mal wieder aus Rodmell zurück bin & meine Zappeligkeit auf die herkömmliche Weise erledige. Denn mir scheint, dieses Tagebuch wird an London scheitern, wenn ich nicht aufpasse.

Montag 26. Mai

London ist bezaubernd. Ich trete auf einen goldbraunen Zauberteppich hinaus, so kommt es mir vor, & schwebe in die Schönheit, ohne einen Finger zu rühren. Die Nächte sind wunderbar, mit all den weißen Portikos & breiten stillen Boulevards. Und die Leute springen rein & raus, behende, unterhaltsam wie Kaninchen; & ich sehe die Southampton Row hinab, schwarz wie ein Seehundrücken oder rot & gelb vom Sonnenschein, & schaue zu, wie die Omnibusse kommen & gehen, & höre die alten verrückten Orgeln. Eines Tages werde ich über London schreiben, & wie es das Privatleben vereinnahmt & mühelos mit sich fortträgt. Die Gesichter der Passanten muntern meinen Geist auf; verhindern, daß er zur Ruhe kommt, wie in der Stille von Rodmell.

Aber mein Kopf ist voll mit The Hours. Ich sage jetzt, daß ich 4 Monate daran schreiben werde, Juni, Juli, August & September, & dann ist es fertig & ich lege es drei Monate beiseite und schreibe in dieser Zeit meine Essays zu Ende; & dann haben wir – Oktober, November, Dezember – Januar: & Januar Februar März April überarbeite ich es; & im April kommen meine Essays heraus; & im Mai mein Roman. So sieht mein Programm aus. Mein Geist spult ihn jetzt schnell & ohne Stocken herunter; seit der Krise letzten August, als ich ernsthaft damit begann, ist es schnell gegangen, wenn auch mit vielen Unterbrechungen. Er wird jetzt analytischer & menschlicher, denke ich; weniger lyrisch; aber ich habe das Gefühl, als hätte ich so ziemlich alle Fesseln abgestreift & könnte alles einfließen lassen. Wenn dem so ist – gut. Dann muß ich ihn noch lesen. Ich will diesmal 80 000 Wörter schreiben. Und ich schreibe ihn gerne in London, zum Teil, wie gesagt, weil das Leben einen hochhält; & bei meinem

Eichhörnchenkäfiggeist ist es toll, sich nicht mehr dauernd im Kreis zu drehen. Dann ist es auch für mich ein unendlicher Gewinn, ungehindert & schnell Menschen zu sehen. Und ich kann blitzschnell rein & raus & mich von meiner Stagnation erholen.

Samstag 2. August 1924

Jetzt sind wir also in Rodmell, & bis zum Dinner habe ich noch 20 Minuten Zeit zur Verfügung. Ein Gefühl der Depression lastet auf mir, als wären wir alt & schon beinah am Ende von allem. Es muß mit der Veränderung gegenüber London zu tun haben & dem ständigen Eingespanntsein. Außerdem komme ich mit meinem Buch partout nicht weiter – ich bin beim Tod von Septimus, – und fange deshalb an, mich als Versagerin zu betrachten. Das Gute an der Hogarth Press ist nun aber, daß sie jegliche Grübelei unterbindet & mir etwas Handfestes bietet, an das ich mich halten kann. Wenn ich nicht schreiben kann, kann ich immerhin andere zum Schreiben bringen: ich kann ein Geschäft aufbauen. Auf dem Land ist es wie in einem Kloster. Die Seele schwimmt nach oben. Julian war eben kurz da, ein großer junger Mann, der mir, die ich hartnäckig an meine eigene Jugendlichkeit glaube, vorkommt wie ein jüngerer Bruder: jedenfalls schnattern wir völlig zwanglos miteinander. Es ist alles haargenau gleich – seine Schule ist die Fortsetzung von Thobys Schule. Wie Thoby früher erzählt er mir von den anderen Jungen & den Lehrern. Es erweckt bei mir dasselbe Interesse. Er ist ein sensibler, sehr aufgeweckter, ziemlich kämpferischer Junge; voll mit Wells & Entdeckungen & der zukünftigen Welt. Und, da er ja ein Blutsverwandter von mir ist, versteht es sich natürlich – daß er einmal von Statur sehr groß wird & von Beruf Anwalt, würde ich sagen. Dennoch fühle ich mich, trotz meines anfänglichen Gemurres, wirklich nicht alt; & es geht nur darum, mein Schreiben wieder in Schwung zu bringen. Wenn ich nur in meine Ader hineingelangen & sie von Grund auf bis in die Tiefe mühelos abbauen könnte, statt jeden Tag diese elenden 200 Wörter herauszuhacken. Und dann habe ich wieder, je weiter das Manuskript anwächst, die alte Angst davor. Ich werde es lesen & blaß finden. Ich werde den Beweis dafür liefern, daß Murry mit seiner Behauptung, nach Jacob's Room gäbe es keine Möglichkeit mehr weiterzumachen, recht hat. Doch wenn dieses Buch etwas beweist, dann daß ich nur auf diese Art schreiben kann & immer dabei bleiben werde, jedoch immer weiter erkunde & mich Gottlob keinen Augenblick langweilen werde. Aber diese leichte Depression – woher kommt sie? Ich glaube, ich könnte sie kurieren, indem ich über den Kanal fahre & eine Woche nichts schreibe. Ich will Dinge sehen, die in vollem Gange sind, ohne daß ich etwas dazu tun muß: eine französische Marktstadt zum Beispiel. Falls ich die Energie dazu habe, werde ich tatsächlich nach Dieppe übersetzen; oder als Kompromiß Sussex im Autobus erforschen. Der August sollte eigentlich heiß sein. Es gießt in Strömen. Heute haben wir uns in einem Heuschober untergestellt. Aber ach die Zartheit & Vielschichtigkeit der Seele – denn habe ich nicht am Ende doch noch angefangen, sie leicht zu berühren & zu lauschen, wie sie atmet? Ein Häuserwechsel läßt mich tagelang oszillieren. Und das ist das Leben; das ist gesund. Nie zu zittern ist das Los von Mr Allinson [Allison], Mrs Hawkesford & Jack Squire. In zwei, drei Tagen, wenn ich mich akklimatisiert habe, in Gang gekommen bin, lese & schreibe, wird es weg sein. Und wenn wir nicht waghalsig lebten, den wilden Bock nicht am Bart zupften & über jähen Abgründen zitterten, wären wir nie deprimiert, da bin ich mir sicher; sondern bereits verblüht, fatalistisch & betagt.

Sonntag 3. August 1924

Jetzt verschwindet er schon wieder, mein silberner Nebel, & ich erkenne mein gestriges Selbst fast nicht wieder. L. hat mir von Deutschland erzählt & über die Reparationen, wie das Geld bezahlt wird. Gott was habe ich für ein schwaches Hirn – wie ein Muskel, der nicht benutzt wird. Er redet; & die Fakten kommen an, & ich kann nicht mit ihnen umgehen. Aber mittels eines sehr qualvollen Gehirntrainings verstehe ich vielleicht ein bißchen mehr von der internationalen Lage als Nelly. Und L. versteht das alles – findet in der Zeitung alle wesentlichen Punkte auf der Stelle heraus, bringt sie in Zusammenhang und kann sofort etwas darüber sagen. Manchmal denke ich, mein Verstand & seiner sind unterschiedlicher Art. Wenn meine Imaginationsblitze & mein Hang zu Büchern nicht wären, wäre ich eine ganz gewöhnliche Frau. Ich habe nichts, worin ich wirklich besonders stark bin.

Aber es ist eine Frage der Arbeit. Ich bin schon wieder in einer viel besseren Verfassung, dadurch, daß ich an meinen Büchern geblieben bin: zuerst meine 250 Wörter Roman, & dann systematisch, wohl zum 80. Mal, mit dem Common Reader angefangen, der, glaube ich, blitzschnell fertig sein könnte, wenn sich mir die Chance böte, blitzartig vorzugehen & es hinter mir zu haben. Aber diese Dinge verlangen viel Arbeit. Mir kommt gerade, daß ich jetzt Pilgrim's Progress lesen muß: Mrs Hutchinson. Und soll ich Richardson vernichten? den ich nie gelesen habe. Ja, ich renne durch den Regen ins Haus & sehe nach, ob wir Clarissa haben. Aber das reißt ein Loch in meinen Tagesablauf, ein sehr langer Roman. Dann muß ich die Medea lesen. Ich muß ein bißchen Plato in Übersetzung lesen.

Addison 1672–1719
Defoe 1659–1731
Pepys 1660
Evelyn 1660

Freitag 15. August 1924

In all diese Berechnungen brach Conrads Tod herein, gefolgt von einem Telegramm, in dem mich das Lit. Sup. ernsthaft bat, freundlicherweise einen Leitartikel über ihn zu schreiben, was ich geschmeichelt & loyal aber widerwillig tat; & er ist erschienen; & diese Ausgabe des Lit. Sup. ist mir verdorben (denn ich kann meine eigenen Sachen nicht lesen & werde es auch nie können. Da sich Klein-Walkley wieder auf dem Kriegspfad befindet, rechne ich außerdem damit, daß er nächsten Mittwoch zusticht.) Doch niemals niemals zuvor habe ich so hart gearbeitet. Denn da ich innerhalb von 5 Tagen einen Leitartikel schreiben mußte, habe ich die Zeit nach dem Tee genutzt – & was da entstand, unterschied sich in keiner Weise von dem, was ich vormittags geschrieben hatte. Habe ich so nicht auf alle Fälle zwei Stunden zusätzlich für kritische Arbeiten (wie Logan sie nennt)? Ich versuche es also – mein Roman vor dem Lunch & nach dem Tee dann die Essays. Denn ich sehe, daß sich Mrs Dalloway noch bis über den Oktober hinaus hinziehen wird. Bei meinen Prognosen habe ich immer ein paar äußerst wichtige Zwischenszenen vergessen: ich denke, ich kann direkt bei der großen Gesellschaft weitermachen & damit aufhören; und vergesse dabei Septimus, eine sehr ernsthafte & kitzlige Sache, & überspringe Peter Walsh, der sein Dinner ißt, was auch ein Hindernis sein kann. Aber ich gehe gerne von einem hell erleuchteten Zimmer ins andere, so kommt mir mein Gehirn vor; erleuchtete Zimmer; & die Spaziergänge über die Felder sind die Korridore; & heute liege ich nun da & denke nach. Warum übrigens gefallen einem dichterische Werke erst richtig, wenn man älter ist? Mit 20 konnte ich nicht zum Vergnügen Shakespeare lesen, beim besten Willen nicht, obwohl Thoby mich immer wieder dringend dazu aufforderte; jetzt lebe ich auf, wenn ich beim Spazierengehen daran denke, daß ich heute abend 2 Akte von King John lesen werde & mir als nächstes Richard den 2ten vorgenommen habe. Jetzt will ich dichterische Werke – lange Gedichte. Tatsächlich denke ich daran, [Thomsons] The Seasons zu lesen. Ich will Konzentration & Romantik & Worte, die fest zusammengeleimt, verschmolzen, glühend sind: kann meine Zeit nicht mehr mit Prosa vergeuden. Doch muß das genau das Gegenteil von dem sein, was die Leute sagen. Mit 20 gefiel mir die Prosa des 18. Jahrhunderts; Hakluyt, Merimée gefielen mir. Ich las massenhaft Carlyle, Scotts Biographie & Briefe, Gibbon, die verschiedensten zweibändigen Biographien, & Shelley. Jetzt will ich Gedichte, sage ich immer wieder wie ein beschwipster Matrose vor einem Wirtshaus.

Ich mache mir jetzt nicht mehr oft die Mühe, Getreidefelder & Scharen erntender Frauen in weiten Blaus & Rots & kleine staunende Mädchen in gelben Kitteln zu beschreiben. Aber daran sind nicht meine Augen schuld: als ich neulich abend aus Charleston zurückkam, waren meine gesamten Nervenfasern aufgerichtet, entflammt, elektrisiert (was ist das passende Wort?) von der puren Schönheit – Schönheit in ihrer ganzen Fülle & Überfülle, so daß man sich fast daran stößt, weil man nicht in der Lage ist, sie im Augenblick ganz einzufangen & festzuhalten. Der Weg durchs Leben wird höchst interessant, wenn man versucht, im Vorbeigehen all diese Entwicklungen zu erfassen. Mir ist, als würde ich die Finger vorsichtig nach (hier ist Leonard, der mir einen zweirädrigen Pferdewagen bestellt hat, in dem ich morgen mit Dadie nach Tilton fahre) beiden Seiten ausstrecken, während ich mich einen Tunnel voller Unebenheiten hinuntertaste. Und ich beschreibe auch die Begegnungen mit den Alderney-Kuhherden nicht mehr – obwohl das vor ein paar Jahren noch nötig gewesen wäre – wie sie donnerten & rings um Grizzle wie Hirsche röhrten; & wie ich mit dem Stock fuchtelte & in die Enge getrieben war; & an Homer dachte, während sie schwungvoll auf mich zutrampelten: ein Scheinkampf. Grizzle wurde immer frecher & aufgeregter & plänkelte kläffend umher. Ajax? Dieser Grieche hat sich, trotz all meiner Ignoranz, bis zu mir vorgearbeitet.

Montag 7. Dezember 1925

Ich möchte mich niederlegen wie ein müdes Kind & dieses sorgenvolle Leben hinwegweinen – & mein Tagebuch wird mich auf seine Daunenkissen betten. Die meisten Kinder wissen nicht, worüber sie weinen; auch ich weiß es nicht wirklich. Es ist 12 Uhr am Montagmorgen, ein sehr kalter Tag, doch sonnig, gesund, heiter. Klingeln schellen unten; Türen werden zugeschlagen. Ich sollte in Hochform sein, denn nach all diesen halbwachen unselbständigen Wochen bin ich da jetzt fast wieder heraus; & kann lesen & schreiben, & ein wenig spazierengehen, & maßvoll Gäste empfangen. Nun, es ist zum Teil dieser Teufel Vita. Kein Brief. Kein Besuch. Keine Einladung nach Long Barn. Sie war letzte Woche in der Stadt, & ist nicht gekommen. So viele Gründe für diese Vernachlässigung fallen mir ein, daß ich mich schäme, das den Anlaß für mein Weinen zu nennen. Nur, wenn ich sie jetzt nicht wiedersehe, werde ich es – nie: denn der Zeitpunkt für ein vertrauliches Zusammensein wird verstrichen sein, nächsten Sommer. Und ich ärgere mich darüber, zum Teil, weil ich sie mag; zum Teil, weil es mich mit Haß er-

Arme Frau! sie versuchte zu kommen – verhindert, Nebel &c.

füllt, daß das Leben die Macht hat, zu trennen. Außerdem bin ich eitel. Clive wird wissen, *warum* Vita mich nicht besucht hat. Dies Thema abgehakt, dann Toms Postkarte zu *On Being Ill* – ein Artikel, den ich, & Leonard ebenfalls, für einen meiner besten hielt: er findet ihn charakteristisch &c: will sagen, er ist nicht begeistert; so daß ich, als ich eben Korrektur las, darin Langatmigkeit, Ausdrucksschwäche, & sämtliche Untugenden ausmachte. Das verstärkt meine Abneigung gegenüber meinem eigenen Schreiben, & die Niedergeschlagenheit beim Gedanken, einen neuen Roman anzufangen. Was für ein Thema habe ich? Werde ich nicht aus persönlichen Gründen ins Stocken geraten? Es wird Vater zu ähnlich sein, oder Mutter: & merkwürdigerweise kenne ich meine eigenen Stärken so wenig.

Montag 21. Dezember 1925

Aber keine Vita! Vita jedoch 3 Tage lang in Long Barn, von wo L. & ich gestern zurückgekehrt sind. Diese Sapphierinnen *lieben* die Frauen; Freundschaft ist niemals unberührt von Verliebtheit. Kurzum, meine Ängste, meine Zurückhaltung, meine ›Impertinenz‹, meine übliche Befangenheit im Umgang mit Menschen, die mich vielleicht nicht wollen & so weiter – waren allesamt, wie L. sagte, großer Quatsch; & zum Teil dank ihm (er brachte mich dazu, zu schreiben) beendete ich dieses beschädigte & schwergeprüfte Jahr in großem Stil. Ich mag sie & das Zusammensein mit ihr, & den Glanz – sie verbreitet ein Strahlen wie von brennenden Kerzen, wenn sie beim Krämer von Sevenoaks daherschreitet auf Beinen wie Buchen, rosaglühend, klunker- und perlenbehangen. Das ist das Geheimnis ihres Zaubers, vermute ich. Jedenfalls fand sie mich unglaublich schäbig gekleidet, keine Frau würde sich weniger um ihr Aussehen kümmern – keine würde Sachen so anziehen wie ich. Dabei so schön, &c. Was ist die Wirkung von all dem auf mich? Sehr gemischt. Da ist ihre Reife & Vollbusigkeit: wie sie so mit vollen Segeln auf hoher See kreuzt, während ich auf Nebengewässern dahindümpele; ihre Fähigkeit, meine ich, in jeder Gesellschaft das Wort zu führen, ihr Land zu repräsentieren, Chatsworth zu besuchen, über Silber, Dienstboten,

Chow-Chows zu herrschen; ihre Mutterschaft (doch ist sie ein wenig kalt & unbeteiligt ihren Jungen gegenüber), kurzum sie ist (was ich nie gewesen bin) eine richtige Frau. Dann hat sie eine gewisse üppige Sinnlichkeit an sich; die Trauben sind reif; & sie reflektiert nicht. Nein. Was Verstand & Einsicht betrifft ist sie nicht in dem Maße organisiert wie ich. Aber dessen ist sie sich auch bewußt, & überschüttet mich also mit der mütterlichen Zuwendung, die, aus irgendeinem Grunde, das ist, was ich mir immer am meisten von jedem gewünscht habe. Was L. mir gibt, & Nessa mir gibt, & Vita, in ihrer unbeholfeneren äußerlichen Weise mir zu geben versucht. Natürlich ist da, vermischt mit all diesem Zauber, diesen Klunkern & Perlenketten, etwas, was nicht ganz paßt. Wie sehr, beispielsweise, werde ich sie wirklich vermissen, wenn sie durch die Wüste fährt? Ich werde nächstes Jahr dazu eine Anmerkung machen. Jedenfalls bin ich sehr froh, daß sie heute zum Tee kommt, & ich werde sie fragen, ob es ihr etwas ausmacht, daß ich mich so schlecht kleide? Ich glaube schon. Ich habe ihr Gedicht gelesen, das dichter ist, besser wahrgenommen & empfunden als alles andere von ihr bisher.

Mittwoch 15. September 1926

Manchmal werde ich die Notiz als Form wählen: zum Beispiel jetzt

Ein Geisteszustand

Wachte etwa gegen 3 auf. O es fängt an, es kommt – das Entsetzen – physisch wie eine schmerzhafte Welle, die um das Herz anschwillt – mich hochschleudert. Ich bin unglücklich, unglücklich! Nieder – Herrgott, ich wünschte, ich wäre tot. Pause. Aber warum fühle ich das? Ich will beobachten, wie die Welle steigt. Ich beobachte. Vanessa. Kinder. Versagen. Ja; das entdecke ich. Versagen, Versagen. (Die Welle steigt). Ach, sie haben über meine Vorliebe für grüne Farbe gelacht! Die Welle bricht. Ich wünschte, ich wäre tot! Ich hab nur noch ein paar Jahre zu leben, hoffe ich. Ich kann dieses Entsetzen nicht mehr aushalten – (da ist die Welle, die mich überschwemmt).

Das geht so weiter; mehrere Male, das Entsetzen auf verschiedene

Weise. Dann, auf dem Höhepunkt, wird der Schmerz eher diffus, statt intensiv zu bleiben. Ich dämmere vor mich hin. Ich schrecke hoch. Wieder die Welle! Der irrationale Schmerz: das Gefühl des Versagens; meistens ein bestimmter Vorfall, wie zum Beispiel meine Vorliebe für die Farbe Grün, oder der Kauf eines neuen Kleides, oder eine Einladung an Dadie übers Wochenende, der dazukommt.

Schließlich sage ich, während ich mich so leidenschaftslos ich kann beobachte, Nimm dich jetzt zusammen. Schluß damit. Ich rede mir vernünftig zu. Ich mache eine Aufstellung von glücklichen Menschen & unglücklichen. Ich mache mich darauf gefaßt, zu stoßen, zu werfen, niederzuschlagen. Ich beginne, blind vorwärtszumarschieren. Ich fühle die Hindernisse weichen. Ich sage, es spielt keine Rolle. Nichts spielt eine Rolle. Ich werde starr & strack, & schlafe wieder, & wache halb auf & fühle die Welle beginnen & sehe das Licht heller werden & frage mich, wie dieses Mal Frühstück & Tageslicht es überwinden werden; & höre dann L. im Gang & simuliere, um meinet- wie um seinetwillen, große Fröhlichkeit; & meistens bin ich zu Ende des Frühstücks fröhlich. Macht jeder solche Zustände durch? Warum habe ich so wenig Kontrolle? Es ist nicht rühmlich, noch liebenswert. Es ist die Ursache von viel Vergeudung & Schmerz in meinem Leben.

Dienstag 28. September 1926

Jeden Tag wollte ich einen Geisteszustand festhalten. Doch er verschwand immer (typischerweise), kehrte aber häufig genug wieder, um eine gewisse Bedeutung zu erlangen. Heute abend regnet es stark; wir sind in die ruhige Phase von Nellys Abwesenheit eingetreten. So will ich versuchen, ehe meine Finger kalt werden & mein Geist zum Feuer wandert, hier aufzuschreiben, woran ich mich noch erinnere.

Intensive Depression: Ich muß gestehen, daß sie mich mehrmals seit dem 6. September überkommen hat (ich glaube das war das Datum, oder in der Gegend.) Sie ist mir so fremdartig, daß ich sie nicht richtig zu fassen kriege – die Depression, meine ich, die nicht aus etwas Bestimmtem entsteht, sondern aus nichts. »Wo nichts ist«, der

Satz fiel mir wieder ein, als ich am Tisch im Wohnzimmer saß. Natürlich interessierte mich das; & ich entdeckte, daß ich, zum ersten Mal seit vielen Jahren, untätig gewesen war ohne krank zu sein. Wir hatten Spaziergänge gemacht, Ausflüge, im schönen heißen Wetter. Ich schrieb an den letzten Seiten von To the Lighthouse (vorläufig beendet am 16. Sept.). Irgendwie war mein Lesen zum Stillstand gekommen. Ich hatte nichts, dem ich auf der Spur war. Eines Abends geriet ich an Geoffrey Scotts Buch über Architektur, & ein kleiner Funke von Motivationskraft erwachte in mir. Das ist also eine Warnung; nie aufzuhören, das Gehirn zu gebrauchen. Also gebrauchte ich mein Gehirn. Dann, aufgrund von Fehlplanung, kam niemand zu Besuch, & ich bekam sehr wenige Briefe, & die hohen reinen heißen Tage hielten unentwegt an; & diese Leere dauerte an, & ich begann, von meinem Buch dasselbe zu vermuten; & da war Nessa mit ihrem Summen & Blühen & Gedeihen jenseits des Hügels; & eines Abends hatten wir eine lange Auseinandersetzung. Vita löste sie aus, als sie mit Plank herüberkam, & L. (behaupte ich) verdarb den Besuch, indem er finster vor sich hin brütete, weil ich gesagt hatte, er hätte sich geärgert. Er schwieg, & war giftig. Er stritt das ab, gab aber zu, daß meine Angewohnheit, ihn, & andere, zu beschreiben, oft diese Auswirkung hätte. Ich sah mich selbst, mitsamt Brillanz, Genie, Charme, Schönheit (&c.&c – die Helfer, die mich durch so viele Jahre getragen haben) kleiner werden & verschwinden. In Wirklichkeit ist man eine ziemlich ältliche hausbackene kleinliche häßliche inkompetente Frau, eitel, schwatzhaft & nichtig. Ich sah das lebhaft, einprägsam. Dann sagte er, unsere Beziehungen wären in letzter Zeit nicht so gut gewesen. Als ich meine geistige Verfassung erforschte, gab ich zu, daß ich mich gereizt gefühlt hatte, zunächst von dem Überhandnehmen der Hunde (Grizzle dazu noch läufig). Dann von seiner Idee, daß wir es uns leisten könnten, uns einen Vollzeitgärtner aufzuladen, ihm ein Cottage zu bauen oder zu kaufen, & das terrassierte Stück Land dem Garten anzufügen. Dann, sagte ich, legen wir uns darauf fest, hierherzukommen; werden nie reisen; & es wird vorausgesetzt, daß Monks House der Nabel der Welt ist. Das ist es aber mit Sicherheit nicht, sagte ich, nicht für mich; auch möchte ich nicht einen so großen Teil unseres Geldes für Gärten ausgeben, wenn wir keine Teppiche, Betten oder anständige Sessel kaufen können. L. fühlte sich dadurch verletzt, glaube ich, & ich fand es verdrießlich, das zu sagen, tat es aber, nicht im Ärger, sondern im Interesse der Freiheit. Zu viele Frauen geben an diesem Punkt nach, & entwickeln im geheimen einen stillen Groll wegen ihrer Selbstlosigkeit – eine üble Atmosphäre. Unsere Atmosphäre klärte sich danach deutlich, Tommie kam zum Wochenende, & ich stecke wieder einmal voller Arbeit, unter Hochdruck, interessiert, & keineswegs in der Lage, merke ich, auch nur meinen eigenen Augen meine Phase tiefer Verzweiflung einsehbar zu machen.

Wenn ich das in Zukunft vermeiden möchte, empfehle ich, erstens, unablässige geistige Tätigkeit; Lesen, & Pläne machen; zweitens, ein methodisches System der Einladungen hierher (was möglich ist, mit einer folgsamen & fröhlichen Nelly); drittens, gesteigerte Mobilität. Für nächstes Jahr werde ich vielleicht endgültig Vorkehrungen treffen, Ethel Sands zu besuchen. Mit meinem Auto werde ich beweglicher sein.

Aber es ist immer auch die Frage, ob ich diese Phasen von Schwermut vermeiden möchte. Zum Teil sind sie das Resultat eines Rückzugs auf sich allein; & daß man ein psychologisches Interesse hat, das im gewöhnlichen Zustand von Arbeit & Entspannung fehlt. Diese 9 Wochen lassen einen in tiefe Wasser tauchen; was ein wenig beunruhigend ist, aber sehr interessant. Den ganzen Rest des Jahres ist man damit beschäftigt (und zu Recht, meine ich), diese sonderbare unermeßliche Seele zu zügeln & unter Kontrolle zu halten. Wenn sie sich jedoch ausweitet, ist man verschreckt & geistesabwesend & trübsinnig, es ist, wie ich mir sage, ungeheuer sonderbar. Es bringt eine Schärfe mit sich, der ich große Bedeutung zumesse, hin & wieder. Man steigt in den Brunnen hinab & nichts schützt einen vor dem Ansturm der Wahrheit. Dort unten kann ich weder schreiben noch lesen; ich existiere jedoch. Ich bin. Dann frage ich mich, was ich bin? & erhalte eine genauere, wiewohl weniger schmeichelnde Antwort als ich auf der Oberfläche bekäme – wo ich, um ehrlich zu sein, mehr Lob bekomme als recht ist. Aber das Lob wird vergehen; man wird im Alter mit diesem sonderbaren Wesen allein gelassen sein. Ich bin froh, es im großen ganzen als so interessant zu erleben, wenn auch so extrem unangenehm. Außerdem kann ich, wenn ich mir Mühe gebe, sehr viel mehr Rücksicht auf Ls Gefühle nehmen; & dadurch sehr viel sicherer unser übliches Maß an Vertrautheit & Wohlbefinden wahren: ein Maß das, meiner Meinung nach, kein anderes so lange verheiratetes Paar erreicht, & so konstant wahrt.

Donnerstag 30. September 1926

Ich wollte dazu ein paar Bemerkungen hinzufügen, über die mystische Seite dieser Einsamkeit; daß das, womit man allein bleibt, nicht man selbst ist, sondern etwas im Universum. Das ist es, was beängstigend & aufregend ist, mitten in meiner tiefen Schwermut, Depression, Geistesabwesenheit, was es auch sei: Man sieht eine Flosse weit draußen vorbeiziehen. Was für ein Bild kann ich herbeiholen, um zu vermitteln, was ich meine? Es gibt wirklich keines, glaube ich. Das Interessante ist, daß ich in all meinen Gefühlen & Gedanken noch nie mit so was konfrontiert worden bin. Das Leben ist, nüchtern & genau besehen, die sonderbarste Angelegenheit; enthält die Essenz von Wirklichkeit. Ich habe das manchmal als Kind gefühlt – konnte einmal nicht einen Schritt über eine Pfütze machen, erinnere ich mich, vor lauter Sinnieren, wie merkwürdig – was bin ich? &c. Aber durchs Schreiben komme ich an nichts heran. Ich habe nur die Absicht, einen merkwürdigen Geisteszustand festzuhalten. Ich wage die Vermutung, es könnte der Impuls zu einem neuen Buch sein. Zur Zeit ist mein Geist völlig leer & unbefleckt von Büchern.* Ich möchte aufpassen & sehen, wie die Idee sich ankündigt und einstellt. Ich möchte meinen eigenen Prozeß nachzeichnen.

* Vielleicht The waves oder moths (Okt. 1929)

Ich war heute wieder deprimiert, weil Vita nicht gekommen ist (doch zugleich auch erleichtert); mußte Ls Leiter im Garten halten, als ich gerne schreiben wollte oder Nessas Kleid anprobieren; & habe die leichte Befürchtung, daß das Kleid kein großer Erfolg ist.

Montag 14. März 1927

Obwohl ich verärgert bin, daß ich von Vita weder mit dieser Post noch letzte Woche etwas gehört habe, gefühlsmäßig verärgert, & teilweise aus Eitelkeit – muß ich doch die Empfängnis des Konzeptes für ein neues Buch gestern nacht zwischen 12 & ein Uhr festhalten. Ich sagte ja, ich würde Ausschau halten nach Symptomen dieses äußerst geheimnisvollen Prozesses. Einige Wochen lang, seit ich The Lighthouse beendet hatte, hielt ich mich für jungfräulich, passiv, bar jeder Idee. Ich spielte vage herum mit irgendwelchen Vorstellungen von einer Blume, deren Blütenblätter abfallen; von der Zeit, die wie ein Teleskop ganz zu einem leuchtenden Kanal zusammengeschoben wäre, den meine Heldin nach Belieben passieren könnte. Die Blumenblätter fallen ab. Aber daraus wurde nichts. Ich scheute die Anstrengung – schien keine Eingebung in diese Richtung zu haben, vermutete, daß ich das, was mir liegt, ausgereizt hätte. Faith Henderson kam zum Tee, &, tapfer die Wasser der Konversation aufpeitschend, entwarf ich die Möglichkeiten, die eine unattraktive Frau, ohne einen Pfennig, ganz allein, dennoch verwirklichen könnte. Ich fing an, mir die Ausgangssituation vorzustellen – wie sie ein Automobil auf der Straße nach Dover anhielte, & so nach Dover gelangte: den Ärmelkanal überquerte; &c. Es ging mir durch den Sinn, daß ich zum Spaß einen Defoe-Roman schreiben könnte. Plötzlich, zwischen zwölf & eins entstand in mir der Plan einer kompletten Phantasiegeschichte, die »The Jessamy Brides« heißen könnte – warum, frage ich mich? Ich habe von diesem Mittelpunkt aus mehrere Szenen entworfen. Zwei Frauen, arm, einsam, oben in einem Hause. Man kann alles sehen (denn es ist alles Phantasie), die Tower Bridge, Wolken, Flugzeuge. Auch alte Männer, die im Zimmer gegenüber horchen. Alles soll kunterbunt hineingeworfen werden. Es soll geschrieben werden wie ich Briefe schreibe, mit äußerster Geschwindigkeit: über die Damen von Llangollen; über Mrs Fladgate; über Passanten. Es soll nicht der Versuch unternommen werden, Charaktere zu entwickeln. Saphismus soll angedeutet werden. Es soll im Grundton satirisch sein – satirisch & wild. Die Damen sollen Konstantinopel im Blick haben.

Träume von goldenen Kuppeln. Meine eigene lyrische Ader soll satirisch aufs Korn genommen werden. Alles der Lächerlichkeit preisgegeben. Und es soll mit drei Pünktchen aufhören ... so. Denn ich spüre wirklich ein Bedürfnis nach einer Eskapade nach diesen ernsthaften poetischen Büchern, deren Form immer so genau durchdacht ist. Ich möchte die Beine in die Hand nehmen & loslegen. Ich möchte all den unzähligen kleinen Einfällen & winzigen Geschichten, die zu jeder Tages- und Nachtzeit in meinem Kopf aufblitzen, Gestalt geben. Ich glaube, es wird großen Spaß machen, das zu schreiben; & es wird meinen Kopf ausruhen, bevor ich das sehr ernsthafte, mystische poetische Werk in Angriff nehme, das ich mir als nächstes erwarte. In der Zwischenzeit, ehe ich mich an die Jessamy Brides machen kann, muß ich mein Buch über ›fiction‹ schreiben & das wird wohl kaum vor Januar fertig werden. Ich könnte ab & zu mal ein oder zwei Seiten herunterschreiben, als Versuch. Und es ist möglich, daß die Idee sich verflüchtigt. Jedenfalls dokumentiert dies die sonderbare übereilte unerwartete Art & Weise, in der diese Dinge sich plötzlich selbst hervorbringen – eins über dem andern im Lauf von etwa einer Stunde. So habe ich mir Jacob's Room ausgedacht, während ich im Hogarth House ins Feuer schaute; so habe ich The Lighthouse ausgedacht, eines Nachmittags hier im Square.

Orlando, der zu The Waves führt. (8. Juli 1933)

Donnerstag 30. Juni 1927

Jetzt muß ich die Sonnenfinsternis skizzieren.

Am Dienstagabend gegen 10 Uhr verließen mehrere sehr lange Züge, vorschriftsmäßig gefüllt (unserer mit Beamten) King's Cross. In unserem Waggon waren Vita & Harold, Quentin, L. & ich. Das dürfte Hatfield sein, sagte ich. Ich rauchte eine Zigarre. Dann wieder, das ist wohl Peterborough, sagte L. Ehe es dunkel wurde, schauten wir immer wieder zum Himmel: weich flockig; aber da war ein Stern, über Alexandra Park. Schau Vita, das ist Alexandra Park, sagte Harold. Die Nicolsons wurden schläfrig: H. rollte sich zusammen mit dem Kopf auf Vs Knie. Sie sah aus wie die Sappho von Leighton, schlafend; so rasten wir durch die Midlands; hatten einen sehr langen Aufenthalt in York. Dann um 3 holten wir unsere Sandwiches hervor, & als ich aus dem WC zurückkam, wurde an Harold gerade die Sahne abgeputzt. Dann zerbrach er den porzellanenen Butterbrotbehälter. An diesem Punkt lachte L. hemmungslos. Dann nickten wir wieder ein, vielmehr die Ns; dann kam plötzlich ein Bahnübergang, an dem eine lange Reihe von Omnibussen & Automobilen hielt, alle mit brennenden blaßgelben Scheinwerfern. Es fing an, grau zu werden – immer noch ein flockiger gefleckter Himmel. Wir kamen gegen 3.30 in Richmond an: es war kalt, & die Ns hatten einen Streit, sagte Eddie, wegen Vs Gepäck. Wir fuhren in einem Omnibus weiter, sahen ein riesiges Schloß (wem gehört das, fragte Vita, die sich für Schlösser interessiert). Es hatte vorne ein neu eingebautes Fenster, & ein Licht brannte, glaube ich. Alle Felder waren hellbraun von Junigras & Kräutern mit roten Quasten, noch nichts farbig, alles bleich. Bleich & grau waren auch die kleinen unvergleichlichen Yorkshire-Bauernhöfe. Als wir an einem vorbeifuhren, kamen der Bauer, seine Frau & Schwester heraus, alle straff & ordentlich in Schwarz gekleidet, als gingen sie zur Kirche. Bei einem anderen häßlichen eckigen Bauernhaus guckten zwei Frauen oben aus den Fenstern heraus. Die weißen Rouleaus waren halb heruntergezogen. Wir waren ein Konvoi von 3 riesigen Fahrzeugen, eines hielt an, um die anderen vorbeizulassen; alle sehr niedrig & stark; überwanden ungeheuer steile Hügel. Einmal stieg der Fahrer aus & legte einen kleinen Stein hinter unser Rad – unzureichend. Ein Unfall wäre das Natürlichste gewesen. Es waren auch viele Automobile da. Sie nahmen plötzlich sehr zu, als wir zur Kuppe von Bardon Fell hinaufkrochen. Hier kampierten die Leute neben ihren Autos. Wir stiegen aus & waren ganz hoch, auf einem Moor, sumpfig, heidebewachsen, mit Schießständen für die Moorhuhnjagd. Hier & da waren grasbewachsene Wege, & die Leute hatten schon ihre Stellungen eingenommen. Wir gesellten uns also zu ihnen & gingen weiter bis zu dem Punkt, der am höchsten schien, mit Ausblick über Richmond. Ein Licht brannte dort unten. Täler & Moore erstreckten sich, Hang hinter Hang, rund um uns herum. Es war wie die Gegend um Haworth. Aber über Richmond, wo die

Sonne aufging, lag eine weiche graue Wolke. Wir konnten an einem goldenen Fleck erkennen, wo die Sonne war. Aber es war noch früh. Wir mußten warten, stampften, um warm zu bleiben. Ray [Strachey] hatte sich in die blaugestreifte Decke eines Doppelbetts gehüllt. Sie sah unvorstellbar mächtig & schlafzimmerhaft aus. Saxon sah sehr alt aus. Leonard schaute immer wieder auf die Uhr. Vier große rote Setter kamen über das Moor gesprungen. Hinter uns weideten Schafe. Vita hatte versucht, ein Meerschweinchen zu kaufen. Quentin plädierte für ein wildes – deshalb beobachtete sie hin & wieder die Tiere. Es gab dünne Stellen in der Wolke, & einige richtige Löcher. Die Frage war, würde die Sonne sich durch eine Wolke zeigen oder durch eine dieser leeren Stellen, wenn die Zeit käme. Die Aufregung wuchs langsam. Wir sahen Strahlen durch den unteren Teil der Wolke dringen. Dann, einen Augenblick lang, sahen wir die Sonne dahinfegen – sie schien mit großer Geschwindigkeit dahinzusegeln & klar in einem Loch; wir hatten unsere gerußten Brillen zur Hand; wir sahen sie zum Halbmond werden, rotbrennend; im nächsten Augenblick war sie stracks wieder in die Wolke gesegelt; nur die roten Bänder kamen hervor; dann nur ein goldener Schein, wie man ihn schon oft gesehen hat. Die Augenblicke gingen vorbei. Wir dachten, wir würden geprellt werden; wir beobachteten die Schafe; sie zeigten keine Furcht; die Setter rasten in die Runde; alle standen in langen Reihen, ziemlich würdevoll, Ausschau haltend. Mir kam die Vorstellung, wir wären wie sehr alte Völker, in der Geburtsstunde der Welt – Druiden bei Stonehenge: (dieser Gedanke tauchte allerdings deutlicher beim ersten bleichen Licht auf;) Hinter unserem Rücken gab es große blaue Flächen in der Wolke. Noch waren sie blau. Doch jetzt verschwand die Farbe. Die Wolken wurden bleich; ein rötliches Schwarz. Unten im Tal waren ungewöhnliche Schwaden von Rot & Schwarz; da war das eine brennende Licht; alles dort unten war Wolke, & sehr schön, ganz zart getönt. Man konnte nichts durch die Wolke sehen. Die 24 Sekunden verstrichen. Dann schauten wir wieder zum Blau hin: & rasch, sehr sehr schnell, verblaßten alle Farben; es wurde dunkler & dunkler, wie wenn ein heftiger Sturm einsetzt; das Licht sank & sank: wir sagten uns, das ist der Schatten; &

wir dachten, jetzt ist es vorbei – das ist der Schatten, als das Licht plötzlich ausging. Wir waren gefallen. Es war verlöscht. Da war keine Farbe. Die Erde war tot. Das war der überraschende Augenblick: & der nächste, als die Wolke, als würde ein Ball zurückprallen, wieder Farbe annahm, bloß eine sprühende ätherische Farbe & so das Licht wiederkam. Ich hatte sehr stark das Gefühl, als das Licht ausging, einer unendlichen Verbeugung; etwas, das niederkniete, & tief & plötzlich aufgehoben würde, als die Farben kamen. Sie kamen überraschend leicht & schnell & schön im Tal & über den Hügeln zurück – zunächst wundersam glitzernd & von ätherischer Leichtigkeit, später beinahe normal, aber mit einem starken Gefühl der Erleichterung. Es war wie eine Genesung. Es war uns viel schlechter gegangen, als wir erwartet hatten. Wir hatten die Welt tot gesehen. Das lag in der Macht der Natur. Unsere Größe hatte sich ebenfalls gezeigt. Jetzt wurden wir wieder zu Ray in einer Decke, zu Saxon mit einer Kappe &c. Wir froren bitterlich. Ich glaube, die Kälte hatte zugenommen als das Licht ausging. Man fühlte sich aschfahl. Dann – war es vorbei bis 1999. Was blieb, war ein Gefühl für den Komfort, an den wir uns gewöhnen, von viel Licht & Farbe. Das schien eine ganze Weile lang etwas überaus Willkommenes. Aber als es sich über das ganze Land verbreitet hatte, vermißte man etwas dieses Gefühl von Erleichterung & Aufschub, das man gehabt hatte, als es nach der Dunkelheit wiederkehrte. Wie kann ich die Dunkelheit ausdrücken? Es war ein plötzliches Hineinstürzen, als man es nicht erwartete: dem Himmel ausgeliefert sein: unsere eigene Würde: die Druiden; Stonehenge; & die rasenden roten Hunde; all das war einem im Sinn. Auch, daß man aus seinem Londoner Wohnzimmer herausgenommen worden war & abgesetzt auf dem wildesten Hochmoor Englands, war beeindruckend. Sonst erinnere ich mich noch, wie ich versuchte, in den Gärten in York wach zu bleiben, während Eddy redete, & wie ich einschlief. Wiederum schlafend im Zug. Es war warm & wir waren vergnügt. Der Waggon war vollgestopft mit Sa-

Die Farbe war ein paar Augenblicke lang von zauberhafter Art – frisch, vielfältig – hier blau, & dort braun: ganz neue Farben, als wären sie ausgewaschen & neu gemalt worden

chen. Harold war sehr freundlich & aufmerksam: Eddy war schlecht gelaunt. Roastbeef & Ananaswürfel, sagte er. Wir kamen gegen 8.30 zu Hause an.

Montag 4. Juli 1927

Zurück aus Long Barn. Gott sei Dank mußte ich mich kein einziges Mal umziehen. Eine derartige Opulenz & Freiheit, alle Blumen blühen, Butler, Silber, Hunde, Teegebäck, Wein, warmes Wasser, Holzfeuer im Kamin, italienische Vitrinen, Perserteppiche, Bücher – das war der Eindruck, der entstand: als würde man in ein rollendes, heiteres Meer mit hübsch schäumenden Wellen hineinspazieren: als wäre das sorgenvolle erschöpfte Leben plötzlich auf Sprungfedern gestellt worden, & hüpfte & sprang das ganze Wochenende herum. Aber vielleicht mag ich dieses Zimmer doch mehr: es enthält mehr Anstrengung & Leben, meiner Meinung nach, es sei denn, das ist das natürliche Vorurteil, das man für die Gegenstände hegt, in denen der eigene Charakter zum Ausdruck kommt. Vita sehr opulent, in ihrem braunen Samtmantel mit den ausgebeulten Taschen, Perlencollier, & leicht pelzigen Wangen. (Sie haben die Konsistenz von Wollzist, von dem sie mir einen großen Strauß pflückte). Von seiner Art ist das das beste, repräsentativste Leben, das ich kenne: ich meine, bestimmte Gaben & Qualitäten & glückhafte Umstände sind hier wunderbar vereint – auch mochte ich Harold. Er ist ein spontaner, kindhafter Mann, ohne die Kraft, tief einzudringen; hat einen Verstand, der zurückspringt, wenn er ihn fallenläßt; er macht die Augen auf, wenn er einen ansieht; hat einen kleinen unreifen Schnurrbart; gelocktes Haar; einen Anstrich von Unreife, der willkommen ist. Ich würde ihn für sehr großzügig & warmherzig halten; ein Engländer, von Kultur überzogen; aus einem sonnengebräunten ländlichen Geschlecht stammend; & nicht besonders verfeinert, nicht einmal durch die Diplomatie. Nach dem Dinner gestern abend diskutierten wir über das Empire. »Ich ziehe Sydney Paris vor. Australien ist wichtiger als Frankreich. Schließlich sind das unsere jüngeren Söhne dort draußen. Ich bin stolz darauf. Worum es geht, Raymond, ist, daß unser

Talent als Engländer im Regieren liegt.« »Die Regierten scheinen das nicht so zu schätzen«, sagte Raymond. Dummer Esel, sagte Harold. »Wir machen unsere Arbeit: uneigennützig; wir denken nicht an uns selber, wie die Franzosen, wie die Deutschen. Nimm die britischen Ölfelder. Da gibt es ein Krankenhaus, wo jeder aufgenommen wird, ob Angestellter oder nicht. Die Eingeborenen kommen von überall her. Sag mir nicht, daß das nicht eine gute Sache ist. Und sie vertrauen uns.« Dann weiter zum Bestechungssystem; zu der Feststellung, das große Zeitalter Englands sei das Zeitalter der kolonialen Ausdehnung. »Ich gebe zu, Shakespeare liegt unangenehm quer.« »Aber warum nicht wachsen, sich verändern?« fragte ich. Außerdem, sagte ich, & erinnerte mich an die Aeroplane, die über uns hinweggeflogen waren, während das tragbare Radio auf der Terrasse Tanzmusik spielte, »begreift ihr nicht, daß der Nationalismus vorbei ist? Alle Unterscheidungen sind jetzt weggewischt, oder werden es bald sein.« Raymond stimmte kräftig zu. Raymond ist ganz dafür, daß der Geist triumphiert. Welches Handeln zählt? Handlungen zählen am allermeisten, sagte Harold. Ich saß auf einem geschnitzten italienischen Hocker am Holzfeuer; er & Raymond versanken im weichen grünen Sofa. Leonards Ungerechtigkeit gegenüber der Aristokratie wurde diskutiert. Davor waren Lord Sackville & Mrs Rubens herübergekommen, teilweise, um das Ansehen zu wahren, teilweise, um Tennis zu spielen. (Sie wohnen in Knole nicht allein, wenn es sich vermeiden läßt; & wenn nicht, heiligen sie den Vorgang durch einen Besuch bei Vita). Er ist ein weicher erschöpfter Mann, mit ererbter nobler Nase & noblem Kinn, die er sich nicht sehr zu Herzen genommen hat; ein gerade gewachsener, jung wirkender Mann, nur daß sein Gesicht glanzlos ist, wie das eines schwachen Menschen, dessen Leben sich als zu schwer für ihn erwiesen hat. Er kämpft nicht mehr besonders um sein Glück, stelle ich mir vor; akzeptiert resigniert; & ist fast täglich in Maidstone, als Teil seiner Routine als Aristokrat. Er spielt Golf; er spielt Tennis. Er hält Bernard Darwin für einen Mann von überragenden intellektuellen Fähigkeiten. Wir saßen zusammen unter einem riesengroßen Ziegenfellmantel von Vita & sahen ihnen beim Tennisspiel zu, & ich fand ihn geschmeidig & gemächlich wie einen Vollblüter, doch verwüstet, verdunkelt, mit seinen großen schlaffen Sackville-Augen, & dem rot- & braunumwölkten Gesicht. Man wurde an eine Schraube oder ein anderes Werkzeug erinnert, dessen Windungen & Kanten abgeschliffen sind, so daß sie, obwohl sie wie versilbert glänzen, nicht mehr greifen.

Vita sehr frei & entspannt, bereitet mir immer ein großes Vergnügen, wenn ich ihr zusehe, & erinnert mich an das Bild eines Schiffes, das dem Meer trotzt, edel, großartig, alle Segel gehißt, & in goldenes Sonnenlicht getaucht. Was ihre Dichtung betrifft, oder ihre Intelligenz, kann ich, sofern sie nicht in traditionelle Kanäle geleitet ist, nichts Sicheres darüber sagen. Sie pflügt nie neuen Boden um. Sie sammelt ein, was die Flut ihr vor die Füße schwemmt. Zum Beispiel folgt sie, mit reinem Instinkt, allen überlieferten Traditionen in Sachen Einrichtung, so daß ihr Haus geschmackvoll ist, strahlend, imposant, doch ohne etwas Neues oder Abenteuerliches. Ebenso ihre Dichtung, wage ich zu behaupten. Raymond & ich fuhren zusammen hin & redeten über sie. Sie sei von edelstem Charakter, sagte er; beide beinahe herausfordernd vom Glück bedacht, so daß Harold auf Holz klopfe, wenn er über sein Leben nachdenkt, einen Seufzer ausstößt & sagt, würde es morgen zerschmettert, er hätte das Seine gehabt. Aber es wird keineswegs zerschmettert werden. Es wird frei & voll um sie beide wachsen; ihre Frucht wird reif werden, & ihre Blätter golden & die Nacht wird indigoblau sein, mit einem sanften goldenen Mond. Ihnen fehlt nur das, was wir haben – eine scharfe Kante; irgendeine unschätzbare Eigentümlichkeit, Intensität, gegen die ich alle Söhne & alle Monde der Welt nicht eintauschen wollte.

Mittwoch 5. Oktober 1927

Wenn meine Feder es zuließe, würde ich jetzt versuchen, einen Arbeitsplan aufzustellen, nachdem ich meinen letzten Artikel für die Tribune geschrieben habe, & jetzt wieder frei bin. Und sofort stellen sich die gewohnten aufregenden Pläne ein; eine Biographie, die im Jahr 1500 beginnt & bis zum heutigen Tag führt, Orlando genannt:

Vita; nur mit einer Umwandlung aus einem Geschlecht in ein anderes. Ich glaube, ich werde, mir zum Vergnügen, mir eine Woche nehmen, um das hinzufetzen, während [*Ende des Textes*]

Samstag 22. Oktober 1927

»Ich werde mir eine Woche nehmen, um das hinzufetzen« – ich habe seit 2 Wochen nichts, gar nichts, überhaupt nichts anderes getan; & habe mich, eher heimlich, aber mit um so größerer Leidenschaft, in Orlando: A Biography hineingestürzt. Es soll ein kleines Buch werden, & fertig bis Weihnachten. Ich dachte, ich könnte es mit *Fiction* verbinden, aber wenn der Geist sich einmal heißgelaufen hat, kann er nicht aufhören; ich gehe spazieren & denke mir Sätze aus; ich sitze da & erfinde Szenen; kurzum, ich bin inmitten der größten Wonnen, die ich kenne; die ich mir seit letztem Februar nicht mehr erlaubt habe, oder noch länger. Da heißt es, man plane ein Buch, oder man warte auf einen Einfall! Dieses kam in einem Schub; ich hatte mir gesagt, um mich zu trösten, weil das Kritikenschreiben mich langweilte & aussaugte, & dieses unerträglich öde ›Fiction‹ auf mich zukam, »Du wirst dir zum Vergnügen eine Seite einer Geschichte schreiben: du wirst um Punkt 11:30 aufhören & dann mit den Romantikern fortfahren«. Ich hatte kaum eine Vorstellung, wovon die Geschichte handeln sollte. Aber die Erleichterung, als ich meinen Geist in diese Richtung lenkte, war derart, daß ich mich glücklicher fühlte als seit Monaten; als hätte man mich in die Sonne gestellt, oder auf Kissen gebettet; & nach zwei Tagen gab ich meinen Stundenplan ganz auf & überließ mich den reinen Wonnen dieser Farce: die ich genieße, wie ich kaum je etwas genossen habe; & ich habe mich fast schon in Kopfschmerzen hineingeschrieben & mußte anhalten, wie ein müdes Pferd, & gestern abend einen kleinen Schlaftrunk nehmen: woraufhin wir ein hitziges Frühstück hatten. Ich habe mein Ei nicht aufgegessen. Ich schreibe Orlando halbwegs wie eine Persiflage, sehr klar & einfach, so daß die Leute jedes Wort verstehen werden. Aber die Balance zwischen Wahrheit & Phantasie muß sorgfältig gewahrt werden. Es basiert auf Vita, Violet Trefusis, Lord Lascelles, Knole &c.

Samstag 11. Februar 1928

Ich friere so sehr, daß ich kaum den Federhalter halten kann. Die Vergeblichkeit des Ganzen – so brach ich ab; & habe tatsächlich ziemlich durchgehend dieses Gefühl gehabt, sonst hätte ich vielleicht hier etwas geschrieben. Hardy & Meredith zusammen haben mich betäubt mit Kopfschmerzen ins Bett geworfen. Ich kenne jetzt das Gefühl, wenn ich keinen Satz zu Ende spinnen kann, & dasitze, vor mich hin murmelnd & mich drehe & wende; & nichts geht mir durch den Kopf, der wie ein leeres Fenster ist. Also mache ich die Tür meines Arbeitszimmers zu, & lege mich ins Bett, meine Ohren mit Gummi verstopfend; & da bleibe ich ein oder zwei Tage liegen. Und was für Entfernungen ich in der Zeit zurücklege! Derartige ›Empfindungen‹ breiten sich über Rückgrat & Kopf aus, sobald ich ihnen die Gelegenheit dazu gebe; eine so übermäßige Müdigkeit; solche Qualen & Anfälle von Verzweiflung; & himmlische Erlösung & Ruhe; & dann wieder das Elend. Nie ist jemand von seinem Körper so hin- & hergeworfen worden wie ich, glaube ich. Aber es ist vorbei: & beiseite gelegt; & Lord Sackville ist tot & liegt in Withyham, & ich fuhr gestern mit Vita an Knole vorbei & mußte den Blick abwenden von dem riesigen herrenlosen Hause, ohne Fahne. Das macht ihr am meisten zu schaffen. Als sie das Haus hinter den alten Zugpferden verließ, ging sie auf immer, sagte sie, nach drei Tagen uneingeschränkter Herrschaft.

Aus irgendeinem Grunde bossele ich ziemlich lustlos am letzten Kapitel von Orlando herum, das eigentlich das beste hätte werden sollen. Immer, immer entgleitet das letzte Kapitel meinen Händen. Es wird einem langweilig. Man treibt sich an. Ich hoffe noch auf einen frischen Wind, & mache mir keine großen Gedanken darüber, außer, daß ich den Spaß vermisse, der so quicklebendig war den ganzen Oktober, November & Dezember über. Ich frage mich, ob es nicht hohl ist; & zu phantastisch für die Länge des Geschriebenen.

Im übrigen lebt Bloomsbury heute wieder auf. Clive ist zurück: woraufhin Mary uns zum Lunch einlädt: & so erleben wir wieder ein leichtes Aufflackern der Schneeglöckchenblässe des beginnenden Vorfrühlings.

So vergehen die Tage, & ich frage mich manchmal, ob man nicht, wie ein Kind von einer Silberkugel, vom Leben hypnotisiert ist; & ob das leben bedeutet. Es ist sehr bewegt, leuchtend, aufregend. Aber oberflächlich vielleicht. Ich würde gerne die Kugel in meine Hände nehmen & geruhsam fühlen, daß sie rund, glatt, schwer ist. & sie so halten, Tag für Tag. Ich will Proust lesen, glaube ich. Ich will zurückgehen & vorwärts.

Was mein nächstes Buch betrifft, werde ich mich mit dem Schreiben zurückhalten, bis es unmittelbar herauswill: schwer geworden in meinem Geist wie eine reife Birne; herabhängend, schwanger, darauf wartend, daß man sie abschneidet, ehe sie abfällt. The Moths verfolgen mich immer noch, sie erscheinen immer ungebeten zwischen Tee & Dinner, während L. das Grammophon spielen läßt. Ich forme ein oder zwei Seiten; & zwinge mich, aufzuhören. In der Tat bin ich mit einigen Schwierigkeiten konfrontiert. Der Ruhm zunächst einmal. Orlando ist sehr gut gegangen. Jetzt könnte ich so weiterschreiben – es zieht & zerrt an mir, es zu tun. Die Leute sagen, es sei so spontan, so natürlich. Und ich würde gerne diese Qualitäten beibehalten, möglichst ohne die anderen zu verlieren. Aber diese Qualitäten entwickelten sich hauptsächlich, weil ich den anderen keine Beachtung schenkte. Sie entstanden, weil ich äußerlich schrieb; & wenn ich grabe, müssen sie dann nicht verlorengehen? Und was ist meine eigene Einstellung gegenüber dem Inneren & dem Äußeren? Ich finde, eine gewisse Leichtigkeit & Elan sind gut; – ja: ich finde sogar, Äußerlichkeit ist gut; eine Kombination von beidem sollte möglich sein. Mir ist die Vorstellung gekommen, was ich jetzt tun möchte ist, jedes Atom zu sättigen. Ich will alles Nutzlose, Abgestorbene, Überflüssige eliminieren: den Augenblick ganz geben; was immer er enthält. Angenommen, der Augenblick wäre eine Kombination von Gedanke; Empfindung; der Stimme des Meeres. Nutzloses, Abgestorbenes entsteht, wenn Dinge mit aufgenommen werden, die nicht zum Augenblick gehören; diese entsetzliche Erzählerei der Realisten: wie man vom Lunch zum Dinner gelangt: sie ist falsch, unwirklich, rein konventionell. Warum etwas in die Literatur einlassen, das nicht Poesie ist – womit ich meine, gesättigt? Ist das nicht mein Groll gegen Roman[ciers]e – daß sie nichts auswählen? Den Dichtern gelingt es dank Vereinfachung: praktisch alles wird weggelassen. Ich möchte praktisch alles hineinbringen; aber es sättigen. Das ist, was ich in The Moths machen möchte. Es muß Nonsens enthalten, Fakten, Schmutz: aber transparent gemacht. Ich glaube, ich muß Ibsen lesen & Shakespeare & Racine. Und ich will etwas über sie schreiben; denn das ist der beste Ansporn, so wie mein Geist nun mal ist; dann lese ich mit Furor & Genauigkeit; sonst überfliege & überspringe ich: ich bin eine faule Leserin. Nicht doch: ich bin überrascht & ein wenig beunruhigt von der mitleidlosen Strenge meines Geistes: daß er nie aufhört zu lesen & zu schreiben; mich zwingt, über Geraldine Jewsbury zu schreiben, über Hardy, über Frauen – er ist zu professionell, zu wenig ein verträumter Amateur, wie er es einmal war.

Mittwoch 17. August 1932

Jetzt habe ich wohl so lange den CR korrigiert, bis ich nicht mehr korrigieren kann. Und ich habe ein paar Minuten Urlaub, bis ich L. die Druckfahnen hineinbringen muß. Soll ich nun beschreiben, wie ich wieder in Ohnmacht gefallen bin? – Das heißt, die galoppierenden Pferde wurden wild in meinem Kopf letzten Donnerstag abend, als ich mit L. auf der Terrasse saß. Wie kühl es ist nach der Hitze! sagte ich. Wir sahen zu, wie die Downs sich in eine feine Dunkelheit zurückzogen, nachdem sie den ganzen Tag wie ein kompakter Smaragd geglüht hatten. Jetzt wurde das weich & fein verschleiert. Und die weiße Eule strich vorbei, um Mäuse aus der Marschwiese zu holen. Dann sprang mein Herz; & stand still; & sprang wieder; & ich schmeckte diese merkwürdige Bitterkeit hinten im Halse; & der Puls sprang in meinen Kopf & klopfte & klopfte, noch wilder, noch schneller. Ich fall gleich in Ohnmacht, sagte ich & rutschte vom Stuhl & lag auf dem Gras. O nein, ich war nicht bewußtlos. Ich war am Leben; aber besessen von diesem kämpfenden Gespann in meinem Kopf: galoppierend, stampfend. Ich dachte, etwas in meinem Kopf wird platzen, wenn das so weitergeht. Langsam wurde es dumpfer. Ich zog mich hoch, & schwankte, unendlich mühsam & voller Panik, jetzt wirklich der Ohnmacht nah & sah den Garten, wie er sich schmerzhaft in die Länge zog & verzerrte, zurück, zurück, zurück – wie lang mir das vorkam – konnte ich mich weiterschleppen? – zum Haus; & erreichte mein Zimmer & fiel aufs Bett. Dann Schmerzen, wie bei einer Geburt; & dann schwand auch das langsam; & ich lag da & präsidierte, wie ein flackerndes Licht, wie eine äußerst besorgte Mutter, über die zerborstenen, zersplitterten Bruchstücke meines Körpers. Eine sehr heftige & unangenehme Erfahrung.

Freitag 28. April 1933

Nur eine Anmerkung. Wir stiegen gestern abend aus dem Auto & begannen auf den Serpentine zuzugehen. Ein Sommerabend. Kastanien in ihren Krinolinen, Kerzen tragend; graugrünes Wasser & so weiter. Plötzlich machte L. einen Schlenker; & da war Shaw, spiddrige Schienbeine, weißer Bart, schritt er fürbaß. Wir unterhielten uns, an einem Geländer, 15 Min. lang. Er stand da mit verschränkten Armen, sehr aufrecht, zurückgelehnt; die Zähne mit Goldrändern. War gerade vom Zahnarzt gekommen, & ›herausgelockt‹ vom Wetter zu einem Spaziergang. Sehr freundlich. Das ist seine Kunst, einem das Gefühl zu geben, er möge einen. Ein Sturzbach von Einfällen. »Man vergißt, daß ein Flugzeug wie ein Auto ist – es rumpelt – Wir flogen über die große Mauer – wir sahen ein kleines trübes Etwas in der Ferne. Natürlich sind die Tropen das Eigentliche. Die Bevölkerung von Ceylon [?] ist die ursprüngliche Menschheit – wir sind verwischte Kopien. Ich sah, wie die Chinesen uns mit Entsetzen betrachteten – daß wir Menschen sein sollen! Natürlich kostete die Reise Tausende; aber wie wir aussahen, hätte man meinen können, wir hätten nichtmal den Fahrpreis bis Hampton Court. Eine Menge alter Jungfern hatte jahrelang gespart für diese Reise. Oh, aber wie bekannt ich bin! Es ist erschreckend. Ein stundenlanges Bombardement in jedem Hafen. Ich machte den Fehler, die Einladung [*Lücke*] anzunehmen. Da war ich plötzlich auf einem Podium mit der gesamten Universität um mich herum. Sie fingen an zu rufen Wir wollen Bernard Shaw. Also erzählte ich ihnen, daß jeder Mann mit 21 ein Revolutionär sein sollte. Danach steckte die Polizei sie natürlich dutzendweise ins Gefängnis. Ich möchte einen Artikel für den Herald schreiben, in dem ich auf das hinweise, was Dickens vor Jahren über das Unsinnige von Parlamenten gesagt hat. Ach, ich konnte die Reise nur dank des Schreibens durchstehen. Ich habe 3 oder 4 Bücher geschrieben. Ich gebe der Öffentlichkeit gerne das volle Gewicht. Bücher sollten nach Gewicht verkauft werden. Was für ein netter kleiner Hund. Aber halte ich Sie nicht auf, so daß Sie anfangen zu frieren (berührte meinen Arm) – Zwei Männer blieben auf dem Wege stehen und guckten. Er schritt wieder weiter auf seinen spiddrig gewordenen Beinen. Ich sagte, Shaw mag uns. L. meint, er mag niemanden. Was wird man in 50 Jahren von Shaw halten? Er ist 76, sagte er; zu alt für die Tropen.

Montag 15. Mai 1933

Dies sollte nichts als Beschreibung sein – ich meine von den kleinen grünen Hügelkuppen; & den weißen Ochsen, & den Pappeln, & den Zypressen, & der gemeißelten geformten, unendlich musikalischen, glühenden grünen Landschaft von hier bis zur Abbazia – dahin sind wir heute gefahren; & konnten sie nicht finden, & haben einen nach dem anderen der freundlichen müden Bauersleute gefragt, aber keiner war weiter als 4 Meilen im Umkreis gewesen, bis wir zum Steinklopfer kamen, & der wußte es. Er konnte aber seine Arbeit nicht unterbrechen, um mit uns zu gehen, weil der Inspektor morgen kommen würde. Und er war allein, allein, den ganzen Tag mit niemandem zum Sprechen. Genauso wie die alte Maria bei der Abazzia. Und sie murmelte & verhaspelte sich, als sie uns in das riesige nackte Steingebäude führte; murmelte & murmelte, über die Engländer – wie schön sie seien. Sind Sie eine Contessa? fragte sie mich. Aber sie mochte die italienische Landschaft auch nicht. Sie wirken verhutzelt, ausgetrocknet; wie Heuschrecken, & mit dem Gebaren verarmter feiner Leute; traurig, weise, tolerant, humorvoll. Da war der Mann mit dem Maultier. Er ließ das Maultier die Straße entlang davonlaufen. Wir sind willkommen, weil wir reden könnten; sie umringen uns & reden über uns, wenn wir gegangen sind. Scharen freundlicher kleiner Jungen & Mädchen kommen immer in unsere Nähe, & winken & fassen an ihre Hüte. Und niemand beachtet die Ausblicke – außer uns – die Euganeen, knochenweiß, heute abend: dann ein geröteltes Bauernhaus oder zwei; & Lichtinseln, die hier & da im Schattenmeer schwimmen – denn es war regnerisch – dann die schwarzen Streifen der Zypressen um die Gehöfte; wie Pelzgrate; & die Pappeln, & das Singen der Bäche & Nachtigallen & plötzliche Schauer von Orangenblüten; & weiße Alabasterochsen, mit hin und her schwingendem Kinn – große Falten weißen Leders, die ihnen unter der Schnauze hängen – & unendliche Leere, Einsamkeit, Stille: nie ein neues Haus, oder ein Dorf; sondern nur die Weinberge & die Olivenbäume, wo sie immer gewesen sind. Die Hügel werden blaßblau, sehr scharf & weiß vor dem Himmel laviert; Hügel um Hügel; [*Ende des Textes*]

Samstag 28. Dezember 1935

Es ist ja gut und schön, dieses Datum in einer hübschen deutlichen Schrift zu schreiben, weil damit diese neue Kladde beginnt; aber ich kann die Tatsache nicht leugnen, daß ich fast ausgelöscht bin; wie das Staubtuch einer Putzfrau; das heißt mein Gehirn: in Anbetracht der letzten Überarbeitung der letzten Seiten von The Years. Und ist das die letzte Überarbeitung? Und warum sollte ich den Tanz der Tage mit diesem trunkenen kleinen Wirbel anleiten? Aber ich muß tatsächlich meine verkrampften Muskeln dehnen: es ist erst halb zwölf an einem feuchten grauen Vormittag, & ich wünsche mir eine ruhige Beschäftigung für eine Stunde. Dabei fällt mir ein – ich muß mir eine Landung für mich ausdenken, die nicht zu jäh ist, wenn das Ende erreicht sein wird. Ein Aufsatz über Gray, denke ich. Aber das ganze Unternehmen wird ganz andere Proportionen annehmen, sobald ich diese Anstrengung losgelassen habe. Werde ich je wieder ein langes Buch schreiben – einen langen Roman, den man im Kopf behalten muß, in seiner ganzen Ausdehnung, nahezu 3 Jahre lang? Auch werde ich nicht einmal versuchen, mich zu fragen, ob es sich lohnt. Es gibt Vormittage, die so vollgestopft sind, daß ich nicht einmal Auszüge aus Roger machen kann. Goldie deprimiert mich unsäglich. Immer mutterseelenallein auf einem Berggipfel mit der Frage, wie man leben sollte, theoretisiert über das Leben; lebt es nie. Roger immer unten in den fruchtbaren Tälern, es lebend. Was für ein dünnes Pfeifen heißer Luft Goldie durch seine Vorderzähne preßt. Immer im Großenganzen leben, das Leben im Einen: immer Shelley & Goethe, & dann verliert er seine Wärmflasche; & nimmt nie ein Gesicht wahr, oder eine Katze oder einen Hund oder eine Blume außer im Glanz des Universellen. Das erklärt, warum seine hochtrabenden Bücher unlesbar sind. Dennoch war er so charmant, immer wieder mal.

Sonntag 29. Dezember 1935

Ich habe tatsächlich gerade die letzten Worte von The Years niedergeschrieben – es rollte, es rollt, obwohl es erst Sonntag ist, & ich mir bis Mittwoch Zeit gegeben habe. Und ich bin nicht in einer solchen Aufregung wie sonst. Aber dann wollte ich es auch ruhig enden lassen – eine Prosaarbeit. Und ist es gut? Das kann ich unmöglich sagen. Hängt es zusammen? stützt ein Teil den anderen? Kann ich mir etwas darauf einbilden, daß es komponiert ist; & ein Ganzes ist? Nun, es bleibt noch eine Menge zu tun. Ich muß immer noch komprimieren, & zuspitzen; Pausen ihre Wirkung geben, & Wiederholungen, & dem Verlauf. In dieser Fassung kommt es auf 797 Seiten: sagen wir 200 pro Seite (aber das ist großzügig), dann kommt es auf ungefähr 157000 – sagen wir 140000. Ja, es muß abgeschliffen werden, braucht einige mutige Schnitte, & Gewichtungen. Dafür werde ich noch einmal – ich weiß nicht wie lange brauchen. Und ich muß unterbewußt meinen Geist schließlich davon entwöhnen & eine andere schöpferische Stimmung vorbereiten, oder ich werde in akute Verzweiflung versinken. Wie sonderbar – daß dies alles entschwinden wird & etwas anderes seinen Platz einnehmen. Und nächstes

Jahr um diese Zeit werde ich hier sitzen mit einem riesigen Stapel von Zeitungsausschnitten – nein: nicht in Wirklichkeit, hoffentlich; aber in meinem Kopf wird es den üblichen Chor der Kommentare geben, die die Menschen über diese Ansammlung bekritzelter getippter Seiten gemacht haben, & ich werde sagen, Das war ein Versuch damit; & jetzt muß ich etwas anderes machen. Und all die alten, oder neuen, Probleme werden vor mir liegen. Jedenfalls ist das hauptsächliche Gefühl diesem Buch gegenüber Vitalität, Fruchtbarkeit, Energie. Nie habe ich es mehr genossen, ein Buch zu schreiben, glaube ich: nur mit dem ganzen Geist in Aktion, nicht so intensiv wie The Waves.

Montag 30. Dezember 1935

Und heute, nein, es geht nicht. Ich kann kein einziges Wort schreiben; zu große Kopfschmerzen. Kann nur zurückblicken auf The Years wie auf eine unerreichbare Felseninsel, die ich nicht erforschen kann, nicht einmal daran denken. Gestern in Charleston. Der große gelbe Tisch mit sehr wenigen Gedecken. Indem ich Roger lese, werde ich von ihm heimgesucht. Was für eine sonderbare postume Freundschaft – in mancher Hinsicht intimer als alle, die ich im Leben gehabt habe. Die Dinge, die ich vermutet habe, werden jetzt enthüllt; & die wirkliche Stimme ist dahin. Clive Quentin, Nessa Duncan. Ein wenig Angeberei. Etwas Gelächter über Mrs Easdale. Politik – aber sorgfältig gezügelt.

Ich hatte eine Idee – ich wünschte, sie würden schlafen – während ich mich anzog – wie ich mein Kriegsbuch machen könnte – vorgeben, es wären alles Artikel, um die mich Redakteure in den letzten paar Jahren gebeten haben – über alle möglichen Themen. Sollten Frauen rauchen. Kurze Röcke. Krieg – &c. Das würde mir das Recht geben, zu mäandern: würde mich auch in die Position derjenigen versetzen, die man um etwas gebeten hat. Und die Methode rechtfertigen: während zugleich Kontinuität entstünde. Und es könnte ein Vorwort geben, das das erklärt; um den richtigen Ton anzugeben. Ich denke, das ist es.

Ein wilder nasser Abend – Überflutungen: Regen, während ich zu Bett gehe: Hunde bellen, der Wind peitscht. Jetzt werde ich hineinschleichen, denke ich, & irgendein abgelegenes Buch lesen.

Anmerkungen

25. Oktober 1920
Beggar's Opera: Singspiel von John Gay, 1728 uraufgeführt, 1920 von Nigel Playfair im Lyric Theatre, Hammersmith, neu inszeniert.
Nessa: Virginia Woolfs Schwester Vanessa (1879–1961), seit 1907 verheiratet mit dem Kunstkritiker Clive Bell. Ihre Kinder: Julian (1908–1937), Quentin (1910–1996), Angelica (geb. 1918).
McSwiney: Der Oberbürgermeister von Cork starb am 25. Oktober nach einem Hungerstreik. Er war zu zwei Jahren Gefängnis verurteilt worden, weil er im Corker Rathaus die antibritische Sinn-Fein-Bewegung hatte tagen lassen.
Jacob's Room: Der Roman erschien 1922 (*Jacobs Zimmer*, Frankfurt: S. Fischer, 1998).
Evelyn: Der Essay *John Evelyn* wurde am 28. Oktober 1920 im *Times Literary Supplement* veröffentlicht.

2. Januar 1923
Lytton-Affäre: Der Schriftsteller Lytton Strachey (1880–1932) und Virginia Stephen hatten 1909 für kurze Zeit erwogen zu heiraten.
L.: Leonard Woolf und Virginia Stephen hatten 1912 geheiratet.
Nummer 46: Bei der Familie von Vanessa Bell am Gordon Square 46 in London.
Thomson, Ralph: Marjorie Thomson, Ralph Partridge, Angestellte des von den Woolfs gegründeten Verlags ›The Hogarth Press‹.

5. Mai 1924
Rodmell: In diesem Dorf in Sussex stand »Monks House«, das die Woolfs 1919 gekauft hatten.
Nelly: Die Köchin.
The Hours: Der zunächst erwogene Titel des Romans *Mrs Dalloway.*
mein Programm: Virginia Woolf hielt es genau ein: ihr Essayband *The Common Reader* (*Der gewöhnliche Leser*, Band 1, Frankfurt: S. Fischer, 1989) erschien im April 1925, *Mrs Dalloway* im Mai 1925, beide im Verlag ›The Hogarth Press‹.

2. August 1924
mein Buch: *Mrs Dalloway* (deutsch: Frankfurt: S. Fischer, 1997).
Julian: Virginia Woolfs Neffe Julian Bell.
Thoby: Thoby Stephen, Virginia Woolfs Bruder (1880–1906).
Murry: Der Schriftsteller John Middleton Murry (1889–1957).
Mr Allison, Mrs Hawkesford, Jack Squire: Bewohner von Rodmell.

3. August 1924
Pilgrim's Progress, Mrs Hutchinson, Richardson, Clarissa, Medea: Gemeint sind John Bunyans *The Pilgrim's Progress*; *Memoirs of the Life of Colonel Hutchinson … by his widow Lucy*; Samuel Richardsons *Clarissa Harlowe* und Euripides' *Medea*.

15. August 1924
Conrad: Der Schriftsteller Joseph Conrad starb am 3. August 1924. Virginia Woolf schrieb einen Nachruf für das *Times Literary Supplement* (siehe auch im vorliegenden Band unter »Essays«).
Klein-Walkley: Der Literaturkritiker Arthur Bingham Walkley hatte Virginia Woolf in seiner Mittwochskolumne der *Times* schon mehrfach angegriffen.
Grizzle: Der Foxterrier-Mischling der Woolfs.

7. Dezember 1925
Vita: Die Schriftstellerin Victoria Sackville-West (1892–1962).
Clive: Clive Bell; siehe unter 25. Oktober 1920.
Tom: Der Schriftsteller T. S. Eliot (1888–1965).
On Being Ill: Der Essay *Über das Kranksein*. Siehe auch im vorliegenden Band unter »Essays«.

21. Dezember 1925
Long Barn: Wohnsitz von Victoria Sackville-West und ihrem Mann, dem Diplomaten Harold Nicolson, in Kent.
ihre Jungen: Benedict und Nigel Nicolson.

15. September 1926
Dadie: Der Schriftsteller und Literaturwissenschaftler George H. W. Rylands, damals Fellow am King's College in Cambridge.

28. September 1926
To the Lighthouse: Der Roman erschien im Mai 1927. (*Zum Leuchtturm*, Frankfurt: S. Fischer, 1992)
Geoffrey Scotts Buch: *The Architecture of Humanism. A Study in the History of Taste*, 1914.

Plank: George Plank, Illustrator und Holzschneider, der den Umschlag für ein Buch von Vita Sackville-West entworfen hatte.
Tommie: Der Bildhauer Stephen Tomlin (1901–1937). 1931 fertigte er eine Büste von Virginia Woolf an.
Ethel Sands: Eine amerikanische Malerin aus dem Freundeskreis von Vanessa Bell.

30. September 1926
The waves oder moths: 1931 erschien der Roman *The Waves* (*Die Wellen*, Frankfurt: S. Fischer, 1991).

14. März 1927
Orlando: Der Roman erschien im Oktober 1928 (Frankfurt: S. Fischer, 1990).
Buch über ›fiction‹: Das Projekt wurde später in Form von drei Aufsätzen realisiert.

4. Juli 1927
Raymond: Raymond Mortimer (1895–1980), Kritiker, Freund der Nicolsons.
Lord Sackville: Der 3. Baron Sackville, Vater von Vita Sackville-West.
Bernard Darwin: Golf-Korrespondent bei der *Times*.

22. Oktober 1927
Violet Trefusis, Lord Lascelles: Mit Violet Trefusis hatte Vita Sackville-West, oft als Mann verkleidet, zwischen 1918 und 1921 eine leidenschaftliche und dramatische Affäre. Henry, Viscount Lascelles hatte Vita Sackville-West den Hof gemacht, bevor sie sich 1913 mit Harold Nicolson verlobte. Sascha, die russische Prinzessin, und die Erzherzogin Harriet in *Orlando* basieren auf dem, was Virginia Woolf von Vita Sackville-West über diese beiden Personen erfuhr.

11. Februar 1928
Hardy & Meredith: Virginia Woolf hatte Essays über die Romane von George Meredith (1828–1909) und Thomas Hardy (1840–1929) abgeschlossen.
Mary: Clive Bells Lebensgefährtin Mary Hutchinson.

28. November 1928
Geraldine Jewsbury: englische Romanautorin (1812–1880).

17. August 1932
CR: Der zweite Band der Essaysammlung *The Common Reader* (*Der gewöhnliche Leser*, Band 2, Frankfurt: S. Fischer, 1990), der im Oktober 1932 erschien.

28. April 1933
Shaw: Der Dramatiker George Bernard Shaw (1856–1950).

15. Mai 1933
Die Woolfs machten eine Autoreise durch Frankreich und in die Toscana.

28. Dezember 1935
Gray: Der englische Dichter Thomas Gray (1716–1771). Virginia Woolf hatte kurz zuvor eine dreibändige Ausgabe seiner Briefe gekauft.
Roger: Der mit dem Bloomsbury-Kreis befreundete Kunsthistoriker und Maler Roger Fry (1866–1934). Virginia Woolf war mit Vorarbeiten zu seiner Biographie beschäftigt.
Goldie: Goldsworthy Lowes Dickinson (1862–1932), Fellow am King's College, Cambridge, einflußreicher Lehrer und Verfasser von Schriften über Ethik und Politik. Studienfreund von Leonard Woolf.

30. Dezember 1935
mein Kriegsbuch: *Three Guineas* erschien 1938 (In: *Ein eigenes Zimmer. Drei Guineen*, Frankfurt: S. Fischer, 2001.)

Ausgewählte Briefe

An Vanessa Bell
Bayreuth
Sonntag [8. August 1909]

Geliebte,

noch ist kein Brief von Dir gekommen. Ich hoffe, die Hitze macht Dich nicht apoplektisch: hier ist es heiß wie in der Hölle. Gestern haben wir Parsifal gehört – ein sehr geheimnisvolles, gefühlvolles Werk, anders als alle anderen, fand ich. Es ist keine Liebe darin; es ist eher religiös als alles andere. Die Leute tragen Halbtrauer, und man wird angezischt, wenn man versucht zu klatschen. Da die Gefühle alle abstrakt sind – ich meine, nicht zwischen Männern und Frauen – ist die Wirkung sehr diffus; und im ganzen friedvoll. Aber Saxon und Adrian sagen, daß es keine gute Vorstellung war, und daß ich nichts davon verstehen werde, bis ich es 4mal gehört habe. Zwischen den Akten geht man hinaus und sitzt auf einem Acker und schaut einem Mann zu, der Rüben hackt. Das Publikum ist sehr unelegant, und das Haus macht einen schäbigen Eindruck; man hat kaum Platz für seine Knie, und es ist sehr intensiv. Ich glaube, nur ernsthafte Menschen gehen hin – Deutsche zum größten Teil, in Säcken, mit symbolischen Zöpfen. Alles ist Art Nouveau – die Restaurants haben vereinzelte Linien, die auf die Wände gemalt sind, mit plötzlich daraus hervorbrechenden Dreiecken – wie die Sachen, die man in Studio [der Kunstzeitschrift] sieht. Die Derbheit der Rasse ist erstaunlich – aber sie scheinen sehr sauber und freundlich zu sein. Saxon gefallen sie sehr gut. Er hält sie für so vernünftig.

Bis jetzt sind wir ohne mehr als eine gelegentliche Bissigkeit miteinander ausgekommen. Saxon kann überhaupt nichts entscheiden – nicht einmal, was er essen will – aber Adrian ist sehr prompt und geschäftsmäßig. Ich werde von dem Gedanken verfolgt, daß ich nie wissen werde, was irgend jemand fühlt, aber wahrscheinlich ist das in meinem Alter nicht zu ändern. Es ist, als wollte ich versuchen, über meinen eigenen Schatten zu springen.

Wir haben den ganzen Morgen über dunkle Stellen im Parsifal diskutiert. Ich halte ihn für schwaches, vages Zeug, mit den üblichen Ungeheuerlichkeiten, aber ich kann das Deutsche nur mit großen Schwierigkeiten lesen.

Die Zeit scheint damit zu vergehen, sich auf die Oper vorzubereiten, sie zu hören, und hinterher darüber zu diskutieren – aber morgen muß ich mit dem Schreiben anfangen – Du wirst lachen.

Ich habe eine Menge notwendiger Dinge zurückgelassen, und unmögliche Vorkehrungen mitgenommen.

Ich habe die ganze Nacht geträumt, daß ich mit Dir streite; und Du legtest eine eigentümlich gescheite Boshaftigkeit an den Tag, die ich manchmal in Dir sehe. Ich wünschte, ich hätte dieses Bild von Dir.

Wie geht es Sophie [der Köchin]?

Grüße sie von mir. Dein B.

An Leonard Woolf

Asheham [Rodmell, Sussex]

1. Mai [1912]

Liebster Leonard,

um als erstes die Fakten abzuhandeln (meine Finger sind so kalt, daß ich kaum schreiben kann) Ich werde morgen gegen 7 zurück sein, so daß Zeit zum Reden sein wird – aber was bedeutet das? Ich nehme an, Du kannst den Urlaub nicht nehmen, wenn Du im Anschluß daran mit Sicherheit aus dem Dienst ausscheiden wirst. Auf jeden Fall zeigt es, was für eine Karriere Du zunichte machst!

Nun denn, was den ganzen Rest angeht. Es scheint, daß ich Dir viel Kummer bereite – manchen davon auf die beiläufigste Weise – und deshalb sollte ich Dir gegenüber so offen sein wie ich kann, weil Du, wie ich vermute, die halbe Zeit in einem Nebel herumtappst, den ich überhaupt nicht sehe. Natürlich kann ich nicht erklären, was ich fühle – dies sind ein paar der Dinge, die mir in den Sinn kommen. Die offensichtlichen Vorteile der Ehe stehen mir im Weg. Ich sage mir selbst. Auf jeden Fall wirst du glücklich mit ihm sein; und er wird dir Kameradschaft geben, Kinder, und ein geschäftiges Leben – dann sage ich Bei Gott, ich werde die Ehe nicht als einen Beruf betrachten. Die einzigen Menschen, die darüber Bescheid wissen, halten sie alle für angemessen; und das veranlaßt mich, meine eigenen Motive um so genauer unter die Lupe zu nehmen. Dann bin ich natürlich manchmal ärgerlich über die Heftigkeit Deines Verlangens. Möglicherweise kommt die Tatsache, daß Du Jude bist, an diesem Punkt ebenfalls ins Spiel. Du wirkst so fremd. Und ich bin so erschreckend unbeständig. Ich wechsele von einem Augenblick zum anderen von heiß zu kalt, ohne jeden Grund; außer daß ich glaube, daß körperliche Anstrengung und Erschöpfung mich beeinflussen. Ich kann nur sagen, daß es trotz all dieser Gefühle, die sich den ganzen Tag über gegenseitig jagen, wenn ich bei Dir bin ein Gefühl gibt, das beständig ist, und wächst. Natürlich möchtest Du gerne wissen, ob es mich je dazu bringen wird, Dich zu heiraten. Wie kann ich das sagen? Ich denke, das wird es, weil es keinen Grund zu geben scheint, weshalb es das nicht tun sollte – Aber ich weiß nicht, was die Zukunft bringen wird. Halb habe ich Angst vor mir selbst. Manchmal habe ich das Gefühl, daß niemand je etwas geteilt hat oder teilen kann – Das ist es, was Dich dazu bringt, mich einen Hügel zu nennen, oder einen Felsen. Noch einmal, ich will alles – Liebe, Kinder, Abenteuer, Intimität, Arbeit. (Kannst Du irgendeinen Sinn in diesem ganzen Geschwätz erkennen? Ich schreibe einfach eins nach dem anderen nieder). Und so wechsele ich von dem Gefühl, halb in Dich verliebt zu sein und dem Wunsch, Dich immer bei mir haben zu wollen, und Dich alles über mich wissen zu lassen, zum Extrem der Wildheit und Distanziertheit. Manchmal denke ich, wenn ich Dich heiraten würde, könnte ich alles haben – und dann – ist es die sexuelle Seite, die zwischen uns tritt? Wie ich Dir neulich so brutal sagte, fühle ich mich körperlich nicht zu Dir hingezogen. Es gibt Augenblicke – als Du mich neulich geküßt hast, war einer davon – in denen ich nicht mehr empfinde als ein Felsen. Und doch bin ich fast überwältigt davon, daß Du mich so gern hast, wie Du es tust. Es ist so real, und so fremd. Warum solltest Du? Was bin ich denn, außer ein leidlich attraktives Geschöpf? Aber gerade weil Dir so viel an mir liegt, habe ich das Gefühl, daß es mir genauso gehen muß, bevor ich Dich heirate. Ich habe das Gefühl, Dir alles geben zu müssen; und daß, wenn ich das nicht kann, nun ja, die Ehe für Dich wie für mich nur zweite Wahl wäre. Am liebsten wäre es mir, wenn Du so weitermachen könntest wie bisher, mich meinen eigenen Weg finden ließest, da mir das am meisten zusagen würde; und dann müssen wir beide das Risiko eingehen. Aber Du hast mich auch sehr glücklich gemacht. Wir wollen beide eine Ehe, die etwas großartig Lebendiges ist, immer lebendig, immer heiß, nicht teilweise tot und träge wie die meisten Ehen es sind. Wir verlangen eine ganze Menge vom Leben, nicht wahr? Vielleicht werden wir es bekommen; und dann, wie wundervoll!

Man bekommt in einem Brief nicht viel gesagt, nicht wahr? Ich habe die gewaltige Vielfalt der Dinge, die hier passiert sind, nicht einmal gestreift – aber sie können warten.

Gefällt Dir diese Photographie? – etwas zu edel, finde ich. Hier ist eine andere.

Deine VS

An Lytton Strachey
Tarragona [Spanien]
1. Sept. 1912

Lieber Lytton,

ich überlege, ob Du eine Karte bekommen hast, die zu Beginn unserer Reise geschrieben wurde, vom Haus von Coleridge und Southey? Es ist uns hauptsächlich seiner Hammelkeule wegen in Erinnerung geblieben. Wir sind weit gereist, und aus Rindfleisch ist Hammel geworden, aus Huhn Rebhuhn – ich würde es kaum noch merken, wenn Du mir Schwein vorsetzen würdest. Dies ist ein trauriger Stand der Dinge, nur ausgeglichen durch die Schönheiten der Natur und die Altertümer der Menschheit, über die ich Vorträge halten könnte, wenn Du nur zuhören würdest, aber um die Wahrheit zu sagen ist es das Essen, an das man im Ausland mehr als an alles andere denkt. Wenn ich Dir erzähle, daß das W. C. unserem Zimmer gegenüber seit drei Tagen nicht geleert wurde und man dort die Ausscheidungen von Christ, Jude, Latiner und Sachse unterscheiden kann – kannst Du Dir den Rest vorstellen. Das hier ist Tarragona; wir fahren weiter nach Madrid, und von Madrid nach Venedig. Unsere Gewohnheiten sind einfach; zwei Tage an einem Ort, ein Tag im Zug; wir gehen am Vormittag spazieren, lesen am Nachmittag, machen unseren Tee, welches der Punkt ist, den wir soeben hinter uns gebracht haben, wandern dann am Meer entlang und sitzen nach dem Dinner in einem Café und hören, da heute abend Sonntag ist, der Militärkapelle zu. Mehrere Male wurde die eigentliche Angelegenheit des Betts von Moskitos unterbrochen. Bis zum Morgen färben sie die Wände blutig – sie wählen immer mein linkes Auge aus, Leonards rechtes Ohr. Ganz gleich, in welcher Lage sie uns antreffen. Das klingt für Dich nicht wie ein glückliches Leben, ich weiß; aber Du verstehst, daß wir die Lücken mit einer enormen Menge aufregender Unterhaltungen ausstopfen – und mit Literatur. Mein Gott! Du kannst Dir nicht vorstellen, mit welcher Raserei wir über gedruckte Materie herfallen, die uns durch unser eigenes Schreiben so lange verwehrt wurde! Ich habe 3 neue Romane in zwei Tagen gelesen: Leonard tänzelte durch die Old Wives Tales wie ein kleines Kätzchen, das seinem eigenen Schwanz nachläuft: nach dieser schwindelerregenden Jagd habe ich mich nun im vollen Galopp in Crime et Châtiment gestürzt, fünfzig Seiten vor dem Tee, und ich sehe, daß es nur 800 davon gibt, also werde ich im Handumdrehen damit durch sein. Es ist vom ersten Augenblick an offensichtlich, daß er [Dostojewski] der größte Schriftsteller ist, der je geboren wurde: und wenn er beschließt, schrecklich zu werden, was soll dann aus uns werden? Hochzeitsreise völlig ruiniert. Wenn er sagt, es wäre besser, sie – die menschliche Hoffnung – würde enden, was bleibt uns dann außer dem Selbstmord im Canale Grande. Hast Du über ihn geschrieben?

Wie Du Dir vorstellen kannst, haben wir die Absicht, im Winter sehr vielseitig und aktiv zu sein. Ungefähr in diesem Augenblick läßt Du Dich vor dem Feuer nieder, nachdem Du gerade von einem zügigen Spaziergang durch schottische Fichten im schottischen Nebel zurückgekehrt bist, und sagst (etwas, was ich nicht buchstabieren kann – es ist französisch) in dem Sinne, daß das Leben nichts als Kopulation enthält, woraufhin Du aus den Tiefen des Bauches stöhnst, was Dich daran erinnert, daß es Wild? – Rebhuhn? Hammel? – zum Dinner gibt, woraufhin Du Deinen Pope herunterlangst, die Taschenausgabe, und Dich zum 150sten Mal anschickst, zu lesen ..., als die Glocke läutet und das Mädchen mit den sandfarbenen Haaren, von dem Du wünschst, es wäre ein Knabe, »Essen steht auf dem Tisch« sagt ... wohingegen ich gerade aufbreche, um an den Gestaden des Mittelmeeres zu wandeln, in den Strahlen der sterbenden Sonne, die immer noch heiß genug ist, um ein Baumwollkleid und einen Sonnenschirm erforderlich zu machen, während die Militärkapelle die Barkarole aus Hoffmanns Erzählungen spielt und die nackten Knaben wie Schnepfen über den Strand hüpfen und ihre Hinterteile in der durchsichtigen Luft balancieren.

Schreib bitte an den Brunswick Square: alle Neuigkeiten; wir haben seit zwei Wochen keinen Engländer gesehen, oder von London gehört.

Leonard läßt grüßen. Deine V. W.

An Duncan Grant
Hogarth [House, Richmond]
Mittwoch [11. Februar 1920]

Mein lieber Duncan,

ich weiß, ich sollte nicht annehmen – gleichzeitig aber kann ich nicht widerstehen. Nichts auf der Welt würde mir mehr Freude bereiten als ein Aquarell von Dir – obwohl ich Dir nicht sagen werde, wieso, oder was ich von Deinen Bildern halte. Jedenfalls finde ich, daß Du wundervoll großzügig bist. Ich habe mir eins ausgesucht, das ich wunderschön fand, und hatte dann höchst aufregende 5 Minuten, als ich dachte, eine alte, pelzbekleidete Witwe sei dahinter her – und ich wußte nicht, wie man ein Bild kauft, da ich noch nie eins gekauft hatte – und diese alte Frau sah aus, als würde sie jeden Tag ihres Lebens welche kaufen. Also rannte ich zu Mr Clifton, und er zog ein kleines rotes Siegel aus seiner Westentasche. Aber wie bereits gesagt, werde ich Dir nicht sagen, was ich von Deinen Bildern halte. Dies ist um so verdrießlicher, als es mir unendliche Freude machen würde, sie zu beschreiben – Das ist nämlich etwas, was ich ziemlich gut kann – ich würde mit der nackten Venus anfangen, dann die komplette Runde machen, mir mein Crescendo für die richtige Stelle aufheben, von dort in Kurven und Spiralen hinabsteigen wie ein vom Flug zurückkehrender Schwan – Aber ich werde es nicht tun – Du brauchst nicht nervös zu werden – mein Meisterwerk soll hinter Deinem zurückstehen – und wenn ich 2 Deiner Bilder an der Wand hängen habe, darf ich mir vielleicht das Recht herausnehmen, mich in Monologen zu ergehen. Aber mein lieber Duncan – ich finde wirklich, daß es falsch ist, so etwas anzunehmen, bloß daß ich, wie gesagt, nicht widerstehen kann.

Was für eine hinreißende Frau Deine Mutter ist! Und der edle Colonel Young – ich wurde vorgestellt, und hätte ich nur 5 Minuten mehr gehabt, wäre ich nach Wilmington eingeladen worden, was das Ziel meiner Wünsche ist. Sie leibhaftig vor mir zu sehen war gleichzeitig seltsam und erhebend – angenommen, man sähe Miss Elwes und die weißen Hunde – aber das könnte zuviel sein.

Ottoline war gestern in Hochstimmung wegen Deiner Ausstellung. Das arme alte Ding wogte und lobte, bis man wirklich meinen konnte, man spräche mit einem armen alten Geflügel im Delirium – ihr Hals wurde länger und länger, und Du weißt, wie sie sich immer an ›wundervoll‹ hängt, als wäre es ein Seil, das in ihrem Vakuum baumelt – aber wie Nessa sagt, ist das Unsinn –. Der arme Tony Birrell war da, angeblich unterentwickelt, mir jedoch höchst sympathisch; und ehrlich gesagt wünschte ich, wir beide hätten geheiratet. Er saß auf einem niedrigen Hocker und aß Zuckerkuchen und lachte – weiß der Himmel worüber – aber ich sah nichts Beklagenswertes in seinem Zustand. Aber wir werden uns sehen. Dies ist ein Versuch, Dir zu danken, ohne mir selbst zu erlauben, Deine Bilder zu beschreiben.

V. W.

An Lytton Strachey
Hogarth [House, Richmond]
Sonntag 17. April [1921]

Nun, ich habe das Gefühl, ich muß Dir entweder in Deinem eigenen Stil schreiben, oder in Victorias. Es gibt, nachdem ich das Buch gelesen habe, kein Entrinnen vor Dir. Es ist wahrhaftig ganz großartig, als Ganzes besser, würde ich sagen, als das andere. Ich habe selten irgend etwas mehr genossen. Das Wundervollste ist vermutlich die Art, wie Du die Geschichte absolut geradlinig vorantreibst, nie eine durchhängende Zeile, und doch diese wundervollen aufschlußreichen kleinen Portraits zustande bringst, eins nach dem anderen, jedes genau am richtigen Platz, erhellend, ohne Unterbrechung oder Getue oder auch nur für einen Moment, so scheint es, damit aufzuhören, ganz einfach zu sprechen. Die Wirkung ist keineswegs nur satirisch. Du scheinst es auf die letzte mögliche Unze reduziert, und doch alles an Fleisch und Knochen und Sehnen bewahrt zu haben. Die großen Augenblicke sind für mich wirklich bewegend. Und die Queen selbst kristallisiert sich als irgendwie überraschend heraus, solide und kantig, und rührend, wenn auch nicht unbedingt sympathisch. Erstaunliche Frau! Meine einzige Kritik (und ich bin mir nicht sicher, ob sie wahr ist) lautet, daß man sich gelegentlich, wie ich meine, ein wenig bewußt ist, daß man unterhalten wird. Das Lesen ist etwas zu luxuriös – ich meine, daß man bereit ist, sich vielleicht ein wenig mehr Mühe zu geben, als Du einem zugestehst. Ich könnte es nicht ertragen, irgendwelche der Vergnüglichkeiten zu opfern (der Junge, Jones, ist superb, und es gibt Millionen andere) aber hin und wieder, wo der Platz so begrenzt ist, sind die Witze vielleicht ein bißchen oberflächlich – Aber ich weiß nicht. Ich muß es noch einmal lesen. Das erste Mal rast man. Ich habe es sprichwörtlich an mich gerissen, niedergelegt, an mich gerissen, bis ich durch war. Was ich auch besonders großartig und originell fand, war die Beschreibung der Besitztümer. Das Ganze war so massiv, und faßte alles zusammen, und eröffnete, wie ich fand, unendliche Perspektiven neuer Formen. Aber wir müssen darüber reden, wenn Du kommst.

Deine V. W.

An Roger Fry
Hogarth House, Paradise Road, Richmond, Surrey
Samstag [6. Mai 1922]

Mein lieber Roger,

es ist so bezaubernd, einen Brief von Dir zu bekommen, daß ich am liebsten jeden Tag schreiben würde – kannst Du mir die Adresse Deines kleinen Mannes geben, der Teppiche reinigt? Kanarienvögel verkauft? alte falsche Zähne aufkauft?

Hier sitze ich und schwitze Ströme katarrhalischer Substanzen aus Augen, Mund, Ohren, einzig und allein, um an Deinem Vortrag teilnehmen zu können. Ich habe die schlimmste Erkältung der ganzen Pfarrgemeinde. Prousts fetter Band kommt da sehr gelegen. Gestern abend habe ich mit Bd 2 [*À l'ombre des jeunes filles en fleurs*] von ihm (dem Roman) angefangen und die Absicht, mich den ganzen Tag darin zu versenken. Scott Moncreiff möchte, daß ich in einem Album der Bewunderung ein paar Worte sage – wirst Du Dich beteiligen? Falls ja, werde ich auch: sonst nicht.

Aber Proust kitzelt meine eigene Sehnsucht nach Ausdruck derart, daß ich den Satz kaum formulieren kann. Oh wenn ich so schreiben könnte! rufe ich aus. Und im Augenblick ist die erstaunliche Vibration und Sättigung und Intensivierung, die er hervorruft derart – es hat etwas Sexuelles – daß ich das Gefühl habe, daß ich so schreiben *kann*, und meine Feder ergreife und dann *nicht* so schreiben kann. Kaum jemand stimuliert die Nerven der Sprache derart in mir: es wird zur Besessenheit. Aber ich muß zu Swann zurückkehren.

Sie drohen, meinen Hals mit einem Messer zu bearbeiten, in welchem Fall ich ganz gewiß auf Deiner Anwesenheit an meinem Bett bestehen werde.

Auf jeden Fall wäre es schrecklich und gräßlich schön, Dich zu sehen. Aber ich mag nicht um Deine Zeit rangeln, inmitten der Höhen- und Sturzflüge großer Ladies, die sicherlich schreien und kollern – denn Du kannst nicht leugnen, daß Du ein verd--ter Erfolg bist. Als ich neulich die Strand hinunterging, sah ich eine überaus übermütige Version Deines Kopfes in der Saturday Review. Da ich ein Snob bin, blieb ich stehen, und sagte zu meinem Begleiter, das da ist Roger Fry – den ich kenne.

Machst Du jemals derart alberne Sachen? Angenommen, ich kann aus irgendeinem Grund am Mittwoch nicht kommen, wann hältst Du Deinen Vortrag in den Salons?

Aber ich werde.

Immer Deine V. W.

An Gerald Brenan

Monk's House, Rodmell, bei Lewes, Sussex

1. Weihnachtstag 1922

Lieber Gerald,

sehr dummerweise bin ich ohne Deinen Brief abgereist, obwohl ich das Schreiben bis Weihnachten aufgeschoben hatte, in der Hoffnung, Zeit und ein wenig Ruhe zu haben. Er hat mich interessiert, sehr sogar, und jetzt kann ich ihn nicht zur Hand nehmen und so beantworten, wie ich es vorhatte. Aber wahrscheinlich ist es so genauso gut. Was man von einem Brief will, ist keine Antwort. Also werde ich einfach weiterschwatzen, bis die Köchin zum Tee zu Mrs Dedman geht und ich die Rühreier schlagen muß.

Zunächst jedoch hoffen wir, auf jeden Fall gegen Ende März, oder Anfang April zu Dir zu kommen. Das hängt von Dingen ab, die jetzt nicht entschieden werden können; können wir es also offen lassen, und später definitiv schreiben? Abgesehen davon, daß wir mit Dir reden wollen, was wir tun wollen, in aller Ruhe, ausführlich, bei Nacht, bei Morgendämmerung, über Menschen, Bücher, das Leben, und so weiter und so weiter, sind meine Augen ganz grau von England – nichts als England seit 10 Jahren; und Du kannst Dir nicht vorstellen, wie sehr es zu einem körperlichen Verlangen wird, sie an Farben und Felsen zu weiden – an etwas, das gewaltsam und gebrochen und trokken ist – und nicht ewig rutschig und matschig wie dieses Land hier. (Es ist ein sehr nasser Weihnachtstag).

Ich habe viel darüber nachgedacht, was Du über das Schreiben von Romanen sagst. Man muß verzichten, sagst Du. Ich kann etwas Besseres als Romane schreiben, sagst Du. Ich verstehe nicht ganz. Ich sehe nicht, wie man ein Buch ohne Menschen darin schreiben soll. Vielleicht meinst Du, daß man nicht versuchen sollte, eine ›Sicht des Lebens‹ zu finden? – daß man sich auf die eigenen Empfindungen beschränken sollte – bei einem Quartett zum Beispiel; man sollte lyrisch sein, beschreibend: aber die Menschen nicht in Bewegung setzen, und versuchen, in sie einzudringen, und ihnen Kraft und Volumen zu geben? Ah, aber ich bin dem Untergang geweiht! Tatsächlich denke ich, daß wir alle das sind. Es ist jetzt nicht möglich zu sagen, ich verzichte, und wird es nie sein. Noch wäre es eine gute Sache für die Literatur, wenn das möglich wäre. Diese Generation muß sich das Genick brechen, damit die nächste glatte Fahrt hat. Denn ich pflichte Dir bei, daß nichts von uns erreicht werden wird. Fragmente – Abschnitte – eine Seite vielleicht: aber nicht mehr. Joyce ist meiner Meinung nach übersät von Katastrophen. Anders als Du kann ich nicht einmal seine Triumphe sehen. Ein tapferer Vorstoß, das ist alles, was für mich ersichtlich ist: dann das übliche Krachen und Bersten (ich habe ihn nur einmal, teilweise, gelesen). Die menschliche Seele, so scheint es mir, orientiert sich hin und wieder neu. Sie tut es jetzt.

Deshalb kann niemand sie in ihrer Gänze sehen. Die Besten von uns erhaschen einen kurzen Blick auf eine Nase, eine Schulter, auf etwas, das sich abwendet, immer in Bewegung. Trotzdem scheint es mir besser, diesen kurzen Blick zu erhaschen, als sich mit Hugh Walpole, Wells, etc. etc. hinzusetzen und große Ölgemälde von fabulösen fleischigen Ungeheuern komplett von Kopf bis Fuß zu fabrizieren. Natürlich trifft das, da Du unter 30 bist, nicht auf Dich zu. Für Dich könnte etwas Vollständigeres bereitstehen. Falls ja, dann teilweise deshalb, weil ich, und andere, vorab unsere Versuche unternommen haben. Ich bin vom Punkt abgeschweift. Aber egal. Ich kritzele nur, mehr um mich selbst zu vergnügen, als Dich, der Du vielleicht nie lesen, oder verstehen wirst: denn ich zweifle daran, ob Menschen, selbst die, die sich am wohlsten gesonnen sind, zu mehr als einem gelegentlichen Signal fähig sind, während sie aneinander vorbeipflügen – eine sentimentale Metapher, die offensichtlich zu Schiffen führt, und zu Nacht und Sturm und Klippen und Felsen, und zum verhüllten, leidenschaftslosen Mond. Ich wünschte, ich hätte Deinen Brief, denn dann könnte ich fortfahren; ohne so viele Zuckungen.

Du hast gesagt, Du seist sehr elend, nicht wahr? Du hast beschrieben, wie Deine Leber verfault, und wie Du die ganze Nacht gelesen hast, über die frühen Väter; und dann einen Spaziergang gemacht und die Dämmerung gesehen hast. Aber elend warst, und alles zerrissen hast, was Du geschrieben hattest, und das Gefühl hattest, Du könntest nie nie schreiben – und diesen Deinen Zustand mit meinem verglichen hast, von dem Du Dir vorstellst, er sei sicher, verwurzelt, wohlwollend, geschäftig – Du hast nicht langweilig gesagt – aber irgendwie unerreichbar, und wahrscheinlich unwirklich. Aber Du mußt bedenken, daß ich 40 bin: außerdem habe ich alle 10 Jahre, mit 20, und wieder mit 30, unter solchen Qualen der unterschiedlichsten Art gelitten, daß ich, nicht zufrieden damit, zu schwatzen und zu lesen, mit großem Nachdruck versucht habe, all dem ein Ende zu bereiten; und wäre oft dankbar gewesen, wenn ich, indem ich auf den einen statt auf den anderen Stein getreten wäre, auf der Stelle vernichtet worden wäre. Ich sage dies teils aus Eitelkeit, damit Du mich nicht für banal hältst; teils als ein Zeichen dafür (eines dieser fliegenden Signale aus der Nacht und so weiter) daß wir nun einmal so leben, alle von uns, die wir fühlen und nachdenken, mit wiederkehrenden Kataklysmen des Schreckens: des Nachts in Todesangst auffahren: Alle zehn Jahre bringen, nehme ich an, eine dieser privaten Neuorientierungen, die der gewaltigen entsprechen, die, meiner Meinung nach, jetzt der Rasse im allgemeinen innewohnt. Ich meine, das Leben muß abgestreift werden: muß durchgestanden werden: abgelehnt werden; und dann wie im Rausch zu neuen Bedingungen akzeptiert werden. Und so weiter, und so weiter; bis Du 40 bist, und das einzige Problem darin besteht, wie man es fester und fester an sich pressen soll, so schnell scheint es vorbeizugleiten, und so unendlich begehrenswert ist es.

Was nun das Schreiben angeht, so habe ich mit 30 immer noch geschrieben, gelesen; eifrig zerrissen. Ich hatte kein einziges Wort veröffentlicht (außer Rezensionen). Ich war verzweifelt. Vielleicht ist man in diesem Alter wirklich am meisten Schriftsteller. Aber dann kann man nicht schreiben, nicht aus Mangel an Können, sondern weil der Gegenstand zu nah ist, zu gewaltig. Ich glaube, vielleicht muß er zurückweichen, bevor man ihn mit der Feder erfassen kann. Auf jeden Fall ist das mit 20, 30, 40, und ich zweifle nicht daran, mit 50, 60 und 70, für mich die Aufgabe; nicht sonderlich edel oder heroisch, wie ich es in meinem eigenen Fall sehe, denn all meine Neigungen gehen dahin, zu schreiben; aber der Gegenstand der Bewunderung für mich, wenn jemand daherkommt, der in der Lage ist, es zu erreichen – wenn nur die eine Seite oder den einen Abschnitt; denn es gibt keine Lehrer, Heilige, Propheten, brave Menschen, mit Ausnahme der Künstler – wie Du sagtest – Aber der letzte Satz ist hoffnungslos unverständlich. Tatsächlich gelange ich ans Ende meiner Fähigkeiten als Briefeschreiberin. Ich habe noch viele Dinge zu sagen; aber sie verstecken sich unter ihren Decken, und nichts bleibt, als ins Feuer zu starren, und irgendein Buch zu befingern, bis die Ideen in mir wieder auffrischen, oder sie aufs neue unvermittelbar werden.

Außerdem glaube ich, daß viel Aufregendes und Spaßiges und absolut Frohes und Brillantes in unseren Mitmenschen liegt. Ich bin mir nicht sicher, ob Du Deinen Berg nicht doch verlassen solltest, Deine Chance ergreifen, und mit Deinen menschlichen Fähigkeiten auf Abenteuer gehen solltest – Freundschaften, Unterhaltungen, Beziehungen, der einfache tägliche Umgang. Warum halten junge Männer sich so lange Bücher vor die Augen? Französische Literatur fällt wie eine blaue Schattierung über die Landschaft.

Aber ich sage nicht, was ich meine, und sollte besser aufhören. Aber Du mußt mir wieder schreiben – alles, was Dir einfällt – Und wie wäre es mit etwas für die Hogarth Press?

Leonard fügt meinen Wünschen für die Zukunft die seinen hinzu.

Deine Virginia Woolf

P. S.

Ich füge eine Nachschrift hinzu, die erklären soll, wieso ich sage, daß man nicht verzichten darf. Ich meine, glaube ich, daß die Schönheit, die ich, wie Du sagst, manchmal erreiche, nur erreicht wird durch das Versagen, sie zu erreichen; indem man alle Feuersteine aneinander reibt; indem man sich dem stellt, was Demütigung sein muß – den Dingen, die man nicht tun kann – Sich die Schönheit bewußt zum Ziel zu setzen, ohne diesen offensichtlich sinnlosen Kampf, würde, wie ich denke, in kleinen Maßliebchen und Vergißmeinnichts resultieren – einfältigen Lieblichkeiten – wahren Liebesknoten – Aber ich stimme Dir zu, daß man (wir, in unserer Generation) letztendlich auf die Erreichung der größeren Schönheit verzichten muß: der Schönheit, die aus der Vollkommenheit entsteht, in Büchern wie Krieg und Frieden, und Stendhal, nehme ich an, und Teilen von Jane Austen; und Sterne; und ich vermute fast in Proust, von dem ich nur einen Band gelesen habe. Bloß daß ich jetzt, wo ich das geschrieben habe, bezweifle, ob es die Wahrheit ist. Hoffen wir nicht immer? und obwohl wir jedesmal scheitern, scheitern wir doch sicher nicht so vollständig, wie wir gescheitert wären, wenn wir nicht ursprünglich bereit gewesen wären, das Ganze zu attackieren. Man muß verzichten, wenn das Buch fertig ist; nicht bevor es begonnen wurde. Entschuldige, daß ich Dich weiter langweile: vielleicht hast

Du nichts dergleichen gesagt. Ich habe mich nur gefragt, woher es kommt, daß ich, obwohl ich manchmal versuche, mich auf die Dinge zu beschränken, die ich gut tue, immer weiter und weiter gezogen werde, von menschlichen Wesen, denke ich, heraus aus dem kleinen Kreis der Sicherheit, und weiter und weiter, zu den Strudeln; wo ich untergehe.

An Vita Sackville-West
Hogarth House, Paradise Road, Richmond, Surrey
3. Jan. [1923]

Liebe Mrs Nicolson,

ich hätte nie gewagt, Sie so zu bedrängen, hätte ich die Großartigkeit des Buches gekannt. Ich schäme mich wirklich sehr und möchte Ihnen sagen, daß Exemplare all meiner Bücher zu Ihrer Verfügung stehen, sobald Sie nur den Finger heben – aber sie sehen allesamt behäbig und schlampig und schäbig aus. Es gibt nichts, was ich mehr liebe als Familiengeschichten, und so falle ich über Knole her, sobald ich einen Augenblick Zeit habe.

Ich bin schamlos genug zu hoffen, daß die Gedichte nicht an die falsche Adresse gehen werden. Ich war darauf vorbereitet, die Nase über Eddies Georgianer zu rümpfen, und tat es auch; aber nicht über Ihre.

Würden Sie vielleicht zum Dinner zu uns kommen? Sagen wir Montag den 8ten, 7 Uhr 45.

Es ist nicht so sehr ein Dinner als vielmehr ein Picknick, da die Press in Speisekammer und Eßzimmer vorgedrungen ist, und wir ziehen uns nie um.

Ich würde Ihnen einen Zug heraussuchen und Ihnen eine Wegbeschreibung geben, wenn Sie kommen können, was ich hoffe.

Ihre sehr ergebene Virginia Woolf

An Vita Sackville-West
52 Tavistock Square, [W. C. 1]
Freitag [13. Mai 1927]

Geliebte Vita,

was für eine großzügige Frau Du bist! Dein Brief ist gerade angekommen, und ich muß ihn beantworten, wenn auch im Chaos. (Nelly, die zurückkommt: ihr Arzt; ihre Freundinnen; ihre Diät etc) Aber ich habe ehrlich gedacht, daß Du Dir nichts aus dem Lighthouse machen würdest: zu psychologisch; zu viele persönliche Beziehungen, denke ich. (Dies gilt nicht für den Blindband) Die Dinnergesellschaft das Beste, was ich je geschrieben habe: das eine, von dem ich meine, daß es meine Fehler als Schriftstellerin rechtfertigt: Diese verdammte »Methode«. Weil ich nicht glaube, daß man diese speziellen Gefühle auf irgendeine andere Weise hätte erreichen können. Ich hatte meine Zweifel bezüglich ›Time passes‹. Dieser Teil wurde in der Düsternis des Streiks geschrieben: dann schrieb ich ihn um: dann fand ich ihn als Prosa unmöglich – ich dachte, Du hättest ihn als Gedicht schreiben können. Ich weiß nicht, ob ich wie Mrs Ramsay bin: da meine Mutter starb, als ich 13 war, ist es wahrscheinlich eine kindliche Sicht von ihr: aber ich empfinde ein gewisses sentimentales Entzücken beim Gedanken daran, daß Du sie magst. Sie hat mich heimgesucht: aber das tat auch dieser alte Elende, mein Vater: Hältst Du es für sentimental? Hältst Du es ihm gegenüber für unehrerbietig? Ich würde es wirklich gerne wissen. Ich war ihm ähnlicher als ihr, denke ich; und daher kritischer: aber er war ein verehrungswürdiger Mann, und irgendwie ungeheuerlich.

Schau, liebstes Wesen, die jungen Männer [in Oxford] haben uns gemeinsame Zimmer im Clarendon besorgt, bevor sie meinen Brief bekamen: außerdem wollen sie, daß wir zuerst um 7 mit ihnen speisen: also müssen wir gegen 6 da sein. Wahrscheinlich ist der Zug am einfachsten. Laß mich wissen, was Dir paßt. Ich mache mir ziemliche Sorgen über meinen Vortrag; er könnte nicht passen; er könnte langweilig sein. Frag Harold, ob man zu Oxforder Studenten sagen kann, daß Gott nicht existiert? Wie man es in Cambridge sagen könnte.

Außerdem würdest Du uns bitte, bitte, bitte die Erzählung schicken, von der Du gesagt hast, Du hättest sie fast fertig? Dies ist überaus wichtig, da Lord Olivier nicht lebendig genug ist, um die Erzählungs-Serie zu tragen. Könntest Du sie nicht am Mittwoch mitbringen?

Aber wieso hältst Du mich für »einsam«. Liebenswürdig verstehe ich: nicht so ganz, einsam.

Ja, es ist eine gewaltige Erleichterung, daß das Buch Dir gefällt; ich war sicher gewesen, daß es das nicht tun würde. Ich habe so viele weitere Bücher im Kopf, daß es mich unglücklich machen würde zu denken, die ganze Brut sei dazu verdammt, uns weiter auseinander zu treiben. Das nächste wird besser sein als dieses, denke ich. Eine alte Kreatur schreibt und sagt, daß meine ganze Fauna und Flora der Hebriden völlig schief ist. Oh je! was soll ich da nur tun?

Also Liebste, Zug, Mittwoch, Ankunft zum Dinner. Ich bin in einen Hurenladen am Leicester Sqre gestürzt und habe mir einen Mantel gekauft.

Komm her wann immer es Dir paßt. Sag Harold, wir möchten, daß er zu uns zum Dinner kommt, und ich sehe jetzt ein wenig Hoffnung, bald das Dinner zu bekommen. Ob er kommt?

Die Erzählung! Die Erzählung!

VW.

(oh ich vergaß – Virginia Woolf)

Man muß sich für die jungen Männer nicht umziehen, oder? Nein.

An Ethel Smyth

52 Tavistock Sqre. WC1
Montag [26. Mai 1930]

Sieh her – ich habe eine neue Feder genommen.

Wenn ich bloß keine Schriftstellerin wäre, könnte ich Dir vielleicht ganz schlicht und ausdrucksvoll danken und Dich preisen und bewundern und Dir mit einem Wort sagen, was ich über das Konzert von gestern empfand. So jedoch formt sich ein Bild in meinem Kopf; eine lebende Dornenhecke, unzählbar verschlungen und stachelig und dornig; in der Mitte brennt eine Rose. Wunderbarerweise bist Du diese Rose; rosig gerötet, Perlen tragend. Die Dornenhecke ist die Musik; und ich muß mir meinen Weg durch Geigen, Flöten, Becken, Stimmen zu diesem rot brennenden Zentrum bahnen. Natürlich gebe ich zu, daß das nichts mit Musikkritik zu tun hat. Es ist nur das, was ich fühlte, als ich gestern auf meinem silbergeflügelten (war er geflügelt?) Stuhl auf dem schlüpfrigen Boden saß. Ich bin verzückt, daß Du, beherrschend und majestätisch wie Du bist, dieses Beben und Vibrieren von Feuer um Dich hast – flackernde Geigen, schnurrende Flöten; (das Bild ist das einer Winterhecke) – daß Du dazu fähig bist, diese Welt aus Deinem Mittelpunkt heraus zu schaffen. Vielleicht dachte ich nicht an die Musik, sondern an all die Lieben und Zeiten, die Du durchlebt hast. Mein Gott – was für eine Komplexität die Seele ist! Aber ich werde mir nicht die ganze Haut von den Fingern schaben bei dem Versuch, das zu erläutern. Aber meine liebe Ethel, es war schrecklich lieb von Dir, mich kommen zu lassen – oh je, ja – was für eine großzügige Frau Du bist – und wie ich Deine Großzügigkeit bewundere, und die Vehemenz, mit der Du den Boden mit Haarnadeln übersäst und in Deiner Rocktasche nach einem Brillenetui kramst und den Gouverneur von Zypern umarmst und uns alle in der Spontaneität und Rücksichtslosigkeit Deines Galopps umfängst.

Das ist es, was ich Leben nenne; das ist die Qualität, für deren Besitz ich mein Augenlicht geben würde. Natürlich hatte ich auf meine verstohlene und indirekte Art (da ich nun einmal wie eine Flunder bin, deren Augen nicht an der üblichen Stelle sitzen) einen Großteil davon schon vor Jahren in Deinen Büchern gelesen, und jetzt fange ich an, dies und andere Merkwürdigkeiten und Enthüllungen auch in Deiner Musik zu lesen. Es wird lange dauern, nicht nur, weil ich musikalisch so unbedarft bin, sondern weil all meine Fähigkeiten so emsig Neuigkeiten von so vielen Ethels gleichzeitig heranschaffen. Da sitze ich, nichts als eine Zielscheibe für Eindrücke, und versuche, jeden davon im Flug einzufangen und den goldenen oder weißen oder blauen Ring dafür zu finden. Das alles soll nur eine Erklärung für meine Stumpfheit und Einfalt von gestern sein. Ich konnte nicht sagen »Das hat mir am besten gefallen« oder »das«, weil ich damit beschäftigt war, auf eine schnelle, elementare Weise eine Myriade von Pfeilen auszusortieren. Aber vielleicht hast Du, mit Deinem Habichtsblick, auf den Grund meines Schweigens gesehen.

Und jetzt Ethel, tu bitte etwas für mich wirklich Großzügiges; und laß mich meinen Teil zur Unterhaltung beitragen: Bitte. Ich hatte eine Eintrittskarte (die ich verlor) und Tee, sehr guten Tee, und ich möchte einen Scheck ausstellen, den Du dem Herrn geben sollst, der wie ein wütender Frosch im Hintergrund das Becken schlug. Er braucht eine neue Krawatte – sie ist auf der linken Seite ganz speckig. Bitte laß ihm dies mit meinen besten Wünschen zukommen.

Nun: meine Köchin [Nelly] hat es an den Nieren: Ich warte auf den Doktor; vielleicht muß ich sie ins Krankenhaus bringen – Ein trübseliger Morgen. Aber ich kehre zu der Rose zwischen den Dornen zurück wie eine alte Zigeunerin in einem feuchten Straßengraben, die sich die Hände am Feuer wärmt. Und dann müssen wir 3 Skandinavier zum Lunch in ein Restaurant führen.

Da ist der Doktor. Nein: falscher Alarm.

Trotzdem, ich muß dies zu Ende bringen und mich mit den Problemen des normalen und natürlichen menschlichen Lebens befassen.

Übrigens hat Pinka 6 Junge bekommen, alle schwarz, in meinem Sessel in Rodmell.

Ich habe geschrieben, um M[aurice]. Baring zum Dinner einzuladen, zusammen mit Eliz [Williamson]: keine Antwort: ich habe an die Adresse in Chelsea geschrieben. Was soll ich tun? O Ethel bitte sag mir, was soll ich tun?

Virginia

An John Lehmann
Monks House, Rodmell, [Sussex]
17. Sept [1931]

Lieber John,

ich bin Dir überaus dankbar für Deinen Brief. Er hat mich den ganzen gestrigen Tag glücklich gemacht. Ich war fest davon überzeugt gewesen, daß die Waves ein Fehlschlag wären, in dem Sinn, daß sie niemandem irgend etwas vermitteln würden. Und dann bist Du so voller Einsicht, und bist im Verstehen meiner Richtung soviel weiter und tiefer vorgedrungen als ich es für möglich gehalten hätte, daß ich unendlich erleichtert bin.

Nicht daß ich mit vielen solchen Lesern rechne. Und ich bin ziemlich bestürzt zu hören, daß wir 7000 gedruckt haben: denn ich bin sicher, daß 3000 jeglichen Appetit befriedigen werden; und dann werden die anderen 4 für immer wie verwesende Leichen im Arbeitszimmer um mich herum sitzen (ich habe den Tisch aufgeräumt – für Dich, nicht für die Leichen). Ich pflichte Dir bei, daß das Buch sehr schwierig ist – es starrt vor Entsetzlichkeiten, obwohl ich nie so hart wie in diesem Fall daran gearbeitet habe, sie zu glätten. Aber es war, wie ich denke, ein schwieriger Versuch – ich wollte alle Details eliminieren; alle Fakten; und Analysen; und mich selbst; und dennoch nicht frigide und rhetorisch sein; und nicht monoton (was ich bin) und die Schnelligkeit der Prosa bewahren und dennoch den einen oder anderen Funken schlagen, und nicht poetisch schreiben, sondern reinrassige Prosa, und die Elemente der Charaktere wahren; und dennoch sollte es viele Charaktere geben, und gleichzeitig nur einen; und dazu eine Unendlichkeit, einen Hintergrund dahinter – nun, ich gebe zu, ich habe ein zu großes Stück abgebissen.

Aber genug, wie die Dichter sagen. Wenn ich weitere 50 Jahre lebe, werde ich, denke ich, diese Methode zu irgendeinem Nutzen bringen, aber da ich in 50 Jahren unter dem Teich sein werde, während die Goldfische über mir schwimmen, sind diese gewaltigen Ambitionen wahrscheinlich ein wenig töricht und werden die Press in den Ruin treiben. Dabei fällt mir ein – ich halte Deine Idee eines

Briefes für höchst brillant – An einen jungen Dichter? weil ich überschäume vor unausgegorenen und schlecht durchdachten und wilden und irritierenden Ideen über Prosa und Lyrik. Also leih mir Deinen Namen – (und laß mich als eine Art Frontispiz eine Charakterskizze von Dir anfertigen) – und dann werde ich alles hervorsprudeln, was mir über Euch junge Leute einfallen will, und über uns alte, und Romane – wie verdammt sie sind – und die Lyrik, wie tot. Aber ich muß einen Blick auf das Thema werfen, und Du mußt antworten, »An eine alte Romanschriftstellerin« – ich muß Auden lesen, den ich nicht gelesen habe, und Spender (seinen Roman werde ich, ich schwöre es, heute abend in Angriff nehmen). Das ganze Thema schreit nach Briefen – Schwärmen, Salven von ihnen, von jeder Seite. Warum nicht Spender und Auden und Day Lewis dazu bringen, sich zu beteiligen? Aber Du mußt zu Miss Belsher gehen, und ich zu meinem Lunch.

Dies ist nur ein Gekritzel um zu sagen, wie dankbar ich für Deinen Brief bin.

Deine Virginia Woolf

An Vanessa Bell
Monks House, [Rodmell, Lewes, Sussex]
1. Oktober. [1938]

Dein Brief ist gerade gekommen. Ich habe letzten Mittwoch einen sehr hastigen Brief an Dich zusammengestückelt, halb im Gedanken, daß Du sonstwo festsitzt und ihn deswegen nicht bekommst. Jetzt werde ich immer noch in Eile und daher tippend, um Deine alten Augen zu schonen, die Erzählung fortsetzen. Wahrscheinlich ist es inzwischen eine alte Geschichte; aber zweifellos wirst Du Wiederholungen entschuldigen. Noch nie nie hat es eine Zeit wie diese gegeben. Letztes Wochenende waren wir in Charleston und sehr trübsinnig. Der Trübsinn steigerte sich am Montag. Es goß in Strömen.

Dann rief am Morgen Kingsley Martin an und beharrte darauf, L. müsse sofort nach London kommen und einen verzweifelten Versuch unternehmen, Labour und Liberale zu vereinen – um was zu tun, war nicht klar. Aber er machte einen verzweifelten Eindruck, und so warfen wir ein Nachthemd in eine Tasche und fuhren los. In London war es hektisch und trübsinnig und gleichzeitig zum Verzweifeln und doch zynisch und ruhig. Die Straßen waren voller Menschen. Überall sprachen die Menschen laut über den Krieg. Haufen von Sandsäcken in den Straßen, außerdem Männer, die Gräben aushoben, Lastwagen, die Bretter ablieferten, Lautsprecher, die langsam vorbeifuhren und die Bürger von Westminster feierlich ermahnten, Geht und laßt Euch Eure Gasmasken anpassen. Eine lange Schlange wartete vor dem Mary Ward Settlement, um sich anpassen zu lassen. L. machte sich sofort auf den Weg, um K. M. zu sehen. Ich besprach mich mit Mabel [dem Hausmädchen]. Wir kamen überein, daß es für sie am besten wäre, nach Bristol zu gehen – ob sie es getan hat oder nicht, weiß ich noch nicht. Dann kam L zurück und sagte, Kingsley sei verzweifelt; sie hatten zwei Stunden geredet; alle kamen ins Büro des N. S [New Statesman] und redeten; Telefone klingelten unaufhörlich. Alle sagten, der Krieg sei unausweichlich; aber auch, daß es keinen Krieg geben würde. Kingsley kam zum Dinner. Er hatte schwarze Kohleränder um die Augen und war melodramatischer und theatralischer als je. Hitler sollte seine Rede um 8 halten. Wir hatten kein Rundfunkgerät, aber er sagte, er würde die BBC anrufen, wenn sie vorbei sei, und die Wahrheit in Erfahrung bringen. Dann saßen wir und diskutierten über das unvermeidliche Ende der Zivilisation. Er marschierte im Zimmer auf und ab und ließ durchklingen, er habe die Absicht, sich umzubringen. Er sagte, der Krieg würde unser ganzes Leben lang dauern; außerdem würden wir mit großer Wahrscheinlichkeit besiegt werden. Jedenfalls habe Hitler vor, London zu bombardieren, wahrscheinlich ohne Warnung; der Plan sei, achtundvierzig Stunden lang in Abständen von zwanzig Minuten Bomben auf London zu werfen. Außerdem wolle er alle Straßen und Eisenbahnen zerstören; daher wäre Rodmell genauso gefährlich wie Bloomsbury. Dann brach er ab; rief Clark an, den Nachrichtenmann bei der BBC, »Ah – also ist es hoffnungslos ...« Dann zu uns, »Hitler grölt; die Masse heult wie ein wildes Tier.« Weitere Gespräche einer kummervollen Art. Jetzt werde ich Clark nochmal anrufen ... Ah es könnte also nicht schlimmer sein ... Zu uns. Nein Hitler ist verrückter denn je ... Trink einen Whisky Kingsley, sagte L. Nun, es ist so oder so egal, sagte K. Endlich ging er. Was werden Sie jetzt machen? fragte ich. Durch die Straßen laufen. Es hat keinen Zweck – ich kann nicht schlafen. Also schüttelten wir uns die Hand, wie ich es verstand, zum letzten Mal.

Am nächsten Morgen Dienstag war jeder sicher, daß wir Krieg hätten. Jeder, mit Ausnahme eines armen kleinen Jungen in einem Laden, der den Kopf verloren hatte und halb weinte, als ich um ein Paket Briefumschläge bat (und vielleicht war er in irgendeinen Streit verwickelt), war absolut ruhig; und auch ohne Hoffnung. Es war ganz anders als 1914. Jeder sagte, Wahrscheinlich werden wir gewinnen, aber wenn ja, wird es genauso schlimm sein. Ich ging in die London Library um wegen Roger ein paar Zeitungen nachzuschlagen. Ich saß im Keller und hatte die Times aus dem Jahr 1910 offen vor mir liegen. Ein alter Mann wischte Staub. Er ging weg; kam dann zurück und sagte sehr freundlich, »Sie sagen, wir sollen unsere Gasmasken anziehen, Madam« Ich dachte, der Angriff hätte angefangen. Aber er erklärte, es sei nur wieder der Lautsprecher, der sich an die Bürger von Westminster wende. Dann fragte er, ob er unter meinem Stuhl fegen könne; und sagte, sie hätten einen Vorrat an Sandsäcken eingelagert, aber wenn eine Bombe fiele, würden nicht viele Bücher übrigbleiben. Danach ging ich zur National Gallery, und eine Stimme drängte mich erneut, sofort meine Gasmaske anpassen zu lassen. Die Nat Gallery war voller als üblich; ein netter alter Mann hielt einer aufmerksamen Menge einen Vortrag über Watteau. Vermutlich wollten alle einen letzten Blick werfen.

Ich ging nach Hause und stellte fest, daß L. vereinbart hatte, daß die Press weitermachen würde; die Mitarbeiter aber aufs Land gehen sollten, wenn sie wollten. Dann sagte Miss Hepworth, die Vertreterin, die Läden würden sich größtenteils weigern, überhaupt noch zu kaufen, und größtenteils schließen. Also sah es so aus, als würden wir zumachen müssen. Die Mitarbeiter wollten weitermachen, da sie auf dem Land nichts haben, wohin sie gehen könnten; und natürlich kein Geld. Wir verabredeten, die Löhne so lange zu zahlen, wie wir können – aber die Pläne waren vage. Mrs Nicholls sagte, sie würde es vorziehen, im Schutzgraben zu liegen, der auf dem Platz ausgehoben wurde; Miss Perkins zog es vor, im Lagerraum zu sitzen, den sie zum Teil mit Matratzen etc. ausstaffiert hatte. Dann, nach dem Lunch, kam eine amerikanische Redakteurin und bat mich, einen Artikel über Kultur in den Vereinigten Staaten zu schreiben. Wir stimmten jedoch überein, daß die Kultur in Gefahr sei. Tatsächlich, so sagte sie, seien die meisten englischen Autoren entweder in Suffolk oder dabei, nach Amerika zu gehen. In Suffolk quartierten sie bereits Kinder aus dem East End in Cottages ein. Dann kam Rosinsky; er glaubte, ein Visum für Amerika zu haben und wollte versuchen, sofort zu fahren. Dann rief Mrs Woolf an um zu sagen, sie würde nach Maidenhead gehen, wenn sie Zimmer bekommen könne. Dann kam ein Express von Victoria Ocampo, die gerade aus Südamerika gelandet war, mich sofort sehen wollte, versuchte, nach Amerika zu fliegen, und was sollte sie nur mit einer Schwester machen, die krank war – könnten wir einen sicheren Zufluchtsort vorschlagen? Außerdem riefen Phil Baker und andere Leonard an. Das alles war ziemlich aufreibend; was würden wir brauchen, wenn wir in Rodmell festsäßen, ohne Benzin, oder Fahrräder? L. nahm seinen Regenmantel und einen dicken Mantel mit; ich Rogers Briefe an Dich, und einen Packen frankierter Briefumschläge. Dann mußten wir uns von der Press verabschieden, und ich kam mir wie ein ziemlicher Feigling vor, da sie sichtlich nervös aber auch sehr vernünftig waren; und sie hatten keinen Garten. Aber die Reg. hatte alle, die konnten, aufgefordert, London zu verlassen; und John [Lehmann] war da, das Kommando zu übernehmen. Also fuhren wir.

Es goß in furchtbaren Strömen; die Straßen vollgestopft; Männer nagelten Läden vor Schaufenster; Sandsäcke wurden aufgehäuft; und ein allgemeines Gefühl von Flucht und Hast. Außerdem war es sehr dunkel; und wir brauchten gut drei Stunden, um zurückzukommen. Um zehn Uhr klopfte Mr Perkins und kam mit einer Schachtel Gasmasken herein, die er uns anpaßte. Kaum war er weg, kam Mr Jansen mit einer anderen Schachtel. Er sagte, am nächsten Morgen würden Kinder aus dem East End eintreffen. Und tatsächlich, am nächsten Tag, – aber ich habe Dir geschrieben und Dir erzählt, wie wir die Nachricht von der sensationellen Erklärung des Premierministers hörten – wir dachten, sie bedeute wenigstens eine Pause – nun, danach kam Mr Perkins und sagte, die Kinder kämen – 9000 müßten in Sussex einquartiert werden; fünfzig in Rodmell; wie viele könnten wir unterbringen? Wir sagten, daß wir zwei nehmen würden. Inzwischen wurde das Albtraumgefühl immer albtraumhafter; immer absurder; denn niemand wußte, was los war; und doch verhielten sich alle so, als hätte der Krieg angefangen. Mr Hartman [aus Southease] hatte seine Scheune in ein Hospital verwandelt und so weiter. Natürlich fanden wir das alles lächerlich; aber immer noch brachten sie im Radio Meldungen, daß man London verlassen solle; und daß Postkarten mit Briefmarken an Flüchtlinge ausgegeben würden, die an sicheren Orten untergebracht würden, aber sie dürften nicht fragen, wo. Jeden Augenblick könnten die fünfzig Kinder ankommen. Außerdem würde der Erzbischof Gebete sprechen; und einmal war die Stimme des Papstes zu hören ... Aber ich werde abkürzen; und überspringen nach Sissinghurst; wohin wir am Donnerstag fuhren; und hörten, daß der italienische König die Situation gerettet hatte, indem er mit seiner Abdankung drohte. Harold hatte gesehen, wie der Premierminister sichtlich zehn Jahre jünger wurde, als er die Nachricht verlas, die ihm überreicht wurde. Es war vorbei. Und ich muß Bowls spielen. Leonard schickt eine Nachricht an Q[uentin]; seiner Meinung nach haben wir einen unehrenhaften Frieden für sechs Monate.

Ich werde wieder schreiben. Maynard kommt morgen. Pläne vage; aber wir schreiben hier, wo wir wahrscheinlich für den Augenblick bleiben werden. [handschriftlich:] Keine Zeit, dies durchzulesen.

Post geht, B.

An George Bernard Shaw
Monk's House, Rodmell, bei Lewes, Sussex
15. Mai 1940

Lieber Mr Shaw,

Ihr Brief hat mich vor lauter Freude für zwei Tage verstummen lassen. Es wird Sie nicht überraschen zu hören, daß ich prompt mehrere Abschnitte daraus entnommen und in meine Fahnen eingefügt habe. Sie können deswegen gern jegliche Schritte unternehmen.

Was das Verlieben angeht, so war es, lassen Sie mich das gestehen, nicht einseitig. Als ich Sie bei den Webbs [1916] kennenlernte, war ich gegen alle großen Männer voreingenommen, da ich im Haus meines Vaters mit ihnen überfüttert worden war. Ich wollte nur Geschäftsmänner kennenlernen – und (sagen wir) Rennexperten. Aber im Handumdrehen brachten Sie mich dazu, das alles neu zu überdenken und mich Ihnen zu Füßen zu werfen. Tatsächlich haben Sie in meinem Leben in den letzten dreißig Jahren die Rolle des Liebhabers gespielt; und obwohl das wahrscheinlich nichts ist, womit man groß prahlen kann, wäre ich ohne Bernard Shaw eine schlechtere Frau gewesen. Das ist der Grund – ich meine die Vielzahl derer, die Sie lieben, und wie Sie unter ihnen leiden müssen – warum Leonard und Virginia sich Ihnen nie aufdrängen wollten. Aber wir haben eine vorübergehende Behausung – 37 Mecklenburgh Square – in London; und falls Mr Shaw je sein Taschentuch fallenlassen sollte – um auf das Liebesthema zurückzukommen – würden wir uns nichts sehnlicher wünschen, als Sie zu besuchen.

Was das Bild von Roger Fry angeht, so würde ich es dankbar annehmen. Für dieses Angebot, und für Ihren Brief, und für alles andere, was Sie mir gaben, bin ich immer demütig und dankbar Ihre

Virginia Woolf

Übrigens ist Heartbreak House mir das liebste von all Ihren Werken.

An Ethel Smyth
Monks House, Rodmell, [Sussex]
6. Dez. 1940

Wenn Du wissen willst, Ethel Smyth, Dame, Commander of the British Empire, wieso ich nicht längst geschrieben habe, so weil ich den ganzen Meck Sqre 37 in dieses Cottage ausleeren mußte. Oh ich kann nicht auf die elenden Details eingehen – wie wir nach London fuhren und sahen, daß Pilze aus den Teppichen sprossen, Pfützen auf den Stühlen standen, und Glas links rechts, und dann stürzte eine Decke ein. Also mieteten wir Lieferwagen. Vor drei Tagen kamen sie an. Sintflutartige Regenfälle. Mitten im Entladen von Betten etc in das Bauernhaus, wo wir 3 Zimmer gemietet hatten, geriet der Bauer in Panik – sagte, wir müßten aufhören: sagte, wir dürften keine einzige weitere Handvoll hinzufügen – erinnerte sich plötzlich daran, daß seine Dachböden Feuer fangen würden, wenn sie von einer Bombe getroffen würden; und warf uns so hinaus in die Fluten, und wir mußten die Hälfte des Trosses hierher bringen. Also bin ich völlig blau und schwarz vom Umziehen. Und das Haus ist vollgepackt wie ein Kaufpalast. Und 4 Tonnen Bücher kamen gestern. Und die Druckerpresse und alle Typen kommen morgen. Es ödet mich derart an, daß ich es nicht einmal schreiben kann. Öde und Unruhe und Kämpfe mit der Materie haben mich diese letzten vierzehn Tage gequält. Und Vorträge im Gemeindesaal; und 15 Leute, für die Sitze zu finden und die zu wärmen waren. Und das Womens Institute wählt mich zur Schatzmeisterin. Und ich muß 30 Sixpences einsammeln und Mrs Freeth 2 Shilling 3 Pence für Miete für den Saal zahlen.

Laß uns jetzt von etwas Interessantem reden. Ich wollte sagen, wieso schreibst Du keine Art Common Reader der Musik? Nun denk darüber nach. Schreib Deine Liebe und Deinen Haß für Bach Wagner etc in simplem Englisch nieder. Ich habe einen Hintergedanken dabei. Ich möchte den Einfluß der Musik auf die Literatur erforschen. Aber es gibt kein einziges Buch über Musik, das mir einen Fingerzeig gibt – Parry nur Polsterung. Was ist mit Tovey? Zu metaphysisch. Ethel ist die [*letzte Seite fehlt*]

[*am Kopf der Seite eingefügt*]
Bewahre nie nie Briefe auf, Ethel. Sie sind eine Plage wenn man umziehen muß.

An Leonard Woolf
[Monks House, Rodmell, Sussex]
Dienstag [18.? März 1941]

Liebster,
Ich bin mir sicher, daß ich wieder wahnsinnig werde: Ich habe das Gefühl, daß wir nicht noch eine dieser schrecklichen Zeiten durchmachen können. Und dieses Mal werde ich nicht wieder gesund werden. Ich fange an, Stimmen zu hören, und kann mich nicht konzentrieren. Also tue ich, was das Beste zu sein scheint. Du hast mir das größtmögliche Glück geschenkt. Du warst in jeder Hinsicht alles, was jemand mir sein konnte. Ich glaube nicht, daß zwei Menschen glücklicher hätten sein können bis diese schreckliche Krankheit kam. Ich kann nicht länger dagegen ankämpfen, ich weiß, daß ich Dein Leben ruiniere, daß Du ohne mich arbeiten könntest. Und das wirst Du ich weiß. Du siehst ich kann nicht einmal das hier ordentlich schreiben. Ich kann nicht lesen. Ich will sagen, daß ich alles Glück meines Lebens Dir verdanke. Du warst absolut geduldig mit mir und unglaublich gut. Ich will das sagen – alle wissen es. Wenn überhaupt jemand mich hätte retten können, wärst Du es gewesen. Alles ist von mir gegangen bis auf die Gewißheit Deiner Güte. Ich kann Dein Leben nicht länger ruinieren.

Ich glaube nicht, daß zwei Menschen glücklicher hätten sein können als wir es waren.

V.

An Vanessa Bell, 8. August 1909
Vanessa Bell: »Nessa« (1879–1961), Malerin; Virginia Woolfs ältere Schwester und, neben Leonard Woolf, der wichtigste Mensch in ihrem Leben. Sie heiratete 1908 den Kunstkritiker Clive Bell, lebte jedoch von 1914 bis zu ihrem Tod mit dem Maler Duncan Grant (1885–1978) zusammen.
Bayreuth: Am 5. August reiste Virginia Woolf – damals noch Virginia Stephen – zusammen ihrem Bruder Adrian und Saxon Sydney-Turner, einem Freund ihres verstorbenen Bruders Thoby, nach Deutschland. Zuerst fuhren sie nach Bayreuth, anschließend nach Dresden.
B.: Für »Billy«, einen der Tiernamen, die die Schwestern füreinander benutzten.

An Leonard Woolf, 1. Mai 1912
Leonard Woolf (1880–1969), ein Studienfreund von Virginia Stephens Bruder Thoby aus der Studienzeit in Cambridge, war seit 1904 in der Kolonialverwaltung in Ceylon tätig. Während eines längeren Urlaubs in England hatte er sich in Virginia Stephen verliebt und ihr Anfang 1912 einen Heiratsantrag gemacht. Dieser Brief veranlaßte ihn, seinen Urlaub nicht zu verlängern, sondern seinen Abschied als Kolonialbeamter einzureichen. Virginia Stephen und Leonard Woolf heirateten im August 1912.
Asheham: Ein Haus in der Nähe von Firle in Sussex, das Virginia Stephen zusammen mit Vanessa Bell Anfang 1912 als Landhaus gemietet hatte. Sie und Leonard Woolf nutzten es bis 1919.

An Lytton Strachey, 1. September 1912
Der Schriftsteller *Lytton Strachey* (1880–1932), ebenfalls ein Studienfreund von Thoby Stephen, wurde nach dessen Tod einer der engsten Freunde von Virginia Woolf und gehörte zur »Bloomsbury Group«, dem Kreis von Künstlern und Literaten, der sich um 1905 in London im Haus der Geschwister Stephen zusammengefunden hatte.
Virginia und Leonard Woolf fuhren auf ihrer Hochzeitsreise zunächst nach Somerset, wo der Lyriker, Kritiker und Philosoph Samuel Coleridge (1772–1834) und zeitweise auch der Schriftsteller Robert Southey gelebt hatten. Dann reisten sie in die Provence, nach Spanien und Italien.
Old Wives Tales: *The Old Wives' Tale* (1908), Roman von Arnold Bennett (1867–1931).
Pope: Der Dichter Alexander Pope (1688–1744).

Brunswick Square: Nr. 38, die Adresse von Leonard und Virginia Woolf in London.

An Duncan Grant, 11. Februar 1920
Hogarth House: Das Haus in Richmond bei London, in dem Virginia und Leonard Woolf von 1915 bis 1924 wohnten und nach dem ihr 1917 gegründeter Verlag ›The Hogarth Press‹ benannt ist.
Colonel Young, Miss Elves: Freunde von Duncan Grants Mutter.
Ottoline: Die Kunstmäzenin Lady Ottoline Morrell (1873–1938). In ihrem gastlichen Haus trafen sich Schriftsteller, bildende Künstler und Pazifisten.

An Lytton Strachey, 17. April 1921
Victoria: Lytton Stracheys Roman *Queen Victoria* (1921).

An Roger Fry, 6. Mai 1922
Roger Fry (1866–1934), Kunsthistoriker und Maler; eng befreundet vor allem mit Vanessa Bell. Er hatte 1911 mit einer ersten Ausstellung das Werk der Postimpressionisten in London eingeführt und 1913 die Omega-Workshops zur Herstellung von dekorativen Kunstgegenständen wie Stoffen, Teppichen und bemalten Möbeln gegründet.
Scott Moncreiff: C. K. Scott Moncrieff (1889–1930) hatte Prousts *À la recherche du temps perdu* ins Englische übersetzt.

An Gerald Brenan, 1. Weihnachtstag 1922
Monk's House: Das Haus in Rodmell in Sussex hatten die Woolfs 1919 gekauft.
Gerald Brenan (1894–1987) hatte 1920 England verlassen, um in den Bergen bei Granada in Spanien zu leben und sich der Schriftstellerei zu widmen. Die Woolfs hatten ihn während eines seiner Besuche in England bei Lytton Strachey kennengelernt.

An Vita Sackville-West, 3. Januar 1923
Victoria (»Vita«) Sackville-West (1892–1963), Romanautorin, Lyrikerin, war die Tochter des 3rd Baron Sackville und die Frau des Diplomaten und Schriftstellers Harold Nicolson. Virginia Woolf hatte sie im Dezember 1922 kennengelernt. Zwischen den beiden entstand eine stürmische Liebesbeziehung, aus der später eine Freundschaft wurde. Berühmt ist der von Vita Sackville-West geschaffene Garten um ihren Landsitz Sissinghurst in Kent.
Knole: Vita Sackville-West hatte gerade die Geschichte ihrer Familie und

ihres Stammschlosses Knole in Kent veröffentlicht: *Knole and the Sackvilles* (1922).
Die Gedichte: Vita Sackville-Wests Gedichtband *Orchard and Vineyard* (1921).
Eddies Georgianer: Georgian Poetry (1922), eine jährliche Anthologie zeitgenössischer Lyrik, herausgegeben von Edward Marsh.

An Vita Sackville-West, 13. Mai 1927
Nelly: Die Köchin der Woolfs.
Lighthouse: Virginia Woolfs Roman *To the Lighthouse* war kurz zuvor erschienen. Deutsch: *Zum Leuchtturm*, Frankfurt: S. Fischer, 1991. Zugleich mit dem Buch hatte Virginia Woolf Vita Sackville-West einen Band mit leeren Seiten geschickt mit der Widmung: »Meiner Meinung nach der beste Roman, den ich je geschrieben habe.«
›Time passes‹: Der mittlere Teil von *To the Lighthouse*, in dem das Vergehen der Zeit in der Beschreibung des allmählichen Verfalls eines Hauses demonstriert wird.
Mr und Mrs Ramsay in *To the Lighthouse* tragen Züge von Virginia Woolfs Eltern.
Vortrag: Am 18. Mai hielt Virginia Woolf vor Studenten in Oxford einen Vortrag mit dem Thema ›Poetry, Fiction and the Future‹. Sie hatte Vita Sackville-West überredet, sie zu begleiten.
Lord Olivier: Die geplante Erzählungs-Serie im Verlag ›The Hogarth Press‹ kam über einen einzigen Titel, nämlich Lord Oliviers *The Empire Builder* (Mai 1927), nicht hinaus.

An Ethel Smyth, 26. Mai 1930
Dame Ethel Smyth (1858–1944), Komponistin, Schriftstellerin, Feministin. Sie kämpfte energisch um Aufführungen ihrer Kompositionen wie für die Rechte der Frauen. Ihr entschiedener Wunsch, die Autorin von *A Room of One's Own* (1929; deutsch: *Ein eigenes Zimmer*, Frankfurt: S. Fischer, 2001) kennenzulernen, führte Anfang 1930 zum ersten Treffen mit Virginia Woolf.
Pinka: Der schwarze Cockerspaniel, den Vita Sackville-West 1926 den Woolfs geschenkt hatte; das Urbild von *Flush* in Virginia Woolfs gleichnamigem Roman (1933; deutsch im S. Fischer Verlag 1993).
Der Schriftsteller *Maurice Baring* (1874–1945) war mit Ethel Smyth befreundet. *Elizabeth Williamson* (1901–1980), eine Großnichte von Ethel Smyth, unterrichtete Mathematik und Astronomie am University College in London.

An John Lehmann, 17. September 1931

Der junge Lyriker *John Lehmann* (1907–1987) war seit Beginn des Jahres Mitarbeiter der ›Hogarth Press‹.

die Waves: John Lehmann hatte Virginia Woolfs Roman *The Waves* noch vor dem Erscheinen am 8. Oktober gelesen. (*Die Wellen*, Frankfurt: S. Fischer, 1991)

An einen jungen Dichter: Diese Idee John Lehmanns hat Virginia Woolf aufgegriffen: 1932 veröffentlichte sie ihren *Letter to a Young Poet* (›Ein Brief an einen jungen Dichter‹, in: *Der Tod des Falters*, Frankfurt: S. Fischer, 1997).

Auden, Spender, Day Lewis: Durch John Lehmann entwickelten sich Kontakte der ›Hogarth Press‹ zur Generation der jungen Lyriker, so zu W. H. Auden (1907–1973), Stephen Spender (1909–1995) und Cecil Day Lewis (1904–1972).

Miss Belsher: Peggy Belsher, eine Angestellte der ›Hogarth Press‹.

An Vanessa Bell, 1. Oktober 1938

Vanessa Bell war Mitte September nach Südfrankreich abgereist. Durch die deutsch-tschechoslowakische Krise war eine akute Kriegsgefahr entstanden. Mit dem Münchener Abkommen vom 29. September 1938 konnte ein Krieg in letzter Minute abgewendet werden.

Charleston: Das Bauernhaus in Sussex, in dem Vanessa Bell und Duncan Grant wohnten und arbeiteten.

Kingsley Martin: Der Herausgeber der Wochenzeitung *New Statesman & Nation.*

Roger Fry war 1934 gestorben; Virginia Woolf arbeitete an seiner Biographie. Sie erschien 1940 bei der ›Hogarth Press‹.

Herbert Rosinski war ein Flüchtling aus Nazi-Deutschland. Sein Buch *The German Army* erschien 1939 bei der ›Hogarth Press‹.

Mrs Woolf: Leonard Woolfs Mutter.

Die argentinische Schriftstellerin *Victoria Ocampo* (1890–1979) gab in Buenos Aires die intellektuelle Zeitschrift *Sur* heraus und gründete den gleichnamigen Verlag. Sie und Virginia Woolf hatten sich 1934 in London kennengelernt und angefreundet.

Philip Noel-Baker (1889–1972) war Parlamentsmitglied für die Labour-Partei.

Sissinghurst: Der Landsitz von Vita Sackville-West und Harold Nicolson in Kent. Harold Nicolson war Parlamentsmitglied für die Labour-Partei und hatte miterlebt, wie Premierminister Chamberlain am 28. September während einer Rede vor dem Unterhaus den Vorschlag Hitlers für eine Konferenz am nächsten Tag in München zur Beilegung der Krise erhielt.

Der Wirtschaftswissenschaftler *John Maynard Keynes* (1883–1946), Studienfreund von Lytton Strachey und Leonard Woolf in Cambridge, war mit den Mitgliedern der »Bloomsbury Group« eng befreundet. 1919 war er Leiter der britischen Delegation bei der Pariser Friedenskonferenz gewesen, hatte aber aus Protest gegen die Bedingungen, die Deutschland auferlegt werden sollten, sein Amt niedergelegt.

An George Bernard Shaw, 15. Mai 1940
Shaw hatte Virginia Woolf eine lebhafte Schilderung eines Essens im Jahr 1917 mit Roger Fry und dem Komponisten Edward Elgar geschickt. Auszüge daraus finden sich in ihrer Biographie *Roger Fry*.

An Ethel Smyth, 6. Dezember 1940
Die Londoner Wohnung der Woolfs, Mecklenburgh Square 37, war im September 1940 durch einen Bombenangriff schwer beschädigt worden und war unbewohnbar.
Common Reader: Virginia Woolf publizierte zwei Sammlungen ihrer Essays unter dem Titel *The Common Reader* (1925, 1932). Sie erschienen auf deutsch unter dem Titel *Der gewöhnliche Leser* (Frankfurt: S. Fischer, 1989, 1990.)
Sir Hubert Parry (1848–1918), Komponist und Lehrer. Sein Werk *Art of Music* erschien 1894. – *Sir Donald Tovey* (1875–1940), Komponist, Dirigent; Autor der *Essays in Musical Analysis* (1935–39).

An Leonard Woolf, 18. März 1941
Am unteren Rand dieses Briefes notierte Leonard Woolf: »Das ist der Brief, den sie für mich auf dem Tisch im Wohnzimmer liegenließ und den ich um 1 Uhr am 28. März fand.« Der Brief war möglicherweise schon früher geschrieben worden. Virginia Woolf hatte, bevor sie sich in dem Fluß Ouse das Leben nahm, einen weiteren Abschiedsbrief mit gleichem Inhalt in dem Gartenhaus hinterlassen, in dem sie arbeitete.

Nachweise

Romane

Die Fahrt hinaus
Originalausgabe: *The Voyage Out*. London: Duckworth 1915.

Deutsch von Karin Kersten.
Herausgegeben und kommentiert von Klaus Reichert.

Auszüge: Kapitel 12, 13, 20

Jacobs Zimmer
Originalausgabe: *Jacob's Room*. London: The Hogarth Press 1922.

Deutsch von Heidi Zerning.
Herausgegeben und kommentiert von Klaus Reichert.

Auszug: Kapitel XII

Mrs Dalloway
Originalausgabe: *Mrs Dalloway*. London: The Hogarth Press 1925.

Deutsch von Walter Boehlich.
Herausgegeben und kommentiert von Klaus Reichert.

Auszug: Szene Clarissa Dalloway – Peter Walsh

Zum Leuchtturm
Originalausgabe: *To the Lighthouse*. London: The Hogarth Press 1927.

Deutsch von Karin Kersten.
Herausgegeben und kommentiert von Klaus Reichert.

Auszug: Teil I, Kapitel 17

Orlando. Eine Biographie
Originalausgabe: *Orlando. A Biography.* London: The Hogarth Press 1928.

Deutsch von Brigitte Walitzek.
Herausgegeben und kommentiert von Klaus Reichert.

Auszug: Kapitel III

Die Jahre
Originalausgabe: *The Years*. London: The Hogarth Press 1937.

Deutsch von Brigitte Walitzek.
Herausgegeben und kommentiert von Klaus Reichert.

Auszug: 1907

Kurzprosa

Die englischen Texte erschienen in:
The Complete Shorter Fiction. London: The Hogarth Press 1985. © Quentin Bell und Angelica Garnett 1985, 1989.
Die Übersetzungen erschienen in:
Das Mal an der Wand. Gesammelte Kurzprosa. Herausgegeben und kommentiert von Klaus Reichert. © S. Fischer Verlag, Frankfurt am Main 1989.

Das Mal an der Wand
The Mark on the Wall.
Deutsch von Marianne Frisch

Kew Gardens
Kew Gardens.
Deutsch von Marianne Frisch

Montag oder Dienstag
Monday or Tuesday.
Deutsch von Marianne Frisch

Ein verwunschenes Haus
A Haunted House.
Deutsch von Brigitte Walitzek

Die Witwe und der Papagei: Eine wahre Geschichte
The Widow and the Parrot: A True Story.
Deutsch von Brigitte Walitzek

Das neue Kleid
The New Dress.
Deutsch von Brigitte Walitzek

Die Dame im Spiegel: Eine Reflexion
The Lady in the Looking Glass: A Reflexion.
Deutsch von Brigitte Walitzek

Drei Bilder
Three Pictures.
Deutsch von Brigitte Walitzek

Die Herzogin und der Juwelier
The Duchess and the Jeweller.
Deutsch von Brigitte Walitzek

Die Jagdgesellschaft
The Shooting Party.
Deutsch von Brigitte Walitzek

Lappin und Lapinova
Lappin and Lapinova.
Deutsch von Claudia Wenner

Gipsy, die Promenadenmischung
Gipsy, the Mongrel.
Deutsch von Brigitte Walitzek

Der Badeort
The Watering Place.
Deutsch von Brigitte Walitzek

Über das Wiederlesen von Romanen
On Re-Reading Novels.
Deutsch von Hannelore Faden
In: Der Augenblick

Nach Spanien
To Spain.
Deutsch von Helmut Viebrock
In: Der Augenblick

Joseph Conrad
Joseph Conrad.
Deutsch von Elizabeth Gilbert
In: Der gewöhnliche Leser. Band 1

Über das Kranksein
On Being Ill.
Deutsch von Hannelore Faden
In: Der Augenblick

Wie sollte man ein Buch lesen?
How should One Read a Book?
Deutsch von Hannelore Faden
In: Der gewöhnliche Leser. Band 2

Abend über Sussex: Betrachtungen in einem Automobil
Evening Over Sussex: Reflexions in a Motor Car.
Deutsch von Joachim A. Frank
In: Der Tod des Falters

Stadtbummel: Ein Londoner Abenteuer
Street Haunting: A London Adventure.
Deutsch von Joachim A. Frank
In: Der Tod des Falters

Über Erzählkunst
The Art of Fiction.
Deutsch von Hannelore Faden
In: Der Augenblick

Ein eigenes Zimmer
Originalausgabe: *A Room of One's Own.* London: The Hogarth Press 1929.

Deutsch von Heidi Zerning.
Herausgegeben und kommentiert von Klaus Reichert.

Auszug: 1. Kapitel

Berufe für Frauen
Professions for Women.
Deutsch von Hannelore Faden
In: Der Tod des Falters

Der Tod des Falters
The Death of the Moth.
Deutsch von Hannelore Faden
In: Der Tod des Falters

Der Augenblick: Sommernacht
The Moment: Summer's Night.
Deutsch von Hannelore Faden
In: Der Augenblick

Gedanken über den Frieden bei einem Luftangriff
Thoughts on Peace in an Air Raid.
Deutsch von Joachim A. Frank
In: Der Tod des Falters

Tagebücher

Originalausgabe: *The Diary of Virginia Woolf.* Edited by Anne Olivier Bell. Volume II. 1920–1924. London: The Hogarth Press 1978. © Quentin Bell und Angelica Garnett 1978; © Anne Olivier Bell 1978 (Einleitung und Anmerkungen)
Volume III. 1925–1930. London: The Hogarth Press 1980. © Estate Virginia Woolf 1980; © Anne Olivier Bell 1980 (Einleitung und Anmerkungen)
Volume IV. 1931–1935. London: The Hogarth Press 1982. © Anne Olivier Bell und Angelica Garnett 1982; © Anne Olivier Bell 1982 (Einleitung und Anmerkungen)
Deutsche Ausgabe:
Tagebücher 2. 1920–1924. Deutsch von Claudia Wenner. Herausgegeben von Klaus Reichert. © S. Fischer Verlag, Frankfurt am Main 1994
Tagebücher 3. 1925–1930. Deutsch von Maria Bosse-Sporleder. Herausgegeben von Klaus Reichert. © S. Fischer Verlag, Frankfurt am Main 1999
Tagebücher 4. 1931–1935. Deutsch von Maria Bosse-Sporleder. Herausgegeben von Klaus Reichert. © S. Fischer Verlag, Frankfurt am Main 2003

Originalausgabe: *The Letters of Virginia Woolf, Vol. I–VI.*
Edited by Nigel Nicolson and Joanne Trautmann. London: The Hogarth Press 1975–1980.
Deutsche Auswahlausgabe: Briefe 1, Briefe 2.
Deutsch von Brigitte Walitzek.
Herausgegeben von Klaus Reichert.

Virginia Woolf
Gesammelte Werke

Herausgegeben von Klaus Reichert
Umschlaggestaltung von Sarah Schumann

Der Augenblick
Essays
Band 14059

Blau & Grün
Erzählungen
Band 10553

Ein eigenes Zimmer
Essay
Band 14939

Die Fahrt hinaus
Roman
Band 10694

Flush
Eine Biographie
Band 12416

Frauen und Literatur
Essays
Band 10920

Der gewöhnliche Leser
Essays. Band 1
Band 13648

Der gewöhnliche Leser
Essays. Band 2
Band 13649

Jacobs Zimmer
Roman
Band 14578

Die Jahre
Roman
Band 15521

Mrs Dalloway
Roman
Band 14002

Orlando
Eine Biographie
Band 11331

Phyllis und Rosamond
Frühe Erzählungen
Band 10170

Ein verwunschenes Haus
Erzählungen
Band 9464

Die Wellen
Roman
Band 12184

Zum Leuchtturm
Roman
Band 12019

Zwischen den Akten
Roman
Band 14341

Fischer Taschenbuch Verlag

fi 555 006 / 2 / d

Virginia Woolf
Gesammelte Werke

Herausgegeben von Klaus Reichert
Umschlaggestaltung von Sarah Schumann

Das erzählerische Werk

Die Fahrt hinaus
Roman

Flush
Eine Biographie

Jacobs Zimmer
Roman

Die Jahre
Roman

Das Mal an der Wand
Gesammelte Kurzprosa

Mrs Dalloway
Roman

Orlando
Eine Biographie

Die Wellen
Roman

Zum Leuchtturm
Roman

Zwischen den Akten
Roman

S. Fischer

fi 555 006 / 1 / a

Virginia Woolf
Gesammelte Werke

Herausgegeben von Klaus Reichert
Umschlaggestaltung von Sarah Schumann

Essays und Tagebücher

Der Augenblick
Essays

Ein eigenes Zimmer
Drei Guineen
Zwei Essays

Frauen und Literatur
Essays

Der gewöhnliche Leser
Band 1. Essays

Der gewöhnliche Leser
Band 2. Essays

Der Tod des Falters
Essays

Tagebücher 1
1915-1919

Tagebücher 2
1920-1924

Tagebücher 3
1925-1930

Tagebücher 4
1931-1935

S. Fischer

fi 555 006 / 2 / b

Virginia Woolf

Mrs Dalloway

Roman

Deutsch von Walter Boehlich

208 Seiten. Leinen

Clarissa Dalloway führt ein großes Haus im vornehmen Londoner Stadtteil Westminster. Eine ihrer glänzenden Soireen soll an einem Junitag des Jahres 1923 stattfinden. Der Ablauf dieses einen Tages bildet die Gegenwart des Romans, in die Clarissa durch die Stundenschläge des Big Ben immer wieder zurückgeholt wird. Denn die Ereignisse – Besorgungen, Vorbereitungen, Besuche und schließlich die Abendgesellschaft, die allen konventionellen Erwartungen entspricht – lösen Assoziationen aus, die sie zugleich in die Vergangenheit und in die Wirklichkeit ihres inneren Bewußtseins führen, die eigentliche Welt dieses Romans. In langen Erinnerungs- und Gedankenketten wird sie sich nach und nach der Brüche zwischen ihrer äußeren und ihrer inneren Existenz gewahr.

S. Fischer

fi 1-092558 / 1

Virginia Woolf
Orlando
Eine Biographie
Deutsch von Brigitte Walitzek
261 Seiten. Leinen

Dieses Buch ist eine Huldigung Virginia Woolfs an die Schriftstellerin Victoria Sackville-West, zärtlich Vita genannt. In dem jungen, wandelbar-unwandelbaren Orlando, dessen abenteuerliches Leben 400 Jahre umspannt, sieht Virginia Woolf ihre Freundin als Verkörperung ihrer Vorfahren, der Grafen und Herzöge Sackville. Bald ist Orlando ein schöner Jüngling, Günstling Elizabeths I., bald eine Frau, die in Konstantinopel bei einem Zigeunerstamm lebt, dann wieder im England des 17. und 18. Jahrhunderts eine Dame der großen Gesellschaft, die, als Mann verkleidet, verbotene Abenteuer sucht. In der Gegenwart angekommen, ist Orlando eine Dichterin, die, wie Vita Sackville-West 1928, einen Literaturpreis erhält. Diese einzigartige, virtuose Romanbiographie gehört zu den unvergänglichen Werken der Weltliteratur.

S. Fischer

fi 1-092557 / 1

Virginia Woolf

Jacobs Zimmer

Roman

Deutsch von Heidi Zerning

184 Seiten. Leinen

»Der stille junge Mann«, heißt es von Jacob Flanders, und: »wie besonders er aussieht«. Er hat das College in Cambridge verlassen und lebt in London. Flüchtige Freundschaften und Liebeserlebnisse lassen ihn spüren, wie einsam er mit seinem vielleicht nicht mehr zeitgemäßen Weltbild ist. Mehr und mehr zieht er sich in sein Zimmer und seinen eigenen geistig-seelischen Bereich zurück, liest bis spät in die Nacht Autoren der griechischen und römischen Antike und der elisabethanischen Zeit. Auf einer Reise nach Italien und Griechenland will er die klassischen Kunstdenkmäler als den Ausdruck von Einheit und Größe erleben, der seinem Ideal entspricht. Ist es das, was er erlebt? Nach seiner Rückkehr findet er den Kontakt zur Gegenwart nicht mehr. Der Erste Weltkrieg ist ausgebrochen; Jacobs Spur verliert sich in Flandern. In sein Zimmer dringen jetzt durch das offene Fenster die Laute des modernen Lebens.

Mit ihrem dritten Roman hat Virginia Woolf den entscheidenden Schritt in ihrer künstlerischen Entwicklung getan. Flüchtige Sinneswahrnehmungen, Momentaufnahmen, Gesprächsfetzen, wie mit dem Blick des Malers eingefangene Impressionen, das sind die Mittel, die sie nun bewußt einsetzt. Mit vierzig Jahren, schrieb Virginia Woolf in ihr Tagebuch, habe sie herausgefunden, »wie ich es anfangen muß, etwas mit eigener Stimme zu sagen.«

S. Fischer

fi 1-092563 / 1

Leonard Woolf

Mein Leben mit Virginia

Erinnerungen

Herausgegeben von Friederike Groth

Aus dem Englischen von Ilse Strasmann

Band 5686

Leonard und Virginia Woolf heirateten im August 1912; ihre Ehe dauerte beinahe dreißig Jahre, und in diesem Zeitraum erschienen ihre großen Romane, die Erzählungen, Kritiken und Essays. Ein authentisches Zeugnis vom Leben und Schreiben Virginia Woolfs vermittelt die Autobiographie ihres Mannes, auf der dieser Band basiert. Er beginnt mit dem Jahr 1911, als Leonard Woolf aus dem Kolonialdienst aus Ceylon zurückkehrt, und endet 1941, dem Jahr von Virginias Freitod. Leonard Woolf berichtet von ihrer Familie, ihren Freunden und der berühmten Bloomsbury Group sowie von der Gründung ihres eigenen Verlages, der Hogarth Press. Seine Erinnerungen fügen dem Bild der Schriftstellerin wichtige biographische Einzelheiten hinzu und sind das Zeugnis eines liebenswerten, klugen und mutigen Mannes, der ihr immer wieder Kraft gab, ihre Depressionen zu überwinden und ihre schriftstellerische Arbeit wieder aufnehmen zu können. Ihm gehörte ihr ganzes Vertrauen, und so schreibt sie denn auch in ihrem Abschiedsbrief: »Du weißt, daß ich alles Glück in meinem Leben nur Dir verdanke.«

Fischer Taschenbuch Verlag

fi 25686 / 1